J. S. Seibertz

Quellen der westfälischen Geschichte

J. S. Seibertz

Quellen der westfälischen Geschichte

ISBN/EAN: 9783743364448

Hergestellt in Europa, USA, Kanada, Australien, Japan

Cover: Foto ©ninafisch / pixelio.de

Manufactured and distributed by brebook publishing software (www.brebook.com)

J. S. Seibertz

Quellen der westfälischen Geschichte

Quellen

der

Westfälischen Geschichte.

Herausgegeben

von

Joh. Suibert Seibertz,
Königl. Preuß. Kreisgerichtsrath, Ritter des rothen Adlerordens III. Kl. m. d. Schleife,
beider Rechte und der Philosophie Doctor, der Königlich Baierischen Academie der
Wissenschaften zu München, der Académie d'Archéologie de Belgique zu Antwerpen, so
wie der Vereine für Geschichte und Alterthumskunde zu Paderborn, Altenburg, Bonn,
Cöln, Gratz, Hannover, Kassel, Landshut, Lübeck, Mainz, Meiningen, München,
Nürnberg, Riga, Stettin, Stuttgart und Wiesbaden theils ordentl. theils corresp.
theils Ehren-Mitglied.

Zweiter Band.

Arnsberg, 1860.
Druck und Verlag von H. F. Grote.

Inhalt des zweiten Bandes.

I. Levoldi a Northoff Cronica pontificum Coloniensium 1350 . . . . S. 1.
II. Die alten Rathsbücher der Stadt Brilon 1497—1595 . „ 20.
III. Drangsale des dreißigjährigen Krieges in Westfalen. 4. Soest . . . . „ 104.
IV. Cronica comitum et principum de Clivis et Marca, Gelriæ, Juliæ et Montium; necnon archiepiscoporum Coloniensium, usque ad annum 1392 . . . . „ 113.
V. Geschichte der großen Soester Fehde von Bartholomeus von der Lake, 1444—1447 . . . . „ 254.
VI. Güterverzeichniß des Klosters Oelinghausen, 1280 . . „ 408.
VII. Nachtrag zu Levoldi a Northoff Cronica pontificum Coloniensium (Nr. I.) . . . . „ 417.
VIII. Eine hanseatische Gesandtschaft von Bremen nach Spanien, auf ihrer Reise durch Westfalen, 1606. . . . . . „ 421.
IX. Güterverzeichniß der Kirche zu Anröchte, 1301. . . . „ 428.
X. Kurze Beschreibung der churfürstl. Brandenburgischen feindlichen Belagerung der Stadt Werl im Jahre 1673 „ 433.
XI. Wirici Hiltrop catalogus abbatissarum regalis ecclesiæ Assindensis. 1614—1644 . . . . „ 455.
XII. Urkunden-Nachlese. (Fortsetzung v. B. I. S. 473.) . . „ 461.

I.
Levoldi a Northoff
Cronica pontificum Coloniensium.
1350.

Die nachstehende Chronik der cölnischen Erzbischöfe von Lewold v. Northhoff wurde zuerst gedruckt, in Meibom script. rerum Germ. II. 4. Dieselbe ist sichtlich nach dem Catalogus archiepiscoporum Coloniensium des Cäsarius v. Heisterbach gearbeitet, jedoch von Erzbischof Heinrich I. († 1237) bis auf Erzbischof Wilhelm († 1362) fortgesetzt und daher mit jener in Böhmer Fontes rer. germ. II. 271 u. 282 wieder abgedruckt worden. Wie der Herausgeber in der Vorrede selbst sagt, hat jedoch, in Ermangelung einer Handschrift, bei diesem zweiten Abdrucke, der alte fehlerhafte Meibom'sche wieder zum Grunde gelegt werden müssen. Es schien daher angemessen, den Lesern unserer Quellen hier einen dritten, nach einer Handschrift des 15. Jahrhund. zu bieten, die viele bessere Lesearten enthält, als der Abdruck bei Meibom. Dieselbe befindet sich in einem Codex der Königl. Bibliothek zu Berlin (M. S. Borussica, quarto N. 169) mit dem äußeren Titel: Chronica varia saec. XV. Das neugebundene Buch hat auf dem ersten Blatte folgende Inhalts=Anzeige: Continentur in isto libro plures cronice, videlicet: 1) Cronica summorum pontificum brevis fol. 1. — 2) Cronica imperatorum romanorum breuis fol. xxi. — 3) Cronica pontificum Leodiensium breuis fol. xlix. — 4) de ordine et numero cardinalium summo pontifici seruientium fol. lxv. — 5) alia cronica summorum pontificum breuis fol. lxvi. — 6) de geneologia, successione ac rebus gestis comitum et postea ducum Cliuencium fol. cxxii. — 7) Cronica pontificum coloniens. breuis fol. clii. — 8) Cronica et origo comitum Markencium fol. clxx. Das Stück N. 7 ist unsere Chronik.

Am Schlusse derselben sind mehrere Blätter zu Nachträgen unbeschrieben geblieben und dazu auch benutzt worden. Diese reichen bis 1558, beschränken sich aber auf eine trockene Nomenclatur der bis dahin verstorbenen cölnischen Erzbischöfe, weshalb es nicht der Mühe werth schien, sie mit abdrucken zu lassen. Die wesentlichsten Abweichungen des Meibom'schen Abdrucks, sind in den Noten angegeben.

Post hec,[1]) quia pauci sunt, credo, in terra Cliuensi[2]) et Markensi, qui habent[3]) aliqua scripta de gestis et temporibus archiepiscoporum Coloniensium qui fuerunt pro tempore, idcirco pro hiis,[4]) qui libenter multa et diuersa legendo degustant, ea que de predictorum archiepiscoporum Coloniensium gestis et temporibus scripta inueni, duxi hic scribenda, eo stilo[5]) quo ea reperi, nichil addendo uel aliquid minutando.[6])

Apud Agripinam nobilem ciuitatem Gallie, primus adeptus est episcopatum sanctus Maternus, Treucrorum et Tongerorum pariter episcopus, anno domini XCIIII Domitiano imperatore regnante, seditque annis XL et obiit Colonie sub Adriano imperatore anno domini CXXVIII.[7]) Conuenientibus autem Treuerensibus et Tongerensibus vna cum Coloniensibus, orta est lis inter eos,[8]) ubi condiendus[9]) esset, diuinoque monitu in nauim positus, in locum qui Rodenkirchen appellatur, contra currentem Reni fluuium, miraculose dirigitur, ibique a Treuerensibus susceptus, cum sanctis Eu-

---

1) Post hec fehlt bei Meibom. — 2) Clivensi fehlt bei M. — 3) habeant M. — 4) iis M. — 5) tenore M. — 6) immutando M. wo hierauf erst folgender Reimvers folgt: Pontificum gesta, brevitate profatur honesta * Urbis Agrippinæ, decreto singula fine. — 7) CXXIX. M. – 8) condendus. M. — 9) inter eos fehlt bei M.

chario¹⁰) et Valerio suis¹¹) sociis, Treueri honorifice sepelitur, qui Treuerim est delatus jussu angelico. Deinde usque ad Effratam hereticum, nullus Coloniensi ecclesie profuisse inuenitur. Quiquidem Effrata¹²) in cathalogo pontificum Coloniensium non ponitur, quia heresim arrianam fouebat; propter quam etiam, a pluribus Gallie et Germanie episcopis,¹³) est depositus in concilio Agrippinensi, anno domini CCCXLVI¹⁴) sub Julio papa.

Secundo ergo loco¹⁵) sanctus Seuerinus substitutus reperitur¹⁶) episcopus. A Materno autem usque¹⁷) ad sanctum Seuerinum computantur anni CCC. Quare autem idem episcopatus tanto temporis interstitio vacauit,¹⁸) varie habentur conjecture, videlicet quod in paganismum gens fuerat¹⁹) relapsa, aut si qui fuerint episcopi, ob persecutionis seuitiam latenter prefuerunt,²⁰) vel certe, sicut beatus Maternus et successores ejus,²¹) Treuerensem sic et Coloniensem ecclesiam regebant. De quibus opinionibus, quia nichil certi²²) inuenitur, prudens lector aduertat, quid reputet admittendum.

Tertio loco successit beatus Euergislus²³) sancti Seuerini discipulus, qui in transitu sanctissimi Martini²⁴) ympnum angelicum cum ipso magistro audiuit. Hic postea apud Tongeren, que et Octauia dicitur, martirizatus est.

Quarto loco successit Solatius.
Quinto loco Symoneus.
Sexto Remedius.²⁵)
Septimo sanctus Kunibertus, qui sedit annis XL. Hic fuit temporibus Eraclii imperatoris et ejus filii Constantini, sub Francorum rege Dagoberto primo²⁶) et ejus filio Sygeberto.

Octauus fuit Rotaldus²⁷) sub Sygiberto.

---

10) Eucherio. M. — 11) suis fehlt bei M. — 12) Effrata fehlt bei M. — 13) a pluribus — episcopis fehlt bei M. — 14) bei M. DCCXLVII, was offenbar unrichtig ist, weil 747 der h. Agilolf regierte. — 15) loco fehlt bei M. — 16) repertus. M. — 17) usque fehlt bei M. — 18) vacaverit. M. — 19) fuerit. M. — 20) fuerint. M. — 21) ejus fehlt bei M. — 22) certo. M. — 23) Trigistus. M. — 24) Materni. M. Vergl. oben S. 168 u. Caesarius bei Böhmer fontes II, 272. — 25) sexto loco Remedinus. M. — 26) primo fehlt bei M. — 27) Bocaldus. M.

Nonus Stephanus sub Theoderico rege Francorum primo.

Decimus Adewicus sub eodem.

Vndecimus Giso sub Clodouco rege tertio et sub Hildeberto secundo.

Duodecimus Anno sub Francorum rege Dagoberto secundo. Hic sepultus est apud sanctum Seuerinum Colonie.

Tertius decimus Faramundus sub eodem.

Quartus decimus sanctus Agilolphus [28]) sub Francorum rege Hilderico. Hunc misit Karolus major auus Karoli magni, contra impugnatores regni, causa pacis, a quibus crudeliter peremptus, martirio est coronatus et multis claruit miraculis.

Quintus decimus Reinfridus sub Theoderico secundo [29]) et Hilderico secundo.

Sextus decimus Hildegerus. Hic cum [30]) Pippino rege, patre Karoli magni, ad bellum contra Saxones profectus, occisus est in monte qui dicitur Viborch.

Septimus decimus Bertholinus sub eodem Pippino sedit annis decem.

Octauus decimus Riculphus sedit sub Karolo magno XXII annis.

Nonus decimus Hildebaldus sub eodem Karolo magno et rege Lodewico sedit annis XXXIIII; qui et eundem Lodewicum vnxit in regem.

Vicesimus Harabaldus [31]) qui sub Lodewico filio Karoli sedit annis XXII.

Vicesimus primus Guntherus sedit sub Lodewico superioris Lodewici filio. Hic Lodewicus imperator, filius Karoli, habuit filium nomine Lotharium, cui Italie regnum commisit. Qui Lotharius diuino amore succensus [32]) regnum reliquit filio suo Lothario et Promie monachum se fecit. Iste Lotharius, filius Lotharii, habuit concubinam nomine Waldradam, [33]) Guntheri predicti [34]) episcopi sororem, quam instinctu prefati episcopi Coloniensis, vxori sue Theberge

---

28) Agiolfus M. — 29) sexto. M. — 30) sub. M. — 31) Hagelbridus, M. — 32) accensus, M. — 33) Walburgam, M. — 34) pred. fehlt bei M.

superduxit.³⁵) Ob quam causam idem Guntherus a papa excommunicatus est et penitentia ductus, Romam veniens, minime reconsiliari valuit.³⁶) Fertur autem diuinum officium iterum sibi vsurpasse contumaciter et propter hoc apud Xanctis ab angelo,³⁷) sacris vestibus exutis,³⁸) ante altare occisus est.

Vicesimus secundus Willibertus³⁹) sub Karolo minore sedit annis XX. Hic ecclesiam sancti Petri Coloniensem dedicauit, in qua et sepultus est.

Vicesimus tertius Hermannus, quem pium vocant, sub Arnulpho, Lodewico et Conrado imperatoribus sedit annis XXXV et defunctus est in domo sancti Petri.

Vicesimus quartus Wilfridus⁴⁰) sub Henrico primo sedit annis XXIIII.

Vicesimus quintus Bruno sub Ottone primo, ipsius fratre, sedit annis XII. qui dilectus Deo et hominibus, fortis in bello, magnus in pontificibus, quasi sol refulsit in ecclesia Coloniensi, in conspectu regum et principum magnificatus. Nam imperatore fratre suo, in Italia pro disponenda republica moram faciente, Gallie et Germanie tutelam et procurationem suscipiens, eandem prudenter ac strenue administrabat,⁴¹) insurgentes hostes reprimens, discordias pacificans, paci potissime subditorum inuigilans ac saluti.⁴²) Vnde ducem Lotharingie, que a Reno usque Mosam extendit, rebellantem cepit. Cui imperator reuersus ipsum ducatum ei abstulit et dicto fratri suo Coloniensi archiepiscopo, ob suam petitionem et magnificentiam, suisque successoribus, archiepiscopis Coloniensibus, in perpetuum concessit. Cujus archiepiscopi prudentiam et gesta preclara,⁴³) videlicet qualiter et ob quam causam castrum Tuiciense effregerit, pontem trans Reni alueum postmodum dejecerit, Francos bello expertos fugauerit, preterea quantum domus Dei decorem⁴⁴)

---

35) superinduxit, M. — 36) reconciliari voluit, M. — 37) angelis, M. — 38) exutus, M. — 39) Wullibertus, M. — 40) Wifridus, M. — 41) administravit, M. — 42) Der folgende Satz: Unde — concessit, fehlt bei M. — 43) Das Folgende: videlicet preterea fehlt bei M. wo es kürzer heißt: preclara quæ fecerit et quandum domus dei. — 44) nitorem, M.

et sanctorum venerationem in monasteriorum quorundam amplificatione vel reparatione diloxerit, licet scripta exinde confecta et existentia non panderent, nichilominus vasalli et ministeriales ecclesie Coloniensis, temporali jurisdictione per eum abjecti, (ea) passim memorantes a generatione in generationem non tacebunt. Hic corpora reliquiarum sanctorum studiose ubicunque collegit; qui [45]) imperatore, fratre ipsius, Italiam intrante, [46]) Galliarum procuratione sibi delegata, [47]) terram usque quaque a latrociniis purgans, Francis rebellantibus [48]) bellum intulit, Parisius urbem obsidens rupit et spoliauit. Ducem Lotharingie [49]) terram incendiis infestantem, cepit et vinculis injectum, fratris affuturo judicio reseruauit. Reuerso itaque [50]) solempni principum habito colloquio, id omni pariter sanctitum est concilio, ut deuicti ducis monarchia, presuli Coloniensi, suisque successoribus, vsu et jure cedat perpetuo, anno ab incarnatione domini CCCC°.IIII°. sic quod duces et presules nominentur et sint [51]) judicentque cum gladio, qui prius vnco vtebantur baculo. Tuitiense etiam castrum ut premittitur [52]) propter rebelles confregit, pontem et porticum trans Reni alueum dejecit, quoniam latrones transrenenses ruricolas de foro Coloniensi negotiandi causa de vespere redeuntes ibi in ipso ponte (cum) rebus et vita in Renum projicere consueuerant, [53]) (sceleris) sui sigillum noctem habentes, equissima ratione actus, liberrime dejecit. Baculum sancti Petri a Treuerensibus persecutionis tempore cum aliis reliquiis olim Metensibus commissum et Treuerensibus repetentibus negatum, cum cathena ejusdem apostoli a domino papa sibi tradita, necnon et Gregorium Spoletanum [54]) (Coloniae) intulit et principali sue sedis ecclesie, videlicet beati Petri contra-

---

45) qui fehlt bei M. — 46) in Italiam eunte, M. — 47) Galliarumque ut pramittitur procuratione sibi demandata, M. — 48) rebellantibus fehlt bei M. — 49) quæ a Rheno ad Mosam extenditur rebellantem et, M. — 50) Quo reverso, M. — 51) et sint fehlt bei M. — 52) ut premittitur fehlt bei M. — 53) Das Folgende, bis an den Satz: baculum fehlt bei M. Die Sätze von ao. dni. CCCCIIII bis baculum, sind in der Handschrift etwas verworren nacheinander geschrieben. Im Texte ist die richtige Aufeinanderfolge hergestellt. — 54) spoliatum, M.

didit, quam etiam ecclesiam decenter vna abside in utroque latere ampliauit. Corpus etiam beati Euergisli ad sanctam Ceciliam Coloniensem reduxit, beatum Eliphium[55]) monasterio sancti Martini dedit et sanctum Patroclum gloriose intulit Susatam, monasterio etiam et claustro, ibidem fundato, multa legans. Iste etiam monasterium sancti Panthaleonis in Colonia fundauit, prediis et possessionibus ditauit,[56]) ossibus suis a Remensi ciuitate, in qua obiit, honorifice Coloniam reportatis, vbi tumulatus requiescit.[57]) Congregationem in diocesi Coloniensi suis temporibus existentem, sue largitionis reliquiis expertam, prout testamentum quod in multis ecclesiis habetur explanat.[58])

Vicesimus sextus Foremarlis[59]) sub eodem Ottone sedit annis tribus.

Vicesimus septimus Gero, vir valde religiosus, sub eodem Ottone et ejus filio sedit annis septem, qui abbatiam sancti Viti in Gladbach instituit, in domo beati Petri requiescit.

Vicesimus octauus Warinus sub Ottone secundo sedit annis nouem. Hic Treuerensibus petentibus, partem baculi sancti Petri reddidit.

Vicesimus nonus Euersgerus[60]) de quo dicitur, quod predictum Warinum viuum sepeliri fecit.[61]) Laborabat enim Warinus infirmitate capitis, ita ut aliquibus diebus sine sensu jaceret. Pro[62]) quo facto Romam penitens peruenit, propter[63]) quod egerat confessus est (pape) qui[64]) pro correctione ei injunxit, si quam in sua diocesi congregationem[65]) labefactam sciret, datis subsidiis releuaret. Reuer-

---

55) Elichium, M. — 56) abermals fundavit bei M. mit dem Zusatze: in quo et sepultus quiescit. — 57) ubi tumulatus requiescit fehlt bei M. so wie der ganze folgende Schluß. — 58) Hier folgt wiederholt: Etiam et baculum s. Petri etc. mit dem Schlusse: Iste cenob. s. Panthal. instituit, in quo et sepultus requiescit, welches wir als überflüssig weggelassen haben. — 59) Volcmarus, M. — 60) Evergherus, M. — 61) Andere Chronisten berichten, daß dieses Unglück seinem Vorfahr Warin, mit dessen Vorgänger Gero widerfahren sei. Cronica presulum et archiepiscopor. Colon. eccles. in den Annalen des historischen Vereins für Geschichte des Niederrheins II. 190. Jac. de Susato Chronicon episcopor. Colon. Quellen I. p. 173. Mersæus Annal. archiep. Colon. p. 49. Mörckens Conatus p. 80. — 62) Pro fehlt bei M. — 63) propter fehlt bei M. — 64) et papa, M. — 65) congregationem fehlt bei M.

sus itaque⁶⁶) cenobium s. Martini in Colonia meliorauit, fratres illuc adunauit et Schotis⁶⁷) imperpetuum tradidit. Et iste sub Ottone tertio sedit annis XV. In domo sancti Petri sepultus est.

Tricesimus sanctus **Heribertus** sub Henrico secundo sedit annis XXI. Iste basilicam Tuitii in honorem sancte Marie instituit, ibique sepultus est et multis claruit⁶⁸) miraculis.

Tricesimus primus successit **Peregrinus**⁶⁹) sub imperatore Conrado secundo sedit annis XV.⁷⁰) qui monasterium in Colonia sanctorum apostolorum construxit, in quo et quiescit et sufficientiam canonicorum adunauit.

Tricesimus secundus **Hermannus**, quem nobilem vocant, sub Henrico imperatore tertio sedit annis XX. In domo sancti Petri sepultus est.

Tricesimus tertius **Anno**, flos et noua lux totius Germanie, qui cunctos antecessores suos, in augmentatione Coloniensis ecclesie precessit. Ante episcopatum prepositus erat⁷¹) in Goslar. In vita sua fecit monasteria et in morte sua operatus est mirabilia; vnde et in omni ore quasi mel indulcabitur ejus memoria. Preter innumerabilia beneficia, que episcopio contulit, preter plures ecclesias, quas in diuersis locis construxit, preter quod nullam in diocesi sua congregationem dimisit, quemadmodum dominus Bruno, qui supra nominatus est, et ampliauerit,⁷²) quinque congregationes, scilicet sancte Marie ad gradus, et sancti Georgii⁷³) ecclesiarum canonicos in Colonia, in monte Syberch et **Graischaff** monachorum monasteria, item vnum monasterium monachorum in Saleuelt magnifice instituit,⁷⁴) allodium quod Saleuelt dicitur episcopio adjecit. Supersedemus de eo singula dicere, quoniam, et si nos taceremus⁷⁵) ipsius opera clamabunt. Floruit temporibus Henrici quarti augusti;

---

⁶⁶) itaque fehlt bei M. — ⁶⁷) Scholis fehlt bei M. — ⁶⁸) enituit, M. — ⁶⁹) Pelegrinus, M. — ⁷⁰) Die Zahl fehlt bei M. — ⁷¹) erat fehlt bei M. — ⁷²) ampliavit, M. — ⁷³) Gregorii, M. — ⁷⁴) Bei M. gewinnt es nach der Art, wie das Wort ampliavit gestellt worden, ben falschen Schein, als ob Anno nur Salefeld (bei M. Salavel) gestiftet, die anderen vier nur erweitert hätte. — ⁷⁵) tacuerimus, M.

sedit in opiscopatu annis XX cum dimidio et sepultus est in cenobio suo Sybergh, vbi multis claret miraculis.

Tricesimus quartus Hildebrildus,[76]) prefati imperatoris capellanus, sedit annis XV, in domo s. Petri sepultus est.

Tricesimus quintus, majoris ecclesie decanus, Segewinus de cujus prelatione sanctus (Anno) predixerat,[77]) sedit annis X sub eodem imperatore. In domo sancti Petri[78]) requiescit.

Tricesimus sextus Hermannus, quem diuuitem vocant, cujus diuuitie ecclesie Christi profuerunt, sub prefato imperatore successit, seditque annis X et mensibus quinque, sepultus est in capitolio Sybergensi.

Tricesimus septimus Fredericus primus,[79]) vir pulcherrimus et magne constantie, adeo ut nec timeret imperatori resistere, qui magis ad instantiam predicti imperatoris, quam priorum electorum, episcopatum adeptus est. Nam usque ad illud tempus imperatores baculum et annulum tradebant. Hic contra immanem Sueuorum multitudinem et Bauwarorum, parua manu Anderinaci confligens triumphauit. Sedit annis XXXV sub Henrico quarto et quinto imperatoribus, paucos annos Lotharii imperatoris attingens, quem et ipse Colonie[80]) vnxit in regem vna cum vxore sua Rysa.[81]) Sepultus est in capitolio Sybergensi.

Tricesimus octauus Bruno, prepositus sancti Gereonis, qui, canonica electione priorum et capitaneorum in Godefrido Xanctensi preposito cassata, fauore Lotharii regis et malignantium studio,[82]) ad sui ipsius perniciem, intronizatus est. Erat mire facundie et sophistice locutionis, sed caduco morbo laborabat; nam in expeditione italica Lotharium regem comitatus,[83]) apud Barum ciuitatem Apulie, presente imperatore obiit. Cui Hugo decanus sancti Petri successit ibidem et ab Honorio papa consecratus est. Post paucos

---

76) Hildebaldus, M. — 77) de cujus — predixerat, fehlt bei M. —
78) sepultus requiescit, M. — 79) primus fehlt bei M. —
80) Colonie fehlt bei M. — 81) Richsa, M. — 82) studio fehlt bei M. —
83) In der Handschrift steht, wohl nur durch einen Schreibfehler: inuitatus.

dies spiritum exalauit.[84]) In eadem vrbe cum prefato Brunone tumulatus est.

Tricesimus nonus Arnuldus sancti Andree prepositus sedit annis X sub Conrado rege, qui in principio idoneus visus,[85]) postea cepit vilescere. Tandem apud Eugenium papam de symonia infamatus est et ab officio diuino suspensus. Sepultus est apud sanctum Andream.

Quadragesimus Arnoldus secundus[86]) sancti Petri prepositus et imperii cancellarius, vir probitate compositus et ydoneus, concilio et prudentia violentis resistebat et ecclesie[87]) jura defendebat, cum Frederico imperatore Romam profectus.[88]) Hic sedit annis V sub imperatore Frederico[89]) et in ecclesia Ryndorp,[90]) quam ipse multis ornamentis decorauit, sepultus est.

Quadragesimus primus Fredericus, sancti Georgii[91]) prepositus, filius fratris Brunonis, de quo supra dictum est, qui magis propinquorum factione et juniorum clericorum fauore, episcopatum adeptus est et cassata canonica electione, facta coram Frederico imperatore, in Bonnensem prepositum Gerardum, ab Adriano papa consecratus est. Dicitur etiam quod per symoniam intrauit. Ab imperatore apud Nurenbergh[92]) causa ventilata, deinde Ratispone secundo agitata. Ibi idem[93]) Fredericus ab imperatore episcopatum suscepit. Post biennium cum imperatore Mediolanum profectus, apud Tyronum[94]) que et Papia dicitur obiit, vix duobus annis pontificali dignitate potitus. Ossa ejus Coloniam delata, in monte sancte Marie, quem patruus suus fundauerat, qui Berge dicitur, condita sunt. Caro ejus et viscera remanserunt in Lombardia.

---

84) Hugo wurde im Mai 1137 consecrirt und † 1. Juli. Er wird daher von anderen Chronisten in der Reihe der cölnischen Erzbischöfe mit aufgeführt. Cronica presulum et Archiepiscop. Colon. ecclesie l. c. II, 196. Jacob. de Susato Chronicon episcopor. Colon. Quellen I. 177. Merssæus annal. p. 63. Mörckens Conatus p. 106. — 85) visus fehlt bei M. — 86) secundus ist in marg. nachgetragen. — 87) ecclesiastica, M. — 88) M. fügt hinzu: est und läßt das folgende Hic fehlen. — 89) sub eodem imperatore, M. - 90) Rohrdorp, M. — 91) Gregorii, M. — 92) Nirenberg, M. — 93) Ibidem, M. — 94) Ticinum, M.

11

Quadragesimus secundus Reynoldus, Hildescemensis prepositus et regni cancellarius, vir omni probitate conspicuus, nulli episcoporum Coloniensium [95]) postponendus. Ante episcopatum prepositus fuit in Hildesym, vbi pontem laude dignum et valde necessarium, in palustri transitu construxit. Insuper hospitale pro sustentatione pauperum ibidem instituit. Deinde cancellarius factus est imperatoris Frederici et cum in obsidione Mediolani cum imperatore erat, in pontificem a clero et populo Coloniensi electus est. Post deuictum autem Mediolanum, tres magos, qui infantiam Domini misticis muneribus venerati sunt, magno laboro et periculo Mediolanensibus abstulit et ad perpetuam Germanie gloriam, Coloniam mira instantia [96]) transuexit. Nec hoc sine laude ejus profertur, quod cum adhuc in Italia esset cum imperatore et palatinus [97]) comes Conradus frater imperatoris Frederici [98]) Coloniensem episcopatum ad libitum suum violenter transire et predare [99]) vellet, ipse Reynoldus hoc per nuntios Coloniensibus intimans, tantam suo nomine multitudinem apud Andrinacum, tot fortes tot preclaros nobiles, [100]) postremo talem exercitum adunari fecit, qualem nostra memoria ex Theutonicis nunquam in acie constituisse [101]) cognouimus. [102]) Tertia jam expeditione cum imperatore profectus in Italiam, parua manu militum maximas romanas copias [103]) apud Tusculanum prostrauit, cepit et fugauit. Multa etiam . . . . . egregie inscrenda dignissime per omnem Italiam operatus est. Ipse erat laus, decus et pauor imperatori. Mense vero Augusti pestilentia in exercitum venit, qua et ipse proch dolor! correptus, In assumptione beate Marie obiit, omnibus dilectoribus Coloniensis ecclesie luctum [104]) morte sua relinquens. Fuit in lingwa discretus et compositus, litteris sufficienter instructus, animo et vultu imper-

---

95) probitate postpon. 𝔐. wo bie folgenben Worte: Ante episcopat. bis preposit. fuit, fehlen. — 96) cum duobus martyribus Nabore et Felice, 𝔐. — 97) Pallantinus, 𝔐. — 98) cum Ludowico Landgravio et Frederico duce Saxoniæ, 𝔐. — 99) violenter deprædari, 𝔐. — 100) viros, 𝔐. — 101) constitisse, 𝔐. — 102) Hier folgt bei 𝔐. Unde præfati tyranni perterriti, retro unde venerant, abierunt. f. b. 𝔐. 108. — 103) ad XL millia, 𝔐. — 104) tristitiam, 𝔐.

territus, imperio fidelis, Coloniensis ecclesie prouector. Nam et palatium Coloniense magnis sumptibus construxit, duas turres in templo sancti Petri erexit, decem marcas ad agendum Epiphanie festum [105]) instituit; totidem in cena domini ad solatium pauperum addidit, Octauam assumptionis celebrari induxit. [106]) Castellum Ryneckc exstrui [107]) fecit pro munimine episcopi. Hiis et aliis ab eo laudabiliter peractis, optamus ut eterna pace in domino quiescat. Sedit annis VIII, [108]) ossa ejus ab Italia Coloniam allata sunt et in domo beati Petri reucrentia condigna condita. Hic tres magos cum duobus martyribus Nabore et Felice, destructo Mediolano Coloniam transmisit. Reynoldus etiam cum imperatore profectus, parua manu militum XL milia Romanorum apud Tusculanum prostrauit, cepit et fugauit. Ipse quoque apsens contra honorem sui inimicos Lodewicum Lantgrauium, Fredericum ducem Sweuie, Conradum palatinum, episcopatum demoliri cupientes, tanta multitudine virorum fortium et nobilium conuenire precepit in campis Andernaci, quantam ex Teuthonicis conuenisse nunquam nostra percepit memoria. Vnde prefati tyranni perterriti retro, vnde venerant, abierunt. Et cum jam octo annis presul laudabiliter militasset, in vigilia assumptionis beate Marie virginis valida febre correptus, prope Romam obiit, cujus carnes et viscera ibidem sepulta sunt, ossa vero in domum sancti Petri recondita.

Quadragesimus tertius **Philippus** de castro Heynsbergh [109]) natione, ecclesie sancti Petri decanus et imperii cancellarius. Vir pulcherrimus atque fortis, prudens et discretus, affabilis, magnanimus atque supra modum liberalis. Iste adhuc decanus existens, castrum de Ryneckc ut supra dictum est, ex precepto episcopi Reynoldi, manu valida reedificauit et prefatos tyrannos fugauit; factus vero archiepiscopus, cum manu forti Saxoniam intrauit et Allostene [110]) obsedit, tota terra ducis Henrici depopulata, cum triumpho

---

[105]) decem marcis Eph. festum, M. — [106]) jussit, M. — [107]) Die Handschrift setzt irrig: destrui. — [108]) Alles folgende bis zum Schlußsatze: et cum jam annis octo etc. fehlt bei M. Wahrscheinlich, weil es mit anderen Worten vorher schon größtentheils gesagt ist. — [109]) Homberg, M. — [110]) Alesenne, M.

et gloria rediit. Ducatum Westphalie adjecit vel obtinuit Coloniensibus. Extunc duos ducatus habuit ecclesia Coloniensis. Emit preterea sancto Petro plurima castra. Qui cum Henrico filio Frederici imperatoris, quem Aquis vnxit in regem, profectus in Apuliam, obiit Neapoli. Cujus ossa delata sunt et honorabilius ceteris episcopis [111]) juxta episcopum Reynoldum, in domo beati Petri recondita. Sedit annis XXIIII sub Frederico et Henrico imperatoribus.

Quadragesimus quartus B r u n o de Altena major ecclesie prepositus. Hic electione, facta in Lotharium Bonnensem prepositum, minis nobilium cassata, quia idem Lotharius electioni de se facte, propter metum renunciauit, episcopus est factus, sicut superius dictum est de Frederico, cujus frater extitit secundum carnem. Iste debilis et senex renunciauit episcopatui et in habitu apud Dammborche [112]) defunctus est, cum sedisset sub Henrico imperatore anno vix vno.

Quadragesimus quintus A d o l p h u s de Altena [113]) majoris eeclesie prepositus, quia filius fratris dicti Brunonis, ipso Brunone adhuc viuente successit. Iste Henrico imperatore mortuo, Ottonem comitem Pictauie, fauente papa Innocentio, Henrici quondam ducis Saxonie filium, de Pictauia euocauit, paucis sibi fauentibus episcopis vel principibus, Colonie in regem elegit et Aquis coronauit et [114]) consecrauit, ceteris principibus Philippum, fratrem imperatoris, in regem eligentibus. Hinc per totum regnum graues et multiplices oriuntur guerre. Terra incendiis et rapinis et maxime Coloniensis archiespiscopatus deuastantur. Tandem Adolphus Coloniensis archiepiscopus, necessitate compulsus et, vt asserunt, quinque milibus marcarum corruptus, Ottonem deseruit et ad Philippum se transtulit et inconsulto papa, contra justitiam, Aquis in regem consecrauit. Vnde ipse ab Innocentio papa excommunicatus et (per) Siffridum Maguntinensem archiepiscopum et Cameracensem, a domino papa delegatos judices, in ecclesia sancti Petri in Colonia,

---

[111]) honorabiliter cum ceter. episc., 𝔐. — [112]) Daminberge, 𝔐. — [113]) de Altena fehlt bei 𝔐. — [114]) Coronavit fehlt bei 𝔐.

coram Ottone rege et vniuerso clero et populo, de dignitate pontificali deponitur, et ut alius eligatur indicitur. Sedit annis XII.

Quadragesimus sextus Bruno de Altena [115]) Bonnensis prepositus. Quo ordinato, ad instantiam [116]) Adolphi, Philippus rex offensus, cum exercitu Coloniam venit et eam obsedit. Et cum nihil proficeret, Nussiam profectus, eam in deditionem accepit et Adolpho archiepiscopo tradidit. Iterum anno sequenti Philippus rex episcopatum Coloniensem deuastare cepit. Cui [117]) Bruno archiepiscopus cum Ottone rege occurrere statuens, juxta Wassenbergh [118]) congressi sunt, ibique victoria Philippo cedente et Ottone fugato, Bruno archiepiscopus capitur vinculisque mancipatur, per annum in custodia detinetur. Quem tamen postea [119]) Philippus ad gratiam recipiens, Romam transmisit cum duobus cardinalibus, quos idem papa ad Almanniam, [120]) ad videndum Philippum et ad pacem confirmandam inter ipsum et Ottonem regem miserat. Postea occiso Philippo rege, idem Bruno cum litteris a sede apostolica reuertitur et ab omnibus [121]) cum honore susceptus, in breui defungitur et in domo sancti Petri cum planctu omni sepelitur. Sedit annis tribus.

Quadragesimus septimus Theodericus sanctorum Apostolorum prepositus successit. Hic in initio ordinationis sue bonus et vtilis terre fuit, postremo contra clerum agens, inuisus et odibilis cunctis efficitur. Denique imperatore Ottone excommunicato ab apostolico, idem Theodericus, ideo quod sibi faueret, infamatus a Sifirido legato similiter excommunicatus est. Sed cum parui [122]) penderet et in cena Domini diuina celebrasset et crisma confecisset, ab eodem, secundum preceptum apostolici, officio destituitur. Qui [123]) Romam pro satisfactione progressus, cum jam per triennium ibidem exulasset, nec aliquid in causa sua profecisset, priores

---

115) de Altena fehlt bei 𝔐. — 116) ad jus tantum, 𝔐. — 117) cum, 𝔐. — 118) Wastenberg, 𝔐. — 119) quem tamen ille, 𝔐. — 120) ad Almanniam fehlt bei 𝔐. — 121) ab hominibus, 𝔐. — 122) ista setzt 𝔐. hinzu. — 123) Unde, 𝔐.

Colonienses ad electionem alterius conuenire precipiuntur. Sedit annis quinque.

Quadragesimus octauus Engelbertus de Monte[124]) majoris ecclesie prepositus successit; qui cum episcopatum prius confusum in bonum statum restituisset, debita antecessorum suorum facta, per totum episcopatum, usque ad XXII milia marcarum collecta, persoluit. Fredericus rex pro imperiali consecratione Romam proficiscens, procurationem totius regni theutonici illi commisit et filium suum Henricum adhuc puerum illi commendauit, quem etiam Aquis in regem consecrauit.[125]) Tandem pace ubique stabilita, a Frederico comite de Ysenburch occiditur et in ecclesia majori sepelitur. Sedit annis X sub eodem imperatore.

Quadragesimus nonus Henricus de Molenarcke,[126]) prepositus Bonnensis, successit. Iste in vltionem sanguinis venerabilis domini Engelberti predicti, omnia castra comitis Frederici funditus destruxit ac suos heredes imperpetuum exheredauit et ipsum comitem, a quodam milite Baldewino de Geneff dolose captum, duobus milibus marcarum et amplius eum redimens, foris muros Coloniensium, ante portam sancti Seuerini, in quodam monticulo columpnam lapideam erigi fecit, in cujus summitate dictus comes rotali pena perplexus,[127]) ad miserabile spectaculum cunctis transeuntibus positus est. Duo autem fratres supradicti comitis, scilicet Monasteriensis et Osnaburgensis episcopi, hujus sceleris conscii, ad instantiam memorati archiepiscopi depositi sunt. Auctoritate etiam ipsius infra muros Colonienses[128]) adeo strenua pro quodam homicidio perpatrato facta sunt judicia, vt Theoderici de Molengassen dicti Sapiens[129]) ac totius sue parentele ac conplicum suorum diruerentur possessiones, ac ipse Theodericus qui tunc temporis in ipsa ciuitate famosissimus fuit et potentissimus, cum omnibus coadjutoribus suis proscriptus, ciuitatem egressus est. Hec et alia multa, dicto archiepiscopo presidente, relatu digna

---

124) de Monte fehlt bei M. — 125) unxit in regem, M. — 126) de Molenarcke fehlt bei M. — 127) plexus, M. — 128) auctoritate — Coloniens. fehlt bei M. — 129) Sapientis, M.

fiebant, que tamen ob ipsius nimiam simplicitatem, probitati ejus minime attribuebantur.¹³⁰) Henrico archiepiscopo defuncto et in domo beati Petri sepulto,

Quinquagesimus primus¹³¹) electus est Conradus de Hoesteden sancte Marie ad gradus prepositus. Vir magnificus, qui ab ecclesia Romana priuilegium obtinuit, quod quicunque ab archiepiscopo Coloniensi in regem Romanorum eligitur et ab eodem inungitur et consecratur Aquisgrani, talis esse debet in possessione regni Romanorum,¹³²) donec ipse per justam sententiam deponatur. Iste Conradus, Frederico de Scone¹³³) imperatore et Conrado rege filio ejus, per Innocentium quartum ab imperio et regno depositis, elegit in regem Lantgrauium Thuringie cognominatum Raspe.¹³⁴) Quo defuncto elegit alium, Wilhelmum comitem Hollandie et eum solempniter consecrauit. Quo rege a Frisonibus miserabiliter interfecto, idem presul elegit regem tertium Richardum comitem Cornubie, fratrem regis Anglie, virum pre omnibus pecuniosum. Item idem presul comitatum de Hoesteden¹³⁵) cum omnibus castris et terris sibi attinentibus, que¹³⁶) eidem jure hereditario competebant, beato Petro Coloniensi tradidit et comitatum de Wede eidem ecclesie Coloniensi comparauit. Scabinos Colonienses omnes, propter multos excessus, quosdam relegauit exilio, quosdam diu justa in captiuitate¹³⁷) tenuit. Cum Lymburgensibus in pace ecclesia reformata XXV⁰ consecrationis sue anno, in domino¹³⁸) sepultus est in nouo opere majoris ecclesie Coloniensis,¹³⁹) in loco vbi presul ejusdem operis primum posuerat fundamentum.

Quinquagesimus secundus¹⁴⁰) eligitur Engelbertus de Valkenbergh major prepositus. Vir utique pontificalis per omnia, qui vno die cum exercitu copioso ingrediens ciuitatem, non bono vsus concilio, scabinos, quos suus predecessor instituerat, destituit et quosdam ex ipsis captiuauit,

---

130) Der folgende Satz fehlt bei M. — 131) primus fehlt bei M. — 132) Regni Romanorum fehlt bei M. — 133) de Scone ober Stone fehlt bei M. — 134) Ruspe, M. — 135) Hobstaden, M. — 136) quod — competebat, M. — 137) civitate, M. — 138) obdormivit et M. — 139) in ecclesiae majoris uova domo, M. — 140) primus, M.

omnes portas ciuitatis hominibus muniuit, de superiori et inferiori porta duo firmissima castra facere disposuit. Sed communitas populi sentiens¹⁴¹) ex hoc seruilem fieri ciuitatem, vna die omnes portas recuperauit et antiquos scabinos, quos Conradus expulerat et captiuauerat, reuocauit. Qui scabini eundem presulem postea in palatio suo presidentem judicem captiuarunt. Ipse liberatus a captiuitate ciuium, cum Wilhelmo Comite Juliacensi, qui ciuitati adhesit in premissis, bellum campestre habuit, in quo captus, per tres annos cum dimidio vinculis detentus.¹⁴²) Quibus exemplus, cum maxima potentia et solempnitate regem elegit et consecrauit, videlicet dominum Rudolphum comitem de Hafebergh, ¹⁴³) qui dignissimus inter omnes imperiali corona, regnum quod diu vacillauerat, magnifice incepit reformare. Mortuus est autem Engelbertus consecrationis sue anno XIIII et sepultus est in ecclesia Bonnensi, quia diebus illis ciuitas Coloniensis per tres annos cum dimidio fuit interdicta.

Post hujus obitum abbates, prepositi et decani priores, conuenientes in eadem ecclesia Bonnensi, die ad eligendum prefixa, dicebant se debere electioni pontificis interesse. Sed soli canonici majoris ecclesie, ceteris prioribus non admissis, omnes elegerunt postulando ¹⁴⁴) Conradum de Monte, prepositum sancte Marie ad gradus, defectum etatis patientem. Solus autem Petrus de Vienna, majoris ecclesie prepositus, elegit Siffridum de Westerbergh, prepositum Maguntinensem. Ilis sic electis,¹⁴⁵) dominus Gregorius papa¹⁴⁶) decimus, in concilio Lugdunensi, Conradum cassauit et ecclesie Coloniensi auctoritate apostolica prouidit de Siffrido¹⁴⁷) qui XX^(mum) consecrationis sue agens annum, plurimorum fortunam prosperam et aduersam est perpessus. Qui prope Worinch¹⁴⁸) in conflictu, quem habuit cum duce Brabantie,¹⁴⁹) de Monte, Juliacensi et de Marcka comitibus, ciuibusque

---

¹⁴¹) sentientes, 𝔐. — ¹⁴²) condetentus est, 𝔐. — ¹⁴³) Rodolphum de Habsburg, 𝔐. — ¹⁴⁴) postulando fehlt bei 𝔐. — ¹⁴⁵) Hoc sic electo, 𝔐. — ¹⁴⁶) papa fehlt bei 𝔐. — ¹⁴⁷) Sigfrido do W. episcopo quinquagesimo secundo, 𝔐. — ¹⁴⁸) Hic prope Wernic, 𝔐. — ¹⁴⁹) Johanne et comite de Monte, civibusque Coloniensibus, 𝔐.

Coloniensibus, captus est a comite de Monte Adolpho, qui subuehi consueuit in curru. Et ibidem [150]) interfectus est vir nobilis, dominus Henricus comes de Lucenburgh et alii quamplures nobiles et barones. Hic Adolphum comitem de Nassauwe elegit in regem et consecrauit Aquisgrani.

Quinquagesimus tertius dominus W i c b o l d u s de Holte in Westphalia [151]) anno domini M⁰.CC⁰.XCVII⁰. in principio Maji decanus Coloniensis et prepositus Aquensis concorditer electus a capitulo in Nussia et a domino Bonifacio papa confirmatus. Rexit ecclesiam Coloniensem VII annis et infra [152]) guerram quam cum Euerhardo comite de Marcka habuit, Susati mortuus est et sepultus ibidem.

Quinquagesimus quartus dominus H e n r i c u s de Virnenburgh, prepositus Coloniensis, anno domini M⁰.CCC⁰.IIII⁰. electus est in Colonia, qui comparauit ecclesic Coloniensi Hilkerade castrum cum suis appenditiis, [153]) Volmesteyne quod postea tamen perdidit. Hic imperatorem Henricum de Lucenburgh elegit in regem et sacrauit. Qui post rexit ecclesiam Coloniensem XXV annis. In pace defunctus est et sepultus Bonne in ecclesia beatorum Martirum Cassi et sociorum ejus.

Quinquagesimus quintus successit W a l r a m u s [154]) frater comitis Juliacensis per papam Johannem XXII^{um} electus et per Adolphum episcopum Leodiensem in archiepiscopum consecratus. Hic cum esset nobilis et milis, non per se, sed per quosdam alios episcopatum regebat, qui ipsum extra diocesim, modo in Francia modo in diocesi Leodiensi seu alibi latitare fecerunt. Qui postremo Parisius moritur et in ecclesia Coloniensi honorifice sepelitur.

---

[150]) Et apud eundem, 𝔐. — [151]) Wibboldus de Holte ù Westph., 𝔐. — [152]) intra, 𝔐. — [153]) terrarum et praediorum, quod postea tamen perdidit, 𝔐. Bolmeftein ift übergangen. — [154]) praepositus Leodiensis, frater marchionis Juliacensis, ipso marchione in curia apud papam hoc procurante. Das folgende fehlt bei 𝔐. wo gleich mit dem Sage: Qui dnus. Walr. archieps de Juliaco Parisiis moritur a. d. M.CCCXLIX. et in Colon. in maj. eccles. sepelitur, geschlossen wird.

Quinquagesimus sextus dominus Wilhelmus de Genepe Canonicus Coloniensis succedit, [155]) cui papa Clemens sextus prouidit. Hic ad presens Coloniensi presidet Ecclesie.

---

[155]) Statt des folgenden heißt es bei R. Eodem tempore gravissima incepit mortalitas. Tunc etiam secta flagellatorum (Die Geißelbrüder) discurrit.

II.
Die alten Rathsbücher der Stadt Brilon.
1497 und 1595.

Die Stadt Brilon, eine sehr alte und nach Soest die erste Hauptstadt des Herzogthums Westfalen, theilt mit Soest das Geschick, daß eine eigentliche Chronik aus älterer Zeit, von ihr nicht vorliegt. Um diesem Mangel für unsere Quellen einigermaaßen abzuhelfen, wollen wir den nachstehenden Auszügen aus den alten Rathsbüchern derselben, die wichtigsten urkundlichen Momente der städtischen Geschichte vorausschicken. Sie werden dazu dienen, die Bedeutung und den Werth jener Auszüge einleitend klar zu stellen.

Brilon gehörte zu den Gütern des sächsischen Kaiserhauses, dessen Stammvater: Graf Egbert, sich der besonderen Gunst Karls d. Gr. zu erfreuen hatte. Er wohnte mit seiner Gemahlin, der h. Ida, die das Kloster Herzbrok an der Lippe stiftete, zu Hofstadt. Sein Sohn Ludolf vererbte das Herzogthum in Sachsen, wovon Westfalen damals den bedeutendsten Theil ausmachte, auf seine Nachkommen, die nach ihm die Ludolfinger genannt wurden. Ludolfs Enkel, Heinrich I. oder der Finkler, eröffnete die glänzende Reihe der deutschen Könige aus sächsischem Stamme. Sein Sohn Otto der Große, stiftete in dem durch ihn sehr erweiterten Ostsachsen das Erzbisthum Magdeburg, welches er mit ausgebreitetem Gutsbesitz jenseits der Weser, theilweise aber auch mit mehreren, auf ihn vererbten Stammgütern, diesseits der Weser ausstattete. Zu den letzten gehörten namentlich Brilon und Rösenbeck, an welchen beiden Orten wir später auch die Ministerialfamilie von Brilon reichbegütert finden. Am 5. Juni 973 bestätigte K. Otto II. dem Stift Magdeburg alle Zuwendungen, die ihm von seinem Vater gemacht waren und unter diesen werden als westlich der Weser gelegene Güter genannt: Brilon, Rösenbeck, Uffeln und 30 Mansen im Arpesfelde.[1])

Außer Magdeburg, war auch die Abtei Werden zu Brilon begütert. In dem Propstei-Register derselben, welches die Erwerbungen zwischen 793—1160 befaßt, wird fol. 15 eine in Brilon wohnende Hörige des Stifts genannt[2]) und zu den vielen Allodien, welche Erzbischof Philipp 1167—1191 in Westfalen erwarb, gehörte auch das der Brüder Conrad und Eberhard v. Gudenberg bei Brilon, welches jährlich 6 Mark eintrug. Er hatte es für 60 Mark angekauft.[3])

Damals hatte Brilon schon eine eigene Kirche, welche Erzbischof Reinald (1159—1167) dem Canonichenstifte zu Soest übergab, wie aus einer späteren Bestätigung des Erzbischofs Adolf I. v. 3. Mai 1196 hervorgeht.[4]) Worauf sich diese Uebergabe gründet? ob auf den Diocesanbefugnissen des Erzbischofs überhaupt oder auf einem besonderen Titel? davon ist nichts bekannt. Letzteres ist eben nicht wahrscheinlich, weil der Erzbischof von Cöln, in Brilon damals noch keine Territorialrechte hatte, vielmehr der Besitz der Villa Brilon, von der Magdeburger Kirche auf die Paderborner übergegangen war. In welcher Art dieses geschah, darüber ist wieder urkundlich nichts bekannt und läßt sich daher nur vermuthen, daß die Kirche zu Magdeburg, der zu Paderborn ihre Rechte auf Brilon, vielleicht im Wege des Tausches, übertragen hatte, weil ein so entlegenes Besitzthum für sie wenig Werth hatte. Gewiß ist aus späteren Urkunden nur, daß die Paderborner Kirche ihren Vogt, den Grafen von Waldeck, mit der Villa Brilon beliehen und dieser solche den Brüdern Hermann und Gernand v. Brilon, Ministerialen der Paderborner Kirche, weiter zu Afterlehn gegeben hatte, welche sich seitdem auch von

---

[1]) Seibertz U.B. I. Nr. 12. — [2]) Seibertz a. O. III. Nr. 1060. — [3]) Daselbst Nr. 1072. §. 4. — [4]) Daselbst I. Nr. 105.

dieser Besitzung nannten. Wann die Belehnungen geschahen, geht aus den darüber vorliegenden Urkunden nicht hervor, weil weder der Bischof von Paderborn noch der Graf von Waldeck, von denen sie herrühren, genauer darin bezeichnet sind.³) Dagegen ist theils aus den gedachten, theils aus anderen Urkunden bekannt, daß Erzbischof Engelbert I. oder d. heil. von den gedachten beiden Brüdern die Villa Brilon ankaufte und als Stadt befestigte. Daß dieses mindestens 1220 geschehen sein müsse, ist darum gewiß, weil Engelbert am 9. Juli desselben Jahrs der Stadt Medebach alle Rechte und Freiheiten giebt, welche den Städten Rüden und Brilon von seinen Vorfahren und ihm selbst, theils bei ihrer ersten Stiftung, theils später verliehen worden; namentlich aber das Recht, daß kein weltlicher Richter befugt sein solle, Scheffen, Rathsmitglieder oder andere Bürger zur Gerichtsfolge außerhalb der Stadtmauern, durch Waffenschrei, anders zur Gerichtsfolge laden zu dürfen, als dies zu Brilon und Rüden der Fall.⁶) Die älteren besonderen Privilegien dieser beiden Städte, worauf sich das Medebacher bezieht, liegen zwar nicht mehr vor; die Stadt Rüden wurde aber 1200 von Erzbischof Adolf I., neben dem dortigen erzbischöflichen Castrum angelegt und allgemein mit den Rechten der Stadt Soest versehen.⁷) Dasselbe muß also auch bei der Anlage der Stadt Brilon von Engelbert I. geschehen sein, weil er die Rechte von Rüden und Brilon als gleiche und zwar als solche hinstellt, die ihnen theils bei ihrer Anlage, theils später, theils von seinen Vorfahren, theils von ihm selbst verliehen worden.

Ein alter westfälischer Chronist berichtet zwar, es solle schon Erzbischof Philipp v. Heinsberg, der 1180 das Herzogthum in Engern und Westfalen erwarb, die Städte Soest, Brilon und Medebach als solche befestigt haben und die Löwen, welche in verschiedenen Kirchen und alten Gebäuden des Landes z. B. zu Soest, Brilon, Werl u. s. w. gefunden würden, seien Zeichen, daß schon Heinrich der Löwe hier geherrscht habe.⁸)

---

⁵) Seibertz a. O. III. Nr. 269 und 301. — ⁶) Daselbst I. Nr. 157. — ⁷) Daselbst Nr. 113. — ⁸) Kleinsorgen Kirchengesch. v. Westfalen II, 53 und 78.

Auch besagt das Rübener Statutarrecht in seiner Einleitung, Erzbischof Philipp habe dieser Stadt 1178 das Recht gegeben. Es ist aber schon anderwärts vom Herausgeber nachgewiesen, wie wenig auf diese Traditionen zu geben.⁹) Die vorhin gedachte Urkunde des Erzbischofs Adolf setzt die Entstehung der Stadt Rüden erst in das J. 1200 und das der Stadt Brilon wird durch die Urkunde Engelberts für Medebach von 1220, in Verbindung mit einer anderen des Erzbischofs Conrad von 1251 eben so sicher festgestellt,¹⁰) weil es ausdrücklich in dieser heißt, Engelbert habe, nachdem er als kluger Hausvater die Wichtigkeit der Lage von Brilon erkannt, den Grund worauf die Stadt erbaut worden, von den Rittern Hermann und Gernand von Brilon erkauft und zum Schutze des Landes befestigt.

Die neue Stadt erhob sich bald zu großem Flor. Bei einem Umfange von 6,900 Fuß, geschützt durch einen breiten Graben zwischen doppelten Wällen, von denen der innere 8 Fuß dicke Mauern, 4 befestigte Thore und 12 Thürme trug, war die rasch zunehmende Bevölkerung derselben bald im Stande, sich äußerer Anfechtungen zu erwehren und den Frieden des Landes zu schützen. Dabei wurde sie durch die einflußreiche Stellung des Erzbischofs Engelbert als Reichs= verweser, kräftig gehandhabt, wie unter anderen daraus her= vorgeht, daß er die Zehntrechte, welche der Soester Propst, Namens der seinem Kapitel übertragenen Briloner Kirche, geltend machte, zurückzuweisen suchte.¹¹) Auch Engelberts nächste Nachfolger, Heinrich von Molenarch und Conrad von Hoch= steden, trugen wesentlich dazu bei, das kräftige Aufstreben der jungen städtischen Gemeinde zu fördern. Wir finden daher letztere schon bald in einer Fehde mit dem benachbarten mäch= tigen Ritter Johann von Padberg dem älteren verwickelt, der mit seinem Vater Gottschalk, von Engelbert d. H. 1217 das Castrum Padberg nur unter der Bedingung als Lehn behalten

---

⁹) Seiberß Urk. Buch II. Nr. 540. Note 46. — ¹⁰) Daselbst I. Nr. 269. — ¹¹) Durch die Compromiß=Entscheidung in dem Rechts= handel des Erzbischofs gegen den Propst Thomas, wurde die Rückgabe der obligatio decime in Brilon an Letzteren verordnet. Seiberß U. B. I. Nr. 160.

hatte, daß er und seine Nachkommen es zum Dienst der cölnischen Kirche bewahren oder alle Lehne von derselben verlieren und 1000 Mark Strafe zahlen wollten.¹²) In dem mit Johann dem jüng. geschlossenen Frieden, übernahm die Stadt, dem unterdeß, wahrscheinlich in der Fehde, verstorbenen Vater Johann d. ält. ein Jahrgedächtniß im Kloster Bredelar zu stiften. Die darüber am 17. Aug. 1248 ausgestellte Urkunde der Stadt Brilon ist die älteste, welche wir von ihr kennen.¹³) Unter den darin gedachten Zeugen, finden sich auch die Brüder Swicker und Ulrich von Brilon, Johann de Piscina und Berenger von Brilon, über welche die nächstfolgende Urkunde der Stadt v. 7. Nov. 1250 genauere Auskunft giebt.

In dieser Urkunde sagt nämlich der Stadtrath: Johann v. Piscina, noch nicht Ritter, habe dem Kloster Bredelar, für die Seele seines dort begrabenen Vaters, des Ritters Gernand, gewisse Güter zu Rösenbeck, welche jährlich ¹/₄ Mark (fertonem) zahlen, auf so lange zur Benutzung überwiesen, bis es davon 18 Solidos bezogen haben werde. Nun aber habe derselbe sich mit dem Kloster dahin geeinigt, daß er demselben für jene Schuld, ferner für eine Schuld seiner Mutter von ¹/₂ Mark und für zugelegte 6 Mark die gedachten Güter erblich verkauft habe. Es sei alles dies geschehen mit Zustimmung seiner Mutter, seiner Frau und seines einzigen Knaben, ferner seiner Schwester und der Brüder Swicker, Ulrich und Ambrosius, der Söhne seines Oheims. Unter den Zeugen befindet sich wieder Berenger; diesesmal bezeichnet: quondam judex.¹⁴) Es waren also damals die Brüder Hermann und Gernand v. Brilon verstorben. Ob Hermann 1248 noch lebte, ist ungewiß; denn in der Urk. von d. J. wird zwar auch ein Hermannus miles unter den Zeugen genannt, aber Swicker und Ulrich sind nicht als seine Söhne in Verbindung mit ihm

---

¹²) Seibertz U. B. I. Nr. 149. Die Strafzahlung war durch versprochenes Einlager in Rüben (weil 1217 Brilon noch keine cölnische Stadt war) und durch 20 Bürgen garantirt. — ¹³) Seibertz U. B. I. Nr. 255. — ¹⁴) Daselbst Nr. 263. Er wird noch einmal, in der gleich folgenden Urk. von 1255 genannt als: Berengerus quanquam judex. Die Bezeichnung Berengerus de Brilon in der Urkunde v. 1248 scheint darin ihren Grund zu haben, daß er Richter zu Brilon war.

aufgeführt. Wie aus einer späteren Urk. v. 1255 hervorgeht, hatte er aus seinen Gütern zu Thülen eine Rente von 4 Soliden an die Kirchen zu Flechtorf, Küstelberg, Brilon und Bredelar für sein und seiner Frau Seelenheil vermacht.[15]) Von seinen Söhnen wird Ambrosius nach 1250 in Urkunden nicht mehr genannt. Die beiden älteren, Swicker und Ulrich, kommen dagegen noch mehrmals in Urkunden v. 1255, 1258 und 1264 als Zeugen von Veräußerungen vor, welche theils ihre Verwandten, die v. Metzenchusen, theils ihr Vetter Johann von Piscina mit Rosenbecker Gütern, zu Gunsten des Klosters Bredelar vornahmen[16]) Seitdem wird Ulrich von Brilon nicht weiter, Swicker aber wird noch einmal in einer Urkunde v. 4. Aug. 1283 genannt, worin der Pfarrer und der Stadtrath zu Brilon erklären, daß Schwicker, Sohn des Ritters Schwicher vor ihnen, die von seinem Großvater (Hermann) geschehene Schenkung einer Curtis in Thülen an das Kloster Bredelar mit der Maaßgabe genehmigt habe, daß davon den Kirchen zu Flechtorff, Questelberg und Brilon jeder 12 Denare abgegeben werden müßten.[17])

Wie es scheint, führten diese Nachkommen Hermanns den Namen von Brilon fort, weil sie auf der alten Haupt-Curtis Brilon wohnen blieben, welche noch heute Altenbrilon heißt. Um die dortige jetzige Kapelle, sind die alten Burggraben und Teiche noch sichtbar. Es geht zwar auch eine Sage, daß zu Altenbrilon ein Nonnenkloster gestanden habe[18]) und im Glockenborne versunken sei, aus dem man an festlichen Tagen die ehemaligen Klosterglocken noch heraustönen höre. Allein diese Sage entbehrt alles geschichtlichen Grundes, ausgenommen etwa, daß der ehemalige Teich, der jetzt Glockenborn heißt, in seinen Umrissen die ungefähre Form einer Glocke hat. Die Nachkommen Gernands, scheinen mit in die neue Stadt hinauf gezogen zu sein, welche um die höher liegende Kirche der Villa Brilon angelegt wurde und an dem Fischteiche gewohnt zu haben, wo das ehemalige Zehnthaus des

---

[15]) Seiberz Urk. Buch I. Nr. 291. — [16]) Daselbst I, 291, 312 und 331. — [17]) Daselbst I, 407. — [18]) v. Steinen westf. Gesch. St. 30 S. 1114 führt dies sogar als geschichtliche Thatsache an.

Klosters Bredelar stand, welches noch im 16. Jahrhundert die
Burg der Herren zu Bredelar hieß.¹⁹) Von jenem Fischteiche
nannte sich dann Johann, Gernands Sohn, de Piscina. Er
kömmt in den schon angeführten Urkunden von 1248, 1250,
1255, 1258 und 1264 theils als Zeuge, theils als Verkäufer
von Rösenbecker Gütern an Bredelar vor. Seine Mutter lebte
noch 1250, wo er für seines Vaters Seelenheil eine Memorie
in Bredelar stiftete. Hermann de Piscina, der in einer Urk.
v. 1277 als Rathsherr zu Brilon und Theoderich de Piscina,
der in einer anderen von demselben Jahre als Mit-Bürge
für Albert v. Störmede erscheint,²⁰) waren vermuthlich seine
Söhne. Von Nachkommen derselben ist nichts bekannt. Die
Nachkommen Schwichers werden uns noch begegnen.

Während auf solche Weise die ehemaligen Herren der
Villa Brilon durch Veräußerung ihres Besitzthums täglich
mehr zurückgiengen, erwuchs die darauf angelegte Stadt, durch
Gunst der Erzbischöfe, wie durch eigene jugendliche Kraft, zu
immer größerer Bedeutung. Am 4. Jan. 1251 gab ihr Erzbischof Conrad, nachdem er die Weisheit gepriesen, womit sein
Vorfahr Engelbert, die Bedeutung der Lage des Orts für
den Frieden des Landes erkennend, denselben zur Stadt befestigt habe und den Eifer anerkannt, womit die Bewohner derselben das in sie gesetzte Vertrauen bisher gerechtfertigt hätten,
zum weiteren Schutz ihrer bisherigen Rechte, das damals sehr
wichtige Privileg, daß das heimliche Gericht, welches Behme
oder Bribing genannt werde, innerhalb ihrer Mauern niemals solte richten dürfen.²¹) Wer die ungeheuere Macht
erwägt, welche die heimlichen Gerichte in der nächst folgenden
Zeit erlangten, der kann die Tragweite dieses Exemptionspri-
vilegs ermessen, zu dessen Verleihung der Erzbischof als kaiser-
licher Statthalter über die Freigerichte, allerdings befugt war.

---

¹⁹) 1489 verkauft Elias, Bürger zu Brilon, dem Kloster Bredelar
einen Jahrzins von 1 Groschen oder 6 Pf., den er aus dem Hause der
Herren v. Bredelar, nicht weit von der Kefflifer Pforte, in Vorzeiten
die Burg genannt zu heben hatte und 1510 verkauft Jacob Wetter zu
Brilon aus seinem Hause ober der Burg der Herren von Bredelar,
bei der Mauer, dem Rector des Hospitals am Markte, eine Jahrrente
von 2 Schill. Ungedruckte Url. — ²⁰) Seiberß II B. I. Nr. 379 und
390. — ²¹) Daselbst I. Nr. 269.

Die darüber ausgefertigte Urkunde, ist nebenbei darum für die Geschichte jener Gerichte interessant, weil das Wort Feme, als Bezeichnung für dieselben in ihr zuerst vorkömmt.[22])

Erzbischof Conrad hatte guten Grund, sich durch solche Concessionen, die Anhänglichkeit dieser Grenzstadt seines westfälischen Territoriums zu sicheren, denn die Integrität desselben war keineswegs unangefochten. Die Paderborner Kirche, auf die vielfachen kaiserlichen Schenkungen an ihren Bischof Meinwerck fußend, machte vielmehr erhebliche Ansprüche auf den nordöstlichen Theil des Herzogthums Westfalen, welche bisher nur durch die überwiegende Macht der cölnischen Kirche und die dem Erzbischofe 1180 verliehene herzogliche Gewalt in Westfalen und dem zur paderborner Dioecese gehörenden Theile von Engern, waren niedergehalten worden. Nachdem aber der kriegerische Simon I. Herr v. d. Lippe 1247, den bischöflichen Stuhl von Paderborn bestiegen hatte, suchte er auch sofort die seiner Territorialgewalt gezogenen Grenzen zu durchbrechen. Er fieng damit an, zu Vilsen ein neues Castrum anzulegen, und Salzkotten als Stadt zu befestigen, was der Erzbischof als Herzog nicht zugeben wollte. Die Feindseligkeiten wurden durch den cölnischen Landmarschall Albert von Störmede, der persönlich dabei betheiligt war, zum Ausbruche gebracht, aber damals 6. April 1247 dahin vermittelt, daß Albert die Villication der Curtis Vilse übergeben, dem Erzbischofe die Niederbrechung der städtischen Befestigung von Salzkotten freigestellt und von Simon das Versprechen abgegeben wurde, innerhalb des Ducats des Erzbischofs, ohne dessen Erlaubniß keine neue Befestigung anzulegen.[23]) Einige Jahre später erneuerte Simon seine Ansprüche, denen er nun auch andere auf Erwitte, Gesele und Brilon hinzufügte. Sein Versuch, dieselben mit Gewalt der Waffen durchzusetzen, fiel aber so unglücklich aus, daß er 1254 vielmehr in die Gefangenschaft des Erzbischofs gerieth[24]) aus der er sich durch einen ferneren Friedensschluß v. 23. Aug.

---

[22]) Lochner, das deutsche Mittelalter in seinen Urkunden, Chroniken und Rechts-Denkmälern II, 52. In einer etwas früheren Urk. von 1227 werden jedoch schon die scabini, qui dicuntur Vimenoth, Femenoten, Feimgenossen genannt. Seibertz Urk. Buch III. Nr. 1082. —
[23]) Daselbst U. B. I, 249. — [24]) Daselbst I, 281.

1256 loslaufen mußte, worin die Schleifung des Schlosses Bilse, die Gemeinschaftlichkeit der Städte Geseke und Salzkotten zwischen Cöln und Paderborn festgesetzt, das hohe Gericht zu Erwitte aber und der ausschließliche Besitz von Brilon, wie ihn des Erzbischofs Vorfahren Engelbert und Heinrich inne gehabt, Cöln zugesichert wurde.[25]) Dieses Abkommen befriedigte indeß den Bischof Simon, namentlich wegen Brilon so wenig, daß er sich nun mit einer Beschwerde an Pabst Alexander IV. wendete, worin er ausführte, wie die Brüder Hermann und Gernand von Brilon, als Ministerialen und Aftervasallen der paderborner Kirche, ohne Bewilligung derselben gar nicht befugt gewesen seien, die der Kirche gehörende Villa Brilon, an den Erzbischof von Cöln zu verkaufen. Der Papst ernannte auch am 29. März 1257 eine schiedsrichterliche Commission zur Untersuchung der Sache.[26]) Diese bewirkte aber ebenfalls keine Aenderung darin. Der Erzbischof blieb im Besitze von Brilon.

Die Stadt gelangte nun immer mehr zum Bewußtsein ihrer Kraft und scheint sich fortwährend in Fehden mit dem Adel der Nachbarschaft versucht zu haben. Eine Urkunde vom 26. Mai 1269 spricht dafür. Die Briloner Consuln sagen darin mit vielem Selbstgefühl, es sei ihr Streben, den Lauf dieses Lebens glücklich zu vollenden, um in jenem mit Christus immerdar zu regieren. Darum hätten sie nach dem Beispiel des tapferen Judas, der für die im Kampfe Gefallenen reiche Almosen nach Jerusalem schickte, auf die Vermittelung edler Herren, wegen der Tödtung Gottfrieds von Huderde und Franco's, sich dazu verstanden, für ein Anniversar derselben, dem Kloster Bredelar jährlich eine Mark Pfenninge zu entrichten. Zeugen des Acts sind unter anderen: Bischof Simon von Paderborn, die Edelherren Berthold von Büren, Vater und Sohn, der westfälische Landmarschall Robert von Virneburg und mehrere Ritter des Ministerial-Adels.[27]) Die Veranlassung der Verhandlung, scheint danach keine unbedeutende gewesen zu sein, wiewohl nichts Näheres darüber bekannt ist.

---

[25]) Seibertz Urk. Buch I, 297. — [26]) Daselbst I, 303. — [27]) Daselbst I, 347.

Das Verhältniß zum Erzbischofe war fortdauernd ein gutes, wie unter anderen daraus hervorgeht, daß Brilon, in Verbindung mit den Städten Soest, Attendorn, Recklinghausen und Essen, so wie mit mehreren Edelherren und Ministerialen, am 12. April 1271, bei dem Grafen Wilhelm von Jülich sich dahin für Erzbischof Engelbert II. verbürgte, daß dieser die Bedingungen, unter denen er aus der Gefangenschaft des Grafen entlassen war, treulich erfüllen werde.[28] In wiedervergeltender Anerkennung dafür, gab Engelbert der Stadt, am 26. Juni desselben Jahrs, ein Schutzprivileg gegen alle weltliche Richter außer der Stadt und gegen alle Arreste auf die Personen und Güter Derjenigen, welche sich in ihr niederlassen wollten.[29]

So einladende Privilegien zogen immer mehr Einwohner in die Stadt. Die um dieselbe herumliegenden einzelnen Höfe und kleineren Ortschaften wie Ledrike, Wintersberg, (Windsberg) Elleren bei Rixen, Boxen und Lehmekesbrok bei Scharfenberg, Affinghausen (das Äscher Höfchen, zwischen Brilon und Scharfenberg,) Düggeler, Kneblinghausen und Wenster bei Wülfte, Dorslon, Altenbrilon, Desbeke und Geilinkhausen, Kesslike, Hoyshausen (an der Becke hinter dem Hohyser jetzt Hölsterloh) Honderat, Eickhoff, Hemberg, Hilbringhausen, Richwardinghusen, Wersinghusen oder Pressinghusen, am Frettholze unterhalb Brilon, Weweringhausen mit dem Dickhofe zwischen Brilon und Almen, Kranwinkel, Hengesbeck, Borgharsberge,[30])

---

[28] Seiberh I, 353. — [29] Daselbst Nr: 357. — [30] Die Stelle ist bezeichnet durch den Namen Borgbergs Kirche und die Lage derselben näher beschrieben in einem Aufsatze des Herausgebers: Der Borberg, im Kunst- und Wissenschaftblatte des westf. Anzeigers von 1830, Nr. 1. Daß aber der Borberg seinen Namen nicht von einer ehemaligen Burg, sondern wirklich von einer darauf gestandenen Kirche oder Kapelle habe, geht aus einem Güterverzeichnisse des Stifts Geseke von 1360 hervor, worin es unter anderen heißt: Abbatissa habet sola conferre capellam in Borghardes berghe juxta Brilon. Nicht sehr weit davon, im Briloner Felde liegt der Geseker Stein, der vielleicht seinen Namen jenen uralten Beziehungen der st. Borghardts Kapelle zum Geseker Stifte verdankt. In den Ruinen der Borbergskirche fand vor 30 Jahren ein Holzhauer Joh. Klabolz, bei gelegentlichem Aufräumen, das verrostete alte Kuchen- oder Hostieneisen der Kirche, welches jetzt der Herausgeber besitzt. Wir werden das merkwürdige Güterverzeichniß des Geseker Stifts, in einem der folgenden Hefte mittheilen. — Besser als die Kapelle auf dem Borghards-

Hopperen zwischen Brilon und Bruchhausen u. s. w. schickten allmählig ihre Bewohner in die Stadt, deren Feldmark sich dadurch auf eine ungemeine, für die Kultur des Bodens freilich nicht vortheilhafte, Weise erweiterte. Die Stadt-Kirche wurde zu enge und mußte ebenfalls erweitert werden. Wahrscheinlich wurde um diese Zeit das alte Schiff der Kirche, nach Westen durch den daran gebauten hohen Thurm, nach Osten durch das Chor mit dem dazu gehörigen stark ausladenden Querschiffe und den hohen Fenstern in seine jetzige, von großem Wohlstande der bauenden Gemeinde zeugende, imposante Form gebracht. Wenigstens weihete am 4. Juni 1276 Edmund Bischof von Coron die Kirche mit dem hohen Altar, zu Ehren der Jungfrau Maria und der Apostel Petrus und Andreas, sodann noch einen zweiten Altar zu Ehren des heil. Kreuzes.[31])

In diese Zeit fällt die Entstehung der Hanse. Die innere Regsamkeit des sich entwickelnden deutschen städtischen Lebens, veranlaßte zuerst die Gründung des rheinischen Städtebundes, der jedoch dadurch wieder zu Grunde gieng, daß zu viele Herren und Junker darin aufgenommen wurden, welche die reine Entwickelung des bürgerlichen Elements störten. Von desto größerem Erfolge war der nordische Städtebund, der sich in der nächstfolgenden Zeit unter dem Namen der Hansa Theutonica zu weltgeschichtlicher Bedeutung hob. Unsere westfälischen Städte betheiligten sich gleich im Anfange daran, wozu die uralte Wander- und Reiselust des Volks wesentlich

---

berge, haben sich bis zu Altenbrilon und Kefflike gehalten. Beide hatten früher eigene Kirchhöfe, mit beiden sind Benefizien in der Pfarrkirche verbunden. Zu jeder derselben geht noch jetzt jährlich eine Prozession. Die Kapelle ad s. Antonium Eremit. zu Kefflike wurde 1582 neu gebaut. (Ungedr. Urk.) Die Kapelle zu Wülfte ist aus neuerer Zeit.

[31]) Seibertz I. Nr. 374. Ueber das architectonische Alter der Briloner Pfarrkirche und ihres mächtigen Thurms vergl. Seibertz Uebersicht der Territorialgeschichte der Herzogthümer Engern und Westfalen in Wigands Archiv für westf. Gesch. II. S. 244 und Lübke, die mittelalterliche Kunst in Westfalen S. 171. Vom Thurme sagt eine Urk. von 1561: „Als Goth erbarms am nechstvergangenen Jar unser thorn an der Stath haubtkirchen vom Himmelsfeuer abgebrandt." Der Brand verzehrte wohl nur das, freilich sehr umfangreiche Dach; zu dessen Wiederherstellung, mit Erlaubniß des damaligen Officials Gerhard Kleinsorgen, mehrere Kirchengüter verkauft wurden.

beitrug; wie dann z. B. schon Erzbischof Reinald in einer
Urkunde von 1166 über die Rechte der Stadt Medebach, für
diejenigen Einwohner derselben besondere Fürsehung traf, welche
Handelsgeschäfte in Datia vel Rucia (Dänemark oder Rußland)
betrieben.³²) In dem alten Soester Stadtrechte (um 1120)
ist schon von Gütern der Walen und Friesen die Rede.³³)
Die Schleswicker Brüderschaften waren nicht bloß in Soest,
sondern auch in anderen Städten, von dieser Zeit her bekannt.³⁴)
Soest, welches später auf den Hansetagen die westfälischen
Städte repräsentirte, hatte schon damals Seehandel, wie daraus
hervorgeht, daß ihm König Wilhelm 1255 ein Privileg für
diejenigen seiner Einwohner, welche Schiffbruch gelitten, zur
Bergung ihrer Sachen gab.³⁵) Auf die Fürsprache König
Richards gab 1257 sein Bruder, König Heinrich III. von
England, der Gesammtheit der deutschen Kaufleute, für ihre
Waarenniederlage in London, die Gildehalle genannt, besondere
Privilegien.³⁶) Daß auch Brilon an diesem Handelsverkehr
sich lebhaft betheiligte, geht nicht allein daraus hervor, daß
der Stadtrath für die Brüderschaft der Kaufleute schon am
6. Nov. 1289 ein eigenes Statut entwarf,³⁷) sondern es wird
noch sprechender bekundet, durch den Bau des colossalen Rath=
hauses, das nur zum geringsten Theile an der vorderen Markt=
seite zu Zimmern und einem großen Saal für die Sitzungen
des Magistrats und die Versammlungen der Bürger ausge=
baut war, in allen übrigen Räumen aber sowohl unter den
Bogen worauf die Stockwerke des oberen Bau's ruheten, als
in diesem selbst, nur zu weitläufigen Kaufhallen eingerichtet
war.³⁸) Als ein anderer Beleg für die Entwickelung der

---

³²) Seiberth I, 55, §. 15, und Bartholb Geschichte der deutschen
Hansa I, 117. — ³³) Seiberth I, 42, §. 15. — ³⁴) Bartholb S. 116.
In Arnsberg wird die Kramergilde noch in der Morgensprache von 1608,
unverstandener Weise das „Sehewicker Ambtt" genannt. Seiberth III,
S. 828. — ³⁵) Daselbst I. Nr. 292. — ³⁶) Daselbst Nr. 304. Ueber
die ältesten Verbindungen der Hanse mit England, über die deutsche Gilde=
halle, den Stahlhof in London vergl. Lappenberg urkundliche Geschichte
des Hansischen Stahlhofes in London. S. 3. fgg. — ³⁷) Seiberth
U. B. I. Nr. 428. — ³⁸) Zu welcher Zeit eigentlich das Briloner Rath=
haus gebaut worden, ist nicht bekannt. Es ist aber sehr alt. Im Verlaufe
der Zeit hat es mannigfache Veränderungen erlitten. Die erheblichste für
seine äußere Form, ist aus der Mitte des 18. Jahrh., wo der damalige

gesellschaftlichen Zustände in der Stadt darf auch wohl angeführt werden, daß dieselbe bereits 1297 einen eigenen Stadt-Arzt hatte. Er hieß Johann Jude, war der Sohn des Arztes Johann von Soest und übertrug für sich und seinen Bruder Hermann, damals Güter zu Berwik an das Kloster Welver.[39])

In die Zeit der Regierung des kriegerischen Erzbischofs Sifried von Westerburg fällt ein anderer Glanzpunkt der Geschichte der Stadt Brilon. Wir meinen die Redaction ihrer statutarischen Rechte. Der Erzbischof war seit 1282 mit dem Bischof Otto von Rietberg zu Paderborn, der einen Vetter Sifrieds, den Soester Propst Theodorich, bei der Mitbewerbung um den bischöflichen Stuhl überflügelt hatte, in fortwährender Fehde, welche durch Albert von Störmede, der die Villication über Vilse und Salzkotten in Anspruch nahm, hauptsächlich genährt wurde; die alten Grenzstreitigkeiten zwischen beiden Bisthümern, lagen dabei zum Grunde. Durch einen Frieden vom 16. Febr. 1287 wurde die Gesammtherrschaft über Gesete und Salzkotten wiederholt festgestellt, zugleich aber der Bischof von Paderborn zu einem offenen Schutz- und Trutzbündnisse mit Sifried genöthigt.[40]) Abermalige Grenzstreitigkeiten zwischen beiden wurden durch eine Compromiß-Entscheidung vom 12. Dezbr. 1294 dahin geschlichtet, daß die gedachte Sammtherrschaft aufgehoben, Salzkotten ganz an

---

Fürstlich Waldeckische Landbaumeister Major Kitz, der etwas in Verfall gerathenen vorderen Hauptfaçade, welche damals noch in fünf treppenförmigen Absätzen bis zur Spitze des Dachs hinaufstieg, die jetzige gefälligere Form gab. Im Inneren wurden nur die Rathsstuben etwas modernisirt. Die Hallen unter den Bogen und oben im hinteren Theile des langen Gebäudes, wo das churfürstliche Scheffengericht nur ein einziges Zimmer zu seinen Sitzungen hatte, blieben unangetastet. Eine Zeichnung des Majors Kitz von der ehemaligen äußeren Form des Rathhauses, besitzt der Herausgeber noch, der auch den fröhlichen Tumult der ehemaligen Jahrmärkte in den unteren und oberen Hallen des Hauses, in seiner Jugend noch erlebt hat. Seit 1826, wo die Nützlichkeitstheorien immer practischer geworden, sind die unteren Bogen mit ihren Lauben, für die städtische Verwaltung, die oberen Hallen für das Königl. Gericht ausgebaut; der hinterste baufällige Theil nach der Kirche zu, wurde verkürzt und zur Mädchenschule eingerichtet. Man sucht jetzt die alte ehrwürdige Majestät des Bau's vergebens.
[39]) Seibertz U. B. I. Nr. 467. Daß Aerzte damals selten waren, scheint der Umstand zu verbürgen, daß man noch 1506 den Meister Tilmann zu Brilon von Abgaben frei ließ, wogegen er die Bürger glimpflich behandeln solle. (Vergl. Note 172.) — [40]) Seibertz I. Nr. 418.

Paderborn, Gesetze ganz an Cöln überwiesen, die herzogliche Gewalt bei neu anzulegenden Befestigungen, besonders in Bezug auf die vom Grafen von Waldeck in der Paderborner Diocese neu befestigten Städte Landau und Rhoden anerkannt und das frühere Schutz- und Trutzbündniß gegen den Grafen von Arnsberg erneuert wurde. Von den alten Paderborner Ansprüchen auf Brilon, war nicht mehr die Rede.⁴¹) Ohne alle Frage leistete Brilon bei diesen Grenzkriegen dem Erzbischofe wesentliche Dienste, weil er den Bürgern der Stadt 19. Juli 1290 ein Privileg gab, wodurch er die persönliche Freiheit derselben gegen alle Ansprüche der benachbarten Herren und Junker sowohl als gegen die Geistlichkeit garantirte, der Stadt alle Rechte und guten Gewohnheiten bestätigte und sie aufforderte, solche gegen Jedermann mannhaft zu vertheidigen, wobei sie auf seinen Schutz sicher rechen dürfe.⁴²)

Diese Verheißung stärkte den Muth der Bürger zu so festem Vertrauen auf ihr Gemeinwesen, daß sie noch in demselben Jahre, ihre guten Rechte und Gewohnheiten in einer offenen Urkunde festeten, welche jeden einzelnen Satz mit der selbstbewußten Zuversicht verkündet, er sei mit Zustimmung der Gemeinheit, mit Beirath und freier Entschließung aller Bürger, gekoren, gewillkührt und mit freier Willkühr festgesetzt worden.⁴³) Sie sind ein schätzenswerthes Denkmal der freien Autonomie, womit die Stadt ihr aufblühendes Gemeinwesen nach allen Seiten hin ordnete. Als in den nächsten Jahren Erzbischof Siegfried das zerstörte Schloß Aldenvels bei Rösenbeck, das einzige Stammbesitzthum, was Heinrich der Löwe in unserem Westfalen hatte, zum Schutze der Grenzen des Landes wieder aufbauete, leistete Brilon dem westfälischen Marschall Johann von Plettenberg dabei wirksame Hülfe, in deren Anerkennung Siegfried, der Stadt am 21. Mai 1294 eine urkundliche Versicherung dahin ausstellte, daß ihr von dem Schlosse aus, niemals ein Schaden zugefügt werden solle und wenn es durch

---

⁴¹) Seibertz I. Nr. 450. — ⁴²) Daselbst I. Nr. 436. —
⁴³) Daselbst I. Nr. 434 und 435.

die Beamten dennoch geschehen mögte, so solle ein solcher Schaden binnen 8 Tagen ersetzt werden.⁴⁴)

Die Rechte, welche hienach der Erzbischof in der Stadt Brilon hatte, sind in dem Register des Landmarschalls Johann von Plettenberg über den Bestand seines Marschall=Amts aufgeführt und beschränken sich auf folgende: Die Stadt gehört der cölnischen Kirche. In derselben hat der Erzbischof das Gericht, welches ehemals nur 4 jetzt 10 Mark einbringt; ferner das Gogericht über 10 Pfarreien, welches jährlich 16 Malt oder 70 cölnische Malter Hafer, 5 Mark und aus jedem Hause des Gerichts 1 Huhn für den Marschall, aufbringt; ferner den Holzzehnten, der jährlich 20 Malt oder beiläufig 100 cölnische Malter Korn einbringt; dann den Zehnten der Dorfschaft (villa) Lebrike, der jährlich über 60 Malt Korn einträgt, welche 300 Cölnische Malter ausmachen. Endlich hat der Erzbischof von der Beede in der Stadt Brilon jährlich 100 Mark.⁴⁵)

Der Haupthof oder die Curtis zu Lebrike gehörte der Abtissin zu Meschede.⁴⁶) Graf Ludwig von Arnsberg, Hauptvogt des Mescheder Stifts, übertrug 26. Nov. 1300 bei seiner Anwesenheit in Brilon, die Vogtei über einen der Lebriker Höfe, den s. g. Lütteken Hof, an Elfried Ketel.⁴⁷) Einen anderen Hof daselbst mit einer dazu gehörigen Mühle, hatte die letzte Abtissin Agnes dem Briloner Bürger Gerbert von der Mühlen in Pacht gegeben. Dieses Pachtverhältniß wandelte 1324 der Dechant Degenhard zu Meschede, gegen einen Zins von 18 Soliden, in eine Emphyteuse um.⁴⁸) Noch später, 18. Nov. 1346 trat das Mescheder Kapitel den Haupthof mit allen dazu gehörigen Colonaten, einschließlich des Holzgerichts,

---

⁴⁴) Seibertz I. Nr. 448. Man vergl. Albenbels, eine historische Untersuchung von Seibertz in der westf. Zeitschrift für vaterl. Geschichte und Alterthumskunde II. S. 106. — ⁴⁵) Seibertz U. B. I. Nr. 484, S. 616. Im Lib Jur. et feudor. des Erzbischofs Diedrich von Mörs (1414—1463) heißt es: Redditus annone cujuslibet molti, facit 4 muldra. Das paßt nicht zu den im Texte angegebenen Verhältnissen des cölnischen Malders; Letztere sind aber auch unter sich ungleich, im Verhältniß zu dem Malt. Ferner heißt es in dem gedachten Lehns-Register, der Zehnte zu Brilon gelte 15 Mark, jede zu 2 Soliden-Groschen gerechnet. Seibertz daselbst S. 601. — ⁴⁶) Quellen B. I. S. 786. — ⁴⁷) Seibertz U. B. II. Nr. 488. — ⁴⁸) Daselbst II. Nr. 606.

zu emphyteutischen Rechten an die Stadt Brilon, zu Gunsten des dortigen Hospitals ab.[49]) Seitdem wurde das Dorf von den Einwohnern, welche nun alle in die Stadt zogen, verlassen.

Ein eigenes Verhältniß hatte es mit der Kirche und Pfarrei in Brilon. Wie schon oben bemerkt, war dieselbe von Erzbischof Reinald dem Patroclistifte zu Soest überwiesen worden. Der Dechant des Stifts war eigentlicher Pfarrer und Archidiaconus des Orts, ließ sich aber, weil seine Anwesenheit zu Soest nöthig war, in Brilon durch einen Vicepastor oder Vicarius perpetuus vertreten. Es geht dies aus einer Urk. vom 13. Mai 1299 hervor, worin der Soester Dechant Gottfried, als Pastor der Kirche und Obedientiar zu Brilon, die Wiederaufbauung der durch Brand zerstörten Nicolaikapelle (der nachmaligen Minoritenkirche) gestattet und verspricht, daß der zeitige Vicarius perpetuus, entweder selbst oder durch seine Capellane, den Gottesdienst darin versehen solle.[50]) Der Soester Propst nahm dagegen für das Stift den Kirchenzehnten, die sogenannte Obedienz, in Anspruch. Hierüber entstand ein Streit zwischen dem Propste und Dechant, den Erzbischof Wigbold 1303 dahin entschied, daß künftig der zeitliche Dechant Pfarrer sein und zur Verbesserung seiner Präbende, aus dem Zehnten jährlich 6 Malt Roggen, 6 Malt Gerste und 4 Malt Hafer, nebst dem kleinen Zehnten "Affhuste" genannt, beziehen, das übrige aber dem Soester Kapitel verbleiben und der Propst das Recht haben solle, das Vicepastorat in Erledigungfällen zu conferiren, ohne jedoch dadurch den alsdann üblichen Abgaben an den Dechant zu präjudiziren.[51]) Erzbischof Heinrich II. bestätigte 1311 diesen Schied-

---

[49]) Seibertz U. B. II. Nr. 702. Ad usus hospitalis nostri sagt der Stadrath in dem Reversal. Es scheint darunter das alte Hospital zum heil. Geiste verstanden zu sein, dem in jenen Zeiten die Hospitäler immer gewidmet zu werden pflegten. Es soll zwar 1313 auch schon ein Hospital, besonders für arme Reisende, von Gottfried von Vernelenbrole, in der derleren Straße gestiftet worden sein. Aber die darauf sprechende Notarial-Urkunde (U. B. I. N. 559) ist nur aus einer, nicht eben sehr glaubwürdigen Abschrift, aus dem Nachlaß des Pastors Mittermeyer bekannt, der sich an dem Armenfonds etwas vergriffen hatte. Die Stiftung des s. g. Gotteshauses in der derleren Straße, gehört einer späteren Zeit (1454) an, wie unten näher nachzuweisen. — [50]) Seibertz U. B. I. Nr. 479. — [51]) Daselbst II. Nr. 503.

spruch gegen den dawider angehenden damaligen Propst.⁵²)
Derselbe Erzbischof gestattete 1325 die Wiedereinweihung der
Nicolaikapelle und ihres Kirchhofs, welche dadurch entweiht
worden waren, daß man einen offenbaren Verbrecher Rutgher,
der dort ein Asyl gesucht, mit Gewalt von dem Kirchhofe
geholt hatte, um ihn der verdienten Strafe zu übergeben. Der
Erzbischof führt als Motiv seiner Ordination an, der Wieder-
gebrauch des Nicolaikirchhofes sei nothwendig, um den der
Gesundheit schädlichen Gestank zu mindern, der durch das
Begraben so vieler Leichen auf dem einen Pfarrkirchhofe ent-
stehe.⁵³)

Ob hieraus auf eine bedeutende Zunahme der Bevölkerung oder nur auf eine zeitweilige übergroße Sterblichkeit zu
schließen, müssen wir dahin gestellt sein lassen.⁵⁴) Genaue
Angaben über die damalige Bevölkerung unserer Städte giebt
es nicht. Gewöhnlich wird sie, mit Bezug auf die Handels-
blüte der Städte im Mittelalter, sehr überschätzt. Es ist
zwar nicht zu verkennen, daß die Bevölkerung der Städte,
durch das Hereinziehen so vieler Leute vom Lande, die hier
gegen die immer ärger werdenden Bedrückungen des Faust-
rechts und der ewigen Fehden der kleinen Territorialherren
Schutz suchten und fanden, bedeutend zunehmen mußte. Es
geht dies namentlich aus der Urkunde des Erzbischofs Wigbold
von 1302 hervor, worin er selbst bekennt, der Zustand der
öffentlichen Sicherheit sei wegen der mannigfachen Kriege der
cölnischen Kirche ein übler, so daß sich die Leute ohne Gefahr
nicht weit von Hause entfernen dürften; er wolle daher der
Stadt Brilon das Privileg geben, daß ihre Einwohner weder
von dem Official zu Cöln, noch von sonst einem geistlichen
Richter aus der Stadt sollten geladen werden dürfen, es sei
dann, daß die Sache als rein geistliche von keinem weltlichen
Richter entschieden werden könne.⁵⁵) Allein nichts desto weniger
sind die gewöhnlichen Angaben über die frühere, viel zahlreichere
Bevölkerung unserer Städte höchst übertrieben, wie sich aus

---

⁵²) Seibertz U. B. II. Nr. 544. — ⁵³) Daselbst II. Nr. 599. —
⁵⁴) Um 1307 wüthete in Westfalen der schwarze Tod. v. Mering, die
Erzbischöfe v. Cöln I, 166. — ⁵⁵) Seibertz a. O. II. Nr. 499.

folgendem ergibt. Die Städte Brilon und Geseke waren sich an Bevölkerung von jeher fast gleich. Geseke hatte zwar in der Regel einige Häuser mehr, aber die Briloner Häuser waren stärker bevölkert. Auch jetzt hat Geseke in 483 Häusern nur 3204 Einwohner, Brilon in nur 406 Häusern 3177 Einwohner. Dies vorausgesetzt, dürfen wir um so mehr annehmen, daß die Bevölkerung beider, im 14. Jahrh., zur Zeit der höchsten Handels-Blüte unserer Städte, ebenfalls gleich war, weil Brilon im Landfrieden von 1344 zum ständigen Dienste des Friedens-Ausschusses 4, Geseke aber nur 3 Bewaffnete zu stellen hatte.[56]) Damals (um 1350) zählte nun Geseke 497 Häuser, also beiläufig eben so viel wie jetzt und die Bevölkerung wird damals wie jetzt, für Brilon wie für Geseke, etwas über 3000 Seelen betragen haben. Im 15. und 16. Jahrh. nahm die Bevölkerung unserer Städte sehr ab, Brilon hatte 1484 nur 340 und 1528 nur 289 Häuser, Rüden 1449 nur 258 und um 1500 nur 273 Häuser. Die Erzbischöfe gaben sich vergeblich Mühe, durch Caduzirung der wüst gewordenen Hausstellen für Rechnung der Stadt-Aerare, dem Uebel abzuhelfen.[57]) Erst unter den günstigeren Auspizien der neueren Zeit, hat sich von 1806 an, die Bevölkerung wieder auf und zum Theil über die alte von 1350 gehoben.

Wie fast überall im Lande, so waren auch zu Brilon die Grafen von Arnsberg begütert. Die Familie von Hottope trug Bauernhöfe zu Hoyeshusen und in Desbecke vom Grafen Ludwig (1287) zu Lehn, Pelegrin von Rüden den halben Briloner Zehnten und einen Hof zu Eleren, Hermann von Hoyeshusen die andere Hälfte des Zehnten. Der Platz der Burg Hoyeshusen an der Hölsterbecke, führt noch den Namen die Burg. Arnulf von Almen hatte die Curtis Dorslon und einen Hof in Eleren zu Lehn.[58]) Graf Wilhelm belieh 1313 Hermann Schwarten mit 2 Hufen zu Desbike, Themo von

---

56) Seibertz U. B. II. Nr. 691. — 57) Man vergl. z. B. die Urkunden von 1430 und 1485 und die in den Noten dazu angegebenen der folgenden Zeit. (U. B. III. Nr. 926 und 936.) Rüden war immer schwächer bevölkert als Geseke und Brilon. — 58) Seibertz U. B. II. Nr. 551. S. 113.

Honrode mit 1 Hofe zu Thülen, mit der Curtis Honderat bei Aldenvels und 1 Hufe zu Richwardinghusen, welche zum Haupthofe Brilon gehörte, Jacob v. Hottepe mit einer Hufe in Brilon und 2 Hufen in Desbike.⁵⁹) Im Güterverzeichniß des Grafen Gottfried IV. von 1348 erscheinen als dessen Lehnträger Heidenrich von Scharfenberg mit 3 Mühlen an der Ahe bei Brilon und mit der Curtis Assinghausen, Hermann von Scharfenberg mit dem halben Zehnten zu Bressinghausen, mit Gütern zu Assinghausen bei Brilon, zu Ratlinghausen und mit der Burg Scharfenberg; Eberhard von Thülen mit einem halben Hofe zu Rösenbeck und einem Hofe in den Hopperen.⁶⁰) In Brilon selbst hatte der Graf Gelbrenten von 3 Höfen, die theils Herbord von Wülfte, theils Schemer und Robe Tiele zahlen mußten.⁶¹) Außerdem besaß auch der Erzbischof auf dem Hemberge südöstlich von Brilon, noch eine eigene Burg, auf welcher die Edelherren von Itter Burgmannsdienst versehen mußten, wofür sie 1309 von Erzbischof Heinrich II. mit dem Gogerichte in Flechtorp als einem Burglehn beliehen wurden.⁶²) Die Burg lag auf einer vorspringenden Felsplatte des Hemberges, die noch jetzt auf dem Schlößchen genannt wird und eine freie Aussicht nach Kallenhardt, Rüben, Brilon, Marsberg, Padberg u. s. w. gewährt. Sie scheint als Grenzveste gegen die nahen Herren von Waldeck, Padberg und Canstein gedient zu haben.

Alle diese einzeln liegenden kleinen Besitzungen giengen nach und nach für ihre bisherigen Herren verloren, indem die Bewohner derselben in die Stadt wanderten und sich dadurch den persönlichen Diensten an die Herren entzogen, welche dann von selbst geneigt wurden, die ihnen nur noch übrig gebliebenen Renten sowohl als ihre Marken- und Waldgerechtsame, an die Stadt oder wohlhabende Bürger zu verkaufen. Es ist hier nicht der Ort, dieses in allen Einzelnheiten nachzuweisen. Nur beispielsweise wollen wir folgendes erwähnen. Seit 1346 begannen die Veräußerungen von einem großen Theile des

---

⁵⁹) Seibertz Urk. Buch II. Nr. 556. S. 127 und 130. —
⁶⁰) Daselbst II. Nr. 795 S. 530. — ⁶¹) Daselbst II. S. 538. —
⁶²) Daselbst II. Nr. 530.

Güter der Familie von Hottope (jetzt Hoppecke) an Brilon. Die Stadt besetzte die Güter mit Kolonen und vereinigte die Waldungen mit dem Stadtwalde.⁶³) 1363 wurden Hermann und Johann von Scharfenberg, eine Nebenlinie der Familie von Padberg, Bürger in Brilon, wo der Scharfenberger Hof noch bekannt ist.⁶⁴) 1366 verkaufte Johann v. Scharfenberg seine Gefälle an Geld und Pfeffer von Briloner Weichbilds-Gärten, dem dortigen Bürger Hermann Growe.⁶⁵) 1372 verkaufte Friedrich von Padberg zwei Güter zu Brilon und eins zu Keflike an das Kloster Brebelar.⁶⁶) 1380 veräußerte Heidenreich von Scharfenberg eine Kornrente aus seinem Hofe zu Brilon.⁶⁷) Die von Plettenberg, von Beringhausen und von Nehen hatten einen Warzins in Brilon von den v. Padberg zu Lehn, den sie seit 1406 stückweise an Briloner Bürger verkauften, die ihn später dem Kloster Brebelar überließen.⁶⁸) 1432 verzichteten die Edelherren v. Büren auf alle Ansprüche am Gebiete der Stadt.⁶⁹) Die Grenze zwischen Brilon und Büren wurde 1437 vom Richter Johann Gründer feierlich bekundet.⁷⁰) In ähnlicher Art wurden die Güter zu Rixen und zuletzt (1524) noch die Besitzungen Volperts von Cobbenrode zu Altenbüren für Brilon erworben. Seine Nachkommen, wie die mancher anderen Familie des benachbarten Ministerial-Adels, wie z. B. die von Nehen, von Hottope, von Hoyeshusen, von Brochusen, von Oyenhausen, zogen in die Stadt, fanden hier Anstellungen als Richter oder Rathsmitglieder und starben zum Theil hier aus. Dies war auch mit der alten Stammfamilie von Brilon der Fall, über deren letzte Nachkommen hier noch einiges zu berichten ist.

 Schwicher von Brilon, dessen wir oben als des Fortpflanzers der Familie gedachten, hatte den Nehriker Zehnten vom Erzbischofe Siegfried, dem Wiederhersteller der Burg Albenvels, für 125 Mark in Versatz erhalten, welche wahrscheinlich zu jener Wiederherstellung verwendet waren. Am

---

 ⁶³) Seiberts Urk. B. II. Nr. 703 mit den Nachweisungen in der Note. — ⁶⁴) Daselbst Nr. 771. — ⁶⁵) Daselbst Nr. 782. — ⁶⁶) Daselbst Nr. 834. — ⁶⁷) Daselbst Nr. 854. — ⁶⁸) Daselbst III. Nr. 907. — ⁶⁹) Daselbst Nr. 929. — ⁷⁰) Daselbst Nr. 940.

5. Septbr. 1298 verpfändete nun Siegfrieds Nachfolger, Erzbischof Wigbold, den Brüdern Steffan und Conrad von Horhusen die Burg Albenvels, unter der Verpflichtung, solche auf ihre Kosten zu unterhalten und jene 125 Mark zur Wiedereinlöse des Zehnten, an Schwicher von Brilon zu zahlen, die ihnen dann bei Rücknahme des Schlosses von Seiten des Erzbischofs, zurückgezahlt werden sollten.[71]) Seit jener Zeit erscheint statt Schwichers, als Repräsentant der Familie, der „Erentveste Engelbert van Brilon," der am 22. Februar 1306 mit dem Ersamen Borgermester Rodenberg to Rüden, für Corbt von Borzen Bürgschaft leistete, als dieser sein Gut zu Borzen vor dem Schesscher Walde bei Scharfenberg, nebst einem Gute zu Rablinghausen, an den reichen Volpert Baeken, Bürger zu Brilon verkaufte.[72]) Engelbert scheint der einzige Sohn und Nachfolger Schwichers gewesen zu sein. Es findet sich zwar in einer Urkunde von 1308 auch ein „her Hynrich van Brylon Pastoir tot Anruchte,"[73]) in einer anderen von 1310 Godfridus de Brilon als Zeuge eines Verkaufs der Ritter von Scharfenberg an das Kloster Neu=Quistelberg[74]) (Glindfeld) in einer dritten, anscheinend zu Eversberg ausgestellten von 1317, ein Conradus dictus de Brilon, der mit Johann von Welver über eine ihnen zu Welver zugestandene Fruchtrente quitirt[75]) und in einer vierten von 1323 ein Marsberger Rathsherr des Namens Waltherus de Brylon.[76]) Allein es liegt nichts näheres darüber vor, daß diese zu unserer Ritterfamilie gehörten. Es scheint vielmehr, daß sie nach damaliger Sitte nur nach ihrem Geburtsorte genannt wurden, weil sie einen anderen eigenen Familiennamen nicht hatten. Dasselbe ist ohne Zweifel auch mit dem Lübecker Rathsherrn Godefridus oder Godeco de Brilo der Fall, der dort 1281—1289 in Urkunden vorkömmt und wie so mancher Landsmann, aus Westfalen nach Lübeck gezogen war.[77])

---

[71]) Lacomblet niederrhein. Urkunden-Buch II. Nr. 1007. —
[72]) Seibertz Urk. B. II. Nr. 511. — [73]) Daselbst Nr. 522. —
[74]) Daselbst Nr. 539 — [75]) Daselbst Nr. 570. — [76]) Daselbst Nr. 595. —
[77]) Urkundenbuch der Stadt Lübeck I. Nr. 418 und 531. Es kommen in demselben in ähnlicher Art auch die Namen, Attenborn, Suttrop, Gosat u. a. vor. Unter den Aebten des Lübeck'schen Benedictinerklosters

Engelbert von Brilon, vielleicht nach dem Gründer der Stadt so getauft, wird nicht weiter in Urkunden genannt. Desto häufiger kömmt seit 1334 sein Nachfolger Ritter Siegfried von Brilon vor. In dem genannten Jahre erschien er mit seinen Gegnern Conrad von Nehen und dessen Stiefsohn Gobel vor dem Bischofe von Paderborn, dem westfälischen Marschall Berthold, Edelherrn von Büren und vielen anderen Rittern, welche zu Stalpe in Angelegenheiten der Stifter Cöln und Paderborn versammelt waren, um einen Streit über ein Gut schlichten zu lassen. Die Herren erkannten, das Gut sei Briloner "Webbeschatt," (Versatzgut) und könne daher von Herrn Sywerde wieder eingelöset werden.[78]) Im f. J. 1335 war er Zeuge, als Agnes von Bynol, Witwe Ludolfs von Schorlemer, Güter zu Erwitte an den Pastor Johann zu Benninghausen verkaufte.[79]) Am 14. August 1341 wurde er von dem Edelherrn Simon zur Lippe mit dem Zehnten zu Wersinchusen (Bressinghusen am Frettholze) beliehen; welche Belehnung Herr Bernhard zur Lippe 1353 wiederholte.[80]) In demselben Jahre empfieng er von Graf Otto XIII von Everstein den Zehnten zu Rösenbeck, einen Hof zu Bokenscheide und Güter zu Ratler im nahen Waldeckischen, zu Lehn.[81]) 1342 besiegelt "Her Ziwerd van Brilon ein erwerdigh Ritter" einen Verkauf der Brüder Corb und Johann von Nehen an ihren Vetter.[82]) Dasselbe that er 1346 als strenuus miles bei einem Verzicht der Brüder Herbold und Arnold von Wülfte, auf ihre Renten in der Freigrafschaft Rübenberg zu Gunsten des Grafen Otto von Waldeck[83]) und 1347 als "Her Syfreyd van Brilon Ridder, nebst Tilemann von Richwardenchusen Richtere tho Brilon" bei Vergabung eines Guts zu Bonkirchen von den

---

Cismar werden genannt: XI. Heinrich I. v. Brilow, 1290. XIII. Johann VII. von Lederele; Mooyer in der Zeitschrift des Vereins für Lübeck'sche Geschichte. Heft 2. S. 192. Im J. 1369 war Joh. do Brylon Stellvertreter des Bicepräpositus zu Soest und 1433 Hermann Brylen Richter zu Warburg. In seinem Siegel eine Figur wie das gothische A auf den Corveier Münzen. Unstreitig sämmtlich Landsleute.

[78]) Seibertz U. B. II. Nr. 645. — [79]) Daselbst II. Nr. 622 i. d. Note. — [80]) Daselbst II. Nr. 680. — [81]) v. Spilcker Beiträge zur älteren deutschen Gesch. Bd. II. S. 245 und 304. — [82]) Seibertz U. B. II. Nr. 685. — [83]) Daselbst II. Nr. 701.

Brüdern Hermann und Johann von Scharfenberg an das Kloster Bredelar.⁸⁴) Der letzte des Geschlechts endlich, der muthmaaßliche Sohn Siegfrieds, war der Knape Hartmann von Brilon, der am 1. November 1358 den vierten Theil seines Zehnten zu Lebrike für 100 Mark Soester Pfenninge an Johann von Padberg wiederkäuflich versetzte. Johann von Horhusen hat den Brief mitbesiegelt.⁸⁵) Die 1298 von Erzbischof Wigbold beabsichtigte Einlöse des Lebriker Zehnten durch die von Horhusen, scheint also nicht zu Stande gekommen zu sein. Da übrigens Hartmann nur seiner Erben im Allgemeinen, sonst aber weder einer Frau noch Kinder oder anderer Agnaten seines Namens in der Urkunde gedenkt, so scheint er der letzte kinderlose Zweig seines Geschlechts gewesen zu sein.⁸⁶) Das Wappen der Familie von Brilon bestand aus einem Rosenkranze. Ritter Siegfried siegelte 1342 mit einem Schilde,

---

84) Seibertz U. B. II. Nr. 705. — 85) Daselbst II. Nr. 750. —
86) Zur leichteren Uebersicht geben wir nachstehend eine Stammtafel der Familie von Brilon.

N. de Brilon.

Hermann de B. 1220 war 1248 †. Er hatte für sich und seine Frau 4 Solid. ex Tulon an Bredelar legirt.	Gersand de B. 1220 war 1250 †. Seine Gemahlin N. lebte noch 1250.	Berengerus de Brilon 1248. Berengerus quondam judex 1250. Ber. quanquam judex 1255.
Soicker de B. 1248. 1250. 1255. 1258. 1264. war 1283 †.	Olrich de B 1248. 1250. 1255 1258. 1264.	Ambrosius de B. 1250.	Joh. de Piscina 1248, war 1250 nondum miles und hatte unicum parvum. 1255. 1258. 1264.	N. Soror Johannis 1250.
Swicherus de B. miles, Swicheri militis filius 1283.			Hermannus de Piscina 1277.	Theodericus de Piscina 1277.
Engelbert v. Brilon de Erntweste 1306.				
Siegfried v. Brilon Ritter 1334, 1335, 1341, 1342, 1346, 1347, 1353.				
Hartmann v. Brilon Knape 1358.				

worin zwei zu einem ovalen Kranze gebogene Zweige, jeder mit 3 Rosen ohne Blätter. Ganz dasselbe Siegel führte 1401 Gottschalck der Alte v. Thülen, der vielleicht mit zu der Briloner Familie gehörte, die zu Thülen auch stark begütert war. 1347 siegelte Siegfried mit einem Kranze von zwei Zweigen, die auch jeder 3 Rosen, aber mit Blättern und Dornen tragen. Der Knape Hartmann von Brilon führt im Schilde oben zwei Rosen und unter diesen einen Turnierhelm.[87]) Das Siegel der Stadt Brilon hat mit diesem Wappenschilde nichts gemein. Es stellt ein befestigtes Stadtthor, unten mit dem Petersschlüssel, oben mit einem Thurme vor, zu dessen beiden Seiten eine Fahne auf den Stadtmauern weht. Das älteste Siegel von 1248 führt die Umschrift: Sigillum civium de Brilon. Ein späteres, seit 1311 im Gebrauche, hat die Umschrift: Sigillum opidanorum in Brilon. Das ältere Secretum, einen st. Peter mit dem Schlüssel in der Rechten darstellend, hat die Umschrift: Secretum in Brilon, das spätere, dessen st. Peter in der Rechten den Schlüssel, in der Linken ein Kreuz hält, ist umschrieben: Socretum in Brilon 1502.[88])

Auf solche Weise flossen in der großen Feld- und Waldmark der Stadt Brilon nicht nur die Fluren vieler einzelnen Gehöfde in der Nähe der Stadt, sondern auch die uralten Marken größerer Bauerschaften (Villen) zusammen. Die Einwohner der Stadt schieden sich nicht nach diesen Marken, sondern nach den vier Thoren in vier Quartale, in deren Mittelpunkte das Rathhaus und diesem gegenüber der Marktplatz lag. Sie hießen 1) das obere oder Lebriker, 2) das Kreuzger, worin die alte Nicolaikapelle und die ehemalige Burg Johanns von Piscina lag, 3) das niedere oder Keffliker und 4) das Derker, worin die Pfarrkirche, hinter dem Rathhause. Jedes Quartal bildete eine besondere Bauerschaft (Nabur- oder Nachbarschaft) deren Grenzen sowohl in der Stadt als in der Feldmark durch Rathsschlüsse sehr genau bestimmt und durch wechselseitige Eifersucht gewahrt wurden. Einer jeden Bauerschaft

---

[87]) Vergl. die Note 378 zu II. Nr. 685 und die Siegeltafel V. Nr. 12 und 13 in Seiberz Urk. Buche. — [88]) Sie sind abgebildet im Urk. B. II. Taf. VI. Nr. 3, 4, 8 und 9.

stand vor Alters ein gewählter Bauerschaftsherr (Bauerrichter) vor, der die gemeinschaftlichen Triftbücher zu verwahren, die Interessenten zu Bauerschafts-Dingen zu berufen, die erste Stimme bei der Berathung abzugeben, bei gleichen Stimmen zu entscheiden und auf diese Weise alle gemeinschaftliche Angelegenheiten, insbesondere die Annahme und Beaufsichtigung der Hirten zu besorgen hatte. In späteren Zeiten, nachdem einzelne Bauerschaften, nach Verhältniß der Bevölkerung und des Hubebodens, sich in mehrere Heerden getrennt hatten, so daß die obere 2 Kuh- und 2 Schafheerden, die kreutzger 1 Kuh- und 2 Schafheerden, die niedere 2 Kuh- und 2 Schafheerden, die derkere 1 Kuh- und 1 Schafheerde hielten, wurden für jede Kuhheerde 2 Bauerschaftsherren, für jede Schafheerde 1 Schafsherr gewählt. Die Genossen jeder Mark beerbten sich zwar in derselben ursprünglich nach den alten Markenrechten, zumal die Echtwerke derselben in Felde und Holze, großen Theils erzbischöfliche Afterlehne der Junker zu Almen, Desenberg,[89]) Padberg, Scharfenberg, Hoppeke und Bruchhausen waren. Deshalb sagt auch der erste Artikel des Statutarrechts von 1290, welcher Gütergemeinschaft unter den Eheleuten, rücksichtlich des Weichbildgutes innerhalb des Stadtbezirks festsetzt: „Dat erfflike gud uppe dem velde en sall noch en mach nymand den ersten erven entwenden sunder fulbort ind fryen willen derselven erven," und dabei ist es rücksichtlich der Gütergemeinschaft auch geblieben, als welche sich fortwährend auf fahrende Habe und unbewegliches Weichbildgut beschränkte, während eigentliches Erbgut dem Fallrecht der Blutsverwandten unterworfen blieb.[90]) Allein über dies hinaus, konnten sich doch die alten Markenverhältnisse gegen die absorbirende Kraft des freien bürgerlichen Elements nicht halten. Alle Echtwerke in den Waldmarken wurden mit dem Stadtwalde vereinigt, der das Holzbedürfniß aller Einwohner um so leichter bestritt, weil Erzbischof Wilhelm, zur Vergeltung

---

[89]) Die Desenberger Lehne gehörten mit Brilon, Rösenbeck und dem Desenberge selbst, zu den uralten Stammgütern der sächsischen Kaiser.—
[90]) Seibertz, die Statutar- und Gewohnheitsrechte des Herzogthums Westfalen, S. 224.

der guten Dienste, welche die Stadt der cölnischen Kirche geleistet, ihr am 16. Sept. 1354 ein Privileg verliehen hatte, welches dem Landmarschall sowohl als den ihm untergeordneten Amtleuten untersagte, aus den Stadtwaldungen Bau- oder anderes Holz zu verlangen, wozu sie sonst, wegen des dem Erzbischof zustehenden Holzzehnten (S. 34) wohl befugt gewesen wären. Die lehnbaren Echtwerke im Felde, wurden wenigstens frei getheilt, verkauft und vererbt, wenn auch der zeitliche Vasall, der die Belehnung empfieng, dem Lehnsherrn die Lehngebühr entrichtete und nachher auf die Besitzer repartirte. Es half nichts, daß noch 1577 ermittelt wurde, die Briloner Mark, nach Altenbrilon hin, halte 43½, die Düggeler Mark 42½, die Almer 48, die Keffliker 15½, die Letriker 4½ und die Bürer Mark 9 lehnbare Echtwerke, von denen jedes 24 Morgen besasse, so daß die genannten 163 Echtwerke 3936 Morgen enthielten, deren einzelne Besitzer angegeben wurden;[91]) die Lehne giengen, mit geringer Ausnahme, dennoch verloren, die Freiheit der Bürger brach die abgelebten Formen des Feudalismus für immer.[92])

Diese angedeutete innere Lebenskraft manifestirte sich insbesondere durch die Waffenordnung vom 6. Februar 1362, worin der Stadtrath mit der Gemeinde festsetzt, wie auf den Glockenschlag jeder Bürger geharnischt bei dem Stadtbanner sich gestellen, die Befehle zu einem Fehdezuge erwarten und vollziehen soll.[93])

Es kann uns hienach nicht wundern, wenn wir bei allen Landfrieden, welche seit dem Anfange des 14. Jahrhund., vom Erzbischofe von Cöln und seinem westfälischen Marschall, von den Städten und Burgmännern geschlossen wurden, um die zuchtlose Raublust des Ministerialadels nieder zu halten, unsere Stadt in erster Reihe betheiligt finden. Dies ist z. B. bei den Landfrieden der Jahre 1325, 1326 und 1344 der Fall, welche den Zweck hatten, alle Eigenmacht vor dem Gesetze und

---

[91]) Nach ungedruckten Urkunden. — [92]) Seiberz Stat. R. S. 81.— [93]) Seiberz Urk. Buch II. Nr. 769. Ueber den feinen militairischen Takt dieser Urkunde, haben wir uns umständlicher ausgesprochen in einem Aufsatze: Fragmente über den westfälischen Handel im Mittelalter, in Wigands Archiv IV. S. 252.

den Gerichten schweigen zu lassen, alle Friedebrecher aber als
rechtlos zu verfolgen. Zur Aufrechthaltung dieser Gelöbniß
war eine ständige bereite Mannschaft, eine Art Gendarmerie
erforderlich, wozu der Marschall mit den Burgmännern 17,
die Stadt Soest 10, Brilon 4, Werl, Geseke und Rüden jede
3, Warstein 2, Kallenhardt und Belete 1, Medebach, Hallen-
berg, Schmalenberg und Winterberg 6; im Ganzen also 50
Bewaffnete stellen wollten, die durch einen Ausschuß von 4
Biedermännern, zwei Rittern und zwei Soester Rathsherren,
nach Bedürfniß vertheilt, auch verdoppelt und verdreifacht
werden sollten.[94] Dieses Beispiel fand bei mehreren geistlichen und weltlichen Fürsten Westfalens solchen Beifall, daß
sie dem Kaiser Karl IV. vorstellten, „in welchem Unfrieden
das Land zu Westfalen sei, so daß sich der daraus entstehenden
Uebel niemand mehr erwehren könne," wenn nicht von Seiten
des Reichs-Oberhaupts ernstlich geholfen werde. Der Kaiser
erließ hierauf am 25. November 1371 auch einen allgemeinen
westfälischen Landfrieden, wodurch Kirchen, Kirchhöfe und Wohnungen mit allem Gut, Pflug und Pferde mit zwei Ackerleuten,
alle wilde Pferde, Kaufleute, Pilger und Geistliche auf
öffentlichen Straßen, in den Frieden des Reichs genommen,
alle dawider gehende Fehden aber drei Tage vorher ange-
kündigt werden sollen. Die kaiserlichen Freigrafen und Scheffen
wurden besonders beauftragt, diesen Frieden zu handhaben,
die Friedebrecher aber zu hängen. Jedem Fürsten sollte frei
stehen, andere Herren und Städte in den Frieden aufzunehmen.[95] Erzbischof Friedrich III. als Herzog in Westfalen,
nahm sich der Sache thätigst an. Am 25. Juli 1372 beschwor
er mit den Bischöfen von Münster, Paderborn, Osnabrück und
dem Grafen v. d. Mark den kaiserlichen Landfrieden und verordnete, daß keine seiner westfälischen Städte einem künftigen
Erzbischofe, dessen Marschall oder Amtleuten, zu Dienst und
Folge verbunden sein sollten, wenn sie nicht vorher den Landfrieden beschworen hätten. Die Stadt Brilon wurde durch
besondere Urkunde vom 16. Janr. 1386 in diesen Landfrieden

---

[94] Seiberts Urkunden-Buch II. Nr. 610, 615 und 691. —
[95] Daselbst Nr. 824.

aufgenommen,⁹⁶) dem nach und nach die meisten westfälischen Fürsten und Städte beitraten.⁹⁷)

Wie es scheint wurde der Ernst, womit Erzbischof Friedrich, als Herzog und oberster Friedensrichter in Westfalen, in welcher Eigenschaft er sogar ein besonderes Friedens = Siegel führte,⁹⁸) einzelnen Herren verdächtig, die es dann bei dem schlaffen König Wenzel dahin brachten, daß er: wegen der Gefährde, die mit dem von seinem Vater gestifteten Frieden geschehe, denselben mit allen eingesetzten Richtern und Gerichten 1387 wieder aufhob.⁹⁹) Dies hinderte jedoch nicht, daß wenigstens in dem eigenen westfälischen Territorium des Erzbischofs, der von ihm gepflanzte Keim, seine guten Früchte trug. Der Stadtrath zu Brilon verordnete z. B. noch 1415 durch ein besonderes Statut, daß alle Bürger wegen jeglicher Ansprüche untereinander, nur vor dem erzbischöflichen Richter oder dem Magistratsgerichte Recht geben und nehmen, in keinem Falle aber solches bei Junkern oder auswärtigen Herren durch Fehdegewalt suchen, vielmehr in solchem Falle die Stadt auf ewig meiden sollten.¹⁰⁰)

Wie durch Wehrhaftigkeit nach Außen, so hob sich das Briloner Gemeinwesen auch durch innere Entwickelung des rein bürgerlichen Elements in Verfassung, Gewerben und dadurch bedingten Wohlstand der Bürger. Die Verfassung wurde seit dem Anfange des 14. Jahrhund. bis 1629 durch eine Reihe statutarischer Willkühren des Stadtraths, dem Fortschritte der Zeit gemäß ausgebildet.¹⁰¹) Die Gewerbthätigkeit der Bürger ist beurkundet durch das schon oben (S. 9) angeführte Statut von 1289 für die Kaufleute und Kramer und den Bau des Rathhauses mit seinen Kaufhallen. Wie weit die Geschäfte der Kaufleute reichten, darüber liegt zwar nichts Urkundliches vor. Wenn aber andere minder bedeutende Städte wie z. B. Medebach, schon im 12. Jahrhundert Handelsverbindungen nach Dänemark und Rußland hatten, wenn die Mitglieder

---

⁹⁶) Seibertz U. B. II. Nr. 873. — ⁹⁷) Daselbst Nr. 831 mit der Note 584. — ⁹⁸) Es ist beschrieben Urk. B. II. Nr. 873 Note 623.— ⁹⁹) Seibertz U. B. II. Nr. 875. — ¹⁰⁰) Daselbst II. Nr. 914. — ¹⁰¹) Seibertz Statutarrechte S. 220 sqq.

der Handelsfraternität zu Attenborn 1328 häufige Reisen nach England machten,[102]) so darf vorausgesetzt werden, daß Brilon, nächst Soest die bedeutendste Stadt des Landes, nicht hinter jenen kleineren Städten zurückblieb; wie ihr dann auch noch 1644 von den übrigen Hauptstädten, als Hansestadt, der Vorrang zuerkannt wurde.[103]) Daß sich die Handwerker bald nach den Kaufleuten und Kramern ebenfalls in Gilden und Zünften schaarten, ist schon darum nicht zu bezweifeln, weil zur präcisen Ausführung der Waffenordnung, die Abtheilung der Bürgerschaft in einzelne Associationen erforderlich war, wozu sich die der Handwerksgilden am besten eigneten. In den Jahren 1423, 1428, 1577 u. s. w. gliederten sie sich nach bestimmten Statuten in besondere Genossenschaften, so daß die einzelnen Handwerker in vier Hauptgilden oder Aemter zerfielen, wovon 1) das K r a m e r = A m t, außer den Handeltreibenden auch die Bäcker, Tuchmacher und die vermögenderen Einwohner, die kein bestimmtes Gewerbe trieben; 2) das S c h n e i d e r = A m t, die Pelzer, Weißgerber, Schneider und Höcker; 3) das S c h u h m a c h e r = A m t, die Schuhmacher und Löher, und 4) das S c h m i e d e = A m t, alle Arten von Klein- und Grobschmieden, die wegen der Eisenfabrikation nicht unbedeutend waren, befaßte. Die Schreiner gehörten als solche zu keinem der vier Aemter, sondern bildeten erst in später Zeit einen besonderen Verein unter dem Vorsitz eines Rathsmitgliedes.[104]) Der Wohlstand des Gemeinwesens und seiner Mitglieder, wird theils durch die schon oben (S. 38) angeführten Erwerbungen für die Stadt, theils durch die frommen und wohlthätigen Stiftungen in derselben bekundet. So stiftete 1367 der Priester Gottfried Bornemann zum Katharinen-Altar der Pfarrkirche ein eigenes Benefizium.[105]) Johann Kalff und seine Frau Cunigunde hatten 1344 dasselbe für den Altar zu allen Heiligen gethan.[106]) Eine andere Stiftung machte Kalff 1369 mit seiner damaligen Frau Jutta, indem er den ihm gehörenden vierten Theil des Kefflier Zehnten an

---

[102]) Seiberz Urk. B. II. Nr. 627. — [103]) Ungedr. Urkunde. — [104]) Seiberz U. B. III. Nr. 924 mit der Note 100. — [105]) Daselbst II. Nr. 788. — [106]) Daselbst II. Nr. 693.

das Kloster Brebelar gegen die Verpflichtung schenkte, jährlich zu Michaelis ein weißes wollenes Laken, wie es im Kloster gewebt würde, 40 Ellen lang und 2½ Ellen breit, an den Briloner Stadtrath zur Vertheilung an arme Leute abzuliefern.[107]) Nach seinem Tode schenkte seine Witwe ihr ganzes Vermögen, bewegliches und unbewegliches, dieses bestehend in zwei massiven Häusern mit einer Kemnade, neben dem Spital zum heil. Geiste, in Grundstücken und Renten in und außer der Stadt, theils zum Bau und zur inneren Verzierung der Pfarrkirche wie des gedachten Spitals, theils zur Dotation von vier Altären und deren Benefiziaten,[108]) theils zum Unterhalt der Hospitaliten und der sonstigen Stadtarmen, denen jährlich 8 Paar neue Schuhe gegeben werden sollten.[109]) Zu derselben Zeit (6. October 1383) erneuerten die östlich von Brilon, außer dem cölnischen Decanatverbande lebenden Pfarrer von Bollmarsheim, Marsberg, Giershagen, Hedbinghausen, Beringhausen, Madfeld, Bontirchen, Hoppeke, Thülen und Almen nebst dem Pfarrer zu Brunscappell, unter dem Vorsitze des Pfarrers in Brilon als Dechants, die von Alters her bestandene Kalandbruderschaft zu Ehren des heil. Geistes und gaben sich nach dem Beispiel der Mutterfraternität besondere Statuten.[110])

Alles dieses wirkte zusammen, die Bedeutung der Stadt nach Innen und Außen, wie die Anerkennung derselben bei ihren Nachbaren und Fürsten immer mehr zu sichern. Alle Händel von Wichtigkeit aus der Gegend umher, wurden vor dem Briloner Stadtrath zum Austrage gebracht[111]) und sogar die Ritter wählten die Stadt, um das als Bürgschaft zuge-

---

[107]) Seibertz Urk. B. II. Nr. 803. — [108]) Die Altäre in der Briloner Pfarrkirche mit ihren Benefizien haben vielfach gewechselt. Noch am 2. Januar 1684 übertrug der Weihbischof Anethan die Rechte und Pflichten der bei Renovation der Kirche i. J. 1682 eingegangenen Altäre der H. H. Jobocus, Felix und Abauctus, auf den st. Katharinen Altar. Ungedr. Urk. — [109]) Seibertz U. B. II. Nr. 867. — [110]) Daselbst Nr. 865. Genaueres darüber in des Verf. Aufsatze: Die Kalandbruderschaft in Brilon; in Wigands Archiv V. S. 77. — [111]) Beispiele aus den Jahren 1277, 1282, 1309, 1311, im Urk. Buche I, Nr. 379, 400, II. 519 und 543.

sagte Einlager darin zu halten.¹¹²) Graf Heinrich v. Walded schloß 1388 einen Grenz- und Cartel-Vertrag mit ihr, wegen gegenseitiger Rechtsfolge¹¹³) und als 1368 der cölnische Administrator Erzbischof Cuno von Trier, die Grafschaft Arnsberg vom letzten Grafen Gottfried IV. von Arnsberg kaufte, gab er den Städten, welche die Wichtigkeit dieser Erwerbung für das Land nicht verkennend, einen bedeutenden Theil des Kaufgeldes aufgebracht hatten, nicht nur 1369 eine allgemeine Versicherung über den besten Gebrauch jener Erwerbung,¹¹⁴) sondern der Stadt Brilon auch noch eine besondere, ausdrückliche Bestätigung aller ihrer Rechte und hergebrachten guten Gewohnheiten.¹¹⁵)

Mit dem Eintritt des nun folgenden fünfzehnten Jahrhunderts beginnt der allmählige Verfall unserer westfälischen Städte. Er hält fast gleichen Schritt mit dem der Hanse und wird beschleunigt durch die Eifersucht der fürstlichen Territorialherren, welche in dem Aufkommen der Städte feindseelige Kräfte gegen ihre Landeshoheit zu finden glaubten. In Westfalen war es Erzbischof Diedrich II. von Mörs, der durch seine souverainen Gelüste, die unglückliche Soester Fehde veranlaßte und dadurch einen Kampf zwischen Fürst und Volk herbeiführte, worin Soest zwar den Ruhm heldenmüthiger Vertheidigung erwarb, aber durch die eigensinnige Trennung von dem übrigen Herzogthum, womit es so viele Jahrhunderte verbunden gewesen, eben so viel verlor als dieses, während der Erzbischof seine eigenwilligen Zwecke eben wenig erreichte. Die verfassungmäßig garantirten Rechte unserer alten westfälischen Stände, bestehend aus Ritterschaft und Städten, datiren von jener Zeit. Den Gang dieser Verhältnisse zu entwickeln, ist hier nicht der Ort. Wir können nur kurz andeuten, welche Stellung Brilon unter denselben einnahm.

Daß die Stadt fortfuhr, ihren Besitz zu erweitern, ist oben (S. 38) schon erwähnt worden. Die alte Waffenordnung von 1362 war zwar noch in Geltung, aber mit den übrigen

---

¹¹²) So 1342 die Raven von Papenheim zu Canstein, 1397 die von Padberg. Urk. Buch II. Nr. 686 und 893. — ¹¹³) Seibertz U.B. II, 878. — ¹¹⁴) Daselbst II, Nr. 799. — ¹¹⁵) Daselbst II, Nr. 806.

Zünften bildete sich neben ihr eine besondere Schützengesellschaft, der man es schon ansieht, daß sie mehr eine geistliche Fraternität als ein stehender Kern des waffenfähigen Bürgerthums ist, obgleich sie beiläufig noch von zu machender Beute an Reisiger- oder Hausmanns-Habe, im eigenen oder in der Stadt Dienste spricht.[116]) Als 1423 die Ritterschaft und Städte mit Bewilligung des Erzbischofs Diedrich, eine Gesinde- und Tagelohns-Ordnung festsetzten, worin die Höhe des Lohns nach örtlichen Verhältnissen erwogen ist, sind Ritterschaft und Brilon immer gleich gesetzt.[117]) Als 1437 die Ritterschaft und Städte in Westfalen die erste Erbland-Vereinigung unter sich zu gemeinschaftlichem Schutz ihrer Rechte machten, war die Stadt Soest noch an der Spitze unserer Städte[118]) und obwohl die Vereinigung mit namentlichem Vorbehalt aller Rechte des Erzbischofs gemacht war, so erregte sie doch den Unwillen Diedrichs, den das Domcapitel durch eine vermittelnde Abstellung der ständischen Beschwerden, 1. Februar 1438 zu besänftigen wußte.[119]) Seitdem aber, in Folge der Soester Fehde, die alte Hauptstadt sich vom cölnischen Herzogthume getrennt und dem Herzog von Cleve für immer zugewandt hatte, ging der Primat der westfälischen Städte auf Brilon über, den die übrigen drei Hauptstädte Rüden, Geseke und Werl am 15. Jan. 1655 noch ausdrücklich anerkannten.[120]) Zur Entschädigung für die Drangsale, welche die Stadt Werl 1673 durch eine Belagerung von den churbrandenburgischen Truppen erlitten, übertrug der Churfürst Maximilian Heinrich, durch ein Motuproprio vom 10. März 1673 den Primat zwar auf Werl; die Verfügung wurde aber durch den kaiserlichen General Sporck wieder beseitigt.[121])

Zur Belohnung ihres treuen Beistandes in der Soester Fehde, gab Erzbischof Diedrich mehreren westfälischen Städten eine Akzise und zwar der Stadt Brilon schon am 23. Juli 1448. Wir sehen daraus, daß die Hauptgegenstände ihres

---

[116]) Seibertz U. B. III. Nr. 918. — [117]) Daselbst III, Nr. 921. — [118]) Daselbst III, Nr. 941. — [119]) Sie ist abgedruckt: Quellen B. I. S. 113. — [120]) Seibertz Urk. Buch III. Nr. 1048. — [121]) Quellen I, S. 95.

damaligen Handelsverkehrs in Korn, Bier, Hopfen, Wolle, Speck, Schmeer, Rindvieh, Schweinen und besonders in Blei und Eisen bestanden, dessen Fabrikation schon damals einen bedeutenden Erwerbzweig für die Gegend bildete.[122]) Am 28. August 1452 nahm Erzbischof Diedrich den Gedanken des alten Landfriedens wieder auf, weil wie er sagt: "geyn Lant in freden bestain noch gebien mach, da en sy gericht inb recht" und traf mit der Ritterschaft und den Städten eine Vereinigung, wie es mit Handhabung der Gerechtigkeit im Lande gehalten werden solle. Es wurde wieder ein Ausschuß, aber diesmal kein bewaffneter, von der gesammten Landschaft ernannt, der alle Jahr mindestens zweimal zusammenkommen und die Maaßregeln zur Aufrechthaltung des Vereins berathen sollte.[123]) Zugleich aber suchte die Stadt auch in ihren bewaffneten Streitkräften mit den veränderten Zeitumständen Schritt zu halten, wie daraus hervorgeht, daß sie 1458 von Gotthard von Meschede zwei geschmiedete Büchsen mit zwei Kamern und deren Zubehör kaufte und über diesen Kauf einen gerichtlichen Brief ausstellen ließ. Das schwere Geschütz, kam nämlich seit Erfindung des Schießpulvers (um 1350) allmählig in Gebrauch, war aber noch so selten, daß Brilon sich für die Stadt Marsberg verbürgen mußte, als diese 1464 von Rüben "ehnen Vogeler vnd twe sten Buffen" lieh.[124]) — In die Zeit der Regierung des Erzbischofs Diedrich fällt auch noch eine wesentliche Verbesserung des Armenwesens, welche wir nicht übergehen dürfen. Im J. 1431 hatte der Stadtrath die Stiftung einer Bruderschaft zu Ehren des heil. Geistes und St. Jostes im Hospitale genehmigt.[125]) Erzbischof Diedrich, erbaut durch die Andacht, womit am Pfingstfeste in feierlicher Prozession das Bild des heil. Jodocus mit anderen Reliquien aus dem Hospital zur Pfarrkirche getragen wurde, schenkte ihr 1450 zu solcher Feier einen 40 tägigen Ablaß.[126]) Gleichzeitig bestätigte er die 1383 erneuerte Kalandbruderschaft.[127]) Dieses

---

[122]) Seibertz U. Buch III. Nr. 953. — [123]) Daselbst III. Nr. 959. — [124]) Daselbst Nr. 963 und Note 290. — [125]) Die Urk. hat der Herausg. mitgetheilt in Wigands Archiv V, 92. — [126]) Daselbst S. 93. — [127]) Urk. B. II. Nr. 865, Note 612.

veranlaßte in den Jahren 1454, 55, 67, 70, 78, 79, 81, 83, 84, 85, 1501, 7, 19 und 45, eine Reihe von Schenkungen an die Bruderschaft[128]) und vermogte namentlich 1454 den Priester Johann Steinhoff, das von ihm und Johann Höltinck gebauete neue Marien-Hospital (Xenodochium) in der derferen Straße, worin 8 Arme verpflegt wurden und worüber ihm die weitere Bestimmung anheim gegeben war, mit der Kalandbruderschaft zu vereinigen. Als später das große alte Hospital zum heil. Geist am Markte, 1740 abbrannte, fehlte es an Mitteln zu seiner Wiederaufbauung. Es lag über 50 Jahre in Ruinen, bis diese mit dem Platze verkauft und auf letztem ein neues Privathaus erbaut wurde. Die Fonds des Hospitals wurden mit dem Gotteshause in der derferen Straße vereinigt, die in dem letzten gestifteten 8 Präbenden jedoch unter besonderem Titel verrechnet.[129])

Nach dem Tode des Erzbischofs Diedrich II., sorgten die Ritterschaft und Städte dafür, daß sein Nachfolger Ruprecht 1463 die früheren Privilegien und Erblandvereinigungen bestätigte,[130]) welches ihn jedoch nicht hinderte, das Land mit sich und seinen Nachbaren in solche Zwietracht zu verwickeln, daß die Stände genöthigt waren, ihn der Regierung zu entheben und seinen späteren Nachfolger Hermann IV. von Hessen, 1473 zum Administrator zu wählen. In dieser Zeit vereinigten sich 1479 Ritterschaft und Städte zu einem neuen Bunde, der die Wiederherstellung des Friedens mit den Grafen von Rietberg und Lippe und die Aufrechthaltung des Landfriedens überhaupt, zum Zwecke hatte.[131]) Die Regierung Hermanns war eine löbliche, jedoch fanden nach seinem Tode die Stände zu ihrer Betrübniß, daß er sechs Schlösser und Städte an den Landgraf Wilhelm von Hessen versetzt hatte, was sie am 2. Novbr. 1808 zu einem ferneren Verbunde veranlaßte, der für die Folge jeder ähnlichen einseitigen Veräußerung ein Ziel setzte und bewirkte, daß künftig die Erzbischöfe, bevor

---

[128]) Wigands Archiv V, 81. — [129]) Urk. Buch III, Nr. 962 mit der Note 189. Das baufällig gewordene, sonst ganz von Stein gebaute Gotteshaus, wurde 1809 zum Theil in Holz erneuert Das 1802 auf dem alten Hospitalplatze gebaute Haus, ist das Unkrautsche. — [130]) Seibertz U. B. III, Nr. 969. — [131]) Urk. Buch III, Nr. 980.

ihnen gehuldigt wurde, die Rechte und Privilegien der westfälischen Landschaft bestätigen mußten.¹³²)

Unter solchen Auspizien trat das 16. Jahrhund. an die Reihe und mit ihm die Zeit, worin die nachfolgenden Auszüge aus dem Briloner Rathsbuche fallen. Es ist aus dieser Zeit nur wenig Erfreuliches von den Fortschritten der städtischen Entwickelung zu berichten. Trotz allen Landesvereinigungen und Landfrieden, war kein Friede im Lande; wie schon daraus hervorgeht, daß noch 1530 ein einfacher Soester Bürger, Jacob England genannt, wegen Ansprüchen, die er am Drosten und dem Amte Bilstein zu haben vorgab, der Hauptstadt Brilon im Namen des ganzes Landes, Fehde ankündigen und diese mit der Verwahrung entschuldigen durfte, wenn der Stadt und dem Lande durch ihn Schaden geschehe, so sei das bloß um des Drosten und Amts von Bilstein willen. Brilon wußte nichts anderes zu thun, als den anderen Städten hievon zu ihrem Bemessen Kenntniß zu geben.¹³³) Das zweite Statut, was Brilon 1527 seiner Schützengesellschaft gab, paßt ganz zu dieser Rathlosigkeit. Der abzuschießende Vogel, die zu haltenden Gelage, erscheinen darin als die Hauptsache. Der alten Waffenordnung wird zwar auch noch als eines in Kraft bestehenden Statuts gedacht, aber sehr nebenbei und in der Erneuerung der Schützen-Ordnung von 1569 erscheint das ganze Institut nur noch als eine Reminiscenz vergangener Herrlichkeit, die sich als Spielerei bis auf unsere Tage fortgeschleppt hat.¹³⁴) Brilon ließ es als Hauptstadt zwar nie an ihren guten Diensten, zur Herstellung des inneren Friedens in Schwesterstädten fehlen, wie z. B. 1482 und 1510 zu Werl, 1581 zu Rüden,¹³⁵) aber die guten Zeiten für freie Entwickelung städtischer Herrlichkeit waren vorbei, wenn auch Brilon grade damals noch bedeutende Erwerbungen zur Erweiterung der städtischen Marken machte, worüber das Kropf'sche Directorium nähere Auskunft giebt; die religiösen Neuerungen, welche der abgesetzte Churfürst Gebhard Truchseß, nicht ohne sehr

---

¹³²) Seibertz Url. Buch III, Nr. 1007 mit der Note 239. — ¹³³) Daselbst III, Nr. 1018. — ¹³⁴) Daselbst III, Nr. 1016 mit der Note 254. — ¹³⁵) Daselbst III, Nr. 986, 1011 und 1030.

bedenklichen Beifall mehrerer Städte, im Lande versucht hatte, gaben dessen Nachfolger Ernst von Baiern, obgleich er in der Erblandvereinigung von 1590 alle verfassungmäßigen Rechte der Stände bestätigt hatte,[136]) dringende Veranlassung, unter dem Vorwande ihm obliegender guter Polizei, die Autonomie der städtischen Gemeinwesen auf alle nur irgend thunliche Weise zu beschränken. Die Zeitverhältnisse begünstigten ihn, wie alle Reichsfürsten, in Ausbildung ihrer Territorialhoheit, auf Kosten der Unterthanen sowohl als des Reichs. Der Recossus perpetuae concordiae von 1654, worin Ritterschaft und Städte sich die Last der öffentlichen Abgaben auf Kosten der Bauern erleichterten, war eine Nachahmung solcher Politik, aber eben so wenig eine Entschädigung für die verlorene Freiheit, als das Privileg des ausschließlichen Waarenverlags, welches Maximilian Heinrich nach dem 30 jährigen Kriege, mehreren Städten und namentlich Brilon 1657 gab, ein Ersatz für den erstorbenen ehemaligen Handel.[137])

Es ist hier nicht der Ort, die Geschichte unserer Stadt durch diese trübseeligen Zeiten zu verfolgen. Ihre zweideutige Haltung in den Truchsesischen Religions-Unruhen, ist aus Kleinsorgens Tagebuche bekannt, für die Geschichte der Drangsale unserer Städte im dreißigjährigen Kriege, ist eine besondere Abtheilung der Quellen bestimmt. Das Gesagte wird hinreichen, zur Würdigung der folgenden Auszüge aus dem Rathsbuche der Stadt. Wir haben nun noch Einiges über Dieses und seinen Verfasser zu bemerken.

Heinrich Kropf, welcher sich auf dem Titelblatt als Verfasser des Directoriums ankündigt, war in Brilon geboren, wo seine Familie zu den angesehenen rathsherrlichen Geschlechtern gehörte. Das Jahr seiner Geburt ist nicht bekannt, doch wird es gegen die Mitte des 16. Jahrh. fallen, weil er schon 1566 auf Ersuchen des Abts Alexander zu Bredelar, als Notar eine Rolle über den Kefflicker Zehnten aufnahm. Der Herausgeber hat in seinem Hausarchive aus dem Jahre 1571 noch ein großes, auf Pergament ausgefertigtes, Notariatdocument von

---

[136]) Seibertz U. B. III, Nr. 1047. — [137]) U. B. III, Nr. 1050.

ihm, über die Mastrechte der adeligen Güter zu Brunscappell und Sierlinghausen, woraus merkwürdiger Weise hervorgeht, daß damals von Aachen, Dortmund und Beckum, Schweine in unsere süderländischen Wälder zur Mast eingetrieben wurden. Als Stadtsecretarius erscheint er in dem Kleinsorgenschen Tagebuche von Gebhard Truchses zuerst 1583, wo der gedachte Churfürst am 16. Februar zu Brilon eintraf, um den protestantischen Gottesdienst dort einzuführen.[138] Die Kapellane Johann Nöggerath und Wilhelm Koch oder Magirus erklärten sich bei dem churfürstln. Rath Otto von Wolmeringhausen bereit dazu, der Pastor Suibert Steven aber lehnte es ab. Auf Betrieb des Bürgermeisters Heinrich Jacobs und des Secretars Kropf, wurde nun die Pfarrkirche den beiden Kapellanen übergeben, der Pastor aber einstweil auf die Hospitalkapelle beschränkt, bis ihm auch diese entzogen wurde.[139] Auf dem Landtage, welcher hienach vom Anfange März ab zu Arnsberg gehalten wurde, waren es hauptsächlich Kropf mit dem Bürgermeister Jacobs, Johann Grote von Geseke und Richter Bernard Knipschild von Medebach, welche mit den adeligen Anhängern des Churfürsten Gebhard Truchseß, die Parthei des Letzten zu halten und Uneinigkeit zwischen die Stände zu bringen suchten. Nach der Absetzung desselben, verlor sich der Schwindel dieser exaltirten Parthei und auch Kropf scheint sich der ruhigen Wartung seines Amts wieder ganz hingegeben zu haben. Daß er ein guter Patriot und

---

[138] Der Churfürst wohnte in dem alten steinernen Hause unter der Apotheke, auf der Pebriler (jetzt stracken) Straße, welches damals einer in Brilon lebenden Nebenlinie der Familie von Meschede gehörte. Die Religionsneuerungen Gebhards veranlaßten später 1652, daß der Magistrat dem Minoriten-Orden die Nicolai-Capelle mit ihren Fonds zur Einrichtung eines Klosters, gegen die Verpflichtung übergab, in demselben den Gymnasialunterricht zu ertheilen. Seibertz westf. Beiträge II, 443; wo auch über die Stiftungen des Vicars Bröleser zu dem jetzigen Gymnasium das Weitere nachzusehen. — [139] Heinrich Jacobs, seine Nachkommen heißen Jacobi, starb seinem Grabsteine zufolge am 6. October 1590. Nachdem der Pastor Steven (Kleinsorgen nennt ihn Schwichard, sein Grabstein aber Suibert) später wieder in den Besitz der Kirche gesetzt war, fuhr der Kapellan Nöggerath fort, aus einem Thurmloche zu den Anhängern der neuen Lehre zu predigen. Daher das Briloner Sprüchwort: „Nöggerath, Teufels Art," oder plattdeutsch: Nöggerodt, Duivels Ort." Steven starb 19. August 1598.

für die alten Rechte seiner Vaterstadt eifrig besorgt war, dafür liefert das nachfolgende Directorium sprechende Belege. Er hat demselben den warnenden Zuruf an seine Mitpatrioten vorgesetzt: Quidquid habes teneas, posthac non plura dabuntur. Die Emsigkeit, womit Churfürst Ernst damals durch einen Landmesser die Privilegien der Städte und Freiheiten in Abschrift sammeln ließ, um ein allgemeines westfälisches Lagerbuch, zur polizeilichen Controle der Gemeinden, daraus zu bilden, mogte ihn mißtrauisch gegen die wohlwollende Tendenz dieser landesväterlichen Fürsorge gemacht haben. Deswegen stellte er in seinem Directorium alles zur Erhaltung des alten verfassungmäßigen Zustandes seiner Vaterstadt und ihrer Privatrechte dienliche, sorgfältig zusammen und eben darum ist dasselbe so lehrreich für die genauere Kenntniß der inneren Zustände der Stadt, die durch ihren Rang als erste Hauptstadt, wie durch die reiche Entwickelung ihrer reinbürgerlichen, durch keine gutsherrliche Eingriffe getrübten, Elemente, den Schwesterstädten des Landes immer zum Vorbild diente. Kropf war eben noch im Stande, aus eigener Anschauung eine Beschreibung dieser Zustände zu geben, die seitdem immer rascher verbleichten. Sein Todestag ist nicht bekannt, nur von einer Verwandten, vielleicht einer Schwester oder Tochter von ihm, lag ein Grabstein in der Kirche. Sie hieß Anna Krops, starb 6. Mai 1618 und war verheirathet mit einem Rathsverwandten Johann Kleinschmidt. Ein anderer Grabstein daselbst gehörte Elias Kropf per annum Hoynkhusii ad s. Catharinam vicarius curatus. † 1764 am 24. Februar im 27. Jahr seines Alters.

Das Buch ist übrigens sehr sauber, auf starkem Papier geschrieben und hält 125 Blätter in kl. Folio, die durch langen und häufigen Gebrauch, an den äußeren Rändern sehr beschmutzt sind. Die Handschrift gleicht der des vorhin gedachten Notariat-Documents, welches der Verfasser als Henrich Krop von Brilon ꝛc. vollzogen hat, während er sich in dem Directorium Henricus Crop und Henricus Cropius nennt. Die Familie Kropf blüht übrigens noch jetzt in vielen Zweigen in den um Brilon gelegenen Ortschaften.

1.

Directorium vnd Repertorium dero Stadt Brilon notigßen Stücken. Item Schnadt jrer Holtz- vnd Velttmarcken vnd vornembßen Gerechtigkheiten; einem jeden regierenden Burgermeifter vnd Rathe auch Liebhabern dero Stadt Wolfart gantz notigk zu wißen. Bei Regierunge des achtparn vnd ehrbaren Frantzen von Meschede Burgermeifters, Georgen Nolthen vnd Philipfen Nammen Kemneren vnd feiner anderen beigeordneten Radthern durch Henricum Crop dero Stadt beaidten Secretarium, den Nachkommen zum Beßen in nachfolgende Ordnungh gebracht, im Jar nach Chrifti onfers lieben Hern Gepurt.
1595.

Was Gestalt auff Abent Martini episcopi beß abgelauffenen Jahrs gewesene Hern Burgermeister vnd Rath beß Abentz nach althem Geprauche vnther sich auß dero gantzen Burgerschafft auß den vier Baurschafften acht fromme Burgere zu Churhern zu kaisen pflegen. Item wie ferner ahn s. Martini Tagh vmb die 12. Stunde alle vier Empter sich auff das Rathauß zusahmen thuin vnd auß ihren Mittelen vier Burger zu den vorigen achten erwehlen, daß ist Jedermanniglichen vnther der Burgerschafft kundigh. Derohalben bauon vnnotigh weittern Bericht zu thuin.

Demnach beßelbigen Tages ahm Abent vmb die viert stunde werden die also erwehlete zwölff Churhern, von jedem Pforttner auß seinem Baurschafft auffs Ratthauß gefurdert. Wen sie dan alle da sein, lest der althe Rath sie auf die Rathstueben fur die vier Siebelen fur sich furdern vnd lest ihnen durch die Diener einem jedern auff der Riege einen Drunck schencken. Wen daß geschehen, wünschet der Burgermeister wegen des gantzen Raths, ihnen zusambtt einen guthen Abendt vnd melbet barneben vngefehrlich bieses Jnhaltz. Nachbeme sie alle zwölffe von Gott vnd den Menschen zu alsollichem Ambte beruffen, daß sie wie von Althers hero alhie gepreuchlich einen newen Burgermeifter vnd Rath kaisen sollen, solle ihnen durch ben Secretarium irstett vorgelesen werden, wie sie sich verhalten sollen vnd bemnach ben Aibt thuin.

Folget was den Churhern soll vorgelesen werden, darauff ihr Aibt zu thuin.

Ihr sollet loben vnd schweren das Ihr willen einbrechtiglichen kaisen nach allen ewern fünff Sinnen, zwolff fromme Manß, die deß Rathes würdigh sein. Vnd sollet das thun oder laßen vmb Lieb oder Laidt, vmb Freundtschafft oder Mageschafft vnb Gevatterschafft oder Schwagerschafft, vmb Goltt noch Silber, vmb Gifste noch Gabe, vmb Wein oder Gewantt noch vmb jemandeß Dank.

Vnd Ihr sollett kaisen vier fromme Manß, die deß Raths würdigh sein vnd vnser Stadt Schoß, Zyse vnd Renthe auffheben, außgeben vnd vorhandelen nach Rathe deß Raths vnd sollen hir nicht abscheiden, ihr sein deßen dan einbrechtiglichen eins, Allet sonder Argelist.

Auch ob Ihr einen setzen oder köhren, der nicht einheimisch wehre, so sollet die Andern so einheimisch sein gleiche woll ihre Recht thun vnd wanehe die Andern heim kommen, die soll der Rath aidten, gleichs alß der althe Rath solte gethan haben.

Wer eß auch Sache, daß Ihr einen setzen oder kaisen würden zum Rathe vnd daß nicht thun wolle, daruon soll men seine Webde nehmen nemblich drie Marck, darnur soll men ein Pfant von Stunt ahn holen laßen vnd deß keinerleye Weiße qujtt geben. Vnd wen solchs geschehen ist, so sollt Ihr einen andern gewirdigen vnd vnther Euch in deß andern Stette setzen vnd kaisen.

Wen dis durch den Secretarium den Churhern vorgelesen ist, alßban beaidet sie der althe Burgermeister vnd spricht ihnen vor mit diesen Wortten: Als mir jetzo vorgelesen ist vnd das verstanden hab, dem woll ich also getrewlich nachsetzen, so wahr mir Gott helffe vnd sein heiliges Wortt.

Item dis ist dasjennige das man dem newen Rathe vorlesen soll vnd darauff sie loben vnd schweren sollen. Zum irsten Ihr sollen loben vnd schweren, vnser Stadt Rechte Gewonheitt vnd Gerichte zu bewahrende, das Beste zu thuende nach allen eweren fünff Sinnen, ein Pferrt von viertzehen Gulden binnen einer Monath zu habende,

Gereittschafft vnd Harnisch darzu,¹⁴⁰) alse sich daß eigenet vnd gepuiret. Schoß, Zhße, Renthe vnd alle andere Aufflumpste binnen ewer Zeit einzumahnende, hohe Geholtze zu hegende, Waldemeine zu wahrende. Deß Schoßes sollet Ihr niemantt Tagh geben; eweren Schoß sollett Ihr zuuorn außlegen, vnser Stadt Gelt sollt Ihr niemande leinen, alle vorfallende Notturft an vnser Stadt solt Ihr bawen, men heische es Euch den laßen. Auch sollet Ihr keinen zum Burger oder Burgerschen außen herein nehmen, er oder sie haben den zuuor ihre Echte vnd Freibriefe fürgepracht vnd ire gepürliche Burgerpfenninge erlegt.¹⁴¹) Waß men ahn Webbeschatze außloset, solt Ihr bei ewer Zeitt wibberumb anlegen. Ewer soll keiner Theill haben ahm Wein oder Weinzapffen. Vnser Stadt Gelt solt Ihr auff vnser Stadt Rathhauße nicht verzehren. Der Knechte gelbett ein so viel alß ein Here. Zu Bastelabende habt Ihr die alten Gepuir für ewere Knechte. Lichte vnd Kollen habt Ihr allezeitt zuuorne. Drie Gulden¹⁴²) solt Ihr haben, wen Ihr abgehet, bar sollt Ihr bei recken (rechnen). Vnser Stattbuich solt Ihr niemantz offlehen.

---

140) Die Worte: ein Pferd u. s. w. sind durchstrichen und ist von einer späteren Hand am Rande bemerkt: von jeder newe erwölten Rades Persone, einen silbern Becher innerhalb eines Vierteljahrs einzufurdern von drein Reichsthalern, 6 Lot schwer. Diese Bestimmung erlitt später noch mancherlei Abänderung. Am 27. April 1621 wurde verabschiedet, daß den Churgenossen 8 Rthlr. zur Zehrung gegeben werden und daß alle Brüchten, die während ihres 24 stündigen Regiments etwa fallen mögten, ihnen verbleiben sollten. Auf Martini sollten bei dem Rathswechsel überhaupt nur 70 Rthlr. verzehrt werden. Statt des silbernen Bechers, den alle neue Rathspersonen nach altem Gebrauche zu geben schuldig, solle künftig jede 3 Rthlr. geben, wofür Feuereimer, Wildgarne u. dgl. anzuschaffen. Am 7. April 1655 wurde beschlossen, daß künftig auf Martini beim Rathswechsel nur 25 Rthlr. für Verzehr bewilligt werden sollten. Wegen der Churherren solle es bei dem bisherigen verbleiben. Dieselben sollten sich jedoch sowohl bei ihrer Bereidung, als bei Erwählung des neuen Raths alles Trinkens enthalten; wer aber bemungeachtet „wolbeschencket und trunken erscheinen wůrde, den solle der Gepühr darab gestraffet werden ohn einiges Ansehen" mit — einem Faß Bier. — 141) Die Worte auch sollet u. s. w. sind später in den Text geschoben. Darunter steht von noch jüngerer Hand bemerkt: alß nemblich ein außlendisch Mansperson 15 Rthlr., ein Weibsperson 5 Rthlr. vndt da einer oder ander etwas nachgeben wůrde, soll ers auß dem Seinigen beizulegen schuldigh sein anno 682 am 21. Aprilis. — 142) Vngeserlich; ist später an den Rand geschrieben. Noch später ist in margine vermerkt: mit solchen 3 Gulden hat man jener Zeitt mer können ausrichten alß jetzo mitt 30 fl.

Auch solt Ihr niemantz erleuben Bier zuuerkauffende, er sei dan ingeschrieben vur einen Brugger. Auch solt Ihr von einem jeglichen eingeschriebenen Brawer nehmen laßen von einem jeglichen Schepfell Maltzes zwein Pfenninge. Vnd wer rabouer brawete oder verkoffte daß Bier vnuerziesett, so mannigh Ohm oder Becher alß der Bierß verkoffte, so mannige Mark soll der vnser Stadt geben vnd der sol men ihme nicht nachlaßen. Auch sollen Euch die Rechensleutte von Vffborunge vnd Außgiffte alle Monatt¹⁴³) auffrechnen; auch die Pfande so auf vnser Stadt Rathauß kommen von Wachen oder anders, sie seien wie sie wollen, die sollen gelosett werden vnd ein Rath soll derselben nicht abtragen sonder Argelist.

Wen diß also von Wortt zu Wortten dem newen Rathe durch den Stattschreiber ist vorgelesen worden, alßban soll ein jeder zween seine fordern Finger auffrechen vnd dem althen Burgermeister vnd Rathe diesen Eidt schweren vnd nachsagen: Alse mir jetzo vorgelesen ist vnd ich das verstanden hab, dem woll ich also getrewelichen nachsetzen, so wahr helffe mir Gott vnd sein heiliges Wortt.

Folget der vier Ihse-Hern Ahtt, das ihnen vom Secretario fürzustaben: Ich globe vnd schwere, das ich der Stadt Brilon Schoß, Ihse, Renthe vnd Gulde auffboren, außgeben vnd verhandelen woll auff geburliche Zeitte. Allett nach Rathe deß Raths vnd daß nicht laßen, so wahr rc.

Ahtt des Secretarien. Ich globe vnd schwere zu Gott vnd seinem heiligen Wortt, dero Stadt Brilon Gerichte vnd Gerechtigkeit vnd allerley vorfallende nottwendige Stattsachen mit Schreiben vnd Rathe, nach allem meinem von Gott beschertten Vernunfft vnd Verstande fleißigh vnd getrewlich zu bedienen vnd zu vorwahren, dero Stadt Secreta vnd Heimblicheitte heimblich zu halten vnd keinem Menschen, so der nicht wißen magh zu offenbarn. Gleichfals einem jedern Burger seine Sachen, ohne einige verdechtige Partheiligkeit fleißigh zu schreiben, dero Pillichcitt gemeß vnd gestalten Sachen nach mit dem Schreibelohne mich vnuorweißlich zu halten. Einem

---

¹⁴³) Wens notigk; heißt es in einem späteren Zusatze.

jedern Burgermeister vnd Rathe zur Zeitt, beide Tags vnd Nacht in Stattsachen zu gehorsahmen vnd im Ambte willigh zu sein vnd alles daß zu thun vnd laßen, waß einem fleißigen Secretarien zu thun vnd zu laßen woll ansteheit, aigenet vnd gepuiret, so gewiß mir Gott helff vnd sein heiliges Wortt.

Folget was man dem Secretario zur Besoldung gibt. Irstlich hatt er die Freiheitt in Stadtz Drechten. Darnach sechs vnd zwantzigh [144]) Reichsthaler zur Besoldunge, fünff Ellen engels Tuich vnd sechs Ellen Futtertuich zur Kleidungh.[145]) Die andern accidentalia, alß der Weinkauff, wen daß Renthe oder Zysehernbuich von ihme gieliebertt wirtt. It. Opffer vnd Kirchmeßengeltt stehets bei den Hern Kemnern vnd Zysehern; darnach ers machett, darnach wirtt ihme geschencket. It. vom gemeinen Kauffbrieffe ein Maß Wein zu Schreibelohn. It. von einem Pfantbrieff, so die Statt versiegellt — 4 ß. It. von einer Hantschrifft — 3 ß. It. von einem Verfolgsbrief 1 q. Wein. It. von Supplicationibus, darnach die Arbeitt, darnach der Lohn zu furtern. It. von einem Geburtzbriefe, der eß wol thun kan — 1 Rthlr. Allett nach Gelegenheitt der Persohnen. Vnd ist biß vnther den Burgern vnd nicht von Außlendischen zu verstehen.

Schulmeisters oder Rectoris Verpflichtunge. Von dem Rectore hatt man Handtgelubnuße zu nehmen, daß er bei Ehren vnd Treuwen anlobe, Burgermeister vnd Rathe dero Stabt Brilon getrewe vnd holt zu sein, sein Schulregiment fleißigh zu bewahren vnd zu verwalten, seine anbefohlene Discipulen in der Furchtt Gottes vnd zu den ehrlichen freyen Künsten fleißigh zu erziehen vnd anzuhalten. Jhne beide mitt Leben, Wandell vnd der Lehr vnehrgerlich vorzustehen, auch die nottige Churgesenge in der Kirchen vnd sonsten zu bewahren vnd zu halten. Vnd sich dermaßen zu erzeigen, wie einem frommen Rectori Scholæ gepuirett vnd woll anstehett. — Besolbunge des Schuelldieners. Irstlich ist er onerum civilium befreyett, hatt vor sich vnd seinen Collegen jarlichs auff Martini dreißigh Thaler zu 30 ß jedern zu rechnen, vom

---

[144]) Dreißig; sagt eine spätere Marginalbemerkung. — [145]) Oder acht Reichsthlr., heißt es in margine.

Rathauße. It. vor die Lignatur 2 Fuiber Holtzes. It. von jederm Burgerskinde seinen Introitum vnd alle Halbjahr 4 ß vnd von einem Extraneo 1 Orths Thaler zum Schulegelde, auch neben seinem Introitu. It. auff die Jahrmarckte von jederm Knaben 3 bt. zu Kermitzgelde;[146]) auch ein honorarium wegen beß carminis scholastici vnd sonsten andere mehr accidentalia.[147])

Organisten Verpflichtung. Derselbig kan auch angehalten werden mitt Hanttgelubnußen sich zu verpflichten, Burgermeister vnd Rathe getrew vnd hollt zu sein, daß anbefohlene Orgelen getrewelichen zu bewahren vnd nichts darane zu verderben, besonder auf Sontage und andere festa solches mit Schlagen zu bedienen; inmaßen einem getrewen Organisten eigenett vnd gepuirett. Organisten Besoldung. Jarlichs von dem Rathauße auff Martini zwantzigh gemeine Thaler zu 26 ß. It. von der Wieße zu Hilbrinckhausen brie derselbigen Thaler.[148]) Calcanten Besoldung. It. 1 Rthlr. vnd 1 Par Schuch jarlichs.

Ahbt dero Stabtknechte. Ich lobe vnd schwere, das ich dero Stabt Brilon vnd einem jebern Burger trew vnd hollt sein woll, alleß waß mir von meinem regierenden Burgermeister vnd Hern befohlen wirtt vnd ohne baß mein Ambtt erfurbertt (mitt Vorwahrungh dero Stabt Pforten, Schlüßelen, mitt Auff vnd Zuschließen dero Pforten) getrewelichen verrichten, alle Geheimbnußen so mir vertrauwett heimblichen halten vnd alles das thun vnd laßen, waß einem frommen getrewen aibthafftigen Diener aigent vnd gepuirett vnd dorin keine Falscheit geprauchen,[149]) so gewiß helffe mir Gott vnd sein heiliges Wortt. — Besoldung des Außreitters. Irstlich hatt er die Freiheitt in Stabtsbrachten. Darnach gibt man ihme auff Weynachten zu Weinkauffe vnd Opffergelbe

---

[146]) Von einer späteren Hand ist hinzugefügt, daß der Jahrmärkte zwei seien, das eine auf Lätare, das andere auf Jacobi. — [147]) Nachträglich ist später hinzugefügt: It. noch 20 ß. von 10 Rthlr. Hauptgelts von Botterweggen herrirendt. It. Kemuer Johan von Achen wegen saligen Dreas Weßels 1 Thlr. It. Reitgers Erben Donation 3 Rthlr. — [148]) Nachträglich ist hinzugefügt: It. einen Gartten ahm Dolßberge. — [149]) Dieser Satz ist 1712 noch umständlich gegen alle Art Ohrenbläserei autgeweitet worden.

3 ß.¹⁵⁰) Jt. vier Ellen engels Tuich vnd fünff Ellen Buttertuich zur Kleidungh vnd das Machelohn. Jt. er hatt seine Houen Landes, wie im Stadtbuiche verzeichnett pachtfrey,¹⁵¹) vnd die Wiesen so dabei gehorigh. Jt. den Stadtzgraben zwischen der obern vnd creutscher Pfortten. Jt. zu seinem von der Stadt ihme anbeuohlenen Pferde jahrlichs einen Thaler zu Ruhfutter vnd sechtzigh Scheppel Habern. Jt. jahrlichs vor sein Stiebelen zwen Reichsthaler, alle Sontage sechs Pfenninge Wochenlohn. Jt. so mannigen Ribt, so mannige sechs dt. Jt. einen vorzuheben 6 dt.¹⁵²) Besoldung des andern Stadtzknechtes. Hatt auch die Freiheit von Stadtzrechten. Jt. auff Weynachten jahrlichs zu Weinkauffe vnd Opffergelde 2 ß.¹⁵³) Jt. den Graben vor der Kesseler Pfortten. Jt. vier Ellen guttes Pückes oder Wandes vnd fünff Ellen Buttertuich vnd das Machelohn. Jt. von der Vhrglocken zwen Thaler zu 28 ß.¹⁵⁴) Jt. auffs Knechte Ambt 1 Par thoppelter Schuhe vnd zwen Par dünner Schuhe. Jt. alle Sontage 6 d.¹⁵⁵) Jt. einen vorzuheben 6 d.¹⁵⁶) Von den Gefangen haben die Knechte: Jt. wen ein Burger oder Burgerskindt in Hafft genommen, haben sie inßsambt: 1 Marck. Von einem andern, der kein Burger oder Burgerskindt haben sie 26 ß. zu ihrem Fanckgulden; jedoch daß es domitt gehalten, wie von Althers, daß die Pforttner, wen sie darzu helffen, auch daß Ihre bekommen muegen.

Wie man newe Bürger beaidten soll: Jch ꝛc. schwere ꝛc. daß ich dem hoichwurdigsten ꝛc. vnserm gnedigsten Churf. vnd Hern zu Cöln vnd einem jedern Burger zu Brilon trew vnd holt sein will, ihr Bestes werben vnd Argstes wahren, eines jedern regierenden Burgermeisters vnd Raths Gebott vnd Verbott halten, allen burgerlichen gepuirenden Gehorsamb leisten

---

150) Später hinzugefügt: vff Ostern 3 ß, vff Pfingsten 3 ß. — 151) Später hinzugefügt: Jt. zwo Reichsthlr. Pfenninglohn. Jt. Wochenlohn 1 Konigs Daler. Jt. zwo Par Schuch. — 152) Später hinzugefügt: Jt. vff Ostern vnd Pfingten zu Offer 1 ß. — 153) Später hinzugefügt: vff Ostern 2 ß, vff Pfingsten auch 2 ß. — 154) Später: sein umb mehren Vleißes willen zu 2 Rthlr. gesetzt. — 155) Später: 1 Konigs-Daler. — 156) Späterer Zusatz: Jt. vff Ostern vnd Pfingten zu Offer 1 ß.

vnd alleß daß thun vnd laßen, waß einem getrewen aidthafftigen Burger gebürett vnd woll anstehett,¹⁵⁷) so wahr ꝛc.

Der Pforttner Aydt: Ich ꝛc. schwere ꝛc. (Treue und Hulde dem Bürgermeister vnd Rath dann:) daß ich woll — die Pfortten zu geburlicher Zeit zu vnd auffschließen, Niemantz ohne Wißen vnd Willen des Rathes ein oder außlaßen vnd die Schlußell an den Orth, dahin mirs beuohlen wirtt brengen vnd alles thun vnd laßen ꝛc. — Der Pforttener Besoldunge. It. was ein jeder newer Burgermeister off Martini den Pforttneren, wen sie ime die Schlußell bringen, gibt zu Weinkauffe. It. off Weinachten XVIII ß. It. off Fastnacht VIII ß. It. off Ostern X ß. It. off Pfingten VIII ß. It. off Martini XX ß. Der Oberpforttner hatt wochentlich II ß. It. waß sie off die zwei Vmbgenge in der Stadt bekommen, teillen sie gleich.¹⁵⁸)

Aidt des Spyllmans. Ich ꝛc. schwere (Treue vnd Hulde) auch die Wacht so mir beuohlen getrewlich auf dem Thurmb bewahren, die Vhren bestendigh blasen, ober die Statt vnd inß Felt fleißige Wacht vnd Auffsicht haben, die Reißige anblasen vnd wie viel dern sein wirtt, mit dem Blasen vngefehrlich angeben vnd in Summa mich dermaßen erzeigen u. s. w. Spiellmans Besoldung. It. jarlichs 26 Rthlr. ist wochenttlich ein halb. It. eine gemeine Kleidunge, gleich dem einen Stadtknechte vnd daß Machelohn. It. wan er auff Wirttschaffte spielett zimblicher Lohn von den Burgern vnd sein Dranckgeltt zu haben vnd vor Andern darzu zu befurderen.¹⁵⁹)

Der Wechter Aydt. Den Wechtern so durch die Stadt gehen, mocht man vorn erst mundtlich vngefehrlich also vorhalten. Ihr Wechter die ihr gebendett dern von Brilon Wachtt durch die Stadt getrewlich zu verwahren, sollet Ihr zwischen Martini vnd st. Peters Tage nach 9 Vhren vnd darnach zwischen st. Peter vnd Martins Tage die Sommer-

---

¹⁵⁷) 1723 ist das Versprechen hinzugefügt, gegen Mitbürger bei keinem auswärtigen Gerichte klagen zu wollen. — ¹⁵⁸) Die Pförtnerbesoldung ist etwas später nachgetragen. — ¹⁵⁹) Später hinzugesetzt: It. 1 Foder Kohllen vndt jahrlichs 2 Foder Holtzes.

zeitt nach 10 Vhren beß Abentz vor dem Rathauß zusahmen kommen vnd zu brein Vhren nach Mitternacht¹⁶⁰) abgehen. Vnd soll jederman im Anfangh der Wachtt briemohel nacheinander auff die Wachtt blasen vnd alstan vorhan ein jeder in seiner halben Stadt die Wachtt anfangen vnd biß gantze Jahr briemahl ein jeder deß Nachts durch die halben Stadt gehen. Vnd der die Wachtt in der obern Stadt hatt, soll alle brie Genge die geschlagen Vhr ruffen vnd blasen, irstlich (es werden 12 einzelue Häuser als Blasestationen genannt) welches also ein Gangk sein vnd deren drie verscheiden gehalten werden sollen. Der in der Niebbern Stadt wachett, wen er fürm Rathause geblasen, soll er (vor 16 genannten Häusern) blasen. Diß soll auch ein Gangk sein vnd alle brie also gehalten werden. Vnd sollen sich gantz fleißigh in alle Orther vmbsehen. Ebenwoll Dieberey halber, als andern zufallenden Vngelücks wegen. Wen bis also den Wechtern anzunehmen stünde, mocht man ihnen nachfolgenden Aidt vorstaben. Jch ꝛc. schwere ꝛc. daß ich die Wacht so mir jetzo vorgelesen ist, in der halben Stadt getrew vnd fleißig halten, ahn den Enden vnd Orthern alß mir jetzo beuohlen, waß die Glocke geschlagen in jederm Gange fleißigh ruffen vnd blasen woll vnd daß nicht laßen durch einige Vorsaumbnuß, Faulheitt, Schlafferighkheit oder andere Gelage vnd Gesellschafft, alles getrewlich, so wahr ꝛc. **Wechter Besoldung.** Jt. brie Schillinge jederm zu Weinkauff. Jt. die Freiheitt von Stadtzbrechten. Jt. ein jeder 1 Marck vor die Feurungh. Jt. jederm zwei Par gutther Schuhe. Jt. jeder fünff Rthlr. auff Martini. Jt. wan daß Ahrmenwandt außgetheillett, zu einem Par Strumpfen oder Oberhosen oder Hantschen wantt.¹⁶¹)

Aytt der Mülner: Jch ꝛc. schwere ꝛc. daß ich ahn allerley Kohrn, so mir die Burgere vnd andere Leutte in die Mollen schicken oder prengen werden, Trewe, Frommicheitt vnd auffrichtigen Glauben oben vnd geprauchen woll, daßelbe Korn

---

¹⁶⁰) Randbemerkung: Des Somers aberst zwischen Martini vnd Ostern nach 4 Vhren abgehen. — ¹⁶¹) Etwas spätere Randbemerkung: Nota, weill die Wechtere zwischen Martini vnd Ostern biß vmb 4 Vhren wachen, ist Jederem noch 1 Rthlr. versprochen. Jt. 1 Marck wegen des Vmbgangs.

nicht vermischen oder verendern, auch davon nichts mehr nehmen oder nehmen laßen, alß den rechten gepurlichen vnd pillichen althen Molther; die Molterlopen auch nicht vorwechselen oder großer machen, dan sie von einem erbarn Rathe gebranth, allett getrewe vnd fromblichen, so wahr ꝛc.

Eseltreiber Aybt:[162] Ich ꝛc. schwere ꝛc. daß ich an dem Kohrn so mir die Burger vnd Inwohnner zu Brilon in die Mollen zu führen befehlen werden, keine Vuthrewe beweisen, davon nichts vberall nehmen oder nehmen laßen, besonder daß ihnen getrewlichen widderumb in ihre Heußer prengen vnd davon die ordentliche vnd pilliche Zyße der Stadt Brilon nicht verschweigen, verhelen, verprauchen oder veruntrewen, besonder dieselbe von einem jedern fordern will. Vnd wehr mir bei daß Korn keine pepürliche Zyße liebertt, daß soll vnd will ich ihnen widderumb absetzen vnd nicht auß der Stadt treiben, eß sei dan die billiche Zyße mir dabei geliebertt, die ich den Pforttnern liebern woll, so wahr ꝛc.

Der Drescher Ahtt, so in dern von Braibelar Zehenden breschen: Ich ꝛc. schwere daß ich der Hern von Braibelar Zehenden getrewlich woll dreschen helffen, davon daß Geringste nicht voruntrewen, auch so viel mir muglich ist die Bette ahm Sommer[163] Korn dem einen Burger alß dem andern gleich ansetzen, auch Auffsicht haben, daß die Burger vor ihr Gelt ahn Kaff vnd Strohe nach althem Geprauch gleich bekommen mogen, beßgleichen daß Korn reihne machen, daß eß marckgene Korn sein soll. Daß auch der Papen Zehende vnther den Kesselker Zehenten nicht soll vermengelt

---

[162] In der Stadt Brilon gibt es kein fließendes Wasser und daher keine Wassermühlen. Diese liegen etwa ½ Stunde entfernt, in einem Thale zwischen Brilon und Scharfenberg, an der Ahe; welche unterhalb Lebrike entspringt, 5 Hauptmühlen treibt und dann wieder in Kalksteinklüften untergeht. Alles Korn was die Stadt verbraucht, wird auf Eseln zu den Mühlen geholt und als Mehl von diesen wieder in die Stadt gebracht. Die Eseltreiber waren daher für sie, von jeher allerdings wichtige Personen. Zu Rüden, wo ein ähnliches Verhältniß besteht, waren sonst die Mühlenberechtigungen sogar nach Eselsfüßen getheilt. — [163] Späterer Marginalzusatz: vndt Winter.

werben.¹⁶⁴) Vnd domitt alleß getrewlich handelen ohne Argelist, so wahr ꝛc.

Den Pfendern kan also diß vorgelesen werden: Ihr sollt in der Statt Brilon Veltt- vnd Holltmarken fleißige Auffsicht haben vnd zusehen, von wehme den Burgern ahn ihrem Korn, Früchten, Kempen, Wiesen vnd Gartten Schade zugefuigett wirtt. Vnd wen Ihr also ein Schaden befindett, den sollt Ihr einem Erbarn Rathe anprengen vnd deßwegen pfenden vnd der Stabt vnd Burgern nichts veruntrauwen oder vnberschlagen, besondern Euch in diesem Ambte gantz getrewlichen verhalten, wie frommen aidthafftigen Dienern gepuiret vnd wol anstehet, bei Leibesstraffe. Ahbt der Pfender: Alß mir jetzo vorgelesen ist vnd daß verstanden hab, dem wil ich getrewlichen also nachsetzen ohne Gesehrde, so wahr ꝛc. Besoldung der Pfender: It. man gibt jederm Pfender 2 ß zu Weinkauff. It. jederm ein Par Schuhe vnd jederm fünff Reichsthaler.¹⁶⁵)

Ahbt der Holtzknechte: Ich ꝛc. schwere daß ich dero Stabt Brilon, der Erben vnd gantzen Burgerschafft Geholtze

---

¹⁶⁴) Das Kloster Bredelar erwarb den Werstughauser oder Kessliker Zehnten von der Familie von Brilon. Die Geistlichen (die Papen) hatten den sogenannten Flescher Zehnten, der Churfürst einen Dritten. Die Stabt suchte aber möglichst zu hindern, daß das Stroh von der Zehntfrucht, den Aeckern, als nothwendiges Dünge-Mittel, entzogen würde. Bredelar hatte eine eigene Zehntscheune in Brilon, der Churfürst ebenfalls. Ueber den Bredelarer Zehnten führte ein eigener Zehntpater die Aufsicht und die Zehntfrucht wurde durch vereidete Drescher gedroschen. Ueber den Bredelarer Zehnten kam 1578, Mittwoch nach divis. apostolor. ein Rezeß zu Stande, worin es heißt „daß Breibelaer — von jedem vollen Fuder Waitz vnd Roggen sechs gute, wollgebundene, vnstraffbare Garben, wie sie die Rige gibt vnd vom halben Fuder desselbigen drey Garben zu nehmen gewilligt haben." Die Zehntpflicht war also eine sehr mäßige, wurde aber dennoch fortwährend beeinträchtigt, so daß 1720 der Stabt-Vorstand sich verpflichten mußte, für bessere Beobachtung des Rezesses von 1578 zu haften. Eben so gieng es mit dem Flescher oder Pfaffenzehnten. Es kam darüber 1526 unter Vermittelung des Landbrosten Johann Schüngel eine Compromißentscheidung dahin zu Stande, daß das Kapitel zu Soest befugt sein solle, den Zehnten von Brilon einsammeln und dreschen zu lassen, daß aber „de von Brylon de Drescher beeyden mugen, dur eins zum andern vnd wan sulch gedroschen Korne vff de Banne gekomen vnd gebracht ist, daß alstan gemelte Dechand vnd Capittell zu Soist des vurgen. Zehentkorns (Roggen, Gerste und Hafer) zu ihrer Notturft vur affnemen vnd vngeirrt diß Brylon nach Soist fhoren mugen." — ¹⁶⁵) Nachträglich zugesetzt: von einem Pferde oder Kuhe 1 ß, Schweine oder Schafe 3 d.

getrewlichen bewahren vnd bewachen woll, alles waß der Statt vnd ben Erben¹⁶⁶) baran von Schaben mitt Hawen, Veruntrauwen ober sonsten in anbere Wege zugefuigtt wirbett, anbrengen, nichts verheimblichen ober veruntrawen helffen, besonder alles baß thun, waß einem getrewen Holtzvorsteher aignett vnd gepuirett. So wahr ⁊c. Besoldung der Holtzknechte: Stabtztrachtt sein sie frey; barzu jeberm zwo Par Schuhe vnd sechs Thaler zu 28 ß zur jarlichen Besoldunge.

Jägers Verpflichtung. Der Jäger kan angehalten werben sich mitt Hantgelubnußen zu verpflichten, bero Statt Jagt getrewlichen in ihrer Holtz vnd Veltmarken zu verwalten vnd zu bewahren, anbere nicht bohin zu ziehen, besonder abzuhalten vnd der Statt trewe vnd holt zu sein vnd sich in Summa zu verhalten wie einem frommen getrewen Diener wol anstehett. Jägers Besoldung: It. eine grüne Mützen vnd Buchshosen¹⁶⁷) vnd zehen gemeine Thaler. Ein Par Schuhe vnd sein Jegerrecht.

Aybt des Botten: Ich ⁊c. schwere der Statt vnd ben Burgern alles waß mir beuohlen wirtt getrewlichen außzurichten, Geheimbnuße zu verschweigen vnd alles baß zu thun, was einem getrewen Botten woll anstehet eignet vnd gepuirett. Bottens Besoldung: Jrstlich die Freiheit ahn Stabtztrachten, barnach eine gemeine Kleibungh gleich ben anbern Dienern. It. von jeber Meillen Wegs 2 ß. It. 2 Pahr Schuhe.

Den Custer belangentt. Denen hat ein Erbar Burgermeister vnd Rath anzunehmen vnd ihme auch mittelst Aibtz auffzulagen baß er auch angeloben muß die Kirchen, Thurmbglocken vnd alleß waß ihme zu schließen beuohlen, getrewelichen zu bewahren, zu verwalthen, baran keine Butrewe zu begehen. Item nichts zu verabseumen, dem Pastor gehorsamb zu sein vnd seinen Dienst fleißigt zu verwalten, baß men barüber nicht klagen burffe, so wahr ⁊c. Custers Besol-

---

¹⁶⁶) Aus der Erwähnung der Erben geht hervor, baß man bamals noch zwischen eigentlichen Stabt- und Markenwalbungen unterschied. Die barauf bezüglichen Worte sind später, wo der ganze Walb als res universitatis betrachtet wurde, burchstrichen. — ¹⁶⁷) Spätere Ranbbemerkung: jebe Ehle grün Thuchs vor 1 Thlr. vnd kein Fuberthuch.

bung: Jrstlich ist er auch onerum civilium befreyett. Demnach werden ihme von der Vhrglocken drie Reichsthaler von den Kerkenrichters bezahlett, neben andern accidentiis. Jt. einen Graben vur der nidern Pforten, der Custergraben genanntt. Jt. alle Renthen so hiebevorn die Jacobs Bruderschafft pfloege vnderzuhaben vnd zu böhren vnd gehorent darauff wie folgett. (Hier folgt die Specification der einzelnen Aecker, Wiesen, Gärten und Geldrenten.) Jt. so hatt er noch hirzu jarlichs durch die Stadt einen Gangh, von jederm Burger seine Gaben an Gelde oder Kohrn zu furbern. Jt. noch 1 Garthen vor der Dercker Pfortten in der Gottentwiegete. Waß ferner andere accidentalia mehr belangett von Krancken, Thauffgelde, von Verstorbenen ꝛc. vnd waß beßen mehr ist, werden sie nach althem Prauche woll zu fordern wißen.

Dem Wasser- oder Kumpmeister, dem gibt man jarlich waß man mit ihme enigh wirdett. Vnd darnach auch, so viel ober weinigh an dem Wercke zu machen ist. Vnd kan man hinführo ohne Kleibunge woll einigh werden.[168]

Wogemeisters Ahdt. Jch ꝛc. schwere ꝛc. daß ich der Statt Brilon Woge vnd waß daruff vnd zugehorigh ist, getrewlich verwalten, einem jebern waß er mir off die Woge lieberlt fleißigh bewaren, nichts vermischen oder veruntrewen laßen, auch jederm, arm vnd reich sein recht Gewichte in allerley Ware darzu ich beruffen auffrichtigh zuwiegen will vnd alles daß thun vnd laßen, was einem getrewen Wogemeister woll anstehet, eigenett vnd gepurett, ohne alle Affection, Betrugk vnd Argelist, so wahr ꝛc. Wogemeisters Besol-

---

[168] In einem Zusatze heißt es: Jst des 99 Jahrs ihme VII Rthlr. gegeben worden. Dann: geben ihm pro Salario 7 Rthlr. anno 620. — Die Stadt Brilon liegt auf einer von Westen nach Osten abhängigen Hochebene und nicht an einem Flusse. Sie muß daher ihren Wasserbedarf aus Brunnen ziehen und weil diese nicht immer zureichen, so wird eine am s. g. Butterkopfe springende unversiegbare Quelle durch Röhren in die Stadt und namentlich in den großen Kump auf dem Markte geleitet. Dies geschah sonst durch hölzerne Röhren, die in einer eigenen Bohrkammer des Rathhauses gebohrt und immer vorräthig gehalten wurden, um abgängige Stücke sofort durch neue ersetzen zu können. So war es noch in der Jugendzeit des Herausgebers. Seit langen Jahren sind gegossene Eisenröhren gelegt und ist dadurch die Bohrkammer mit dem Kumpmeister überflüssig geworden.

bunge: Ifftlich Freiheit der Stadttracht ohne die Schatzungen.
It. den Vnverlauff in allerley Waren, so alhie angepracht
werden. It. von jeder Woge Eisen 2 d. Wogegelt vnd was
hinaußhen gefurtt 3 d. Zhse. It. von 1 Klüggede Wolle auß-
zuwiegen 2 d. vnd 3 d. Zhse. It. von jedem Klüggede so
in der Stadt den Burgeren verkaufft 2 d. It. von jedem ..
ahn Botter vnd Kese. It. Stockfisch vnd was deßen mer ist
2 d. It. von 1 Et. Bley 2 d. It. von 1 Et. eisen Ofen 2 d.
vnd also nach Advenant. Nota. Hiebei wirtt der Weinzapfe
vnd die durchgehende Zhse gemeinlich gethan.[169])

[Die bisherigen Mittheilungen Kropfs sind aus dem nun
verloren gegangenen ältesten Stadtbuche genommen, wie folgende Auszüge aus dem angefangenen aber nicht vollendeten
zweit-älteren von 1497 ergeben.]

Item dyt boeck ist nigge gemaket in den Jaren vnses
Heren alse men schreff nach Christus gebort dusent verhundert
seuen ind negentich, in Tyden alse Herman Olen Borgermeister
gewest, synt Swicker van Thulen, Henrich Elmer, Hans Pipe-
lanne, Herman Snubag, Hinrich Clages, Tepele Duppen,
Clages Tristman, Johan Brosken de Smett, Rotger Rissen,
Johan Wreden vnd Herman Nogerait Raitmanne.

It. hyr inne fyndet men beschreuen int erste wu dat
men de Kornoten ind den niggen rait eyden sall.

It. wu dat men vnsen Stades Knechten, Porteneren,
Burichteren, Costeren, Penderen to Wyncope to Loene ind to
den Hochtyden ere Offer geuen sall.

It. van den Fleschoweren wu dat se dat Flesch eyn itlich
nah synem Werde vercopen sullen.

It. van den Beckeren ind Bruweren int gemeyne, wu
dat se nah guder olden Gewonde backen ind Tzise genen sullen.

---

[169]) Späterer Zusatz: Soll in künftigh Hern Bgmstr. vndt Rhat
jeder Wagemeister jahrlichs eintrichten 7 Rthlr. Conclusum anno 621 am
27. Aprilis.

It. van Vpcominge vnſer Stait uth der Grunt, [170] Huespentzien, Banckgelde inb Amptgelbe, van den Altariſten inb anderen Gudern, behaluer be gemeyne Tzyſe be nicht hyr inne ſteit.

It. van Spenden be vnſe Stait des Jars tho geuende pfleget inb uppe watt Thte.

It. van Uthgifften vnſer Stait, van Schotte, Webbe-ſchatte, Lyffrente wu inb weme bat men be genet.

It. vort wat eyn itlich Borgermeiſter inb Rait van Jare to Jare eyn itlich by ſyner Tyt verhandelt van der hogeſten Bote, Verlofften off ander Berebinge geban hebbe, ſall hyr ingeſchreuen werden. Inb wat des byt uppe buſſe Tyt verhandelt iſt, ſyndet men in dem olben Boke, in der Tziſekameren in dem Kaſten. [171]

It. byt Bock ſall ein tokomende Rait alſo waren, alſe enne bat van dem olben Raibe geleuert inb ouer hantrecket wert. Inb bat hyr inne geſchreuen iſt inb bat hirnamals myt Wettenſchupp des Rades van Jaren to Jaren in geſchreuen wert, vngecancellert, nicht uthgedaen noch maculert werden, eth en geſchee myt Wettenſchupp beider Rede old inb nigge, ſunder Argeliſt.

It. byt hyr na geſchreuen iſt, bat men den **Kornoten vorleſet, louen inb ſweren ſult.** Gy ſult louen inb ſweren bat gy willen eynbrechtlichen kyeſen nah alle uwen vyff Sinnen twelff frome Mans be des Rabes werdich ſynt. Inb en ſult bat bon ebber laten vmme Leyff ebber vmme Leybt, vmme Fruntſchupp ebber Mageſchupp, vmme Babberſchupp eber Swagerſchupp, vmme Golt noch Siluer, vmme Gifte noch Gaue, vmme Wyn, vmme Want noch vmme Nemanbes Dank u. ſ. w.

[Man ſieht, die Formalien bei der Erneuerung des Stadt-raths waren 1497 wörtlich dieſelben, wie 1595, wo Kropf ſein Directorium verfaßte. Das alte Rathsbuch von 1497 iſt, wie

---

[170] Aus der Grund Aſſinghauſen nämlich, oder bem Aſſinghauſer Grunde (Thale) der 1450 von ben Gaugreben theilweiſe an die Stadt Brilon verkauft wurde. Seiberʒ Geſch. der weſtf. Dynaſten S. 151 und 182. — [171] Dieſes älteſte Buch iſt nicht mehr vorhanden.

schon gesagt, nicht vollendet. Es besteht nur aus einzelnen Heften und enthält, außer der Information für die Wahl der Churherren (Kornoten) nur noch die für die Wahl und Beeidigung des neuen Raths, der Zyseherren und einige Angaben über den Lohn und die Beeidigung der Stadtknechte und Pförtner. Sodann die Ordnung, wie sich die Bäcker verhalten sollen und nach einigen unbeschrieben gebliebenen Blättern, einzelne fortlaufende Angaben über die jährlich statt gefundene Besetzung des Raths, über Brüchten oder Bußen (Bote) die er erkannt, über geschworene Urpheden, so wie über Pacht- und andere Verträge die er geschlossen u. dgl. Das für die Stadtgeschichte Wichtigste theilen wir nachstehend mit.]

It. dyt ist van den Beckeren, wu dat se sich holden ind nah guder olden Gewonheit backen sullen.

It. Eth ist bereth ind bededingt in den Jaren vnses Heren do men schreff dusent vehr hundert dre vnd vyfftich tuschen den ersamen Borgermesteren ind Rade der Stad Brilon upp eyne ind dem Ampte van den Beckeren ind eren Nacomenden upp ander Syd, also bescheidelichen, dat dat selue Backampt sall alle Jaer twee van eren Amptesbroderen, de to den Benken dehle backet, senden uppe dat Raithueß to Brilon de dan eynem Rade louen ind sweren sullen, dat Jar to dem Brode to seynde nah guder olden Gewonheit, tho wrogende watt wrochbair ist ind watt enne des also to wroghende vorkommet, dat sult se vnuertoget den Reckenluden kundich don ind watt des Brodes so gewrocht worde, dat vort an upp der Tynnebanck to uerkopende ind dat na synem Werde to geuende, alse men dat van oldens geholden heuet, dat de seluen dat also sogen ind bestellen dat eth also geschee. Jnd welker van den Amptsbroderen enne dar inne verharbede ind so nicht en dede, dat sult de vurgeschreuen twe an den Rait brengen, de sall dan vnser Staid eyne Marck geuen, dar en sall men enne nicht van laten. Weret ok Sake, dat dem Borgermeistere ind Raide Broit vor qweme edder seluest seghen in den Brotbencken, dat de vurgeschreuen twee, de so tho dem Brode sehn solden, nicht gewrocht hebben ind doch Wroghen ind Strafen eygebe inb van bem Borgermester inb Rabe geroroget worbe, be felue be bat Brot gebacken hebbe, be felue fall vnfer Stab ehnen Schillinck geuen inb fenben bat Brot inb verkopen laten vppe ber Bynnebanck inb nah fynem Werbe geuen alfe bat van Olbens gewontlich ift geweft inb we bar inne bem Rabe verharbebe inb bem fo nicht en bebe, be fall vnfer Stab ehne Marck geuen inb bar en fall men eme nicht van laten.

It. ehn itlich Becker be to ben Bencken vetje becket, fall van jtlichem Scheppel Weytes feß Feringe to Tjlfe geuen.

1497. Van Uthgifften, Schotte, Webbefchatt inb anbern Penßien.

It. hunbert Marck vnfem genebigeften Heren van Schotte.

It. ben Monneken tho ber Lippe Jars theyn Gulben Webbefchatt. It. olbes Verfattes ift men enne fchülbich feftich Gulben.

It. Volpert Holtforften tho Ruben achte Gulben Webbefchat.

It. Hern Henrich Holtzabele feff Gulben Webbefchat.

It. ben armen Luben tom Berge vhff Gulben Webbefchat. It. van olbem Verfette ift men enne fchulbich.

It. Hern Johanne van Nehen theyn Gulben Lyffrenthe.

It. ben Heren van Breibeler twe Marck.

It. bem Regenten tho olben Brilon Jars feuentehyn Schilling.

It. bem Regenten bes Hospitales Jars ehne Marck.

It. ehne Marck bes Jars armen Luben vor Schoe.

It. ehn whtt Laken armen Luben berch Got to geuenbe.[172]

It. fy whr myt Elies Wünnenberge euerkomen, bat ße ben Torn by bem Scharpenbergfchen Houe nigge latten inb

---

[172] 1513 heißt es: vor ehn Whtlaken armen Luben VI Gulben: (Vergl. Seiberts Urkunben-Buch II, Nr. 803.) Einzelne ber im Texte genannten Abgaben, namentlich bie an Holtforfte, Holtzabele, Joh. v. Nehen, kommen 1513 nicht mehr vor. Dagegen werben genannt: It. tho Paberborn vhff Goltgulben. It. Her Johan Fulhofen VI Gulben. It. Hern Gobelen Duppen vhff Goltgulben. It. ben Nunnen van Herfe XVI½ ß tho Pacht.

beden sall war he des behouet, by syner Cost, vnse Stat sall eme Handelange Lattensteyn inb Regele bar to bestellen. Hyr ist mede inne verbragen syn Brober Joest, be mebe in bussem Handele hantbedich waß.¹⁷³)

1506. It. ok so ist Mester Thlmann be Artzele fry gegeuen mht Raibe vnser Frunt shn leuenlanck, vthgescheiden Klodenschlages inb Hernbenstes. Inb sall onsen Burgern, Borgerschen inb Borgers Kynbern, off bes noit worde, gelhmplich fallen. Int wert Sake bat he syne Dissen van vns kerde, sall he erst mit vnser Stait vmme be Frhheit genotlich bedingen.¹⁷⁴)

It. ouch so hauet verlouet inb versworen Johan Sterneberch Marthn Langenschet Berger oth Breckeluelbe, Johan Moell inb Brechtken van Arnsberch Int erste vnsen genebigesten Heren van Collen syn Genabe Land inb Lube. Dirsake, se brachten ehnen gefangen in vnse Stait inb wolden ben bar schatten, bar vmme wy se angripen leten inb gesenclich sittende habben. Dar ist ehn besegelt Breff vpp. It be vrgenanten twe van Breckelfelbe Johan Sterneberg inb Merthn Langenschet sult vnser Stab twintich Knyppbussen geuen woll gerustet.

1511. It. ok haue whr ben Wegener Enert van Soist Sonne Frehheit gegeuen bre Jar lanck nah older Gewonheit.¹⁷⁵)

1517. It. syn whr ouerkomen mht bem ernuesten Johan van Bernhnckhusen (zu Antfelb) vor sych vnb syne Eruen, bat

---

¹⁷³) Die Brüder Wünnenberg hatten sich mit „Johan bem Leggenbecker" geschlagen. Statt Brüchten versprach der Letzte, sechs Tage lang bei seiner Kost an Dachreparaturen der städtischen Pforten und Thürme zu helfen. Der Thurm, ben die Brüder Wünnenberg neu becken mußten, war der nächste am kreutzger Thore, in der Stadtmauer, zwischen biesem und bem oberen oder Lebriser Thore. Elias Wünnenberg verirrte sich aber später burch Eigenmacht boch wieber unter ben Paragraphen bes Gesetzes. Eben so hatte 1500 Johan Dynckelbecker sich schwer vergangen „van ehnem Goltgulden herkomende" und war besewegen gefangen gesetzt. Auf Fürsprache der Bürgermeister von Stadtberge und Büren, wurde er nur um 30 Mark gestraft und gegen das Versprechen, baß er sich „nu nah busser Tyt erberlicke inb tuchtlicke halben" wolle, ihm sogar gestattet in Brilon wohnen zu bleiben. „Aber weret Sake, bat he syne Dytsen uth wenthe vnb von vns whlen wolde" so solle er 30 Mark Strafe geben. Nach ihm wurde der Thurm zunächst bem oberen Thor, in ber Stadtmauer, bisschen biesem und bem berteren Thore, der Dinkelbecker genannt. — ¹⁷⁴) Vergl. oben Note 39. — ¹⁷⁵) Es kömmt bies mehrmals vor. Neu Anziehende waren 3 Jahre lang lastenfrei. Abziehende wurden bagegen gestraft.

he alle jarlix vpp ehnen htlichen sunte Mychaelis Dach gutlichen vernogen inb betalen sall vpp unser Stab Raithues XVIII Schillinge tho Schotte, van aller hande Guberen, be he ebber syne Elderen want an dussen Dach her gebracht hauen. Inb wert Sake, dat he nah busser Tyt, etliche andere Gübere, dat Borger gud inb nicht Ribbergud en were, dat sall he sych dan of myt den van Brylen gutliche vmme verbragen inb wontlich holden. Datum et actum anno ut supra uff sunt Walburgis Dach.[176])

Jt. wyr hauen Peter Rewsen syn leuenland allen Schottes inb Denstes fry gegeuen, dar vor hefft he vnser gemeynen Stab ouergegeuen eyn Echtwerck Holt in be Duggeler Marke, dar ist eyn Breff upp in dem Kasten unb ist vortyden Belen Steueners gewesen so be Breff dar upp sprect.[177])

Jt. des geliken haue wyr ok Hille Duncker ere leuenlank alles Stades Denstes inb Schottes gwyt gegeuen vor ere Lendere inb ander Gub dat se tho Wulffte hefft, des Cort Kramffcet vnser Stab be Webbergebbe vorcofft inb uppgelaten hefft. Aber war se sich hyr nahmals veranderbe inb ehnen man neme, so sall se sulcher Fryheit wider entfatt wesen, nicht mer tho gebrukende.

1518. Jt. noch haue wy furder vth geban Lammert Tülenß Guth tho Oelsberge, dat wyr gekofft hauen van Jacop Byncken, Hanß Steynekenn jarlix vor II Marck vnb VI Honer vff suncte Merthn tho betalende.

Jt. gekofft eyn Guth tho Aulbenbüren aff eynem genant Gort Heluerß, hefft ytzunt be Bose, mach men van em fordeern be Schult.

Jt. gekofft eyn Guth aff Johan Brummer, Borger tho Rüden (auch tho Aulbenbüren) vnb stunt Webbeschat Johan Gronhyger, dem Got genade. Iß bry Guth, beß sal be vorg.

---

174) Es wurde auf biese Weise bem Bestreben ber Junker: Bürger- und Bauergut, baburch, baß es von ihnen erworben wurde, zu Rittergut zu machen, wirksam entgegen gearbeitet. — 177) Dieser und bie nächst folgenden Auszüge ergeben, wie bemüht ber Stadtrath war, Güter und Markenrechte in ber Nähe zu erwerben, um bie gutsherrlichen Rechte ber Stadt zu vermehren und bie Echtwerke ber Erben in ben Marken mit ben Stabtwaldungen zu vereinigen. Es sind biese Auszüge nur als einzelne Beispiele ausgewählt.

Joh. Brummer vth gaen vor dem nesten Bryggenstole in Hande der van Brilon, so he vnß tho gesacht hefft vnd so auch bereth yß. [178])

1519. It. wy hauen gekofft Lemekes Brok vor VI Gulden, Inhault des Breues dar off spreckende.

1522. Anno domini millesimo quingentesimo vicesimo secundo fuit proconsul Albertus Bobinckhusen, Johan Wreden, Johan Crop, Peter Assen, Johan Roggeraeth, Henrich Hoeffnagel, Lodewych Heynen, Nolte Scheper, Brun Büter, Dirich Busebangen, Johan Tolen consules.[179]) It. de veer Zyseheren Tonyes Nyggebecker, Gobbel Zwertel, Henrich Rinschen, Albert Schrammen.

It. tho wetten dat whyr vorg. Borgermester vnde Raet ytzunt tor Tyt borch merckliker Orsachen vnsse Stat Brilon andreppende waß vnd noch annallen hebbe mogen, hauen whyr borch Raet, Wetten, Whllen vnsser Samet=Gemeynheit eyndrechtlich vulbort vnd whlkort belenet vnd onder vnß samet whllekort vnd ouer gegeuen. So welker vnsser Mytborger aber Mytborgersschen off Borgersskynderen, etliche Sake eyner myt dem anderen tho schicken hebbe, dar sollen de sulbigen Eyner den Anderen vmme forberen bynnen vnsser Stat Brylon, vor vnsses genebygesten Heren van Collen Gerichte off vor vnß dem Rade vnd so dat Gericht off de Raet by sych de Gebrecken nycht gerichten off vynden konden, off emanty der Sakewaulden bedauchte, de Raeth in den Sachen parthies were, alsdan so sal men laten by de Rechtwysunge nemen vnd byden veer van den Ampteren vnd veer van der Gemeynheit, eynem jderen Parthien arm vnd ryke, nach Erkentnusse des Rechten gescheen moge. Vnd so wellich Borger, Borgersche off Borgerskynder dar bouer vthwendyge Clage hebe, ermalz dan he dat so vor den vorg. so myt Rechte geuordert, de sollen vnsser Stat, eynem

---

[178]) Altenbüren gehörte zum Astinghauser Grunde, worin die Stadt Brilon seit 1450 (Note 170) Mitstuhlherr war. Die Auflassung der Freigüter, deren es zu Altenbüren, wie wir weiter unten sehen werden, mehrere gab, konnte nur vor dem Freigrafen geschehen. — [179]) Der Rath sollte aus 12 Mitgliedern bestehen. (S. 59 u. 72.) Dies war jedoch nicht immer der Fall. 1497 bestand er aus einem Bürgermeister und 11 Rathmännern oder Consuln (S. 71). Hier erscheinen neben dem Bürgermeister nur 10, 1526 aber 11 und 1540 ebenfalls 11.

Rabe tor Tyt, in de hogesten Gebrocke voruallen syn, alse myt
Namen den van Brilon myt eynem Fober Wynß vnd eynem
ytlichen Raetmanne tor Tyt myt eynem Emmer Wynß sunder
Genade.

It. auch do suluest hauen wyr opgemelten in Mathen
wy vorg. vorwyllekort vnd ouergegeuen, dorch Raet vnd Vulbort vnsser Samietgemeynheit, so wellik Borger Borgerssche off
Borgerßkynder etliche Erbguder tho vorkopen hebben vnd vme
erer Roettrofft vorkopen mosten off vm anderß eres Nutten
vnd Besteu wyllen, de sulbygen Guder sullen se ersten vnsser
Stat vnd eynem Rabe tor Tyt anbeyden vnd vycht vthwendich
Anderen, Closteren off Junckeren vorkopen, se vnd hauen dat
dan ersten eynem Rabe tor Tyt genochzam angeboben.¹⁸⁰)
Deß sal enne auch eyn Raeth tor Tyt, nach Erkentnusse de
Guder gewert syut, bat gutlich vor gewen vnd betaken sunder
Argelist. Auer wellich Borger, Borgerssche off Borgerßkynt
yhr bouen etliche Guder vthwendich vorkoffte, ere dan he de
vnser Stat off eynem Rabe tor Tyt genochzam angeboben
hebbe, de sollen auch vnsser Stat in de hogesten Brocke, wy
vorg. steht, sunder Genade voruallen syn. Deß wyr Borgermester, Raeth itzunt tor Tyt vnd gantze Gemeynheit vor vnß
vnd vnsse Nachkomen so eynbrechtig vorwyllekort vnd ingegangen syn, van vnß vnd alle vnsseren Nachkomen. So vff-
richtich stede vaste vnd vnuorbrocken solle gehaulden werden,
by Penen wy vorg. steht. Datum anno ut supra, ipso die
Simonis et Jude apostolorum.

1524. It. by vnsser Tyt anno XV⁶. XXIIII off suncte
Margareten hauet gelouet Jacop Synneman vnd Herman
Koneken vor Gort Wünnenberg he solle bynnen Jare vnd
Dage syn lütteke Hueß buwen. Auer so deß nycht geschege so
wyllen se dat dar nest nach bynnen dem nesten Jare vnd Dage
buwen by eyner Pene van XVI Goltgulben vnd so se dat
Hueß gebuwet hetten, solde enne Gort Kost vnd Loen webber
geuen sunder eren Schaben.¹⁸¹)

---

¹⁸⁰) Vergl. oben Note 176. — ¹⁸¹) Diese vnd ähnliche Verfügungen
gründen sich auf dem schon oben (S. 87 Note 57) angeführten erzbischöfl.
Privileg von 1435.

Jt. by vnsser Tyt houet Volmete angenommen Jatelen Huß tho matende yn II Jaren off dreen vngeuerlich.

Jt. wyr hauen Johanne Haten dre Jar Fryheyt gegeuen, alse wontlich ist. Jnd wanne he webber vmme van vns wylen wolde, so solde he vnser Stad be dre Jar vororsathen.

Jt. Klote den Scheper habbe wy in Hachten sittende. Jnd vmme syner Vndaet willen vorrichten wolden lathen dan dat he durch syne guden Frunde affgebeden wort. Jnd heff vnsen genedigen Heren Land ind Lude vorlouet ind suunderling vns van Bryten ouch in Sunderheit vff twe mylewegs nah by Bryten nicht tho komende. Syne Vorgen sint gewest......¹⁸²)

Jt. ouch so hefft noch eyn ander Scheperknecht van Breybeler, genant..... Bernt Wessels Sone geslagen ind in den Doit gewundet, derhalben he uff den Kerckhoff leppp, dar wy enne vngeuerliche by dren Wecken mit swarer Vncoste vppe waren lethen.¹⁸³) Jnd gaff sych in der Heren ind der van Bryten Genade, dar Mester Gerlach ind syn Knecht vor loueden ind vns ouch tho sachten wes he vnsem genedigen Heren geue, solde he vns ouch geuen, dat vns Gerlach ind syn Knecht ok so thogesacht. Jnd hefft der Mathex ouch vorlouet ind vorsworen alse vorgescreuen nicht tho donde tegen eynichen vnsers genedigesten Heren Vndersaten, Lande edder Lude, dan myt Gerichtes Rechte bynnen Landes ind sunderling so he myt eynichen vnseren Borgeren off Medewoner tho satende hebbe, edder tho donde krege hyrnahmalß, dat solde ind wolde he forderen ind manen bynnen vnser Stad myt Gerichtes Rechte ind anders nergen.

1526. Anno dni. XVᶜ. XXVI ist Borgermester gewest Albert Bodynckhusen, Laurencius Crop, Heyneman Dauly, Tonyeß Slechtendel, Gort Coster, Bernt Molner, Johan Olen, Dirich Stracken, Henrich Jacopß, Gobbel Repwynder, Herman Richterß vnd Johan Greuen (Ratlude). Jt. de vere Jyseheren synt Hanß Locken, Herman Künnen, Seuerin Druben vnd Tonyeß Bathogger.

---

¹⁸²) An dieser und der gleich folgenden punctirten Stelle fehlen die Namen. — ¹⁸³) Das Asylrecht des Kirchhofes wurde also damals noch eben so respectirt als 200 Jahre früher (S. 86).

Jt. by vnsser Tyt heuet Borgermester Bobynckhuß Borgen vnd Gelouen gesat vor dusent Gulden, etlicher Sprake haluen, vnsse Stat tho emme habbe, nycht dar vmme tho doude, dan bynnen vnsser Stat mbt Rechte, dar dan Borgen vor geworden synt Johan Nolten, Tepel Duppen.

1528. Jt. so de van Brilon geuencklich angenommen Tileman Molnerß Dochter etlicher Vndaet haluen, se mede besacht wort,[184] heuet derhaluen ere Man vns vorlouet vnd geret, der Sache haluen nummer mer tho boende, tegen vnsseren g. H. van Collen off nemantz erer haluen tegen vnsse Stat van Brilon tho doude, dat vnd geschege dan bynnen Brilon mbt Rechte. Dar dan Borgen vor geworden synt Gort Halen, Hanß Koneken vnd Tileman Hoggenkerle, de auch vnsser Stat wyder geret hauen, so de sulbyge Persone mbt sollicher Sache wyder besacht worde, sollicher Vndaet haluen, alsdan so sullen de be vorg. Persone webber vmme tor Stede stellen.

Jt. tho gedencken dat wyr Borgermester vnde Raybt itzunt tor Tyt tho Brilon, hauen gesencklich angenomen Mathlaß Rissen etlicher Orsache haluen, her syn Guth by Nachte vnd Neuel sunder vnsseren Mbtwetten henwech gefort, auch den vnsseren Mbtborgeren dat ere schuldich gebleuen, der Orsache vmme syn Lbff vnd Guth gekummert, sollicheß ehne geberliche Abbracht zu machen. Tom anderen dat vnß torkennen worden iß, dat her etlich Gelt solde entfangen hauen van Rauen van bem Kansteyne vff dat Boxer Guth, dar dan syne Brober vnd Zwager noch mit Morbien van der Recke in Rechtzforberunge handelen, beß vnß dan gemelte Tieß berichtet het, soban vorg. Gelt van ben van Warburch vff de Schriuerie entfangen hette, sollz sich der Warheit nycht befunden, dat selbyge vnß dan zwerlich beuelt. Tom berben be angehauen Sache mbt Boxen tho entlicher Vthbracht zu erforderen, auch soban Guth vnd Bewyß, nach Inhault der Houetbreue nycht in ander Hande zu kerende, sunder der van Brilon Mbtwetten vnd Wyllen, by ehner Pene van twen hundert Goltgulden.

---

[184] Also wohl wegen angeblicher Hexerei.

Dar van Borgen vor geworden iß vnd shnt Rotger Riffen, Mehnolff Elmer, Elmarß Volmeke, Johan Junckeren, Rotger Pist vnd Mester Henrich Meler. Dyt wy vorg. so solde gehaulden werden by der Pena wie vorg. off den gemelten Tieß Riffen webber tor Stede tho stellende.[185])

1531. It. by vnsser Tyt hauen whr nach vnsser Stat Priuilegien, Wonde vnd Rechte gegenen Henriche Vathogger re wosten Hufstede bouen Johan Nolten Huse, genant Focken Stedde, inwendich dren Jaren, nach dato dusser Schrifft vff tho butwende, by Pena X Goltgulden, dar van Borgen vor geworden shnt Henrich Smullhnck vnd Werner Olen anno XXXI am Sundage Oculi.[186])

1534. It. by vnsser Tyt habbe Henrich Gerken welke ouersslöbyge Scheltwort legen vns Borgermester vnd Raeth vff dem Velde vor dem Scharpenberge geret, also whr seten hir ter Stede dat whr vnsse Borgere schynden vnd schatten. Dar omme whr ban enne dorch Bhwesen vnsser Borgermesters vart oth den Ampteren vnd oth der Gemehnheit nach vnsser Stat Recht vnd Willkore, myt Rechte vorgenommen, so dat her sollr vor vnß samet vmme Goz whllen gebeden, whr emme sollr vorgeuen whllen, her haue sollr nycht in Arge kegen vnß gesacht noch gedacht vnd haue sollr vff vnß gedichtet vnd gelogen, wetten auch nycht anderß van vnß dan van erlichen frommen Luden, dar mede vnß do sulvest entlebhget. Dan vor sollche Sache ben van Brilon vnd bem Rabe tor Tyt in be hogesten Bote erkant hß.[187])

1536. It. by vnsser Tyt mochte sich etlich Vnwylle erstanden tuffchen vnsseren Mytborger Johan van Drolshagen vnd Drubeken shner Husfrouwen, herkomende der opgerorte Johan zu Geismar ehne ander Eefrouwen solde hauen, deß dan opg. Johan vnß dem Rabe Segel vnd Breue vorlesen

---

[185]) Boxen wurde 1306 an einen Briloner Bürger verkauft, (Seiberz Urk. Buch II, Nr. 511) kam aber dennoch später an die Besitzer des Hauses Scharfenberg. — [186]) In den Jahren 1533, 1534, 1541, 1543 kommen noch mehrere Fälle dieser Art vor. Vergl. oben Note 57. — [187]) Von einem späteren Rathsherrn des 18. Jahrh. ist hiebei mit breitschem NB. bemerkt: „Geschicht leyder bey jetzigen Zeiten noch mehr als zuviel patientia. De hochste Boite in Brilon: 1 Fuder Wein und itlichem Rahtherrn 1 Emer Wein." (S. 78.)

laten, bey van Geismar vorsegelt, daß der opg. Johan bo ter Thyt an opg. Drubeken erlanget, soll bh enne van nemantz anderer Ee behafftet, dar dorch wy be samet Parthie, myt erer beyder Whllen vnd Concent wy echte Lude, so se sych samet vorhoren laten, thosamen erkant, erer eyner den anderen, wy echten Luben gebort zu eruende vnd ere kynder ere rechten Eruen vnd anderß nemant, dar wy vnd Nachkomen de opger., wy tho Brilon Wonde vnd Recht yß, zu hanthauende vnd so der opger. Joh. nach dem Whllen Godeß erst vorstorue, alßdan be opg. Drubeke ere Kynt enne vnd syn Nachlaß zu eruende vnd gelicher Gestault der opger. Joh. be opg. Drubeken myt shynen Kynderen vnd rechten Eruen zu eruende, sunder alle Argelist.

1538. It. nachdem sych eyn tytland etlich Erthom erhaulden tusschen vnsseren Mytborgermesteren Albert Bobinckhusen vnd Henrich Pennynge, syn be opgerorten genslichen vnd gruntlichen, myt samet erem Anhange gescheiden dorch de erentuesten, erbaren vnd ersamen Gorde vnd Gerde van Meschede, Cristoffer van Loen Frygreuen to Ruben, samet dorch vnß Borgermester vnd Rayht itzunt tor Thyt tho Brilon, also dat de opgerorten Sametparthien der eyner den anderen eren vnd forderen sal, eyner jegen den anderen nycht vort mer tho donde noch myt Worden aber myt Werken, dat vnd gescheh dan myt Rechte bynnen der Stadt Brilon vnd wellicher Parthie hyr webber anderß donde worde myt Worden ober Wercken, be solbe den Schedesfrunden van bem Rabe vort den anderen myt hundert Goltgulden voruallen syn, halff dem gebuldygen vnd halff den Schedesfrunden, so dat vorplichtet, beuestyget vnd ingegangen yß.[188])

1540. Anno dni. XVc.XL, ist Borgermester geweft Johan Elmer, Eließ Cleynsmet, Erasmus Steuen, Tieß Bo-

---

[188]) Troß bieser gründlichen Scheibung, entstanden balb wieder neue Irrungen zwischen den Bürgermeistern Böbinghausen und Pennynck, welche 1540 zum Ausbruche kamen. Ueberhaupt haben die meisten Stellen des alten Rathsbuches wörtliche und thätliche Beleidigungen, darauf erfolgte Bestrafungen und Urpheben zum Gegenstande. Beispiels halber lassen wir hier den gedachten Injurienprozeß von 1540 folgen. Man sieht baraus umständlich, wie bergleichen Sachen vor bem Stabtrath verhandelt wurden.

bynckhusen, Brun Greue, Henrich Jacopß, Johan Schoneß, Johan Borchart, Herman Gobbelen, Jurgen Repwynder, Peter Stockpiper vnd Brun Schmüllingeß Rahtlude itzunt tor Tyt. — It. be veer Zyse heren Johan Rousen, Tonhes Vathogger, Henrich Tulman vnd Jürgen Lamerteff.

Anno XL. It. Borgermester Bobynckhusen heuet laten fragen eyneß rechten Orbelß, nachdem dat Henrich Pennynck Borgermester myt synem jichtigen Munde geret haue, her sy gestendich dat her geret haue, der Richter haue soban Zwyn van syner Mysten gehalet vnd her haue dar auch eyn Stücke van gegetten, off beß nu gerorter Henrich Pennynck nycht bewysen vnd bybryngen solle, off weß dar Recht vmme sy.

It. dargegen van Borgermester Pennynck heuet laten fragen [189]) eyneß rechten Orbelß, nachdem dat statrochtich sy, dat eyn gezworen Richter eyn Zwyn van der Mysten gehalet haue, off her auch nu dar bouen antworten·solle, off weß dar Recht vmme sy.

It. hyr yß van Borgermester, vth den veer Amptteren, auch van den gebeden Frunden vth der Gemeynheit vor Recht gewyst, nachdem dat Henrich Pennynck myt synem jichtigen Munde in dem gehegeden Gerichte geret haue, der Richter haue soban Zwyn van syner Misten gehalet vnd her haue dar eyn Stücke van (gegetten), demnach so whsen se vor Recht, der opger. Henrich Pennynck salle sollx bewysen vnd bybryngen. Datum et actum anno XV[c.] vnd XL. am Myttwecken vor Pinxten.

It. hyr off heuet der opger. Albert Bobynckhusen bogert, her wylle der Sake Voyt by Voyt setten vnd beß bogert, dat der opger. Henrich Pennynck synen Voyt by enne tho settende[190]) vnd enne by en tho essche̊nde, sollicke Duerwhsunge in dem gehegenden Gerichte ouer eme tho bonde, der Scheltworte beß Zwynß haluen, nach der van Brilon Wonde vnd Rechte, off der opger. Henrich Pennynck soban Stunt tho stande, den he staen solbe, wanner dat her soban Man were.

---

[189]) Beide erschienen also anfangs nicht persönlich, sondern durch Fürsprecher. — [190]) Er trat nun persönlich vor vnd verlangte dasselbe von seinem Gegner.

Jt. hyr off wyr Borgermester vnd Raydt den opger. Henrich Pennynge dorch vnsser Stat Deyner hauen by den opg. Albert Bodinckhusen eesschen von laten, sollicke Scheltworte deß Zwynß haluen, de tho bekrefftigen; deß sich dan der opger. Henrich Pennynck bezwert vnd angemutet heuet, eme sy eyn Vorhorß Dach zu Arnspurch angesatt, wanner de by vnd affgeschreuen sy, alsban wylle her deß Rechten alhir horsam erschinen vnd anderß deß Bezwerunge dragen.

Jt. de wyle dan de opger. Albert Bobynckhusen off hude Dach, so alse den Samet parthien angesat waß vnd gerorter Bobynckhusen deß Rechten gehorsam erschennen, dem nach hauen wyr opger. Henrich Pennynge nochmalß dorch syne gesatte Vorgen auch dorch vnsser Stat Deynerß eynß, twye, drye nach vnsser Stat Recht eesschen laten, heuet der opger. Henrich Pennynck nach wy vor allet affgeschlagen. Dem nach dorch deß opger. Albert Bobinckhusen hogen Rechts Erbedunge vnd Rechteßerforderunge, hauen wyr Borgermester vnd Rabt samet vnsse gebeden Frunde vor Recht gewyst, nachdem der opger. Henrich Pennynck deß Rechten nycht gehorsam wolle wesen, so hauen wyr vor Recht gewyst nach vnsser Stat Wonde vnd Rechte, so wysen wyr den opger. Albert Bobynckhusen der Sprake des Zwynß haluen, quyt ledich vnd loeß vnd den opger. Albert weder in syne Ere vnd Staet, wy her vormalß gewest haue,[191]) vnschedelich an synen Eren vnd den opger. Henrich Pennynge weder in synen Boyt vnd her deß jegen de Stat van Brilon eyne geborlicke Afdracht tho makende. Wellich Ordel vnd Rechtwysunge dan der opger. Albert Bobynckhusen so gerichtlichen vor vnß Borgermester vnd Rade beorkundet heuet. Datum et actum anno dni. XV^c XL am Mitwecken vor Pinxten.

---

[191]) Das Verfahren ist dem der Femgerichte nachgebildet. Der Freistuhl zu Arnsberg sprach 1505 in einer ganz ähnlichen Sache den Kläger Friedrich v. Fürstenberg von einer Beschuldigung Gerts v. Ense so rein, als er war „erst des Dages er hey in dat saem quam." (Seiberts der Oberfreistuhl zu Arnsberg, in der Zeitschrift für westf. Gesch. B. 17 S. 147.) Kropf zählt im 3ten Theil seines Directoriums, unter den Rechten der Stadt N. 11 auch das „freie Stuelsgerichte in Injurien und Schmehesachen" auf, welches sie durch den Anlauf eines Theils des Asting-hauser Grundes erworben hatte.

1562. In anno 62 Gunstags nach Inuocauit haben Borgermeister vnd Raibt sampt anderen Borgermesteren vnd Heren viß der Gemeine darzu erpetten, einhelliglichen geslossen vnd gewilligt, ein Iber soll sine Gerechticheit in denn Geholtzen an Echtwercken so vil ehr der hait, in Sigel vnd Breuen byleggen vnd vor Borgermester vnd Raibt vff daß Huiß bringen vnd vorlesen lassen. Darnach sal man emme Iberen saeten nach siner habenden Gerechticheit vnd ock nach Gelegenheit der Personen zu hoeggen vnd zu kollen vff Eind vnd Ortheren, dar ibt den von Brilon vnd Erben vnscheidtlich, wisen zu lassen vnd ys hyr to vorordnet s. Mathias Tag.¹⁹²) It. vff den seluen Tag iß gewilligt den Aspe afftohoggenn vnd to vorkollen vnd vff der Hoppeke, zu behoeff der gemeinen Staidt Brilon gemeynen Nutt vnd Besten, tho gude vorblaessen, vnd darto sint vorordnet Rhehemeisters Gerwin von Meschede, Wessel Berndes, Jost Straecken, Johan Stappert, Frerich Micken vnd Henrich Boekers, sampt Borgermeisther vnd Raedes Hülff vnd Bystandt.¹⁹³)

[Hiemit endigen die chronistischen Aufzeichnungen des alten Stadtbuchs, wovon wir vorstehend Auszüge geliefert haben. In einem dazu gehörigen, etwas späteren Hefte befinden sich Abschriften der alten Waffenordnung von 1362 und der Willkühr von 1415 über das ausschließliche Rechtnehmen in der Stadt; welche nach den Originalen in unserem Urkundenbuche bereits abgedruckt sind, (B. II. Nr. 769 und B. III. Nr. 914.) Sodann folgen noch zwei Willkühren, eine vom 21. November 1574 über die pünktliche Entrichtung der Stadtgefälle und die andere vom 21. Mai 1576 über die Unaufkünblichkeit der Gewinngüter, so lange die Abgaben davon zeitig entrichtet werden. Wir theilen dieselben nachstehend mit

---

¹⁹²) Diese Ausmittelung kam erst 1577 zu Staude. Aus der bessalßigen Zusammenstellung, die anscheinend auch von Kropf herrührt, sind die Angaben über die Echtwerke in den Briloner Marken (S. 45) genommen.
¹⁹³) Das Aspei ist ein städtischer Wald. An der Hoppeke stand eine erst in der letzten Zeit eingegangene Eisenhütte, welche früher von Holländern betrieben wurde und daher lange die Holländer Hütte hieß. Wie es scheint, wurde dieselbe 1562 für Rechnung der Stadt Brilon getrieben, weil sie die im Aspei gebrannten Kohlen dort verblasen wollte und dazu die genannten Briloner Bürger zu Reidemeistern bestellte.

vnd fügen noch eine frühere vom 7. Februar 1574 über Benutzung des Waldes, über Maaß, Gewicht u. s. w. nach dem Originale bei.]

1574. Anno domini 1574 ahm Sontage, wahr der 7. tag Monatz Februarij, sein durch Einen Erbaren Ratt vnd die semptliche gepettene Hern vnd Freunde auß den Emptern vnd Gemeinheitt der Statt Brilon, einhelliglichen geschlossen vnd zu den ewigen Zeitten vnuerbruchlich zu halthen diese hirnachgeschriebene stuck vnd Puncte. — Jrstlich weiln von den negst vmbwonenden Junckhern vnd andern Nachbern, zu vnableßlichen Zeitten, bei Einem Erbaren Rabe zur Zeitt vm beude zu geben angehalten wirbett, is endtlichen verwilkortt vnd geschlossen daß in künfftigen Zeitten, niemandts von ausswendigen Benachberten beude off bern von Brilon geholtze zu howen oder zu steilen vergunstigt, gegeben oder zugelaßen werden soll. Domitt die Burgerschafft selbst mitt notturfftigen beuden, hoppenstangen vnd andern zeunen recht versorgt pleiben vnd deßhalben keinen mangell leiden mugen. — Zum andern Nachdeme auch in den Korne maßen als Scheppelen Spinden vnd Beckern vnd dergleichen, große vntraw gespürtt vnd der Armutt domitt vbell fürgestanden worden, also ist im gleichen verwilkortt vnd geschlossen, daß nun hinfürtter Strychmaße durchaus gemachett vnd zu auß vnd Inmeßen geprauchett werden sollen, welche striekmaßen den, den vollenkommenen bisher geübten scheppelen vnd andern maßen gleich gemachett werden sollen. — Zum britten ist verabscheibett vnd ingewilligt, daß der Keller vnther bem Rathhause, zu einem Bierkeller zugerichtett werbe, vnd sollen Diejenige so sich für Brugger inschreiben laßen, ein jeber ba jn ein faß biers nach seiner gelegenheitt stellen, damitt ber frombbe Man für sein geltt ahn bem ortte bier vnd brobt bekommen konnte. — Zum vierttten im gleichen verwilligt, daß Ein Erbar Ratt ben Schutten Keller zu sich nemen, ben Schutten brobers jerlichs einen Rthlr. bauon geben vnd benselbigen Keller in künfftigen Zeitten ires gefallens auffbawen vnb zu behuff ber Statt geprauchen laßen sollen. — Zum fünfften verabscheibett, daß jrster gelegenheitt der vnleittlichen Jacht halber, so die vmbwonenden Junckhern in Brilonscher Velttmark furnemen, vnser gnedigster her ober der herr landtroste mitt Klagen vnd vmb Rath ersucht werden sollen. — Zum sexten verabscheidett, daß die Erbgenossen zu Albenburen, des Dienstes halber, so ethwan Kobbenrabt den von Brilon verkaufft, entwidder in der gube oder mitt Rechte furgenommen werden sollen, wie dan auch die furderung noch Einem Ersamen Rade freistehett mitt denselben der vbergetriebener Mastschwyne halber, sie auch darfür die pillichkeitt zu verschaffen mogen angehalten werden.

1574. Anno domini 1574 ahm Sontage dem 21 Tage des Monatz Nouembris ist durch die verordenthe Burgermeisters vnd gantze Gemeinheitt dero Statt Brilon einhelliglich verwillkurtt acceptirtt vnd vnwidderrofflich zu halthen angenommen worden. Nachdeme der Mißgeprauch vnd Vnordnung nicht allehne vnder der Statt Brilon Meyern, besonder auch der gemetnen Burgerschafft, zu großem Nachtheille der Statt eine Zeit hero von Jaren ingerißen, daß nemplich diejenigen, so gemeiner Statt Brilon, jerlichs vff Martini Episcopi Tage, mitt gewißer Zhuße, Gulden, Renthen vnd anderen zufallenden Schulden obligirtt vnd verpflichtett sein, dieselben verstrecken, hinterhalten vnd einem erbaren Rathe zur Zeitt vff gerürtten st. Martins Tag der Gepür nicht verrichten vnd bezahlen vnd also gemelthen Rath in Auffhebung solcher Auffkumpst zu großer Bemühung vnd Vnkosten verursachen. Daß nun hinfüro zu vnwidderrofflichen Zeitten ein jeder Burger oder Inwonner zu Brilon, it. alle Meyere vnd Schuldigers so gemeiner Statt Brilon womitt jerlichs vnd sonsten verpflichtett sein, jerlichs innerhalb dreyen Tagen für vnd dreyen Tagen nach sancti Martini Episcopi Tag, ehe vnd zuvor hirumb die Burgerglocke gelutt, einem jeden regierenden Burgermeister vnd Rath der Statt Brilon solche seine schuldigen Gepür vnuerzuglichen verrichten vnd bezalen solle. Wie imgleichen in Zeit der Auffnemung des jerlichen Schoß, domitt gemeine Statt Brilon vnserm gnedigsten Churfürsten vnd Hern zu Cöln jerlichs verpflichtett, dieser vnwidderrufflicher Geprauch vnd Gewonheitt soll gehalthen werden, daß ein jeder Burger, Bursche oder Inwoner zu Brilon, so darzu schuldig sein mochte, seinen gewonlichen Schoß vnd andere Gepür, innerhalb den negsten dren Tagen nach jeden Sontage Liechmeßtage ehe vnd zuvor beßhalb die Burgerklock gelutt, einem jeden regirenden Burgermeister vnd Rabe der Statt Brilon jerlichs verrichten soll. Wer aber hir inne seumig würde vnd diesem Wilkur vnd vorg. Ordnung sich zu widbersehen vnberstonde, der ober dieselben sollen irer Burgerschafft entsetzt sein vnd ohnedaß von einem erbaren Rathe zu gepurlicher Straffe auffgenommen werden, ohn einige Inrebbe, Betrug vnd Argelist. Vrkundt der Warheitt ist diese Wilkur hirin verzeichnett vnd geschrieben. Actum uti supra.

1576. Wilkhur der Pfecht vnd Wingutter. Ein erbar Burgermeister vnd Ratt der Statt Brilon sampt den gepettenen Freunden auß den Empteren vnd Gemeinheitt der Statt Brilon haben vff Tag vnd Datum vnbengemelt, die vorhin auffgerichtebe vnd bewilligte Wilkhur, daß nemplich niemandt dem anderen vnther den Burgern enttwinnen oder enttwebben soll vnd woll, einhelliglichen confirmirtt vnd bestettigt, dero Gestaltt so fern ein jeder seine gepürliche Pfecht vnd Zinße vff gepürliche Zeitte den Gutthern entrichtett oder sonsten vermuge Rechtens seinen Gewinn nicht verwirkett, daß sie beßen alstan sollen vnenttsetzt pleiben. Worbe auch einer sein Vnberpfandt so er einem anderen verschrieben hoher verpfenden würde vnd der Pfandthaber solchen Pfennigk außlegen wolthe, soll er für einem anderen dabei gelaßen werden. Vnd soll diß sonderlich in geistlichen vnd Statzgutteren gehalten vnd verstanden werden ohn Argelist. Vrkundt ist biß hir in geschrieben. Geschehen ahm 21. May ao. 1576.

2.

Deductio limitum, Schnadtzüch oder Antzeygung dero Schnadt, dero Stadt Brilon Holtz- vnd Veltmarken, wie sie begriffen vnd jetzo gehalten wirdet.

[Wir setzen nun die Mittheilungen aus dem Kropf'schen Directorium fort, müssen uns jedoch bezüglich der zunächst folgenden Grenzbeschreibungen der Feld- und Holzmarken der Stadt, welche den bei weitem größten Theil des Directorii einnehmen, auf summarische Auszüge beschränken, weil dieselben für die Geschichte von geringem Werthe sind.]

Brilonsche Schnadt mit dem Grauen zu Waldeck. [Nachdem K. bemerkt hat, daß die Schnade (Grenze) der Stadt gegen den Grafen von Waldeck streitig sei, theilt er eine Abschrift des mit demselben abgeschlossenen ältesten Grenz- und Cartelvertrages von 1388 mit, der nach dem Orig. in unserem Urk. Buche II, Nr. 878 abgedruckt ist und beschreibt dann den Grenzzug zwischen der Kefflicker und Willinger Mark, über den hohen Eimberg, an die Hoppeke, die Wettsteinsbecke hinauf, bis zu dem Richtsteine auf den Hopperen.]

Schnadt zwischen Brilon vnd den Junkern Gougreben zu Bruchhausen. [Diese beginnt an dem gedachten Richtsteine und geht von da auf die Wolfskaulen, weiter über die Hopperen auf die Kaule „dar men die Wettesteine brichett," dann in die Westerwettsteinsbecke, bis auf die schmalen Ahe und vor die Schüren Lieb.]

Folget die Schnadt zwischen Brilon vnd Elleringkhausen. [Diese geht von der Schüren Lieb an die Buchenbolen, an das Hüßtenufer, auf das Rottsiepen, an den großen Bruch, die sauere Lieb hinan, bis auf die Pankofenschlade, über die Höhe, der Wasserscheide nach, über den Limberg, auf den Habberg, von da in die Habbecke, auf die Habbederschlade, die Schnittmecke, zum Borberge, von diesem zu den Briloner Wiesen bis in die Klaterbecke und dann zu dem steinen Kreuze, wo Brilon, Elleringhausen und Olsberg aneinandergrenzen.]

Schnadt zwischen Brilon vnd denen von Oilsperge. [Sie beginnt an dem gedachten Kreuze, geht den Borberg hinauf, dann unter Borbergs-Kirchhofe, ober dem Glockenpote her, nach dem Papendyke [194]) hin über die Landwehr, zwerg durch die Grund auf den Lyttkopf, von da über den Eisenberg auf den Rinkenthal. Diese Grenze ist durch

---

[194]) Was die Bezeichnungen Borbergs Kirchhof, Glockenpot und Papendyk zu bedeuten haben, darüber zu vergleichen Note 30.

einen Rezeß vom 10. Juli 1582 regulirt, den Kropf abschriftlich mittheilt und dessen Original sich noch im Stadtarchive befindet.]

Folget dero Stadt Brilon Schnadt mit den Junckhern zu Antfelde. [Dieselbe beginnt am Steine auf dem Ninkenthal, zieht eine kurze Strecke gegen die von Bigge über den Langenberg, durch die eiserne Kuhle, wo Brilon, Bigge und Antfeld zusammengrenzen, von da durch die Deßbecke, über den Steinberg in die Altenbürener Schlabe, dann auf den Kuhpot, in die Espen, auf das Liesenbörnchen. Dann nach Essinghausen hin an das Volkesloh, über den Huggenberg, ober dem faulen Siepen her über den Lichtenberg, vor dem Hülse her an die Glockenbuche, wo auch die Städte Kallenhardt und Rüben mit Antfeld und Brilon grenzen. Es ist über diese Schnabe zwischen letzter Stadt und den damaligen Junkern zu Antfeld Schöneberg v. Berninghausen und Diedrich Ovelacker am Bartholomäustage (24. August) 1580 ein Rezeß errichtet, den Kropf abschriftlich mittheilt.]

Die Erbschnatt zwischen denen von Brilon vnd dero Stadt Ruiden, volget dieses Inhalt. [Hier läßt Kropf einen in die vincula Petri (1. Aug.) 1570 zwischen Brilon und Rüben geschlossenen weitläufigen Grenzrezeß abschriftlich folgen, aus dem wir kürzlich vermerken: die Schnabe geht von dem angegebenen vierseitigen Grenzpunkte über den Soestweg zum Grönebergs Siepen, weiter zur Glenne, an die Eggen, hinter der hohen Warte her zum Fahrenberge, dann zum brögen Sypen die Wünnenbeck hinab zur Moene, unter dem hohen Allenberge her, auf den Diebespfad, die Hengelbeck hinauf, bis zur Dingbuche.]

Erbschnabt vnd Vertragk zwischen Brilon vnd den Hern von Beuren folget. [Auch hier giebt Kropf, statt einer Grenzbeschreibung, eine Abschrift des Grenzrezesses zwischen der Stadt Brilon und den Edelherren von Büren vom 20. Juli 1577, dessen Original sich noch im Stadtarchive befindet und woraus wir hier nur kurz vermerken, daß damals die bestandenen Irrungen unter Vermittelung Philipps von Hörde Drost zum Kotten und Christoffs von Meschede zu Niederalmen auf Seiten der von Büren,

sodann des Abts Alexander zu Brebelar und des Kelners
Johan Ramme zu Arnsberg auf Seiten Brilons, so verglichen
wurden, daß von der Dingbuche, wo Brilon, Rüben und Büren
zusammengrenzen, die Schnabe auf den Fuhrweg, den Streit-
berg hinab, durch das Berdenschlop in die Harlebeck bis an
das Gehölz der von Meschede zu Almen laufen [195]) und die
Hude an beiden Seiten dieser Grenzlinie, nach besonderen, in
dem Vergleiche angegebenen Bestimmungen, benutzt werden
solle.]

 Erbschnabt und Vertragk zwischen Brilon
und den Junckhern zu Almen auffgerichtet, lautet
also. [Hier folgt zuerst Abschrift eines Grenzvergleichs d. d.
feria 5 post dominicam misericordias domini (5. Mai) 1525,
der auf Verordnung des Churfürsten Hermann V. Grafen
von Wied, durch die Schiedsrichter Gerdt von der Recke zu
Heeßen Ritter, Joist Westualen Droste, Herman v. Hanxlede,
Curdt von Brencken, Hunold thom Schlottel Bürgermeister zu
Geseke, Henrich Dorpmunder Bürgmstr. zu Rüben, Diedrich
Lilie Bgmstr. zu Werl und Johan Kestings Kemner zu Volck-
marsheim, dahin abgeschlossen wurde, daß die Schnabe unten
an der Harlebeck, so weit die Almer Mark sich erstreckt, die
Harlebeck hinan, den Bürener Weg hinauf bis an den lütteken
Rumberg, zu dem nächsten Siepen, dann auf die Eggen desselben, weiter bis ober den Stagelborn, auf den großen Hallerstein, grade durch den Hallergrund auf den lütteken Hallerstein,
zu dem Hol, des Teufels Pfad genannt, nach der Briloner
Landwehr gehen solle. Dann heißt es weiter: folget ferner
die Schnabt zwischen Brilon und den Junckhern
zu Almen; nämlich von dem Steine jenseits der Landwehr,
an der Seite des Felsberges hinauf, ober der Thülener Schwelge
der, den Schwelge=Fluß hinauf, nach den Thülischen Scheuern,
zwerg auf das Schedt und von dem höchsten Punkte desselben
zwerg über den Rösenbecker Weg, zu einem Steine jenseit des
Siepens. Hier beginnt dann die Schnabe mit Rösenbeck,
welche auf den hohen Stein, hinter dem Ekenlohe her, zu einem

---

[195]) Vergl. auch den Richtschein des Richters Johann Grünber
von 1437 im Urk. Buche III, Nr. 940.

anderen Steine läuft, an dem die Schnabe mit Messinghausen beginnt und zwerg nach dem Messinghauser Wege, von diesem an der Seite des Plattenberges, um diesen herum an das Siepen läuft, wo die Schnabe mit den Wölffen von Gudenberg und den von Dorfeld zu Hoppecke anfängt. Diese geht unter den Wiesen her, auf die Schieferkuhlen, die hohe Egge hinauf, hinter dem schwarzen Haupte her, auf die Landwehr, oder Wolfs Wiesen hin, zu dem Briloner Schlagbaume bis in das Wasser die Hoppecke, diesem Wasser nach bis in die Bremeke, diese hinauf bis an das Diebesthal und in demselben den Weg hinauf an den obersten Stein in der rauhen Wiese, wo Brilon, Hoppecke und Bredelar schnaben. Ueber diese Grenzscheidung und mehrere andere nachbarliche Verhältnisse, waren viele Rechtsweiterungen zwischen Brilon und den Besitzern der beiden adeligen Häuser zu Hoppecke entstanden, die besonders dadurch sehr complizirt wurden, daß die Stadt seit 1346 angefangen hatte, selbst einen Theil jener adeligen Güter von der alten Stammfamilie von Hottepe zu erwerben und zu städtischem Gut zu machen.[196]) Die Prozesse waren schon aus Reichskammergericht gediehen, Landdrost und Räthe hatten theils selbst, theils durch gewählte Schiedsfreunde der Interessenten, die Sache beizulegen versucht, aber alles vergeblich, bis der Churfürst Johann Gebhard zuletzt jenen Schiedsfreunden: Heinrich von Coln, Paderbornischem Kantzler, und Schöneberg Spiegel zum Desenberge für die Junker, Heinrich Röhr Bgmstr. zu Geseke und Steffan Hartmann Bgmstr. zu Rüden für die Stadt, den Licentiaten Gerhard Kleinsorgen, damals Official zu Werl, Gerhard von Meschede zu Almen und den Drosten zu Bilstein: Friedrich von Fürstenberg beifügte, die dann am 14. April 1562 einen umständlichen Vergleichs-Rezeß zwischen den streitenden Theilen zu Stande brachten, den Kropf abschriftlich mittheilt. — Von dem gedachten dreiseitigen Grenzpunkte zwischen Brilon, Hoppecke und dem Kloster Bredelar, geht die Schnabe mit letzterem, zwischen der demselben gehörenden Bonkirchener Mark

---

[196]) Spezielle Nachweisungen darüber im Urk. Buche II, Nr. 703.

und der Kessliker Mark der Stadt Brilon, weiter über den Hemberg, auf das Veitsstück bis in die Goldbeck, dann auf den Willinger und Schwalefelder Weg, an die Itterbach, wo die Waldeckische Grenze beginnt. Von da vor dem Pulwecker Siepen her, welches vom hohen Dreis in die Itterbecke fließt, bis an des Königs Apfelbaum, von dort die Itter hinauf unter der Burg (auf dem Hemberge) hin, vor dem Burmeker Siepen her, welches ebenfalls vom Dreis in die Itter fließt, dann auf Lüttefen-Schwalefeld zum Steinsiepen weiter nach Alten-Schwalefeld, in der Schwalenbecke hinauf über die Höhe des Eimberges zu dem Punkte, von dem die Schnadebeschreibung oben ausgegangen ist. Ueber die gedachte Schnade mit Brebelar waren ebenfalls viele Irrungen bis an kaiserliche Commissarien erwachsen, die aber durch einen nachbarlichen Vergleich von Dinstag nach Vitus (20. Juni) 1559, den Kropf abschriftlich mittheilt, beigelegt wurden. — Der Umkreis, den die angegebenen Schnaden umschreiben, ist ein so bedeutender, wie ihn keine andere Stadt des Herzogthums für ihr Gebiet in Anspruch nehmen durfte. Er befaßte 6 weite Marken mit den darin gelegenen, meist in die Stadt gezogenen Dörfern und Höfen, grenzte mit der Graffchaft Waldeck, mit 3 Städten und 12 Dörfern, hatte in seiner weitesten Ausdehnung (von Norden nach Süden) einen Durchmesser von 5 Stunden und einen solchen Umfang, daß auf den Schnadezügen, welche die Stadt mit ihren Nachbaren hielt, um die Grenzen zu revidiren, alljährig nur ¹/₅ der ganzen Grenze abgemacht werden konnte. Die gedachten Schnadezüge hatten sich allmählig zugleich zu einem Volksfeste ausgebildet, woran alle Bewohner der Stadt mit einem so patriotischen Eifer Theil nahmen, als ob es gegolten hätte, die Ehre und Macht ihrer Stadt gegen alle Feinde in der Welt zu vertheidigen. Die uralte Schützencompagnie mit ihren alterthümlichen Waffenstücken, leistete dabei scheinbar wichtige Dienste. Sie verlieh dem ganzen Zuge eine antik kriegerische Färbung, die besonders durch das alte Stadtbanner, unter dem sie auszog, gehoben wurde. Der Schützenkönig, für die Dauer seines einjährigen Regiments von allen Schatzungen und Abgaben befreit, genoß bei dieser festlichen Gelegenheit, geschmückt mit den Insignien seiner Würde, (einer schweren vergoldeten Halskette) ausgezeichneter Ehren, selbst von Bürgermeister und Rath, die ihm anerkennende Huldigungen zollten. Bei der Heimkehr wurde der Zug von den daheim gebliebenen friedlichen Stadtbehörden, die Schuljugend mit fliegenden Fahnen an der Spitze, in so lautem Jubel empfangen, als ob er einen gefährlichen Feldzug siegreich beendigt hätte. Der Briloner Schnadezug ist rings in der Gegend bekannt und wird noch jetzt alle zwei Jahre, freilich in etwas modernisirter Weise gefeiert.]

Folgende Brieffe belangen Altenbeuren. [Innerhalb des gedachten Umkreises der Briloner Feld- und Waldmarken lagen einige Dörfer, die ihrer Bedeutenheit oder ihrer örtlichen Lage wegen, von den Einwohnern nicht verlassen wurden, vielmehr ihre Selbstständigkeit ganz oder theilweise behaupteten oder in ein Kolonatverhältniß zur Stadt, als ihrer Gutsherrschaft, traten. Zu den letzteren gehörten Rixen und Wülfte, zu jenen Altenbüren und Scharfenberg. In Altenbüren hatte die Familie von Cobbenrode ein bedeutendes adeliges Gut; mit ihr wohnten dort mehrere freie Bauern.[197] Die Stadt Brilon kaufte das adelige Gut und hatte nun die dadurch begründeten Verhältnisse, theils mit den benachbarten Junkern zu Antfeld, theils mit den freien Bauern zu Altenbüren zu regeln. Hierauf beziehen sich die von Kropf abschriftlich mitgetheilten Urkunden, deren Originale sich auch noch im Stadtarchive befinden. Nämlich: 1524 Dinstags nach Corporis Christi (28. Mai) verkaufen Volpert von Cobbenrode und Beleke seine Hausfrau ihre Häuser, Höfe, Hoven, Land und Wiese, Echtwerke und alle damit verbundene Rechte und Gerechtigkeiten an die Stadt Brilon. — 1534 am Donnerstage nach dem achteinden Dage nach der Geburt Christi (7. Jan.) stellt "Johan Konnynck itzunt tor tyt Ehn gelouet vnde gezworen gogreue — in der grunt zu Affindhusen," wohin Altenbüren gehörte, einen Richtschein über die

---

[197] Vgl. Note 178.

wilden Länder und die Dienste zu Altenbüren nach den Depositionen aus, welche Volpert von Cobbenrode, damals krank liegend in dem Hause des Bastards von Berninchhusen zu Antfeld, gemacht hatte. — 1537 am Tage Conversionis Pauli (25. Jan.) vertrugen sich die "Samet Erffgenotten" zu Altenbüren mit der Stadt Brilon über ihre Rechte an Wildländern, Hude, Mast u. s. w. — 1543 am Saterdage na Mittfasten stellt der Richter Johann Ramme zu Brilon einen Richtschein aus, über die anmaaßliche aber nicht begründete Mitberechtigung der Erbgenossen zu Altenbüren in den Marken. — Ungleich mehr Schwierigkeit machte die Regulirung der Verhältnisse der Stadt mit den Junkern zu Scharfenberg. Die Stammfamilie von Scharfenberg war eine Nebenlinie der Familie von Padberg, welche von älteren Zeiten her in und bei Brilon reich begütert war. Seit 1313 war Hermann von Scharfenberg, der sich auf seinem Siegel noch Hermannus de Palberg nennt, von dem Grafen von Arnsberg unter anderen beliehen, mit Gütern zu Elern bei Rixen, zu Bressinghausen unterhalb Brilon, zu Pebrike oberhalb Brilon, zu Altenbüren, zu Assinghausen zwischen Brilon und Scharfenberg, zu Messinghausen und Radlinghausen bei Thülen[198] und vor allen Dingen mit dem Castrum in Scharfenberg, worin der Erzbischof eine besondere Burgmannschaft unterhielt, die in dem Landfrieden von 1325 namentlich als mitwirkende Corporation zur Abtreibung aller ungerechten Gewalt und zum Schutze der Landstraßen aufgeführt wird.[199] 1360 bat Hermann von Scharfenberg, wahrscheinlich des vorigen Sohn, Renert den Gründer, Richter zu Brilon, drei Briloner Bürger: Gottschalk von Thülen den Alden, Hermann Wessel und Hans Restinges, über die "Guder, Houe, Ecker vnd Geholtze, de thom Huse tom Scharpenberge gehort hauen," eidlich zu vernehmen, weil ihm "sine Breue vnd Siegell in Fürsnoett abhendig weren geworten." Die geladenen Zeugen baten zunächst, von ihrer Vernehmung Abstand zu nehmen "wente et eane schwerlich to donde sy, nachdeme die Houesate vorwostet

---

[198] Seibertz Urk. Buch II, Nr. 556, S. 123, Nr. 665, S. 274, und Nr. 795, S. 530. — [199] Seibertz Urk. Buch II, Nr. 610 u. 615.

fyn vnd die darup saten, tho Brilon ingeweſen." Da aber
Hermann von dem Scharpenberge anf ihr Zeugniß nicht ver-
zichten wollte, legten ſie ſolches in Gegenwart der auf ihr
Anſuchen herbeigerufenen Rathsperſonen, des Bürgermeiſters
Dirich Kalff und der Kemner Curt von Hohſewen und Elias
Klimping ab; worüber dann der Richter einen Richtſchein aus-
ſtellte.[200]) Das Haus und die Höfe zu Scharfenberg ſcheinen
alſo damals durch eine Feuersbrunſt ſchwer heimgeſucht zu ſein.
Daß aber die Burg wieder hergeſtellt wurde, geht aus dem
Lehnregiſter des Erzbiſchofs Friedrichs III. hervor, worin es
heißt, daß Herm. von Scharfenberg d. jüngere am 17. März
1396 mit der Hälfte des Castri beliehen worden ſei.[201]) Bald
nachher jedoch wurde ſie von neuem zerſtört durch den Grafen
von Waldeck, denn am 16. October 1404 einigten ſich Erzbiſchof Friedrich und Graf Heinrich von Waldeck dahin, nicht
geſtatten zu wollen, "dat die Scharpenborg by Brylon, van
yemanne weder gebuwet werde, hie ſy wie hie ſy" und wenn
es Jemand dennoch thue, ſo ſolle es ihm mit aller Kraft
gewehrt werden.[202]) Nichts deſtoweniger erfolgte ihre Wieder-
herſtellung ſehr bald, denn ſchon am Donnerſtage nach Aſcher-
mittwoch 1406 trug "Johan vamme Scharpenberge Knape"
dem Erzbiſchof Friedrich, der ihm behülflich geweſen, "dat ic
weder komen bin an dat Huys zume Scharppenberge, dat mir
der Greue van Waldecge hatte affgewunnen ind was des ent-
weldiget" zu einem Lehn und offenen Hauſe auf: die Burg
mit ihren Thürmen, Vorburgen, Begriffen, Beſtungen u. ſ. w.
wie ſie das auch früher geweſen. In einer beſonderen Urkunde
von demſelben Tage, verſpricht er, den vierten Theil des
Scharfenbergs, der in Vorzeiten an Chr vom Kalenberge ver-
pfändet worden, nicht eher an dieſen kommen zu laſſen, bis
derſelbe dem Erzbiſchofe gleiche Briefe darüber ausgeſtellt
habe.[203])

---

[200]) Die Urkunde iſt abgedruckt in Nr. 84 des Kunſt- und Wiſſen-
ſchaftsblatts des weſtfäliſchen Anzeigers von 1823 zu einem Aufſatze des
Herausgebers über Scharfenberg. — [201]) Seiberg Urkunden-Buch II,
Nr. 795, S. 580. Die andere Hälfte hatte wohl ſein Bruder Johann. —
[202]) Seiberg Urk. Buch III, Nr. 906. — [203]) Die ungedruckten
Urkunden im Fam. Arch. d. Herausg.

Es geht schon aus diesen urkundlichen Daten hervor, daß die Verhältnisse zu Scharfenberg an sich sehr complicirt waren; sie wurden es aber noch mehr dadurch, daß Brilon theils einzelne, ursprünglich mit Scharfenberg verbundene Güter zum Beispiel Lehmekesbrok und Boxen ankaufte, theils aber auch die Bewohner wüst gewordener Hofstellen z. B. von Scharfenberg und Düggeler, als Bürger aufnahm, die dann der Stadt ihre Berechtigungen im Felde und Walde zubrachten. Es darf uns daher nicht wundern, daß Kropf nicht weniger als zwölf verschiedene Abschiede und Rezesse abschriftlich mittheilt, worin Churfürsten, Landdrosten, Gerichte, Commissarien und Schiedsfreunde aller Art, sich vergeblich abmühen, die Berechtigungen des Hauses Scharfenberg, an Gütern zu Lehmekesbrok, Rixen und Boxen an den Bürer, Almer und Düggeler Marken, an Hude, Mast, Fischerei u. s. w. zwischen den Erben der Stammfamilie von Scharfenberg und der Stadt Brilon, in befriedigender Weise zu regeln. Der erste Rezeß ist vom Gunstage nach Michaelis (2. October) 1527, der zweite vom Sonntage nach Mathei (19. October) 1528, der dritte vom Montage nach Nativitatis Mariä (9. Sept.) 1532, alle drei abgeschlossen mit Morbian von der Recke, der vierte vom 13. October 1534, der fünfte vom 5. October 1552, der sechste vom 31. October 1559, alle drei abgeschlossen mit Rabe von Canstein, der siebente vom 3. October 1560, mit Philipps von Canstein, der achte vom 6. Juni 1569 und der neunte vom 18. Januar 1573, mit Morbian von Canstein, der zehnte vom 15. August 1582, der elfte vom 14. October 1582 und der zwölfte vom 5. August 1583, beide abgeschlossen mit Catharina von Canstein, Wittwe Philipps Schencks zum Schweinsberge.

Zum Schlusse folgt noch eine Nachweise der Aecker und Wiesen, welche die Stadt mit dem Ankaufe eines Theils der adeligen Güter zu Hoppecke (S. 39) erwarb. Sie heißen: „Pawels Landt vnd Wiesen im Cramwinckell, Scheper Johans Landt vnd Wiesen vnd Former Peters Landt; wie das alles Anno 1579 ahm 30. Octobris ist gemessen worden vnd ist alles zehnttfrey."]

3.

Verzeichnüße in was Wege die Stadt Brilon für vnd für berechtiget vnd priuilegieret, mitt guten Gewonheitten vnd Gepreuchen versehen, auch dabei bis auff heuttige Stunde confirmiret vnd von vnsern Erbherren vnd Landesfürsten gelaßen worden. Anno 1595 ahm 9. May von mir Cropio prothocolieret.

Irstlich ist die Stadt Brilon berechtigtt vnd von den Vorfahren ersitzlich herpracht, jedes Jahrs auff bestimbte Zeit auß den Ämptern vnd Gemeinheitt 12 Burgere zu erwehlen oder zu ordenen vnd zu beeiden, welche zwelff Personen alß zum Burgermeister vnd Radtzhern vnpartheyesch erwehlen müßen.

2. It. daß man berechtigt, solliche zwelff Persohnen mitt gepuirendem Aibte zu beladen, welche den also legitimirt vnd zu der Burger Oberigkeitt verordnett werden.

3. It. daß derselbige Burgermeister vnd Radt mitt vnserm Landesfursten mixtum und ban jegen die Burgerschafft merum Imperium haben.

4. It. daß also Burgermeister vnd Radt frey stehett, sich mit notturfftigen Dienern zu versehen, die zu ordnen, zu setzen vnd zu entsetzen, jedoch dieselbigen der Statt vnd den Burgern dienlich sein.

5. It. daß der Radt bei Macht, das Schullregimentt zu verordnen vnd zu bestellen.

6. It. daß auch der Radt Mit-Inspectores des Kirchenregimentz sein, domit alles ordentlich zugehe.

7. It. daß Burgermeister vnd Radt bemechtigt, die Stadt's Bestungen vnd Pforten, ihrer vnd der Burger Notturfft nach zu schließen zu eroffenen.

8. It. daß der Radt bemechtigt, exactiones oder collectas, zu Behuiff des gemeinen Nutzens, den Burgern zu imponiren, tempore necessitatis.

9. It. so hatt der Radt den Burgern in nottigen vnd sonsten zu gemeinem Nutz fürfallenden Sachen zu gepieten vnd zu verpietten, deme die Burgerschafft zu gehorsahmen schuldigh.

10. It. so hatt Brilon ihre sonderliche Stadtzgerichte vnd Recht in allen burgerlichen Sachen.

11. It. ihre freie Stuelsgerichte in Injurien- vnd Schmehesachen vnd beßwegen auch die Waffe.

12. It. das hoich priuilegiertte Halsgerichte.

13. It. Velt vnd andere Diebe, so den Burgern ihr Korn stehlen, gefencklichen anzunehmen, dajegen peinlich zu agiren, ahm Leibe oder ahm Guttr zu straffen.

14. It. die obverwonnenen Mißethater hinrichten zu laßen, auch woll mitt dem Leben zu begnabigen. It. auch woll jegen verwircktes Leben eine Absohnunge zu nehmen.

15. It. Burgerskindere vnd andere so darzu beuchtigh, zu Burgern auffzunehmen vnd zu beeitten.

16. It. Burgere, wen sie jegen ihr Burgeraidt gehandellt, ihrer Burgerschafft zu entsetzen.

17. It. der Radt bemechtigt, die Burgere nicht alleine, sondern einen jedern der Stadt Eingesessenen, nach Gestalt begangener Excessen zu brüchten vnd zu straffen oder ihnen dieselbige nachzugeben vnd auch zu begnabigen.

18. It. Ambtere, Zunffte, Gilden vnd andere ehrliche Bruderschafte vnd Verbundtnußen[204]) zu setzen, zu ordenen vnd die mitt sonderbaren Freyheitten vnd Gerechtigkeitten zu versehen.

19. It. bei allen Ambtern berechtigett, Inspection vnd Auffsicht zu haben, domitt alles decenter vnd ordenttlich zugehe; auch im Nottfall auff die Huckerwahr Ordenunge zu machen, domit der ahrmer Man vor sein Gelt ein Gleiches bekommen muege.

20. It. Arbitramenta vnd Willkuhr zu Behuiff der Gemeinheitt anzurichten, in Maßen von den Voruettern viell geschehen.

21. It. Bier vnd Brott in rechtem Wertt zu verkauffen, anzuordnen vnd Auffsehens zu haben.

---

[204]) Eine spätere Randbemerkung fügt hinzu: jedoch der landtfürstlicher Obrigkeit nicht zuwidder.

22. Jt. einen In- oder Außlendischen zu Rechte zu vergleitten vnd babei zu beschützen.

23. Jt. Schulden halber vnd anders wegen, ben Arrest Andern anzudrowen, mitt Leib vnd Gutthe anzuhalten, auch widder loß zu geben.

24. Jt. berechtigt, mitt ben priuilegierten vnd befreheten Jar-Marckten.

25. Jt. berechtigt, ben Kramern, Keuffern vnd Verkeufferen Stebbegeltt, Wandt-Zhse vnd andere Onera vffzulegen vnd zu entpfangen.

26. Jt. mitt Wurffelen vnd andern ehrlichen Spielen vff die Jarmarcktage zu spielen, zu gestatten vnd zu verpieten oder zu befrehen.

27. Jt. priuilegiertte vnd innehabende Gerechtigkeitt der Zhse vnd Weglgeldes binnen vnd außwendigh vnser Stadt Brilon in der gantzen Velt- vnd Holtzmarken.

28. Jt. wen men nur die Notturff hette, Gelt zu müntzen, das ettwas besonders wie die alten Priuilegia, item die alten Sortten oder Müntze-Pfenninge vnd die Müntze-Stempfell außweisen.[205])

29. Jt. die gantze Holtz- vnd Veltmarken mitt ben Benachpartten zu erweittern vnd zu verthettingen.

30. Jt. darin Holtz oder Weide anders wohin zu verkauffen vnd bern zu genießen.

31. Jt. Hütten- vnd Hammergerechtigkeit.

32. Jt. die Vbertreber oder so der Stadt Schaden im Geholtze zufuegen, zu brüchten, zu straffen, zu stocken, zu blocken vnd loßzugeben.

33. Jt. die Mißethetter binnen vnd außer der Stadt, gefencklichen anzunehmen vnd bomitt Rechtt zu vben.

---

[205]) Die alten Münzprivilegien und Stempel liegen nicht mehr vor.

34. It. keine gefangene oder verstrickte Personen, dem Landtz- oder anderen Fürsten zu peinlicher Rechtfertigunge, auß der Stadt Gewarsamb folgen zu laßen; besonder daß die alhir mit Rechte gewonnen oder verlohren werden müßen. Eß geschehe dan vff ein sonderlich Gedinge.

35. It. zu fischen vnd allerley Wiltbrett zu jagen vnd zu fangen.

36. It. die Fischewesser ins Gehege zu legen vnd zu hanttbaben.

37. It. Waldemeine zu erweittern, zu kauffen vnd zu verlauffen.

38. It. berechtigett in den Zehenden im stracken Korn ober Wintherfruchten, von einem volligen Fuiber nur sechs Garben, von einem mittelmeßigen fünffe,²⁰⁶) aber von einem fast geringen Fuiber nur vier Garben zu geben.

39. It. Borchfreiheitt vnd Gerechtigkeitt, Hocheitt vnd Herligkeitt.

40. It. bei den Meyern die Dienste, Gebott vnd Verbott, auch Pfandunge zu Behuiff der Jarsrenthen zn thun vnd waß dern mehr ist. Alß verfallene vnd Hoffestetten den rechten Erben zu enttwenden vnd Andern zu vergeben, wan sie in bestimbter Zeitt nicht bebawett werden wollen. Item Mollengerechtigkeitt. In Summa zu langk alles in Specie zu vermelden.

Während des Drucks dieser Blätter fand der Herausgeber zu Cöln in der Farrago Gelenii, welche in der dortigen Stadtbibliothek aufbewahrt wird, folgende Notiz, welche hier wohl noch eine nachträgliche Stelle verdient.

Brilonia, vetus Angariæ oppidum, veteribus Blilonia à plumbi fodinis dicta fuit. Docent id antiqua numismata,

---

²⁰⁶) Eine spätere Randbemerkung sagt: oder halben Fober drei Garben. Vgl. Note 164.

quae olim eo loci principum Angariae, seu marschallorum Westphaliae, suorum principum nomine et auctoritate, ex gratia s. caesareae Majestatis cudi solent. Coaluit olim civitas haec ex diversorum circumquaque jacentium vicorum contractione, quorum nunc memoria et paeno nomina etiam obliterata perierunt. Habuit haec civitas Ruram versus pagum castrumque comitum et monasteriolum sanctimonialium Borrenbergh, habuit ad septentrionem pagum Duggeler inter quem locum et civitatem, vetus est parochialis ecclesia etiamnum sarta tecta. (Farr. T. III. fol. 202.)

Die Deutung des Namens Brilon ist eine fabelhafte; sie erinnert an eine andere, wonach der Name daher rühren soll, daß bei Erbauung der Stadtmauern, die Arbeiter statt Lohns in Gelde, nur Brei erhalten hätten, daher Brh-Lohn. Der Name rührt vielmehr daher, daß die Stadt auf einer mit Holze bewachsenen Stelle angelegt wurde. Loh bedeutet nemus, pratum, eine Waldwiese.[207]) Brulo, brulon, bruillium, brolium, ist die Bezeichnung eines stark mit Holz bewachsenen, und mit Mauern oder Wällen umgebenen Orts, heißt es zu einer Urkunde von 1307.[208]) Ein solcher Ort war auch Brilon. In der städtischen Feldmark finden sich noch jetzt viele walbige sogenannte Feldknäppe rings um die Stadt, welche ehemals von viel größerem Umfange waren und dicht vor dem oberen Thore, heißt ein großes ausgedehntes Feld noch jetzt das Eichholz, obgleich, mit Ausnahme einzelner alter Baumwurzeln im Boden, keine Spur mehr von Eichenbestande auf demselben vorhanden ist.

Daß Brilon das Recht gehabt, Münzen zu schlagen, ist gewiß; wiewohl eine darauf sprechende Urkunde nicht mehr vorliegt. Denn wenn geringeren Orten wie z. B. Medebach, vom Landmarschall Johann von Plettenberg die Münze überlassen wurde,[209]) so läßt sich erwarten, daß dieses auch zu Brilon der Fall war. Von den dort geschlagenen Münzen,

---

[207]) v. Steinen westf. Gesch. I, 57. Wigands Archiv IV, 1. —
[208]) Würdtwein Subsidia diplomatica X, 56 und 149. — [209]) Seiberts Urk. Buch I, Nr. 445.

deren die vorstehende Notiz erwähnt, hat der Herausgeber nur zwei kleine Bracteaten mit dem Stadtschlüssel auftreiben können, die sich bei Zerschlagung einer alten schweren Rathskiste, in den Ritzen derselben fanden.

Ueber die in die Stadt gezogenen Dörfer ist S. 29 umständlich berichtet. Daß auf dem Borberge ein gräfliches Schloß und ein Nonnenklösterchen gestanden haben sollen, scheint nach den urkundlichen Angaben des in der Note 30 erwähnten Geseker Güterverzeichnisses irrig. Unter der vetus parochialis ecclesia zwischen Düggeler und der Stadt, scheint der Verf. der vorstehenden Notiz die Kapelle zu Altenbrilon zu verstehen, welche jedoch, soviel bekannt, niemals Parochialrechte gehabt hat.

Schließlich hier noch die berichtigende Bemerkung, daß die S. 20 erwähnte, von der h. Ida gestiftete Kirche an der Lippe, nicht Herzbrok, wie dort gedruckt worden, sondern Herzfeld heißt.

III.

Drangsale des dreißigjährigen Krieges in Westfalen.

4. Soest.

Der Friede, der durch den Vossumer Tractat vom 6. Juni 1673, zwischen Frankreich und dem großen Churfürsten von Brandenburg hergestellt wurde, war von kurzer Dauer. Der Churfürst hatte sich darin vorbehalten, die Waffen zu Gunsten des deutschen Reichs wieder zu ergreifen, wenn Frankreich sich Feindseligkeiten gegen dasselbe erlauben mögte und da Ludwig XIV. es hieran niemals fehlen ließ, so war kein Wunder, daß Friedrich Wilhelm am 1. Juli 1674 ein neues Bündniß mit dem Kaiser, mit Spanien und den Generalstaaten abschloß, welches den Zweck hatte, Frankreich zu einem allgemeinen Frieden zu zwingen. Dieser kam aber erst am 5. Febr. 1679 zu Nimwegen zu Stande. Während dieser Zeit hatte Westfalen von französischen Plackereien sowohl, als von den Anforderungen, welche der Kaiser und seine Bundesgenossen, zum Unterhalt der eigenen Truppen machten, fortwährend zu leiden. Sieben Compagnien Franzosen blieben bis zum 16. Febr. 1680 in Soest. Nach dem Nimweger Frieden hielten die berüchtigten Reunionskammern Ludwigs XIV. Deutschland in beständiger Spannung, während zugleich große französische Nachsteuersummen an die brandenburgischen Kassen entrichtet werden mußten.

Alles dieses verursachte einen unsäglichen Druck für unser westfälisches Land, worin seit der Belagerung der Stadt Werl im Jahre 1673 der Generalmajor von Spaen das Commando über die brandenburgischen Truppen führte.¹) Um einige Erleichterung zu erlangen, wendete sich die Stadt Soest 1687 an denselben und überreichte ihm die nachstehende von ihrem Bürgermeister und Syndicus Jacobi verfaßte Zusammenstellung der Kalamitäten, welche die Stadt seit der Soester Fehde von 1444, besonders im 30jährigen Kriege erlitten hatte. Dieselbe befindet sich in einem Quartbande handschriftlicher Aufzeichnungen des Dr. Rademacher,²) der für die Geschichte seiner Vaterstadt Soest so viel gesammelt hat und zwar unter der eigenen Hand Rademachers, der S. 479 am Rande zu der Ueberschrift bemerkt hat: Hr. Bgmstr. und Syndicus Jacobi concepit. Wir werden künftig aus diesem Manuscript, welches sich jetzt in der Bibliothek der Königl. Regierung zu Arnsberg befindet, noch mehrere Mittheilungen machen.

Kurze Beschreibung der Zeiten darin die Stadt Soest durch Kriegsmacht eingenohmen, gebrandschatzet, ausgeplündert mit Feuer und allerhand Kriegs-Erecution beängstiget und mit Geldausgaben ausgemergelt worden.

1687 d. 19. Sept. Sr. Excl. Herrn v. Spaen eingereichet.

Als die Stadt Soest ao. 1444 vom Stifft Cöln sich abgewandt, ist in grossem Ansehen und Vermögen gewesen, auch da von der röm. catholischen Religion abgetretten, hat zwar bey wehrendem Religionskriege allerhand Anstösse gehabt, gleichwol ist im Wolstand verblieben.

Ao. 1595 hat die Pest ein groß Theil Bürger weggenohmen.

Ao. 1606 und 1611 ist abermahl daselbst die Pestseuche eingefallen und eine grosse Anzahl Menschen auffgerieben.

Als ao. 1609 der letzte Herzog v. Cleve hochsehl. And. verstorben und demnach in ao. 1610 der Graff v. Retberg so

---

¹) Vergl. Quellen B. I. S. 44 und 93. — ²) Vergl. über ihn v. Steinen die Quellen der westf. Historie S. 32 fgg.

damahls in spanischen Diensten gestanden, der Stadt allerhand angemuthet und unter Belagerung der Lippstadt in der Börde viel Schaden gethan, seyn dagegen Soldaten zu Defension der Stadt und Börde geworben und die Retbergischen abzuhandeln viele tausend Rthlr. spendirt worden.

Ao. 1616 den 18. April hat Graff Henrich zu dem Berge die Stadt eingenohmen, die sonsten vorhin in 200 Jahren kein Feind erobert hatte. Die Eroberung ist der Stadt theuer ankommen. Der Graffe hat auch den römisch catholischen Gottesdienst in st. Patrocli-Kirchen wieder angerichtet.

Ao. 1622 hat Hertzog Christian zu Braunschweig die Börde ad 4000 Rthlr. gebrandschatzet und sehr ruinirt. Hoc anno hat derselbe Hertzog etliche soestische Dörffer abgebrannt, die Stadt eingenohmen und für Brand und Plünderung bekommen 9743 Rthlr., den hohen Officiers ist auch viel spendirt worden. Dennoch ist den Völckern aller Muthwille gelassen, daß sie viel Beute heraußgebracht, aber den Bürgern ledige Häuser gelassen. Eod. ao. ist im August mit dem lippischen Commenbanten ein Accord wegen Verschonung der Börde getroffen, vermöge dessen im Septbr. 3000 Rthlr. und hernach mehr erleget worden.

Ao. 1623 den 26/16 Mai haben die Hispanische die Stadt eingenohmen und ist das Fuggerische Regiment zur Besatzung geblieben, welches die Stadt kleiden und mit allerhand Noturfft überflüssig versehen und dabey viel spendiren müßen.

Ao. 1624 seyn die Italiener hereingekommen, welche an Fressen und Sauffen nicht so viel als die Hispanische verthan, aber alles Geld, so durch Zwangmittel zuwege bringen können, von der Stadt und ihren Wirthen erpresset und nachdem sie die Beutel erfüllet, seyn außgezogen und eine kleine Besatzung hispanischer Völcker hinterlassen, wodurch der hollandische Commendant der Stadt Hamm Baron de Gent verursachet worden

Ao. 1625 Dinstag des Fastnachts die Mauren zu Soest übersteigen zu lassen und die Hispanischen theils zu tödten und gefangen zu nehmen, wobey auch viele Bürgerhäuser außgeplündert worden, hernach aber gute Ordre ins fünffte Jahr darin gehalten, daß sich inmittelst die Stadt in etwa erhohlet.

Nachdem nun die Stadt die Neutralität mit grossen Kosten erhalten, seyn die Holländer abmarchiret, die Neutralität aber hat wenig Vortheil geben, gestalt in ao. 1631, 32 und weiter, die nach und von dem Rhein marchirende Armees die Börde gantz ruiniret und hat die Stadt unter andern dem General Papenheim 12,000 Rthlr. Brandschatzung geben müssen.

Ao. 1634 hat Hertzog Georg zu Braunschweig und Landgraff Wilhelm zu Hessen die Stadt per Accord eingenohmen, etliche Dage alda mit der Armee gestanden und ist hessische Besatzung darein geblieben; wobey in

Ao. 1635 die Pest eingefallen, so ein groß Theil Menschen der Stadt entnohmen.

Ao. 1636 hat der kayserl. General Götze die Stadt belagert und durch Feuer einwerffen ad 600 Häuser eingeäschert und dazu nach der Eroberung eine grosse Summe Geldes erpresset, daß beßwegen als die Börde öde und unbewohnet gestanden und die Bürger unter der schweren Einquartierung nichts beybringen können, die Stadteinkünffte und Gefälle, als Accisen und noch übrige Höffe, Mühlen ꝛc. müssen versetzet und veralienirt werden.

Ao. 1638 als nur 3 Compagnien kayserl. Besatzung darin gewesen, seyn dieselbe von den Hessen aus Lipstadt überfallen, welche die Stadt außgeplündert und alles metallen grob Geschütz und andere Munition auff Lippstadt mit weggenohmen. Hernach ist der churbrandenburgische Obriste von Butler mit 6 Compagnien hier einkommen, welchen auch gleichwie vorhin die lippische Guarnison durch einen Anschlag ao. 1640 überrumpelt und gefangen nach Lippstadt geführet, wobey auch die Bürger durch Plünderung sehr beschädiget worden. Bald hernach ist wieder kayserl. Besatzung aus dem Hamm hier ein gekommen und

Ao. 1641 legte sich das Tiefenbachische Regiment zu Fuß ad 2200 Man und das Eppische Regiment zu Pferde hier ein und brachtens dahin, daß wenig Bürger überblieben und noch mehr wegen Drangsahl und Hungersnoth würden verlauffen seyn, wenn nicht an dem Thorm auffgehalten worden. In dem Winter seyn noch mehr Häuser zur Feuerung abgebrochen und verdorben worden, als durch vorgemelte grosse Feuersbrunst.

Nachdem nun alda kein Besatzung länger subsistiren können, hat die Stadt Soest nach der Stadt Hamm der kayserlichen und nach Lippstadt der hessischen Guarnison monatlich contribuiren müssen, biß Se. churfl. Durchl. zu Brandenburg ins Land und auch auff Soest gekommen und in Soest und dero märdische Städte einige Völker einquartiret und endlich der Friedenschluß zu Münster ao. 1648 erfolget. Die hernach im Clev- und Märdischen vorgefallene Kriegstroublen und darab der Stadt Soest zugestossene schwere Einqartirung, Marches und Remarches seyn bekandt wie auch daß

Ao. 1673 die frantzösische Armee unter dem General Tourenne 22 Wochen in der Stadt Soest und in der Börte gestanden.

Ao. 1679 seyn die Frantzosen abermahl in Soest gekommen, haben die Bürger und Bauren auffgezehret, viel Kornfrüchte ruiniret und von der Stadt soviel Geld erpresset, daß die in ao. 1616 und folgenden Kriegsjahren auffgenohmene und noch stehende Capitalien in ao. 1679 und 80 seyn angehauffet und die Bürger in particulier meistentheilß also herunterkommen und verschuldet, daß bey Continuation itziger schwerer Steuren und Einquartirung, nicht zu ersehen noch zu erdenken, wie sie wieder auff und zur Nahrung kommen sollen; sondern müssen viele auß Armuth und Desperation die Wohnhäuser dran geben und hinfallen lassen, wie leyder der Augenschein in Soest zeiget.

Ao. 1609, 1610 und nechstfolgenden Jahren nach unsers ggstn. Landsfürsten todtlichem Abfall die Pässe auff der Börte zu besetzen, vorab aber bey der Ritbergischen hochbeschwerlichen Unruhe, als viele tausend Thlr. spendiret werden müssen, die Börde zu verthätigen, item bey Einlogirung Schwichels Compagnie Reuter die Börde zu verschonen, auffgenohmen 3600 Rthlr.

Ao. 1616 als ihr Excell. Graff Henrich zu dem Berge diese Stadt zum ersten mahl occupiret 2000 Rthlr. verehret, sind die Börde zu verschonen auffgenohmen 1100 Rthlr.

Andere in itzigen und folgenden Jahren vor und nach vorgefallene Ausgaben sind auß den Schatzungen erhoben.

1621 und 1622 bey vorgewesener braunschweigischer landverderblicher Unruhe erstlich den Brand der Börde zu verhüten 4000 Rthlr. erlegt, weilen aber hiervon wegen erhobener Schatzung 2000 Rthlr. zu kürtzen und die Haußleute richtig zu machen schuldig 2000 Rthlr.

Nachgehends nach ergangener Occupation dieser Stadt ferneren Brand ranzioniren, Plünderung und allerhand Insolentien sowol in dieser Stadt als auff der Börde zu verhüten dem Hertzog zu Braunschweige 9743 Rthlr. geben müssen, davon die Haußleute zum wenigsten die Halbscheid der Haubtsumma und davon die Pension zu bezahlen schuldig 4870 Rthlr. und sind hierin die Summen Gelds so den Officieren verehrt und was sonsten an Gelde spendiret worden, nicht gerechnet.

1622 im Aug. als hiesiger Magistrat mit der lippischen Guarnison einen Accord wegen dieser Stadt und Börde getroffen, dergestalt, daß auf den 7. Septbr. 3000 Rthlr. erleget werden müssen, welche Summ Gelds aus den Schatzungen erhoben, ausserhalb 500 Rthlr. davon zur Halbscheid 250 Rthlr.

Als man 1623 26/16 Mai wie die Spanische diese Stadt wiederum occupirt, sowohl wegen der Stadt als Börde 1355 Rthlr. erlegen müssen, ist der Börde 675 Rthlr.

Eod. anno in festo circumcision. dni. in Behueff der Börde auffgenohmen 1000 Rthlr. welche die Haußleute zu bezahlen schuldig, weil sie Theodoro du Comargo bey der Fuggerischen Einlosirung 225 Rthlr. beybringen sollen, welches vom 21. Nov. 1622 biß den 5. Aug. 1623 continuirt, so der Magistrat herschaffen müssen, machet 2500 Rthlr., hat also der Magistrat über die 2000 Rthlr. noch 500 Rthlr. herschaffen müssen, sind demnach die Haußleute zu bezahlen schuldig 1000 Rthlr.

Ao. eodem als man mit dem Lippischen Gubernatoren Hatzfeld der Neutralität halber de novo einen Accord getroffen;

item als man dem Obersten Fugger sein Tractament verschaffen müssen, auch andere Ausgaben gethan in Behueff dieser Stadt und Börde, auffgenohmen 1500 Rthlr. davon die Halbscheid 750 Rthlr.

Als ao. 1624 dem Landsfürsten Wolfg. Wilh. 2000 Rthlr. zu verehren beschlossen und selbige auffgenohmen, sind den Hausleuten 1000 Rthlr.

Ao. 1623 bey wehrender Belagerung der Stadt Lippe diese Börde zu verschonen, Graffen Johan zum Retberg verehret 1000 Rthlr.

Item dem Landdrosten Syberg 450 Rthlr. so Se. Wolerl. in Behueff dieser Börde bey gemlr. Belagerung zu bezahlen versprochen, erlegen müssen 450 Rthlr.

It. von Philippo de Sylva welcher noch mehr Compagnien Reiter in diese Stadt und Börde logiren (wollen) verehret 600 Rthlr. ist zum halben Theil den Haußleuten 300 Rthlr.

Hierin sind die Verehrungen, so man hin und wieder thun müssen und sich auf ein Hohes belauffen, nicht gerechnet.

Ferner ao. 1624 auff Pfingsten in Behueff dieser Statt und Börde auffgenohmen 1500 Rthlr. welche die Haußleuthe dahero schuldig zu bezahlen, weilen der Sergiant Major bey der Italianerinquartirung monatlich von der Börde 300 Rthlr. haben wollen, aber nichts erhoben, dannenhero der Magistrat die Gelder verschaffen müssen, so sich v. 9. Febr. bis 9. Juli 1624 continuirt, fac. 1500 Rthlr.

Noch in selbigem Jahr in Behueff dieser Stadt und Börde auffgenohmen 540 Rthlr. davon zur Halbscheid 270 Rthlr.

Noch in ao. 1624 in festo Jacobi auffgenohmen 540 Rthlr. zur Halbscheid 270 Rthlr.

Folglich ao. 1625 in Behueff dieser Stadt und Börde auff Laetare auffgenohmen 500 Rthlr. davon 250 Rthlr.

Hiebey ist auch ferner in Acht zu nehmen, daß in a. 1623, als die Spanische diese Stadt wiederum occupirt, Graff Henrich zu dem Berge 1000 Rthlr. und Sr. Excell. Secretario 50 Rthlr. wegen dessen verehret worden, damit so wol die Börde als diese Stadt mit schwerer Einquartirung verschonet werden mögte, ist davon den Haußleuten die Halbsch. 525 Rthlr.

Wiewol nun, als in ao. 1623 der Haubtman Mewe alhie Commandeur gewesen, item ao. 1624 als Spieß das Commando gehabt und folglich unterschiedtliche Commandeurs theils von dem Gubernatoren in der Stadt Lippe Balthasar von Bautzen, theils vom Graffen Johan zum Ritberg anhero verordnet und sonsten in andere Wege, so der Börde mit zum Besten kommen, diese Stadt auffnehmen und spendiren müssen, so sich auff ein hohes belaufft, so werden jedoch den Haußleuten nicht mehr zu bezahlen angewiesen als 200 Rthlr.

Darnach ist der brandenb. Obrister Butler mit seinem Regiment hineingekommen; nachdem aber derselbe einige Völcker denen Cölnischen, so vor Dorsten gelegen, zu Hülffe geschickt, sind die Hessen dadurch veranlasset und abermahls ao. 1640 aus Lippstadt durch ein Stratagema in diese Stadt gefallen, dieselbe außgeplündert, die brandenburgische Guarnison mit weggeführet und an selbigem Tage die Stadt lebig stehen lassen; worauff der Obriste Reinacker auß Breysack kommend, mit seinen abgematteten wenigen Völckern herein gekommen und biß Martini herein geblieben; da das kahserl. Dieffenbachsche Regiment zu Fuß ad 2500 Mann starck, nebst des Obristen Eppen Regiment zu Pferd einquartiret worden. Sind darin geblieben biß s. Johannis; welche in dem damahligen harten Winter über 600 Häuser gebrochen und das Holz verbrand, haben die Stadt ganz außgezehret, daß keine Lebensmittel übergeblieben, haben des Nachts in den Häusern und des Tags auff den Strassen geraubet schier nach ihrem eigenen Willen, liessen keine Bürger ohne Pas auß der Stadt gehen, würden sonst wenig darin geblieben sein. Nach dem Abmarch hat die Stadt die Neutralität erhalten und sowol nach Lippstadt an die Hessen, als nach dem Hamm an die Kahserliche monatlich contribuiren müssen, biß ao. 1645 Brandenburgische hereingekommen; da mit der Zeit die Contribution gemildert nnd endlich ao. 1648 der Friedensschluß zu Münster erfolget.

Ao. 1646 kam die weimarische Armee vor diese Stadt unter Commando General Thurenne.

Ao. 1651 entstund ein Krieg zwischen Brandenburg und Neuburg, welcher diese Stadt viel gekostet.

Ao. 1655 war hier starcke Werbung zum brandenburg. Krieg gegen Pohlen.

Ao. 1665 kamen viel brandenburg. Völcker hier an zu Hülffe der Holländer gegen die Münsterische; giengen hernach zurücke auff Magdeburg, nahmen dieselbe ein.

Ao. 1671 fieng der Krieg an mit Franckreich.

Ao. 1672 ist diese Stadt durch brandenburgische Einquartirung, bevorab da am Ende des Jahrs 5 Regimenter darin gelegen, sehr beschweret worden, wie auch anfangs des folgenden 1673ten Jahrs die Belagerung der Stadt Werl wol in 3 Wochen etliche 1000 Rthlr. gekostet. Darnach sind die Brandenburgische abmarchiret und ist der General Tourenne mit der franz. Armee ad 1600 Mann und 9 Generals in diese Stadt und Börde gekommen und seyn beinahe von derselben 1000 Mann biß d. 16. Juli alhie stehen blieben.

Ao. 1675, 76, haben immer die Beschwerden wegen grosser Steuern und Winterquartieren continuirt, biß ao. 79 da die brandenb. Armee 3 Tage in dieser Stadt unterhalten worden, welche von den Frantzosen vertrieben und haben dieselbe sich hie gesammlet und abermahl die Stadt gantz außgezehret und auch viel Geld außgepresset und obwol für Jacobi zwischen Franckreich und Brandenburg Fried gemacht wurde, blieben dennoch zu Soest 7 Compagnien Frantzosen stehen vom 7. August 79 biß 16. Febr. 1680. Dabey hat die Stadt so viel Gelder monatlich und bey grossen Summen an die Frantzosen zahlen müssen, daß deßwegen so wol die Stadt als Particulierbürger in grosse Schulden gerathen, also daß der Frantzen Ueberfall über Rhein, dieser Stadt und Börde an Schaden und baarem Gelde wol eine Tonne Golds gekostet, worauf ferner

1680, 81, 82, übermässige grosse Summen Nachsteuer der Frantzen an die brandenburg. Casse die Stadt liefferen und darüber schwere Militair-Executiones auch in der Bürgermeister Häuser erleiden müssen.

IV.

Cronica

Comitum et principum de Clivis et Marca, Gelriæ, Juliæ et Montium; necnon Archiepiscoporum Coloniensium, usque ad annum 1392.

Auf die folgende Chronik der Grafen von Cleve - Mark — Jülich, Berg ꝛc. und der Erzbischöfe von Cöln, scheint früher großer Werth gelegt worden zu sein, weil sie sich in mehrfachen Abschriften weit verbreitet und erhalten hat. Wo das Original derselben aufbewahrt wurde oder wird, ist dem Herausgeber unbekannt geblieben, obgleich ihm vier verschiedene Handschriften der Chronik vorgelegen haben, worüber hier folgendes Nähere.

1) Die älteste ist eine Papierhandschrift des 16. Jahrhunderts und gehört der Königl. Bibliothek zu Berlin (Manuscripta borussica, fol. N. 177.) Sie führt den Titel: Dominorum et principum Cliviæ origo et res gestæ usque ad ann. Chr. 1350 inclus. hält 31 enge geschriebene Blätter und ist als erstes mit noch 6 anderen Stücken zusammengebunden, von denen ein Verzeichniß mit dem Zusatze vorgeheftet ist: ex collectione Joachimi Nicolai a Dessin. Dieses Verzeichniß ist aus dem 18. Jahrhundert. Das zweite Stück führt den Titel: Nomenclator Gelricus und besteht aus einer Ortsbeschreibung von Geldern und Zütphen nach alphabetischer

Ordnung; verfaßt und geschrieben von Arnold Schlichtenhorst J. C. Das dritte, ein Verzeichniß der Abtissinnen von Essen, ist am Schlusse mit der Bemerkung versehen: hæc propria manus est Wirici Hiltorpii decani collegiatæ ecclesiæ Assindensis, ex cujus donatione possideo Cornelius Mewe. Dieses Verzeichniß wird erwähnt in v. Steinens Quellen der westfäl. Historie S. 90. Ursinus preiset den Dechant Hiltrop, der aus Dortmund gebürtig war, als seinen Gönner und einen in vaterländischen Geschichten hocherfahrenen Mann.[1]) Die übrigen Stücke sind Excerpte aus Sleidanus und abschriftliche Verträge zwischen den Grafen von Cleve 2c. und anderen Fürsten.

Der Titel des ersten Stücks, wovon hier zunächst die Rede, ist etwas jünger als die Handschrift, welche auf der ersten Seite bis zu fast gänzlicher Unleserlichkeit verschabt und von zwei verschiedenen Händen angefertigt ist. Die erste reicht bis zu Reinold, dem 3ten Grafen von Cleve und Teisterband, dann wechselt sie mit der zweiten, in einzelnen Unterbrechungen, bis zu Arnold dem 19ten Grafen von Cleve. Von diesem ab reicht die zweite ununterbrochen bis zur Regierung des cölnischen Erzbischofs Wilhelm v. Gennep, wo die erste die Feder wieder aufgenommen, bis zum Ende geführt und dann mit der Unterzeichnung geschlossen hat: Magister Hugo. — Ao. dni. die Jahrzahl selbst ist nicht beigefügt.

Die Handschrift des Magister Hugo ist, wie die zweite, voll Abbreviaturen, aber viel deutlicher und auch treuer als die zweite, die sich besonders gegen das Ende hin, bedeutende Aenderungen im Texte der übrigen Handschriften erlaubt. Von der zweiten Hand sind zwischen den einzelnen Absätzen kurze Beschreibungen der betreffenden Wappen beigefügt. Wir haben diese Handschrift in den Noten durch B. 1. bezeichnet.

2) Die dem Alter nach folgende Handschrift, welche gleichfalls der Königl. Bibliothek zu Berlin gehört, (M. S. boruss. fol. N. 69) ist aus dem Anfange des 17. Jahrhund. und hält 190 Seiten. Sie führt den Titel: Origo ac genealogia Clivensium - Ursinorum semper virtute maxima floren-

---

[1]) Ueber Ursinus und Mewe zu vergleichen: Quellen I, 285 und 380.

lium. Exaratum anno Cr. 1455. Darunter zwei Wappenschilde mit der Unterschrift: Cleve. Vrsinen und ein Vers aus Ovidius:
Si modo non Census nec clarum nomen avorum,
Sed probitas magnos ingeniumque facit.
Als früherer Besitzer der Handschrift ist weiter unten bemerkt: Possessor A. W. G. Olearius, der am untersten Rande auf die von Meibom herausgegebene Chronik Levolds von Northof und auf Werner Teschenmachers Annalen verweiset. Hinter dem Titel ist ein etwas später angelegter Index rerum memorabilium eingeheftet, der aber im Buchstaben N. abbricht, worauf die Chronik selbst unter der Ueberschrift folgt: Prima origo principatus atque etiam genealogia principum ditionis Clivensis, welche in den übrigen Handschriften fehlt. Zwischen dieser Ueberschrift und dem Texte steht mit einer groben undeutlichen Feder und zum Ueberflusse auch noch in sehr bleicher Dinte bemerkt: Originale unde hoc descriptum in ecl'a accept. . . . . NB. Die durch Punkte angedeuteten Worte blieben unleserlich, obgleich Hr. Dr. P. Jaffé dem Herausgeber, zu Berlin, bei der versuchten Enträthselung mit einer Loupe zu Hülfe kam.

Diese Handschrift ist sehr deutlich in weiten Linien, ohne Abkürzungen und mit ganz geringer Ausnahme von derselben Hand geschrieben, wiewohl die Interpunction mitunter viel zu wünschen übrig läßt. Die Abbreviaturen des Originals haben den Schreiber nicht in Verlegenheit gesetzt, wie es in den beiden folgenden Handschriften nur zu oft der Fall gewesen und die Abweichungen im Texte haben immer Sinn, so daß man sieht, der Schreiber wußte, was er schrieb. Zu jeder einzelnen Person, deren Leben der Chronist beschreibt, sind die Wappenschilde derselben, betreffenden Falls auch ihrer Frauen, mit der Feder, bisweilen etwas ungeschickt, beigezeichnet und dann in Farben ausgemalt. Am Rande des Textes sind von einer fast gleichzeitigen Hand Summarien desselben und von späteren Händen mitunter auch wohl einzelne, jedoch meist werthlose Bemerkungen hinzugefügt, die eben deshalb keine Berücksichtigung beim Abdruck finden konnten. S. 25, am Schlusse des Art. vom 6ten Grafen Rupert zu Cleve und

Teifterband, ift, vielleicht von derfelben Hand die auf dem erften Blatte der Chronik gewirthfchaftet, ein Kopf, mit einer muthmaaßlichen Schellenkappe, wie fie der Clevifche Gecken-Orden (geftiftet 1393) trug, gleichfalls in bleicher Dinte, gezeichnet, mit der etwas deutlicheren Unterfchrift: Tales sunt multi, praesenti tempore stulti. In unferen Noten ift die Handfchrift durch B. 2. bezeichnet.

3) Die dritte aus der zweiten Hälfte des 17. Jahrh. auf 49 Blättern in gr. Fol. auf Papier, gehört der Königl. Bibliothek zu Hannover. (Schrank 12. Clivensia.) Sie ift ohne Titel. Oben links auf dem erften Blatte fteht, wie es fcheint von der Hand des Abfchreibers: Chronicon veteris montis; oben rechts auf demfelben Blatte, von einer anderen fpäteren Hand: Hr. Redinghoffen von Düffeldorf hat mir diefes communizirt den 13. Mai 1682. Daß die Chronik im Klofter Altenberg entftanden fei, dafür fpricht nichts, vielmehr dagegen, was wir bald von der Landsmannfchaft des Verfaffers anführen werden. Vielleicht wurde das Original in jenem Klofter aufbewahrt und deshalb die Chronik als eine Altenberger bezeichnet. In der Handfchrift ift überall bei den einzelnen Artikeln für die Wappen Platz gelaffen, welche fich im Original befanden und in der vorigen und folgenden Handfchrift beigezeichnet find. Diefelbe ift übrigens fo incorrect, daß man fich der Vermuthung nicht erwehren kann, ihr Anfertiger fei, wenn nicht ein völliger Ignorant, doch ein erbärmlicher Stümper im Lateinifchen gewefen; die Abbreviaturen des Originals hat er entweder gar nicht oder doch fehr oft mißverftanden und außerdem nicht felten mehrere Worte, ja ganze Sätze ausgelaffen. Unfere Noten, welche diefe Handfchrift mit H. bezeichnen, geben dazu zahlreiche Belege.

4) Die jüngfte Handfchrift endlich, welche dem Herausgeber vorgelegen, ift wie es fcheint aus dem Ende des 17., oder dem Anfange des 18. Jahrh. und gehört der Großherzogl. Bibliothek zu Darmftadt. (Nr. 154.) Sie ift auf ftarkem Papier in gewöhnlichem Bogenformat, zierlich gefchrieben, mit den von einer geübten heraldifchen Hand farbig eingemalten Wappen verfehen und hält 103 Blätter. Sie ift wie die

vorige ohne Titel; denn das aus einem anderen Buche genommene, in Kupfer gestochene und hier vorgeklebte Titelblatt von Gr. Huret, welches ein Säulenthor oben mit Christus als Herrn der Welt und zu beiden Seiten zwei weibliche symbolische Figuren, Theologie und Philosophie darstellt, ist des früheren Buchtitels und des Verlags-Orts durch Ausschneiden beraubt, ohne daß die dadurch entstandenen leeren Räume wieder ausgefüllt wären. Daß die Abschrift vom Original genommen worden, geht aus einer Marginalbemerkung zum Leben Engelberts, des sechsten Grafen von der Mark hervor, welche besagt, daß die dort fehlende Zahl der Jahre, im Original gleichfalls mangele; wie sie dann auch in der Hannoverschen Handschrift nur durch Punkte angedeutet und in den Handschriften B. 1. und 2. durch die Umschreibungen aliquot und non ita multos annos umgangen ist. Mit so sichtlichem Fleiße übrigens diese Handschrift gemacht worden und obgleich ihr Anfertiger die Abbreviaturen des Originals besser lesen konnte, als der Schreiber der Hannoverschen, so ist sie doch keinesweges fehlerfrei. Die Noten, worin wir sie mit D. bezeichnet haben, ergeben vielmehr, daß auch in ihr, besonders bei Namen, sehr oft fehlgegriffen und manches ausgelassen ist; so daß es ohne sorgfältige Vergleichung aller vier Handschriften, kaum möglich gewesen wäre, einen richtigen Text für den Druck herzustellen.

Außer diesen befindet sich noch eine fünfte Handschrift dieser Chronik in der kaiserlichen Bibliothek zu Wien und eine sechste (in der Landesbibliothek) zu Düsseldorf, welche zu vergleichen der Herausgeber keine Gelegenheit hatte.

In der Bibliothek der K. Regierung zu Arnsberg findet sich unter dem Titel: de ortu et prosapia dominorum ditionum Altena, Marchiae, Cliviae, Geldriae et montis, usque ad a. 1543 noch eine Papierhandschrift in fol. aus dem 18 Jahrhundert, (XII. B. 2, N. 68) welche auf 30 Blättern eine Chronik von den Fürsten, der im Titel genannten Länder enthält. Dieselbe ist sichtlich ein Auszug aus der nachstehend mitgetheilten größeren Chronik, von welcher sie sich nur durch eine etwas veränderte Anordnung, durch Verkürzung des Inhalts und durch Fortsetzung bis z. J. 1543 unterscheidet. Es werden nämlich erst die Grafen von Cleve, dann die von Cleve-Mark, hierauf die von Altena-Mark, von Berg, von Jülich und endlich die von Geldern, jede Dynastie in ununterbrochener Folge, und in abgekürzter Erzählung abgehandelt. Die Fortsetzungen bis auf die Zeit des Verfassers sind sehr dürftig; die beigefügten wenigen Wappen bestehen aus rohen Federzeichnungen, die Wappenfiguren in den Schilden sind häufig nur durch Beschreibungen angedeutet. Einen Abdruck in den Quellen verdient diese Chronik nicht.

Endlich ist in der Königl. Bibliothek zu Berlin unter dem Titel: Illustrissimorum comitum et ducum de Clivis et Marcha, necnon et ducum Julie, Montiumque Cronica. Imperatorum quoque romanorum et principum germanie vicinorum, noch eine Chronik, welche bis zum Jahre 1525 reicht. (Manuscr. Borussica 4to N. 155.) Sie ist auf starkem Papier, sehr klein, mit Abbreviaturen aber gut geschrieben und giebt auf 124 Blättern mit vielen späteren, zum Theil sehr unleserlichen Zusätzen, die in der Regel alle noch dem 16. Jahrhundert angehören, nicht nur die Geschichte der in dem Titel genannten Fürsten, sondern auch noch vieles andere von der Sündfluth an, weshalb ihr auch wohl der umfassendere Titel einer Kaiser- und Reichsfürstenchronik gegeben ist. Die nachstehend mitgetheilte Chronik scheint der fragl. Berliner in der Art zum Grunde gelegt zu sein, daß zuvörderst unsere abgeschrieben und nach jedem Abschnitte Platz für Zusätze gelassen ist. Jene Abschrift ist häufig wörtlich, namentlich der Anfang ganz derselbe, häufig aber auch abweichend, sowohl in der Wortstellung als Ausführung, mit mannigfachen Correcturen. Sie enthält in illuminirten Federzeichnungen die blasonirten Wappen aller darin vorkommenden, denkwürdigen Personen, Familien, Länder und Städte, von denen freilich viele dem Heraldiker bedenklich sein mögen z. B. f. 1 das der römischen Ursinen, f. 9 und 10 das der römischen Familie Columna, welche ao. 65 angeblich Uetrecht gebaut, mit den davon abstammen sollenden Geschlechtern Culenborg, Sulesteyn, Anholt, Nyevelt, Bochaven, Vianen, Zulen und Ewich, f. 22 Carl d. Gr., f. 59[v] vom Sultan

Saladin u. s. w. Fast alle Länder der Welt: z. B. Ungarn, Polen, Dalmatien, Croatien, Dänemark, Schweden, Norwegen, Gothland, Frankreich, Calais, Granada, Navarra, Burgund, Portugall, Arragonien, Castilien, Jerusalem, Apulien, Majorca, Minorca, Mailand, Calabrien, Litthauen, Waldeck, Westfalen, Engern und die Wallachei, finden sich hier in ihren Wappen wunderbarer Weise nebeneinander vertreten.

Der Raum für die Zusätze ist von einer späteren sehr undeutlichen Hand so vollständig verbraucht, daß noch viele einzelne Zettel haben eingelegt werden müssen, um die zahlreichen Nachträze aufzunehmen. Dieselben sind übrigens meist nur Compilation aus anderen Werken, werden gegen den Schluß hin, immer weniger und bilden mit der vorhin gedachten Abschrift, nichts weniger als ein ineinander greifendes Ganzes.

Diese so gestaltete Chronik reicht bis zum Jahre 1525; eignet sich aber nicht zu einem Abdruck in den Quellen, weil sie im Ganzen nur eine unverdaute Congeries von Thatsachen aus den verschiedensten Quellen aller Zeiten, von verschiedenen Verfassern, ohne Verarbeitung zu einem Ganzen darstellen. Wir haben deswegen nur in einigen wenigen Fällen Veranlassung gehabt, Stellen daraus, als Varianten zu unserem Texte, in den Noten aufzunehmen.

Was nun das Alter der nachstehenden Chronik betrifft, so reicht dieselbe bis zum Jahre 1392, wo sie den Tod des Grafen Engelbert III. von der Mark berichtet. Es ist also unrichtig, wenn es auf dem später hinzugefügten Titel der Handschrift B. 1. heißt: usque ad ann. Chr. 1350. Sie ist aber auch noch später verfaßt, als 1392; denn im Leben des 25. clevischen Grafen Diedrichs IX. wird des Papstes Paul II. gedacht, der 1465 zur Regierung kam und im Leben des 27. clevischen Grafen Diedrich des Frommen, heißt es von der Eroberung Calais durch Eduard III. von England im Jahre 1346, die Stadt werde noch jetzt von den Engländern besessen; sie verloren sie aber 1558, die Chronik muß also zwischen 1465 und 1558 geschrieben sein und zwar nach 1499, wo die im Leben des Grafen Adolf v. d. Mark als Erzbischofs von Cöln erwähnte cölner Chronik gedruckt wurde, sie fällt also wohl ins erste Viertel des 16. Jahrh. und es ist nicht nur ganz unrichtig, wenn es auf dem Titel der Handschrift B. 2. heißt: exaratum anno Cr. 1455, sondern es dürfen auch die Worte der Einleitung, welche ein Ereigniß aus dem Jahre 1444 als id quod aevo nostro accidit, bezeichnen, nur etwa durch: neuerer Zeit übersetzt, nicht aber mit Ficker (Zeitschr. für westf. Gesch. B. 13, S. 263) so strict genommen werden, als ob die Chronik noch am Ende des 15. Jahrh. verfaßt sei. Dazu kömmt, daß dieselbe nicht vollendet ist. Der Verf. verweiset an mehren Orten, namentlich im Leben des 28ten Grafen Joh. v. Cleve, des Herzogs Reinold v. Gelbern († 1373) und des Grafen Engelbert II. v. d. Mark auf Ereignisse, die er im Leben dessen Bruders, Adolfs V. († 1394) ausführlicher erzählen will. Was er aber zuletzt von diesem berichtet, das beschränkt sich auf dessen Regierung als Erzbischof von Cöln, welche derselbe 1364 resignirte. Der Verf. hat also die Ereignisse nicht so weit herab geführt, als er wollte und seiner Lebenszeit nach konnte.

Der Verfasser der Chronik ist übrigens nicht bekannt. Was sich aus dieser selbst, über seine persönlichen Verhältnisse entnehmen läßt, das ist äußerst wenig. Im Leben des Grafen Adolfs V., wo er denselben gegen die Anschuldigung der cölner Chronik, daß er die erschöpfte cölnische Kirche noch mehr heruntergebracht habe, in Schutz nimmt, sagt er emphatisch: aber wir Clever stellen dieses als unwahr, standhaft in Abrede.[2]) Er war also ein clevischer Landsmann und zwar ein recht patriotischer; denn alle clevische Grafen ohne Ausnahme, schmückt er so reich mit ausgezeichneten Gaben des Geistes, des Gemüths und des Körpers, daß es ihm bisweilen schwer wird, in die Characterschilderung derselben einige Abwechselung zu bringen. Eben so geht aus der ganzen Haltung seiner Darstellung hervor, daß er dem geistlichen Stande angehörte. Nicht nur, daß er von denjenigen, was die einzelnen Helden seiner Chronik für geistliche Stiftungen gethan, nichts unerwähnt läßt und dieses

---

[2]) Quod tamen nos Clivenses constanti abnuimus pectore et inficiamur.

ihnen vor allem Anderen hoch zum Verdienste anrechnet, ist er auch sehr eifersüchtig auf die Rechte des Clerus. So beklagt er im Leben Engelberts des 8ten Grafen v. d. Mark, daß die Lütticher die Geistlichen mit ungewöhnlichen Lasten und Zöllen gegen die kirchliche Immunität beschwert hätten;[3]) im Leben Adolfs des 9ten Grafen v. d. Mark heißt es wieder, daß die Bürger sich anmaaßlich gegen den Clerus betragen hätten[4]) und im Leben des cölnischen Erzbischofs Wilhelm von Gennep, ist er sogar sehr unwillig darüber, daß die von diesem für seine Kirche — eben nicht auf die glimpflichste Weise — gesammelten Schätze, größtentheils durch den apostolischen Fiscus verschlungen seien.[5])

Was schließlich die Wichtigkeit der Chronik für unsere Geschichte betrifft, so ist diese zwar zunächst aus ihr selbst zu entnehmen. Wir wollen jedoch hier beispielsweise besonders aufmerksam darauf machen, daß wir aus ihr im Leben Arnolds des 17. Grafen von Cleve, zum Jahre 1132 die uns bisher unbekannten[6]) Ursachen erfahren, um deren willen der junge Graf Florenz von Holland, von Graf Hermann von Cuich und dessen Bruder Gottfried I. von Arnsberg, nicht zu Utrecht, sondern in dessen Nähe, zu Alsteden erschlagen wurde und daß sich aus dem Leben Engelberts Grafen von der Mark ergiebt, warum derselbe als Marschall von Westfalen gegen Graf Gottfried IV. von Arnsberg zu Felde zog und die Städte Arnsberg und Neheim zerstörte,[7]) zu deren Wiedererlangung Gottfried die Burg und das Land Fredeburg ganz an Engelbert abtreten mußte.

Prima origo principatus atque etiam genealogia principum ditionis Clivensis.[8])

Anno ab vrbe condita quadringentesimo quadragesimo secundo, ante Christi ex virgine incarnationem trecentesimo,

---

[3]) Contra ecclesiasticam certo libertatem vexare ceperunt. — [4]) Cives denuo protervientes in Clerum. — [5]) Ingentes auri massas relinquens, quas fiscus apostolicus pro majori parte devoravit. Vergl. Jacobus de Susato, Quellen I, S. 201. — [6]) Seiberts Geschichte der westf. Grafen S. 107. — [7]) Daselbst S. 229. — [8]) Diese Ueberschrift fehlt in B. 1. II. und D.

temporibus Alexandri magni, Græcorum monarchæ, Sadoch⁹) summi sacerdotis Judæorum atque Fabij et Papyrij coss. duo illustrissimi romani fratres de Vrsinis, quatenus ignominiam Samniticæ cladis apud caudinas furculas a Romanis acceptæ diluerent, florenti relicta Italia, alpibusque transcursis ¹⁰) ad Rheni fluminis fontes, ex Lepontio monte ingenti strepitu prorumpentes, ¹¹) peruenerunt. Inde flexuosos ¹²) Rheni meatus descendendo comitantes, ad locum, quo Walam et Jssulam flumina a se rejicit, nobilissimas quoque Batauorum insulas disterminat, deuenerunt; vbi in monte præalto, in Rheni ripis tum locato, arcem exstruxere cum castello nobilissimam ac munitissimam, quæ a ciuitate, de post in montis decliuo condita, Cliuis hodie nuncupatur; cujus nimirum facti corroborat veritatem, id quod nostro æuo accidit ao. dni. 1444; ¹³) quando quidem vetustissima illa Ursinorum arx solotenus corruit, vetustatis suæ fundamenta et monumenta antiquis characteribus intitulata continens; in quo quidem loco Adolphus dux primus turrim cygnorum ¹⁴) altissimam illico construxit in eam qua ¹⁵) nunc cernitur erecta formam.

Anno autem ab urbe condita 697 ¹⁶) ante Christi incarnationem 55, ¹⁷) C. Julius Cæsar, cum in Gallorum subjectione operam navaret, audiens Vsipetes et Tenctros Germanos a Sueuis patria pulsos, trajecto Rheno non longe ab ejus divisione Menapiorum agros et gentium Rheno incumbentium ¹⁸) colonias et castella devastare et praedas agere, Galliisque imminere, traductis mox in ¹⁹) finibus Menapiorum legionibus, Germanos hortatur ut Gallia excedant aut ad bellum se disponant. Congressione vero facta cum Germanis in confluentibus Mosæ et Walæ, victoria potitus Julius, CCC ferme hominum millia promiscui sexus vel gladio vel aquis exstinxit, cumque Clivensium Ursinorum castrum, ab his

---

⁹) Gadoch H und D. — ¹⁰) alpibusque relictis et transversis H. und D. — ¹¹) erumpentes B. 2. — ¹²) fluctuosos, H. und D. — ¹³) 1344, H. und D. — ¹⁴) lignorum H. und D — ¹⁵) in qua B. 2. — ¹⁶) quadringentesimo quadragesimo quarto. D — ¹⁷) 15, H 40, D. — ¹⁸) gentem Rheno incumbentem B. 2. — ¹⁹) in fehlt in H. und D.

Germanis disjectum et quassatum pene[20]) existeret, C. Jul. Caesar illud restituens ampliavit, illorumque dominium longe lateque dilatavit. Nam Ubiorum gentem a Suevis ultra Rhenum depulsam, in Gallia habitare permisit, Rheni ripam illorumque tutelam et gubernationem Clivensibus Ursinis commendavit, quos et praefectos instituit. Julius quoque Caesar sub id tempus, edomita Gallia et freno Germanis injecto, antequam ad Batavorum et Britannorum vires conterendas arma parasset, binas in Rheni ripa[21]) arces erexit solidissimas ad suarum legionum refugia, quas a Drusa et Magia Deabus, vnam Duisborch et alteram Magiam nuncupavit, quae ab illius renovatione Neomagium hodie[22]) dicitur; quas quidem arces et legionum praesidia[23]) Ursinis Clivensibus tuendas commendavit. Refert nimirum Sichardus[24]) Cremonensis chronographus, quod Clivenses a Julio sortiti sunt gentis dominationem Ubiorum a Suevis ad gallicam Rheni ripam depulsorum, in quorum terminis depost Marcus Agrippa civitatem[25]) Agrippinam sui nominis condidit ad Sicambrorum conatus et depraedationes ab Ubiis removendas.

Eodem quoque tempore C. Jul. Caesar, ut subjectos sibi Batavos in fide conservaret atque a Sicambrorum, alteram Rheni ripam incolentium, molestiis et incursionibus[26]) defensaret, castellum construxit munitissimum in prima Rheni sectione. Id[27]) prius Vada, nunc vero Lobet nuncupatur. Asserit denique Julius in suis commentariis quod Vada locus est, ubi primum Rhenus a se Walam evomendo[28]) rejicit et paulo infra Issulam disterminans[29]) nobilissimas Batavorum insulas efficit et sequestrat.[30])

Theodoricus Cliviae praefectus ultimus, imperante Constantino, armis et virtutibus[31]) refloruit ao. dni. 655. Genuit vero ex Beatrice, filia clarissimi comitis Tei-

---

[20]) pene fehlt in H. und D. — [21]) ripis B. 2. — [2]) hodie fehlt in H. und D. — [23]) perfidia B. 2. — [24]) Richardus H. und D. — [25]) civitatem fehlt in H. und D. — [26]) concursionibus, H. conversionibus, D. — [27]) quod B. 2. — [28]) emovendo H. und D. — [29]) determinans, H. und D. — [30]) et sequestrat fehlt in H. und D. — [31]) Virtute, H und D.

sterbandiæ,[32]) filiam unicam Beatricem, Heliæ, primo Clivensi Comiti desponsatam. Fuit etiam Neomagensis castri dominus, in quo[33]) Beatrix, ipso defuncto, à vicinarum gentium proceribus molestata plurimum, Heliam militem a Theodosio imperatore sibi destinatum, maritum suscepit; cumque in obeundis regnorum negotiis prudentissimus esset, armorum quoque exercitatione clarus haberetur, a Dagoberto Francorum rege a consiliis ordinatus, potissimas cum illo expeditiones bellicas explevit, maxime in Wiltenses (nunc Trajectenses) qui a Julio Cæsare[34]) cum Slavis depulsi, regionem maritimam usque in Batavos, fugatis incolis occupaverant. Hæ denique gentes ad ulteriora progredientes, destructa civitate Anthonina, ab Anthonio quodam Romano haud longe a Rheno condita, Batavorum insulas, Phrysiam, Sicambrorum quoque et clivensium Ursinorum agros, assiduis quasi incursionibus et deprædationibus vexare consueverunt. Constructa etiam alia arce, quam ab ipsis Wiltenborch appellarunt,[35]) cumque à diversis Romanorum imperatoribus armis sæpe coërciti, cæsi atque retroacti existerent, neque sic a solito deprædandi officio cessarent, postremo per Dagobertum Francorum regem, principem bellicosissimum, Slavi et Wiltenses variis attriti prœliis cum castello Wiltenborch penitus sunt excisi, trucidati et ad alias regiones dispersi. Qui et mox, Rheno trajecto, alteram exstruxit urbem, quæ a trajectione fluminis Trajectum hodie nominatur, ubi et sedem episcopalem statuit. Accidit hujus gentis exstinctio a. 656.

Ao. dni. 677 a sancto Ecberto Eboracensi archiepiscopo[36]) ex Britania[37]) destinati sunt ad Germaniam inferiorem verbi divini prædicatores disertissimi, omni scientia et sanctitate[38]) conspicui, in sermone quoque et opere præpotentes, utpote Wilebrordus, Suibortus,[39]) Wig-

---

[32]) Die Handschrift H. hat gewöhnlich Deisterbandiæ. — [33]) in quo fehlt in B. 1. — [34]) è Britannia B. 1 und 2. Wohl ein irriger Zusatz, wie auch von einer späteren Hand ad marg. in B. 2. bemerkt worden. — [35]) nuncupaverunt B. 1. und 2. — [36]) primo B. 2. — [37]) sive Anglia B. 1. und 2. — [38]) virtute et sanctimonia, H. und D. — [39]) Swiebertus, B. 1. Suicbertus, B. 2.

bertus, Achas, Wileboldus, Winebaldus, Lebuinus, Werenfredus, Marcellinus, Adelbertus et duo Ewaldi regis filii; omnes presbyteri erant, praeter Adelbertum levitam. E quibus quidam in episcopos, apostolos et praedicatores Germanorum a Deo et sede apostolica ordinati, in diversas se regiones dividentes, maximum animarum fructum producentes, varias gentes idololatras, relictis simulacris ad Christi fidem converterunt. Eadem tempestate Pippinus de Harstell, Brabantiae dux et domus regiae major, devictis Saxonibus et Phrysiis ecclesiam in Wiltenborch sive Trajecto construxit eo in loco, in quo Dagobertus Francorum rex sacellum s. Thomae apostolo olim erexerat, quod hodie inter ecclesias Salvatoris et s. Martini cernitur. Tanti quippe ducis et patroni authoritate et potentia freti sanctissimi Britones, Germanorum apostoli, intermissum tantisper praedicationis officium ob tyrannorum rabiem, iterum resumentes, in omnes se regiones sparserunt. Nam s. Suibertus, episcopus in Anglia ordinatus, Trajectum remeans cum Werenfredo presbytero, civitatem Durstat (nunc Wyck) in Rheni ripis sitam, tum maximam [40]) verbo praedicationis illustrare coepit a. D. 695; sed a Jovis flamine incarceratus, nocte ab angelo solutus, Trajectum regreditur, inde in vico Hagenstein trans Rhenum, evangelium Christi edocens, cum Gisbertum quendam à nativitate caecum ad fidei robur illuminasset, crucis [41]) signo omnes mox credentes baptizati sunt, deorum delubro in ecclesiam consecrato. Dehinc nobilissimum Teisterbandiae comitatum, paulo post ad Clivenses devolvendum, nec non et Batavorum insulas praedicando, infirmosque curando percurrens, ad christianae fidei veritatem universos pellexit, idolorum fanis vero deo consecratis, utpote in Arckell, in Zantwick, in Hoernar, in Schonrevort, in Arthuis, in Aldenborch, in Gyssen, in Ryswick, in Wordrigen, in Malsen, in Almkerck, in Arkum et in Auesaet. [42]) Cumque Suibertus ecclesiam in Malsen, super Linge fluvium sitam deo consecraturus esset, Splinterus, [43])

---

[40]) maxime, H. und D. — [41]) cujus, H. — [42]) Aresraht, H. und D. — [43]) Sylvitorus, H. und D.

Gunteri de Adigen præfecti in Durstat filius,[44]) Rhenum transiens, quatenus consecrationis ritus conspiceret, submersus aquis obruitur usque in crastinum.[45]) Cujus funus aquis[46]) detractum et a patre[47]) Gunthero dei electo Suiberto praesentatum, oratione praemissa, vitae restituit et saluti; quo viso Guntherus praefectus cum civitate Durstatensi, omnique circumjacenti regione, christianam amplexus est fidem, deorum aris et templis undique demolitis. Suibertus siquidem episcopus ad superiora progressus, S. Wilibrordum primum Trajectensem Archiepiscopum, Romae ordinatum, apud Embricam sibi a. 697[48]) obviantem, ingenti gaudio excepit, a quo cum sex aliis praedicatoribus ad Westphaliam directus,[49]) in Mimigardo vico (nunc Monasterium) Christi Evangelium signis et verbis praedicans. Ubi cum nobilem viduam a podagra curasset, domum illius amplam dedicavit s. Paulo apostolo, incolis ad Christi fidem conversis. Inde Brunswick et Bilefeldt civitates, pluresque villas, cum plebis multitudine ad catholicam perducens[50]) fidem, tandem et Bructeros (nunc Montenses et Ravensbergenses) miraculorum et prodigiorum excellentia commotos, evangelio Christi subdidit cunctis incolis baptizatis. Quibus expletis s. Suibertus a Plectrude regina, Pippini uxore et Annone[51]) Coloniensi episcopo insulam caesaream prope Dusseldorp impetrans, ecclesiam sibi cathedralem locavit, collegio ibi fundato. Deinde gentes vicinas verbo vitae respargens, christianas reddidit scil. Essendienses, Duisburgenses, Dinslakenses, Wesalienses et Tremonienses. Tandem post ingentia sanctitatis opera s. defecit Suibertus, in Werda caesaris sepultus ao. 717.[52])

Helias de Graell miles, primus Clivensium Ursinorum comes creatus est a Theodosio imperatore, in cujus

---

44) de Adigen præfecti frater in Durstat flumen Rheni transiens. D. — 45) aquis usque in Inastiamum. H. und D. — 46) apud. H. und D. — 47) fratre. D. — 48) Die Jahrzahl fehlt in B. 2. H. und D. — 49) profectus. B. 2. — 50) reducens. B. 1. und 2. und H. — 51) Agilolpho, ist in B. 1. corrigirt. Agilolph saß auf dem cölnischen Stuhle von 712—717. Seibertz Quellen I, 170, Note 17. — 52) Hier fehlen in der Handschrift B. 2. zwei Blätter; sie fährt fort im Leben Diedrichs mit den Worten: reliqui viciniores.

exercitu tribunitiam potestatem habuit ao. dni. 714, princeps
ob excellentes animi corporisque dotes omni laude condig-
nus, si virtutum insignia, si morum venustatem, si rerum
bellicarum experientiam crebrasque in bellis partas victorias
aequa dignemur lance pensitare; quique ex nobilissima ac
formosa Beatrice, unica Theodorici posterioris Cliviae prae-
fecti filia, sibi ab imperatore concessa uxore, tres suscitavit
filios, a paternis virtutibus minime aberrantes, Theodoricum
scil. Godefridum et Conradum, quos tandem Caroli Martelli,
Austrasiae et Brabantiae ducis opitulatione quam plurimum
magnificavit. Nam Godefridum priorem Lossensem instituit
comitem et Conradum primum Hassorum [53]) designavit Landgravium. Ceterum cum Helias comes ad bella erat doctissimus essetque nobilissimus copiarum ductor, a Carolo Martello memorato in comilitium assumptus, copiisque praefectus, gravissimas cum illo expeditiones perfecit et primo
in Dagobertum Francorum regem et Radbodum Phrysiae
ducem Carolo insidiantes, quos ipse trina congressione de-
victos, dignitatibus spoliavit Carolus Martellus. Ea siquidem
victoria animatus, Rheno transmisso, Saxones, Suevos, Bat-
tavos [54]) maximis praeliis defatigatos, reddidit tributarios.
Comperto autem quod Saraceni, transito Pyrineo [55]) monte
Guasconiam et Galliam cremando, praedando, caedesque
hominum conficiendo percurrerent, pluresque urbes claras
intercepissent, maximis illuc itineribus properans, conserto
cum Abiramo Saracenorum duce praelio admodum sanguinolento, 375,000 ex illis trucidavit Carolus, mille quingentis
christianorum desideratis. Dehinc pacata Gallia et Aquitania
sibi subjugata, in Ratbodum Phrysiae ducem aemulum belli
procinctum [56]) movens, Phrysones ne dum armorum vi subegit et ad tributa pendenda compulit, sed et christianam
fidem amplecti coëgit, [57]) ducemque Ratbodum bello victum,
secum in Galliam pertraxit. Cumque Ratbodus iste ad prae-
dicationem Senonensis episcopi ad fidem conversus aquis
salutaribus baptizandus pedem intinxisset, requisivit ab astan-

---

53) Hasborch, H. und D. — 54) Bavaros, H. und D. —
55) Pyrinto, H. — 56) fellicinctum, H. — 57) curavit, H. und D.

libus: an ex suis progenitoribus plures essent apud inferos
quam in cælo? responsoque accepto, quod omnes essent
in inferno, eo quod gentiles, retracto pede et rejecta fide
ait: melius ero cum pluribus quam cum paucis et nullis.
Sicque a dæmone ludificatus, tertia post die miser obiit,
clusas inferni pœnas perpetue [58]) percepturus. Carolus siquidem ex Phrysia regressus, audito [59]) Burgundorum Visigothorum atque Sarazenarum simul conspirantium rebellionem,
nec non et Galliarum invasionem, coactis ex Longobardis,
Gallis et Germanis pugnatorum copiis selectissimis, eo contendens, interceptas ab illis urbes recuperavit, belloque cum
Saracenis et Gothis conserto victor evadens, ad internecionem quasi omnes cecidit. Inde Visigothos et Alanos [60]) ex
citeriori [61]) Hispania et Gallia omnino exturbavit et delevit,
qui ab annis trecentis plurimas Europæ provincias locustarum more corroserant. Moritur is princeps bellicosissimus
ao. 741, in sto. Dionysio apud Luteliam Parisiorum tumulatus.

Eadem tempestate s. Willebrordus nobis Brito primus
ecclesiae Trajectensis archiepiscopus, scientia et sanctitate
clarissimus, hæc reddit sæcula clariora. Nam cum Bonifacio
et Suiberto verbo vitæ et sanctum Christi Evangelium disseminavit per Phrysiam, Hollandiam, Bataviam, Brabantiam,
Westphaliam atque Lotharingiam nedum verbis, sed et signis
ac portentis, qui et ope ac opibus Pippini et Caroli Martelli,
Brabantiæ et Austrasiæ [62]) ducum, plurimas in his regionibus ecclesias, capellas ac probatissimorum collegia canonicorum ordinavit et erexit in Trajecto et Hollandia ac Westphalia. Inter cetera autem duo collegia fundavit, vnum in
Epternaco diœcesis Treverensis, ubi requiescit; aliud in Embrica super Rhenum, villa egregia, quam et capitulo ex
integro donavit; ubi olim canonicorum authoritas tam in
temporalibus quam in spiritualibus prævaluit, juraque et justiciam per judicem ipsorum dabant, verum postea illustrium

---

[58]) perpet. fehlt in H. und D. — [59]) ob, H. — [60]) et Alanos
fehlt in H. und D. — [61]) ulteriori, H. interiori, D. — [62]) Austriæ, H.
und D.

dominorum adjacentium molestationibus, damnis atque injuriis permoti, Ottoni Gelriæ comiti sese subdedere in temporalibus duntaxat et a Gelriæ et Zutphaniæ comite devoluta est villa Embricensis ad Adolphum primum Cliviæ ducem, qui vallo et muris eam circumcingens, è villa civitatem reddidit. Ad cujus rei memoriam civitatis Embricensis judex a duce [63]) decretus, in festo omnium sanctorum scutum vetus [64]) aureum, summo imponit altari ducis loco. Eodem ferme tempore Berturus de Clivis, comitissæ Beatricis nepos, monachorum cuculla assumpta, Abbatiam in Stiedt [65]) construxit, sancto viro Adroaldo fundum opesque tribuens, quæ hodie dicitur sancti Bertini, armis Clivensium perfungens.

Theodoricus comes Clivensis et Teisterbandiæ secundus, annis præfuit viginti et quinque, Theodosio et Constantino imperantibus, vir deo et ecclesiæ devotus, liberalis, clemens, magnificus atque in bellis victoriosus; cui ob singulares naturæ dotes et patris Heliæ merita, Carolus Martellus, Brabantiæ et Austrasiæ [66]) dux, Idelam neptim, Hannoniæ comitis filiam, uxorem dedit, ex qua Reinoldum successorem genuit, filiamque Idam illustri de Cuick comiti nuptam, mortuo denique hisce diebus Teisterbandiæ comite absque liberis, Theodoricus Cliviæ comes comitatum hunc nactus est a Carolo Martello, nedum jure dotis cum conjuge sed et hæreditaria matris suæ successione, cujus quidem comitatus clarissimi termini tum Rheno, Wala abque Mosa veteri claudebantur, ubi hodie locantur insignia dominia de Huisden, de Altena, de Arckell, de Bueren, de Vianen, de Culenborch, Tielrewerdt atque Bomelrewerdt. [67]) Ea tum conditione adjecta, quod Cliviæ comes in tempore, Trajectensis ecclesiæ esset vasallus, eumque comitatum a Trajectensi episcopo in feudum reciperet. [68]) Erat quippe ecclesia illa olim tantæ dignitatis et reverentiæ, quod a nonnullis Francorum regibus et imperatoribus, principes aliqui viciniores [69])

---

63) jure, H. unb D. — 64) vellus, D. — 65) Styndit, B. 1. — 66) Austriae, H. unb D. — 67) Trelceront atque Bonclereit D. Beide fehlen in H. — 68) recipere teneatur, B. 1. — 69) Mit aliqui viciniores fängt B. 2. einen neuen Satz an.

illius episcopo decreti essent vasalli, tutores atque officiales. Nam præpotens dux Brabantiæ dictus [70]) erat dapifer, comes Hollandiæ marschalcus, comes Clivensis camerarius, comes Gelriæ venator, comes a Cuyck pincerna, comes a Benthem janitor et comes a Gœre [71]) armiger. Ceterum decrescente paulatim episcoporum pietate et religione, excrescente autem pompa et elatione, idcirco et cepit horum principum devotio et reverentia erga patres [72]) spirituales episcopos pedetentim decrescere ac tandem omnino exspirare. Quapropter armis libertatem venantes, excusso episcoporum jugo, imperio [73]) sese subdiderunt. Porro Theodoricus Cliviæ comes bellica attulit subsidia Pippino gnavo, [74]) Caroli filio, adversus Griffonem germanum suum decertanti, qui vitam sibi et principatum auferre nitebatur. In Saxonum quoque et Phrysonum debellatione Pippino adfuit, qui tributa a Carolo patre imperata dare [75]) recusabant. Is denique Pippinus gnavus [76]) corpore et modicus, verum prudentia, virtutibus, rerumque gestarum amplitudine maximus, vniversa patris dominia sortitus, rex quoque Francorum decretus est per Zachariam papam, Gallorum proceribus consentientibus ao. dni. 751. Pippinus vero, regno Francorum potitus, illico ad cultus divini exaltationem, bina in Coloniensi provincia collegia erexit, [77]) unum in Pruma Eiffliæ, aliud in Cæsaris insula prope Dusseldorp s. Suiberto Germanorum apostolo dicatum. Insuper inductione s. Bonifacii Moguntinensis et Trajectensis episcopi, superbissimum in Fulda monasterium instituit, cujus abbas hodie est potens valde, multa bellatorum millia imperatori destinare obligatus. Aquitaniam quoque, octennali bello edomitam, Francorum regno subdidit; sicut et Saxones et Bavaros subegerat. Moritur ao. 769 apud patrem Carolum Parisiis tumulatus. Aö. vero dni. 737 Wilibrordo Trajectensi episcopo patribus· apposito, Bonifacius Brito, Maguntinensis archiepiscopus, eidem successit; vir omni virtute et

---

70) dictus, H. unb D. — 71) Boere, D. — 72) fratres, D. — 73) Imperatorio, B. 2. — 74) Quano, D. grano H. — 75) imperata pendere, B. 2, sibi indicta pendere, H. unb D. — 76) grauus, H. — 77) bina — erexit ditavitque collegia, B. 1. unb 2.

sanctitate refulgens, qui ubi Hassiam, Thuringiam et Franconiam prædicando apostolorum more percurrisset, pluresque episcopatus, collegia et ecclesias instituisset, ad partes [78]) conversus inferiores, Sicambris, Batavis atque Hollandis evangelium Christi verbis et signis prædicavit, collegium quadraginta canonicorum Trajecti in s. Salvatore ordinavit; cumque in Phrysia verba vitæ, fidemque catholicam annunciaret, apud Dochem [79]) oppidum, glorioso coronatur martyrio, una cum Rabbodo episcopo, tribus presbyteris, totidem diaconis et aliis triginta viris ad fidem conversis ao. dni. 755, cujus corpus sacrum ad Fuldense monasterium delatum, ingenti veneratione [80]) ibidem conservatur, aliorum vero funera, partim in Dochem, partim Trajectum devecta, in s. Salvatoris templa recondita leguntur.

Reinoldus Cliviæ comes et Teisterbandiæ tertius, annis præsedit undecim, temporibus Leonis imperatoris, tantarum certe virtutum et gratiarum princeps, ut nihil sibi deesset ex his, quæ optimi principis decorant majestatem et magnificentiam. Genuit autem ex filia nobilissimi comitis Ardeniæ (nunc Limburgensis) Lenonem [81]) successorem. Ea quippe tempestate Dani et Nortmanni, maris ac terrarum clarissimi prædones atque vastatores, ingenti navium classe mare trajicientes, Phrysiam universam ferro flammisque devastarunt, hinc in Hollandiam classe delati, omnem illam regionem, oceano incumbentem, miserrime depopulantes, Trajectum armis ceperunt [82]) urbe quoque incensa ac [83]) pene eversa, in Batavos procinctum moventes et universa circumquaque demolientes, ad Neomagum usque prædabundi processerunt, sed Reinoldo Clivensi comite, ceterisque Germaniæ et Galliæ proceribus ad arma volantibus ipsisque obviantibus, retrocedere et ad sedes remeare proprias coacti sunt, prædis onusti, sed [84]) gentibus devictis tributo prius imposito. Ceterum Trajecto, ut diximus, [85]) a Danis pene

---

78) patres, H. — 79) Dachum, H. unb D. — 80) ingenti veneratione fehlt in H. unb D. — 81) Lovonem, B. 1. nomen, B. 2. — 82) expetunt, H. — 83) incensa ac fehlt in B. 2. — 84) quoque statt sed, B. 2. — 85) ut diximus fehlt in B. 2.

exciso, Gregorius episcopus Daventriam se contulit, vidensque fidem catholicam a suis praedecessoribus hinc inde plantatam, labefactari atque in deterius verti, missis denuo praedicatoribus, utpote Lebuino, Marcellino et Williboldo, sanctis Dei sacerdotibus, evangelium cum fide recta vacillantibus et nondum bene credentibus praedicari curavit, a quibus praeter ecclesias et capellas diversis in locis erectas, duo fundata sunt collegia nitida, unum in Daventria, ubi s. requiescit Lebuinus, aliud in Zutphania comitatus Zelemensis,[86]) in quo Wiliboldus summo habetur in pretio,[87]) Marcellinus vero in Olden Zeell, cum s. Pachelmo episcopo, ab incolis veneratur.

Sequitur nunc expeditio Caroli magni germanica, diuturna et difficilis, lectu jucunda.[88])

Lono[89]) comes Clivensis et Teisterbandiae quartus, annis rexit viginti, Leone quarto et Constantino sexto Imperatoribus. Princeps singulari prudentia et rerum experientia praeclarus, totusque virtuosus, usque adeo, quod Carolus magnus Gallorum rex, hunc plurimum veneraretur et in obeundis regni negotiis crebro perfunctus sit, quare et Adelheidam, Sigiberti Aquitaniae ducis filiam, consanguineam, Lononi assignavit uxorem, ex qua Joannem protulit successorem. Ipse in monte Joachimo haud longe a Clivis, oratorium cum capella construxit in loco, ubi Eremita quidam in silvis latitans,[90]) eremiticam agebat vitam, Bedberch nuncupatam et[91]) longo post, monialibus ordinis praemonstratensis, constructo ibi monasterio, concessum extitit. Cumque Lono Comes armorum industria plurimum valeret, a Carolo magno Gallorum rege et tandem imperatore, in comilitium assumptus, plurima cum illo praelia adversus diversas gentium nationes confecit, maxime in Saxones sibi viciniores et saepe infestos. Ceteri denique principes, Caroli magni cooperatores in gravissimis ab eo peractis expeditio-

---

[86]) Zoetriensis, D. — [87]) honore, B. 1. — [88]) Die Ueberschrift fehlt in B. 1. H. und D. — [89]) Cono, H. und D. — [90]) latitans fehlt in B. 2. — [91]) quod, B. 2.

nibus, hi fuerunt: Rolandus Cenomanensis,⁹²) Olivernus Gebeunæ comites ac nepotes, viri fortissimi et ad bella doctissimi, Engelinus⁹³) quoque Aquitaniæ, Naaman Bavariæ, Ogerus Daciæ, Gauserus Guasconiæ, Arastaginus Britaniæ, Samson Burgundiæ, Garious Lotharingiæ et Guldebaldus Phrysiæ duces; Galienus Nanctensis, Lono Clivensis, Hageno Trojæ minoris⁹⁴) nunc Xancten comites,⁹⁵) barones et militares, quorum exercitus maximus, telluris spacia⁹⁶) duarum diætarum præoccupans, fontes et stagna epotavit. Saxoniam quippe Carolus cum selectissimo illo exercitu invadens, post villarum exustionem arciumque⁹⁷) multarum eversionem et potissimam vulgi stragem, Arisburgum, (quod est Meersberch) civitatem munitissimam armorum vi capiens diripuit, deinde Hermetis campum sive Hermesfelt, natura loci inexpugnabilem et Saxonibus celeberrimum locum, armis occupavit, ubi erat templum omnium Saxoniæ delubrorum famosissimum⁹⁸) atque exquisitissimum,⁹⁹) in quo colebatur Hermetis statua, quatuor habens vultus, Martis scil., Mercurii, Herculis sive Hermetis et Appollinis, auro, argento, lapidibus pretiosis et clenodiis undique circumcincta, quæ omnia Carolus militibus donans, dejecit atque exussit.¹⁰⁰) Dehinc castrum Syborch super Ruram, haud longe a Tremonia situm, maximis viribus expugnans, ad Visurgim sive Wescram flumen cum copiis pervenit, ubi universas Saxonum vires et copias paratissimas ad bellandum comperit, regis transitum impedire satagentes. Cruentissimo igitur ibi ¹⁰¹) prælio conserto victor effectus, Carolus rebelles et fœdifragos Saxones, denuo victos sub jugum misit ac tributarios reddidit, christianam quoque fidem derelictam resumere coëgit¹⁰²) ao. 773. Quibus ita compositis, Carolus rex magnus a Papa Adriano in Italiam eum exercitu invitatus,¹⁰³) Desiderium Longobardorum regem, ecclesiæ infestissimum hostem, regno

---
⁹²) Leoniacensis, H. unb D. — ⁹³) Gielmus, B. 2. — ⁹⁴) majoris, H. unb D. — ⁹⁵) aliique plures, B. 2. — ⁹⁶) spatium, B. 2. — ⁹⁷) armorumque, H. — ⁹⁸) famosissimum fehlt in H. unb D. — ⁹⁹) os habens et vultus, H. unb D. — ¹⁰⁰) exussit, D. — ¹⁰¹) Cruentissimo ibi fehlt in B. 2. — ¹⁰²) coepit, D. — ¹⁰³) accitus, B. 1. unb 2.

et vita privavit, post congressiones gravissimas cum Longobardis exactas. Ceterum dum hæc geruntur [104]) in Italia, Saxones, priscorum juramentorum et promissorum immemores, validissimo conflato exercitu, Caroli duces et præfectos cum Francorum præsidiis, ex civitatibus et castellis expulerunt, Gallos ubicunque locorum repertos trucidantes, universa ferme dejecta [105]) et amissa recuperabant. Porro Carolus rex, Saxonum rebellione comperta, compositis mox Italiae rebus, Germaniam cum copiis repetiit, ubi duo perpulchra palatia erexit, unum in Ingelheim alterum in Neomago, quod a C. Julio Cæsare quondam erectum, jamque vetustate attritum, á novo restituit; cujus quidem loci amenitate delectatus, quamplures ibi exegit æstates, [106]) quadragesimas festivitates atque consilia procerum convocavit. Fortissimis inde recollectis copiis, animoque ferociori agressus Saxones, ferro, flammis et cædibus universa demoliens, Syborch et Arisburgum forti brachio recuperavit, commissoque in Bruinsberch [107]) super Weseram, atrocissimo cum Saxonibus bello, gloriosa admodum victoria potitur Carolus; nam Saxones quasi universos, aut cepit aut interemit aut patria pepulit, deinde Brunswick civitatem amplissimam, crebris oppugnatam assultibus [108]) intercipiens, civibus vita et rebus donatis, omnes fidem christianam accipere curavit. Angrivarii interea Francorum castrum in villa Lubeca prope Mindam impugnantes, fusi cæsique sunt omnes. Quibus ita exactis, Adrianus papa, a Longobardis iterum molestiis et injuriis affectus, Carolum cum suis copiis in Italiam sedulis precibus movere compulit, [109]) qui illico præsentem se cum exercitu fortissimo exhibens, reliquias regni Longobardorum penitus extirpavit, [110]) quod 204 annis perstiterat. Carolo siquidem in Italia res ecclesiæ procurante, [111]) Wedekindus [112]) Angariæ dux potentissimus, Saxones in fide vacillantes denuo rebellare facit, collectoque exercitu copioso, Caroli duces et Francorum

---

104) agerentur, B. 1. und 2. — 105) direpta, D. — 106) Erexit ecclesias, D. erexit æstates, B. 2. — 107) Bronswick, H. und D. — 108) assultatibus, B. 2. — 109) perpulit, B. 1. und 2. — 110) exturbavit, H. — 111) pertractante, B. 1. und 2. — 112) Wedechinus, B. 1. und 2.

præsidia impugnans, Arisburgum cepit et diruit et ad Rhenum movens, omnes provincias Gallis faventes, a Tuitio [113]) usque Confluentiam ascendendo, miserrime depopulatus est, cæde hominum edita potissima, nec ætati, nec ordini parcens. Quo comperto Carolus mox [114]) copiis undique resarcitis et augmentatis, in Saxones procinctum movens et congressione in Lippenspronck [115]) cum illis facta, victor effectus, uno simul impetu omnes fudit et fugavit. Inde Arisburgum dirutum restaurans, castroque Vechteleren in Lippiæ ripa exstructo, pascha in Neomago [116]) celebravit; quo devotissimo expleto, totis bellatorum copiis in Wedekindum contendens, ipsum in Baldewolt, villa super Amisum [117]) sita, perjurorum Saxonum caterva vallatum comperit; ubi concurrentibus in unum aciebus, dubio et desperato marte diu pugnatum est, donec deo cooperante, Saxones superantur innumneris enecatis. Anno sequenti Wedekindus recuperatis viribus ex Saxonibus et Nortmannis, Bocholdiam usque cremando et prædando progrediens, fideles undique lacessit. Carolus vero è Neomagio et Clivensi arce, cum exercitibus suis movens, Rhenoque trajecto, ubi Lippiam in se recipit, Wedekindo in [118]) Hamminckell [119]) haud longe a Wesalia occurrit, consertoque invicem prælio acerrimo, victoria iterum potitus, Saxones in fugam vertit et ad Weseram usque persequitur, cæde hominum potissima edita Tunc Carolus in Bardewyck Saxones convocans, consilium tenuit, dataque reis venia, infinita Saxonum, Phrysonum, Wendorum et Slavorum multitudo nondum baptizata, sacri fontis undas percepit. Quibus episcopos et presbyteros, satrapas quoque et comites designavit, per quos deinde in fide christiana imbuerentur atque a malis arcerentur [120]) consuetis. Ceterum [121]) ao. 780 Wedekindus Angariæ dux, copiis instauratis, Saxones et Francos Carolo deditos et subjectos, infestare flammis et cædibus cepit, ad Thuringiam usque vires extendens. Caro-

---

[113]) Luitig, H. — [114]) rex, B. 2. — [115]) Lippens bronk, B. 1. — [116]) In Neomago fehlt in D. — [117]) Amasim, B. 1. und 2. — [118]) in H. und D. et statt in. — [119]) Zur Seite ist bemerkt: alias Amalungo, H. — [120]) coercerentur, H. — [121]) Iterum, D.

lus vero rex, aliis præpeditus negotiis, tres comites cum structissimo exercitu, adversus Wedekindi castra destinavit, qui in valle solis[122]) prope Mindam, Wedekindi copias viriliter[123]) impetentes, primo victi erant, sed viribus resumptis et animo, in altero bello extitere victores, amissis tum ex suis 20 proceribus cum militibus multis. Ex Wedekindi amicis et conjuratis, quatuor millia et quingenti sunt decollati et suspensi, quorum sanguinem ulcisci volens Wedekindus, gentes exterarum nationum implorat, Germaniam querelis implet, coactoque exercitu potissimo, credentes Saxones et Francos, ubicunque locorum compertos[124]) trucidavit. Carolus quippe rex, ut negotio tandem finem daret, exercitu bipartito unam partem filio Carolo concredidit, alteram sibi reservavit, sicque Saxones orientales et Westphalos simul[125]) impugnantes, congressiones[126]) perfecere in Dechmoet,[127]) villa comitatus Lippiae, in convallibus quoque montis Oeslink[128]) prope Lemgoe, in Haselunen et apud Osnaburgum, in quibus tam pater quam filius victores evadentes, semper ad internecionem usque, Wedekindi acies[129]) deleverunt et ad terras perfugere diversas compulerunt ao. 782. Postremo Hastradus[130]) quidam Westphalus, ope Sicambrorum (nunc Gelriensium) atque Phrysonum, novos Carolo excitarunt tumultus, in cujus occursum a Neomago Wesaliam movens, Carolus transita Lippia, universos solo terrore in fugam vertit; nec amplius auditae sunt Saxonum rebelliones, sed siluit terra universa in conspectu Caroli magni, sicque terminatum[131]) est bellum Saxonum, omnium ab eo confectorum bellorum maximum et diuturnius, nempe quod tam sub ipso, quam patre Pippino atque Carolo Martello, annis duraverat 36. Pace autem Saxonibus data, ad divini cultus promotionem vulgique quotidianam instructionem, Carolus rex decem fundavit episcopatus in utraque Saxonia nova et veteri, utpote Osnaburgensem, Mindensem, Bremensem, Pa-

---

[122]) Der Sonnenthael prope Mindam, sagt eine Marginalbemerkung in B. 2. — [123]) audacter, B. 2. — [124]) dire, B. 2. — [125]) sibi, D. — [126]) bellicas, B. 1. und 2. — [127]) Delchino et, H. und D. (Detmold) — [128]) Osning, D. — [129]) arces, D. — [130]) Hastardus, B. 2. — [131]) denunciatum, H.

derbornensem, Werdensem, Magdeburgensem, Halberstatensem, Monasteriensem, Hildeshemensem et Hamborgensem.[132]) Wedekindus nimirum Angariæ dux, dei gratia actus, ad Carolum in Paderborna veniens, veniamque admissorum precans et obtinens, baptizari se fecit et ex lupo in agnum conversus, plures fundavit ecclesias, collegia atque monasteria et quanto antea in fidei susceptione fuerat pervicatior, tanto depost in fidei fervore et imitatione erat firmior. Saxonico denique confecto bello, Carolus rex cum universis suis copiis, Thassilonem Bavariæ ducem, Saxonum adjutorem[133]) bello impetens. devicit. Inde Slavos et Bohemos, Hunnos sive Ungaros[134]) atque Nortmannos, multis gravissimis attritos præliis subjugavit. Tandem Carolus a Leone papa, clero populoque acclamante, Romanorum coronatur Imperator ao. dni. 802, ab U. C. 1552, Græcorum imperio jam exterminato.

    Joannes comes Clivensis et Teisterbandiæ quintus, annis rexit undecim, temporibus Caroli magni imperatoris, princeps summa dignus laude, si in eo clementiam, liberalitatem, bellorum gloriam atque magnificentiam æqua dignemur lance pensare; cui Constantia, Michaelis Græcorum imperatoris filia, Robertum et Balduinum edidit successores. Quo tempore apud Viennam Austriæ urbem, defossum legitur corpus defuncti gentilis, habentis in pectore laminam auream, cui inscriptum erat: Jesus dei filius nascetur de virgine salvator mundi et credo in eum. Ol sol sub Constantino et Hyrena iterum videbis me. Hi enim tunc regnabant in Græcia, imperio jam translato ad Germanos. Terribilia quoque in coelestibus signa apparuerunt. Nam sol diebus 13 lumen suum terræ detraxit,[135]) neque in cœlo visus est; sanguis de cœlis in terram pluit, crucesque sanguinolentæ in vestes hominum ceciderunt. Ceterum Joannes Cliviæ comes, bellica attulit præsidia Carolo magno in Hunnorum exterminatione, recordatus quippe Carolus, quanta olim damna

---

132) Halberstadt fehlt in B. 1. H. und D. Münster in H. und D. —
133) adjutorium, H. und D. — 134) Hungaros sive Magaros, D. —
135) lumen terris retraxit, B. 1. und 2.

et clades Hunni Germanis et Gallis intulerant, maximo coadunato [136]) exercitu, Pannoniam ab illis inhabitatam invasit, ferro et flammis omnia devastans, octennale bellum cum Hunnis gessit. Tandem post varias congressiones cruentissimas [137]) hinc inde peractas, Deo cooperante, horribilem [138]) illorum potentiam ad nihilum redegit, cæsis Hunnis ad internecionem, cum eorum rege Cagino, [139]) terras vertit in solitudinem, quorum reliquias transtulit in Galliam et juxta Ardenniæ sylvam habitare permisit, in regione quæ hodie Hunsruck dicitur. Inde in Godefridum [140]) Nortmannorum regem, Carolus procinctum movit, pro eo, quod Carolo in Hunnos movente, Phrysiæ et Hollandiæ terras classe validissima infestaverat, quem et bello superavit.

Robertus comes Cliviæ et Teisterbandiæ sextus, annis duntaxat quinque dominatus est, Carolo magno imperante, magnarum utique [141]) virtutum et gratiarum princeps, qui ex clarissima Garini Lotharingiæ ducis filia, nullas excitavit proles, sed defunctus fratrem Baldewinum instituit hæredem, de quo ardua quidem bona claraque facinora sperabantur, si quando plures vitæ annos sibi Dii contulissent. [142]) Eodem tempore Ogerus Daniæ et Nortmanniæ rex, qui cum Carolo magno in Syria adversus Saracenos militaverat, ab eodem Syriæ et Judeæ præses institutus, bellum a Carolo inceptum, gloriosissime perfecit, [143]) nam Saracenos et Tartaros multis cruentissimis præliis defatigatos [144]) e terra sancta et provinciis adjacentibus expulit, universa quoque barbararum gentium regna usque ad solis arborem [145]) obtinuit, quas et christianas reddidit. In Judæa quoque superiori, imperium gloriosissimum super multos reges et duces statuit, cui præfecit Joannem filium regis Phrysonum, ejus nepotem, quem a dignitatis et virtutum præstantia vulgus

---

[136]) coacto, H. unb D. — [137]) cruentissimas fehlt in H. unb D. — [138]) formidabilem, B. 1. unb 2. — [139]) Cagmo, B. 2. Eagino, B. 1. — [140]) Der Name fehlt in B. 2. — [141]) denique, H. unb D. — [142]) constituissent, nec tam mature parcarum deæ vitæ stamen abscidissent. B. 2. — [143]) perfecit fehlt in B. 2. — [144]) et enervatos, B. 1. unb 2. — [145]) ortum, H.

Prester Johan h. e. presbyterum Joannem nominavit[146]) cujus semen et posteritas hodie usque regnat, in Christianismo perseverans. Quo etiam tempore Hildeboldus Coloniensis archiepiscopus, primariam et summam s. Petro ecclesiam aedificare cepit, quam sui successores ampliantes perfecerunt, sed nondum plene. — Ao. dni. 802 Carolus Romanorum creatus imperator, nomen et fidem Christi extendere per orbem desiderans, cum selectissimo Christianorum procerum et militum exercitu Syriam petens, expulsis et debellatis Saracenis, christianos ibi cultores reposuit; Inde in Hispaniam movens, exturbatis quoque Saracenis et variis praeliis extinctis, eam sibi et christianae fidei subdidit. [147])

Baldewinus comes Clivensis et Teisterbandiae septimus, annis praefuit 16, temporibus Ludovici pii imperatoris, qui ex Hildegarda, filia clarissimi comitis Provinciae et magni Caroli ex filio Ludovico nepte, Ludovicum, Everhardum atque Robertum suscitavit. Obtinuit autem a Ludovico progenero et imperatore, Tuentiae[148]) dominium, in quo aedificavit oppidum Oldenzell, ex villa non modica civitatem constituens, ubi et canonicorum collegium celebre fundavit, sanctis Dei Plechelmo et Marcellino dedicatum, cujus etiam praepositus archidiaconatum in ecclesia Trajectensi sortitus est. Hic nimirum Baldewinus comes, cum nonnullis Gelriae et Germaniae proceribus, Aquisgranum petiit, quando quidem sacri Caroli magni corpus per Leonem papam, pluresque episcopos et praelatos, in ecclesia s. Mariae sepultum exquisitissime extitit, ao. dni. 815, aetatis suae ao. 72, regni Francorum 46, imperii vero 14; cui in imperio et regno Francorum[149]) successit Ludovicus pius filius, quem vivens[150]) adhuc coronari curaverat per Hildeboldum archiepiscopum. Qui quidem Ludovicus pius imp. ob gravissima clero et

---

146) Praesthan, H. wo am Rande steht: Priester Johannes. — Prestian hoc est presbyterum Johannem nominavit B. 2. — 147) Die Worte: Christianos ibi cultores — debellatis, fehlen in D. — 148) Tuyntia, B. 2. Theunicia, H. Theuringiae, D. — 149) Die folg. Worte bis successit fehlen in H. und D. — 150) vivens fehlt in D.

populo[151]) imposita onera et exactiones, connivente[152]) Papa Gregorio et regni proceribus, a filiis suis Lothario et Pippino captus fuit Aquisgrani, atque in vincula conjectus, uxore ejus Judith, malorum satrice,[153]) in monasterium detrusa.[154]) Verum Ludovicus Bavariæ rex, filiorum junior, ope Baldewini comitis Clivensis aliorumque procerum Germaniæ, patrem ejus Ludovicum è fraternis vinculis erutum, Neomagum usque perduxit, ubi venientes ad ipsum filios interceptores et factorum pœnitentes, in gratiam ut pius[155]) pater suscepit; ceteros[156]) vero eorum complices[157]) et conspiratores anathemato damnavit. Quo tempore in Thuringia e terra projectus erat cespes, in longitudine habens pedes 50, in latitudine 14, in profunditate 6, sine hominis adminiculo ad spatium unius miliaris.

Ludovicus comes Clivensis octavus, annis solum quinque principatum tenuit, temporibus Ludovici pii imperatoris et nepotis, cui ex hæreditate materna comitatus Provinciæ devolutus erat, sed immatura præventus morte non obtinuit, absque uxore et liberis defungens; de quo, ob eximias animi corporisque dotes, ardua siquidem bona sperabantur, si hunc vivere diutius licuisset. Moriens[158]) autem Everhardum fratrem instituit hæredem, qui tamen in vita existens, quamplurima pauperum xenodochia, oratoria quoque et capellas hinc inde erexit, largissimas egenis eleemosinas distribuendo.

Everhardus Baldewini filius et Ludovici germanus comes fuit Clivensis ac Teisterbandiæ nonus, præfuitque annis novem, Ludovico pio imperatore[159]) regente, vir deo et ecclesiæ devotissimus, prudens, liberalis et clemens, cui illustrissima Berta,[160]) Ludovici Bavariæ[161]) filia, magnique Caroli consanguinea, Luthardum enixa est successorem et Berengarum Tullensem episcopum, viros certe omni sanctitate refulgentes; ipso cum uxore ac filiis, duo celebria col-

---

151) et populo fehlt in H. und D. — 152) conveniente, B. 2. — 153) factrix, H. — 154) demolita, H. und D. — 155) prius, H. und D. — 156) exteros, B. 1. H. und D. — 157) complures, H. und D. — 158) Parens, D. — 159) Lud. pio imperante, B. 1. und 2. — 160) Beata, D. — 161) regis, B. 1. und 2.

legia religiosorum fundavit et ditavit, unum virorum [162]) in
Wischel prope Kalker [163]) aliud nobilium virginum in Novesio
ao. dni. 826, sub Gunthero archiepiscopo Coloniensi, ex
qua re liquido constat, Novesium tunc fuisse ditionis Clivensium [164]) cum adjacentibus villis, quod et Marlianus atte-
statur. Ceterum quia justissimus [165]) erat, contulit Roberto
fratri suo juniori et resignavit clarissimum Teisterbandiæ
comitatum, cujus quidem climata et terminos superius di-
mensus sum; qui et á germano Everhardo se in armis et
insignibus sequestrans, Clivensium arma non in prato rubeo
sed blaveo [166]) depinxit, parvo etiam clypeolo albo inter-
medio praetermisso. Robertus vero Teisterbandiae comes,
ex Cunegunde comitis de Hoy [167]) è Gallia filia, Ludovicum
sibi in dignitate succedentem, Robertum primum in Huisden
dominum atque Theodoricum primum de Altena dominum,
á quibus temporibus diversis quam plurimi processere [168])
domini illustres et militares atque Trajectensis ecclesiæ
praesules, qui hunc vastissimum Teisterbandiæ comitatum,
in varia dispartitum dominia, nominatim extinxerunt.

Eodem tempore Dani et Nortmanni praedarum et la-
trociniorum audacissimi, Galliarum direptione haud satiati,
ingenti navium classe mare germanicum trajicientes et Albæ
fluminis ostia penetrantes, Hamburgum, Luneburgum, Magde-
burgum totamque Saxoniam et Westphaliam ad Rhenum usque
miserrime devastarunt, nulli parcentes, nec ætati nec ordini;
quo tempore s. Anscharius Hamburgensis archiepiscopus, eam
sedem ad Bremensem transtulit ecclesiam. Nec quiescentes
tantorum perpetratione [169]) malorum Dani et Nortmanni, sed
rerum prosperitate elati, Phrysiam rursus et Hollandiam invaserunt, omniaque pristinæ cladi restantia, ferro flammisque
depopulantur, optimam sane terram in solitudinem redigen-
tes, [170]) eo quod tributa jam dudum imposita, solvere eate-
nus distulissent. Ad maritima inde progressi, ecclesiam s.

---

[162]) Nimirum, H. — [163]) Wichseli prope Caller, B. 2. —
[164]) sub ditione Coloniensium, H. und D. — [165]) Illustrissimus, D. —
[166]) plano, H. und D. — [167]) Huc, H. de Gallia, B. 1. — [168]) Proceres
sese, H. excessere, D. — [169]) penetratione, B. 2. — [170]) vertentes, B. 2.

Alberti in Egmunda exusserunt, sanctum Dei, Theronem in Uberwick [171]) cum maximo hominum coetu dire trucidarunt, castrum Romanorum prope Leydam [172]) (Roemberch dictum) vetustissimum, cum arce Vorborch solotenus everterunt. Phrysones itaque Hollandi et Batavi, recollectis undique pugnatorum copiis, haud longe a Trajecto Nortmannis bellum inferentes, post caedem cruentissimam hinc inde editam, caesi, victi atque intercepti sunt ferme universi a Danis atque Nortmannis, qui ex parta victoria ferociores effecti, Trajectum et Durstat, civitatem amplissimam, armorum vi crebrisque impugnationibus capientes diruerunt, rebus universis spoliatis et hominibus in maxima copia abductis. Accidit clades haec ao. dni. 857 [173]) tempore Hungeri Trajectensis episcopi vndecimi; denique nec his malis, depraedationibus et caedibus contentati sunt Dani et Nortmanni, homines certe barbarissimi, sed classe readunata [174]) in Britanniam sive Angliam transmittentes, insulam ferme universam armis vendicarunt; dein Ligeris et Sequanae ostia irrumpentes, plurimas Galliarum civitates et quidem potissimas interceperunt, omnem regionem longe lateque depopulantes, Novetum [175]) scil., Andegavium, [176]) Turonam, Parisios, Tongrium, Leodium, Trajectum [177]) aliasque plures. Porro Ludovicus et Carolomannus Francorum reges, Rudolphus Burgundiae et Richardus Aquitaniae duces, atque Robertus comes Parisiensis, innumera Gallorum [178]) colluvie, Nortmannis bellum intulerunt, victoriaque potiti 15,000 hostium trucidarunt. Denuo congredientes Galli et Nortmanni, post diuturnam et cruentissimam pugnam fusi et caesi sunt, Galli quasi omnes. Carolus autem crassus imperator, ex Italia Galliam petens, recollectis undequaque pugnatorum copiis, Nortmannos et Danos bello adorsus [179]) retrocedere compulit, cernens quoque illorum animos esse crudelitate et barbarie efferatos, nec facile sem-

---

171) Theronem in Albertwick, D. sanctum dei Iheronum in Nortwyck, B. 1. — 172) Leidam, D. Lindam, H. — 173) 860, D. — 174) præparata, H. unb D. — 175) Nanetum, B. 1. — 176) Antegwinam, D. Antegenium, H. — 177) Statt Trajectum hat bie b. Hschr. supra Mosam. — 178) et Germanorum, D. B. 1. unb 2. — 179) adversus, H. unb D.

per [180]) armis cohibendos, pacis cum illis fœdera stabilivit, sic tamen, quod baptizati christianitatis vitam assumerent, essentque contenti provinciis, ipsorum principibus assignandis. Rolloni enim cum Lotharii regis filia assignavit Neustriam inter Somniam [181]) et Sequanam, quae Nortmandia nunc dicitur, Gilloni comitatum dedit Blesensem et Godefrido Phrysiam; cumque Phrysones Godefrido principatum detrectarent, ipsumque refellerent, ad arma ventum est, consertoque in Velva praelio ancipiti, post multorum caedem, Godefridus cum Nortmannis cecidit ao. dni. 886. Pacificati denique eo modo [182]) Nortmanni, modico quieverunt tempore, nam Arnulpho imperante, cum denuo Gallias invaderent, Burgundiam quoque et Lotharingiam depopularentur, a Gallis et Burgundis armis retroacti, in Brabantiam concesserunt. Arnulphus autem rex, coactis undecumque militaribus, Nortmannos primo apud Leodium, inde circa Lovaniam bello impetitos, tantam ex illis stragem confecit, ut pauci relinquerentur, qui rerum gestarum seriem ceteris referre possent. Multis denique elapsis annis, Nortmanni Italiam penetrantes, Calabriam armis vendicarunt.

Gelriae principatus origo et principes illius. [183])

Gelriae nobilissimus principatus cepit ao. dni. 878 Caroli calvi imperatoris temporibus. Cum enim in paludibus Menapiorum haud longe [184]) a Clevitis et Troja minori distantibus, ingens animal quoddam ad instar Draconis latitans, tam hominibus quam bestiis vim inferret, damna quoque damnis accumularet, compulsi ea necessitate locorum incolae, generosos proceres de Pont [185]) vicinos Richardum atque Lupoldum sedulis sollicitabant precibus, quatenus afflictis contritisque ipsorum rebus opem ferrent, servitutem pro libertatis mercede pollicitantes. Qui nimirum dominandi desiderio accensi, correptis armis animose bestiam invadentes mortiferam, post virulenta admodum certamina eam occide-

---

[180]) semper fehlt in H. und D. — [181]) Bonniam, B. 2. — [182]) Eodem anno, D. — [183]) et suorum principum, B. 2. — [184]) haud longe fehlt in H. und D. — [185]) Gent, H.

runt, optatam diu libertatem populo promerentes; quapropter ab incolis in dominos præfectosque assumpti, arcem eo in loco exstruxere munitissimam, quam ab interempti[186]) animalis clamoribus Gelre nuncuparunt. Rectius[187]) tamen reor, Gelrienses non ab animalis hujus clangore Gelræ denominatos, sed a Gugernorum gente, eam quondam regionem incolente; asserit namque Cornelius Tacitus[188]) in historia augusta, quod dum Vocula Romanorum legionum ductor, ad removendam duarum legionum obsidionem, a Batavis apud Vetera (nunc Xanctis) obsessarum, proficisceretur a Novesio, pervenit Geldubam, nunc comitatus Morsensis villam, ex quo loco milites prædandi avidos, in proximos Gugernorum agros destinavit, unde liquet Gugernos locum, ubi hodie Gelria est, inhabitasse.

Wichardus[189]) itaque primus Gelriæ præfectus a Carolo calvo imperatore decretus, annis præfuit 32, cui Gerlacus filius succedens, ex filia Zutphaniæ comitis Godefridum genuit successorem, rexitque annis 27. Porro cepit extunc Gelria præfectura in dies magis excrescere, ampliorem quoque celebritatem induere, non tantum[190]) in divitiis et possessionibus, verum etiam in potentia et armorum exercitiis. Gerlacus denique secundus Gelriæ præfectus, in Danos et Nortmannos cum ceteris Germaniæ principibus belli procinctum movit.

Luthardus[191]) comes decimus Clivensis, annis 43 principatum optime administravit, princeps universarum virtutum et gratiarum ornamentis præclarissimus, tantæque sanctitatis, quod cœlitum catalogo meruerit annotari.[192]) Cui illustrissima Berta, Arnulphi imperatoris filia, Baldewinum peperit succedentem, Rickfridum Twintiae[193]) comitem, Baldewini de Clivis Trajectensis episcopi genitorem. Is unacum Alfrido Hildeshemensi episcopo, nepote, binas religiosorum

---

186) interitu, H. — 187) verius, B. 1. unb 2. — 188) Laictus, H. Lorictus, D. — 189) Luuchardus, B. 2. — 190) nedum, H. unb B. 1. non solum, B. 2. — 191) Luchardus, B. 2. — 192) annumerari, H. unb D. — 193) Thuintiæ, D. Tunitiæ, H.

congregationes plantavit, unam virorum in Salenstal, alteram virginum nobilium in Essendia, quarum hodie dux Clivensis præfectus est et conservator, collegium quoque Wischelense [194]) a parentibus nondum perfectum sed inchoatum, ipse ocius consummavit, in quo cum miraculorum gloria [195]) sepultus est cum uxore et liberis. Ceterum Luthardo dominante, illustrissimi Flandriæ et Hollandiæ comitatus exordia sumpserunt. Nortmanni quoque et Dani structissima navium 350 classe transfretantes, [196]) Phrysiam, Hollandiam omnemque regionem maritimam locustarum more demoliebantur, cædibus et rapinis omnia complentes. Inde Walæ fluminis ostia ingressi, universas prouincias adjacentes ferro et flammis devastantes in solitudinem ferme redegerunt, captis et eversis civitatibus: Neomago, Clivis, Troia minori, Asciburgo, Duisborch, Novesio, Bonna, [197]) Andernaco, Confluentia et Treviris, quibus cum Maguntinus et Metensis episcopi cum structissimo germanorum procerum ac militum exercitu in bello occurrissent, post pugnam utique cruentissimam cæsi et fusi sunt Germani, peccatis ipsorum exigentibus. In qua quidem expeditione Luthardus comes, fortem athletam se exhibuit.

Baldewinus comes Clivensis undecimus, annis præfuit 37, temporibus Caroli crassi et Arnulphi imperatorum; princeps singulari pietate, clementia, prudentia, atque militari gloria insignis. Genuit autem ex Mathilde Saxonum ducis filia, Arnoldum successorem, filiamque unam comiti Lossensi nuptam, ex qua Baldewinus processit Trajectensis episcopus, scientia et pietate conspicuus; verum divini cultus quia ardens erat amator [198]) canonicorum regularium collegium ordinavit et erexit in villa Zephelica Duffliæ, quod longe post Adolphus dux Clivensis primus, summo pontifice licentiante, transtulit ad ecclesiam s. Crucis in Cranenborch, quod jam muro, fossa, valloque circumcinxerat ao. dni. 1400. [199])

---

[194]) Wisihrbense, D. — [195]) gratia, B. 2. — [196]) transferentes, B. 1, H. und D. — [197]) Bruma, B. 2. — [198]) amator fehlt in B. 2. — [199]) 1440, B. 1.

Baldericus Rickfridi de Clivis Twentiæ[200]) filius et Baldewini nepos, Carolo imperatore sollicitante, Trajectensis ecclesiæ, jam quasi desolatæ, ordinatur episcopus, moribus, scientia et vitæ sanctitate clarissimus et quidem singulariter a Deo Trajectensis ecclesiæ episcopus destinatus, quippe qui civitatem cum ecclesiis a Danis et Nortmannis (ut diximus) devastatam, mox restauravit, muris quoque et fossatis, turribus et propugnaculis fortissime communivit, ne hostibus de cetero facilis pateret ingressus, prædaque fieret. Cumque peculiari in Deum et sanctos ejus devotione moneretur, vigilantissima inquisitione præmissa, reperit corpora Sanctorum Plechelmi episcopi, Rogerii et Vittonis[201]) sacerdotum in Oldenzeel, s. Lebuini in Daventria, s. Werenfredi in Elst, Batavorum sanctorum quoque Adolphi et Rabbodi in Trajecto. Inde Romam petens, sanctorum exuvias ingenti devotione visitans, a Joanne papa XII. corpora sanctorum: Pontiani, Agnetis et Benigni impetravit, secumque deferens, in ecclesia s. Martini Trajectensi summa omnium gratulatione[202]) locavit ao. dni. 866; ante quorum reliquias, post quinquaginta et novem sui præsulatus annos defunctus, sepultus est. Ipse Twentiam[203]) jure hæreditario ad se devolutam Trajectensi donavit ecclesiæ. Eadem tempestate Baldewinus comes Clivensis et Baldericus præsul Trajectensis nepotes adversus Ungaros, Germaniam devastantes, copiosa bellatorum caterva[204]) profecti sunt. Ungari nempe ab Arnulpho imperatore jam pridem ex Pannonia in Moraviam evocati, cum uberes Germanorum agros urbiumque nitorem considerassent, ruptis denuo claustris quibus in Pannonia arcebantur, infinito milite Germaniam invaserunt, Sueviam atque Bavariam devastantes. Ludovicus interim imperator, Arnulphi filius, hostium rabiem non ferens, resarcitis undique copiis Ungaros bello aggressus succubuit, universis quasi Germanis et Gallis trucidatis; quapropter Ludovicus rex, animo et viribus fractus, maxima æris summa pacem et treugas[205])

---

200) Baldewicus Rickfridi de Clivis Thuintiæ filius, D. Tuyntiæ. B. 2. — 201) Victoris, H. — 202) devotione, D. — 203) Tuyntiam, B. 2. Lunitiam, D. Tuitiam, H. — 204) copia, H. — 205) regna, H. und D.

ab ipsis Ungaris coëmit, quibus ilico exspirantibus Ungari, rursus Bavariam praedando percurrentes, bis armis repulsi sunt. Tertio autem regressi, copiis adauctis Bavariam, Sueviam, Alsatiam, Lotharingiam, Saxoniam, Thuringiam, Westphaliam omnemque Rheni regionem et littora a Basilea usque in Hollandiam ac Phrysiam, ferro, rapinis et caedibus lamentabiliter vastabant, hominibus ceu bestiis abutentes, carnes edebant humanas et sanguinem humanum [206]) bibebant. Concurrentes itaque Germaniae principes et episcopi, conflato exercitu equitum, peditumque selectissimo, Ungaris bellum indicunt, factaque congressione cruentissima, peccatis christianorum exigentibus, barbaris cessit victoria, cunctis fere Germanis ad internecionem caesis, qui et principum quorundam capita palis affixere, verum nocte sequenti coelestia lumina [207]) videntes desuper clarescere et angelorum concentus audientes, divina virtute exterriti, dimissa Germania Italiam petierunt, consimilia ibi perpetrantes.

    Arnoldus comes Clivensis 12, annis regnavit 45, temporibus Caroli, Arnulphi et Henrici imperatorum, magnarum denique virtutum et gratiarum princeps, cui nil defuit in virtutibus, quibus priscorum gloriam non aequaverit. Genuit vero ex nobilissima Adelheida, comitis Zulphaniae filia, Wichmannum sibi [208]) in principatu succedentem, filiamque Aleidam, Godefrido Gelriae praefecto desponsatam, quae Wichardum, Gelriae praefectum quintum, marito suo edidit. Denique Arnoldus Cliviae comes opem praestitit efficacissimam Henrico imperatori, in Ungarorum iterata rebellione comprimenda. Qui cum exercitu numerosissimo Hetruriam et Lombardiam miserrime devastassent [209]) ad Germaniam castra moventes, Sueviam, Bavariam, Franconiam, Saxoniam, Westphaliam, omnemque regionem Rheni usque in Phrysiam demoliti sunt, caedibus et rapinis omnia complentes, quibus regressis et ad propria tendentibus [210]) Henricus caesar, copiis Gallorum et Germanorum structissimis suffultus, bellum intulit haud

---

206) humanum fehlt in B. 1. H. unb D. — 207) luminaria, B. 1. H. unb D. — 208) simili, H. D. unb B. 1. — 209) devastarunt, H. — 210) revertentibus, H. unb D.

longe a Werlen,²¹¹) multisque hinc inde caesis, nobilissimum ac principalem illorum principem intercepit, pro cujus redemptione cum plura millia aureorum offerrent, rex spreto auro, novennales impetravit inducias. Interea Henricus civitates et arces eversas instaurat, annonam ubique duplicem esservari jussit, arma et munitiones disponere, omnemque belli futuri apparatum praeparari voluit. Treugis nondum exspirantibus, Ungari ad solitum praedandi officium revertentes, Thuringiam et Saxoniam adorsi sunt. Henricus vero imperator, electissimis suorum copiis Ungarorum phalangem apud Mersborch animosissime agressus, post caedem cruentissimam gloriosa potitur victoria, caesis paene ad internecionem Ungaris; sicque Germaniam diu vexatam, liberavit.

Ao. dni. 937 Henrico imperatore decedente, Otto filius, cunctis Germaniae principibus expetentibus,²¹²) Romanorum decretus est imperator, a rebus optime gestis magnus appellatus.²¹³) Huic Arnoldus Cliviae comes, ob singulares virtutes sibi affectus, auxilia haud contemnenda praestitit in rebellantes imperio principes subjugandos, qui imperii sui exordia variis bellorum fragoribus exturbare²¹⁴) adorsi sunt. Quales erant Eberhardus comes palatinus, Gisibertus Lotharingiae dux sororius, Henricus Saxoniae dux germanus, Ludovicus Gallorum rex, Fredericus praesul Maguntinus, qui simul maximo congesto exercitu, post gravissima Ottoni et civitatibus imperialibus illata dispendia, Brisacum Alsatiae civitatem obsidione cinxerunt ac tandem cepere; quod cum Otto iterum obsideret, illique resolvere obsidionem molirentur, congressione facta vicit Otto adversarios, divina virtute magis quam humana, quibus veniam petentibus facile donavit. Dehinc Otto caesar, intestino suorum bello exstincto, adversus Ungaros et Slavos sive Bohemos, Germaniam bino agmine invadentes, copias educere cogebatur, quos Deo cooperante multis atrocissimis praeliis superatos et quasi exterminatos sibi subdidit,²¹⁵) fidemque christianam amplecti perculit. Audiens inde dispositum Italiae et ecclesiae regi-

---

211) Werter, B. 1. Werler, B. 2. — 212) expectantibus, B. 1. — 213) dicebatur, B. 2. — 214) fragmentis. — 215) subjugavit, H. unb D.

men, reordinatis 60 millibus pugnatorum Romam²¹⁶) concessit, coronam imperii a Joanne papa XII sortitus,²¹⁷) quem cum Otto hortaretur, quatenus vitam ejus turpissimam emendaret, iratus Berengario aemulo Ottonis adhaesit, quapropter Papam deposuit et Leonem VIII instituit. Quem²¹⁸) cum Romani denuo repudiassent ac Joannem resumpsissent, Otto Romam obsedit, cives armis et inedia adeo perduxit, quod Joanne rejecto, iterum Leonem in papam resumerent. Ad Germanos dehinc regressus, Magdeburgensem, Brandeburgensem, Merseburgensem, Cycensem atque Misniensem episcopatus instituit atque dotavit. Cujus quidem germanus Bruno de Saxonia, Coloniensis archipraesul et in his gravissimis expeditionibus coadjutor, Angariae et Westphaliae ducatus obtinuit, urbemque Coloniam à Francorum jugo retraxit, pontem quoque lapideum a Colonia usque Tuitium protendentem, atque a magno Carolo locatum, ob crebra in illo commissa latrocinia, dirui jussit, cum Francorum castro solidissimo eo in loco constructo. Utque lapides pontis et arcis Deo dedicaret, praesul Bruno Abbatiam s. Pantaleonis solemnissimam Coloniae aedificavit, quam corporibus sanctorum Quintini et Albini, primi Germanorum martyris dotatam, longe solemniorem reddidit; civitatem Parisiensem, ob injurias sibi illatas obsedit, impugnavit et cepit, spoliisque ditatus Coloniam remigravit a. 767.²¹⁹)

Wichmannus comes Clivensis tertius decimus, annis dominatus est sex et triginta, Ottone primo et secundo imperatoribus, vir deo devotus et subditis largus et clemens, cui Cunegundis, Thuringiae landgravii filia inclytissima, Conradum enixa est successorem. Ipse una cum Wichmanno²²⁰) Zutphaniae comite, avo materno, nobilium virginum collegium in monte Altinensi haud longe ab Embrica²²¹) instituit atque ditavit, ubi et Luthardis, Zutphaniae comitis filia, prima fuit ordinata abbatissa ao. 985. — Anno autem dni. 893²²²)

---

²¹⁶) Romanorum, H. unb D. — ²¹⁷) sortiens, H. unb D. —
²¹⁸) Die Worte: quapropter — quem fehlen in H. unb D. —
²¹⁹) Richtiger 967. Die Jahrzahl fehlt in H. unb D. ganz. —
²²⁰) unicum Wichmannum, H. unb D. — ²²¹) Die Worte in monte — Embrica fehlen in H. unb D. — ²²²) 894, H. unb D.

illustris princeps Amfridus de Clivis, Theisterbandiae comes, moribus, scientia et virtutibus clarissimus, despectis hujus mundi pompis et illecebris, Trajectensis ecclesiae ordinatur episcopus, haud modicam comitatus portionem ecclesiae suae sponsae pro dote adducens. Ipse inter cetera pietatis opera, abbatiam fundavit solemnem Benedictinensium monachorum in monte sanctorum prope Amersfordiam, in qua monasticam ducens vitam, post 15 sui praesulatus annos, non sine sanctitatis opinione sepelitur. Quam quidem Abbatiam cum sacro illius corpore Barnulphus episcopus ad ecclesiam s. Pauli[223]) ab eo exstructam in Trajecto transtulit; qui et collegia s. Petri et Johannis in eadem urbe erexit. Eodem tempore Luitgardis de Zutphania, abbatissa Altenensis, Wichmanno comite Clivensi cooperante,[224]) vendidit Arnulpho Hollandiae comiti Goyland inter Neerdam[225]) et Trajectum situm, cujus pretium et aurum inde perceptum, in aliarum possessionum emptionem et agrorum magis sibi viciniorum ilico convertit, nonnullis tum[226]) redditibus et jurisdictionibus sibi reservatis.

Mengosus Gelriae praefectus sextus, prudentia et virtutibus conspicuus, annis praefuit 38, genuitque ex Gerberga, Brabantiae ducis filia, Wikingum successorem, quatuor quoque animi et corporis dotibus ornatas filias, e quibus duae magnis clarisque principibus fuerunt copulatae, reliquae duae moniales in capitolio virginum illustrium, monasterio apud Coloniam Agrippinam effectae, vitae cursum in omni sanctitate consummarunt; ubi et una illarum abbatissa exstitit, altera vero filiarum abbatissa praefuit monasterio virginum in Rindorp prope Bonnam, quod Mengosus genitor[227]) paucos ante annos exstruxerat; in quo et ipse defunctus juxta conjugem sepelitur ao. dni. 1008. Cui in praefectura successit Wickingus filius annis 24, qui genuit Wichardum ex filia comitis de Cuyck,[228]) Richardum quoque Leodiensem et Guilielmum Trajectensem episcopos. Wichardus

---

[223]) Caroli. D. — [224]) cooperante fehlt in H. und D. — [225]) Werdam, H. und D. — [226]) tamen, B. 2. — [227]) genitor fehlt in H. und D. — [228]) Wichardum comitem de Cuick, H. und D.

ultimus Gelriæ præfectus et dominus de Pont annis præsedit
18, genuitque Adelam filiam unicam, Ottoni comiti de Nassawe nuptam, qui Gelriæ comes primus exstitit.

Eadem tempestate Gero Coloniensis archipræsul, inter cetera pietatis monumenta, abbatiam in Gladbach construxit, quam pretiosis admodum reliquiis dotatam s. Vito dedicavit. Cui etiam successor Warinus abbatiam s. Martini majoris Coloniæ instituit.[229] Cujus siquidem successor s. Heribertus in Tuitio, e regione civitatis Coloniensis, ex castro Francorum vetustissimo a Brunone præsule dejecto, abbatiam exstruxit solemnem Benedictinensium monachorum, sicut et s. Martini et Panthaleonis existunt. Ecclesiam quoque apostolorum ædificare cepit Heribertus, verum morte præventus non explevit. Ipse etiam in villa Saxoniæ Colbeca chorizantes in cœmiterio a sacerdote excommunicatos et per annum colludentes[230] authoritate papæ absolvit; e quibus alii quidam mox defuncti sunt, aliqui in vesaniam versi, ceteri perpetuam retinebant infirmitatem.[231]

Conradus comes Clivensis decimus quartus, annis regnavit 41, Ottone II. et III. imperantibus, miræ constantiæ et longanimitatis, ita ut ipsum nec prospera extollerent nec adversa terrerent; cui Catharina, nobilissima comitis Seinensis filia, Theodoricum peperit successorem. Ipse in venerabili[232] Wurmatiensi concilio existens, ordinatis imperii electoribus et curialibus, inter quatuor imperiales[233] comites superiorem excepit[234] gradum, non tantum[235] propter principatus sui vetustatem, sed et propter animi ingentes dotes, præclaraque ab ipso peracta[236] facinora. Cernentes quippe Gregorius papa et Otto cæsar, quam potissime sæpenumero[237] dis-

---

229) Der Satz cui etiam — instituit, fehlt in B. 2. — 230) Die Worte: in cœmiterio — colludentes fehlen in H und D. — 231) Statt der in B. 2. überall eingemalten Wappen, steht hier die Bemerkung: sequuntur insignia Principum imperio romano subjectorum in aquilæ alis depicta. Item civitates imperiales, quæ sint et ubi. Item principes electores quot et qui. Item status civitatis Coloniensis. Es mogte wohl dem Abschreiber zu viel Mühe machen, alle diese Wappen zu copiren. Sie finden sich aber alle in der oben S. 118 erwähnten größeren Chronik. — 232) ultimo, B. 2.— 233) curiales, H. und D.— 234) accepit, H. und D.— 235) nedum, B. 1. H. und D. — 236) perpetrata, B. 2. — 237) quæ sæpissime discordiæ, H und D.

cordiæ bella et schismata in diversorum assumptione imperatorum emerserint, quodque ex hereditaria illorum successione ex filiis aut nepotibus [238]) gravissime læderetur imperium, principes quoque et provinciæ premerentur, Wurmatiensi convocato [239]) concilio, omnium principum consensu ordinati et decreti sunt septem imperatoris electores, qui Romanum deinde regem libere eligerent; non secundum sanguinis propaginem, sed juxta sapientiam, dotes, virtutes atque merita. Insuper ad imperii nitorem additi sunt imperii aulici et curiales ex ceteris, illustriores ex singulis quatuor decreti sunt; quatuor duces: Bavariæ, Sueviæ, Lotharingiæ, Brunswigi; quatuor marchiones: Brandenborg, Baden, Myssen, Moraviæ; quatuor landgravii: Hassiæ, Alsatiæ, Thuringiæ, Lichtenborch; quatuor burchgravii: Nurenborg, Meiborch, Reneck, Stromberg; [240]) quatuor comites: Cliviæ, Sabaudiæ, Zyliæ [241]) et Schwartzenberch; quatuor illustres: Andelaw, Struck, Meldingen, Frawenborch; [242]) quatuor milites: Westerborch, Limborch, Thusis, Aldewalde; quatuor civitates: Lubeca, Metis, Augusta et Aquisgranum; [243]) quatuor villæ: Sletstatt, Bamberga, Ulma, Hagenowe; quatuor coloni: Colonia, Constantia, Ratisbona et Saltzburga.

Marchiæ comitatus oritur. [244])

Anno ab incarnatione domini 1000 clarissimus Marchiæ comitatus orsus [245]) est a duobus nobilissimis Romanorum consularibus, alto Ursinorum sanguine cretis, a quibus et Clivensibus origo est. Hi denique cum Ottone III. imperatore alpium juga transcuntes, Germaniæ campos et civitates, villasque amœnissimas perlustrantes, montem Wolffsecke in Westphalia, haud longe a Rheno situm, ab Ottone impetrarunt; in quo cum arcem locare munitissimam molirentur, rupes quoque et vepres rescinderent, perdix avicula

---

238) Die Worte ex filiis aut nepotibus fehlen in der D. Hschr. — 239) communicata, H. — 240) Die vier Burggrafen folgen in B. 1. nach den Grafen. — 241) In B. 1. ist Zyliæ corrigirt in Juliæ. — 242) Andelaw, Weissenbach, Frawenborch et Strundeck, D. Die quatuor illustres fehlen ganz in B. 2. — 243) Die quatuor civitates fehlen in B. 2. — 244) hic sumit initium, B. 2. — 245) orditus B. 1. exordium et initium sumsit, B. 2.

laborantium exterrita rumoribus, ad unius Ursinatis sinum confugit, orsi[246]) operis consummationem felici omine significans. Comes vero de Arnsberg vicinior, tam illustrium Romanorum vicinitatem non ferens, illos à cœpto cessare opere jubet, alioquin armorum vi eorum conatus reprimere niteretur.[247]) Ursinati illi, Romani imperii aucthoritate freti, nunciantis comitis furiam animose contemnentes, inchoatum citius opus perfecerunt. Cumque comes ille armatorum copiis Romanos aedificantes exturbare conaretur, congressione facta, Romani superiores effecti, minabundum comitem retrocedere ad propria[248]) compulerunt; ex qua nimirum altercatione completam jam arcem Al te na nuncuparunt. Tandem cum Romani isti adeo in familiis, possessionibus, potentia et divitiis augerentur, quod una illos colonia locusque capere minime posset, altero in monte, duobus a Colonia Agrippina miliaribus distante, aliud exstruxere castrum Oldenborch vocitatum, cujus usque hodie vestigia in abbatia Benedictinensium[249]) monachorum, eo in loco depost condita, cernuntur. Porro ex his illustrissimis Romanis comites processere de Altena sive Marcha et de Monte, quorum quidem nomina, uxores, proles fortiaque gesta, errorum[250]) mater, oblivio sepelivit usque ad Lotharii II. imperatoris saecula, regnantis ao. dni. 1126, quando comitatum de Marca sive Altena nomina et stratagemata denuo rememorantur.[251] — Ao. dni. 1023 calipha Egypti Soldanus cum Turcis confœderatus, Hierosolymam armorum vi occupavit, ubi sacris locis profanatis maximam christianorum stragem edidit, innumeros quoque in servitutem abduxit.

Theodoricus comes Clivensis decimus quintus praesedit 44 annis, temporibus Henrici III. et IV. imperatorum. Princeps mirae prudentiae et magnificentiae, tantaeque in rebus agendis industriae et agilitatis, ut comes volans diceretur; qui ex nobilissima Alcida, comitis de Schawenborch filia, Theodoricum et Arnoldum, sibi vicissim

---

[246]) orditi B. 1. incepti B. 2. — [247]) conaretur, B. 2. — [248]) proxima, B. 1. H. unb D. — [249]) Cisterciensium, D. — [250]) eorum, H. — [251]) remorantur, B. 2.

succedentes, suscitavit. Erat quippe Henrico III. imperatori ob miras [252]) animi dotes et virtutes adeo pergratus, ut arcem Neomagensem a Flandriæ et Brabantiæ principibus jam dudum [253]) eversam, iterum ab eo restauratam, sibi in feudum donaret; sic tamen, quod Cliviæ comites cæsareæ majestati, annali sub tributo, exsolvere tenerentur tres scarleti pannos, sub pœna privationis. Ipse etiam [254]) Theodoricus Cliviæ comes, ab Henrico imperatore legatus missus fuit in Hollandiam, ad componendam pacem inter Theodoricum Hollandiæ comitem et Godefridum de Arnsberg ejusque germanos, Coloniensem et Leodiensem episcopos, ancipiti se invicem bello impetentes, pro eo [255]) quod Theodoricus ipsorum fratrem de Arnsberch in torneamento [256]) apud Leodium tento occiderat 1048 [257]) inter quos quinque annorum treugas, locari curavit, [258]) quibus exspirantibus iterumque sese impugnantibus, conserto in Hemert prope Tylam prælio, comiti Hollandiæ gratiosa cessit victoria; quo vicissim cum suis dormiente, ab adversariis repente in somno oppressus cum mille viris occubuit.

Anno autem dni. 1159 [259]) Godefridus Brabantiæ et Lotharingiæ dux ac Baldewinus Flandriæ comes, Henrico III. imperatori rebellantes, ipsum à Physonum correctione revertentem in Neomago obsederunt. Theodoricus itaque Cliviæ comes, ceteris Germaniæ proceribus id denuntians, universos ad arma capessenda commovit obsidionemque quam citissime resolvere illos coëgit; qui et se imperatori dedentes et admissorum veniam precantes obtinuerunt; nec multo post, imperatori denuo rebellantes, post varia Henrici fautoribus illata damna, Neomagensem arcem cum civitate crebris insultibus impugnatam ceperunt atque diruerunt. Qua propter vicissim ab Henrico imperatore armis et damnis obruti, amicorum tandem compositione pacificati sunt. Dein Theodoricus Cliviæ comes Henrico cæsari, amico suo singulari,

---

[252]) innatas, B. 1. und 2. — [253]) jam dudum fehlt in H. und D. — [254]) autem, B. 2. — [255]) propterea, H. und D. — [256]) Die Worte: in torneamento und tento fehlen in H. und D. — [257]) 1068, B. 2. — [258]) quinque quoque inter 48 occisos treugas locari curavit, H und D.— [259]) 1049, B. 1, 1069, B. 2,

opem tulit efficacem in Ungarorum debellatione, qui jam
Austriam et Bavariam invaserant; quare imperator, accitis
apud Coloniam Germaniæ principibus, armatorum suppetias
expostulavit, quibus copiosissime acceptis, cum Ungaris
congressione compluries facta, victoria potitus, illos ad
ultimum fere trucidavit, fidemque catholicam abdicatam reassumere compulit, cum Andrea rege sancto, quem et re-
jecerant.

Gelriæ primus comes.[260])

Otto de Nassawe primus Gelriæ comes ab Henrico III. imperatore creatus est ao. 1050. Princeps omni
laude dignissimus, qui Aleidam filiam unicam Wichardi, ultimi Gelriæ præfecti, uxorem ducens, Gerhardum genuit
successorem; eoque decedente ad secundas transiliens nuptias, Sophiam Wichmanni comitis filiam, sollicitante Theodorico Clivensi comite nepote, in conjugem ducens, Gerlacum
edidit Zulphaniæ comitatus heredem. Interfecto denique apud
Isselmundam in bello Trajectensis episcopi cum Hollandis
tento, Gerlaco Zulphaniæ comite, Sophiæ comitissæ genitore,
absque liberis, Gerlacus Ottonis filius ex Sophia editus,
comitatus illius[261]) titulum cum possessione, ab Henrico IV.
imperatore percepit; quo etiam floridæ juventutis ævo defuncto absque uxore et prolibus, Zulphaniæ comitatus ad
Ottonem Gelriæ comitem Henrico cæsare[262]) assentiente
migravit et usque in præsentem diem[263]) perdurat. Moritur
autem Otto comes post varia virtutum insignia ao. 1107,
principatus sui ao. 57, Zulphaniæ inhumatus. Ipse Henrico III.
cæsari, suo promotori, opem præstitit maximam adversus
Brabantiæ et Flandriæ principes decertanti. Annonem quoque
Coloniensem episcopum, in obsidione et correctione civitatis
Coloniensis sibi recalcitrantis, auxiliariis copiis adjuvit. Nec
silentio transeundum reor, quod dehinc Gelriæ comites non
utuntur insigniis armisque[264]) præfectorum de Pont esculinis
scilicet floribus, sed comitum de Nassaw leone scil. aureo

---

[260]) Sequitur primus Gelriæ Comes. B. 2. — [261]) Die Worte:
comitatus illius fehlen in B. 1. — [262]) comite, H. — [263]) adhuc, B. 2. —
[264]) insignibus armorum, H. unb D.

cum hastulis usque ad tempora Reinoldi primi ducis Gelriæ, qui cum dignitatis innovatione et arma ducatus renovavit, leonem accipiens aureum cum cauda bifulcata, hastulis quoque intermissis; in quo multi erraverunt, ducatus insignia comitibus assignantes, quibus non competunt, nisi arma de Nassaw.

Wilhelmus de Pont et Gelria, Trajectensis episcopus annis sedit 22, vir scientia et moribus clarissimus atque in defendendis suæ ecclesiæ juribus propugnator eximius. Denique perempto [265]) at Tylam [266]) Florentio Hollandiæ comite, ut dictum est, parvuloque Theodorico filio derelicto, comitissa Florentii relicta, Robertum Flandriæ comitem in maritum ac patriæ tutorem assumpsit, Wilhelmo Trajectensi episcopo feudatario irrequisito, neque ut moris est, feudo expetito. Quamobrem Wilhelmus ira motus, ope Godefridi de Bullione Brabantiæ ducis, suorumque vasallorum Hollandiam depopulatur, consertoque apud Leidis prælio cum Hollandis, gloriosa victoria potitus, Robertum tutorem depulit totamque Hollandiam sibi jure devoluto debitam usurpavit, illius feudo ab Henrico imperatore IV. ocius impetrato. Ad cujus quidem defensionem et conservationem, Wilhelmus præfectus et præsul arcem pulchram et fortissimam in confluentibus maris et Issulæ condidit, Isselmundam nominatam, quam et militum præsidio obfirmavit et ne unquam [267]) Hollandorum opibus et potentia præsul destitueretur, obtento quoque principatu spoliaretur, Godefridum Bullionis præfatum [268]) secum assumpsit in tutorem et rectorem Hollandiæ annis quinque. Ceterum Wilhelmo de Gelria, Trajectensi episcopo interea decedente et Godefrido Bullionis, in aliis occupato, Conradus episcopus Trajectensis, Wilhelmi successor, castrum Isselmund cum Hollandiæ administratione assumpsit. Haud multo post Theodoricus, Florentii interfecti filius, maturam nactus ætatem, ope Roberti Flandriæ comitis vitrici, Hollandiam aggressus, omnes pone civitates facile

---

[265]) pervento, H. unb D. — [266]) Leidam, b. Hfdr. — [267]) quandoque, B. 1. unb 2. — [268]) præfectum, H. unb D.

occupavit, civibus ultro sese nativo ²⁶⁹) principi dedentibus.
Dehinc cum Isselmundæ castrum obsidione cinxisset, Conradus præsul, suorum vasallorum copiis adjutus, eo commigrans obsidionem solvere moliebatur. ²⁷⁰) Verum Theodoricus comes cum suis adjutoribus, soluta obsidione præsulis, gentem bello aggressus, post cruentam utrimque editam cædem, Hollandis victoria cessit, multis hostium captis, ²⁷¹) cæsis atque submersis cum Gerlaco Zutphaniæ comite genitore, ubique Sophiæ Ottonis Gelriæ primi comitis uxoris. Accidit conflictus iste ao. 1079. Cæde peracta Theodoricus comes universam recuperavit Hollandiam. Inde in Phrysones obstreperos arma vertens, ²⁷²) bina cum illis congressione facta, centum hominum millia promiscui sexus occidit.

Anno dni. 1056 Anno de Dasselen Henrici III. cæsaris Consiliarius, ²⁷³) Coloniensis creatur archiepiscopus, vir Deo et ecclesiæ devotus, quippe qui duo in Coloniensi civitate instituit collegia scil. ad gradus s. Mariæ et s. Georgii, tum extra urbem; tria quoque religiosorum exstruxit monasteria unum in Graffer ²⁷⁴) Westphaliæ, aliud in Zalefeld, tertium in Syborch, in quo et requiescit. Corpora sanctorum trecentorum Maurorum duorumque Ewaldorum Coloniam perduxit; cumque contumeliis et injuriis a civibus Coloniensibus esset affectus et ex civitate cum suis amicis expulsus, episcopali aula incensa et exspoliata, auxilio Theodorici comitis Clivensis et Ottonis Gelriæ comitis, aliorumque confœderatorum, Coloniam diu obsedit eoque cives pepulit ut principales injuriarum auctores sibi contraderent, liberumque in urbem introitum concederent.

Wilhelmus Juliae comes, ut creditur primus, de quo in chronicis quippiam ponitur, princeps totus virtuosus atque bellator egregius, qui ex filia comitis Lossensis Gerhardum genuit successorem, Vasonem quoque et Wensonem.

---

269) maturo, D. — 270) nitebatur, B. 2. — 271) multis hostium captis fehlt in H. — 272) gessit, H. — 273) Die H. Hſchr. hat: Cæsaris Julii. Die D. B. 1. und 2. haben Consul; letzteres wird wohl die Abbreviatur: Consiliar. geweſen ſein. Anno war wirklich des Kaiſers Rath. Ueber ſein Geſchlecht vergl. Quellen B. I. S. 176, Note 36. — 274) Grafſchaft.

Vaso quippe vir eruditissimus, Leodiensis ecclesiae cantor et scholasticus tandem episcopus efficitur av. 1041; qui Godefridum barbatum Brabantiae ducem, ab Henrico III. imperatore patria pulsum atque in Lotharingiam profugientem, armis cohibuit, militibus itinera opplevit,[275]) vicos et latibula, quibus recipi poterat diruit, donec imperatori, petita venia, reconciliaretur. Wenso autem abbas fuit Floriacensis, vir sanctus et prophetiae dono illustratus. Ceterum Wilhelmus Juliae comes Henricum III. caesarem copiis fovit subsidiariis, quandoquidem cum Brabantiae et Flandriae principibus recalcitrantibus[276]) ardua praelia confecit, eundemque ab istis in Neomago conclusum redimere studuit.

Theodoricus III., Cliviae comes decimus sextus, annis praefuit 29, Henrico IV. et V. imperantibus, princeps infinita propemodum laude dignus, si in eo dotes animi et corporis, si crebras in bellis partas victorias, ceterasque optimi principis virtutes considerare libet; quapropter comes virtuosus dicebatur. Cumque ex Maria, comitis de Hennenberch nobilissima filia[277]) nullas excitasset proles, Arnoldum fratrem reliquit heredem. Is Henrico IV. imperatori adversus filium Henricum, persecutorem ejus decertanti, auxiliares adhibuit copias, quare ab Henrico patris aemulo, damnis et injuriis afficiebatur, summique pontificis censuras perpessus est, qui Henricum imperio abdicaverat, propter gravissimas sibi et ecclesiasticis viris persecutiones ingestas. Verum Henrico IV. defuncto, a filio Henrico V. in gratiam recipitur. Ipse etiam cum ceteris Germaniae Galliaeque primatibus, cruce signatis, Syriam petiit, fortemque se pugilem in recuperanda terra sancta exhibuit, quemadmodum fusius intra dicetur.

Peregrinatio solennis.[278])

Anno dni. 1096 Urbanus papa II. coelestium signorum ac portentorum saepenumero apparentium terrore perculsus, concilium principum Galliae et Germaniae, imo totius Europae

---

275) milites oneribus explevit, H. und D. — 276) recalcitrantibus fehlt in H. und D. — 277) Illia fehlt in B. 2. — 278) Diese Ueberschrift fehlt in B. 1. D. und H.

ad clarum montem convocans, episcopos quoque, abbates et ecclesiarum praelatos adesse jussit. Quibus cum fidei ac status ecclesiastici detrimenta, christicolarum quoque in Syria commorantium quotidianam oppressionem,[279]) urbis sanctae Jerusalem templique domini desolationem elegantissima oratione significasset, priscorum quoque imperatorum, regum ac principum bella adversus Saracenos et Turcas, terrae sanctae devastatores in memoriam revocasset, usque adeo principum ac praelatorum praesentium corda permovit et inflammavit, quod ultro expeditionem transmarinam expetentes, exercitum pene infinitum, tam equitum quam peditum modico tempore conglobarent; in quo quidem exercitu principes cruce signati potiores exstiterunt: Adamarus[280]) episcopus Bodiensis vir sanctus, legatus papae, Siffridus Maguntinensis, Harpo Monasteriensis, Conradus Trajectensis[281]) episcopi; Godefridus Bulloniae et Lotharingiae, Gualterus Almaniae sive Sueviae, Boëmundus Apuliae, Robertus Normandiae duces; Hugo s. Pauli, Baldewinus Claromontensis, Raimundus s. Aegidii, Stephanus Blesensis, Baldewinus et Eustachius Bullionis, Robertus Flandriae, Stephanus Carnotensis, Anselmus de Ribamonte, Hieronimus[282]) Hanoniae, Theodoricus Cliviae, Rotoldus Particensis,[283]) comites, barones et militares; civitates etiam potentiores, mercatores quoque et divites in plebe vel milites conductitios vel maximas pecuniarum taxas transmiserunt. Gualterus siquidem Sueviae dux, non exspectatis ceteris, cum potentissimo cruce signatorum exercitu, Ungariam, Walachiam atque Bulgariam percurrens, Constantinopolim ad Alexium imperatorem Graecorum pervenit, quem mox secutus est Petrus heremita Syrus natione, hujus expeditionis principalis actor et sollicitator cum 60 millibus bellatorum ad Bulgarorum usque fines progrediens; ubi cum nonnulli ex cruce signatis filii Belial, furta, rapinas atque injurias incolis irrogarent, Bulgari convolantes ad arma, decem ex illis[284]) millia pro-

---

279) expressionem, B. 2. — 280) Adrianus, H. unb D. — 281) Trajectensis fehlt in B. 2. — 282) Jencermus, B. 2. — 283) Barmensis, H. unb D. — 284) decem sex, D.

straverunt, cum ingenti æris copia a civitatibus et vulgo
ea in re largissimo contributa. Veniens tandem Petrus Constantinopolim ad Gualterum Sueviæ ducem ipsum præsto-
lantem, coactis in unum exercitibus trajectoque Hellesponto,
Bithiniam applicuere, primariam Asiæ provinciam; cumque
in Cyneto, loco utique amenissimo, castra metati essent,[285])
ceteros cruce signatos exspectantes, ceperunt nonnulli in-
solentes per regiones ad prædandum diffundi, feliciter quidem primo, sed postremo a Solimanno Turcarum duce impugnati, equitum quatuor et peditum tria millia perdidere.
Residui vero majori cura acies ordinantes, congressione cum
Turca inita, post cruentissimam utrimque peractam [286]) cædem, fusi et cæsi sunt ferme universi, cum Gualtero copiarum duce et præcursore. Depost cum Godscalcus teutoni-
cus presbiter, cum quindecim armatorum millibus [287]) et
Emicho comes de Lindingen, facinoribus clarus, cum duo-
decim Germanorum millibus Constantinopolim migrarent, Ju-
dæos ubilibet locorum repertos exspoliantes aut trucidabant
aut christianos fieri cogebant. Sed cum in Ungaria castra
metati, luxui dediti et ebrietatibus, incolis damna et injurias
inferrent, a regalibus copiis bello lacessiti, omnes quasi interempti vel ad propria repulsi erant. Tali nimirum modo
paleis ex arca domini eliminatis [288]) Godefridus Bullionis,
Lotharingiæ dux, vir ad arma doctissimus, summusque copiarum ductor electus, cum selectissimo equitum peditumque
exercitu Ungariam, Walachiam atque Bulgariam juste per-
transiens, Philippolim pervenit et inde Constantinopolim.
Transito autem Hellesponto in pago Calcedonensi candidissimus christicolarum apparatus castra fixit, in quo erant
equitum centum [289]) et sexcenta millia peditum, nec diu
quiescentes, Niceam Turcarum regiam obsidione cingentes,
crebris impugnabant insultibus. Quam cum Solimannus, suorum Turcarum multitudine fretus, dissolvere moliretur, superatus est a cruce signatis, multis captis et interemptis.

285) metassent, B. 1. und 2. — 286) factam, B. 1. editam, H. —
287) militibus armatorum mille, D. und H. — 288) et area domini ex-
clusis, H. und D. — 289) centum fehlt in D. 2.

Capta tandem Nicea et Graecis, ceu promissum erat, restituta, dispertito exercitu in plures acies, diversas Asiæ provincias Godefridus simul impugnare constituit.²⁹⁰) Baldewinus enim Tarsum obtinens Ciliciam subegit; Tancredus vero Cariam et Liciam provincias armorum vi occupavit; potissima denique cruce signatorum acies Antiochiam Pysidiæ metropolim, una cum multis Galatiæ²⁹¹) et Capadociæ civitatibus interceptam, præsidiis firmavit. Deinde Antiochiam Syriæ dóminam (olim Ballata dictam) 460 turres in circuitu habentem, octo mensibus Godefridus dux obsedit, quam et repetitis impugnationibus et fame excruciatam, tandem, Manelaco uno prodente, ceperunt anno dni. 1098. Ingressi autem civitatem christiani, occurrentes undique Turcas obtruncantes, nihil alimentorum invenerunt, sed auri, argenti, pretiosissimarumque rerum superabundantiam; arcem tamen in monte excelso locatam, multo tentatam tempore obtinere non poterant. Inter hæc venit Carbona, militiæ Persarum princeps, infinita Turcarum et Saracenorum colluvie innixus, iterumque obsidione Antiochiam vallans, commeatum et vitæ necessaria in urbem deferri prohibuit, quotidianas quoque in civitate ex arce eruptiones et pugnas fieri fecit; quamobrem tanta in Antiochia fames invaluit, ut equos, asinos et cattos pro deliciis ederent christiani interclusi. Apparuit tunc²⁹²) cuidam clerico s. Andreas apostolus lanceam salvatoris nostri in ecclesia s. Petri sepultam ostendens, cujus virtute universas Turcarum acies facillime penetrarent. Qua nimirum requisita et inventa, quasi de auxilio divino assecurati,²⁹³) post missarum exacta solemnia, cum Christi lancea in Turcarum castra irrumpentes, collataque pugna et cæde maxima, christiani superiores effecti, ultra centum millia Turcarum trucidarunt. Hinc fugientium castra perlustrantes, tantam omnium rerum copiam, tantos divitiarum acervos, tantam quoque victualium, equorum, armorum et animalium compererunt abundantiam ut ad nauseam usque ditarentur universi. Exinde ad urbem regressi, arcem, dedentibus se

---

²⁹⁰) præsumpsit. — ²⁹¹) Salasiæ, B. 2. — ²⁹²) tandem, H. u. D. — ²⁹³) securi, H.

Turcis, recepere, quam cum Antiochia et adjacente regione, Boemundo Apuliæ duci principes exercitus tradiderunt. Ad ulteriora denique progressi loca, christianorum proceres nonnullas ad Euphratem adjacentes civitates interceperunt. Godefridus siquidem copiarum summus ductor, copiis hinc inde dispersis revocatis, versus Hierosolimam processit, quamplurimis in itinere civitatibus Syriæ armorum potentia occupatis; quibus ita expletis, opidum exile Ramula dictum, subita eruptione invadentes repetunt,[294]) ubi annonæ et victualium abundantiam invenientes, triduo quiescentes recreati sunt. Die vero quarta Godefridus dux cum Christianorum exercitu,[295]) urbem Hierosolimam a Saracenis et Turcis occupatam obsedit, singulis diebus in locis quatuor illam acerrime[296]) impugnans. Tandem conspicientes Christiani equitem, aureis cinctum armis, è monte olivarum procedentem, illosque ad civitatis expugnationem provocantem, ideoque divinum adesse auxilium, maximo animorum ardore urbis moenia conscendentes et fortissime decertantes, fatigatis et fugientibus Saracenis, urbe Hierosolima[297]) potiti sunt, omnes in ea Turcas et Saracenos gladiis trucidantes ao. dni. 1099 in festo divisionis Apostolorum. Die octavo principes et exercitus capitanei convenientes expurgatis templis et ecclesiis a Saracenorum spurcitiis et contaminationibus,[298]) Godefridum Bullionis concorditer in regem elegerunt. Superveniens paulo post Calypha Egyptiorum sultanus cum centum equitum et 400 peditum millibus, quatenus interceptam a christicolis Hierosolimam recuperaret, congressione cruentissima cum Godefrido et christianis[299]) facta, numero longe imparibus, turpiter victus succubuit, interfectis centum Saracenorum millibus. Hac siquidem victoria rex Godefridus animosior effectus, capta Ascalona civitate, ad Hierusalem ovans rediit. Triumpho peracto major principum pars ad propria regrediebatur; inter quos Theo-

---

[294]) receperunt, B. 2. — [295]) cum copiis suorum, B. 2. — [296]) miserrime, B. 2. — [297]) Hierosol. fehlt in B. 1. H. und D. — [298]) comminationibus, B. 2. — [299]) Die Worte cruentissima — christianis fehlen in D.

doricus Cliviæ comes unus extitit, qui ad suos reversus, pauco requievit tempore; nam cum potioribus Germaniæ principibus adversum imperatorem Henricum V. bellare coactus fuit.

Anno siquidem dni. 1110 Henricus V. imperator potissimis Germanorum copiis suffultus, Italia pervagata, Romam concessit, receptaque a Paschali papa imperii corona, depost pontificem vi armorum compulit, quatenus episcoporum et prælatorum investituras, a patre Henrico dudum resignatas denuo sibi conferret; quamobrem irati commotique Romani et Italiæ majores, tam episcopi quam sæculares, convocato apud Lateranum concilio, papam Paschalem coëgerunt, ut concessionem illam, Henrico ex metu factam, ilico cassaret.[300]) Cumque Henricus, a concilii legatis pulsatus, quatenus[301]) revocationi huic assentiret et ille non recalcitraret, a papa et concilio excommunicatur atque imperio spoliatur. Quod ubi episcopi Germaniæ et principes rescissent papæ et concilio adherentes, Henrico excommunicato et deposito inimici existant:[302]) Albertus Moguntinus, Fredericus Coloniensis archiepiscopi, Spirensis et Herbipolensis episcopi, Lotharius Saxoniæ, Godefridus Lovanii et Gerhardus Westphaliæ duces, Theodoricus Clivensis, Gerhardus Gelriæ, Henricus Limburgensis, Gerhardus Juliæ et Lambertus de Molenarck comites et barones, milites atque civitates plurimæ simul confoederatæ. Aperto itaque marte Henricus rex Francorum, Bavarorum aliorumque sibi sociatorum principum copiis adjutus, nominatis principibus eorumque terris bellum intulit. Committuntur hinc inde devastationes provinciarum et civitatum factionis utriusque; tandem inito conflictu, strages editur maxima, sed regius exercitus victor evadens, multos cepit cum comitibus Juliæ et Molenarck, cumque rex Westphaliam prædando et damnum inferrendo[303]) percurreret, congressione cum adversariis facta, victus succubuit, multis suorum captis et enecatis. Iteramque rex Henricus copiis resarcitis

---

300) revocaret, B. 2. — 301) quamvis, B. 1. — 302) inimicantur isti, B. 1, excommunicate et imperio privato adversantur isti, B. 2. — 303) damnificando, B. 1.

æmulos ³⁰⁴) bello adorsus, post cædem cruentissimam denuo superatur in Welpelerholt partium Westphaliæ ao 1114. In quibus quidem expeditionibus quamplurimæ captæ et eversæ sunt civitates, utpote Juliacum, Duisborch, Tremonia, Monasterium, Brunswick, Halverstat et Leodium aquarum exuberantia inaudita submersum fuit, ³⁰⁵) Rottenborch quoque in Suevia terræ motu corruit. Ceterum Henrico rege papæ reconciliato, jusque investituræ prælatorum resignante, etiam principes Germaniæ eam ob rem ³⁰⁶) sibi indignati, pacem cum illo confecerunt. Papa tamen Gelasius, Paschalis successor, Henrico concessit, quod prælatis regalia conferre posset.

Gerhardus Juliæ comes, ea tempestate rerum optime gestarum candore refulsit; qui ex Hannoniæ comitis filia Wilhelmum suscitavit successorem atque Alexandrum Leodiensis ecclesiæ episcopum, electum et consecratum ao. 1129. ³⁰⁷) Ipse auxiliatus est Henrico IV. imperatori, contra Henricum filium suum persecutorem bella gerentem, à quo et in suos subditos damna perpessus est, quando Agrippinam Coloniam Henricus junior obsedit et Leodienses patris fautores bello lacessivit. Depost ³⁰⁸) etiam cum Frederico Coloniensi episcopo, ceterisque Germaniæ proceribus confoederatis bellavit fortiter ³⁰⁹) adversus Henricum V. imperatorem, a concilio Lateranensi depositum et in bello victus et captus fuit et Juliacum eversum extitit. Depugnavit quoque cum Alexandro Leodiensi episcopo filio, adversum comitem Durassi hostem aliosque rerum ecclesiasticarum corrosores. Qui tamen Alexander ob simoniæ crimen per papam Innocentium II. episcopatu privatus est ao. 1137.

Arnoldus Theodorici prioris germanus comes Clivensis decimus 7ᵘˢ, annis rexit 47, ³¹⁰) temporibus Henrici V, Lotharii II. atque Conradi II. Romanorum imperatorum. Tantarum quippe virtutum princeps, quod Margaretham Seuviæ ducis filiam et Frederici I. imperatoris sororem

---

304) permultos, D. — 305) ferme submersa, B. 2. — 306) causam B. 1 unb 2. — 307) 1130, H. unb D. — 308) Die Worte: patris—lacessivit fehlen in H. — 309) fortiter fehlt in H. unb D. — 310) 17, B. 2.

in conjugem accipere[311]) meruerit, ex qua genuit Theodoricum successorem, Aleidam comitissam de Altena sive Marcha et Margaretham comitissam de Meer et Aere,[312]) quæ singulari devotione permota, post mariti vivi utique bellicosissimi mortem,[313]) abbatiam fundavit ordinis præmonstratensis, tunc a novo incipientis; in qua ipsa, una cum filia Margaretha, sæculi pompis despectis, sanctimonialis effecta[314]) post paucos annos in abbatissam consecrata fuit ao. dni. 1168;[315]) quæ et in Christo defuncta in choro ejusdem ecclesiæ cum miraculorum gloria sepulta requiescit. Insuper Arnoldum Cliviæ comitem ejus genitorem, matremque Margaretham clarissimis[316]) suis moribus et vitæ sanctitate adeo pellexit et inflammavit, quod ex oratorio comitum in Bedborch erecto, abbatiam ejusdem ordinis insignem erigerent ac magnifice dotarent, ecclesiam denique Clivensem, cum non modica sylvarum parte, decimasque et agros quamplurimos monasterio[317]) tribuerent. Sed cum ecclesia collegiata efficeretur, permutatione facta, ecclesias in Kellen, Meer et Kekerden[318]) pro Clivensi ecclesia receperunt moniales. Ab Arnoldo quoque Clivensi comite construendorum monasteriorum devotio, ad Folcodum nepotem Teisterbandiæ comitem derivavit; anno enim dni. 1131. Folcodus de Clivis et Teisterbandie, dominus insulæ[319]) inter Walam et Mosam sitæ, tempore illo, ut supra dictum, ab æmulis suis et inimicis ad Mosam usque persecutus nec evadere valens, undique coarctatus, Deo et b. Mariæ virgini, cui esset devotissimus sese devovit, promittens se ex castro suo Bernensi monasterium erecturum, si ab æmulorum furiis illius intercessione erueretur. Itaque armatus cum equo Mosæ fluctibus sese ingerens, ad alteram Mosæ ripam mox se translatum conspexit, pulcherrimam virginem post ipsum in equo residentem se vidisse asserens. Ex tanto nimirum[320]) periculo divina protectione liberatus, ilico voti memor in arce Berne

---

311) ducere, B. 2. — 312) Meerams, H. — 313) necem, ex castro suo Meer prope Nussium, B. 1 u. 2. — 314) est et, D. — 315) 1148, D. — 316) gravissimis, B. 1. und 2. -- 317) monasterio fehlt in B. 2. — 318) Relleim, Meer et Rererden, D. — 319) Juliæ, H. — 320) inimicorum, H.

munitissima, in Mosæ ripis condita, egregiam certe Abbatiam ordinis praemonstratensis exstruxit, temporibus Arnoldi de Cuick Trajectensis episcopi, Hermanni domini de Heusden, Wichardi dni. de Altena nepotum et vincinorum. Communicato deinceps cum nobilissima ejus conjuge Bessela de Zommeren [321]) consilio, quia prolibus carebant, sese mutuo licenciantes, mundique hujus oblectamenta spernentes, [322]) ipse in abbatia Bernensi monachatum [323]) induit, ipsa vero in Bedborch monialis ordinata, binas ejusdem ordinis praeposituras instituit, monialibus depost assignandas, [324]) unam in Werde haud longe a Batenborch, alteram in Meersborch prope Trajectum, ubi et mons et villa Marem a Marte nomenclaturam sumpsere. Bessela autem morte praeventa, conceptum mente spiritum de monialium monasteriis ibi exstruendis explere non valens, praepositurae usque hodie [325]) manserunt et grangiae. Ecclesiam insuper in Buscoducis [326]) Folcodus monasterio ceu patronus concessit; sed illa facta collegiata, permutatione facta alias ecclesias abbatiae viciniores [327]) monachi perceperunt. Quo etiam tempore Godefridus et Otto, comites de Cappenborch e castro eorum Cappenborch [328]) ejusdem ordinis abbatiam instituerunt. Aliud quoque virginum monasterium extra muros Wesaliae, super Lippiam condiderunt. Is quippe [329]) ordo praemonstratensis ao. dni. 1020 orsus est a sancto et nobili viro Northerto de Gennep Xanctensi praeposito, indeque Magdeburgensi archiepiscopo, quemadmodum diva virgo Maria in visione praemonstraverat. Anno vero dni. 1142 [330]) Arnoldus comes Clivensis post insignia devotionis et virtutum opera, plenus dierum obiit et in monasterio Bedborch ab eo constructo, in chori medio, juxta uxorem Margaretham de Suevia, ingenti veneratione inhumatur, ubi et ex comitibus priscis quamplurimi requiescunt.

---

[321]) Zemmeren, D. 2. Commeren, D. Lommeren, H. — [322]) Die Worte: mundi — spernentes fehlen in D. — [323]) monachum, B. 2. — [324]) assignatas, D. — [325]) in hodiernum diem. — [326]) Basedunc, H. und D. — [327]) viernioris, H. — [328]) Oldenborch, H. Dattenborch, D. — [329]) quoque, B. 1. H. und D. — [330]) 1162, B. 1 und 2.

Ao. dni. 1132 Florentius Theodorici Hollandiae comitis
germanus, neptem Hermanni comitis de Cuick, sub tutela
Arnoldi Cuick Trajectensis episcopi commorantem, violavit
et a praesule admonitus, ut illam duceret et ex scandalo
crearet³³¹) honorem, recusavit eam despiciens; cumque
Florentius venationibus³³²) in Absteden³³³) prope Trajectum
operam daret, ab Hermanno de Cuick in stupri vindictam
obtruncatur.³³⁴) Ceterum quia³³⁵) idem Hermannus comes

³²¹) faceret, B. 2. procuraret, H. — ³³²) venationibus fehlt in
B. 1. — ³³³) Alsteden, B. 1. Abstenen, B. 2.
³³⁴) Um diese für die Geschichte unserer westfälischen Grafen wichtige Thatsache in ein möglichst klares Licht zu stellen, geben wir hier noch
zwei umständlichere Erzählungen derselben. Die erste ist aus dem S. 118
beschriebenen Manuscript der Königlichen Bibliothek zu Berlin Nr. 155,
fol. 47; die zweite aus dem Chronicon Hollandiæ ab a. 647 ad a. 1205
in Kluit historia critica comitatus Hollandiæ et Zeelandiæ I. 1. p. 79.
I. Hujus gloriosi Arnoldi comitis Clinie tempestate, Theodericus
Hollandie comes nepos, immaturam patris Florentii necem apud Tielam
dudum a comitibus de Cuyck et Arnsborch interempti vindicare satagens Hermanno de Cuyck hostiles vndique tetendit insidias et duras
adeo, quod nullis amicorum precibus nullisve mediis pacem nancisci
posset. Sed vbi Andreas de Cuyck Leodiensis prepositus in Trajectén-
sem erat episcopum delectus milius egit Theodericus, ita quod episcopi
moderatione, Hermannus comes de Cuyck, Andree germanus, pro ani-
mabus Florentii comitis Hollundie aliorumque cum eo cesorum solenne
fundaret monasterium in quo sedule deus coleretur. Fundatum (sic)
est igitur abbatia insignis insule beate virginis prope Bomel (Marien-
wert bei Bommel) ordinis premonstratensis, a Northerto de Genuep
Xanctensi preposito noulter instituti. Hoc medio pax inter Hollandie
et de Cuyck comites instaurata, modico duravit tempore. Nam Florentius de Hollandia Theoderici comitis frater, neptem comitis de Cuyck,
ex sorore et Arnoldo de Rothem, Trajecti sub cura Andree presulis
degentem, dolo seductam violauit. Quam cum in vxorem vt promiserat
accipere omnino recusaret, Hermannus comes de Cuyck, publicam sceleris vindictam ob violatoris potentiam sumere nequiens, tempus pre-
stolabatur magis oportunum. Quadam namque die cum Florentius in
Absteden haud longe a Trajecto venationibus vacaret, ab Hermanno
comite in exitiale eius exterminium occiditur. Quamobrem Theodericus
Hollandie comes germanus, Lotharius 3ᵗⁱᵘˢ imperator, cuius erat ex
sorore nepos, ope Arnoldi Clinie et Gerardi Gelrie comitum, Hermannum
comitatus titulo priuauit et patria, villis castrisque deiectis ac in solitudinem quasi versis. Andream insuper Trajectinum episcopum tanquam
sceleris fautorem, imperator sede deposuit episcopali. Qui tandem Clinie
et Gelrie comitum compositione Theoderico comiti Hollandie reconciliati
ad propria vnde eiecti fuerant redierunt. (accidit 1133.)
II. Florentius-gladio occisus est. Cuius necis hæc causa est.
Godefridus de Kuk et Hermannus de Arnesberch, nobiles viri et famosi,
neptem ex sorore Aleyda habuerunt, filiam Arnoldi de Rothen nomine
Heilwinam, quam post occisionem patris et obitum matris eius, Hermannus avunculus in sua susceperat, hoc proponens, ut urbes et eius

de Cuick Theodoricum Hollandiae comitem in bello apud
Tielam [336]) quondam occiderat, idcirco nunc nova odia veteribus repullulantibus, Theodoricus Hollandiae comes, Florentii caesi frater, ope Lotharii imperatoris, Clivensis ac
Henrici Gelriae comitum, universum comitatum de Cuick
armorum viribus occupavit, Hermanno comite ad amicos
confugiente, quem et Lotharius caesar comitatus titulo privavit et Arnoldum praesulem deposuit. Qui tamen praefatorum comitum moderatione Theodorico Hollando reconciliatus atque restitutus existit, sic tamen quod pro requie comitum interfectorum patris et filii solemne alibi monasterium
erigeret, quod otius implens abbatiam insulae b. v. Mariae-
Wert dictam, haud longe a Bomel ordinis praemonstratensis
uberrime dotatam exstruxit a. 1134. [337]) Arnoldus quoque

possessiones latissimas gubernaret, donec eam viro competenti traderet.
Sed ministeriales iuvenculae, Florentii probitatem audientes, hoc consilium
inierunt, ut eum dominum eligerent et puellam eius coniugio copula-
rent. Advocatum ergo ad se benigne susceperunt et homines ipsius
facti, urbes puellae et praedia, et omnia quae poterant illi assignaverunt.
Praeterea instanter cum eo puellam ab avunculo Hermanno, ut coniugio
sociaretur requisierunt; quod ille penitus abnuit, nec ad hoc vi ulla
vel pretio vel minis flecti potuit. Florentius autem cum suis omnia
illius incendiis et gladio devastavit, multisque eum adiuvantibus (quia
erat cognatus regis) insidiabatur omnibus modis et rebus et vitae ipsius.
Ille vero, fratris Godefridi et maxime Traiectensis episcopi Andreae
fruitus auxilio, militum non parvam multitudinem collegerat, sed eadem,
quae sibi parabat, Florentio machinari non minus sollicitus erat. Traiec-
tenses autem pro respectu comitis Theoderici, tum prae timore regis
Lotharii, Florentii partibus favebant et auxilium pro posse conferentes,
ingressum civitatis et egressum domosque ad manendum quotienscunque
vellet inveni offerebant. Qui urbem episcopi Lakesmunde incendio
devastavit et ipsum ne ingredi posset civitatem, quia sibi contrarius
erat, potenter cohibuit. Cum vero die quadam Florentius civitatem
cum decem tantum militibus, nihil insidiarum vel adversitatis suspicatus,
exisset, subito visus et circumseptus a duobus praedictis fratribus est,
qui cum multa manu militum eo nesciente ad urbem venerant, et dum
fugere et redire in urbem conaretur et posset, pes equi in loco qui
dicitur Abbenstade lapsus est et ipse corruit et ab illis occisus est:
cuius corpus in Renesburch perlatum est, et confestim legatus, qui hoc
regi Lothario nunciaret missus est. Qui ulnis aegre mortem eius accipiens, Hermannum et Godefridum adiuvante comite Hollandensi, domo
et patria expulit, fugacesque et exules fecit, mortemque nepotis com-
petenter ultus fuisset, si mors non eum ad magnam felicitatem istorum
rapuisset. Statim enim ad sua reversi, et homines comitis Theoderici
facti, in amicitiam et pacem reversi sunt.

335) quoniam, B. 2. quoque H. — 336) Kelam, H. Relam, D. —
337) uberrime — 1134 fehlt in B. 1. H. und D.

Cliviae comes auxiliares destinavit copias Conrado imperatori, ad defensionem sanctae terrae proficiscenti. Conradus nempe Romanorum electus imperator, debellatis primo in Germania imperii insidiatoribus, Bavariae scil. et Saxoniae ducibus, Italiam potentissimo [338]) Germanorum exercitu movit, Rogerum Apuliae et Guelfonem Bavariae duces, transitum ejus impedire molientes, bello agressus superavit, multis captis et trucidatis. Tunc temporis [339]) orta fertur factio Italorum a duobus fratribus Guelfo et Gibelo e quibus Guelfo cum papa et Italis militabat et Gibell cum imperatore erat. Ao. igitur dni. 1146 Conradus a. s. Bernhardo inductus, cum 70 armatorum, tam equitum quam peditum millibus, multisque Germaniae et Italiae principibus et militaribus, transcursa Hungaria et Bulgaria, Constantinopolim pervenit, receptus [340]) nimirum ab Alexio imperatore comiter et Graecis, diebus quoque aliquot refocillatus, dati sunt Conrado [341]) imperatori ex Graecis conductores, sed in malum sibi et Christianis. Nam illi naturali odio Latinos odientes, Christianos ad Laoditiam usque recto itinere deduxerunt, sed deinde per devia ad eremum vastissimam [342]) regales copias abducentes et nocte recedentes Turcis ad caedem immolabant; cum enim fame, siti ac laboribus pene exhausti, meditarentur regressum ad loca magis cognita, ecce Turcarum acies validissima adfuit, qui christicolas taliter dispositos quotidianis aggressionibus atque praeliis adeo fatigabant, ut totam illam Germanorum aciem ad decimam usque partem redigerent, ceteris omnibus vel fame vel gladio enecatis, Conrado imperatore cum paucis ad Niceae partes confugiente. Accidit ista Christianorum caedes ao. dni. 1147. [343]) Ludovicus denique Francorum rex, cum suis proceribus cruce signatis, cum innumera suorum multitudine Carolum [344]) regem subsecutus, ubi Graecorum dolos et Conradi stragem intellexisset, transito Hellesponto ad Ephesim Asiae metropolim di-

---

[338]) Die Worte: Germania — potentissimo fehlen in D. — [339]) Extunc, B. 2. — [340]) Constantinopolim exceptis, B. — [341]) Gerhardo, B. unb D. — [342]) vetustissimum, D. Hſchr. — [343]) 1167, B. 2. — [344]) Conradum, B. 1.

vertit, cumque Antiochiam versus, cum exercitu Ludovicus rex properaret, bina cum Turcis occurrentibus congressione facta, prima victor secunda victus exstitit. Ceterum Antiocheno principe in occursum Ludovici properante, fugatis Turcis, ipsam Antiochiam deduxit. Dehinc Hierosolimam cum Gallorum exercitu ad Conradum caesarem migrans, perlustratis sacratae terrae locis et templis, Damascum, urbem Syriae potentissimam, junctis exercitibus obsidione vallarunt, ibi multis cum Turcis praeliis confectis et variis in urbem insultibus expletis, tandem procerum quorundam traditione, obsidionem resolvere cogebantur reges, eo quod ipsi loca commodiora deserentes Turcis occupanda dimiserunt, ex quibus commeatuum et necessariorum copiam inferri castris prohibuerunt; quapropter desperantes ad propria concesserunt, regno Hierosolimarum, in majori periculo quam antea fuerat, derelicto. Extunc etiam cepit Latinorum nomen et auctoritas in Syria quotidie minui et despici; tandemque ad nihilum reduci. [345])

Gerhardus Gelriae et Zulphaniae comes secundus, annis praesedit 29. [346]) Vir Dei ecclesiae devotissimus, clemens et magnificus, qui ex Hadewige Florentii comitis Hollandiae filia, Henricum genuit successorem. Ipse cum uxore struxit monasterium Dives [347]) et Comptum in Hassia nuncupatum Boderawe in confluentibus Fuldae et Werrae amoenissimorum fluminum collocatum. Cum suis quoque copiis in expeditione illa gravissima interfuit, quam Fredericus Coloniensis archipraesul, pluresque Germaniae episcopi et principes confoederati in Henricum V. imperio spoliatum [348]) a Lateranensi concilio, confecerunt, ut alias diximus. Postremo post multa virtutum insignia e vita migrans, in Zulphanensi ecclesia apud genitorem suum Ottonem, cum uxore sepultus fuit ao. 1131.

---

[345]) deduci, B. 1. perduci, H. und D. — [346]) 24, B. 1 und 2. — [347]) duces, B. 2. — [348]) privatum, B. 2.

Prosecutio comitum de Marca.[349])

Adolphus comes de Marca primus, annis praefuit 20, temporibus Henrici V. et Lotharii II. imperatorum. Vir armorum exercitatione clarissimus, cui Ailheitis, Arnoldi comitis Clivensis[350]) filia, Adolphum peperit successorem et Brunonem Coloniensis ecclesiae archiepiscopum, virum utique scientia et moribus splendidum, qui cum Lothario imperatore apud Barum, Apuliae urbem existens, peste correptus,[351]) animam efflavit et ad Germaniam capsa plumbea inclusus perductus, in monte veteri apud parentes fuit sepultus. Adolphus denique comes de Marca sive Altena, hactenus quasi obliteratus, hisce diebus in lucem prodiit cum Everhardo ipsius germano, viri bellorum gloria insignes. Ao. enim dni. 1125 consertum est bellum cruentissimum in dioecesi Leodiensi, inter Henricum ducem Lymburgensem et Godefridum Brabantiae ducem eorumque confoederatos, in quo caede hominum edita maxima, Godefrido cessit victoria. Interfuere autem huic proelio Adolphus et Gerhardus comites de Altena germani, Henrici ducis castra comitantes,[352]) ubi sese pugiles fortissimos ostendentes, universorum in se animos permovebant, exactoque certamine, cum ad suas proprias sedes remeassent, Everhardus natu junior ob profusi ab eo sanguinis profluvium, mordentis conscientiae stimulis agitatus, mundi pompa et illecebris despectis, clamque a fratre Adolpho aufugiens,[353]) Romam petiit, indeque s. Jacobi exuvias in Hispania devotissime visitavit, nec istis peregrinationibus contentus Morimundo Galliae monasterio probatissimo laicorum cucullam induens, porcorum se pastorem constituit. Contigit autem non longe post, duos fratris sui Adolphi milites Gallorum regia stipendia promerentes circa Morimundum a semitae rectitudine declinare, qui porcorum pastorem in agro videntes, et ad illum declinan-

---

[349]) Prosequitur genealogiam comitum de Altena sive Marca. Primus comes. B. 2. — [350]) Clivensis, fehlt in H. und D. Sie war auch keine Tochter von Cleve, sondern Heinrichs von Lauffen; ihre Mutter Iba eine Tochter des westfälischen Grafen Bernhards I. von Werl. Seibertz Gesch. b. westfäl. Grafen S. 17 u. 47. — [351]) peste correptus fehlt in B. 1. — [352]) sequentes, B. 2. — [353]) refugiens, B. 1. H. und D.

tes[354]) de itineris errore informari desiderant. Verum ipse
fratris militares agnoscens, ne proderetur quis esset, voce
gallica respondit. Sed illi pastoris faciem accuratius[355])
perlustrantes, ex cicatrice obducti vulneris in faciem dudum accepti, Everhardum agnoscentes, abbati et monachis pastoris eorum genus, nomen et patriam exposue-
runt, qui ipsius humilitatem et devotionem perpendentes ad
Germaniæ partes Everhardum destinare placuit,[356]) quatenus
amicorum suppetiis nonnulla monasteria ad Dei honorem
animarumque salutem instituere posset. Ad Adolphum vero
germanum mox veniens, maximo omnium gaudio, tamquam
ex mortuis resurgens excipitur.[357]) Post dulcia colloquia
et solatia, arcem in monte veteri Aldenborch dictam,[358])
pro exstruendo monasterio impetravit, ubi abbatiam Benedictinensium[359]) monachorum erexit, in qua plurimi Marchiæ,
Montis et Juliæ comites et duces sunt reconditi. Deinde
Everhardus de Altena ad Zusonem[360]) Thuringiæ principem
nepotem proficiscens et mentis desiderium exponens, consentientibus Gysela Zusonis[361]) uxore cum Henrico et Gunthero filiis montem s. Georgii cum agris adjacentibus obtinuit, in quo abbatiam monachorum præcipuorum ædificavit
ubi et instantibus monachis et amicis, tandem in Abbatem
consecratus exstitit per Maguntinum archiepiscopum, vir
omni religione et sanctitate conspicuus. Obiit autem Adolphus comes de Altena ao. Dni. 1131 [362]) in monte veteri
cum uxore Aleida filioque Brunone sepultus.

 Henricus Gelriæ et Zutphaniæ comes, annis rexit
31, genuitque ex clarissima Brabantiæ ducis filia, Gerhardum
et Ottonem mutuos successores, filiamque Margaretham Engelberto primo comiti de Monte desponsatam. Arnoldum
quoque Coloniensem archiepiscopum edidit et filiam Catharinam, Gerhardo Lossensi comiti nuptam. Ipse a Godefrido
Brabantiæ duce, socero, Velvae feudum et possessionem

---

 354) et ad illum declinantes fehlt in D. — 355) curiosius, B. 1. —
356) placuit fehlt in B. 2. — 357) accipitur, H. und D. — 358) exstructam
et dictam H. und D. — 359) cisterciensium, D. — 360) Rusonem, H. —
361) Lysula Rusonis, H. — 362) 1152, D.

obtinuit, quam a multis annis Brabantiae duces³⁶³) a Trajectensi ecclesia, cujus erant vasalli, in feudum percipere consueverant, ita tamen quod Gelriae comites Velvae feudum non a praesulibus sed a Brabantiae ducibus deinceps³⁶⁴) recipere tenerentur. Ob quam causam plura depost praelia excitata leguntur inter episcopos Trajectenses, Brabantiae duces et Gelriae comites ac duces, ut patebit in sequentibus. Decertavit quoque Henricus cum Liffrido, domino de Coeverden adversus Godefridum de Renen Trajectensem episcopum, eo quod Groningiae praefecturae feudum Liffrido³⁶⁵) cui hereditario jure attinebat, concedere recusaret. Tandem Frederici caesaris inductione, datis Godefrido praesuli 300 argenti marcis, paciscuntur; feudumque Liffrido concessit. Henricus insuper comes feudum largitur ad construendum canonicorum regularium monasterium in Betlehem haud longe a Dotnichem,³⁶⁶) cujus deinceps domini de Wisse se gloriantur esse conditores et dotatores. Defecit ultimo Henricus Gelriae comes optimus ao. dni. 1162, in Campensi abbatia cum uxore inhumatus.

Adolphus comes de Altena vel Marca secundus, annis praesedit 24³⁶⁷) Conrado II. et Frederico I. imperantibus, magnarum utique gratiarum et dotium princeps. Genuit autem ex filia comitis de Arnsberch Everhardum successorem, Engelbertum comitem de Monte primum, Fredericum, Brunonem et Theodoricum Coloniensis ecclesiae archiepiscopos. Fuit quippe Adolphus comes cum Frederico imperatore in subactione Italiae et civitatis Mediolanensis eversione,³⁶⁸) ubi et Fridericum archiepiscopum Coloniensem filium suum mortuum conspexit. Nec silentio transeundum reor, quod quamplurimi ex illustrissima familia comitum de Altena seu Marca, Coloniensis ecclesiae archiepiscopi sint assumpti, quorum catalogum hic succincte studui reponere. Primus fuit Bruno, Adolphi comitis primi filius, praepositus

---

³⁶³) In H. heißt es irrig: velut feudum et possessionem obtinuit, quam a nonnullis Brabantiæ ducibus etc. — ³⁶⁴) deinceps fehlt in H. und D. — ³⁶⁵) Die Worte domino — Liffrido fehlen in H. — ³⁶⁶) Doetichem, B. 1. Dotigen, B. 2. — ³⁶⁷) 29, B. 2, in B. 1 fehlt die Zahl. — ³⁶⁸) subversione, B. 1 und 2.

s. Gereonis et Lotharii imperatoris cancellarius, quo sollicitante creatur archipraesul ao. 1132, seditque annis sex; de quo superius; secundus fuit **Fredericus** Adolphi secundi comitis filius,³⁶⁹) praepositus s. Georgii a Frederico primo promotus ad archiepiscopatum; cum quo et in expeditione Italica existens, apud Papiam moritur et ad Germaniam relatus, in monte veteri juxta parentes tumulatur. Ipse eversit castrum Randerode inimicorum suae ecclesiae. Tertius fuit **Bruno** de Altena Frederici frater, ex praeposito Bonnensi Coloniensis eligitur archipraesul, post mortem Philippi de Hinsborch; verum paucis elapsis annis venerando admodum senio confectus, Adolpho ex fratre Everhardo nepoti episcopale jugum, papa et capitulo consentientibus imposuit, post tres sui pontificatus annos. Ipse autem monachali cuculla indutus, in abbatia montis veteris devotissimam peregit vitam, ibidem cum parentibus sepultus. Quartus ecclesiae Coloniensis archiepiscopus exstitit **Adolphus** Everhardi filius, de quo infra. Quintus ejusdem ecclesiae archiepiscopus fuit **Theodoricus**, sed modico praefuit tempore. Sextus fuit **Engelbertus** de Marca et Monte, a Frederico comite de Isenborg nepote, crudeliter interfectus. Septimus **Adolphus** de Marca³⁷⁰) in utroque jure Licentiatus, ex Coloniensi et Monasteriensi electo comes effectus fuit Clivensis. Octavus Coloniensis archipraesul exstitit **Engelbertus** de Marca, ex Leodiensi ecclesia translatus ad Coloniensem, de quo fusius tractabitur in sequentibus.

Wilhelmus Juliae comes armorum peritia clarissimus, multorum virtutum schemate adornatus, genuit ex filia comitis de Seyn, Gerhardum successorem, Richardam Gelriae comitissam et Margaretham Everhardo comiti de Altena sive Marca desponsatam. Is selectis suorum militarium copiis opem tulit efficacissimam Frederico caesari, in debellandis et subjugandis Italis et Mediolanensibus, necnon in correctione Henrici Leonis, superbissimi Saxonum ducis, a quo

---

³⁶⁹) filius fehlt in B. 2. — ³⁷⁰) Die Worte: et Monte — de Marca fehlen in D.

et ipse gravia perpessus est damna in comitatu Juliacensi, quando Henricus Coloniam forti brachio intercipiens incendit. Auxiliares quoque copias adhibuit Gerhardo Gelriae comiti cum Baldewino de Hollandia Trajectensi episcopo pro Velvae juribus et dominio belligeranti. Ao. 1180.

Comitum de Monte ortus. [371])

Engelbertus de Altena primi comitis Adolphi filius secundo genitus, assentiente et volente Frederico Barbarossa imperatore primus creatur comes de Monte ao. dni. 1155; qui ex filia Henrici Gelriae comitis, et Ottonis sorore Adolphum suscitavit,[372]) absque uxore et prolibus decedentem, Engelbertum quoque Coloniensem archiepiscopum et Margaretham Henrico duci Limburgensi matrimonio sociatam, ex qua prodiit Adolphus comes Montensis tertius. Is denique Engelbertus armorum exercitatione insignis, Friderico imperatori, suoque promotori, auxilia attulit bellica, quando in Mediolanos sibi recalcitrantes procinctum movit, Romamque concessit. In Henricum quoque Saxoniae ducem cum eodem caesare profectus, fortissimum se ubique athletam exhibuit. Moritur autem a. 1192, principatus sui a. 40[373]) in veteri monte sepultus.

Theodoricus IV. comes Clivensis decimus octavus, annis gubernavit 39, Frederico I. et Henrico VI. imperantibus, princeps in Deum et ecclesiam devotus, in subditos clemens, in egenos largus, in bellis victoriosus; cui illustrissima Ida, Godefridi Brabantiae et Lotharingiae ducis filia, Arnoldum sibi succedentem edidit et Adelheidam comiti Hollandiae, Theodorico desponsatam, quae viro binas tantum peperit filias; quapropter Theodoricus hic Cliviae comes, Hollandorum amicitias et ligas deserere nolens,[374]) filium suum Arnoldum matrimoniali foedere junxit Margarethae Theodorici comitis Hollandiae sorori, resignavitque jus in-

---

371) B. 2. hat den Zusatz: Primus de Monte comes. — 372) Die Worte: et Ottonis — suscitavit fehlen in H. — 373) Die Worte: a. 1192, princip. sui fehlen in H. und D. — 374) leges deserere volens. H. u. D.

feudandi dominia de Altena et Heusden olim Clivensibus attinentia, quemadmodum in sequentibus [375]) ad amussim declaratum legimus. Ceterum ao. dni. 1164 Theodoricus Cliviae comes emit de abbate Attrebatensi dominia de Rosem, Wolffer et Thyle; sua quoque negligentia et incuria spoliatur per Fredericum I. imperatorem castro et dominio Neomagensi, cum tres scarleti pannos imperio debitos exsolvere iterum iterumque differebat. Otto autem Gelriae comes a Frederico, data maxima auri congerie, Neomagense imperium obtinuit; quod tamen imperatores redimere poterunt. Quapropter Fredericus vicissitudine perfunctus, Baldewino de Hollandia Trajectensi episcopo suppetias tulit, quando Ottoni comiti Velvam armorum viribus ademit. Qui et Friderico imperatori nepoti copias attulit selectas in expugnatione Mediolanensi atque in correctione Henrici Leonis Saxonum ducis potentissimi, imperio rebellantis. Insuper cum Frederico caesare Theodoricus comes Cliviae Syriam petiit, Hierosolimam e Soldani manibus eripere satagente. Ao. enim dni. 1153 Fredericus cognomento Barbarossa a barbae rubedine, in imperatorem Romanorum electus, complanatis et dispositis causis et rebus principum Germaniae superioris, etiam ad negotia Germaniae et Galliae inferioris pacanda et mitiganda descendens, Neomagium venit, cernensque arcem Julianam vetustate quasi et hostium incursione labefactatam et pene consumptam, ilico illam restaurando renovavit, villamque adjacentem, muro, turribus et fossa circumcingens, in civitatem evexit imperialem; ubi et Beatrix regina naturae sarcinam resolvens, Henricum futurum regem Romanorum sibi et regno [376]) peperit. Quibus taliter in Germania compositis, Fredericus imperator, contractis ex omni regione validissimis equitum peditumque catervis, in Italiam diu rebellantem, exercitum transportavit et Mediolanenses celeris efferaciores [377]) primo invadens, flammis, rapinis occurrentia universa demolitus, quamplurima castella, arces et civitates, illis foedere junctas. intercepit

---

[375]) præcedentibus, B. 2. — [376]) et regno fehlt in B. 1. H. u. D. — [377]) efficaciores, H.

et magna ex parte diruit. Inde recto tramite³⁷⁸) per Lombardiam et Thusciam Romam movens, coronam imperii ab Adriano papa percepit; ortaque inter cives et Germanos dissentione et tandem congressione facta,³⁷⁹) superantur Romani, mille et quingentis occisis et multis captivatis. Occupatis tandem Romanorum cunctis munitionibus, Spoletum aliasque recalcitrantes civitates captas sibi subegit. Anno autem Dni. 1158³⁸⁰) audiens Fredericus imperator secundariam Mediolanensium rebellionem, quodque Gualfrago vicecomite delecto duce, eversa dudum castella reaedificarent, Cumam et Landam, ceterasque imperii civitates demolirentur, resarcitis copiis undique longe validioribus Mediolanum petens, obsidione durissima vallavit, suburbibus exustis et civibus sibi in bello occursantibus in multitudine gravi obtruncatis. Postremo fame et omnium rerum penuria crebrisque impugnationibus lassati cives, cancellarium et principes regales aere et precibus sollicitant, quatenus³⁸¹) apud caesarem iratum commissorum veniam et civitatis liberationem impetrarent. Quorum quidem deprecationibus inclinatus Fredericus, veniam et pacem istis sub conditionibus concessit, quod nobiles et cuncti rectores,³⁸²) nudis plantis et capitibus ad ipsum in castris venirent et civibus prostratis veniam precarentur et quod ex iis obsides quos vellet accipere posset, quod tributum annuatim penderent, arcemque sibi in urbe quo vellet loco, propriis expensis exstruerent, magistratus et urbis potestatem daret imperator, portas quoque civitatis et muros quando vellet dejicerent. Quibus libenter admissis, Fredericus Mediolanum coronatus ingreditur, principibus ceteris subsequentibus. Quo tempore Mediolani mortuus est Fredericus de Altena Coloniensis archipraesul, cui mox Reinoldus de Dasselen, cancellarius regius, substituebatur ao. dni. 1163.³⁸³) Orta autem inter duos pontifices summos dissentione, Fredericus totam ecclesiae jurisdictionem, praeter Anaginam et urbem veterem occu-

---

378) recto tram. fehlt in H. und D. — 379) facta fehlt in B. 1. — 380) 758, B. 2. — 381) ut, B. 2. — 382) et rectis, B. 2. — 383) 1063, B. 2. Rainald wurde 1159 Erzbischof, Quellen I, 178.

pavit. Interea Mediolanenses promissorum immemores, ope Brixianorum et Placentinorum³⁸⁴) Coratum castellum obsederunt; quapropter caesar, reducto in Mediolanenses exercitu, congressione cum illis facta, post pugnam cruentissimam regales succumbunt copiae, multis occisis et in captivitatem abductis. Ao. autem dni. 1166 Mediolanenses ope Alexandri papae multorumque principum atque civitatum Italiae, Frederico imperatori denuo recalcitrantes et erecta per ipsum castella diruentes, etiam civitates imperii oppugnare non cessabant. Quamobrem caesar ira incensus, universos³⁸⁵) imperii vasallos, principes et amicos implorans ac requirens, coacto in unum selectissimo equitum et peditum exercitu Italiam movit. In quo quidem exercitu isti adfuere principes: Conradus comes palatinus cum fratre, Fredericus et Conradus³⁸⁶) Sueviae duces, filii ejus, Guelffo marchio Thusciae avunculus, Henricus Leonis dux Saxoniae et Bavariae nepos, Wenselaus rex Bohemiae, Reinaldus de Dasselen Coloniensis, Hermannus de Katzenellenbogen³⁸⁷) Monasteriensis et Emardus Bambergensis episcopi, Bartholdus Carinthiae, Lupoldus Austriae duces, Ludovicus Hassiae Landgravius, Theodoricus Cliviae, Adolphus de Altena, Gerhardus Gelriae comites aliique plurimi comites et barones, quorum auxilio Fredericus caesar innixus, vastatis primo Mediolanensium agris, arboribus et vincis praecisis, necnon et civitatibus conjurationis sociis interceptis, gravissima admodum obsidione Mediolanum obsedit annis ferme septem, quibus currentibus diversi in civitatem assultus, diversaeque factae sunt civium in caesaris castra³⁸⁸) eruptiones atque multae congressiones, in quibus nunc regi, nunc civibus victoria cessit. Postrema dehinc desperatione permoti, cives ferme gladio et peste excruciati, toto quo poterant impetu³⁸⁹) regales copias impetentes, postquam dubio diu³⁹⁰) Marte pugnatum esset, strages edita maxima, victi multitudine,

---

384) Florentinorum, D. — 385) Die Worte: oppugnare — universos fehlen in B. 2. — 386) Henr. et Conr. H. und D. — 387) Catzenelberch, B. 1 und 2. — 388) in caesaris castra fehlt in H. und D. — 389) conamine D, B. 1. und 2. — 390) deinde, H. und D.

cives campum cum civitate amiserunt. Fredericus vero imperator urbe politus Gualfragum ducem cum Johanne archiepiscopo et potioribus civibus captos in Almaniam destinavit, urbemque militibus depraedandam atque evertendam concessit, qua incensa [391]) et sololenus aequata etiam aratris sulcari et sale respargi jussit, quod et Brixensibus et Placentinis [392]) fieri voluit. Tunc Reinoldus Coloniensis archipraesul trium regum corpora, a Frederico sibi pro stipendiis data, Coloniam devexit Agripinam, ubi etiamnum hodie totius Germaniae veneratione requiruntur. [393]) Ceterum ao. 1170 Gualfragus vicecomes, a caesareis vinculis dolose erutus, servilique veste ad Mediolanenses profugiens, revocatis civibus undique dispersis, ope Alexandri papae et Graecorum imperatoris, aliarumque nonnullarum civitatum Lombardiae, Mediolanum [394]) ex integro restaurans communivit. Inde omnes imperii devotos, tam Italos quam Teutonicos, vicarios quoque et loca tenentes a Frederico hinc inde ordinatos, una die ejecerunt, alios necantes alios suspendentes, freti papae Alexandri potestate, qui eos a fidelitatis juramento, caesari praestito, jam dudum absolverat, ad cujus honorem Alexandriam construxere civitatem, ut inde alias imperii civitates infestarent. Fredericus imperator his auditis, contractis ex omni gente copiis fortissimis, Italiam movens, Alexandriam novam occupavit et circumsedit mensibus quatuor, sed frustra, cum [395]) Henricus Leonis Saxoniae et Bavariae dux, reprobo actus spiritu, cum mille quingentis [396]) equitibus, invito caesare a castris retrocessit, quem rex ad Cumam [397]) usque secutus et in terram provolutus suppliciter petiit, ne ipsum in tanta calamitate deserens, perpetuae confusioni obnoxium redderet. Sed non exaudivit eum dux superbissimus, magna sua potentia confidens, quapropter Fredericus obsidionem dissolvere et cum maximo honoris et exercitus detrimento, ad Germaniam retrocedere coge-

---

[391]) commisit, quam eversam, D. — [392]) Florentinis, D. — [393]) reperiuntur, D. — [394]) Mediolanum fehlt in B. 2. — [395]) quoniam, B. 2. — [396]) Die Worte: dux — quingentis fehlen in H. — [397]) Crunam, H.

batur. Convocato deinceps principum imperialium conventu in Gelenheim, Henricum Leonis nepotem accusavit et trina vice in jus vocavit. Sed ille omnino contumax venire recusavit, quam ob causam de principum consilio Henricum contumacem et rebellem dignitatibus privavit et aliis concessit; nam Angariae et Westphaliae ducatus Philippo de Hinsberg Coloniensi archiepiscopo pro 40 marcarum millibus impignoravit, Bernhardo autem de Aenholt nepoti, Saxoniae ducatum et Ottoni palatino [398]) de Witilisbach Bavariae ducatum concessit. Insuper in suum excitavit commilitium principes quamplurimos, utpote Coloniensem et Maguntinum archipraesules, Godefridum Brabantiae et Lotharingiae ducem, Hassiae Landgravium et Thuringiae Ludovicum, Theodoricum Cliviae, Ottonem Gelriae, Wilhelmum Juliae, Engelbertum de Monte, Everhardum Marchiae, Gerhardum de Aere, Philippum Flandriae, Henricum Seynensem et Theodericum de Hoesteden comites, ceterosque illustres et nobiles militares, quorum omnium vallatus caterva, Saxoniam utramque cremando et depraedando percurrens, interceptis pedetentim oppidis et castris, tandem omnino sibi usurpavit.[399]) Nec otio torpens Henricus, suorum amicorum suppetiis adjutus, Halverstat cum episcopo et nobilibus multis occupavit, Ludovicum Landgravium Thuringiae cum sexcentis cepit equitibus, Coloniam Agrippinam obtinens incendit, omnemque circumjacentem regionem depopulatur. Cumque Otto Palatinus Bavariam sibi a Frederico datam, armorum vi obtinuisset, Henricus superbissimus desperatione motus ad Angliae regem socerum confugit, tribus annis [400]) exulare compulsus, quem tamen caesar postea in gratiam recipiens, Brunswick et Luneborch [401]) illi restituit. Ao. dni. 1187 Saladinus, interfecto clam Horadini [402]) filio sibi commisso et universis illius regnis et provinciis sibi usurpatis, cernensque Christianorum discordiam, cum potissimo 155 millium exercitu, tam equitum quam peditum regnum invasit Hierosolymitanum. Ceterum

---

[398]) palatino fehlt in H. und D. — [399]) vi occupavit, B. 2. — [400]) annis fehlt in B. 2. — [401]) et Luneborch fehlt in H. und D. — [402]) Noradini, H. und D.

Guido de Lisigmaco,[403]) Baldewini regis sororius, cum triginta equitum, quadraginta peditum millibus Saladino apud Tyberiadem occurrens consertoque praelio sanguinolento, victus fuit et captus cum magistro templi,[404]) trucidatis etiam triginta christianorum millibus. Qua siquidem victoria clarus Saladinus, Tyberiadem, Achon, Beritum, Bibliam, Ascalonam pluresque civitates maritimas armis occupavit, dehinc omnia fore tuta considerans, urbem Hierosolymam diuturna obsidione et impugnatione vexatam, in deditionem accepit, ecclesiis et sacris locis profanatis, dempto Domini sepulchro, quod plurimum venerabatur. Nec quiescens Saladinus Antiochiam cum 25 civitatibus, Graecis et Latinis dormientibus et discordantibus, facillime intercepit. Quae nimirum Christianorum clades et defectio, ubi ad aures principum Europae pervenisset, cohortantibus Papa Clemente et imperatore Frederico, ecclesiae tum reconciliato, universi crucem transmarinam devotissime suscipientes, in novam militiam conjurabant ao. dni. 1188. Principes etenim cruce signati exstitere: Fredericus caesar cum Henrico[405]) et Conrado filiis, Otto Burgundiae, Henricus Brabantiae, Bartholdus Carinthiae duces, Henricus Palatinus Rheni, Otto Brandenburgensis, Johannes Badensis, Montis Ferrati[406]) et Moraviae marchiones, Hermannus Hassiae et Thuringiae Landgravius, Theodoricus Cliviae, Otto Gelriae, Florentius Hollandiae, Adolphus de Schawenborch, Walramus de Limborch comites pluresque barones et militares; Monasteriensis, Bremensis,[407]) Osnaburgensis, Misnensis, Pataviensis et Herbipolensis episcopi. Ex Gallia et Anglia, cum selectissimis pugnatorum copiis et classe maxima, convenerunt Philippus Francorum et Richardus Angliae reges cum eorum proceribus. Pisanus itaque archiepiscopus classis italicae ducentarum navium rector, Syriam adnavigans Ptolemaidem sive Achon urbem maritimam[408]) primus obsedit, cui mox affuit classis germanica ex Danis, Normannis, Phrysiis, Hollandis et Flandrensibus compacta.

---

403) Lisiguraco, B. 2. — 404) cum magistro templi fehlt in D. —
405) Frederico, B. 1. und 2. — 406) Otto — Montisferrati fehlt in H. —
407) Bremensis fehlt in B. 2. — 408) urbem maritimam fehlt in B. 2.

Fredericus vero imperator cum Germanorum copiis, transito
Hellesponto, Iconium usque salvus pervenit; ubi cum in
flumine modico sese lavaret, submersus fuit, apud Tyrum
sepultus. Inde Christiani profecti, Achonam obsessam fortes
obsederunt, terra marique impugnantes, quam et cepere ao.
1191, ubi multi ex principibus ceciderunt. Saladinus autem
Christicolarum adventu exterritus, destructis sponte civitatibus maritimis, in Aegyptum confugit, quem cum insectari
maturarent Christiani, exorta inter Angliae et Franciae reges
dissentione et simultate, ad propria omnes redierunt, cum
maximo Christianitatis scandalo et damno.

Quartus Gelriae comes.[409])

Gerhardus Gelriae et Zutphaniae comes quartus,
annis rexit 18, uxorem duxit nobilissimam, Margaretham
comitis de Sponheim filiam, ex qua tamen nullas excitavit
proles. Collegium cum uxore instituit in Wassenborch ubi
et requiescunt; grandia [410]) utique bella gessit cum Baldewino de Hollandia Trajectensi praesule, pro Velvae jurisdictione. Cum enim Gerhardus Velvae feudum a Baldewino,
ut moris est, minime postulasset, una cum ceteris Trajectensis ecclesiae vasallis imo requirere recusaret, quia a
Brabantiae duce illud accepisset, iratus Baldewinus antistes,
ope fratrum suorum, Florentii Hollandiae et Ottonis comitis
de Bentheim, aliorumque ecclesiae suae vasallorum, valido
exercitu Velvam depraedatus, illam a jurisdictione Gelriae
comitis diripuit sibique usurpavit. Quapropter Gerhardus
amicorum suppetiis et Comitis Juliae Wilhelmi adjutus, Trajectensem impugnans dioecesin, post varia incolis illata
damna, Daventriam cinxit obsidione. Verum Fredericus
caesar, expeditionem Italicam mente gerens, pacem inter
litigantes treugasque[411]) composuit, quatenus istorum principum auxilio frueretur. Interfuit quippe Gerhardus Gelriae
comes expeditioni primae, quam caesar in Mediolanenses

---

[409]) Die Ueberschrift fehlt in B. 1. H. und D. — [410]) Gerhardus,
B. 2. — [411]) treug. fehlt in H. und D.

reproduxerat. Moritur autem ao. 1180, in Wassenborch reconditus.

Everhardus comes de Altena sive Marcha tertius, annis praesedit 34 cum dimidio. Princeps singulari prudentia, modestia, benignitate et armorum exercitatione insignis; cui clarissima Margaretha, Juliae comitis filia, Fredericum enixa est successorem, Adolphum Coloniensis ecclesiae archiepiscopum atque Everhardum. Quiquidem Everhardus perceptis a genitore castris Lippe, Nienbrugge et Isenborch, primus comes de Isenborch efficitur, genuitque ex sorore ducis Limburgensis et comitis de Monte Fredericum successorem, Theodoricum Monasteriensem et Brunonem Osnaburgensem antistites. Ceterum Fredericus de Altena, comes de Isenborch creatus post patrem Everhardum, ab Engelberto de Altena et Monte patruo, Coloniensi archiepiscopo anathemate notatus, eo quod ecclesiasticam laesisset jurisdictionem, eundem Engelbertum multis confossum vulneribus interemit; quare et ipse captus et Coloniam perductus, ad instar latronis rotatus extitit,[412]) ut latius infra dicetur. Obiit Everhardus comes ao. 1205, in monte veteri sepultus.

Quintus Gelriae comes.[413])

Otto comes Gelriae et Zutphaniae quintus,[414]) annis praefuit 25, cui Richarda Juliae comitis filia, Henricum peperit, teneris annis decedentem, Gerhardum et Ottonem episcopum Trajectensem atque filiam Aleidam Hollandiae comitissam. Is a Frederico imperatore I, cui percharus erat, Neomagensem arcem cum civitate ab ipso innovatam auro multo impignoravit, cum quo etiam in secunda expeditione Italiam petiit, copiis suffultus candidissimis, similiter et in correctione Henrici Leonis clarissimi Saxonum ducis Frederico opem tulit, fortem se bellatorem ubique[415]) demonstrans. Nec his contentus praeliis, Otto comes etiam cruce

---

412) rota occisus fuit, B. 2. — 413) Die Ueberschrift fehlt in B. 1. H. und D. — 414) quintus fehlt in B. 1. — 415) athletam.

signatus, cum ceteris Germaniae proceribus, Syriam movit, contra Saladinum pugnaturus.

Ao. dni. 1181 Baldewinus de Hollandia, Trajectensis episcopus, terminatis jam treugis a Frederico caesare dudum inter ipsum et germanum Ottonis Gerhardum compositis,[416]) suorum vasallorum multitudine congregata Velvam flammis et praedis vastatam occupavit; indeque ad Zutphaniae comitatum cum exercitu migrans, magna ex parte depopulatus est. E converso Otto comes Gelriae ope Philippi Coloniensis archiepiscopi, Henrici ducis Brabantiae et Engelberti comitis de Monte sororii, commissis in partibus transyssulanis[417]) depraedationibus Daventriam obsidione vallavit, Fredericus vero alteram expeditionem mente gerens, convocatis in Wesalia Baldewino et Ottone, pacis inter eos foedera sancivit, Theodorico Clivensi comite moderante, ita quod Velva Ottoni remaneret integra, donec caesar juris peritorum consilio decerneret, cujus esset jurisdictio major. Ceterum ao. 1197 defuncto Baldewino Trajectensi antistite, duo sunt in schismate electi, utpote Arnoldus de Isenborch praepositus Daventriensis et Florentius de Hollandia, archidiaconus Trajectensis. Verum quia Otto Gelriae comes Arnoldo adhaesit, Theodoricus Hollandiae comes, Florentii electi frater, bellum cum Ottone sopitum resuscitavit, Velvamque depraedando ingressus; cui cum Otto comes cum suis cohortibus occurrisset, conserto in monte Heymonis praelio, victoria arrisit[418]) Theodorico, multis Gelriensibus captis et occisis. Iterum ao. dni. 1199 Otto comes Gelriae, ope Hollandiae comitis sibi reconciliati, adversus Theodoricum de Aere Trajectensem episcopum et Henricum Brabantiae ducem in Huisden, in acie decertans, victus et captus fuit, cum Hollandiae comite adjutore, multoque aere redemptus. Ipse etiam a capitulo Embricensi tutor et villae dominus decretus exstitit, ut illius jura erga nobiles vicinos tutaretur. Moriens autem

---

[416]) terminatis jam bellis a Frederico cæs. int. ips. et Hermannum Ottonis Gerhardum compositis. H. — [417]) transosculanis, H.— [418]) cessit B. 2. H. unb D.

ao. dni. 1205, in Campensi abbatia cum uxore [419]) decentissime sepelitur.

Arnoldus comes Clivensis 19, dominatus est annos 10, Ottone et Philippo in schismate imperantibus. Genuit ex illustrissima Florentii Hollandiae comitis filia Arnoldum, sibi in principatu succedentem. Ipse partes fovit Ottonis Saxoniae ducis contra Philippum Suaviae ducem simul in schismate electos imperatores, ao. enim dni. 1198 defuncto Henrico imperatore VI. convenientes in Mulhusen principes electores, bifariam sese diviserunt. [420]) Nam Coloniensis et Moguntinensis archiepiscopi, rex Bohemiae et Palatinus Rheni comes Ottonem filium Henrici Leonis Saxoniae ducis, comitem tunc Pictaviensem; [421]) residui vero elegerunt [422]) Philippum Sueviae ducem, filium Frederici Barbarossae imperatoris, factaque est imperii scissura maxima et multiplicata sunt mala in terris, rapinae, depraedationes, bella cruentissima, provinciarum et monasteriorum devastationes et alia plurima his consimilia; principibus et civitatibus imperii nunc ad hunc, nunc ad illum declinantibus ac sese lacerantibus. Philippus denique Ottonem adhuc in Anglia existentem praeveniens, Aquisgranum obtinuit, militum praesidio ibi derelicto. Otto depost cum Gallicis et Anglicis adveniens, Aquisgranum obsedit armisque occupavit, coronam imperialem ab Adolpho de Altena sive Marcha, Coloniensi archiepiscopo accipiens; cui mox adhaesere Henricus dux Brabantiae, Otto comes Gelriae, Arnoldus Clivensis, Wilhelmus Juliacensis et Fredericus de Altena comites, aliique plures et principes et civitates. Philippus vero coronatus est non a Coloniensi episcopo ut moris est, neque Aquisgrani, sed Moguntiae a Tarentasiensi antistite, praesentibus papae legatis, qui ad hoc missi non erant ut Philippum juvarent, sed ut ejus electionem impedirent atque cassarent. Considerabat nempe summus pontifex Innocentius III. quanta mala, persecutiones injuriasque pater ipsius Fredericus imperator ecclesiae dei, summis pontificibus, clero et populo dei [423]) devoto inges-

---

419) cum uxore fehlt in B. 1. — 420) diciserunt, H. — 421) Pistaniensem, H. — 422) reliquerunt, H. — 423) papæ, B. 1. u. 2.

serat, veritus ne filius genitorem insectaretur, quemadmodum in Tuscia et Germania inceperat,[424]) idcirco Philippi electionem denuo cassavit.[425]) Philippus enimvero[426]) armis nancisci volens quod jure non potuit, recollecta principum et civitatum sibi deditarum manu validissima, Alsatiam, Thuringiam, diocesin Coloniensem et Moguntinam ferro, flammis et caedibus percurrens, universos coëgit principes et civitates, quatenus Ottone abdicato, fidelitatis omina[427]) sibi praestarent. Adolphum quoque Coloniensem archiepiscopum, Andernaci ad se vocatum, minis et pollicitationibus eo pellexit, ut Ottone rege ab eo coronato posthabito, ipsum Aquisgrani in Romanorum regem coronaret; principes quoque memoratos Brabantiae, Cliviae, Gelriae et Juliae ad Philippi partes, Ottone relicto reduceret. Quamobrem papa Innocentius Adolphum de Altena dignitate privavit episcopali, Brunone de Segenbach[428]) instituto. Cernens itaque Philippus Adolphum de Altena sua gratia spoliatum, potissimo suorum foederatorum exercitu, Coloniam cum Ottone rege et Brunone episcopo obsidione vallavit. Otto vero aliquamdiu cunctatus, cum 400[429]) equitum et peditum duobus millibus Philippi castra invasit, consertoque in Wassenborch praelio ancipiti succubuit, multis suorum captis et interemptis. Nec solum Otto rex hic victus fuit, sed etiam in aliis quibuscunque conflictibus, cum Philippo initis, semper praevalente; ita ut et Otto illius fortunam admiraretur.

Anno autem dni. 1207 principes imperii Innocentium papam,[430]) per legatos Romam missos, devotissime supplicaverunt, quatenus desperatis Germanorum rebus consulens, per legatum ejus, inter reges in schismate electos, pacem ordinare et adinvenire dignaretur.[431]) Cernens nimirum papa Philippi fortunam, partesque ejus quotidie augeri et Ottonis decrescere, mutata animi sententia, Hugolinum cardinalem Ostiensem ad Germaniam destinavit, qui regum et principum

---

424) imperat, H. — 425) omnino ab imperio cassatur, B. 2. — 426) autem, B. 2. — 427) omnia, B. 2. und H. — 428) de Gegenbach, H.; bleibet ist unrichtig, Bruno IV. war ein Graf v. Sayn. Quellen I, 185. — 429) 300, H. und D. — 430) Innocentium papam fehlt in B. 1. — 431) dignatus est. H. und D.

dieta in Northusen convocata, pacis optatae remedia adinvenit, sic quod Philippi filia Ottoni daretur uxor et Philippus imperio potiretur, sed Philippo decedente Otto imperium assequeretur; quod ita evenit. Nam anno sequenti Philippus caesar, post venae incisionem somno pomeridiano depressus, ab Ottone de Witilisbach in Bamberga clam trucidatur et Otto Saxoniae dux ab electoribus imperator decretus est.

Fredericus Everhardi filius comes de Altena quartus, annis rexit 15 genuitque ex filia Hannoniae comitis Elisabeth: Adolphum sibi in dignitate comitantem.[432]) Is denique Adolphus fortissime tutatus est partes Ottonis Saxonum ducis, in Romanorum regem in schismate electi erga Philippum Sueviae ducem, a quo et damna accepit[433]) grandia, quando Saxoniam ferro flammisque depraedabatur. Porro his diebus Coloniensi praefuit ecclesiae Adolphus de Altena sive Marcha germanus, qui in Romanorum regem cum tribus aliis electoribus elegit Ottonem Saxoniae ducem, ceteris Philippum Sueviae ducem eligentibus; quem etiam Ottonem ab Innocentio III. papa confirmatum, in Romanorum regem coronavit[434]) Aquisgrani, inferioris Germaniae proceribus assistentibus. Verumtamen depost exorta inter reges electos dissentione gravissima, cum bellis et provinciarum devastationibus, ut dictum est, Adolphus Coloniensis archiflamen armis et metu et aere[435]) multo, ut fertur, mutatus in virum alterum, Philippum Suevorum ducem in Romanorum regem coronavit apud Aquisgranum, Ottone primum coronato posthabito. Quapropter ab Innocentio summo pontifice excommunicatus et depositus fuit, Brunone de Segenbach[436]) Coloniensi archidiacono substituto. Iratus exinde rex Philippus,[437]) selectis militum copiis invadens diocesin Coloniensem, Bonnam, Remagen, Nussiam aliaque oppida et castra armorum vi occupata Adolpho[438]) praesuli contribuit.[439]) Nec multo post, devicto in Wassenbergensi bello rege Ottone,

---

432) sibi succedentem, D. 2. — 433) perpessus, B. 2. — 434) confirmavit, H. — 435) et aere fehlt in H. und D. — 436) S. die Note 428. — 437) Philippus fehlt in H. und D. — 438) Arnoldo, B. 2. — 439) Concubuit, H.

Philippus Coloniam in deditionem accipiens, Adolphum sui gratia depositum restituit, Brunone a papa constituto, in vinculis conjecto. Iste praesul Adolphus aedificavit castra Lantzcrone super Arae fluminis oram atque Isenborch Rurae incumbentem, quod Eberhardo fratri suo primo comiti de Isenborch assignavit. Ceterum Philippo caesare apud Bambergam occiso et Ottone imperatore reelecto, Adolphus denuo episcopatu privatus,⁴⁴⁰) acceptis annuis 400 marcis, superstites vitae dies in pace finivit Anno dni. 1208. Cui in praesulatu Bruno de Segenbach,⁴⁴¹) ex Philippi vinculis erutus, substituebatur. Cui Theodoricus de Altena et Monte, primi comitis Montensis germanus subrogatus exstitit, vir ob excellentes⁴⁴²) animi dotes⁴⁴³) cunctis acceptissimus; sed ob excessivas cleri et populi exactiones et onera imposita, universis odiosus,⁴⁴⁴) ut fieri consuevit, effectus,⁴⁴⁵) imposito sibi symoniacae pravitatis crimine, depositus fuit, assignatis illi pro vitae sustentatione 400 marcis annui census. Ipse erexit arcem Godesberch ex bonis judaei cujusdam, ob crimina in christianos exacta, obtruncati ao. 1209.

Anno dni. 1204 migrante a saeculo comite Hollandiae Theodorico, Arnoldus comes Clivensis sororius ejus bellare cogebatur adversus Wilhelmum de Hollandia, Theodorici defuncti germanum et orientalis Phrysiae dominum, qui Adam⁴⁴⁶) et Adelheidam ex sorore neptes et Theodorici Hollandiae comitis filias, comitatu Hollandiae privare moliebatur.⁴⁴⁷) Ludovicus comes quippe Lossensis, qui Adam primo genitam uxorem habebat, Hollandiae comitatum sibi cum uxore devolutum ocius usurpavit. Satrapae vero et civitates potiores Wilhelmum orientalis Phrysiae comitem ceu heredem masculinum accipientes, in dominum elegerunt, qui mox ope Ottonis Gelriae comitis, cujus filiam Alcidam uxorem habuit,⁴⁴⁸) Hollandiae comitatum facile sibi vindi-

---

440) exuitur, B. 2. — 441) S. Note 428. — 442) excessivas, H. unb B. 1. excelsissimas, D. — 443) virtutes, B. 2. — 444) omnibus invisus, B. 2. — 445) redditur. — 446) Idam, D. — 447) nitebatur, B. 2. — 448) Die Worte ope — habuit, fehlen in H.

cans, Ludowicum cum uxore patria pepulit. Ille autem animo et viribus resumptis, ope Arnoldi Cliviae comitis, Hollandiam flammis caedibus et devastationibus [449]) tam diu afflixit, donec amicorum moderatione [450]) competentem principatus partem a Wilhelmo percepisset.

Arnoldus comes Clivensis 20, annis gubernavit 10, Frederico II. imperante; vir in deum devotus, in egenos largus, in subditos clemens atque in bellis victoriosus. Cui nobilissima Catharina, Henrici ducis Limburgensis et comitis de Monte filia, Theodoricum peperit successorem. Is cum Frederico II. imperatore, multisque Galliae, Germaniae atque Italiae proceribus in Syriam profectus est, adversus Saracenos et Turcas, terrae sanctae occupatores, pugnaturus, ubi et interiit pro fide catholica fortissime decertans [451]) ao. 1221. Etenim ao. 1218 inductione papae Honorii ac Frederici imperatoris, Syriam migrarunt cum exercitu selectissimo principes isti: Andreas rex Hungariae, Lupoldus Austriae, Henricus Brabantiae, Ludowicus Bavariae duces; Walterus camerarius regis Franciae, Baldewinus Flandriae, Henricus Namurcensis, Henricus s. Pauli, [452]) Henricus Nivernensis, Arnoldus Clivensis, Gerhardus Juliacensis, Gerhardus Gelriae, Henricus de Monte, Lossensis, de Nassawe, de Spanheim et Seyn comites; Moraviae quoque, Badensis et Montisferrati marchiones; Siffridus Maguntinensis, Otto de Benthem Monasteriensis, Leodiensis, Herbipolensis, Argentinensis, Bambergensis, Patavinus et Eystatensis episcopi. Isti omnes cum Pelagio, apostolicae sedis legato, Syriam applicantes Damiatam [453]) urbem praepotentem, Niloque flumine circumcinctam, obsidione vallarunt, quam et inedia, pestilentia, multisque impugnationibus attritam et desolatam, anno sequenti ceperunt. Consilio insuper inito de ulteriori in Aegyptum profectione, Joannes rex Jerusalem censuit non esse progrediendum, propter instantem Nili exuberantiam ad interiores Aegypti regiones. Legatus autem

---

[449]) rapinis, B. 2. — [450]) interventu, B. 2. — [451]) dimicans, B. 2. — [452]) H. s. Pauli und H. Nivern. fehlen in B. 2. — [453]) Barmmatam H. Bainmalam D.

apostolicus contrarium definivit; cujus sententia praevalente, candidissimus⁴⁵⁴) cruce signatorum exercitus, ad ulteriora Aegypti loca movens, post duos menses aquis Nili per totam Aegyptum discurrentibus adeo coarctatus et circumdatus est, quod nec procedere nec retrocedere potuerat, neque victualia inferri⁴⁵⁵) poterant; quare cum Saracenorum soldano componentes Christiani, Damiatam restituerunt ao. 1221.

Engelbertus de Altena, primi comitis Montensis Engelberti filius, Coloniensis ecclesiae creatur Archiepiscopus ao. dni. 1216. Ipse Fredericum II. imperatorem elegit et coronavit Aquisgrani, qui et filium ejus Henricum sibi commendavit, imperii quoque vicarium ultra Alpes instituit. Cumque status ecclesiastici reformationi toto conamine insisteret, juraque ecclesiae adversus principes et nobiles quoscunque defensaret, a nepote suo Frederico comite de Isenborch multis confossus vulneribus, glorioso coronatur martyrio; eo quod ipsum excommunicaverat, quia Essendiensis bona monasterii violenter rapiens detineret, neque restituere vellet ao. 1225. Tali quoque⁴⁵⁶) mortis genere periturum praedixerat Engelbertum praesulem, Conradus Portnensis cardinalis, dum in Germania legationis officio fungeretur. Cujus quidem facinoris conscii et conspiratores fuere:⁴⁵⁷) Theodoricus Monasteriensis et Bruno Osnaburgensis episcopi, Frederici fratres, quos Honorius papa dignitatibus privatos perpetuo condemnavit exilio. Fredericus vero sceleris patrator, velut Cain profugus in terra existens, cum ad Henricum ducem Limburgensem avunculum suum confugere vellet, a Baldewino comite de Gennep interceptus, Gerhardo Gelriae comiti, avunculo Engelberti praesulis destinatur; quem cum Coloniam perduxisset, extra portam s. Severini rotatus ad instar latronis in columna lapidea peralta exaltatus fuit, quemadmodum mater ejus,⁴⁵⁸)

---

⁴⁵⁴) candidissimus fehlt in H. und D. — ⁴⁵⁵) Die Worte potuerat — inferri fehlen in H. — ⁴⁵⁶) inquam, H. B. 1. und 2. — ⁴⁵⁷) fuere fehlt in H, D, und B. 2. — ⁴⁵⁸) mater ejus fehlt in D.

in visione⁴⁵⁹) dum adhuc ipsum in utero gestaret, praeviderat. Deinde Henricus de Molenarck, Engelberti in praesulatu successor et mortis severissimus vindex, ope Henrici ducis Brabantiae, Gerhardi Gelriae, Theodorici Cliviae, Gerhardi Juliae et Adolphi Marchiae comitum, castra Frederici occisoris munitissima: Isenborch et Nienborch solo aequavit. Inde comites de Lippia et Teckeneborch, Frederici cooperatores ac conspiratores in praesulis necem, invadens, exustis illorum villis et nemoribus praecisis, castrisque aliquibus captis et dirutis, patria pepulit; qui tamen depost Henrico antistiti reconciliati, duo exstruere monasteria promiserunt.⁴⁶⁰) Sederat autem Engelbertus in episcopatu annis 10, episcopale onus in propria persona perficiens; cum enim ecclesiam monasterii de Gevelsberg consecrasset, clericos et non milites secum ducens, a Frederico nepote armato interfectus fuit.

Gerhardus comes Juliacensis bellicossimus, ex filia comitis a Schawenborch Wilhelmum genuit successorem, filiamque Margaretham, Adolpho comiti Montensi desponsatam.⁴⁶¹) Ipse Ottoni Saxoniae duci electo in imperatorem adhaesit primo, sed Philippo Sueviae duci etiam a nonnullis electo, adversus Ottonem praevalenti, deserto Ottone rege, suffragium praestitit, sicut et ceteri principes viciniores fecerunt, quare ab Ottone denuo, post mortem Philippi, reelecto⁴⁶²) damnificatus. Hinc cruce signatus et fidei devotione incalescens, in Syriam cum ceteris Germaniae proceribus profectus est, auxiliares quoque copias dedit Henrico de⁴⁶³) Molenarck Coloniensi archiepiscopo, quando Fridericum de Altena, comitem de Isenborch, Engelberti praesulis occisorem, ejusque complices armis exturbavit ao. 1227.

---

459) in visione fehlt in B. 1. H. und D. — 460) Der Graf Otto v. Tecklenburg botirte in unserem Westfalen die Klöster Himmelpforten und Paradies. Fider Engelbert d. heil. 274 und Seibert Urk. Buch I, Nr. 270. — 461) nuptam, B. 2. — 462) reelecto fehlt in H. und D. — 463) Die Worte: profectus — Henr. de, fehlen in H.

Secundus de Monte comes.[464])
Henricus dux Limburgensis et comes de Monte secundus, annis praefuit 18. Cui Margaretha Engelberti comitis primi de Monte filia, Adolphum peperit atque Ermgardim, Raynaldo comiti Gelriae desponsatam. Defuncto quippe Adolpho Montensi comite uxoris suae germano absque liberis, comitatum adeptus est Montensem cum uxore sua, filia [465]) unica, sibi [466]) devolutum; quem cum annis 18 optime gubernasset, Adolpho filio suo primogenito resignavit ao. 1210. Genuerat equidem Henricus et alias proles ex conjuge prima, ducis Bavariae filia, Walramum scilicet atque Catharinam comitissam Clivensem et Margaretham Godefridi ducis Brabantiae uxorem. Ceterum extincto Frederico comite de Isenborch, ex sorore nepote, aedificavit super Ruram [467]) castrum Limborch pro pronepote ejus Frederico, Frederici extincti filio, quem dominum ibi constituit, bella gerens [468]) contra Adolphum Marchiae comitem, qui castra et villas, comitatus de Isenborch magna in parte occupaverat; sed parum profecit, quia clavum de Herculis fortissimi manibus extorquere magni viri est opus et ingens labyrinthus. Fredericus enim caesar imperiali banno proscripserat Fredericum comitem de Isenborch cum tota ejus progenie, bonaque illorum publicata universis occupare [469]) volentibus libere dedit et permisit.

Gerhardus Gelriae et Zutphaniae comes 6^{tus} annis rexit 27, genuitque ex Richarda comitis de Nassawe filia, Ottonem et Henricum Leodiensem episcopum electum et confirmatum. Ipse Gerhardus Gelriae comes, Ottoni Romanorum regi electo contra Philippum assensum praebuit, quare a Philippo gravia damna perpessus est.[470]) Cum denuo Philippo praevalente Ottonem deseruisset, sicut et ceteri principes, iterum ab Ottone in regem reassumpto,

---

- 464) Die Ueberschrift fehlt in B. 1. H. und D. — 465) filia fehlt in H. und D. — 466) sibi fehlt in B. 1. und 2. — 467) Limburg wurde an der Lenne gebaut, welche bei Hohensyberg in die Ruhr fließt. — 468) belligerans, B. 2. — 469) capere, D. publicare, H. -- 470) accepit, B. 1. H. und D.

rursus damnis affectus est. Obtinuit autem a Frederico II.
imperatore, quod telonia patri suo Ottoni, Gelriae comiti
concessa, ab Arnhem in arcem Lobeth prope Embricam
transferre liceret, ubi Rhenus se dividens, Walam a se
rejicit. Cumque eo tempore Otto de Lippia, Trajectensis
episcopus, universam in Zalland jurisdictionem occupasset,
Gelrienses quoque exactionaret, quasi sui juris essent,
commotus proinde Gerhardus comes, episcopi gentes[471])
cepit in ditione sua, eorumque bona arrestavit et confis-
cavit. Quamobrem Otto praesul, ope Monasteriensis episcopi,
Velvam pervadens, plures exussit civitates, villas, praedam-
que tulit maximam. Viceversa[472]) Gerhardus Gelriae comes,
ut damna damnis compensaret vicemque hostibus redderet,
assistentibus sibi Walramo duce Limburgensi, Florentio Hollandiae et Henrico de Seyn[473]) comitibus, diocesin depopulabatur Monasteriensem, maxime circa Borcklohe,[474]) ubi
congressione cum Monasteriensibus facta, succubuit, multis
suorum captis et trucidatis. Inde resarcitis copiis, Trajectensem invadens diocesin, gravissima praesuli damna ingessit. Tandem Conradus cardinalis Portinensis, papae legatus, inter litigantes pacem statuit, ita quod comes Gelriae
jus suum in Zallandt habitum, episcopo resignaret, iterum
episcopus jus suum in Altinensi villa praetensum, comiti
Gerhardo restitueret. Accidit ao. dni. 1222. Deinde cum
Ottone praesule Trajectino, adversus rebellantes Twentones[475])
fortiter pugnans, captus fuit cum Ottone comite de Benthem,
multisque aliis militaribus. Insuper Henrico Coloniensi praesuli auxiliares destinavit copias, in extirpatione comitis de
Isenborch, qui avunculum ejus Engelbertum archiepiscopum
occiderat, quem et Coloniam morte plectendum transmisit.
Bellavit etiam in exordio sui principatus contra Henricum
Brabantiae ducem, a quo captus fuit et tribus marcarum
millibus redemptus. Huic Henrico duci reconciliatus, cum
eodem bellavit adversus Hugonem Leodiensem episcopum,

---

471) Statt episcopi gentes hat H. exigentes. — 472) Universa, H.
und D. — 473) Hien. H. — 474) Vorckloe, B. 2. — 475) Trentones,
B. 2. Teutones, H. und D.

captaque fuit civitas Leodiensis per ducem et militibus permissa ad depraedandum. Moritur autem Gerhardus Gelriae comes ao. dni. 1230, sepultus apud moniales Ruremundae ab ipso et conjuge fundatas, ubi et Richarda comitissa effecta monialis, in abbatissam praelata fuit, quae et paulo post defuncta, juxta maritum sepultu extitit ao. 1241, mulier virtute et sanctitate refulgens.[476])

Theodoricus comes Clivensis 21us, annis dominatus est 24, Frederico II. imperatore; princeps singulari prudentia, pietate et clementia insignis, et ad bella doctissimus, uxorem duxit Mechtildem unicam comitis Dinflackensis filiam, ex qua Theodoricum suscitavit sibi in principatu[477]) succedentem; cum qua et comitatum illum dotis jure accepit,[478]) Frederico imperatore consentiente feudumque concedente. Ceterum quoniam totus erat bellicosus et torneamentorum[479]) insectator, cum apud Corbeiam Galliae, in torneamento fortissime pugnaret, cernens Florentium Hollandiae comitem a Claromontensi comite transfixum, mox nepotis necem vindicaturus,[480]) comitem illum hasta peracuta impingens, similiter confodit; Nivellensem quoque comitem, eam ob causam se invadentem, e campo ocius fugavit; quamplura denique et ardua cum principibus diversis bella gessit, quibus vel sanguine vel foedere conjunctus erat. Nam Ludolpho de Holte Monasteriensi episcopo, auxiliares destinavit copias adversus viduam de Vevelinghoven.[481]) Irata proinde, filios suos, Flandriae et Gelriae comitum aulicos, in Ludolphi praesulis persecutionem concitavit; qui tamen paratus erat damna illata restituere. Illi autem elati, bella magis quam pacem appetentes, ope praefatorum comitum diocesin afflixere Monasteriensem, damna potissima miseris inferentes.[482]) Quapropter Ludolphus antistes, ope comitum de Marka et Clivis, invasores suos et hostes fortiter aggressus, conserto invicem proelio et victoria potitus,

---

476) ao. 1241 — refulgens fehlt in H. und D. — 477) Die Worte: filiam — principatu fehlen in H. und D. — 478) suscepit, B. 1. percepit, H. und D. — 479) tormentorum, H. — 480) vindicans, H. und D. — 481) Memelichoven, B. 2. Nevelinghove, H. und D. — 482) Die Worte: monaster. — inferentes fehlen in H.

multis captis et occisis, filios etiam domus praedictae belli
auctores interceptos, decapitari jussit. Deinde cum Ottone
de Lippia Trajectensi antistite, bellavit Theodoricus hic Cliviae
comes adversus rebellantes Twentones.[483]) Nam ao. dni.
1225 Otto Trajectensis episcopus, cum pacis foedera ordi-
nasset inter Rudolphum dominum de Covorden[484]) et Eg-
bertum Groningiae praefectum, suos vasallos sub poena
amissionis rerum et corporum (convocans), recedente Ottone
Rudolphus[485]) Groningiam occupavit. Commotus[486]) proinde
Otto praesul, vasallos ecclesiae suae et defensores vocavit
et requisivit, quatenus auxiliares sibi copias adducerent, ad
elati hujus vasalli superbiam edomandam. Igitur Florentius
Hollandiae, Theodoricus Cliviae, Gerhardus Gelriae, Baldewinus de Benthem comites, cum selectissimis copiis, Ottoni
praesuli opem ferentes, arcem Covordensem obsidione cinxerunt. Erupit autem ex arce Rudolphus paucis cum Twen-
tonibus praesulis castra lacessens, non ad pugnandum, sed
ad eliciendum ad paludes et fossas eo in loco defossas et
militibus ignotas. Otto denique antistes, cum selecto suo
exercitu Twentones ex dolo fugientes insecutus, altis im-
mersus paludibus et fossis abditis, cecidit cum 400 viris,
qui armorum gravitate paludibus infixi, nedum a rusticis,
sed a mulieribus[487]) diverso mortis genere sunt interempti.
Cumque Ottonem praesulem a ceteris derelictum, limoque
infixum viderent, post illatas blasphemias, sacram capitis
coronam ensibus detrahentes, tandem occiderunt. Capti sunt
multi militares cum comitibus de Gelria et Benthem, quos
statim armis liberaverunt. Wilibrandus etenim de Oldenborch
Paderbornensis episcopus, ad ecclesiam Trajectensem delatus,
recollectis vasallorum praefatorum omniumque amicorum
suorum copiis, castrum Coverden, diutina obsessione com-
pressum, cepit cum Rudolpho domino et litisfautore,[488])
quem cum Henrico de Ramesdorp[489]) milite rotari fecit,

---

[483]) Trentones, B. 2. Treulus, H. Teutrones, D. — [484]) Conordem,
H. und D. — [485]) Rudolphus fehlt in H. und D. — [486]) comitatus, H.
und D. — [487]) non solum a rust. sed etiam, B. 2. — [488]) satore, B. 2. —
[489]) Gravesdorp, B. 2. Granesdorff, H. und D.

ceu latrones, ceteros in arce repertos decollari residuos
Twentones fuga delapsos proscripsit. Cetera autem Twen-
tonum multitudine indulgentiam postulante, datis episcopo
tribus marcarum auri millibus, recepti sunt in gratiam, illo
potissimum adjecto, quod ipsi monasterium exstruerent expensis communibus, pro felici trucidatorum requie, sicque
constructum fuit monasterium Swartewater haud longe a
Swollis ao. dni. 1228.[490]) — Porro anno sequenti Theodoricus Cliviae comes, in hereticos Stadingos cum multis principibus belli procinctum movit. Erant isti cives de Staden
civitate ducis Bremensis, qui vesano permoti spiritu, universa fore communia dicebant, neque principibus obtemperan-
dum, neque tributa neque servitia illis impendenda, sed soli
Deo. Censuras et indulgentias ridebant et sacramenta[491])
ecclesiae vilipendebant; quibus plures civitates et villae
etiam nobiles atque principes nonnulli adhaesere et auxiliati
sunt. Gerhardus itaque de Lippia Bremensis archipraesul,
suorum fratrum et amicorum copiis adjutus, haereticorum
terram invadens, ferro et flammis omnia devastavit, consertoque proelio superatur[492]) praesul, fratribus suis cum nobilibus multis dire trucidatis. Cernens tandem papa Gregorius IX. haereticorum multitudinem quotidie augeri, nec
Bremensem episcopum posse solum resistere, crucem contra
illos praedicari fecit per Germaniam inferiorem, cum plenaria
jubilaei gratia, dimicari volentibus contra illos. Itaque Lupoldus Austriae, Henricus Brabantiae duces, Florentius Hollandiae, Theodoricus Clivensis, Adolphus Montensis, Wilhelmus Juliae et Borchardus de Oldenborch comites, Bremensis,
Monasteriensis episcopi, multique barones, milites et nobiles
cruce signati, potissimo conglobato exercitu, terra marique
hæreticos impugnabant, et primo Oestlandiam[493]) igne et
devastationibus pervagantes, quingentos viros cum uxoribus
et parvulis peremerunt. Hinc contra Staden oppidum castra
metati,[494]) vastatis agris et villis exustis, occursantes viros
cives in bellum laeti excepere, congressione autem saevis-

---

[490]) 1238, H. — [491]) ornamenta, H. — [492]) trucidatur, H. u. D. —
[493]) Deslandiam, B. 2. — [494]) moventes, B. 2.

sima peracta, superati sunt Stadingi et civitas capta, omnesque cujuscunque status, sexus vel aetatis homines, ad unum usque trucidati, ne pestiferum illorum semen in terris remaneret. Accidit caedes ista ao dni. 1234 ubi et Borchardus de Oldenborch multique cruce signati cecidere. — Theodoricus Cliviae comes etiam adjuvit Henricum de Molenarck Coloniensem archiepiscopum, in correctione Frederici comitis de Isenborch suorumque complicum,[495]) de quibus supra dictum est.

Adolphus Henrici ducis Limburgensis filius, comes de Monte 3us a patre decretus fuit ao. dni. 1210. Hinc est quod comites de Monte successores, usque hodie non fungantur armis de Altena sive Marcha, unde orti sunt comites primi, sed Limburgensium ducum, leone scilicet rubeo coronato, caudaque bifulcata. Genuit vero Adolphus, ex filia Gerhardi Juliae comitis Margaretha formosissima, Adolphum et Wilhelmum mutuos successores, Conradum Monasteriensem episcopum et Adolphum dominum de Windeggen, qui ex Agnete de Marcha Adolphum edidit, de post comitem de Monte, unamque edidit filiam Adolphus Cunigardam[496]) Marchiae comitissam. Ceterum quia armorum peritia clarebat, opem attulit haud contemnendam Henrico archiepiscopo Coloniensi, adversus nepotem Fredericum de Isenborch, justitiam sanguini anteponens.[497]) Inde fidei catholicae calore succensus contra Stadingos haereticos, ut diximus, fortissime decertavit. Demum ao. 1243 convocato apud Nussiam torneamento militari, pluresque principes et militares comparentes, inito conflictu, ex ludo seria res[498]) et ex torneamento gravissimum oritur bellum, diabolo procurante; ubi Adolphus iste comes Montensis, comes Lossensis, Everhardus primogenitus de Marcha cum 366 militaribus et clientibus animadversi sunt et cecidere, pluresque in vesaniam atque languores perpetuos prolapsi sunt.

---

495) complurium, H. unb D. — 496) Ermgardim, B. 2. —
497) justitiam sanguinei interponens, H. Die Worte fehlen in D. —
498) series, B. 2.

Comes de Marca quintus.[499])

Adolphus de Marcka comes 5^{tus} genuit ex filia comitis Lossensis Gerhardi, Everhardum, Engelbertum, Gerhardum atque Ottonem. Everhardus in torneamento apud Nussiam tento occubuit; Engelbertus patri successit; Gerhardus Monasteriensis creatur episcopus; Otto autem praepositus effectus est Leodiensis et canonicus Trajectinus. Iste Adolphus comes, nomen de Altena hactenus usurpatum et a parentibus[500]) traductum et a Frederico de Altena, comite de Isenborch, maxime contaminatum abdicare et obliterare desiderans, empto sibi castro Marcka a Rabbodo illius domino, comitem de Marcka se deinceps scripsit et nominari voluit. Cumque reliquiae et superstites subditorum nepotis Frederici de Isenborch exterminati ad ipsum confugerent, novas colonias exposcentes, oppidum Hamme inter Lippiam et Amasim flumina condidit atque castrum Blanckenstein[501]) super Ruram aedificavit. In quibus locis reliquias et advenas comitum de Isenborch et Lippiae habitare permisit ao. dni. 1228. Ceterum Fredericus, Frederici filius, ex arce Limborch, ab Henrico duce Limborgensi et comite de Monte super Ruram (Lennam) aedificata, sibi concessa, Adolpho comiti Marchiae hostiles tetendit insidias. Nam una dierum, amicorum suppetiis fultus, Fredericus Marchiae comitatum invadens, villam Henesnen Druisbeck[502]) et Hertvelde exspolians et incendens, cum praeda potissima ad propria remeare maturavit. Divisa ergo illius acie cum praedis, superveniens subito, Adolphus, animose in hostes proruit, consertoque proelio victor evasit, multis nobilibus interceptis, pro quorum redemptione ingentem auri vim conquisivit. Accidit casus ipsorum prope Wienbrugk[503]) a. d. 1232. Nec quiescens Fredericus de Limborch, auxilio Montensium, comitis de Lippia et Stenvordia, Marchiae terram ultra Ruram praedando et cremando[504]) pervasit. Sed Arnoldus, Hermannus et Theodoricus de Swarte fratres et Adolphi

---
499) Die Ueberschrift fehlt in B. 1. II. und D. — 500) præsentibus, B. 2. — 501) Wanckenstein, B. 2. — 502) Geleknen, Duisburg, H. Hschr. — 503) Wyenbrugge, B. 2. — 504) armando, H. und D.

militares, contractis tumultuarie equitum copiis, hostes longe fortiores impugnantes, victoria potiti 60 equites fusos ceperunt. Dehinc Adolphus comes dominum de Wildenborch cum multis equitibus fudit et cepit in monte Garsebrach [505]) prope Hersteden. Obiit vero Adolphus a. D. 1249 in vigilia Petri et Pauli apostolorum.

Theodoricus hujus nominis VI., comes Clivensis 22^{dus}, annis praefuit 18, temporibus Frederici, Wilhelmi et Richardi imperatorum, princeps non infima laude dignus, si in eo clementiam, liberalitatem,[506]) magnificentiam, in Deum pietatem, crebrasque in bello partas victorias ad amussim pensitemus. Cui illustrissima Godefridi Brabantiae et Lotharingiae ducis filia Isabella,[507]) Theodoricum successorem, Margaretham atque Mechtildem filias enixa est.[508]) Margaretha Ottoni Gelriae comiti nupta, nullas excitavit proles, cum quo tamen illustrium virginum abbatiam in valle comitis prope Goch exstruxit, ubi et in choro decedentes pariter tumulati sunt. Mechtildis autem Ludowico Hassiae landgravio desponsata, inter ceteras utriusque sexus proles Ludowicum genuit praesulem Monasteriensem, virum utique moribus, scientia et virtutibus clarissimum. Is Theodoricus Cliviae comes, Conrado de Hoesteden Coloniensi archiepiscopo annuit, quod Dorstense castellum, uti commune et indivisum jus habebant, è villa in civitatem erigere queat; sic tamen, quodsi inter Clivenses et Colonienses guerrae et[509]) bella quandoque nascerentur, utrisque conclusa esset civitas, sed altero illorum cum alio principe belligerante, mox ipsi bellatori reseraretur. Verum quia[510]) haec conditio de post servata non extitit, idcirco comes Clivensis 25^{tus} Dorstenses armis compulit, ut muris dejectis et propugnaculis, villae speciem resumerent, anno 1311. — Ipse quoque Wilhelmo de Hollandia, electo Romanorum regi et nepoti, fidelissime adstitit adversus Fredericum II. a papa depositum. Florentio

---

505) Gersebach, H. Gerseborch, D. — 506) liberalitatem fehlt in D. — 507) Der Name fehlt in H, D, und B. 1. — 508) successorem genuit, Margaretham quoque et Mechtildem filias, H. und D. — 509) Die Worte: guerræ et fehlen in D. — 510) quando, H. und D.

etiam Hollandiae comiti regis germano, assistentiam dedit efficacissimam, quando contra Flandrenses navali proelio decertavit, ubi et Theobaldum ducem de Barri intercepit uti dicetur.

Anno siquidem dni. 1248 Frederico II. imperatore cum filio Conrado rege electo, a Lugdunensi concilio deposito, Wilhelmus Hollandiae comes, Romanorum electus est rex in Woringen, praesente legato apostolico Petro de capuliis, qui electum mox confirmavit. Wilhelmus denique rex,[511]) ope suorum electorum et amicorum, utpote Henrici Brabantiae ducis, Theodorici Clivensis et Ottonis Gelriae comitum nepotum, adunatis[512]) copiis candidissimis Aquisgranum, Frederico deposito deditum, obsidione vallavit et post septem ogdoas in deditionem capiens, in ea coronam suscepit ferream a Conrado Coloniensi archiepiscopo. Deinde Phrysones, diu rebelles, bello compescens, sub jugum misit. Inde Conradum Frederici filium, ex Italia cum exercitu magno[513]) in Germaniam moventem, resque novas in Bavaria meditantem, eo cum suis copiis profectus retrocedere compulit. Interea Guido comes Flandriae, Joannem Hannoniae comitem, Wilhelmi regis sororium, principatu privavit. Quem mox rex, resarcitis copiis, Hannoniam movens, restituit[514]) et adversus Guidonem cum Flandrensibus Walachiam[515]) Zelandiae insulam infestantem, transmisit cum classe potentissima Florentium germanum ejus et Theodoricum Cliviae comitem nepotem. Navali itaque proelio in Westkeppel villa maritima commisso, post dubiam cruentamque pugnam, Hollandis et regi Wilhelmo cessit victoria; ubi ex Flamingis eorum foederatis 50 millia caesa, 50 millia submersa et 50 millia capta fuere. Comes Clivensis Theobaldum ducem de Barri oculo privatum, cum multis cepit nobilibus, a quibus maximas divitias extorsit, quibus ad nauseam usque ditatus est.

---

511) Die Worte: in Woringen — denique rex fehlen in H. u. D. —
512) coactis, H. und D. — 513) magna stipante caterva, B. 2. —
514) resistit, H. — 515) Walasiom, H.

Wilhelmus Juliae comes bellicosissimus, ex filia comitis Lossensis, Wilhelmum suscitavit successorem. Is fidei zelo fervescens, pugnavit fortiter contra Stadingos, Bremensis diocesis haereticos. Dehinc Frederico II. imperatori a papa et Lugdunensi concilio deposito, tenacissime adhaesit. Inimicus et hostis ecclesiae et praelatorum cum illo effectus, varias molestias, depraedationes, mutilationes et persecutiones clero et religiosis personis ingessit; quare et a papa excommunicatus fuit, sed minime curavit. Quare dei gratia destitutus et in sensum reprobum versus, repudiata uxore et incarcerata, ob adulterii crimen illi impositum, ipse prius adulter factus, aliorum nobilium et civium uxores egregias, vi ablatas stupravit atque virgines. Infirmatus autem in arce Nideggen, ut medicorum sanaretur remediis, Coloniam se deferri curavit,[516]) indeque a medicis desperatus, ad propria remeans, in prato patenti, haud longe a Colonia, absque sacramentis interiit, in sinu jacens cujusdam militissae, quam a viro rapuerat[517]) ao. 1247.

Otto comes Gelriae et Zutphaniae 7[mus] annis rexit 42.[518]) Princeps sapientia, pietate, clementia atque armorum exercitatione clarissimus. Ex Margaretha Theodorici comitis filia inclitissima, nullas suscitavit proles, cum qua tamen fundavit abbatiam vallis comitis, ordinis cisterciensis prope Goch, ubi et requiescit. Ea quippe uxore prima decedente a. 1250, Otto comes ad secundas migrans nuptias, Philippam duxit comitis de Sympol[519]) filiam, ex qua Reinoldum successorem atque Ermgardim Cliviae comitissam procreavit.[520]) Ipse Wilhelmo Hollandiae comiti nepoti, electo Romanorum regi, suppetias tulit in Aquensis urbis obsidione et deditione, a quo et Neomagense imperium cum palatio a Frederico I. caesare, Ottoni 2[do] Gelriae comiti impignoratum. Datis Wilhelmo regi viginti millibus marcarum argenti, peramplius impignoravit et quasi emit, ea conditione adjecta, quodsi

---

516) fecit, H. unb D. — 517) acceperat, B. 1, H. unb D. — 518) 13, H. unb D. — 519) Sunopel, H. Senepol, D. Sunpol, B. 1. — 520) procuravit, H.

quandoque ab imperatore romano redimeretur, tunc Gelriae comes jus [521]) feudi prae aliis retineret. Denique ab Ottone comite recepit in feudum Stochem [522]) et Alsen, comes Lossensis et Groswinus de Born dominium de Born. Ceterum Otto Gelriae comes, Henricum de Gelria Leodiensem episcopum electum, maxima cum solemnitate introduxit a. 1246, qui cum militiae magis esset deditus, quam religioni, annis 27 consecrationis ritum distulit, donec armis et minis coactus, in episcopum se consecrari faceret. [523]) Exorto deinde Leodii bello intestino et schismate inter clerum et cives, propter ecclesiasticae libertatis violationem, Henricus praesul cum clero [524]) ab urbe recessit, ceteris civitatibus urbi adhaerentibus; cumque mutuis sese devastationibus et caedibus graviter persequerentur, [525]) Henricus antistes, ope Ottonis Gelriae comitis germani, comitumque Juliae et Lossensis, Leodiensem exterasque civitates rebellantes, gravissimis bellis, depraedationibus et caedibus compescuit. Tandem Henricus de Gelria praesul, ob indignam vitam a papa Urbano depositus, tres post [526]) se mutuos sibi successores [527]) vidit episcopos, sed cito defunctos, [528]) quos et ipse armis afflixit. Postremo in proelio apud Francomontem cum Leodiensi episcopo conserto, occisus occubuit a. 1284. Verum Otto comes Gelriae, post varia virtutum insignia, defecit a. 1271; in monasterio vallis comitis cum uxoribus sepultus. Ipse etiam in Stadingos haereticos arma cum ceteris principibus, ut diximus, vibravit. [529])

Engelbertus comes de Marca 6ᵘˢ, annis praesedit 28, vir ingenio et armis clarissimus, justitiae tenax, sicariorum hostis, desidum et otiosorum perosor, laborantium vero singularis promotor. [530]) Genuit ex Cunigunde prima conjuge, filia comitis a Schawenborch, Everhardum successorem, Agnetam de Monte comitissam, Margaretham [531]) de

---

[521]) jure, B. 2. vice, H. — [522]) Stasen, H. — [523]) ordinari curaret, B. 2. — [524]) Die Worte: propter – clero fehlen in H. u. D. — [525]) prosequentibus, H. — [526]) contra, H. und D. — [527]) mutuos sibi success. fehlt in B. 1, H. u. D. — [528]) non adeo diu superstites, B. 2. — [529]) Der Schlußsatz Verum Otto comes u. s. w. fehlt in H. — [530]) laborantium — promotor fehlt in H. und D. — [531]) Agnetam, H.

Teckenenborch et Aleidam Cliviae comitissas. Ex secunda vero uxore, Elisabeth de Valckenborch, Gerhardum edidit et Catharinam, domino Mecheliniae [532]) desponsatam, alteramqué filiam comitissam de Zegenhagen. [533]) Ipse ferme totum sui principatus tempus, in rebus bellicis distribuit. [534]) Nam a. d. 1250 in exordio sui principatus Otto de Marca germanus ejus, Leodiensis archidiaconus et canonicus Trajectensis eum turbavit, [535]) qui ad laicatum aspirans, resignatis beneficiis, paternae hereditatis portionem ab Engelberto expetiit, uxoremque duxit Ermgardim de Holte, viduam de Memelichoven [536]) cumque exinde bella et caedes pararentur inter germanos, [537]) moderatione et prudentia comitis Clivensis pacis amplectuntur foedera. Engelbertus quippe resignat Ottoni castra Altena et Blanckenstein cum villis adjacentibus; ita tamen, quod illa non venderet aut alienaret, si ipsum absque liberis defungi vita contingeret, quod ita actum est; nam post annos non ita multos [538]) e medio sublatus, integram Engelberto possessionem [539]) restituit. Quibus guerris vix terminatis, ecce Fredericus de Limborch filius Frederici rotati, auxilio Montensium et Limburgensium Marchiae comitum agressus plures [540]) villas devastavit. Quibus auditis Engelbertus comes, ope comitis Clivensis Theodorici, aliorumque amicorum, Frederici copias animose aggressus in campo Volverscamp victoria potitus, in fugam universos compulit, multis captis et occisis. Inde M e n d e n e oppidum valde sibi infestum, armis captum diruit. Aliud quoque bellum multo gravius, Engelbertus Marchiae comes cum Engelberto de Valckenborch Coloniensi episcopo assumpsit. Nam a. d. 1262 Bernardus Bitter miles, satrapa de Blanckenstein, cives Susatenses, Engelberto comiti injuriantes et damna inferentes cepit; quare ira percitus [541])

---

[532]) Weiselmiae, H. Wachelmiae, D. — [533]) Regensach, H Zegenhache, D. — [534]) contrivit, B. 2. — [535]) Statt eum turb. haben B. 1. H. und D. conturb. — [536]) Memelichon, H. Nemelichon, D. — [537]) pararent: die Worte inter germanos fehlen in H. — [538]) Statt der Worte: non ita multos oder aliquot, wie es in B. 1. heißt, find in H. und D. einige Punkte gesetzt und steht in margine der letzten Handschrift bemerkt: quod in originali pariter omissum. — [539]) portionem, D. — [540]) multas, B. 2. — [541]) commotus, B. 2. praeditus, H.

praesul recollectis amicorum suppetiis, villam Hatnegen exurens, ad ulteriora profectus est. Bernardus vero Bitter miles, cum Marchensibus episcopi copias viriliter impugnans, in vico Capella 80 prostravit equites a. d. 1263. Engelbertus denique archipraesul exercitu undique instaurato, Unnam [542]) armorum violentia occupavit, multis civium captis et interfectis cum Bernardo Bitter. Oppidum vero Camen egregie [543]) firmatum Theodoricus Vulenspeet [544]) Engelberti comitis aulicus incendit, ne a praesule captum et communitum [545]) militum praesidio firmaretur, damnaque inde Marckensibus inferret. Demum guerra haec potissimum sedata est, per Theodoricum Cliviae et Gerhardum Juliae comites, contracto inter Engelbertum Marchiae comitem et Elisabeth de Valckenborch archiepiscopi ex fratre neptem matrimonio; quapropter Engelbertus comes factus est Engelberti praesulis adjutor adversus civitatem Coloniensem, comitemque Juliae et adversarios quoscunque. Verum cum a. D. 1277 Engelbertus comes, modica militum multitudine [546]) stipatus, comitatum peteret de Teckeneborch, cujus erat tutor, a Bernardo Loën de Bredervoert [547]) ejusque complicibus [548]) captus fuit et in captivitate ex conceptis mente [549]) doloribus mortuus, eo quod sua incuria [550]) in tam vilissimorum praedonum et sicariorum manus incidisset; cujus tamen cadaver a filio Everhardo armis [551]) extortum in monasterio Cappenborgensi condecentibus tumulatum est honoribus.

Wilhelmus Juliae comes, rerum optime gestarum fama [552]) clarissimus, genuit ex filia comitis de Seyn Wilhelmum, Walramum et Gerardum filios, unamque filiam, domino de Arnsborch desponsatam. [553]) Ipse opem praestitit efficacem Engelberto de Valckenborch Coloniensi archiepiscopo in civitatis Coloniensis obsidione, deditione atque sub-

---

[542]) maxima, H. Viennam, D. — [543]) aegre, B. 2. enim Lanne aegre formatum, H. — [544]) Valense, H. Vulensep, D. — [545]) convictum, H. — [546]) militarium coterva, B. 2. — [547]) Brecktervort, H. und D. Berchvoirt, B. 1. — [548]) compluribus, H. und D. — [549]) morte, H. und D. — [550]) sua injuria, H. sine injuria, D. — [551]) armis fehlt in H. und D. — [552]) forma, H. — [553]) nuptam, B. 2.

actione. Conradus siquidem de Hoesteden, Engelberti praesulis praedecessor, liberrimam Coloniam, antiquissimis Romanorum familiis adornatam, in turpissimam redegerat servitutem, nobilibus et proconsulibus, atque civitatis rectoribus, pacis reformandae causa ad ipsum venientibus captis et in vincula conjectis, contra datam fidem, etiam hosti servandam. Iterumque alios viginti nobiles dolose contra datam securitatem[554]) captos, cum ceteris vinculatos tenuit[555]) annis duobus. Nobilibus itaque familiis exterminatis et consulibus ex plebe constitutis, omnimodam civitatis jurisdictionem in portis et clavibus usurpavit. Engelbertus vero de Valckenborch nepos et successor, Conradi praedecessoris vestigia sectatus, alios nobiles et civitatis consules ad ipsum declinantes, quatenus inter consules vinctos et ipsum[556]) pacem reformarent, etiam eos contra fidem datam cum aliis in vincula cum aliis[557]) conjecit; qui Dei implorato auxilio, miraculose liberati, ad terras Gelriensem et Clivensem confugerant. Ea denique praeda exoneratus, Engelbertus duas in civitate Coloniensi erexit arces et munitiones: Beyenthurm et Ryle nuncupatas, quibus cives arctius in servitute et fide constringerentur.[558]) Inde novas in cives exactiones, vectigalia ac onera insolita atque importabilia vulgo, accumulare satagens, cives effrenati correptis armis, arces et fortalitia[559]) a praesule erecta diruere,[560]) portas et muros civitatis, ejecto praesidio episcopi in ipsorum denique potestatem redegere. Tunc ira fervescens Engelbertus archiepiscopus, accitis adjutoribus Theodorico Cliviae, Ottone Gelriae, Wilhelmo Juliae, Theodorico de Valckenborch comitibus, Coloniam Agripinam obsidione cinxit.[561]) Sed istorum[562]) principum moderatione pax inter praesulem et civitatem confecta est, multis marcarum auri millibus praesuli repromissis. Nec multo post denuo discordantibus belloque intestino laborantibus civibus, Engelbertus se ingessit, civitatis deinceps hostis effectus.

---

[554]) servitutem, H. fidem, B. 1. — [555]) captivos retinuit, B. 2. — [556]) inter vinctos et illum, H. u. D. — [557]) cum aliis fehlt in H. u. D. — [558]) conservarentur, B. 2. arctarentur, H. und D. — [559]) propugnacula, B. 2. — [560]) dejecere, H. Das Wort fehlt ganz in B. 2. — [561]) vallavit, B. 2. — [562]) iterum, H. und D.

Denique Wilhelmus Juliae comes, derelicto praesule sibi offenso, a civitate conductus acre [563]) multo, civibus contra Engelbertum adhaerens, hostiles illi insidias ubique [564]) tetendit. Quo comperto Engelbertus, ceteris principibus omissis, singularis efficitur inimicus Wilhelmi, ope Engelberti Marchiae et Theodorici Cliviae comitum, terram depraedatus est Juliacensem, capto etiam oppido Sintzig. Ceterum Wilhelmus Juliae comes, auxilio Gelriae comitis, aliorumque amicorum, conserto cum episcopi gente praelio, primo victus fuit et retroactus; sed mox resarcitis copiis et bello instaurato, victoria potitus, Engelbertum praesulem cum Clivensi comite cepit et plurimos nobiles. Episcopum quippe [565]) in arce Nideggen annis ferme quatuor captum detinuit; Theodoricum autem Cliviae comitem, contracto matrimonio inter utriusque proles, liberum ocius dimisit. Quapropter cum civitate Coloniensi excommunicatus exstitit et sacris interdictus. Ceterum a. D. 1276 [566]) Engelberto patribus apposito et Siffrido de Westerborch in Coloniensem archipraesulem electo, Wilhelmus Juliae comes arma viresque cogebatur resumere. Siffridus etenim repetiit ab eo castra sibi impignorata a Conrado de Monte etiam electo a nonnullis in episcopum, quae cum Wilhelmus absque pecunia Wilhelmo reddere noluisset, ad arma ventum est, mutuasque caedes et depraedationes. Venit interea Wilhelmus Juliae comes cum filio primogenito et duobus naturalibus, equitibusque 468 Aquisgranum, episcopo Siffrido devotam, eamque circa vesperam occupavit. Cives vero furibundi, reseratis portis, armisque correptis, post caedem cruentissimam cum Wilhelmo trucidarunt universam illam militarium catervam a. D. 1277. Quorum cladem Siffridus praesul cum percepisset, missam cecinit de s. Petro: Nunc scio vere etc. et collectis suorum foederatorum copiis, universa comitatus Juliae oppida et castra obtinuit, praeter Hamborch [567]) et Nideggen, arcemque tunc locavit in Sulpen munitissimam, eam quoque,

---

[563]) pro. — [564]) undique, B. 2. H. unb D. — [565]) autem, B. 2. quidem, H. unb D. — [566]) 1226, D. — [567]) propter Heinsberg, H. præter Heinsberg, D.

quam Julius Caesar in Juliaco olim oppido construxerat,
evertit; verumtamen volente Papa Martino IV. pax inter
episcopum et civitatem confecta est. Walramus quoque et
Gerardus Wilhelmi filii, ad partem comitatus[568]) sunt resti-
tuti, qui depost Siffrido archiepiscopo in bello Woringensi
intercepto et ab Adolpho Montensi comite in vinculis detento, totum Juliacensem comitatum, amicorum ope facillime
recuperarunt a. 1288. Opem quoque praestitit Wilhelmus
Juliae comes Henrico de Gelria, Leodiensi episcopo, contra
rebellantes sibi Leodienses decertanti, quos et armis compescuit.

Adolphus comes de Monte 4us, annis dominatus
est 53, vir prudens, liberalis, magnificus et in bellicis rebus
expertissimus,[569]) qui ex filia Hannoniae comitis, nullas
penitus excussit[570]) proles. Denique a. D. 1275 Engelberto
de Valckenborch Coloniensi archiepiscopo patribus[571]) oppo-
sito, exorto inter electores canonicos schismate, quidam
Siffridum de Westerborch elegerunt, nonnulli etiam Conradum de Monte, Adolphi comitis germanum, cui nobiles et
civitates illi magis faventes se subdiderunt; Siffridum vero,
in romana curia diu conversatum et optime agnitum, Gregorius papa X. confirmavit, Conrado reprobato. Quapropter
electi isti duo eorumque amici ad arma recurrentes, variis
sese bellorum anfractibus, caedibus et depraedationibus duo-
rum annorum spatio vexaverunt, donec amicorum compositione, pacis et concordiae remedia inter litigantes decreta
fuissent. Tunc Siffridus praesul armis et jure coëgit[572])
Adolphum Montensem comitem, quod fortalitia duo in Mon-
heim et Mülheim Rheno imposita dejiceret, quae in civitatis
et dioceseos praejudicium locata judicabantur. Civitas quippe
Coloniensis tum parum favebat[573]) Adolpho comiti, eo quod[574])
adjutor fuisset[575]) Conradi de Hoesteden Coloniensis archiepiscopi contra civitatem Coloniam gravissime belligerantis,[576])

---

[568]) civitatis, H. — [569]) exercitatissimus, B. 2. — [570]) excitavit,
B. 2. — [571]) principibus, H. unb D. — [572]) eoègit fehlt in H. u. D. —
[573]) officiebatur, B. 1. H. unb D. — [574]) quoniam, B. 1. quando, H.
und D. — [575]) extitit, B. 1. H. u. D. — [576]) gravissima bella gerentis,
B. 2.

quando etiam cives Colonienses, Rhenum trajicientes, lignaque ex nemoribus suis praecidentes, cum octingentis equitibus invadens fudit et fugavit, circa duo millia intercipiens.[577]) Ipse Adolphus comes de Monte cepit in bello Woringensi Siffridum Coloniensem archipraesulem, captum detinuit annis 7; nempe ao. d. 1288 defuncto Walramo duce Limburgensi absque prole masculina, Adolphus comes de Monte[578]) ducatum illum, morte patrui sui devolutum, vendidit pro ingenti pecuniarum summa, Johanni duci Brabantiae, assistentiam promittens, ut illum nancisci queat. E converso Reinoldus comes Gelriae, comitatum Limburgensem ad se pertinere asseruit, ratione uxoris suae, quae Henrici ducis unica filia fuit et Walrami soror. Cernens[579]) itaque Adolphus, Reinoldum Gelriae comitem se fortiorem, illumque ducatum quasi occupasse, jus suum in Limburgensi ducatu vendidit Johanni duci Brabantiae. Duobus siquidem principibus super uno ducatu[580]) litigantibus cum jure positivo, lis rescindi non potuit, ad arma et enses ventum est. Eodem quoque tempore Siffridus Coloniensis archiepiscopus, cum civitate Coloniensi gravissimas fovebat guerras, quibus sese immiscuere principes praefati discordantes. Nam Joannes dux Brabantiae sese conjungit civibus Coloniensibus, una cum principibus sibi confœderatis, quorum Adolphus comes de Monte unus fuit. Siffridus vero praesul, Reinoldi Gelriae comitis partes tutatus est. Tandem post illata sibi invicem damna et mutuas[581]) devastationes, in Woringen, ubi praesidium episcopus erga civitatem posuerat, ad bellum demum convenerunt, conserto prœlio crudelissimo in festo Bonifacii victoria potitur dux Brabantiae; ubi Adolphus comes de Monte Siffridum de Westerborch Coloniensem archiepiscopum a longo tempore sibi odiosum[582]) cepit, captumque abducens in vincula conjecit[583]) in arce Nienborch annis septem et sicut afficiebatur ita et pertractabat eum.[584]) Captus etiam

---

[577]) percipiens, D. — [578]) Die Worte absque prole — de Monte, fehlen in B. 2. — [579]) Comes, D. — [580]) Die Worte: vendidit — uno ducatu fehlen in H. und D. — [581]) mutuas fehlt in H. und D. — [582]) Die Worte: a longo — odiosum fehlen in B. 1. — [583]) captumque detinuit, B. 1. — [584]) sicut afficiebatur, sic et pertractabatur, H. u. D.

fuit Reinoldus comes Gelriae a Joanne duce Brabantiae, de cujus belli serie et principibus in illo existentibus, sub Reinoldo comite Gelriae clarius et fusius singula comperies. Ceterum Siffridus Coloniensis archiepiscopus, septimo suae captivitatis anno, cernens se a suis amicis derelictum, neque redemptores adventare, se ipsum redemit, resignans Adolpho comiti castra quatuor: Waldenborch, Rodenborch, Mendene et Aspelrode,⁵⁸⁵) terrasque Linpal et Muspal in Rheni ripis sitas inter Tuitium et Düsseldorp,⁵⁸⁶) quo facto rogavit Adolphum comitem Siffridus praesul, quatenus ipsum liberum et securum perduceret usque ad Tuitium. Sed in dolum petiit, quia disposuerat, ibidem per amicos militum insidias fortissimas locari. Veniente itaque Adolpho comite Tuitium cum Siffrido, erumpentes ilico ex insidiis milites, Adolphum cepere et captum abduxerunt, quem et Siffridus in vinculis detinuit cunctis vitae suae diebus, vices in tractando referens. Adolphus vero vinculorum et miseriarum taedio affectus, obtulit Siffrido sepenumero castra et terras praedictas sibi restituere, si modo liberari posset.⁵⁸⁷) Sed Siffridus magis vindictam de comite expetens et mortem, quam illius bona, omnia illa recusavit, donec vitam cum morte commutasset a. 1296 captivitatis anno secundo in Generode sepultus.⁵⁸⁸)

Theodoricus VII. comes Clivensis 23ᵘˢ, annis 13 principatum optime administravit, temporibus Richardi Alfonsi et Rudolphi romanorum imperatorum; princeps ingenii excellentis, necnon clementiae et magnificentiae insignis; genuit ex Walburge inclitissimi comitis de Lutzenborch filia, Theodoricum successorem et Elisabeth filiam, Gerardo comiti Juliacensi desponsatam;⁵⁸⁹) ex qua processere Walramus Coloniensis archiepiscopus atque Wilhelmus Juliae comes et inde marchio et inde primus dux. Primo denique anno sui principatus, Theodoricus exsolvit Ottoni Gelriae comiti decem millia marcarum, promissa vice dotis cum sorore Margaretha

---

⁵⁸⁵) Aspelwide, B. 2. — ⁵⁸⁶) Duysseldorum, B. 2. — ⁵⁸⁷) Si modo liber. poss. fehlt in B. 1. — ⁵⁸⁸) Der Schluß: captivitatis u. s. w. fehlt in H. — ⁵⁸⁹) nuptam, B. 2.

de Clivis prima ejus conjuge; quapropter Otto vicissitudine usus [590]) Ermgardim filiam ex 2ᵈ⁴ uxore de Simpol genitam [591]) filio Theoderici primogenito despondit. Cumque Theodoricus hic Clivensis comes armorum peritia clareret, variis sese bellorum eventibus exposuit, praesertim cum Engelberto de Valckenborch Coloniensi praesule, adversus civitatem Coloniensem fortiter decertans; hinc in Wilhelmum Juliae comitem procinctum moventes, ambo superati et capti in bello, cum illo consito, exstitere hoc modo.[592]) a. D. 1267 Engelbertus archiepiscopus Coloniensis, cum jam civitatem Coloniensem dolo et armis ut praemissum est, sibi subdidisset, arces in urbe et fortalitia collocasset,[593]) cepit onera et vectigalia insolita a civibus satis afflictis [594]) extorquere,[595]) quare recalcitrantes cives et imposita onera dare recusantes, jugum praesulis gravissimum excussere.[596]) Quamobrem ira incandescens Engelbertus,[597]) confoederatis sibi Walramo duce Limburgensi, Theodorico Clivensi, Engelberto Marchiae et Theodorico de Valckenborch comitibus, intempestive, noctis silentio, ante civitatis moenia veniens, eam clam irrumpere et occupare intendebat, per foramen ingens, in civitatis muro ab episcopi fautoribus confractum. Theodoricus etenim [598]) Clivensis comes, suorum amicorum copiosa militia ante Coloniam comparens, ut Engelberto Archiepiscopo opem ferret, vidit nocte cum Stephano de Zulen [599]) milite, imagines sanctorum sanctarumque in civitate requiescentium in muro et moenibus stare,[600]) urbemque velle defendere.[601]) Vnde [602]) territus et corde compunctus, retrocessit cum paucis ejus ad castrum Hülckenradt. Ceteri vero praesulis fautores in nefando opere persistentes, equites 300 per foramen muri in civitatem perduxere. Verum re patefacta, cives et nobiles de Overstoltzen arma in furore corripientes et animose in

---

[590]) usque, D. — [591]) germano, H. unb D. — [592]) Die Worte hoc modo fehlen in D. — [593]) propugnacula condidisset, B. 2. — [594]) oppressis, H. unb D. — [595]) oppressis exigere et quasi extorquere, B. 2. — [596]) Cives autem jugum episcopi excusserunt correptis armis omne episcopi praesidium civitate exturbantes, B. 1. — [597]) excandescens; Engelbertus fehlt in B. 2. — [598]) autem, B. 1. — [599]) alias de Wielen steht in marg. von B. 1. — [600]) praestare, B. 1. H, unb D. — [601]) urbem defensuri, B. 2. — [602]) unde fehlt in B. 1. H, unb D.

episcopi gentem proruentes, retrocedere compulerunt; Theodorico de Valckenborch praesulis germano, cum multis interempto et Walramo Limburgensi duce, cum plurimis ⁶⁰³) captivato. Dehinc intelligens Engelbertus praesul, Wilhelmum Juliacensem comitem a Coloniensibus ⁶⁰⁴) aere multo conductum, ut ipsis auxiliaretur, resarcitis undique copiis, Theodoricum Cliviae et Engelbertum Marchiae comites sibi associans, maximo exercitu terram invasit Juliacensem, universa occursantia demoliens, capto etiam oppido Syntzich. Nec torpescens Wilhelmus Juliae comes, ope Ottonis ducis Gelriae et suorum confoederatorum, praesulis phalangem bello adorsus, post pugnam diutinam occubuit primo Wilhelmus. Inde animo et viribus resumptis, denuo cum praesule congrediens, victor efficitur, episcopo et Theodorico Clivensi comite, cum multis nobilibus interceptis. Verum Henrici ducis Brabantiae moderatione, Wilhelmus Juliae comes, Theodoricum Cliviae comitem mox dimisit, conflato ⁶⁰⁵) inter proles utriusque matrimonio, ut alias diximus. ⁶⁰⁶) Is etiam Theodoricus Cliviae comes opem attulit efficacem, ⁶⁰⁷) Florentio Hollandiae comiti nepoti, in subactione et correctione Phrysonum, qui patrem suum Wilhelmum, regem Romanorum, olim interfecerant. Johanni quoque de Nassawe, Trajectensi episcopo, auxiliares dedit copias in exterminatione rebellantium Hollandorum ac Phrysonum a. 1260. Carmelandi ac Phrysones ab Hollandiae proceribus ac rectoribus, nimiis exactionibus et oneribus praegravati, maximo exercitu congregato in libertatem pristinam ⁶⁰⁸) se vindicare volentes, universam nobilitatem et dominationem extinguere decreverunt. Quare nobilium castris in Hollandia pene excisis, Amersfordenses, Amelandos, Amsteleredamos et Trajectenses vulgares, in eandem libertatis summam pertraxerunt, destructis undique nobilium castris; cumque in Hollandia similia affectari ⁶⁰⁹) tenderent, a Florentio Hollandiae comite, Joanne Trajectensi episcopo,

---

⁶⁰³) multis, B. 2. — ⁶⁰⁴) a Coloniensibus fehlt in B. 1. H. u. D. —
⁶⁰⁵) contracto, B. 2. — ⁶⁰⁶) quod ex praecedentibus satis liquet, B. 2. —
⁶⁰⁷) non contemnendam, B. 2. — ⁶⁰⁸) pristinam fehlt in B. 1. H. u. D. —
⁶⁰⁹) effectui, H.

Ottone Gelriae, Theodorico Clivensi comitibus, aliisque nobilibus selectissimis copiis impugnati, omnes caesi et in varias regiones fugati exulesque effecti,⁶¹⁰) multi ex his capti sceleris autores, extremo supplicio affecti sunt.

Theodoricus VIII. comes Clivensis 24ᵗᵉ annis rexit 15 Rudolpho imperante. Vir multarum virtutum titulis adornatus et in rebus bellicis callidissimus; cui nobilissima Ottonis Gelriae comitis filia Ermgardis, binos peperit filios Theodoricos, quatenus uno decedente, in altero remaneret nomen paternum. Verum ambobus in vita remanentibus, primogenitum declaravit heredem; alterum vero Theodoricum comitem instituit de Hulckeradt. Cujus quidem comitatus termini, tunc extendebantur a Nussia usque ad Mœrsensem principatum, continentes villas Willick, Wisselen, Oesterada, Herde, Nilen et Langen cum castris Hulckenradt, Dyke et Lyn. Genuit autem is Theodoricus de Hulckeradt, ex filia comitis de Mœrsa, Theodoricum et Cononem⁶¹¹) archidecanum Coloniensem ac Robertum dominum de Bergis maritima. Denique comitatus hic de Hulckeradt denuo ad Clivensem comitem devolutus, venditus est Henrico de Vernenborch, Coloniensi archiepiscopo; qui redemptionis vim in illo praetendebat, ut alio in loco dicetur. Porro Theodoricus Cliviae comes erat Rudolpho imperatori ob virtutes et singularem prudentiam⁶¹²) adeo acceptissimus, quod consiliarium regium ipsum faceret, neptimque ejus ex Alberto filio, Theodorico, Theodorici primogenito, daret uxorem, civitatem Wesaliam cum castro Ringenberch villisque adjacentibus pro dote resignavit, Cliveusiumque dominio adjecit. Quamobrem Theodoricus comes, Rudolpho imperatori omnem quam potuit assistentiam adhibuit⁶¹³) in debellandis⁶¹⁴) et suis et imperii hostibus, qui tempore schismatis et vacationis imperii, civitates, castra atque provincias regni occupaverant neque admoniti restituere volebant. Sexaginta nempe castra et

---

⁶¹⁰) quasi in varias regiones exulare coacti, B. 1. exulati erant, H. und D. — ⁶¹¹) Lenonem, H. und B. 2. — ⁶¹²) Die Worte: ob virtutes — prudentiam fehlen in B. 1. — ⁶¹³) auxilium praestitit, B. 2. — ⁶¹⁴) in debellandis fehlt in H. und D.

civitates, ab imperii invasoribus detenta, armorum vi intercepta, diruit in Germania atque Franconia, atque decem in Suevia et Bavaria dejecit, inter quae fuerunt Rickenstein, Schonegge, Rineck atque Keyserswerdt, quod tamen Theodorico Clivensi comiti restaurandum commendavit, restauratumque Coloniensi episcopo impignoravit.

Reinoldus Gelriae et Zutphaniae comes 8us et ultimus, annis rexit 55, temporibus Rudolphi, Adolphi, Alberti et Ludowici imperatorum. Ex prima conjuge Ermgarde, unica Henrici ducis Limburgensis filia, nullas suscitavit proles, eaque defuncta, ex nobilissima Margaretha, Guidonis Flandriae comitis filia, Reinoldum genuit successorem, Guidonem quoque et Philippum, tenera aetate mortuos,[615] Margaretham comitissam Clivensem et Isabellam abbatissam s. Clarae in urbe Coloniensi. Ipse fundavit conventum[616] fratrum minorum Ruremundae, ipsa autem praedicatorum in Zutphania. Obtinuit ab imperatore Rudolpho, cui percharus erat, quod monetam in Arnehem. in Harderwyck et Ruremund cudere liceret. Ipse armatorum selectis copiis auxilia praestitit Henrico de Gelria patruo suo, electo et confirmato Leodiensi episcopo, adversus sibi recalcitrantes Leodienses, quos[617] denuo armis subjectos reddiderunt. Gravissimum sane bellum Reinoldus comes assumpsit contra Joannem Brabantiae ducem, super jure et possessione ducatus Limburgensis, in quo quilibet se jus habere praetendit.[618] Reinoldus ratione uxoris suae primae, unicae Henrici ducis filiae, cum qua dotis titulo acceperat.[619] Joannes vero dux jus se in illo habere asseruit via emptionis, quando ducatum hunc multo emerat auro ab Adolpho Montensi comite, herede masculo ducis Henrici defuncti et Walrami ultimi ducis Limburgensis, sui patrui. Cumque lis et guerra horum litigantium principum, nec juris remedio, neque amicorum moderatione discindi posset, ad bella et terrarum devastationes processerunt, diversos sibi principes foedere sociantes. Nam Joannes dux

---

615) discedentes e vita. — 616) coenobium. H. und D. — 617) quoque. H. und D. — 618) Die Worte in quo — praetendit fehlen in B. 1. — 619) se accepisse dicebat, B. 1.

Brabantiae confœderatis sibi Godefrido fratre, duce Lotharingiae, Leodiensi episcopo, Adolpho Montensi, Walramo Juliae, Everhardo Marchiae, Lossensi et s. Pauli comitibus aliisque illustribus et militaribus multis, cum civitate [620]) Coloniensi, cujus Joannes dux erat civis, coactoque in unum exercitu maximo, [621]) Gelriae principatum, flammis, ferro et depraedationibus afflixit vehementer. Reinoldus denique Gelriae comes, ope Siffridi de Westerborch Coloniensis archiepiscopi, Theodorici Cliviae comitis sororii, Henrici de Lutzenburgo cum tribus fratribus, Adolphi de Nassawe, Joannis de Limborch, Walrami de Valckenborch comitum, Joannis de Westerborch et Walrami de Rupe illustrium, aliorumque plurimorum nobilium, Brabantiam invadens, magna ex parte vastavit, Tilamque cepit et diruit. Interea Joannes Brabantiae dux, suis copiis exquisitissimis arcem [622]) Woringen, quam Siffridus praesul erga Colonienses firmaverat, obsidione cinxit. Quam cum Reinoldus Gelriae comes et Siffridus archipraesul resolvere, admotis [623]) illuc copiis niterentur, congressione simul facta cruentissima et odiosa, editur pugna in festo s. Bonifacii Martyris a. 1288. Sed Joannes Brabantiae dux, victor effectus, cepit Reinoldum Gelriae comitem graviter vulneratum et Siffridum archiepiscopum, cum mille militaribus et civibus multis. Cecidere in eo praelio interempti, Joannes de Westerborch Siffridi episcopi frater, Henricus de Lutzemburgo cum tribus germanis et mille militaribus praeter cives. [624]) Tunc Reinoldus resignavit Joanni duci, pro redemptione sui et suorum, ducatum Limburgensem cum nobili dominio de Wassemborch, cui versa vice Siffridus archipraesul dedit nobiles villas terrae Kempensis, Aldekerck et Nienkerck Reinoldo comiti in expensarum defalcationem et ipse Siffridus a Montensi comite in captivitatem ductus, qualiter libertatem nactus sit, alias diximus. [625]) Denique a. D. 1298 Otto dominus de Buren et Hubertus de Kulen-

---

[620]) comite, B. 1. — [621]) magno, H. und D. — [622]) vertere, H. — [623]) admotis fehlt in B. 2. — [624]) Der Satz et civibus multis — mille militaribus fehlt in D. — [625]) Siffridus qualiter captus et ex captivitate liberatus, dictum est in Adolpho Montium comite. B. 1.

borch, castra cum dominiis illorum resignarunt Reinoldo Gelriae comiti iterumque ab illo in feudum receperunt; concessit etiam Reinoldo comiti⁶²⁶) Guido de Flandria Trajectensis antistes, quod Velvae feudum dehinc a Trajectensi episcopo immediate et non a Brabantiae ducibus mediis accipere liceret. Cumque Reinoldus Gelriae comes peroptimus circa finem vitae, capitis mentisque alienationem ex vulneribus in Woringensi bello acceptis, incurrisset, ita quod nec se neque subditos apto⁶²⁷) regere posset, a filio Reinoldo honestissima detentus fuit custodia annis sex, quibus supervixit. Moritur vero a. D. 1326, in monasterio Vallis comitis cum uxoribus suis Ermgarde et Margaretha sepultus.

Everhardus comes de Marcka 7^{mus}, annis praesedit 31, princeps virtuosus et bellicosissimus, qui genuit ex clarissima Ermgarde comitis de Monte filia, Engelbertum sibi succedentem, Adolphum Leodiensem episcopum, duasque⁶²⁸) filias, Catharinam et Ermgardim uno partu simul editas, in quo et ipsa comitissa defecit in Vrondenbergensi⁶²⁹) monasterio sepulta, ubi Catharinam filiam monialem devoverat a. d. 1277. Engelberti patris necem indignissimam vindicare volens, comes Everhardus, sociatis sibi Theodorico Clivensi et Adolpho Montensi comitibus, castrum Breydervort ubi patris funus tenebatur, obsidione cinxit. Castrenses vero timentes ilico corpus paternum Everhardo restituebant, quod multo dolore receptum, in monasterio Cappenborch⁶³⁰) honestissimis exequiis recondidit. Interea fugientibus nocte praedonibus,⁶³¹) Everhardus castrum obtinens solo aequavit. Inde ad curiam Rudolphi, ob excessivas animi et corporis dotes accitus, miles creatur et de Marchiae comitatu, ceterisque suis dominiis infeudatur. Ceterum cum Theodorico Kiggen milite et satrapa Siffridi Coloniensis archiepiscopi in arce Ahuys supra Lippiam sita, Everhardus⁶³²) comes suorum militum et civium exercitu recollecto in Theodorici

---

⁶²⁶) Die Worte: iterumque — comiti fehlen in H. Gelriæ comiti fehlt in B. 2. — ⁶²⁷) recte, H. und D. — ⁶²⁸) geminasque. — ⁶²⁹) Alle vier Handschriften lesen immer Vredenborgensi; es muß aber heißen Vrondenbergensi, Frondenberg, was wir dann auch gesetzt haben. — ⁶³⁰) Lappenborch, D. — ⁶³¹) Irdonibus, H. — ⁶³²) Gerhardus, H.

copias ruens, conserto praelio ipsum fudit, multis captis et
trucidatis. Residuos ad arcem Ahuys confugientes, obsidione
circumcingens, ad deditionem compulit, arce capta et diruta
a. D. 1287. Quo etiam tempore castrum Raffenborch[633])
occupans, quamplurima episcopo damna intulit, oppidumque
Hammonis magna in parte igne immisso concrematum fuit.
Dehinc Joanni duci Brabantiae et civitati Coloniensi auxiliares
adduxit[634]) copias, adversus Siffridum antistitem et Reinoldum Gelriae comitem dimicantes; interfuitque bello Woringensi, ubi plures nobiles captos, aere multo mulctavit. Siffrido
denique praesule, a Montensi comite captivato atque in
vincula conjecto,[635]) ipse Everhardus omnia tuto prospiciens,
castra Volmestein et Isenborch episcopo adimens, oppidum
Werle, armis receptum, subversis muris, vallo quoque et
fossis complanatis, in villae formam reduxit; Inde Ottonem
de Teckeneborch nepotem, subsidiariis fovit copiis contra
Osnaburgensem episcopum belligerantem, in cujus quidem
diœcesi damna et devastationes varias exercuerunt.[636]) —
a. D. 1242 Adolpho de Nassawe in Romanorum regem
Aquisgrani coronato, in Misnenses et Thuringos sibi recalcitrantes, belli apparatum commovente, Everhardus Marchiae
comes, selectis suorum militarium copiis, cum illo perexit.
Quo absente Siffridus archipraesul, vindicandi tempus adesse
ratus, maximo exercitu Marchiae comitatum cremando et
depraedando percurrit. Quod ubi Everhardus rescisset, mox
a rege licentiam petens, ad propria remeavit, imploratoque
Joannis Brabantiae ducis auxilio, diœcesin depraedatus Coloniensem, oppidum Reckelinchusen interceptum ad instar
Werle, in villae speciem redegit. Dehinc castrum Wassen-

---

633) Raevenborch, II. und D. — 634) destinavit, B. 2. —
635) Atque — conjecto fehlt in B. I. — 636) Jn dem S. 118 gedachten
Manuscript Nr. 155 der Königl. Bibliothek zu Berlin, heißt es fol. 66.
Anno 1288 Joanni Brabantie duci aduersum Gelrie comitem et Coloniensem archipresulem Siffridum opem tulit in Woryngensi bello vt
dictum est. Oppidum etiam Werler Coloniensis ecclesie interceptum
eiectis muris et equatis solo fossatis in villam conuertit. Similiter et
castra Ysenborch ac Volmesteyn in suam redegit potestatem, Siffrido
in vinculis Montensis comitis Adolphi in castro nouo hactenus detento.
Qui vt se redimeret contulit Adolpho castra Waldenberch, Rodenborch,
Mendene et Aspelwide cum eorum attinentiis et dominiis.

borch cum Joanne duce longo obsessum tempore obtinuit, quod eidem duci pro servitio exhibito resignavit a. 1295.[637])— Sequenti autem anno Rutgerus de Altena dapifer, ad Everhardi comitis utilitatem, redemit castrum Waldenborch ab Hunoldo de Plettenborch 500 argenti marcis, oppidumque Nystatt cum arce Swartenborch aedificavit ex redditibus excrescentibus,[638]) Everhardo comiti incognitis. Sed heu! heu! ubi nunc officiales domino tam fideles inveniuntur, quaerentibus quasi[639]) universis quae sua sunt et non, quae dominorum.[640]) Curiam denique solennissimam Everhardus in Hammone convocans, nobiles et proceres suos adesse jussit; ubi filium ejus Engelbertum despondit unicae filiae domini de Arnsborch Margarethae,[641]) filiumque Adolphum literis apprime eruditum, Wormatiensem effecit praepositum[642]) atque canonicum Leodiensem, ubi et postremo in praesulem assumptus extitit. — a. D. 1299[643]) Everhardus comes de Marcha Monasteriensi episcopo bellum intulit, propter injurias illatas suo nepoti de Teckeneborch; Dulmen villam exactionavit cum adjacentibus, arcemque Luddinchusen cum Hermanno domino ejus cepit, iterumque sibi in feudum contulit. Tandem, Ottone Clivensi comite componente,[644]) paciscuntur. Porro his guerris vix terminatis, Wichboldus de Holto, archiepiscopus Coloniensis, novas Everhardo suscitavit lites et bella, contemplatione castri Limborch, ex quo Sobbo miles et officialis praesulis, quamplurima dispendia atque injurias Marckensibus intulit. Quamobrem Everhardus comes, ope Walrami Juliae comitis et Engelberti filii sui, domini de Arnsborch, castrum Sobbonis in Werda captum

---

637) 1245, H. unb D. — 638) excurrentibus, H. crescentibus, D. — 639) nisi, D. — 640) Jn der Note 636 gedachten Berliner Handschrift heißt es fol. 66. Anno 1296 Rutgerus de Altena miles, Euerardi comitis dapifer castrum Woldenborch ab Hunoldo de Plettenborch redemit ad vsus comitis pro quingentis argenti marcis. Qui et ao. 1301 in die Seruatii edificare cepit opidum Nystat et arcem Swartenborch ex prouentibus excrescentibus Euerhardo incognitis. O fidelitas etc. 641) Jn der eben erwähnten Handschrift a. O. wird die Gem. Engelberts: Margaretha, die unica domini de Arenborh filia genannt, was auch richtiger ist, (v. Steinen St. I. S. 176) denn der Graf von Arnsberg hatte keine Tochter Margaretha. — 642) episcopum, H. unb D. — 643) 1249, H. unb D. — 644) componente fehlt in R. unb D.

diruit e regione castri Limborch, ex quo hostes arceret semper. Dehinc trajecto Rheno, Lechenich et Rodenburch castra armorum vi obtinuit, copiasque praesulis ex Brulo [645]) prorumpentes prostravit, aliasque ex Hovestatt sibi in bello occursantes fudit, multis captis et profligatis, arcemque Hovestat captam solo aequavit. Interea Wichboldus archiepiscopus, contractis undique militum cohortibus Zusatum movit, Marchiae terras demoliturus. [646]) Veruntamen comite Everhardo cum exercitu suo in Buderich, haud longe a Zusato castra metante, quatenus [647]) bellaturum exciperet praesulem, Wichboldus bellum detractans Hovestatt restauravit. Unnamque [648]) tunc villam igne vastavit. Nec multo post infirmitate correptus, archipraesul animam efflavit in Zusato. Everhardus quoque eandem mortis semitam ingressus est a. D. 1308, in monasterio Vrendenborch juxta uxorem tumulatus. Iste quoque comes Everhardus, inductione Adolphi Romanorum regis, cum nonnullis Germaniae principibus profectus est in Flandriam, Guidoni comiti militaturus adversus Philippum Gallorum regem, ut dicetur.

Walramus Juliae comes clarissimus, genuit ex Philippa Guidonis Flandriae comitis potentissimi filia, Wilhelmum aliasque proles obiter defunctas. Interfecto quippe Wilhelmo Juliacensi comite, genitore, in civitate Aquensi, Siffridus Coloniensis archiepiscopus lethalis hostis [649]) Juliae comitatum armis occupavit misereque vastavit. Attamen volente papa Martino, Walramum et Gerardum Wilhelmi [650]) filios ad partem principatus restituit. Siffrido dehinc in praelio [651]) Woringensi capto atque a comite Montensi in captivitate detento, ilico Walramus animo et viribus resumptis exercituque ex fautoribus et amicis suis [652]) collecto, universum Juliae comitatum facillime recuperavit, episcopi officialibus aut pulsis aut necatis; quod fusius est dictum supra. [653]) Adjutor tunc quoque fuit Joannis Brabantiae

---

[645]) Pruck, H. — [646]) depopulaturus, B. 2. — [647]) ut, B. 2. — [648]) unamque, H. und D. — [649]) sortis, H. Die Worte: lethalis hostis fehlen in B. 1. — [650]) Wilhelmi fehlt in H. und D. — [651]) bello, H., D. und B. 2. — [652]) Die Worte ex fautoribus — suis fehlen in B. 1. — [653]) quod — supra fehlt in D. 1.

ducis, adversus lethalem patria suae hostem ⁶⁵⁴) Siffridum archiepiscopum, in Woringensi bello decertantis. Everhardum quoque Marchiae comitem copiis adjuvit subsidiariis, ⁶⁵⁵) quando Wichboldo de Holte, Coloniensi archiepiscopo bellum movit, illique armorum potentia abstulit castra Lechenich, Rodenburch et Hovestatt. Tunc Walramus ab Everhardo arcem Lechenich dono ⁶⁵⁶) accepit et a Wichboldo archipraesule sibi reconciliato, Sulpen aere ⁶⁵⁷) multo comparavit; quod tamen de post Cono de Falckenstein archiepiscopus redemit. Ceterum a. D. 1296 ⁶⁵⁸) Walramus Juliae comes filium suum Wilhelmum cum selectissima Germanorum militia destinavit in Flandriam ⁶⁵⁹) quatenus ⁶⁶⁰) Guidoni comiti, matris suae genitori, auxilia ferret contra potentissimum Gallorum regem Philippum, qui aegerrime tulit, quod Guido Flandriae comes, filiam suam Eduardo regi Anglorum dederat uxorem; quare bellum Guidoni indixit. Igitur sollicitatione et pecuniis Eduardi regis, infradicti principes opem tulerunt Guidoni comiti: Walramus Juliae et Reinoldus Gelriae comites Guidonis generi, Joannes dux Brabantiae, Theodericus Clivensis, Everhardus Marchiae, ⁶⁶¹) Theodoricus de Valckenborch comites, plurimique illustres et militares; qui Wilhelmum de Juliaco, Walrami filium, copiarum ductorem constituentes, potentissimo equitum exercitu ocius in Flandriam moverunt, ubi in civitatibus diversis locati, Gallis omnem, quam poterant, resistentiam faciebant; saepe numero cum Francis congressi, nunc victores nunc victi extiterunt. Erant quippe in Gallorum exercitu sexaginta millia equitum et peditum 150 ⁶⁶²) millia; quorum multitudine attoniti Germani, remque Flandrensem desperatam cernentes ad propria recesserunt; Eduardo Anglorum rege et Adolpho imperatore pacem et treugas inter regem Philippum et Guidonem statuentibus, quibus exspirantibus et rege Philippo rursus Flandriam invadente, totam occupavit. In qua expeditione

---

⁶⁵⁴) lethalem -- hostem fehlt in B. 1. — ⁶⁵⁵) Die Worte: copiis subsidiariis fehlen in B. 1. — (56) denuo, D. — ⁶⁵⁷) sub onere, fl. sub aero, D. — 658) 1246, H. — ⁶⁵⁹) in Flandriam fehlt in H. und D. — 660) ut, B. 2. — ⁶⁶¹) Theodor. Clivens., Everh. March. fehlen in H. u. D. — ⁶⁶²) quadraginta, H.

Wilhelmus, Walrami Juliae comitis primogenitus, fortissime
depugnans cecidit a. 1304. Walramus autem pater obierat
a. 1300 sicque Wilhelmus Juliae comitatum obtinuerat, annis
quatuor sine uxore et liberis existens.

 Theodoricus IX. comes Clivensis 25⸬, annis
praefuit duntaxat 10, temporibus Adolphi et Alberti Romanorum imperatorum. Cui illustrissima Margaretha, filia Alberti Austriae ducis et tandem Romanorum regis, enixa est
tres filios: Ottonem, Theodoricum et Joannem, mutuos in
principatu successores, duasque filias, Mechtildim[663]) comitissam
de Arnsberch et Elisabetham dominam de Porwisch ex comitibus de Horn prodeuntes. Enimvero Rudolphus imperator
Theodorico comiti Clivensi concessit cum Margaretha de
Austria sibi desponsata uxore, jure dotis quatuor millia
marcarum argenti semel duntaxat, quadringentas quoque
argenti marcas ex Thelonio[664]) in Burick annue sublevandas.
Duisborch praeterea et Cranenborch pignoris titulo super-
addidit, nec his contentus Rudolphus, sed perumplius Theodoricum generum magnificare studens, ipsum instituit imperii
vicarium super Neomago et Daventria civitatibus, aliisque
regni climatibus usque in Ravenswede. Telonia quoque
Clivensium prisca corroborans, nova adjecit, monetamque
cudi in tribus sui comitatus locis, quibus vellet annuit. Quae
omnia et singula Albertus Romanorum rex, ipsius filius et
comitissae Clivensis genitor, gratiose confirmavit et renovavit
a. 1299.[665]) Eadem ferme tempestate Theodoricus de Clivis
comes de Hulckrath[666]) a vicinis proceribus vehementer
molestatus et damnificatus,[667]) comitatum illum denuo vendidit Theodorico Clivensi comiti germano suo, recepitque
iterum castrum[668]) Kervenheim cum aliis circumjacentibus
villis et agris. Ceterum quum Rudolphus imperator prae-
fecturam insulae caesaris prope Düsseldorp, Wichboldo de
Holte Coloniensi archiepiscopo et Theodorico Clivensi comiti

---

  [663]) So alle vier Haubschriften; sie hieß aber Anna. Seiberts
Gesch. d. Grafen S. 260. — [664]) Theodorico, H. — [665]) 1249, H. u. D. —
[666]) Hulckenray, B. 1. und 2. — [667]) damna perpessus. — [668]) castrum
fehlt in B. 1. H. und D.

impignoraverat, recusavit Ludovicus de Zonnenberg castri
praefectus illud tradere et aperire ipsis, quapropter castrum
obsidione cinxerunt, donec se cum arce dederet in manus
praesulis et comitis. Tunc Theodoricus Cliviae comes Wichboldo jus suum in illo acquisitum resignavit, pro quadringentis marcis Brabantiae, ex teloneis ipsi annuatim persol-
vendis. Accidit a. D. 1242. Quarto exinde anno Theodoricus Cliviae comes, condigna animadversione ultus est tru-
culentam Florentii comitis Hollandiae nepotis mortem a vasallis suis intentatam. Denique cum Joanne de Zyrck [669])
Trajectensis episcopus castra Vrelandt et Montfort, per
suum praedecessorem Joannem de Nassawe impignorata
Gisberto de Anstell, Hermanno de Werden et Gerhardo de
Velsen militibus et Florentii comitis aulicis atque consulibus,
redimere [670]) vellet, expositas offerrens pecunias, illi animo
elato nec castra restituere, nec expositam recipere pecuniam
volebant. Quare Joannes praesul, opitulante Florentio Hollandiae comite, castra praefata obsidione durissima intercepit, pecuniamque dudum oblatam, pro erogatis in obsidione
expensis,[671]) sibi retinuit, Florentio adsentiente. Quamobrem
irati milites et consules dominium suum[672]) tradere regi
Anglorum suo aemulo, certis pro pecuniis compromiserunt.
Cumque Florentius comes haud longe post venationibus in
Goylandt insisteret[673]) a tribus memoratis vasallis, magno
equitum globo impetitus capitur et in Meidensi[674]) arce
Gerhardi de Velsem collocatur. Veruntamen postquam Hollandiae principes eorum captivitatem et calamitates perce-
pissent, tumultuariis mox contractis copiis eo properantes,
Florentium eripere a traditorum potestate maturabant. Quo
rumore exterriti traditores, cum ipso Nardam versus pro-
perabant; sequuntur [675]) e vestigio Hollandi, quatenus interceptum comitem liberarent, quem cum abducere ad ulteriora
desperassent, Gerhardus de Velsen miles 20 vulneribus

---

[669]) Zuck, B. 2. — [670]) retinere, H. — [671]) pro obsidionis
expensis, B. 1. — [672]) dominium ipsorum, B. 1. H. und D. —
[673]) operam daret, B. 2. — [674]) Mindensi, D. Nudensi, B. 2.
[675]) Die Worte: a traditorum — sequuntur, fehlen in H.

confodit a. d. 1297.⁶⁷⁶) Spiritum emisit eo in loco in quo depost altare summum ecclesiae de Muderberch erectum a filio extitit. Tunc Hollandi Theodoricum comitem Clivensem, Florentii nepotem et amicum peculiarem, in patriae gubernatorem necisque vindicem delegerunt; qui mox contractis undique copiis Hollandiam movens, traditorum villis exustis, castra Wœrden et Cranenborch, longa obsidione attenuata, capit et evertit, ipsum quoque Gerhardum de Velsen, interfectorem Florentii, in arce Cranenborch captum, in vase vinario sudibus et⁶⁷⁷) clavis perforato nudum conjecit, sicque volutari fecit a Neerda versus Mudam, donec infelicem efflaret animam. Uxores praeterea, filios et nepotes usque ad quartam generationem horum trium traditorum militum, bonis privatos aut exilio perpetuo relegavit aut in ore gladii⁶⁷⁸) trucidavit. Ea siquidem ultione confecta, Theodoricus Cliviae comes subsidiarias militum cohortes, cum aliis nonnullis principibus transmisit in Flandriam, quatenus⁶⁷⁹) Guidonem comitem Flandriae, a Gallorum regis invasione et extremitate liberarent ut praemissum est.⁶⁸⁰) Quibus e Flandria regressis in Dorstenses arma convertit, quos forti manu adeo compulit, ut muris dejectis, fossisque complanatis, villae speciem resumerent, eo quod in munitione oppidi, conditiones compromissas minime adimplevissent.—Anno autem dni. 1299⁶⁸¹) Albertus imperator, intelligens Hollandiae comitatum imperio devolutum et a Joanne comite Hannoniae Gallo occupatum, cum Trajectensi atque Coloniensi archiepiscopis et ceteris principibus Rhenum descendens, Theodoricum Cliviae comitem generum visitavit, indeque Neomagium progressus, cum audisset⁶⁸²) Joannem Hannoniae comitem cum potentissimo Gallorum exercitu prae foribus esse, neque bellum sed feudum in gratia postulare, moderatione Clivensis comitis aliorumque principum, accepta ingenti aureorum congerie, feudum Joanni Hannoniae comiti concessit. Ipse Theodoricus Cliviae comes, Deo devotus et ecclesiae, collegium canoni-

---

⁶⁷⁶) 1296, B. 2. 1247, H. u. D. — ⁶⁷⁷) sudibus et fehlt in D. — ⁶⁷⁸) aut gladio, B. 2. — ⁶⁷⁹) ut, B. 2. — ⁶⁸⁰) ut praemiss. est, fehlt in B. 1. — ⁶⁸¹) 1249, H. und D. — ⁶⁸²) hausisset, B. 2.

corum in arce ejus Monreberch fundavit, quod longe post Theodoricus comes 27^{mis} praebendis et redditibus dilatatum ⁶⁸³) ad Clivensem ecclesiam transtulit. Conventum etiam fratrum praedicatorum in Wesalia exstruxit, qui de post cum potiori parte civitatis combustus, per fratrem Theodoricum de Wissel Naturensem atque fratrem Ludovicum de foro Fogiensem episcopos et istius conventus alumnos restauratus fuit et in eam, qua nunc extat, formam redactus. Obiit autem Theodoricus comes gratia et virtutibus refertus a. D. 1300; quo tempore Bonifacius papa VIII. primum instituit jubilaeum de centenario in centenarium rite celebrandum; quod depost Bonifacius IX. in quinquagesimum reduxit annum, ad instar jubilaei Judeorum et Paulus papa II.⁶⁸⁴) ad 25^{tum} annum, propter vitae humanae brevitatem extendit, quam rem multi magis avaritiae quam pietati adscribunt.

Wilhelmus mortuo Adolpho fratre sine liberis, comes decernitur Montensis ao. 1296,⁶⁸⁵) praefuit annis 12. Verumtamen ex filia comitis de Oldenborch nullas excitavit proles. Mortuo denique Monasteriensi episcopo vel ut alii dicunt, ob vitam praesule indignam, reprobato a Papa et capitulo,⁶⁸⁶) Ottone scilicet de Retberch, Conradus de Monte ipsius germanus, sollicitatione comitum de Clivis et Marcha justis subrogatur suffragiis. Erat quippe iste Conradus a nonnullis electoribus in Coloniensem archiepiscopum electus, sicut et Siffridus de Westerborch, qui tamen beneficio curiae Romanae, in qua diutius conversatus fuerat, confirmationis diploma sortiebatur et quoniam pacis erat cultor atque amator, inter bellica stratagemata non legitur. ⁶⁸⁷) Obiit autem comes Wilhelmus a. d. 1308 in abbatia Montis veteris cum prothoparentibus suis inhumatus. ⁶⁸⁸)

Otto comes Clivensis 26^{tis} annis gubernavit 10, sub Alberto et Henrico imperatoribus, maximarum certe⁶⁸⁹) virtutum et dotium princeps, tantaeque modestiae et tran-

---

⁶⁸³) dotatum, dilatatumque, B. 2. — ⁶⁸⁴) Paul II. wurde 1465 Papst. — ⁶⁸⁵) 1246, H. — ⁶⁸⁶) a papa et capitulo fehlt in B. 2. — ⁶⁸⁷) bellicis stratagematis (sic) se inmiscere noluit. B. 1. — ⁶⁸⁸) insinuatus, H. — ⁶⁸⁹) denique, H, und D.

quillitatis, ut pacificus dictus est. Genuit vero ex clarissima
Aleida Engelberti Marchiae comitis filia. Margaretham illustri
domino Joanni de Arckell desponsatam, cui peperit Ottonem,
Robertum et Joannem episcopum Trajectensem, indeque
Leodiensem, duasque filias addidit, mira corporis venustate
conspicuas. Catharinam scilicet dominam de Huisden et
Joannam dominam de Enre in Zelandia,[690]) ex qua plurimae
creatae[691]) sunt filiae speciosissimae diversis sociatae[692])
principibus, de quibus processere deinceps domini de Horn
de Hinsberg, de Gennepe, de Bredenray, de Bruiningen, de
Veris, de Vliet, de Oestede, de Drongelen. de Mirwyn, de
Herwyn etc. Ceterum ab Ottone domino de Arckell et
Joanna de Juliaco, orti sunt Joannes et Wilhelmus de Arckell
et Joanna comitissa Egmundensis, genitrix Joannis comitis
de Egmunda, Wilhelmi domini de Isselstein atque Arnoldi
ducis Gelriae et Juliae. Porro, quamvis Otto comes Cliviae
pacificus nuncuparetur, et in rei veritate pacis erat cultor
et conservator,[693]) nonnulla tamen invitus excipere[694]) bella
cogebatur. Nam primo principatus sui anno crebris laces-
situs injuriis a Joanne de Dorinckhoven, militum suorum
amicorum caterva arcem Dorinckhoven haud longe a Borcken
sitam, diuturna obsidione attenuatam cepit et evertit, multis
ibi nobilibus captis et exactionatis. Inde cum Henrico de
Verneborch Coloniensi archiepiscopo, bellicoso magis quam
religioso,[695]) bellare tentabatur, propter comitatum de
Hulckenray, quem praesul sibi auferre nitebatur, redemptionis jus[696]) se in illo habere praetendens. Tandem post
gravia hinc inde illata dispendia, Otto pacis amator, accepta
ab Henrico pecuniarum copia,[697] comitatum hunc libere illi
resignavit, Theodorico et Joanne germanis assentientibus.
Insuper ut firmiora cum Henrico praesule pacis foedera sta-
biliret, Mechtildim ejus sororem sibi matrimonio sociavit,
Aleida de Marca conjuge prima jam defuncta. Eodem ferme

---

[690]) Line, H. de Eine, D, wobei in Zelandia fehlt. Die Namen ihrer Nachkommen sind auch mit mehreren kleinen Abweichungen geschrieben. — [691]) porrectae, H. — [692]) societatis, H. — [693]) reparator, B. 1. amator, B. 2. — [694]) gerere, B. 1. suscipere, B. 2. — [695]) glorioso, B. 1. — [696]) vim, H. und D. — [697]) laxa, B. 2.

tempore defuncto Conrado de Monte Monasteriensi episcopo, Otto comes Clivensis capitulo et proceribus gratissimus, Ludovicum ex Joanne Lantgravio Hassiae et Mechtilde de Clivis oriundum eidem curavit praefici ecclesiae, virum [698]) genere, moribus et scientia clarissimum, qui infinita propemodum bona in diebus vitae suae operatus est. — Anno siquidem Dni. 1308 opilio quidam Cranenburgensis, sumpto in paschate corporis Christi sacramento, exactoque prandio cum ovibus suis ad pascua rursus revertitur, infirmitate autem ex stomachi redundantia correptus, quercinam conscendens arborem, pene concavam [699]) species sacramentales cum cibo in illam egessit. Multis de post annis currentibus, cum arbor illa ad combustionem praescinderetur, apparuit crucifixi imago e trunco arboris excrescens. Accitur princeps, vocantur religiosi ac clerici concurrunt [700]) undique fideles ad tam miraculosam Domini crucem lustrandam. Qui simul processionem ordinantes solennissimam, crucem ex arbore rescissam summa veneratione et laudibus ad Cranenburgensem ecclesiam deduxerunt, ubi cum in dies excresceret et quantitate et miraculorum multitudine atque populorum frequentatione, Adolphus dux Clivensis primus, collegium canonicorum Zefflicense, papa licentiante, ad Cranenburgensem ecclesiam transportavit, [701]) praebendis dilatatis. Tandem Otto comes virtute clarus et gratia, rebus excessit humanis in Horstmar partium Westphaliae, indeque delatus ad terram Clivensem, in monasterio Bedtborch sepelitur a. D. 1310.

Gerhardus, Walrami Juliae comitis germanus, comes, Juliacensis decernitur, Walramo absque liberis decedente a. D. 1301. Genuit autem ex illustrissima Elisabeth, filia comitis Clivensis Theodorici, Wilhelmum successorem, Walramum Coloniensem archiepiscopum, aliosque floridae juventutis tempore decedentes. [702]) Ipse adhaesit, partesque tutatus est Ludowici Bavariae in Romanorum regem electi a qui-

---

[698]) verum, H. und D. — [699]) pene concavam fehlt in H. u. D. —
[700]) cleri convenerunt, H. und D. — [701]) transtulit, B. 1. —
[702]) aliosque citius defunctos, B. 1.

busdam electoribus, adversus Fredericum Austriae a nonnullis etiam electum, praesertim ab Henrico de Virnenborch Coloniensi archiepiscopo, qui Fredericum non Aquisgrani coronavit in forma, sed in Bonna.[703] Quapropter a Ludowici fautoribus[704] gravissima perpessus est damna, maxime a Gerhardo comite Juliacensi et Engelberto Marchiae comitibus, quibus et ipse ut vir bellicosus vices in damnificando[705] reddidit. Gessit quoque bella comes Gerhardus cum Reinoldo domino de Valckenborch, quem post terrarum devastationes, damnaque sibi mutuo illata, acri praelio victum cepit cum nobilibus et militaribus centum, captumque Reinoldum in arce Nideggen usque adeo[706] detinuit, donec se ipsum et nobiles secum detentos, ingenti aeris summa redemisset. Ceterum Reinoldus comes de Valckenborch, quatenus expositam auri vim recuperaret, exactiones in terra sua gravissimas fieri jussit,[707] nedum[708] de agris et bonis suorum subditorum verum etiam de bonis[709] Leodiensium, Trajectensium et Brabantinorum in ejus principatu locatorum; Quamobrem a Joanne duce Brabantiae et Leodiensi episcopo bello impetitus, toto dominio de Valckenborch spoliatur, omnibus suis castris captis et inter principes partitis. Ao. dni. 1318[710] accidit ista dominorum de Valckenborch extinctio. Obiit vero Gerhardus Juliae comes clarissimus a. D. 1325, postquam annis 26 suis subditis optime praefuisset.

Engelbertus comes de Marcha 8ᵘˢ, princeps ad bella doctissimus[711] cui nobilis Ursula, Burgravii Arenbergensis filia et Gerhardi Juliae comitis ex sorore neptis, enixa est Adolphum successorem, Engelbertum Leodiensem episcopum indeque Coloniensem archiepiscopum, Everhardum quoque canonicum Coloniensem et Leodiensem. Nempe a. D. 1308 Engelbertus comes Marchiae, Conrado de Monte Monasteriensi episcopo auxilia praestans, dioecesin invasit Osnaburgensem, cujus praesul Ludowicus, subsidiariis suo-

---

703) sed in Bonna fehlt in H. und D. — 704) fratribus, H. — 705) in inferendis damnis, B. 2. vires in damniferendo, H. — 706) tam diu, B. 1. — 707) imposuit, B. 1. — 708) non solum, B. 2. — 709) Die Worte suorum subdit. — de bonis fehlen in H. und D. — 710) 1308, H. und D. — 711) deditissimus, H. und D.

rum amicorum et civium copiis suffultus, conserto cum illis praelio victor evasit, multis illorum captis et occisis. Engelberto siquidem⁷¹²) a vulneribus illo in bello acceptis sanato, recollectis circumquaque iterum militum cohortibus, praefatam rursum dioecessin impugnans, usque adeo Ludowicum praesulem damnis et devastationibus perpulit, donec redivivae pacis munia ad libitum nactus fuisset. Quo etiam tempore castrum Wassenborch Coloniensis episcopi Henrici,⁷¹³) hostis sui potentissimi, armis impugnatum solo aequavit. Denique a. D. 1312 interfecto Romae Theobaldo de Barri Leodiensi episcopo, Adolphus de Marca praepositus Wormatiensis, Engelberti germanus, a Clemente papa V. qui ipsum diaconum ordinaverat, Leodiensis declaratur episcopus. Veniens itaque ex romana curia Leodium, maximo omnium tripudio receptus; in festo nativitatis domini primitias missae deo obtulit, praesentibus ibidem Engelberto Marchiae, Theodorico Cliviae, Adolpho Montensi et Hannoniae comitibus, cum suae dioeceseos nobilibus et primoribus. Fuit quippe vir apprime doctus,⁷¹⁴) moribus pollens, virtute conspicuus, pacis amator et instaurator, doctorum ac religiosorum virorum ardentissimus promotor, qui nisi provocatus arma desumpsit. Anno etenim D. 1320 a duce Limburgensi damnificatus et injuriis affectus, grandi collecto exercitu principatus illius villas agrosque demolitus est, fratre suo Engelberto comite Marchiae, castrum Strünckede interea impugnante. Dehinc Leodienses natura inquieti et instabiles, Adolpho praesuli rebellantes, clerum insuetis oneribus et vectigalibus, contra ecclesiasticam certe libertatem vexare coeperunt, jura quoque ecclesiastica⁷¹⁵) et jurisdictionem praesulis detrectare, nonnullos militares, oppida et civitates sibi confoederantes. Quapropter Adolphus episcopus et pastor fidelissimus,⁷¹⁶) implorato amicorum subsidio, potentissimum recollegit exercitum, in quo erant Engelbertus Marchiae, Theodoricus Cliviae, Reinoldus Gelriae, Adolphus Montium,

---

⁷¹²) autem, B. 1. — ⁷¹³) Henrici fehlt in B. 1. — ⁷¹⁴) eruditus, B. 1. — ⁷¹⁵) eccles. fehlt in B. 1. — ⁷¹⁶) ceu pastor fidissimus, B. 1. und 2.

Gerhardus Juliae comites, cives[717]) quoque de Hoya et quarundam civitatum sibi adhuc subditarum auxilium;[718]) quorum siquidem ope suffultus, Tungrum obsidione lassatum intercepit; tribus denique[719]) vicibus atque locis, Leodienses bello victos fudit,[720]) multis captis et multo pluribus interemptis, utpote in Narbon monte, in Hunifler et apud s. Treudonem. Postremo autem Gallorum regis ordinatione, pacis fœdera inter Adolphum et Leodienses stabilita sunt, episcopo cum clero ad urbem regrediente a. D. 1328.[721]) Obiit tandem Adolphus de Marca, Leodiensis antistes, post virtutum varia insignia a. D. 1343, in ecclesia ejus cathedrali sepultus. Cui providente papa Clemente VI. Engelbertus, filius Engelberti Marchiae comitis, cujus gesta perstringere cepimus, successit. Is denique Engelbertus comes, terminato Leodiensi bello, aliud ocius assumpsit cum Ludowico de Hassia Monasteriensi antistite, qui tempore infirmitatis suae, ex crucis collisione accidentis, Marchiae comitatum praedando et cremando pervaserat, castrumque Porteslere[722]) obsidione vallaverat oppidumque Hammonis intercipere maturabat. Engelbertus vero, adjutus copiis comitum de Monte et Virneborch, praesulis Ludowici exercitum adorsus, ipsum cepit cum nobilibus multis et civibus. Monasterienses denique ea clade accepta, copias instaurantes, Marchiam invadunt et captum eorum praesulem vi extorquere moliuntur; Veruntamen fefellit eos opinio et in contrarium versa est sententia.[723]) Engelbertus nempe[724]) animosior effectus ex victoria, eosdem binis congressionibus et praeliis superavit, semel op der Landtweer et iterum in Rüssenborch multoque plures accepit militares. Vltimo amicis ventilantibus, pax inter comitem et praesulem decernitur, qui pro sua suorumque militarium concaptivorum liberatione,[725]) maximam auri vim[726]) Engelberto comiti Marchiae

---

717) comes, H. und D. — 718) auxilium fehlt in B. 1. und 2. — 719) denium, B. 1. deinde, B. 2. — 720) fudit fehlt in B. 1. — 721) episcopo — 1328 fehlt in H. und D. — 722) Porteslere fehlt in B. 1. H. und D. — 723) spe sua falsi sunt; nam Engelb. B. 1. — 724) vero, H. und D. — 725) redemptione, B. 1. — 726) congeriem, B. 1. und 2.

erogavit a. D. 1324. Quo quidem bello vix sopito Engelbertus[727]) Ludowici Bavari, electi in schismate imperatoris, partes fovit, ardua pro illo certamina subiens contra Henricum de Verneborch Coloniensem archiepiscopum, qui Fredericum Austriacum elegerat. Nam assistentibus sibi Joanne Bohemiae rege et comite Hannoniae, arcem Volmestein interceptam solotenus[728]) dejecit, praesule tum Henrico in Zusato existente, neque impedire valente. Romam dehinc cum Ludowico petens, decanatum Coloniensem et praeposituram Boppardiensem Engelberto filio impetravit et pro Everhardo filio praebendas in Coloniensi et Leodiensi ecclesiis obtinuit. Moritur autem a. D. 1328, in Vrendenborch sepultus.

Adolphus Henrici de Monte domini de Windeggen[729]) et Agnetis de Marca filius, comes decretus est Montium a. 1308, defunctus est sine liberis, Adolpho et Wilhelmo patruis suis comitibus de Monte successivis. Genuit autem ex clarissima comitis de Nassaw filia Adolphum et Wilhelmum atque Margaretham, Gerhardo Juliae duci, primi filio secundogenito, copulatam. Attamen cum Adolphus et Wilhelmus filii ipsius, naturae et legum reverentia posthabita, adversus genitorem eorum Adolphum comitem, inimicitias et bella tempore certo gessere, idcirco Deo vindicante, ambo absque liberis, floridae aetatis tempore decesserunt,[730]) Margaretham sororem, comitatus de Monte relinquentes heredem. Hoc denique modo comitatus ille ad Juliacensem lineam derivavit et iterum Juliacenses de post ad Montenses transierunt, defunctis Reinoldo et Wilhelmo Juliae et Gelriae ducibus. Iste Adolphus comes de Monte, vir in armis strenuus, opem tulit efficacem Adolpho de Marcha, Leodiensi episcopo nepoti, adversus rebelles Leodienses. Ludowicum quoque Bavarum electum regem, copiis adjuvit contra Fredericum Austrium et Henricum Coloniensem archiantistitem, illius electorem et defensorem,[731]) cui et damna intulit gravissima

---

[727]) Die Worte a. 1324 — Engelbertus fehlen in H. und D. — [728]) solitarius, H. — [729]) Virnenborg Windeggen, H. — [730]) e vita sublatus, B. 2. — [731]) illius — defensorem fehlt in B. 1.

iterumque ab illo recepit.[732]) Cum quo et Romam profectus, militari decorabatur gloria a rege Ludowico, cujus etiam inductione adhaesit Eduardo[733]) Anglorum regi, adversus Gallorum regem decertanti, quemadmodum sparsius in sequentibus dicetur.[734]) Deinde Reinoldo Gelriae duci primo, bellica adduxit praesidia, in Joannem ducem Brabantiae castra moventi. Postremum omnium rerum inimica mors, comitem Adolphum abstulit 1348, principatus sui anno 40, in Monte veteri apud parentes terrae commendatus.

Theodoricus cognomine pius, Ottone germano absque prole masculina deficiente, comes factus est Clivensis 27.us tempore schismatis inter Ludowicum et Fredericum imperatores electos, praesedit que annis 37; magnarum utique dotium princeps, tantaeque pietatis et clementiae, quod pii cognomen sortitus sit. Genuit vero ex illustrissima Margaretha, Reinoldi Gelriae comitis filia et Reinoldi ducis primi sorore, unicam sobolem Margaretham, Adolpho Marchiae comiti desponsatam. Ceterum Ludowicus dux Bavariae, a nonnullis electoribus in regem Romanorum electus, summopere sategit, quatenus Theodoricum hunc Cliviae comitem sibi confoederaret et animum illius retraheret a Frederico Austriae duce ejus nepote, etiam a quibusdam in regem electo. Quamobrem sibi concessit privilegia grandia, utpote quod Telonia duo[735]) in Griet et Huissen locare posset,[736]) illamque pecuniarum summam imperatoris nomine redimere, quam Wilhelmus Montium comes dudum super Duisburch erogaverat. In Westphalia quoque ipsum imperii vicarium instituit adversus Henricum Coloniensem Archiepiscopum, hostem infestissimum. Insulam caesaris praesuli ademptam, Theodorico commisit cum privilegiorum omnium priscorum confirmatione a. D. 1315. Theodoricus vero Cliviae comes, germano suo Joanni, Coloniensi archidecano, pro hereditatis paternae portione assignavit ad vitam ejus duntaxat Lynn et Orsoy atque 400 marcas[737]) Brabantiae ex telonio Nuys-

---

[732]) similia perpessus est, B. 2. — [733]) aliquando, H. und D. — [734]) quemadmodum – dicetur fehlt in B. 1. — [735]) domino, H. — [736]) in Greit et Buisen, D. — [737]) 300 marcas, H.

siensi, cui et Walramus nepos, Coloniensis archiepiscopus,
200 adjecit reales ex telonio Berckensi annue solvendas.
Dehinc castrum cum dominio de Holte, comiti Montensi
impignoratum, multo redemit aere a. 1334. Cumque Theodoricus comes bellicis in rebus esset expertissimus, quamplurima cogebatur bella peragere cum principibus diversis,
quibus vel sanguine vel foedere junctus erat, contra lethales
eorum hostes. Nam a. 1314, convenientibus apud Franco-
fordiam sacri imperii electoribus, bifariamque se dividentibus,
schisma pestiferum excitarunt; nam Moguntinus et Trevirensis episcopi, Joannes rex Bohemiae et marchio Brandenburgensis, Ludowicum Bavariae ducem pronunciarunt, ceteri
vero tres, Coloniensis archiepiscopus, Henricus dux Saxoniae
et palatinus Rheni Ludowici Bavari frater, elegerunt[738])
Fredericum Austriae ducem, Alberti imperatoris filium, quem
Coloniensis archiepiscopus Bonnae coronavit. Treverensis
vero archiepiscopus Ludowicum coronavit Aquisgrani. Facta
est principum Vasallorum et civitatum maxima scissura imperialium, bellaque et damna hinc inde illata partibus gravissima annis 13,[739]) quibus schisma perduravit. Ludowico
nempe adhaesere praeter[740]) suos electores, Wilhelmus Hollandiae, Theodoricus Cliviae, Reinoldus Gelriae, Gerhardus
Juliae, Engelbertus Marchiae, Adolphus Montium, Joannes
Hannoniae comites et civitates ac vasalli inferioris Germaniae
usque ad Argentinam. Frederico autem auxilia praestitere
sui electores, nec non et Germaniae superioris principes et
civitates ferme omnes. Electi denique reges, cum eorum
adhaerentibus sese persequentes, quatuor in locis congressi
sunt, apud Esslingen Suaviae, apud Spiram, apud Argentinam
et Wisbaden, in quibus quidem praeliis Ludowicus semper
victor evasit. Frederico fugiente vel bellum detrectante.
Tandem prope Ottingen et Mohlendorp electorum regum
exercitibus in praelio concurrentibus, conflictu ab ortu solis
usque ad occasum perdurante, Ludowicus victoria potitus,
Fredericum cum fratre cepit atque in vinculis detinuit usque

---

[738]) Ceteri vero electores elegerunt, B. 1. — [739]) 23, D. —
[740]) adhaesere sui electores, H., D. und B. 2.

ad mortem. Extunc principes et civitates, Frederico prius faventes, data a Ludowico pace, ad ipsum defecerunt a. D. 1317. Verum papa Joannes XXII. Ludovicum ceu ecclesiae hostem deposuit, omnesque vasallos imperii, a fidelitatis juramento absolvit. Quapropter ira successus Ludowicus, implorato suorum adhaerentium principum subsidio, collectisque pugnatorum equitum et peditum selectissimis copiis,[741] Alpes transiit et Mediolanum movens, coronam accepit argenteam ab episcopo, sed non absque commodis;[742] nam afflictis et humiliatis vicecomitibus Guelfis, pontifici faventibus, multoque auro mulctatis, ope Castruccii et Gibellinorum Romam pervenit, ubi cum regina uxore, filia comitis Hollandiae, accepit auream coronam, non a papa Joanne fugiente, sed a Stephano de Columna urbis praefecto, cujus etiam et senatus consilio, Joannem papam deponens, alterum instituit, Fratrem Petrum de Corbaria ordinis minorum, Nicolaum V. denominatum. Quo etiam tempore Ludowicus caesar plures ex germanis proceribus milites creavit, utpote Theodoricum Cliviae, Reinoldum Gelriae, Wilhelmum Juliae, Adolphum Montium comites, plurimosque alios nobiles et illustres. Quibus auditis a Joanne papa XXII. Ludovicum cum omnibus suis adhaerentibus principibus[743] excommunicavit atque interdictum in civitalibus et in terris sibi faventibus fulminavit, annis persistens 17, quod quidam cum timore observarunt alii vero deridebant. — Auxilia insuper haud contemnenda Theodoricus comes Clivensis praestitit Adolpho de Marcha nepoti, episcopo Leodiensi, contra cives suos et civitates sibi reluctantes, ut dictum est.[744] Deinde cum Eduardo Anglorum rege fortiter bellavit adversus Philippum[745] Francorum seu Gallorum regem, pro regno Franciae decertanti. Nam a. 1333 Eduardus Angliae rex, Francorum regnum sibi devolutum ex materna hereditate asserens, multifarie et multis modis excogitavit illud occupare.[746] Quapropter ad Ludowicum imperatorem, Gallorum

---

[741] collectis selectiss. copiis, B. 1. — [742] ingenti commodo, B. 2. — [743] principibus fehlt in B. 1. — [744] contra cives — dictum est, fehlt in B. 1. — [745] Fredericum, D. — [746] recuperare, H.

regis hostem, in Renss prope Confluentiam veniens, se imperio subdidit, instituitque caesarem vicarium suum et marschallum adversus Philippum Valesianum, Francorum regnum occupantem. Quo expleto confluxerunt ad eum omnes Germaniae principes a Ludovico imperatore instigati, utpote Ludowicus caesaris filius marchio Brandenburgensis, Joannes dux Brabantiae, Theodoricus Clivensis, Reinoldus Gelriae, Wilhelmus Juliae, Adolphus Marchiae, Adolphus Montium, Lossensis et de Vernenborch comites, aliique illustres et nobiles milites copiosissimi, quorum ope suffultus, Eduardus Anglorum rex, Franciam invadens, universa flammis ferroque demoliendo, ad Luteliam usque Parisiorum urbem cum exercitu processit,[747]) occupata prius Normandia et Flandria; cumque instante hyeme in Angliam trajicere moliretur,[748]) Eduardus rex, dimissis in Flandria Germanis, ecce[749]) juxta Selusam occurrit sibi Philippus Francorum rex classe navium trecentarum, consertoque navali praelio maximo et diuturno, victoria cessit Eduardo, captis navium ducentis cum proceribus[750]) plurimis et triginta hominum millibus caesis et submersis. Ea elatus victoria, Eduardus ilico pede retracto et ad germanicas copias reversus, Francorum regnum pene evacuatum irrumpens, omnia prius intacta et reservata demolitus est. Ceterum Philippus Gallorum rex, post unius anni treugas, animo et viribus resumptis, universorum ejus amicorum auxilio invocato et selectissimis copiis resarcitis, Eduardo regi bellum indixit. Pugna itaque in vico Cryssi apud s. Jodocum commissa,[751]) strages editur cruentissima, a mane usque ad vesperam pugna extenditur, sed Deo favente iterum superantur Franci, caesis 28 virorum millibus cum Joanne Bohemiae et Navarrae rege, Burgundiae, Lotharingiae et Alensoniae ducibus, Flandriae, Artesii,[752]) Namurcensi et Salmorum comitibus, pluribusque illustribus dominis et militaribus a. D. 1345. Tunc Eduardus rex obsedit Calisium maris portum, a quo ex Flandria in Angliam

---

[747]) concessit. B. 2. — [748]) niteretur, D. — [749]) 400, D. —
[750]) principibus, D. — [751]) quo in vico — conserto, B, 1. II. und D, —
[752]) Achesii, H.

naves pergunt atque revertuntur,⁷⁵³) quem et obtinuit mense decimo et usque hodie Angli possident.⁷⁵⁴) Mortuo autem Philippo rege Francorum, Joannes filius successit in regno, qui et reparatis undecunque copiis, cum Eduardo congressus est et Germanis in comitatu Pictaviensi post pugnam diuturnam succubuit, captusque fuit cum filio suo Philippo de Hardy⁷⁵⁵) Burgundiae duce, aliisque proceribus multis et in Angliam perductus, maximo se auro redemerunt qui cum eo capti erant,⁷⁵⁶) in quo etiam bello centum millia pugnatorum⁷⁵⁷) caesa feruntur. Quo facto Eduardus desolatum Francorum regnum facillime occupavit, scribens se regem Francorum et Anglorum. Quod tamen·depost Carolo Joannis filio restituit, datis sibi tricesies centum millia aureorum coronatorum millibus.⁷⁵⁸) — Praeterea Theodoricus comes Clivensis bellica etiam praesidia attulit Wilhelmo Hollandiae comiti, in obsidione et correctione civitatis Trajectensis, quam obsedit exercitu potentissimo, in quo erant comites 13, barones 52, milites 200, praeter residuos nobiles. Verum cum Joannes de Arckell Trajectensis praesul, Deo et hominibus charus, ad Wilhelmum in castris agentem pervenisset, irati comitis animum mitigavit, sicquod civitatis rectores⁷⁵⁹) et primates, decalceati et seminudi ad Wilhelmum venientes et in terram prostrati, injuriarum illatarum veniam poscerent. Quo facto obsidionem solvit et in Phrysios sibi rebellantes arma vertit; sed in malum suum, quia a Phrysonibus caesus fuit,⁷⁶⁰) cum tribus navium classibus, inordinate una post alteram adnavigantibus. Pugnavit quoque Theodoricus Cliviae comes cum Reinoldo Gelriae duce primo, cujus sororius erat, contra Brabantinos et Leodienses decertante, ut paulo post dicetur latere sequenti.⁷⁶¹) Cumque divini cultus esset amator⁷⁶²) praecipuus, collegium canonicorum in

---

753) atque revert. fehlt in B. 1. — 754) et in hodiernum diem Anglici eum possident, B. 2. Dieser Nachsatz fehlt in B. 1. — 755) Ph. Richardi, B. 1. — 7.6) quos in Angliam perducens tamdiu retinuit captivos, donec se grandi auri mole redimerent, B. 1. — 757) pugnatorum fehlt in H. — 758) Tribus centum millibus, H. und D. acceptis ab eo tricesies centum aureorum milibus, B. 1. — 759) sicque civitatis doctores, H. — 760) quando a Phrys. caesus extitit, H. — 761) ut paulo post — seq. fehlt in B. 1. — 762) ornator, D.

Maurenborch prope Calcker [763]) fundatum a Theodorico comite, 24 praebendis [764]) et fructibus augmentatum, ad ecclesiam b. Mariae virg. Clivensem transtulit a. D. 1347 quo anno vita functus, in eadem ecclesia congruis honoribus sepelitur.

Primus Gelriae dux. [765])

Reinoldus Gelriae et Zutphaniae comes 8 et ultimus, primusque dux annis rexit 17 solus et cum patre [766]) Reinoldo annis 8. Quem ob excellentes virtutes, animique et corporis dotes, Ludowicus imperator ex comite ducem creavit a. 1339. Genuit autem ex filia unica Bartholdi [767]) domini Mechliniae [768]) Sophia, Mechtildim comitissam Clivensem, Margaretham in cunis decedentem [769]) atque Isabellam abbatissam Vallis-comitis, Mariam quoque Juliae ducissam, ex qua Reinoldus et Wilhelmus Gelriae et Juliae duces descenderunt. Ceterum ea uxore prima defuncta et in Vallis-comitis tumulata a. 1336, Alienoram duxit Eduardi Angliae regis sororem [770]) ex qua Reinoldus Gelriae bellicosissimus comes, prima in Joannem Brabantiae ducem arma extulit. [771]) Cum enim Joannes dux filium suum recusaret copulare filiae regis Philippi Gallorum, quem sociare decreverat unicae filiae comitis Hannoniae sollicitatione regis Philippi, Reinoldo Gelriae comiti, adversus Joannem ducem tumultuanti, adhaesere principes infrascripti: Carolus rex Bohemiae, Henricus Coloniensis archipraesul, Adolphus de Marca Leodiensis episcopus, Theodoricus Cliviae, Wilhelmus Juliae, Adolphus Montium, Adolphus Marchiae, Lossensis et Namurcensis comites, qui selectissimum comportantes exercitum, cum Reinoldo Gelriae comite negotii autore [772]) in Brabantiam irruerunt, Landem, Fexen plurasque villas devastantes, quorum multitudine excessiva territus, dux Joannes regi obtemperavit, qui et missis ilico legatis,

---

[763]) Outecker, D. — [764]) 240 praeb., D. — [765]) Die Ueberschrift fehlt in B. 1. H. u. D. — [766]) fratre, ohne Angabe seines Namens, D. — [767]) Florentii, D. — [768]) Messelviae, H. Methelmiae, D. — [769]) in cunis decedentem fehlt in H. und D. — [770]) filiam, D. — [771]) sumpsit, B. 2. — [772]) antesignano, B. 2.

pacem inter Reinoldum et Joannem ordinavit, ita quod Reinoldi filius filiam haberet Joannis ducis coñjugem, Tyle quoque oppidum cum villis Zantwick[773]) et Herwerden remanerent Gelriae comiti, quorum loco Joannes dux alias villas et dominia circa Huisden sitas obtineret, quodque[774]) illorum dominia essent libera, neque feuda a se mutuo accipere tenerentur, cives tamen Busco-ducis in teloniis Gelriensium vectigales remanerent et essent deinceps. Accidit ista pacis reformatio a. D. 1327. Verum bello isto vix terminato, aliud inter Reinoldum Gelriae comitem et Joannem ducem atque Leodienses bellum resurrexit; cum enim Reinoldus fortissime tueretur partem Ludowici Bavari electi imperatoris ut antea diximus, essetque cum illo in expeditione Italica implicatus, Joannes dux Brabantiae Leodiensibus fœdere junctus, Gelriae principatus, terras et villas praedando pervasit et vehementer afflixit, quando Adolpho praesuli jam dudum bellica praesidia destinasset. Reinoldus vero comes ad propria mox regressus, amicorum auxilia implorat et accepit; nam ope Theodorici Clivensis, Adolphi Montium et Wilhelmi Juliae comitum ceterorumque aulae regalis principum, Joanni duci Brabantiae et Leodiensibus bellum obtulit campestre, quo in Haessfeldt consito et caede maxima edita, Reinoldus victoria potitus, novem occidit millia, plurimis quoque captis et aere multo mulctatis a. D. 1328. Ea denique tempestate Reinoldus Gelriae comes civitatem Mechliniae, intuitu uxoris suae prioris sibi attinentem, vendidit Flandriae comiti pro centum realium millibus, sic tamen quod Leodiensi ecclesiae feudalis permaneret. Quapropter denuo permotus Brabantiae dux Joannes, cui cives Mechliniae deditissimi erant, inimicus effectus comitis Flandriae et episcopi Leodiensis. Fiunt[775]) hinc inde terrarum[776]) depopulationes, abbatia Affligensis ditissima incineratur et Wilhelmus Juliae comes arcem Rode Brabantinis ademit; inde moderatione Gallorum regis pacificati sunt et paulo

---

[773]) Zaalswick, H. — [774]) quorum. — [775]) fuerant, B. 1. H. unb D. — [776]) terrarum fehlt in H. unb D.

post Mechliniensis civitas igne quasi omnino consumpta extitit a. 1336.[777]) Ceterum illo vix bello terminato,[778]) Reinoldus Gelriae adhuc comes, omni qua potuit virtute bellica, Eduardo Anglorum regi sororio succurrit in acquirendo Gallorum regno, velut dictum est.[779]) Quamobrem Eduardo sollicitante, Ludowicus imperator ipsum ex comite ducem creavit a. 1339, qui et Wilhelmum Juliae comitem eo tempore marchionem designavit. Haud longe post Reinoldus dux Gelriae primus, maligno stimulatus spiritu, Alienoram de Anglia conjugem a se repudiavit quoad thorum et discum, leprae illi maculam imponens. Verum cum in diaeta procerum et civitatum laetaretur Reinoldus apud Neomagium, superveniens Alienora cum Reinoldo et Eduardo filiis, solo tecta pallio super camisiam, rejecto pallio se seminudam exhibens dixit ad maritum simulque discumbentes: ecce proceres civesque optimi, vestrae ducissae lepram! estne corpus hoc lepra resparsum? et ad Reinoldum conversa ait: ecce filios, tibi progenitos marite! de quibus nec tu, nec ducatus Gelriae filios videbit, in maximam universorum incolarum[780]) desolationem! Quod ita postea evenit; nam illis decedentibus seque mutuo persequentibus, Juliae ducis filii successere, indeque Egmondenses, quemadmodum infra dicetur. Ipse Reinoldus conventum carmelitarum in Gelria et carthusianorum prope Arnheim: Moninckhuyssen vocitatum, instituit, in quo sepultus requiescit, a. 1343 defungens. Ipsa vero Alienora fratrum minorum in Daventria fundatrix, obiit a. 1355, penes Reinoldum in Moninckhuyssen tumulata. Nec silendum quod iste Reinoldus primus Gelriae dux, cum in mutatione dignitatis permutarit et arma principatus; nam dimissis armis comitatus: leone scilicet aureo cum hastulis, assumpsit leonem absque hastulis cum cauda dispartita; ex cujus quidem mutationis ignorantia, quamplurimi et olim et hodie decepti sunt et decipiuntur, nescientes distinguere inter arma comitatus atque ducatus.

---

[777] 1338, H. und D. — [778] Post hoc bellum, B. 1. — [779] velut dictum est, fehlt in B. 1. — [780] malorum, H. und D.

Adolphus comes de Marca 9ᵘˢ, gubernavit annis 19, princeps animo⁷⁸¹) prudens, magnificus⁷⁸²) et in rebus bellicis longa exercitatione peritus, qui ex clarissima Margaretha, Theodorici⁷⁸³) comitis Clivensis filia, Engelbertum suscitavit successorem, Adolphum electum Monasteriensem et Coloniensem archiepiscopum, tandemque Cliviae comitem, Theodoricum quoque comitem de Dinslacken, Everhardum canonicum Coloniensem atque Margaretham comitissam de Nassawe. Cumque singulari in deum devotione ferveret, Hierosolymam petens, loca sacrata, Christi sanguine perfusa, perlustravit a. D. 1331. Hinc ad propria regressus, opem tulit potentissimam Adolpho de Marca Leodiensi Episcopo contra Joannem Brabantiae ducem et Leodienses belligeranti. Quos ope Reinoldi comitis Gelriae et Theodorici Cliviae, bello in Haessfeldt commisso fudit, caesis novem hostium millibus. Anno autem D. 1340 Conradus de Marca cum uxore de Holte aedificare cepit monasterium clarissarum⁷⁸⁴) prope Huerden,⁷⁸⁵) in quo multorum principum et nobilium filiae monasticam depost sumpsere disciplinam. Nec longe post Clemens papa VI. natione Gallus, inductione regis⁷⁸⁶) Philippi imperio privavit Ludowicum imperatorem, curavitque eligi Carolum Bohemiae regem. Quare Ludowici inductione invaserunt Walramum Coloniensem archiepiscopum de Juliaco, Adolphus de Marca, Godefridus de Arnsberch, de Waldegge et Lossensis comites, quoniam ipso derelicto Carolum elegerat pluraque in Coloniensi dioecesi damna exercebant et devastationes.⁷⁸⁷) Cumque Walramus amicorum ejus suppetiis, Marchiae comitem magis sibi infestum impetens, oppidum quoddam devastasset et plerasque villas ab Adolpho comite suisque adhaerentibus bello⁷⁸⁸) invasus, succubuit praesul cum equitibus trecentis apud Recklinckhuisen.⁷⁸⁹) Denique hoc praelio vix expleto, aliud reassumere cogebatur comes Adolphus cum Engelberto fratre suo

---

⁷⁸¹) omnino, D. — ⁷⁸³) magnificus fehlt in H. und D. —
⁷⁸²) Theodorici fehlt in D. — ⁷⁸⁴) clarissimorum, H. und D. ...
⁷⁸⁵) Huisden, H. — ⁷⁸⁶) regis fehlt in H. und D. — ⁷⁸⁷) depraedationes, B. 1. und 2. — ⁷⁸⁸) bello fehlt in H. und D. — ⁷⁸⁹) Rellinghausen, H.

Leodiensi episcopo, adversus rebellantes illi Leodienses.
Anno enim D. 1346 devoluto ad Leodiensem ecclesim comitatu Lossensi, Engelbertus antistes, capitulo consentiente, illum Joanni de Hinsberch [790]) in feudum concessit, ceu heredi propinquiori. Quare indignati cives et plerique nobiles, tumultu exercitato, quosdam canonicos occiderunt; alios vero una cum clero urbe pepulerunt. Inde aliis civitatibus in partem eorum perductis, castra ecclesiae Claremondt, Arckentals et Hemele diuturna obsidione capta, solo aequaverunt. Engelbertus vero tanta affectus contumelia, imploratis amicorum subsidiariis copiis, utpote Joannis regis Bohemiae, Johannis ducis Brabantiae, Adolphi Marchiae germani et de Valckenborch comitum, Leodiensibus eorumque confœderatis viriliter occursans, congressione inter Valemam et Thurins [791]) simul exacta, victoria potitur praesul, [792]) multis hostium caesis et captivatis. Inde Valemam et Varemiam exussit, oppidum s. Trudonis in deditionem recepit, ipsamque civitatem Leodiensem obsidione vallavit, eoque perduxit cives, ut veniam commissorum petentes, clerum restituere damnaque illata resarcire promitterent. Ceterum Engelberto praesule [793]) obsidionem solvente et exercitum remittente, cives denuo protervientes in clerum, promissa omnia explere recusabant; quare iterum arma sumentes Leodienses cives, gentemque praesulis ex improviso [794]) aggredientes, quamplurimos occiderunt cum domino de Valckenborch. Tunc Engelbertus auxilio Reinoldi Gelriae ducis, Joannis Cliviae et Adolphi Marchiae et Namurcensis comitum, Leodium iterum obsedit, civesque egredientes et illius castra invadere satagentes, dolose retrocedens, fugat usque in campum Torlegen [795]) bellis aptum, ubi diuturno et cruentissimo [796]) certamine inito, [797]) praesul superior effectus, sedecim millia civium trucidavit, ubi Reinoldus Gelriae dux et Joannes Cliviae comes militari ornabantur

---

790) Hinborch, H. u. D. — 791) Valoniam et Thuni, H. u. D. — 792) praesul fehlt in B. 1. — 793) praesule fehlt in H. und D. — 794) improvisam, H., D. u. B. 2. — 795) Therlege, H. Torleyn, B. 2. — 796) truculentissimo, B. 2. — 797) prælio, D. bello collato, H.

triumpho, ubi et cecidere de exercitu Gelriae ducis Hupertus Schenck dominus de Kuylenborch, Rupertus de Arckell dominus de Aspern, Bartholdus de Oy et domicellus de Batenborch a. D. 1346,[798]) quo etiam anno Adolphus comes de Marca diem obiit extremum, in monasterio Vrendenborch cum uxore Margaretha terrae mandatus.

Walramus Gerhardi Juliae comitis et Elisabeth de Clivis filius, in utroque jure licentiatus, Coloniensi praeficitur ecclesiae a. D. 1343 a Joanne papa XXII. promotus ob scientiarum generis et morum amplitudinem, seditque annis quindecim. Verum quia Coloniensis dioecesis ab Henrico suo praedecessore, episcopo bellicoso, exactionibus et devastationibus vehementer vexata extitit,[799]) Walramus animo quietus, pacem cum universis quondam hostibus confecit, aedificavit castra pleraque et diruta reparavit, aliaque fortiora reddidit, utpote Godesberg, Bruell, Hardt[800]) oppidumque Mendene a Marckensibus vastatum, Lechenich a praedecessore suo ceptum[801]) consummavit, non obstante indignatione fratris, Wilhelmi Juliae comitis. Nonnulla insuper castra et dominia ecclesiae suae acquisivit, scilicet Reimbach, Oyde, Poppelstorp, Seyensberch, Nordernahe, Zelranck cum terra Kempensi. Monasterium carthusianorum in Colonia erexit, crucemque inter Bonnam et Godesberch, quae hodie usque cernitur, locavit. Dehinc ab Adolpho de Marcka et Godefrido de Arnsberch comitibus damnis affectus, bellare[802]) coactus est atque in praelio succubuit, trecentis equitibus amissis, pro quorum redemptione castra pleraque impignorare cogebatur. Inde expensis parcere volens, Parisiorum urbem, ubi olim studuerat, petiit, ibique diem claudens extremum, Coloniam funus suum deferri ordinavit a. 1349.

Joannes Ottonis et Theodorici comitum defunctorum germanus ex Coloniensi archidiacono,[803]) comes effectus fuit

---

[798]) 1347, B. 2. — [799]) attenuata fuit, B. 1. und 2. — [800]) Huitt, D. Hürdt, H. — [801]) cuptum, B. 2. H. und D. — [802]) rebellare, B. 1. H. und D. — [803]) et Coloniensis archiepiscopus, H. und D.

Clivensis 28ᵛᵘˢ Ludowico IV. et Carolo IV. imperatoribus. Vir in utroque jure eruditissimus, clementia et liberalitate insignis; verum ex Mechtilde filia illustrissimi principis Reinoldi Gelriae ducis primi, nullas excitavit proles.[804]) Ipso quippe dominante contigit terribile miraculum in Clivensi ecclesia de venerabili sacramento, quod ad litigantium duarum mulierum controversias sedandas, omissa sacramentali solita specie, in crudam versum est carnem, quemadmodum usque hodie in eadem ecclesia conservatur et videtur.[805]) Ceterum Joannes comes, tametsi a clericatu ad comitatum esset accitus, bellicis attamen rebus dare operam cogebatur. Primo siquidem sui principatus anno, Engelberto de Marcka Leodiensi episcopo nepoti, auxiliares exhibuit copias, quandoquidem rebellantes sibi Leodienses armis compescuit et in uno praelio apud Haessfeldt conserto, sedecim rebellium millia caecidit; ubi Johannes hic Cliviae comes[806]) militari decorabatur gloria. Exorta deinde exitiali partialitate inter Reinoldum et Eduardum germanos, super Gelriae ducatus proprietate, de qua re fusius in sequentibus tractabitur,[807]) Joannes comes, amborum sororius, partem fovit Reinoldi natu majoris; quare ab Eduardo ejusque parte variis affectus est damnis et cladibus; cumque ab Eduardo praevalente Joannes[808]) dotem sibi repromissam cum Mechtilde de Gelria uxore illiusque sorore expeteret[809]) illeque priscarum memor injuriarum exsolvere recusaret, ad arma ventum est. Eduardus denique ingenti exercitu[810]) ex Goch proficiscens, villam Wischell, Tyll omnesque circa Griet[811]) et Calcker, ubi nullus antea praedator accesserat,[812]) demolitus est villas. Nec timens Joannes[813]) comes contractis amicorum circumquaque subsidiariis cohortibus, consimilia in Duffia et circa Neomagum damna Eduardo ingessit, ipsamque civitatem Neo-

---

804) soboles, B. 2. — 805) conservatum videre est, B. 2. — 806) Cliviae comes fehlt in B. 1. — 807) de qua — tractabitur, fehlt in B. 1. — 808) damnis; accidit postea quod Eduardus praevaleret Joannes, B. 1. — 809) expleret, D. — 810) ingenti exercitu fehlt in B. 1. — 811) Briett, D. — 812) comparuerat, B. 1. — 813) Joannes vero aeque animosus, B. 1.

magiensem clam intercipere sategit,[814]) Ottoni de Lænen[815]) et Henrico Boett Eduardi consiliariis[816]) cooperantibus atque traditionem pollicentibus; sed imbribus et aëris inclementia praepedientibus, proditione etiam detecta, res proposita mansit infecta.[817]) Eodem quoque tempore civis quidam de Goch Joanni comiti denunciavit, qualiter Eduardus per latrinam domus super Niersam procumbentem sagitta interfici poterat toxicata; quam rem nefariam cum Eduardo duci Joannes significasset, perpendens quod non vitam ejus sed repromissam cum sorore dotem expeteret,[818]) pace simul confecta, Embricam Joanni pignoris titulo jureque dotis contradidit a. D. 1363. Ipse arcem[819]) in Griethuisen fundavit et dominium de Rinderen[820]) aere multo comparavit. Carolo quoque imperatori super Duisborch et Keyserswert ampliorem pecuniarum massam[821]) erogavit, a quo omnium privilegiorum et teloniorum confirmationem obtinuit, quodque telonia de loco in locum commodiorem transferre liceret. Tandem comes Clivensis Joannes, virtute et gratia plenus, obiit a. D. 1368, in Clivensi ecclesia tumulatus. Quo absque liberis defuncto atque cum gladio et clypeo sepulto, grandis inter nonnullos principes, civitates atque nobiles terrae Clivensis[822]) dissentio orta fuit super jurisdictione et proprietate illius; nam Theodoricus de Perwyss, Joannis ex sorore nepos, consiliarius[823]) et commensalis, arcem Clivensem cum Orsoy et Cranenburch usurpavit. Otto de Arckell Joannis ex fratre[824]) Ottone nepos, ope Reinoldi Gelriae ducis, in campo pullorum juxta arcem castra metatus, civium Clivensium, Theodoricum aversantium,[825]) favorem obtinuit. Adolphus etiam de Marca, electus et confirmatus Coloniensis archiepiscopus, ad laicatum aspirans, cum esset Theodorici

---

814) Nec multum abfuit, quin civitatem Novimagensem clam interciperet, B. 1. — 815) Lennepe, H. unb D. — 816) consulibus, B. 2, H. unb D. — 817) non est sortita effectum, B. 1. — 818) expeteret fehlt in H. unb D. — 819) autem, H. unb D. — 820) Rindecken, D. Reindeck, H. — 821) summam, B. 1. — 822) Clivensis fehlt in B. 1. H. unb D. — 823) consul, B. 2. H. unb D. — 824) Die Worte: ex sorore nepos — Otto de Arckell Joannis ex fratre, fehlen in D. — 825) Theodoricum aversantium, fehlt in B. 1. Coloniensium Theodor. accursantium. H.

Cliviae comitis et Joannis germani ex filia nepos, se in comitem a militaribus et civitatibus terrae Clivensis assumi [826]) postulavit et exauditus fuit, ceteris posthabitis, ut alias dicetur. [827]) Ao. autem Dni. 1354 Wesaliensis civitas fortuito igne accensa, prope media parte exusta fuit, cum conventu ordinis praedicatorum, quem ilico Adolphus et Theodoricus germani, magnis sumptibus instaurarunt; ante cujus altare majus Theodoricus de Marca, comes Dinslackensis quiescit.

Wilhelmus Juliae comes regere cepit a. D. 1326, praefuitque annis 36, quem ob singulares virtutes resque strenue gestas. Ludowicus imperator marchionem creavit a. D. 1339; Carolus quoque imperator eandem ob causam ducem instituit. Genuit vero ex Joanna comitis Hollandiae filia Wilhelmum [828]) successorem, Gerhardum [829]) comitem de Monte atque Richardam Engelberto Marchiae comiti desponsatam. Ipse aedificavit Syntzig et aulam in Nideck castro, pluraque confecit praelia admodum gloriosa, cum Ludowico Bavaro, electo Romanorum rege, adversus Fredericum Austriae ducem, a nonnullis etiam electoribus in regem electum, [830]) cum quo et Alpes transiens Romam pervenit. Eduardo quoque Anglorum regi suppetias tulit contra Philippum Gallorum regem decertanti, necnon et Reinoldo Gelriae duci opem tulit adversus Joannem Brabantiae ducem et Leodienses bella gerenti, cepitque tunc arcem Roede Brabantiae ducis, opima [831]) quoque a Leodiensibus bello superatis spolia reportavit. Nec tribulationibus et factione domestica caruit princeps tam fortis. [832]) Nam a filiis suis Gerhardo et Wilhelmo dolose captus et in vincula conjectus fuit; verum coacti per principes patris amicos, ocius liberum dimiserunt. Ea propter proconsules civitatis Aquensis cepit in Lackear, [833]) castrumque Vrendael evertit, quod filiis suis auxilia praestiterant et favores, [834]) ut ab illis contra Dei et naturae legem

---

[826]) assumi fehlt in D. — [827]) ut alias dicetur fehlt in B. 1. — [828]) Gerhardum, B. 1. — [829]) Wilhelmum, B. 1. — [830]) a nonnullis — electum fehlt in B. 1. — [831]) optima, H. und D. — [832]) domestica quoque factione minime caruit, nam etc, B. 1. — [833]) Lacknar, H. Lacknen, D. — [834]) et favores, fehlt in B. 1.

caperetur, qui tamen[835]) ex conceptis mente doloribus, anno sequenti animam efflavit a. D. 1341,[836]) quo tempore coelestis regio ignita adeo apparuit, ut a simplicioribus coelum ardere crederetur.

Reinoldus Gelriae dux 2^{dus} comesque Zutphaniensis decimo aetatis suae anno ducare cepit,[837]) praefuitque annis 18.[838]) Uxorem duxit Mariam Joannis Brabantiae ducis filiam, ex qua nullas suscitavit proles; cujus quippe aevo gravissima et sibi et ducatus Gelriae mala et adversa evenerunt. Nam a. D. 1351 vigente et[839]) regnante in Hollandia pestifera factione de Hoix et Cabbeljaw,[840]) etiam Gelriae principatus eodem perniciosissimo malo foedari cepit,[841]) Reinoldo et Eduardo fratribus, super ducatus possessione et titulo[842]) contendentibus. Cui pestifero malo et schismati, se immiscuere civitates et militares Gelriae ducatus, quibusdam Reinoldo, quibusdam etiam Eduardo faventibus, binasque sectas statuentibus, quarum una de Bronckhorst altera de Heckers vocitabatur. Reinoldo vero adhaesit pars de Heckers civitatum et nobilium, Joannes dux Brabantiae socer, Joannes comes Clivensis sororius, Adolphus de Marca electus Monasteriensis et Coloniensis archiepiscopus. Eduardo autem favebat pars de Bronckhorst cum civitate Neomagensi et aliis quibusdam civitatibus atque militaribus. Engelbertus quoque comes de Marca et Wilhelmus de Bronckhorst, qui quidem partialitatis satores, mutuis bellis, depraedationibus, exustionibus, homicidiis, suspendiis, rotationibus, omniumque malorum generibus sese persecuti sunt et lamentabiliter afflixere annis decem; in quibus parentes in filios, filii in parentes, cives in cives, amici in amicos debachati sunt; adeoque enormiter, ut

---

835) qui tamen, fehlt in B. 1. — 836) 1361, B. 2. — 837) ducatum suscepit, B. 2. — 838) 28, D. II. — 839) vigente et, fehlt in B. 1. — 840) Horken et Calbesaw, H. Horcken et Lattegaw, D. Hoeken et Cabelgau, B. 2. — 841) Gelria simili malo foedata fuit. B. 1. — 842) super ducatus regimine B. 1. Von hier ab bis zu dem Satze: Postremo autem cum Eduardus, ist der Text in B. 1. so abgekürzt, daß es unthunlich wurde, alle wörtliche Abweichungen desselben als Varianten wiederzugeben. Der Sinn ist wesentlich mit dem Texte der anderen drei Handschriften übereinstimmend.

florentissimum Gelriae principatum verterent in solitudinem.
Reinoldus quippe suorum foederatorum copiis adjutus, Tylam,
Duisborch, Arnhem, Venloe, Embricam cum castro Lobeth
vindicavit sibique subegit. E diverso Eduardus [843]) suorum
suffultus auxilio, plura castra Reinoldo faventia diruit, utpote
Lont, Boemel et Loens, Avesaelt, Tuill, [844]) Appelthorn,
Dornick, Syndechem et Balneren. [845]) Postremo autem cum
Eduardus Tylam armata manu recuperasset illamque Reinoldus denuo obsidione vallasset, conserto invicem bello
gravissimo, Eduardo cessit victoria, capto fratre Reinoldo
cum Arnoldo de Arckell, aliisque nobilibus multis, quem in
castris Rosendaell et Nienbeeck annis decem captum detinuit, interimque Gelriae ducatum, ex toto sibi usurpatum,
administravit. [846]) Accidit caedes ista a. D. 1361. Eduardus
vero germano captivato, hanc gratiam retulisse fertur, [847])
quia homo erat crassus et corpulentus, quod omnes januas
castri de Nienbeeck adeo arctari fecerit et imminui, ut vix
homini macilento per eas pateret egressus, quare fratrem
auffugere nullatenus valentem, libere per castri officinas
ambulare permisit. [848]) Maria itaque Reinoldi conjux viro
destituta, arcem Oyen construens, ibi habitavit, pietati et
misericordiae operibus insistendo. Post annos vero decem,
Eduardo in bello Juliacensi contra Brabantinos tento interfecto, ut dicetur, Reinoldus iterum libertate donatus et
dignitatibus restitutus, uno solum anno regnans, mortuus
est a. D. 1373, in valle comitis sepultus. Ipsa vero Maria
Bruxellis apud Carmelitas inhumata requiescit. Temporibus
Reinoldi civitas Arnheimensis igne ex toto conflagrata extitit
a. 1354, [849]) quam Gelriae princeps a Prumensi abbate in
feudum percipere consuevit.

Wilhelmus comes de Gennep praepositus Zusa-
tensis, Coloniensis archiepiscopus creatur ao. 1349, seditque
annis 13, qui dioecesin suam multis praedecessorum debitis

---

[843]) Everhardus, H. und D. — [844]) Loeven, Avesatt, Tulli, H. --
[845]) Synderen et Balveren, B. 2. — [846]) ex toto usurpavit, B. 1. —
[847]) hanc — fertur fehlt in B. 1. — [848]) Statt quo — permisit hat
B. 1. ut fere nulla superesset spes fugiendi. — [849]) Das Jahr fehlt in
B. 1.

et oneribus praegravatam, ocius ditissimam et liberam reddidit; sed quoniam ⁸⁵⁰) eam ob causam subditos suos exactionibus et vectigalibus excessivis afflixit plurimum, idcirco odiosus (ut fieri solet) fiebat, qui prius erat dilectissimus. Ipse ope archiepiscoporum Trevirensis et Moguntini, invasit comites de Isenborch, eorumque complices, ⁸⁵¹) mercatorum exspoliatores insignes, provinciarumque et monasteriorum corrosores, quorum castra armis capta everterunt et quos ex illis capere poterant, decollaverunt. Moritur praesul isto ditissimus a. 1362, ingentes auri massas relinquens, quas fiscus apostolicus pro majori parte devoravit.

Engelbertus comes de Marca ao. D. 1347, aetatis vero suae anno 17 principatum ⁸⁵²) iniit, praefuitque annis 45. Princeps omni laude dignus, qui in rebus agendis se non quasi adolescentem sed ceu virum matura gravidum aetate exhibuit, corpore decorus, animo constans et infractus, clemens et liberalis atque bellorum gloria insignis. Cui nobilissima Richarda, Wilhelmi ducis Juliae primi filia, Margaretham unicam peperit filiam, Philippo domino de Valckenstein matrimoniali foedere copulatam. Ceterum Engelbertus comes nedum uxoratus, prima in Godefridum comitem de Arnsberch atque Tremonienses illi colligatos arma extulit, ⁸⁵³) damnaque ingessit plurima, iterumque excepit. Cumque Tremonia ab Engelberti copiis intercepta ⁸⁵⁴) ferme extitisset, per secretiora aquaeductuum loca, datis sibi aliquot aureorum millibus, pacem hostibus dedit. Dehinc Godefrido comiti de Arnsberch reconciliato, bellica praestitit subsidia in promotione et inthronisatione ⁸⁵⁵) germani sui ⁸⁵⁶) electi Bremensis episcopi, contra Mauritium de Oldenborch episcopatus illius invasorem. Congressione quoque invicem facta, triumphavit Engelbertus cum Godefrido, multis hostium caesis et captis. Ea denique guerra sopita, alium cum Simone de Lippia et Theodorico de Marca ⁸⁵⁷) comitibus guerram adversus Min-

---

⁸⁵⁰) qui, H. und D. — ⁸⁵¹) eorum complures, H und D. — ⁸⁵²) principatum fehlt in H. und D. — ⁸⁵³) movit, B. 2. — ⁸⁵⁴) excepta, H. und D. — ⁸⁵⁵) Die Worte: et inthronisatione fehlen in D. — ⁸⁵⁶) filii, H. und D. — ⁸⁵⁷) Dynslakensi setzt B. 2. hinzu.

denses assumpsit, qui copiis conjunctis⁸⁵⁸) Mindam obsederunt⁸⁵⁹) oppidumque Lubecke ejusdem diœcesis captum incenderunt. Ex adverso Mindenses imploralo amicorum et florenorum auxilio castra comitis de Lippia Vloethowe⁸⁶⁰) et Vorenholt occupantes, bellum hostibus intulerunt, in quo victoria potiti, Theodoricum comitem de Dinslacken, Gervinum et Theodoricum de Volmestein plurcsque capientes militares Mindam perduxerunt. Engelbertus vero Marchiae comes, intelligens fratrem suum Theodoricum interceptum,⁸⁶¹) resarcitis undecunque copiis, tamdiu Mindam reobsedit, donec germanum suum Theodoricum cum ceteris captum, libertate donatum, in castris remitterent a. D. 1350. Sequenti vero anno Engelbertus comes, pace ubique confecta, rebusque suis optime dispositis, quatenus⁸⁶²) etiam exterarum⁸⁶³) nationum et regionum experientia clarior redderetur, Hierosolymam concessit, terram Christi⁸⁶⁴) sanguine illustratam visurus, ibi et militarem adeptus est gloriam. Inde montem Synai corpore sanctissimae virginis Catharinae frequentatum, devotissime peregrinando accedens, soluto voto ad propria romeavit. Dehinc cruce signatus opem tulit efficacem et personalem, Joannitis et Templariis in debellandis Ruthenis et Muscovitis, fidei christianae pestiferis hostibus, a quibus praeter⁸⁶⁵) indulgentias papales divitias ingentes reportavit; ad quarum ostentationem sexcentos invitavit nobiles apud Montem regalem, quibus sedecim fercula, mille et trecentis florenis constantia, apponi curavit. Deinde ad propria remeans, Eduardo Gelriensi adversus fratrem suum Reinoldum, ob Gelriae ducatus possessionem bella gerenti, auxilia praestitit victoriamque peperit. Ceterum Engelberto comite his expeditionibus insistente, Gerhardus Plettenberch, dapifer et locum tenens, oppidum Roede cum castro, arcemque Clusenstein aedificavit. Magnam quoque aeris summam domino absente aggregavit, ad illius fiscum congerendam. Nec multo post, Eduardo Gelriae duce interfecto

---

858) adjuvatis, B. 2. — 859) Mindae adhaeserunt, H. und D. — 860) Vlotener, B. 1. und 2. — 861) captum, B. 2. — 862) ut, B. 2. — 863) ceterarum, D. — 864) Christi fehlt in H. und D. — 865) propter, H.

et Wilhelmo Juliae duce ducatum illum invadente, atque pro filio Wilhelmo tutelam gerente, Engelbertus Marchiae comes partes fovit Mechtildis de Gelria comitissae, quondam Clivensis, a nonnullis Gelriae principatus proceribus et civitatibus in dominam accitae, quemadmodum sparsius.[866]) ponitur[867]) infra. Bellavit insuper fortissime Engelbertus comes cum Adolpho comite Clivensi germano contra Fredericum[868]) de Zarwerden Coloniensem archiepiscopum, sicut et temporibus Adolphi comitis Clivensis fusius elucidabitur. Denique existente eo tempore Engelberto Marchiae comite marscalco Westphaliae, militares et subditi Godefridi comitis de Arnsberch,[869]) mercatores exterarum nationum in terris suis despoliabant et desuper requisitus justitiam facere renuebant; quapropter Engelbertus marscalcus ope fratrum suorum comitum de Clivis et Dinslacken, Godefridum bello petens, oppida illius Arnsberch et Neyhem occupavit, pro quorum redemptione, pacisque donatione, dominium[870]) de Vredenborch Engelberto contulit. Hic denique Godefridus de Arnsberch comes, cum ex Anna[871]) de Clivis conjuge, nullas excitasset proles, recordatus quanta ecclesiae Coloniensi damna quondam intulisset, comitatum suum integrum ecclesiae Coloniensi resignavit anno 1368.[872]) Depost a. D. 1386[873]) Engelbertus Marchiae comes subsidiarias transmisit copias militum, Simoni comiti de Lippia contra Nicolaum comitem de Teckeneborch et Henricum ducem Brunsvicensem gravia admodum praelia decertanti, qui simul congressione facta, caedeque edita cruenta, cecidit et captus

---

[866]) prorsus, H. — [867]) dicetur, B. 1. — [868]) Theodoricum, H. — [869]) de Arnsberch fehlt in H. und D. — [870]) Ducatum, H. ducem, D. — Die Berliner Handschrift Nr. 155, fol. 81 v. (S. 118) erzählt die Thatsache mit folgenden Worten: His quoque diebus Engelberto existente marscalco Westphalie, cum militares comitis de Arnsberch terrarum negociatores in stratis suis spoliarent, vt requisitus justitiam exibuit. Engelbertus comes cum episcopo Paderbornensi Spigel oppida ejus Nyhem et Arnsborch in deditionem sumpsit, pro quarum redemptione castrum et dominium Vredenborch Engelberto perpetue concessit. — [871]) Alle vier Handschriften haben: Mechtilde, jedoch ist in B. 1. Anna, welches der richtige Name, überschrieben. Vgl. Note 663. — [872]) 1386, D. 1369, B. 1. und 2. 1368 ist die richtige Jahrzahl, Seibertz Urk. Buch II, Nr. 793. — [873]) Depost a. 1386 fehlt in H. und D.

fuit Simon de Lippia cum militaribus comitis Engelberti, pro quorum redemptione exposuit 60,000 [874]) florenorum accepta a Simone medietate [875]) Lippiae civitatis. Inde copiis circumquaque redintegratis oppidum Roede, comitis de Teckeneborch armis intercipiens, Simonem ibi captum liberavit. Quare adhuc octo florenorum millia Engelbertus a Simone comite liberato, super Lippiam civitatem proscripta percepit, sicque civitatis Lippiae dominium ex integro adeptus fuit. Cumque Engelbertus justitiae esset cultor et amator, ope germanorum ejus, Adolphi Clivensis et Theodorici Dinslackensis comitum, nonnulla praedonum et sicariorum castra evertit et malefactorum habitacula scil. Odingen, Ercklens, Zensen, Ruhenbroch, [876]) Daurenborch, Brockhausen, Loyn, Wildenstein, Stromberch et Ludinchusen quod tamen integrum conservans, militibus opplevit. [877]) Tandem post varia rerum optime gestarum trophaea, diem clausit extremum a. D. 1392 in Vrendenborch sepultus. Cui successit Theodoricus Adolphi comitis Clivensis secundogenitus.

Gerhardus Wilhelmi ducis Juliae primi filius secundogenitus, desponsata sibi Margaretha, clarissimi comitis Montensis Adolphi filia unica et herede, comes fit Montensis a. 1348; ex qua genuit Wilhelmum successorem et Margaretham comitissam Clivensem. Is auxiliares adduxit copias Wilhelmo Juliae duci et ex fratre nepoti, [878]) adversus Wenceslaum Brabantiae ducem decertanti, quem in bello in Bacswiler [879]) conserto cepit dux Wilhelmus, cumque Gerhardus comes Montensis partem praedae et captivorum, sibi a Wilhelmo nepote promissam excipere non posset, quia prius cum ceteris e campo fugerat, ideo Wilhelmo bellum indixit, damnaque invicem commiserunt varia, donec amicorum moderatione paciscerentur. Iste etiam Gerhardus cum Wilhelmo fratre, dolose intercepit genitorem ejus [880]) Wilhelmum Juliae ducem primum atque in vincula

---

[874]) 6000, H. — [875]) media parte, B. 2. — [876]) Zensenruhenbroch, D. Zusenkenbroick, K. 1. Jeserikenhorch, B. 2. — [877]) explevit, H. und D. — [878]) et fratri nepoti, H. und D. — [879]) Bossweiler, H. und D. — [880]) suum, B. 2.

conjecit. Verum principum vicinorum patris amicorum[881])
minis et molestationibus coerciti et exterriti, ocius ipsum
liberum dimiserunt, pace inter illum et patrem confecta,
quare justo dei judicio perurgente, malo periit fine.[882])
Nam cum Arnoldo comite de Blanckenheim lethali hoste
duellans, exitialique odio congrediens, hasta confossus interiit, alterumque iterum transfixit, a morte temporali ad
aeternam commigrantes. Accidit apud Sleidam[883]) a. D. 1371.
Is quoque Gerhardus comes Montensis a filio ejus Wilhelmo
duce Montensi primo captus fuisse dicitur, sed mox liberatus, quemadmodum de omnibus his dicetur latius in sequentibus, dictaque sunt paulisper in praecedentibus.[884])

Adolphus ejus nominis primus comes
Clivine 29.[885])

Adolphus de Marca in jure utroque licentiatus et
Monasteriensis episcopus electus et confirmatus, Coloniensis
decretus est archiepiscopus a D. 1362.[886]) Erat quippe
electus a capitulo Joannes de Virnenborch decanus Coloniensis, verum cassata fuit ejus electio, per Urbanum papam
V, qui Joanni Monasteriensem designavit ecclesiam et Adolpho
de Marca sibi admodum dilecto Coloniensem providit ecclesiam; quam cum annis duobus administrasset, resignavit
eam, papa Urbano assentiente et capitulo, Engelberto de
Marca Leodiensi episcopo suo patruo, factus comes Clivensis
29[m]. Nempe anno 1368 defuncto Joanne comite Clivensi
absque prolibus et cum armis galeaque sepulto, grandis
oriebatur disceptatio inter nonnullos proceres, super comitatus illius hereditate, velut eo in loco perstrinximus. Porro
Adolphus iste de Marca laicatum anhelans, a civitatibus et
proceribus terrae Clivensis in comitem assumptus fuit, quia
et ipse Joannis defuncti comitis erat heres, qui Theodorico
de Perwiss pro juris et hereditatis suae resignatione non
modicam auri vim concessit, Ottoni vero de Arckel altero

---

881) amicorum fehlt in B. 1. patris amicorum fehlt in H. u. D. —
882) Fine fehlt in D. — 883) apud Sleidam fehlt in H. und D. —
884) dictaque u. s. w. fehlt in H. und D. — 885) Die Ueberschrift fehlt
in B. 1. H. und D. — 886) 1322, H.

heredi pro sui juris⁸⁸⁷) resignatione, eam fecit gratiam, quod Joanni de Arkell Trajectensi episcopo, ejus germano, Leodiensem procuraret ecclesiam, quam sibi Engelbertus de Marca, jam ad Coloniensem translatus episcopatum, apostolico consentiente, resignavit. Is Adolphus Coloniensem diœcesin a Joanne de Virnenburch electo, satis exhaustam peramplius attenuavit, secundum chronicam Coloniensem, quod tamen nos Clivenses constanti abnuimus pectore et inficiamur etc.⁸⁸⁸)

Engelbertus de Marca Coloniensis archipraesul effectus ao. 1354,⁸⁸⁹) sedit annis 4, vir scientia et moribus praeclarus et venerando jam senio praegravatus, satogit quippe⁸⁹⁰) omnibus modis atque mediis sponsam ejus eccles'am et diœcesin laceratam, partialitatibus et pecuniis exhaustam⁸⁹¹) a praedecessoribus, ad pristinam reducere concordiam et libertatem iterumque ditare. Sed non potuit propter senectutem, multorumque nobilium, castra et bona ecclesiae occupantium, aemulationes; quapropter de voluntate et consilio sui capituli, Cononem de Valckenstein Trevirensem archiepiscopum assumpsit coadjutorem. Moritur autem 4ᵗᵒ sui praesulatus anno, in Coloniensi ecclesia ante sacrarium⁸⁹²) ingenti honore sepultus.

Ea tempestate locustarum galeatarum congeries potissima in Rheni provincias erumpens et undique se diffundens, universa ferme terrae nascentia, tam frugum quam arborum, corrodendo devastavit, tantaque fuit annonae caritas⁸⁹³) et fames, ut modius siliginis Coloniae novem marcis venderetur, multaque hominum turba, et penuria et fame validissima defecerit a. 1368.⁸⁹⁴) Cui caristiae⁸⁹⁵) mox pestilentia atrocissima subsequitur, per universas Europae regiones paulatim carpens et discurrens, innumeram hominum⁸⁹⁶)

---

⁸⁸⁷) non modicam — sui juris fehlt in H. und D. — ⁸⁸⁸) Vergl. Jacobus de Susato, Quellen I. 204. und die alte Cölner Chronik, gedruckt bei Koelhoff 1499. Bl. 266v. — ⁸⁸⁹) 1344, B. 2. Beide Zahlen sind unrichtig. Adolf resignirte das Erzbisthum 18. März 1364, Engelbert starb 25. August 1368. S. B. I, S 205 und 206. — ⁸⁹⁰) confectus, satagens fuit, D. — ⁸⁹¹) laceratam et penuriis exhaustam, D. — ⁸⁹²) Sacramentum, H. — ⁸⁹³) fuit caristia, B. 2. — ⁸⁹⁴) 1348, B. 2. — ⁸⁹⁵) caritati, H. civitati, D. — ⁸⁹⁶) hostium, B. 2.

stragem edidit, usque adeo enormiter, quod vix tertia pars hominum superviveret, nec vivi mortuos sepelire potuerunt. Tunc in Trajecto inferiori undecim millia hominum perierunt; quae quidem saevissima pestis, Deo permittente, a Judaeis orta fuisse compertum fuit,[897]) puteos et cisternas aquarum, in Christianorum exterminium[898]) inficientibus. Quare undique sunt Judaei proscripti atque bonis spoliati[899]) et trucidati. Tunc Judaei Coloniae habitantes, sese reos agnoscentes, ne Christianorum praeda fierent, se ipsos cum domibus ac rebus quibuscunque incendio tradiderunt a. 1370. Denique istis plagis et tribulationibus exterriti homines, ad poenitentiae vexillum convolantes, sectam flagellatorum adinvenerunt. Maxima etenim poenitentium multitudo concurrens[900]) ad femora usque se denudantes et virgis nodosis cordulis atque vepribus semetipsos verberantes ac dilacerantes, clamabant: qui vult pestem et mala hujus saeculi evitare, animamque suam salvam facere, nostram amplectatur disciplinam, injurias remittat et injusta bona restituat. Verum, quia ex bonis frequenter solent mala expullulare, diabolo id procurante, multi ex istis flagellatoribus a pietate ad luxum,[901]) vitia et haereses prolabentes, a papa et principibus prohibiti et dispersi erant, cessavitque secta eorum, quae per totum ferme Europam sese extenderat, multosque homines ad veram pertraxerat poenitentiam. Eadem quoque tempestate, terrae motus maximi in Germania superiori et Italia increbuerunt, evertentes et concutientes[902]) civitates, castra, turres, muros atque domos, innumerosque homines illorum ruina suffocantes. Villach quippe Ungariae urbs potissima solotenus cecidit; in Carinthia sex et triginta sunt oversa oppida et castra; similiter et in Italia quamplures corruerunt civitates et castra, infinitos quasi homines opprimentes. Ex quo quidem terrae motu, signisque coelestibus, crebro apparentibus, exterriti homines circa Basileam et Argentinam commorantes, dimissis villis et civitatibus vacuis, ad loca

---

897) fuisse creditur, B. 2. — 898) in christianorum terminis, B. 2.— 899) exuti, B. 2. — 900) concurrens, fehlt in H. — 901) lupum, H. — 902) corruentes, D.

deserta⁹⁰³) se contulerunt, ubi ab igne coelesti absumpti⁹⁰⁴) sunt et confugientes ad loca penitiora⁹⁰⁵) et cavernas, ab aquis subito ex terra ebullientibus extinguebantur. — A. D. 1350. Henricus dux Lancastri et comes Derbensis, secundus a rege in Anglia, cum quingentis equestribus per Westphaliam in Prussiam contra fidei hostes militaturus proficiscens, ab octingentis equitibus circa⁹⁰⁶) Padrebornam invasus et superatus fuit atque thesauris maximis spoliatus et clenodiis, Hunoldo a Plettenberch et Joanne Padberch actoribus.⁹⁰⁷)

Anno etiam Dni. 1360⁹⁰⁸) miles quidam, archipresbyterum se vocitans, deique flagellum, undique ex praedonibus et malefactoribus conflato exercitu maximo, Galliam ab Anglicis pene devastatam denuo invadens misere depopulabatur, omnes nobiles et pueros occidi jussit et castra evertit. Delphinus itaque omnium suorum Gallorum et Germanorum⁹⁰⁹) congesta militia, pestiferum illum praedonem ac sicariorum catervam⁹¹⁰) impugnans, regno ejecit Francorum. Archipresbyter igitur regno Francorum⁹¹¹) pulsus, Alsatiam praedando pervasit. Cui dum⁹¹²) Carolus imperator potentissimo exercitu occurrisset, bellum declinans ad Franciam reversus amicorum suorum gladiis occubuit, consortibus suis dispersis atque in diversas provincias commigrantibus ubi diversorum principum⁹¹³) armis obruti sunt et exterminati.

---

⁹⁰³) dissita, H. und D. — ⁹⁰⁴) absconditi, H. — ⁹⁰⁵) perniciosa, D. u. H. — ⁹⁰⁶) contra, H. und D. — ⁹⁰⁷) actoribus fehlt in B. 1. — ⁹⁰⁸) 1350, H. und D. — ⁹⁰⁹) et germanorum fehlt in H. und D. — ⁹¹⁰) colluviem, B. 2. — ⁹¹¹) Die Worte: Archipresbiter — Francorum, fehlen in H. — ⁹¹²) dominus, H. — ⁹¹³) principum fehlt in B. 1. H. und D.

V.

Geschichte der großen Soester Fehde

von

Bartholomeus von der Lake.

1444 — 1447.

Die Soester Fehde ist in der westfälischen Geschichte dem Namen nach bekannter, als es die Gründe ihres Ursprungs und die überaus wichtigen Folgen sind, welche sie nicht nur für die zunächst davon betroffene Stadt Soest, sondern für ganz Westfalen hatte. Diese zu erforschen und darzustellen, ist Sache der Geschichte und von dem verst. Profess. Barthold in seiner Geschichte der Stadt Soest auch mit Erfolge versucht worden.[1]) Indem sich der Herausgeber vorbehält, in der Landes- und Rechtsgeschichte des Herzogthums Westfalen darauf zurückzukommen, wird es hier genügen, auf die Wichtigkeit des nachfolgenden Tagebuchs, über alle Einzelnheiten der gedachten Fehde, aufmerksam zu machen. Es ist die Hauptquelle für die Geschichte derselben und außerdem vom größten Interesse, weil es uns zugleich ein treues Bild von der damaligen Art der Kriegsführung sowohl, als von fast allen übrigen Lebensverhältnissen Westfalens in der Mitte des 15ten Jahrhunderts giebt. Wir erfahren daraus, wie gesetzlos die Zustände des Landfriedens waren, wie noch fast jeder Junker sein Haus zu

---

1) **Barthold** Soest, die Stadt der Engern. 1855. S. 241 fg.

einer Festung einrichtete, um sich vor Ueberfällen des Raubgesindels, zu dem die meisten seiner Standesgenossen leider noch gehörten, zu sichern und wie außerdem fast nur noch in ummauerten Städten, zwar nicht Ruhe, aber doch Schutz gegen die zahllosen Plackereien zu finden war, denen sich die unglücklichen Bewohner des platten Landes ausgesetzt sahen. Dieses Elend wurde in Westfalen durch die Soester Fehde aufs Höchste gesteigert. Sie besteht aus einer ununterbrochenen Reihe von empörenden Gewaltthätigkeiten, welche die kriegführenden Partheien, weniger gegeneinander als gegen ihre wehrlosen Angehörigen, die als Privatleute am Kriege unbetheiligt waren, wechselseitig begiengen. Es wurden nicht nur die befestigten Häuser der einzelnen Junker, sondern auch die Besitzungen der wehrlosen Landleute, die einzelnen Höfe, ja ganze Dörfer und Städte ausgeplündert, verbrannt und so gründlich zerstört, daß von vielen Ortschaften heute noch die Namen in Urkunden stehen, deren Stätte nicht mehr aufzufinden ist. Kurz die beiderseitigen Heere schienen aus Haufen von Räubern und Mordbrennern zu bestehen, die ihren Kriegsruhm darin suchten, die wechselseitigen Gebiete in Wüsten zu verwandeln. Und diese Heldenthaten mußten nicht nur die Gegenden um Soest, nicht nur der ganze Hellweg von Werl bis Lippstadt, sondern nördlich auch die Graffschaften Pyrmont, Lippe und Ravensberg, dann die nächsten Orte südlich der Haar und östlich selbst das Paderbornsche Land bis über das Sennfeld hinaus empfinden; wo seitdem mit einer Menge von Dörfern, sogar die Stadt Blankenrode unweit Marsberg spurlos verschwunden ist.[2]

Der Verfasser der nachstehenden Kriegsgeschichte hat sich zwar nicht genannt; aber gegen das Ende derselben, nach dem Berichte über die Ereignisse des Jahrs 1447, doch so bezeichnet, daß er unschwer zu errathen ist. Er sagt: der Bürgermeister Joh. de Rode hatte einen Diener oder Schreiber bei sich, der auf allen mit den Cölnischen gehaltenen Tagen bei ihm, auch

---

[2] Beffen Geschichte des Bisthums Paderborn I, 285, nach Fürstenberg Monum. Paderb. p. 206. Neueren Forschungen zufolge, soll die Stadt schon vor der Soester Fehde, durch die Grafen von Waldeck, um 1395, zerstört worden sein. Wigand Archiv III, 176.

oft und viel beim Volke und in der Fehde war, der alle Händel dieser Fehde persönlich gesehen und gehört und darum diese Historien von Tag zu Tage, von Jahr zu Jahre bis hieher beschrieben hat, dem man vollkommen glauben mag.

Diese Bezeichnung paßt auf keine andere, der in dem Tagebuche genannten Personen, so genau als auf den Secretarius Bartholomeus von der Lake, wie aus folgenden Stellen hervorgeht.

Am Ende August's 1445 schickten die Hansestädte Gesandte nach Soest, um eine Sühne zwischen der Stadt und dem Erzbischofe zu versuchen. Nachdem sie vorab in Soest die erforderliche Erkundigung eingezogen, begaben sie sich zum Herzoge von Cleve, ohne dessen Vorwissen die Soester keinen entscheidenden Schritt in der Sache thun wollten. Letztere hatten deshalb sofort einen "frommen verwarnen Man" an den Herzog geschickt, um diesen von der Sache in Kenntniß zu setzen und ihn auf die bevorstehende Ankunft der Hansischen Gesandten vorzubereiten. Der Herzog hielt den "Boden van Sohst" bei sich, bis die Gesandten kamen und schickte ihn erst nach Abfertigung derselben, mit schriftlichen und mündlichen Instructionen zurück nach Soest. Es war Gobel Rosel, der außer einem Briefe an die Soester, worin ihnen der Herzog schrieb, daß sie unter sicherem Geleite des Grafen Gerd v. d. Mark, den von den Hansestädten gewünschten Tag besuchen mögten, auch noch eine offene Schrift an den Grafen Gerd zu überbringen hatte, auf deren Grund dieser bei dem Erzbischofe einen am Sonntage nach Lambertus (19. Sept.) ausgefertigten Geleitsbrief für Rosel erwirkte, womit dieser am Montage vor Matheus (20. Sept.) zu Soest eintraf.

Am Sonntage vor Michaelis (26. Septbr.) ritten nun die Soester zu dem Tage und zwar von den Bürgermeistern: Albert von Hattorp und Johan de Rode, vom Rathe: Arndt v. Gemeke und Joh. Cleppinck, von den Richtleuten: Diedrich Grübbeke und Timann Hunoldes, von den Aemtern: Corbt Bobe, von der Gemeinde: Johann Levenicht und der Freigraf (Heinemann Musoghe) Bartholomeus v. d. Lake Secretarius, Gobel Rosel und Anton Lorinckhoff, mit ben nöthigen Dienern und mehreren Freunden. Auf Michaelis kamen sie nach Orsoy.

Hier gab es viele Schwierigkeiten wegen Ausfertigung der Geleitsbriefe für die Soester Abgesandten, in Folge deren zuletzt beschlossen wurde, diese sollten zu Orsoy bleiben und nur einige ihrer Freunde mit den übrigen Gesandten zu dem in Uerbingen vorbestimmten Tage reiten. Es wurden dazu ausersehen der **Freigraf Musoghe**, der **Secretarius Bartholomeus v. b. Lake** und **Gobel Rosel**. Diese hatten alle Papiere der Soester bei sich. Dann heißt es weiter: als wir nun nach Uerbingen kamen, lud uns Junker Gerd alle zum Abendessen (Auentmael); ferner, nachdem der geringe Erfolg des Tages von Uerbingen berichtet worden: „des Sundages Auent na Sunt Michael to III Bren schebbe wy vns in der Kercken to Vrbingen sunder Ende, gengen dart to Scheppe, togen den Rhyn aff, tegen den Auent to Orseh tot vnsen Frunden, be vns habben vthgesant" und nachdem er noch die Rückreise mit den übrigen Freunden beschrieben: „des Vridages Morgens brachten vns be van bem Hamme bys to ber Hehbemollen. Dar quemen vns ertegen vnse Fronde vth Soist to Perbe u. s. w. Der Verfasser des Tagebuchs war also eine der drei Personen, die von Orsoy nach Uerbingen geschickt wurden. Daß es der Freigraf nicht war, scheint gewiß, weil er seiner amtlichen Stellung wegen, wohl nicht zugleich ein Diener oder Schreiber des Bürgermeisters Joh. be Robe sein konnte. Kaiser Sigismund hatte ihn, auf Präsentation des Soester Stadtraths, 1430 zu Raab selbst eidlich verpflichtet und als Freigrafen der Soester Freistühle bestätigt.[3]) Er trit auch nicht weiter als besonders thätig in der Fehde vor. Dies ist dagegen bestomehr der Fall mit dem Secretarius v. b. Lake und mit Gobel Rosel; denn als im J. 1447 zu Mörs noch einmal ein Tag zwischen den Cleveschen und Cölnischen bestimmt wurde, erschienen für die Soester wieder: der Bürgermeister Johan de Robe, der Kemner Ewald Breckerfelder, der Richt-

---

[3]) Troß Urk. zur Gesch. d. Femgerichte, N. 20.

mann Hermann Myle, Diedrich Grübbeke und von der Gemeinheit "Bartolomeus von der Lake Schryuer und Gobel Rosel Bode."

Der erste trit also überall mit dem Bürgermeister als Secretarius oder Schreiber auf, der letzte dagegen als Bote d. h. als Sendebote, als Gesandter. Als solcher wurde er noch mehrfach verwendet und zwar in alleiniger Sendung, ohne den Bürgermeister Rode; denn so heißt es "Item op Auent vnser leuen Brouen conceptionis (7. Dez.) 1445 leiten de van Soist Gobelen Rosel tegen den Auent eyn wech brengen, vmb to weruen nobige Sake." Dann: Im Jar vnses Heren 1446 op Kerstes Nacht quam Gobel Roesel seluestander vor Soist, habbe in den Saken der von Soist truwelick gehandelt," ferner: des seluesten Dages (14. Sept. 1446) haelben be van Soist Gobelen Rosel mit 50 Gewapenen van dem Hamme. Se togen em entegen bis tho Martheim; he was vthe gewesen yn der van Soist Geschefften drei verbel Jars" und endlich auf st. Servatius Tag (13. Mai 1447) sandten die Herren von Soest Gobeln Rosel nach der Lippe mit 200 Gewapneten, um als Bevollmächtigter der von Soest auf einem Tage der gemeinen Hansestädte zu Lübeck zu handeln, wozu ihm die nöthigen Schriften und Credenzien behändigt wurden. Wenn hienach Rosel, neben dem Secretarius Lake, zwar auf den mit den Cölnischen gehaltenen Tagen erscheint, außerdem aber mehrfach zu auswärtigen Gesandtschaften gebraucht wurde, von denen ihn die eine des Jahrs 1446 sogar neun Monate lang auswärts beschäftigte, so konnte er nicht zugleich immer bei dem Bürgermeister Rode sein, konnte nicht alle Ereignisse der Fehde beobachten und von Tage zu Tage verzeichnen. Er wird auch nirgend in dem Tagebuche als Schreiber, immer als Sendbote und als ein frommer wohl erfahrener Mann bezeichnet, was er schwerlich von sich selber gerühmt haben würde. Sehr wohl aber ziemte es dem Secretarius Lake, dieses von ihm zu rühmen, gleichwie derselbe in seiner Stellung von sich versichern durfte, daß er alle Vorgänge selbst beobachtet, und von Tag zu Tage, von Jahr zu Jahre getreulich aufgeschrieben habe. Wir glauben daher nicht zu irren, wenn wir Bartholomeus von der Lake als den Verfasser des Tagebuchs betrachten.

Eben so ist ein Original unserer Kriegsgeschichte nicht mehr vorfindlich. Dagegen sind mehrere Abschriften vorhanden, von denen dem Herausgeber fünf verschiedene vorgelegen haben.

1. Die älteste ist von Andreas Kleppink; angefangen 1545 und beendigt 1547; sie gehört dem Verein für Geschichte und Alterthumskunde Westfalens, dem sie von dem verstorbenen Bischof Clemens von Lebebur übergeben wurde. Diesem war sie von dem Vicar Freytag in Soest behändigt, der sie aus einem Krämerladen gerettet hatte und, nach einer dem Herausgeber gemachten Eröffnung, der Meinung ist, daß sie aus einem Sybel'schen Nachlaß stamme. Dieselbe ist auf starkem Papier geschrieben und hält 178 Quart-Blätter, woran aber vorn und in der Mitte einige fehlen. Die letzten Blätter haben durch Mäusefraß sehr gelitten. Trotz dieser Defecte ist sie, als die älteste, für die Geschichte und Sprache werthvollste und als die vollständigste von allen, dem Abdrucke zum Grunde gelegt. Die Defecte sind aus der nächst folgenden ergänzt, wie die Noten zu den betreffenden Stellen nachweisen. Die Handschrift ist im Ganzen deutlich, wiewohl gegen das Ende hin nicht gleichförmig. Es wechseln mehrmals zwei ganz verschiedene Hände. Eben so wenig ist die Orthographie, besonders gegen den Schluß, wo die Schreiber wechseln, gleich. Wir haben sie im Abdrucke getreu wiedergegeben; ausgenommen, daß zum leichteren Verständniß, die Interpunction verbessert und die ganz willkührlich gebrauchten großen und kleinen Buchstaben, ordnungsmäßig vertheilt sind. Die sprachliche Erläuterung vieler einzelner Worte mußte, um Wiederholungen zu vermeiden, zu dem Glossar verwiesen werden, welches in der Vorrede zum ersten Bande der Quellen, für den Schluß der ganzen Sammlung versprochen ist. Die Familie Kleppink gehört zwar ursprünglich zu den Dortmunder Patriziatfamilien,[4] mehrere Mitglieder derselben waren aber auch seit dem 14. Jahrhundert in Soest ansässig, wo sie zwei Linien:

---
[4] Quellen I, 372.

Kleppink im Steingraben und Kleppink bei dem grauen Kloster, bildeten. Insbesondere kommen vor: 1445 Johann Cleppink als Rathsherr, dann 1447, 1451, 1454 und 1475 als Bürgermeister. — 1472, 1473, 1481 und 1498 Detmar Kleppinck Bürgermeister. — 1502 Andreas Kleppinck Bürgermeister, wahrscheinlich derselbe, der die Abschrift machte. — 1588 wieder Andreas Kleppinck Bürgermeister. — 1598 Johann Kleppinck, der den Soester Stamm beschlossen zu haben scheint.

Diese Handschrift ist vielleicht dieselbe, welche Dr. Rabemacher dem westfälischen Geschichtsammler J. D. v. Steinen mittheilte, wenigstens paßt die Beschreibung, welche der letzte davon giebt, ganz auf sie.[5])

2. Die zweite Handschrift, welche Professor Pieler zu Arnsberg dem Herausgeber mitgetheilt hat, ist aus dem Anfange des 17ten Jahrhunderts und entweder von der vorigen oder gleich dieser von dem Original genommen. Beide sind nämlich, mit geringer Ausnahme, einander gleichlautend. Die wesentlichsten Abweichungen, welche besonders in mehrfacher Auslassung ganzer Stellen aus der Handschrift 1. bestehen, werden in den Noten nachgewiesen; entweder als Schreibfehler, wenn der Abschreiber das ihm vorgelegene Original nicht lesen konnte, oder als Zusätze zu demselben; die jedoch darum wenig geschichtlichen Werth haben, weil sie meist nur aus Invectiven, gegen den Erzbischof und die Geistlichkeit, bestehen. Es fehlt zwar auch in der ältesten Handschrift nicht an bitteren Bemerkungen über das treulose Verfahren des Erzbischofs und seiner Anhänger; aber während diese zunächst von patriotischer Entrüstung des Soester Bürgers eingegeben sind und darin ihre Rechtfertigung finden, tragen die Phrasen dieser Art in den späteren Handschriften, mehr das Gepräge der unglücklichen Glaubenstrennung, welche nach Einführung der Reformation in der Stadt Soest und ihrem Gebiete, hier eine viel feindseligere Stellung zu dem alten herzoglichen Stammlande der cölnischen Kirche provozirte, als es eine bloße Aenderung der Territorialhoheit

---

[5]) v. Steinen Quellen der westfäl. Historie S. 71. Der Titel und die S. 72 mitgetheilte Stelle, weichen jedoch in der Schreibung der einzelnen Worte unbedeutend von unserer Handschrift ab.

vermogt hätte. Die Handschrift hält 67 Folioblätter von ein und derselben festen Hand geschrieben.

3. Die dritte, ebenfalls aus dem 17. Jahrhundert, aber der Schrift nach etwas jünger als die vorige, enthält viele Abweichungen von Nr. 1 und 2, welche zwar im Ganzen nicht wesentlich, aber doch geflissentliche Zusammenziehungen und Erweiterungen des alten Textes sind. Es gilt davon dasselbe, was eben über die Zusätze der Handschrift Nr. 2. gesagt worden. Wir haben in allen Fällen, die sich dazu eigneten, in den Noten Notiz davon genommen. Die Hauptsache, wodurch sich diese Handschrift von den vorigen unterscheidet, besteht darin, daß sie die matten Fortsetzungen des Krieges bis zum Tode des Erzbischofs Diedrich (1463) verfolgt, während der alte Text mit der Belagerung der Stadt Soest abbricht. Diese Handschrift in 4to hält 133 Blätter, von einer festen und deutlichen Hand geschrieben, ist in Pergament mit gepreßten Deckeln gebunden und gehört zur Bibliothek der Stadt Soest. Sie führt den etwas abweichenden Titel: Historia der Twistunge vnd Vehde zwisschen Hern Dideriche Graffen zu Moerse Ertzebisschoffe zu Collen abministrator des stifftes Paderborne vnd der erbaren ehrenreichen Stad Soist. Die Orthographie ist im Ganzen noch die alte, aber doch sorgfältiger, hie und da etwas modernisirt.

4. Die vierte, im Besitze des Herausgebers, ist aus dem Anfange des 18. Jahrhunderts, in Folio und fast überall wörtlich mit der vorigen übereinstimmend.

5. Die letzte endlich, gleichfalls in Folio und zur von Medem'schen Bibliothek in Soest gehörig, stimmt dem Inhalte und Umfange nach, wieder mit Nr. 1 und 2, von denen sie sich hauptsächlich nur durch den Titel und zwei Vorreden unterscheidet. Der lange Titel lautet: Historia der Twist vneinigkeit vnd deß Verhaltenen Streitz zwischen dem Ertzbischoff van Collen an einer vnnd der Statt Soest andern Theils welcher in anno 1435 sich erhaben vnnd in anno 1448 geendet vnnd verglichen worden. Imgleichen auch wie vnnd was gestalt Soest vom Stifft Collen kommen, wie sie

zwey vnterscheidtliche mahlen belägert vnd vielmahlen verbragen alles ferner Inhaltz kürtzlich begriffen. Soest Felix est civitas quae tempore pacis de bello cogitat. — Zu Ehren vnd gefallen dem Erenuesten fürsichtigen vnd wolweisen Heren Johan von Eßbecke Bürgermeister der Stadt Soist meinem günstigen Heren vmbgesat vnd geschrieben anno 1537. — Die erste Vorrede ist ausschließlich an den Bürgermeister von Eßbecke gerichtet. Der Schreiber sagt darin, es sei ihm zu Handen kommen „ein alt von Worten, Schrifften vnnd Gedicht vngeschicklich Historien Buch, inhaltend des Kreigs vnnd Geschicht zwischen — dem Erzbischof Dieterich einer — vnnd der erlichen wolberümten Stadt Soest an anderer Selten;" welches er zu Diensten des Bürgermeisters und dessen Kindes-kinder „vmbgeschrieben, ordentlicher vnnd verstendlicher nach meinem kleinen Vermuegen gesetzt" habe. Kindeskinder mögten daraus lernen, wie ihre Voreltern „für die Gerechtigkeit des Vatterlandts gestritten, ja Leib Ehr vnnd Gut in die Schantze gewaget," insbesondere aber „Herr Johan die Roe" der damals Bürgermeister der Stadt Soest und „Annicke Vatter" des Bürgermeisters von Eßbecke gewesen u. s. w. Der Schreiber bittet schließlich um wohlgefällige Aufnahme seiner Arbeit, die er wegen seiner sonstigen Verpflichtungen gegen den Bürgermeister, unternommen habe. Datum im Jahr vnses Herrn M. D. XXXIII. N. N. Diese Vorrede ist sonach einige Jahre älter als der Titel. - Der letzte ist aber fast das Wichtigste, was der Schreiber an dem alten ihm vorgelegenen ungeschicklichen Historienbuche geändert hat, denn der Inhalt stimmt wesentlich mit dem von Nr. 1 und 2. Einzelne erheblich scheinende Abweichungen sind in den Noten nachgewiesen. Vermuthlich war die Handschrift, die ihm vorlag, undeutlich oder sehr abgenutzt und besteht dann sein Haupt-Verdienst darin, daß er eine leserlichere Abschrift geliefert hat. Diese Abschrift ist aber nicht diejenige, welche die Handschrift Nr. 5 liefert; letztere ist vielmehr nur eine zweite Abschrift jener ersten und im Anfange des 17. Jahrhunderts gemacht; denn sie schließt mit den Worten: Scriptum anno 1619, und liefert den Text nicht rein in der alten Schreibung von Nr. 1 und 2, sondern in sehr modernisirter Weise. — Die zweite, an den Leser gerichtete Vorrede, enthält nur Redensarten über den Werth der Einigkeit, deren Nothwendigkeit nicht nur durch Stellen aus Moses und den Propheten Esaias, Ezechiel und Jeremias, aus den Evangelisten Lucas und Paulus, sondern auch aus dem heidnischen Poeten Horatius erwiesen wird.[6])

Außer diesen Handschriften giebt es noch eine im Jahre 1804 gedruckte, von dem Commissionsrath Möller zu Hamm herausgegebene, Uebersetzung der alten Soester Kriegsgeschichte aus dem Plattdeutschen ins Hochdeutsche. Dieselbe ist aber so frei und unsorgfältig gehalten, daß sie für das Quellenstudium unserer Geschichte fast keinen Werth hat.[7])

Wichtiger ist die von Emminghaus herausgegebene Historia belli Coloniensis et Susatensis vulgo die Soestische Fehde,[8]) welche in plattdeutschen Reimen eine Uebersetzung der alten Kriegsgeschichte enthält. Sie ist von Hermann Latomus genannt Scherer von Lemgo, Diaconus zu Detmold, 1576 verfaßt[9]) und enthält gelegentlich manchen eigenthümlichen Zusatz zu der alten Geschichte.

Noch einige hieher gehörige Arbeiten sind folgende. Die Succincta elucidatio Susatensis prælii des Liesborner Mönchs Bernhard Witte aus Lippstadt, geschrieben um 1517, erzählt die Begebenheiten der Soester Fehde in übersichtlichem Zusammenhange.[10]) Die von Westphalen mitgetheilten Adversaria rerum inter Theodoricum Mœrsium Archiep. Colon. et rempublicam

---

[6]) Hinter der Beschreibung der Soester Fehde befindet sich in dem Buche noch eine: Kürzliche Beschreibung des Wiedertäuffischen Handels, so sich zu Münster in Westphalen 2c. zugetragen. 1618. — [7]) In seiner Geschichte der Stadt Lippstadt S. 180, erzählt Möller die Soester Fehde zunächst in Bezug auf diese Gemeinde. — Dann gehört hieher noch: Die Geschichte des Soestischen Krieges vom Jahre 1444—1449 oder Ursachen der Trennung der Stadt Soest vom Erzstifte Cöln, vom Prediger Busch zu Dinker, in Webbigens westfälischem Jahrbuch von 1804, S. 175, und 1805, S. 211. — [8]) Emminghaus memorabilia Susatensia p. 583 sequ. —
[9]) v. Steinen die Quellen der westf. Geschichte S. 77 und Westphalen S. R. G. IV, 132. — [10]) Gedruckt in Wittii historia antiqua occidentalis Saxoniae seu nunc Westphaliæ. Append. I, p. 679—727.

Susatensem gestarum, sind ein Auszug aus der Reimchronik des Latomus.¹¹)

Historia der Twist Beede vnd Vneinicheit tuschen dem Hochwerdigesten in Got Vader, edelem wolgeboren Fursten vnd Heren, Heren Dyderyck Ertzbyschop tho Collen, des hylligen romischen Ryles dorch Italien Ertzkentzeler Churfurst, Administrator des Stichtes Paderborne, Hertoge tho Engern vnd Westualen, Grane tho Möertze an einer vnd der ersam vnd erliken Stadt Soyst an ander Syden. Begint clarlick van Byschop Dyderyck.

1415. In den Namen vnsers Heren amen. Im Jaer des selwigen Dusent verhundert vnd XV wort Bischop Dyderyck tho einem Byschop des Styffts Collen gekaren vnd besat hat XLVIII Jar vnd kronede middeler Tydt II Romesche Keyser, Segemont vnd Fredericum. Item so balde he tho einem Fursten wort erwellet, bekryyede he de Bergeschen vnd de Cleueschen. Item he hedde den van Collen vake vell Vngemack, mit groiten Schaden tho beiden Parthen. He brachte an dat Sticht van Collen dusse nabeschreuen Vesten vnd Schloitten:

1. Keiserswert, 2. Blanckenbergh, 3. Bilstein ein Graueschap, 4. Frebebergh, 5. Hornebergh; auer he verloß de gulden

1416. Statt Sohst als men horen wert.¹²) Item im Jar M. CCCC vnd XVI wort in dem concilio Constantiensi ein ser gelert vnd woulspreckende Man genannt Johannes Huß, van einem Dorpe in Bemen gelegen vnd vpgesachtes Geleides van Verhaet, vnuerantwort, vnuerrichtet verbrant. Dusse lerde XIII ebber mer Articulen tegen de romeschen Kercken.¹³) Dußem hengen an de merste Partien der Bemen, worden daruon Hussiten

---

¹¹) Westphalen S. R. Germ. III, 2225—2240. — ¹²) Der Nachsatz: aber he verloß 2c. fehlt in Nr. 3 und 4. — ¹³) Hier folgen sieben einzelne Lehrsätze von Huß, aber in so entstellten Worten, daß sie mitunter keinen Sinn haben. Da der Anfang der Handschrift 1 bis zur Note 24 fehlt und die Artikel, die ohnedem zur Geschichte nichts beitragen, auch in 5 weggelassen sind, so haben wir desgleichen gethan. In Nr. 5 heißt es kurz: Ihm Jhar 1416 wart in bem Concillio zu Constantz ein sehr vund wollberedbeter Man gnant Johannes Huß auß einem Dorffe in Behmen ein Prediger, ohne auffgesagtes Gleidts, vnuerhort, vnuerantwortet, vnuerrichtet verbrant. Diesem Johannes Huß hengen an die meiste Partien der Behmen, worden davon Hussiten genandt u. s. w.

genomet. Dussen twistspeldigen Gelouigen vortokomende vnd de Hussiten tor Eindracht tho brengende, bede Sigismundus der Keyser dat Concilium tho Constens beropen, to Johannes Huß met den sinen beropen wort wie gehort, auerst nicht nutlikes dar erschaffet, dan de Hussiten worden darborch mer gesterket. Dußer Orsake haluen toch der Keiser int Jar XXI mit Herestrafft tegen de Hussiten in Bemen vnd Bischop Dyberyck mit aller siner Macht mit eme. Do se dar quemen beden se groten Schaden vnd Marter sowol an Frawen vnd Kindern als an alden Luden. Auer Gott versturde eren Rhat dat de Fursten enes worden vnd togen webber tho Hus mit grotem breplikem Schaden an Luden, an Schat, an Schlotten vnd Steden vel mer dan de Hussiten verloren habben, alß de Croniken clarliker vthwisen.¹⁴) 1421.

Item ihn Jar M. CCCC. XXIIII toch Byschop Dyberyck mit Greuen Gert van der Marck vor Schwerte vnde konde des nicht gewinnen, doch brante he dat Schlot Vrseh. Duße Greue Gerdt was ein Broder des Hertogen van Cleue genant Hertog Adolff. Van dißem Grauen Gerdt kreg de Bischop met Listigkeit dat Slot Keiserswert mit Toll, dat dem Hertogen ein grot Hoin vnd Spit waß, warumb vnder den Brodern ein vorberfflick Twist erstont.¹⁵) 1424.

Item de Bischop Dyberyck habbe myt dem vorgeschr. Hertoge vell Vede vnd Kryg, beßgelyken met der Statt Collen. He toch dem Hertoge van Cleue, de syn Geuabber was, myt VII Byschoppen myt V Hertogen mit XVI Grauen myt velen Bannerheren Rittern vnd Knechten to. Men tewerde alle Dage XX^c Geleuen, LX^c Borger vnd Dorplude, V^c Herwagen vnd mehr dan M bloter Gesellen.¹⁶) Duße Vede vnd Krigh entstont vt Orsake, dat de Hertoge van Cleue Bischop Dyberyck vhl Geldes gelenet habbe vp de II Stede Verck vnd Zanten deß de Byschop so truwlick nicht betalen wolde, alß he idt entfangen habbe.¹⁷)

---

¹⁴) Die Erzählung vom ersten böhmischen Feldzuge Diederichs fehlt an dieser Stelle in Nr. 3 und 4. — ¹⁵) In Nr. 5: ein fürtrefflich Twist. — ¹⁶) Diese Spezialien fehlen in 3, 4 und 5. — ¹⁷) Hier folgen in Nr. 2 noch die unverständlichen Worte: de IIII Orsaken siner Armoith waren me Sachtinge nobig.

1431.   Jt. jm Jar M. CCCC. vnd XXXI. schach eine grote Reise andermal tegen de Huffen vnde de Heren maleden vnder syd Borrederigge. Duße Togh solde op den Hertoge van Cleue, kostede dem Byschop so vel, dat he syn Landt vorsetten mogte vnd dardorch jn grote Not vnd Armot quam.[18])

1435.   Jt. jm Jar M. CCCC. XXXV. habbe de Byschop hemliken alle Hußlude doen verschrhuen, beyde arm vnd ryke, nymandt vtbescheiden, jn allen Steden Dorpen vnd Hoeuen mit Namen wu vel Gesindes vnd Behes malck an Perden, Koen, Berken, Schapen off an Hußgerade hebbe. Deßgelyken de Papenschop vnd Joden in synen Stedden dar se wonden, vmme einen groten vnmetigen Schott van en op tho heuen, siner Armot vortholomen, dat he so vnnutlyck tegen de Bergeschen, Cleueschen, Hussiten, de Statt van Collen vnd andere, vnnuttige vertert vnd vordedt habbe. Vnd lachte jder Menschen op na syner Hove, Nerhnge, Vordenste vnd Gewyn, Rente syner Prouen vnd alle Vpkumbste.[19]) Dyt bede he nemen et were den Luden lehff offte lehb, he nam van den Luden mer, dan se vermochten vnd welcke Dorpe gehn Geldt to geuen hadden, de versatte he so hoch, dat se noch ein Dehll genoch tho verjhsen vnd tho verschatten hebben.[20])

Als he nu dyße Sattynge van der Lantschop jn Westualen ock hebben wolde, lachte sych de Lantschop dartegen; helden des myt eme vel Dage, de Byschop blef styf vnd vast

---

[18]) Diese Stelle über d. J. 1431 in Nr. 2 ist undeutlich, eben so in Nr. 5, wahrscheinlich weil die Schreiber ihr Original nicht lesen konnten. In Nr. 3 und 4 wird hier die Nachricht über den ersten böhmischen Zug kurz nachgeholt; dann heißt es weiter: Van dußen Handtlungen vnd Krigen schrift egentlick der gelerte Poet Aeneas Silvius nachmal Pawest geworden vnd Pius der ander genomet in der behemisten Croniten vnd sind de sulvigen vul gotlicher Geheimnisse ec. In dußem andern behemisten Toge was Bisschop Diderich ock grot im Spele, aber biewiel die Worpell vnd Charten nicht gelücklich toflogen, gewan Bisschop Diderich nicht vel op dem Spele, sonder büße Tog in Bemen vnd widder Adolf Hertogen to Cleve kostede den Bisschope joban Summe dat he Landt vnd Lude versetten moste vnd dannoch sick nicht vth der Nobt errebben konte. Derhalven darna im Jar 1435 u. s. w. — [19]) In Nr. 3 und 4 heißt es weiter: nam idt beschoren vnd vnbeschoren, jegen der Armot Willen vnd Vnmogen, dachte nicht einmal op den Sprock des Keisers Tiberij: boni pastoris est, tondere pecus et non deglubere. Ein frommer Scheper sal syn Schape scheren vnd nicht villen. — [20]) Dat enne noch hubiges Dages de Vertinsinge achter den Oren schrinet, heißt es in Nr. 3 vnd 4.

jn synem vntellyken Bornemen. Thom lesten worden be Heren van Sohst van der gemehn Lantschop angeropen als ere Houetstat vnd whse Heren enne gutrebhg vnd behulplych to syn, bat se van solker tyrannischer vnd vngehorter Schatthnge vnd Beschwerung erlost vnd erlebiget mochten werden.

soff der Statt Soyst.[21])

So jß be ersame vorshchtige Rahbt der erliken[22]) vnd genebigen Statt Sohst allewege so geshyct geachtet vnd gehort gewest, me ban ehnige Houetstatt in Westualen. Wan ehnich Twhst ober Vnwhlle tuschen Ribberschop vnd Steben ja ock tuschen Heren vnde Fursten erstont vnd ber Saken nicht by sick ehnigen vorbregen mochten, so worden be Saken an be van Sohst gestelt vnd barby verbleben. So hebben be van Sohst ock busse Sake behertiget vnd na vhlselbigem Rabe vnd geholben Dagen vor vnbhlick vnd vnrecht tegen Gobbe, Gewonde, Recht vnd Priuilegien erkant. Dem hebben na shch Ribberschop vnd Stebe nyht ben van Sohst verbunden, belauet, beschworen, besegelt vnd bebreuet, lut enes besegelden Verbunt breues. Alß byt nu lange Thbt jn solker Twhst tuschen ber Lantschop vnd dem Byschope gestanden habbe, leht be Byschop jm Jar M. CCCC. vnd XXXVIII ehnen gemehnen Landtag 1438. beropen vnd gaff baer enne vor, wu he nycht der Mehnhnge were, shck myt Freuelmode tegen syne egen Stebe regeren vnd Pryuylegia tho setten, dan vel mehr vnd leuer enne (be suluigen) tho handthauen vnbe tho vermeren. Dusse vnd bergelyken falscher voßlhstiger Worden gaff he enne vell, alß gy noch wol solt horen. Dar bo be van Sohst wegen ber Landschop vp antworden, wat ein Here vnd Furste in syner Huldynge gelouet, geschworen, besegelt vnd bebreuet hebbe, ware byllick, erlick vnd schulbig, bat he bat helde, vnbe webberumme, wan so ehn Lantschop Ribbers vnd Stebbe beme Fursten huldigen vnd schweren, bat se den ock vor ehnen Heren erkennen vnd eme jn betemliken Saken behulplick vnd vnderbenich syn. Dusses alles wort be Sohne vnd Frebe gewunnen vnd van behden Parten ehnbrech-

---

[21]) Diese und alle folgende Ueberschriften fehlen in 8 und 4. —
[22]) In Nr. 8 und 4 heißt die Stadt Soest immer die „erenreiche."

1439. tiglichen. angenommen by also, bat be Byschop be Statt van Soyst mit Eren vorbenompt wolbe holben bes enne up bat eyn Segel vnb Breue gaff, tho eyner fruntliken Schebung. Als nu buße Frebe gemaket vnb jngegangen, besegelt vnb bebreuet was vnb eyn jber hoppebe jn gubem Frebe tho leuen, bes ban be Diluell ein Furste bißer Welt[23]) bes Frebes nicht lyben mach,[24]) brachte he to wege, bat Ribberschop vnb Stebe worben bebrowet[25]) vnb myt lystigen Warben bar hen geuert, bat se van ben van Soyst er Sygel bat se an ben Verbuntbreyff eynbrechtliken gehangen habben wybber beben vnb eischeben, bes be van Soyst guytwyllyg gefunden worben, vnangesehn er grote bryplike Vnkost barumb erleben. Ock vermerckeben se wal, warumb solches geschach vnb wat Bugelückes bar noch vyth erwassen mochte.

Jt. be van Rubenn weren be ersten, be ben Vorbuntbreyff breken vnb er Sygel wiber nemen. Als büt sus to Wege gebracht was, begon be Byschop in synem egen Lanbe Parthyge to maken, tegen be Staht Soyst, myt Vergettynge syner Ebe, Sygel vnb Breue, be he eyn ofte geyn heylt, bat eynem Fursten, nemplych eynem geystlychen Byschope nicht na to seggen.[26]) De Byschop begunte be Stat Soyst wyberantolangenbe myt vyllen vngeborliken Stucken, tegen ere Wonbe, Priuilegien,[27]) ock tegen syn Ebe, Sygel vnb Breue, bar he nycht ton Reben eber to Rechte mebe bostan mochte, in Menynge se to vornychtygen, to bebwyngen vnb egen to maken,[28]) barumb bat se eren Frunben als Ryberschop vnb Steben so truweliken weren bygestanben vnbe ber van eren Rechten nycht bwyngen vnb brhngen wolben laten, wylck ber Staht Soyst vnb bem ganßen Lanbe grott Gehlt vnb Guyt gekostet habbe. Als nu be van Soyst segen, bat be Byschop so vnerlofflych begunbe

---

[23]) Bnb ein Dotsleger van Anbeginne 3 vnb 4. — [24]) Bis hieher ist ber fehlenbe Anfang ber Hanbschrift 1, aus ber Hanbschrift 2 ersetzt.
[25]) bebrogen worben, 3 vnb 4. — [26]) Dith merke leue Leser vnb war bi vor be Geistliken, als vns be wise Man leret ahm 23. Capittel: Nicht wollest nahengen boen boßhafftigem Beger ꝛc. 2. — [27]) vnb Plebisciten, 3 vnb 4. — [28]) Statt bes folgenben Satzes heißt es in 3 vnb 4, Darahn ahn Twivel Juncker Snaphane vam Abel, bat he be Hußlube vnb Kerspel ben van Soist gehorich vnbertrege to villen vnb to schluben mit aller Macht bem Bisschop tho geraben heft.

myt enn to handelen vnd Riderschop vnde Stede enne weren
affgeuallen, vorbunden vnd besloten eyn ersam Rayd, Ampt
vnd Gemeyn, dem Byschope myt Rechte vnd Gewalt wyder
tostane, er Recht to verdedygen, dar Lyff vnd Gudt op to
setten vnd to wagen. Do nu de Byschop vernam, dat he de
van Soyst myt Drowende van eren Rechten, Priuilegien vnd
Wonden nycht dryngen mochte[29]) styftelerd he eyne vnwontlyke
vngehorte vnd vndyllyke Beede op syn egen Stat, Lant vnd
Luyde, de he schuldych was to verdedygen vnd to beschuden
vnd wolde des algelyke eyn Buterman syn. Wu erlyck dat
was van eynem gehystlyken Fursten gedan, heuet eyn ider ver-
stendelik wol afftonemen.

Walrauen des Byschops Brober vnd Lutter Quade worden Vyande.

Walrauen van Morse des Byschopes van Collen Brober,
schreff sych eyn Byschop to Vtrecht, vnd eyner genant Lutter
Quade myt vyllen syner Amptluden vnd anderen van der
Ryderschop entsechten den van Soyst vnd worden er openlike
Vyande, in Meynynge se solden sych vor so vyl Entseggebreuen[30]) entsetten vnd dar durch syn Hulde vnd Bystant
bogeren; auer yd is em vndatelyk[31]) gewest, besunder dat de
van Soyst vyl Dage mohsten halden, des se op grote Vnkost
quemen.

Orsake warumb Byschop Dyderich der Stat Soyst allene Viant wort vnd nycht den anderen Steden.

Do de Byschop dat Lant schatten wolde vnd de van
Soyst sych dar tegen setten wy vorschr., gaff de Byschop enne
vor, se solden de Schattynge tolaten vnd eynen Kasten op er
Raythuys setten; dar soldeman de Schattynge yn entfangen,
der solden de van Soyst den derden Pennynck hebben. Dusses
wolden de van Soyst nycht bewylgen. Se weren dar to erlyck
vnd to from tho, er Naberstede so vmb ere Rechtycheyt to

---

[29]) Do nu der truwlose Bischof vernam dat flu Buchen vnd
Droggen nicht wolde iegen de van Soist vthrichten, 3 und 4. —
[30]) dele Segell vnd Breue, 2. — [31]) unnbedechtlich, heißt es irrig in 5.

brengen vnd touerraben. Duht nam de Byschop fer vor ouel vnd gedachte do, sych an de van Sohst to wreken.³²)

1441. Im Jar M. CCCC. XLI hm Sommer quam Byschop Dyderyk ouer Ryn, myt groter Macht vnd Gewalt nemplych myt IIII^C vnd XXVI Houetluden aen gemeyne Volck, hn Meynynge vor Sohst, dat Korn to trebben vnd de Stat to wynnen vnd tho bedwyngen. In busser Thyt weren II Borgermeysters to Sohst, Her Johan de Roe vnde Her Johan van dem Brole, twe junge frome verstendyge Mans,³⁶) de vmb der van Sohst whllen sych in groten Anxt, Noht vnd Geuer vaken satten, Lyff vnd Leuen darumb wageden. Als nu de Byschop van Collen myt so grotem Volck in Westualen quam, schicket de van Sohst vmb Geleyde by em to komen, in Hoppynge vnd Menynge, den Byschop to vnderrychten, sych to vreden to stellen ꝛc. Dat Geleyde wort gegeuen vnd de ersame walwyser Her Johan de Roe tor Thyt Borgermeyster, myt synen verordenten Fronden, reydt in de Gegenvordicheyt des Byschopes vnd bat enne demotyge vnd flyttlich vmb Godt vnd dat hylge Recht, wolde ock ansehn syn egen Ere, Eede, Segel vnd Breue vnd den Jamer dar vth erwassen mochte, vnd laten de van Sohst by alder Gerechticheyt, Gewonde vnd Pryuylegyen vnd syn en ehn gnedych Her vnd Furst, se wollen em wederumme gehorsam, truwe vnd holt syn, in allen byllyken vnd temelyken Saken als guden Vnversaten gebort. Begeren des ehne gnedyge Antwort. Diße Bede heuet de Byschop nycht angenomen, dat myt vhl spytzygen Worden, dem Borgermeister vnd synen Fronden ehn ehntlych Affscheyt gegeuen, an de Stat Sohst tho brengen, he wolde in kort er Gast syn. Darup antworde de Burgermeyster, do he sach dat id nych anders wesen mochte, wolde he jo komen, dat hey des dan nycht naleyte; syn Gnade solde weten, dat de van Sohst tot solken Saken nu so wal to

---

³²) Hir gedencke vnd richte nu ein Iber edel vnd vnedel, de Recht vnd Rebbe verstah, off idt och ein rebelike Sake sy, van einem geistliken Bischop so lichtuertigen tegen Landt vnd Recht ꝛc. Nr. 2, ja jegen siene Elde, Siegel vnnd Brieffe, jegen sein eigen Landt, Stette vnnd Leute, sothane vngeburliche Bede anzunemmen, da so groß Jammer, Schade vnnd Schande von erstunt; ja nicht handelde wie ein geistlich Bischoff, den als ein Heiden, Ketzer vnnd Türck, wie man woll horen wirt. Nr. 5. —
³³) twe junge erbare Helde, 3 and 4.

geret hebben.³⁴) Als nu dusses (geschach) tornede sych der Byschop vnd hebbe Greue Gerdt van der Marke (et nyt) gedan,³⁵) de dar by auer vnd ane was, idt wer Her Johan dem Roen myt synen geschyckten Frunden, vnangesehn des Geleydes, nyth wol daruor gegangen. Myt solkem Bescheyde quemen se wyder tho Hus.

Do nu der Byschop myt sampt dem Capittel van Collen vnd eren Reden vermerckten, dat se myt dem groten Volke myt Bedruwynge vnd myt Entseggunge nycht schaffen mochten, de van Sohst to bewegen eren Rechten afftostane, henet eyn Capittel van Collen verordynet XX Ambasiatores edder Botschoppen de to Sohst syn ingereden vnuerwettyget, vngeladen vnd van den van Sohst vngeehyschet ofte gededen, bleuen ock dar eyn Mant Tydes. Dusse (vth eres seluest Kalbe als se vorgeuen vnd sachten) weren den Heren van Sohst an synnen, eynen ewigen steden vasten vnuerbrochliken Frede to maken, vp dat de van Sohst by eren Rechten bleuen vnd Landt vnd Lude vnuerboruen vnd was se dar jnne beben, weren se vulmechtych gemaket, de van Sohst dar by to behaldende vnd to hanthauen. Dyt seluyge was den Heren van Sohst wal gevellych, nemen dat an, de Schedynge wort geuunden by also,³⁶) dat de Stat Sohst solde blyuen by eren alden Wonden, Rechten, Priuilleghen vnd de vngeborlyke Beede solde sunder enych Myddel werden affgestalt vnd de Byschop solde dat mede bynnen eyn Jar Tydes besegelen. Vnd wer ytt Sake solkes nycht geschege, so solde eyn Capittel to Hulpe nemen dat ganse Styft van Coln ouer Ryn vnd ju Westualen vnd den Byschop dar to halten. Dusses vnd des mer wort eyn Schedesbreyff gemaket, warumb Her Johan de Roe myt sampt den Frouden vnd den Capittelsfronden van Collen tosamen reden to Coln an dat semptlyke Capittel, de Sake to eyndigen, to besluten vnd den Scheydbreyff to besygelen, vnd her Johan de Roe myt den synen bleyff dar eyne Mant Tydes. Mydler Tyt heylden de

---

³⁴) to sulkem Bankette thundes so woll hedden tho gerichtet als ju Werle gescheen were, 8 und 4. — ³⁵) Diß frobe sich der Bischop vnd de hedde Greue Gerdt van der March gedahn, heißt es ziemlich vndeutlich in der Handschr. 2. — ³⁶) In 2 ist der Text dahin verstümmelt: ermen dat de Schedunge vorgenge dan by also.

Doemheren³⁷) myt Nofen, wyfen Luden, ouer busse Safe manygen Raht; am latesten wort de Schedynge eyndrechtlych bewhlget vnd myt erem grohßen Segel, dat men nomet dat Segel der Caufen befegelt vnd be van den van Salwerben, van den van Drakenuelt³⁸) vnd mer van dreplyken guden Mans, wort de Breyff befhgelt. Dusse befegelde Schedebreyff wort den Gefanten van Sohst behandet, dar se mede wyderumb to Hus rehfeden. Vnd de Byfchop habbe synen Rüteren midler Tyt vorlouet to Hus to rehfen, auer he nam sych busser Schedynge nycht an noch syn Brober myt sampt den anderen, de er Blanbe geworden waren.

Darna ehn Tyt vorgangen, senten de van Sohst an ehn Caphttel to Coln vmb der Schedyngen genoch to bonde, de Bede des Byfchopes vnd synes Brobers myt den anderen gans aue to stellen luht des Scheybbreues. Dar do ehn Capittel op antworden, se weren des nycht van Macht, ben er gnebyger Her vnd sey wolden be Safe stellen vnd verbliuen by den bhunenlenbefchen Steden vnd gemehner Rhderfchop, der doch ehn Dehl der van Sohst oppentlike entfachte Byande weren.³⁹) Op be Antwort des Capittels an be van Sohst geban, antworden be van Sohst fortlych fchryftlych op, se hebben myt enne ehne frontlyfe Schedynge bebehynget, ingegangen, befegelt vnd bebreuet, de feluesten wolden se halben vnd gehalben hebben, bouen der wolden se ock gehne andere malen eber ingan. Ehn Capittel syn Erfherren des Landes, whllen se nu be Stat Sohst by bem Stychte behalden, bat se ban ock be Schedynge halben, moge bat auer nycht syn, mohten se Gode clagen vnd des Lybers syn. Item na busser Tyt hehlden be Byfchop, Capittel noch vmant van eren Mhtgenoten⁴⁰) bat mhnerste Punt der Schedynge, dan se veruolgeben de Borgers van Sohst war se borften vnd konden.

---

³⁷) Dompapen heißt es gewöhnlich statt Herren in Nr. 3 u. 4. — ³⁸) Drofe Wuelet, Nr. 2 und 5. — ³⁹) Leue Lefer merch doch hirau den Art der Papen, 2. Lieber Leser merke doch hieran die Art der Pfaffen, daß sie sich keiner Sünde vnnd Schande annemen; wo geringe ein Capittell ihrer Gelübbe, Scheibung vnnd Siegel vergessig gewesen, das mit so großen Vnkosten erlanget wardt. Thete solches ein Weltlicher der were darumb treuloß vnnd seiner Ehren entsath; 5. — ⁴⁰) In 3 vnd 4 heißt es: Capittel, Dompapen, Adel vnd ere Verwandten.

De van Soyſt werden vor den romeſchen Konynck geladen.

Im Jar vnſes Heren M. CCCC. XLIII. do lyet de 1443.
Byſchop van Collen de van Soyſt citeren offte laden vor den
romeſchen Konynck, nycht angeſehn dat de Sake geſcheyhen
was, beedet, beſegelt vnd bebreuet. Dar do de van Soyſt er
Botſchap ſanten, lehten ſych vernohtſaken,[41]) wu dat ſe nycht
verplychtet vnd ſchuldych weren, emme dar to ſolchen Saken
tho antworden, nadem ſe belegen weren vp frier Saſſcher Erben,
im Hertychdom to Engeren, dar Soyſt eyn Houetſtat van ſy.
Hyr moyſte he dat by laten, dan yd quam den van Soyſt al
op groite Vnkoſt.[42]) Do nu dem Byſchoppe ſolcs nycht gelyngen
mochte, dat he de van Soyſt vor dem Konynge nycht van erem
Rechte, Wonde vnd Pryuylegyen, de he ſelueſt vnd ſyn Capittel
beedet, beſegelt vnd bebreuet habben[43]) van bryngen mochte,
habbe he des eyn Tytland Gedult vmb to bedencken ander Wege.

De van Soyſt worden vor den Hertogen van Lawenberch
geladen.

Im Jaer vnſes Heren M. CCCC. XLIIII. do erlangede 1444.
de Byſchop van dem romeſchen Konynge eyne Ladynge op de
van Soyſt vnd ſe worden op Sundach to Vaſtelauent geladen
vor den Hertogen van Lauwenberch op der Elnen gelegen,
dahr de van Soyſt ere Botſchop ock ſanten myt groyter Vnkoſt
vnd de van Soyſt worden vngeborlych beſwert;[44]) dar ſe van
appellerden to Rome an den Paueſt Eugenium den IIII. ange-
ſeyn dat der Byſchop dat Lant van dem Pabeſt to Lene entfangen[45]) vnd ſy ock eyn Rychter ouer alle vermeynten Geyſt-
lyken.[46]) Auer de Byſchop wolde nicht pleyten, achtede ock de
Appellatyon nycht.[47])

---

[41]) vernotſinnigen, 5. — [42]) ſunder ibt gebeich einer erbarn
Stadt Soeſt tho groten Nachdelen, Swarheiden vnd Vnkoſten, 3 vnd 4. —
[43]) de he ſelueſt — habben, fehlt in 3 vnd 4. — [44]) vnde alſe de van
Soeſt veruhamen dat ſie hir ock ouer parthiet weren appellerenden ſe,
3 vnd 4. — [45]) van dem Paweſte dat pallium vnd dat Leyn entfangen,
3 vnd 4. — [46]) moeſte Biſſcop Diberich der geſehen Appellation gehorſam
vnd folglich ſein; 3 vnd 4. — [47]) Statt des folgenden heißt es in
Nr. 3 vnd 4. Darumme dat buße Paweſt Eugenius von dem Concilio
to Baſel war afgeſat vnd ein ander, Felix in ſine Stebbe gekaren, dar
Biſſcop Diberich als ein Ertzbiſſchopp oick reddelich tho geholpen habbe
wurde derhaluen en der ſülfeſte Eugenius vor einen Ketter beclarert vnd
van dem Biſſcopdom (na ſynem Moge) entſettet vnd anathematiſeret, wo
noch volgen wert.

Van dem Pabest Eugenis.

1444. Eugenhus der IIII der CCXVII Pais besterhgede mht babstlyken Breuen dat in dem Consilio to Basel gesat was vnd henden na wybberrehp he dat selue Consilium wyberumb vnd dahruan syn vperwecket also vhl Twhdracht in ten Dhngen de dar andreppen de hhlgen Kercken, de noch hude to Dage blhuen hangen in ehner Vnsekerhehdt.⁴⁸) He was Pahs XVI Jar, bh syner Thdt was ehn Delhnge in der romeschen Kercken, want in dem Consilio to Basel wert Eugenhus entsat vnd ehn ander Felix der V. weder hn syn Stede gesat, de do vhl Saken de Eugenius verordnet hadde, veranderde.⁴⁹)

Van Kaptslach des Bischopes.

Im seluen Jair im Begyn der vasten quam de Byschop van dem Rhyn hn Westualen to Arnsborch, van dar toch he to Werle vnd vart tor Houestat, verschrehff dar ehnen Landach vmb Rat to slan, wu he de guden Stat Sohst bwyngen vnd van erem Rechte drangen mochte. Hyr to worden verschreuen de Byschop van Münster syn Broder, de Graue van Tekenborch syn Neue, de Graue van dem Rebberge Rydderschop vnd Stede des Sthfftes van Colne op dusse Sht Rhns. Als he nu den Dach tor Houestat helt, mohsten de van der Houestat alle Nohttroff vyth Sohst halen, des de van Sohst en alle gunten, wu wol dat se wusten, dat de Lantsdach tegen se gehalden wort; dan se verhopten de Byschop mht al den synen solden de Gudycheyt Wahldaht vnd mannychuoldygen truwen vnd gehorsam Dehnst, by em vnd dem gansen Lande bewyst beweget hebben, dat her myt so groter Vnbylhycheyt vnd Vnrechte van erem Rechte vnd Styfft van Coln nycht gedrungen hebbe. Na Holdynge dusses Landages toch de Byschop wyder op Manbach to Paschen na dem Ryn.

---

⁴⁸) in ehner Vnser rechticheit, heißt es verlehrter Weise in Nr. 2, die noch heut zu tage neben vnser Appellationsachen bleiben hangen, 5. —
⁴⁹) Hirut merck leue Leser ꝛc. setzt Nr. 2 andeutend hinzu. — In 5 heißt es weiter: Vmb der Vrsache halben daß Eugenius vom Pabstthumb entsat war, wolte der Bischoff der Appellation der von Soist nicht folgen, noch gehorsam sein.

Van eynem Mandat, dar he de van Soyß Ketter vnde Bosewychter yn schelt.

Item darna jm seluesten Jar, XIIII Dage na Paschen do sante de Byschop eyn Mandait an de van Soyst, by eynem Brigreuen vnd eynem Notario, inhaldende wunderlyke vngehorte Punct, als nemplych: 1. de van Soyst weren verplychtet, alle Jar den Pastoren bynnen Soyst to geuene den X Pennyck van alle eren Guberen vnd bat wer C Jar versetten, dat seluige solden se verbetteren, — 2. de van Soyst solden geyn Recht noch Gerycht hebben in erer Stat, — 3. he esschede summyge Borger vth der Stat vor syn egen, der ere Alberen bynnen Soyst gewont hebben er he geboren wort, — 4. he makede Ansprake vp summyge verstoruen Lude⁵⁰) der er Name noch in Gedechtnusse⁵¹) der leuenbygen Menschen was. — 5. he schalte se jm Mandayt vor Ketters vnd wolde se scheyden van der crystlyken Kercken. Dusse vnd dergelyken Puncte weren ser vyl, dar he de gudyge vnd frome Stat Soyst mede smeide vnd hoynde, tegen Godt vnd alle Byllycheyt. 1444.

Ratflach der van Soyst.

Jm seluesten Jar, vp Sundach des XIIII Dages na Paschen⁵²) leyt eyn ersam Rait tosamen komen alle Borgere jn gemeyne vnd dar wort gelesen dat vorg. Mandait des Byschopes. Als de Borgers dat vorstonden, dat he se vor Ketters heylt vnd⁵³) van der hylgen Kercken bryngen wolde, dar he se vyl mer na aller Byllicheyt to bryngen solde, ock dat he nycht alleyne bestan was na erem Gelde, Gude vnd ere Rechte vnd Pryuilegyen to vernychten, sunder ock dar na stont, se omb Ere vnd Glymp to brengen, dar vp hebben se eyndrachtlyken slotten, dat eyn ersam Rayt dar na trachten, dat bem Byschope de Huldynge vnd Eit werde vp geschreuen vnd bat se eynen Erffheren kregen, de se van solker Tyrannye verloze⁵⁴) vnd verbedynge; se wyllen dar by vpsetten Lyff, Gubt vnd alles wes se op Erben hebben.

---

⁵⁰) wegen Eigenthumbs, 5. — ⁵¹) kein Gedechtniß, 5. — ⁵²) vp den sulven Sontagh misericordias dni. genant, ofte na tein Dage na Paschen, 3 vnd 4. — ⁵³) alse afgesnede Lethmate, 3 vnd 4. — ⁵⁴) erlose, 5.

Van eynem Breue an den Byschop Capittel vnd Stat Coln.

1444. Torstunt⁵⁵) in Gegenwerbychent Rait⁵⁶) Ampt Gemeyn vnd aller ander Borger, wort eyn Breyff geschreuen vnd gesant an den Fürsten Capittel vnd Stat Coln, inhaldende wu danne Wus he enne eyn Manhait gesant hebbe dar se vth vermerckten, dat he se myt Gewalt jegen Godt vnd alle Recht, van erem Rechten vnd Pryuylegyen, ock van dem Stycht van Collen, ja nycht allene van dem Stycht, dan ock van ganßer Chrystenheyt brengen welle, vnangesehen dat de seluesten Pryuylegyen enne van Pawesten, Keysern vnd Byschopen gegeuen synt vnd he seluest be bestedyget, beedet, besegelt vnd bebreuet heuet. Byhben noch bemobyge se sampt myllen ansehn de flytyge swerlyke vnd truwe Deunste se by dem Fürsten vnd by dem gansen Stychte mannychmael gebaen hebben vnd den Byschop vnderwysen synes vnbylx Vornemens aue to stane, op dat se so jamerlyck van dem Styffte nycht gebrenget worden. Wer auer Sake, syn forstlyke Gnade in synem Vornemen verharbede vnd dar nycht afstan wolbe, so solde syn Erw. F. G.⁵⁷) vnd Capyttel vnd Stat Coln weten, dat se nu ere Huldynge vnd Eitplychtynge op vnd loys schriuen vnd gebencken, enuen anderen Fürsten to kesen vnd dem to huldygen.⁵⁸) Duffes genen be van Soyst enne Tyt to beraden bys to Pyngten vnd wer be Sake myhler Tyt nycht geschenben, so wollen be van Soyst hyr mede ere Eere verantwort hebben vnd gebechten bat ock wyber to clagen vnd to verantworen tot allen Eren vor Heren, Fürsten Ryter= schop vnde Steben vnb vor alles wem.

Wu IIII Capittels Heren to Soyst quemen.

In dem vorschr. Jare op vnses Heren Hymelvarth Dach quemen IIII Capitelsheren van Coln to Soyst vnb lechten dar bys jn den Pyngten. Duffen deben be van Soyst grote Er vnd Geschenck vnd beben se bemohentlyck, dat se boch de Sake to gube wolben stellen vnd des Capittels Segel vnd Breue halben, be burch eyn Capittel van Collen myt groter

---

⁵⁵) Flygan, 3 vnb 4. — ⁵⁶) beber Rebe olbes vnd nigges, 3 vnb 4. — ⁵⁷) churforstlike Genabe, 3 vnb 4. — ⁵⁸) einen andern Fürsten to erwellen, 3 vnb 4.

Swarheyt bebedynget, jngegangen vnd myt erem grotesten 1444.
Segel, dat men het dat Segel ab Causas, besegelt syn, wylker
Breyff enne vorgelesen wort. Desgelyken leyten de van Soyst
enne lezen den Verbundsbreyff den se myt dem jungen Fürsten
van Cleue gemaket hadden, ock leyten se enne lesen Clagebreue
de se in alle Lande an Heren, Fürsten, Rytterschop vnd Stede
schycken wolden, wu jamerlych vnd myt wat Tyrannyscheyt se
van dem Styft van Coln gedrungen worden vnd wat Noythe
se dar to brungen, eynen anderen Fürsten to keysen.⁵⁹) Dunt
geschach al in Hoppinge, dat Capittel solde yd mer behertyget
hebben, op dat er Segel vnd Breue gehalden hedden worden
vnd vyl Quades vth sprutende, verhoyt bleue. Auer yd was
al vnbatelyck; als der Abt, so weren ock de Monyke,⁶⁰) erer
Ede alle vergettych.⁶¹)

*Der Byschop sante synen Broder an den Fürsten van Cleue,
mydler Tyt dagede he myt den van Soyst, de bestempte Tyt
genck verby.*

Balde darna quam de Byschop personlick to Arnsborch
vnd sante synen Broder Walrauen van Morse, nu Byschop
to Münster an den hochgeboren Fursten vnd Heren Adolf
Hertogen to Cleue ꝛc. vnd an synen Son Hertogen Johan,
in Menynge, den Hertogen darto to brengen, der van Soyst
nycht antonemen. Mydler Tyt leyt de Byschop eynen Landach
beropen van Riderschop vnd Steden, myt den van Soyst to
dagen, op wylkerem Dage de van Soyst noch demodelyke beden⁶²)
vmb Godt vnd alle Trwheyt wyllen, de se by synen Vorua=
deren, by em vnd dem Stysst bewyset hebben, se to laten by
eren alden Wonden, Rechten vnd Priuilegyen, dar syne Voroua=
ders vnd he se by gebunden vnd bys her gelaten hebben; se
wolden gerne alle Vnkost vnd Schaden, hyr vmme erleden, op
sych nemen. In dusser Dagunge eynbygebe sych de tosachte

---
⁵⁹) tho erwelen vnde dem to huldigen, 3 vnd 4. — ⁶⁰) Jdt
mochte aber nicht helpen, sundern (wie man sagt) wie der Abt so ock de
Monke, trewloß vnd meinedigh Bisscop, also trewlose meineidige Papffen,
3 vnd 4. — ⁶¹) Die letzten 4 Worte fehlen in 2, 3, 4. — ⁶²) De van
Soest erschenen op secker Geleide vnd weren dem Dage folglich vnd als se
thor Antwort quemen beden se, 3 vnd 4.

1444. Tyt dem Hertogen van Cleue, dar se sych yune verbunden
habben, wert Sake id nycht gescheden worde vor Pynxten, so
wolden se em huldygen. Doch so betrachteden de van Soyst
den groyten Jamer, darum komen niochte vnd verlengeden den
Dach yn III Dage lanck, in Hopynge eyner frontlyken Schedynge, de Byschop vnd Capittel⁶³) solden erer Ede, Segel vnd
Breue gedechtych syn. De Schedynge wort verramet, auer de
Byschop wolde des nycht verfegelen, in Menynge syn Broder⁶⁴)
solde by dem Fürsten van Cleue wyllen schaffen, dat he erer
nycht anneme, als dan wolde he synen Ouermoyt myt en
dryuen.⁶⁵) Also myt Freuel vnd Homoyt brengede he de guden
Stat Soft van dem Styfft. Alsus wort de Landach geendyget.
Na Endynge dusses Dages quam syn Broder Walrauen wyder
van dem Fürsten van Cleue; auer he habbe nychts geschaffet,
want de Fürst van Cleue wolde em to Geual nycht vnerlych
eder vnfürstlych handelen.⁶⁶)

Wu de Byschop de van Soyst gerne wyder van dem Hertogen van Cleue getogen hebbe.

Als nu der Byschop verstont, dat he den Hertogen van
Cleue van den van Soyst nycht wenden kunde, wort em de
Sake berumen vnd leyt van den van Soyst synen Reden vnd
dem Capittel Geleyde erweruen, sante se darin,⁶⁷) weren den
van Soyst ansynnen, dat se wyder treben solden van dem
Hertogen an dat Styfft vnd dar by blyuen; de Byschop wolde
se by alder Gewonde, Rechte vnd Priuilegien laten, myt Rych=
tynge alles eres verlebens Schadens. Dar eyn ersam Rayt

---

⁶³) de Bisscop vnd sine Dompapen, 3 vnd 4. — ⁶⁴) syn Broder
Walraven Spitzhoth tho Münster, 3 vnd 4. — ⁶⁵) wolde he de van
Soest die ensus woll lehren vnde se woll regeren virga ferren, dat is:
mit dem isern Schepter vnd tho lesten na sinem Mothwillen Wolgefallen
vnde Vornimende vnder sinen Gehorsam brücken ec. 3 vnd 4. —
⁶⁶) Vnderwile Bisscop Walraven sinem Broder dem Bisscop solkes ange-
dragen vnd darvan gerathslaget, hebben de van Soest ere Legation mit
Credentzschriften an den Hertogen Adolf gesicket vnd sick in Korte syner
Leve Sonne, Hertzog Johan angegeuen, welke se ock, wo idt tovorne verhandelt, vor sine leven Vnderfaten angenomen, ehr Here vnd gnedighe
Fürste vnd Beschermer tho syn, 3 vnd 4. — ⁶⁷) Sint also tho Soest
gekommen vnd gesehen dat dat Cleuesse Wapen vnd Banner van des
Münsters Torne vnd dem Rhathuse gehangen vnd vthgesteken was, 3 n. 4.

up antworden, en war wol bewust, myt wat Noyt vnd Swar- 1444.
heyt⁶⁸) he se van dem Styfft gedrungen hebbe,⁶⁹) her wer
nycht allene gestanden ere Wonde, Rechten vnd Priuilegien to
vernychten, sunder vmb Lyff, Gud Glymp vnd Ere to brengen.
Ock wer de Byschop eyn Capittel vnd Stat Coln to vorns
gewarnet, ib wer al vnbatelyck, so hebben se nu eynen Erf-
fürsten koren be se beschuren vnd beschermen solde vnd wolde,
dar bechten se by to blyuen ꝛc. Düt was de leyst Affschent
myt den Reden vnd Capittel.⁷⁰)

  O Soyst dancke hochlych dynem Gode,
  Wes vnderbenych synem Gebode,
  Der dych an dem Cruce heft erloyst,
  Dot, Düuel, Hel ouerwunnen dir to Trost;
  Dar to van des Byssicops Thrannycheyt.
  Beuel dych der hylgen Dryuoldycheyt;
  Layt Straffe Sunde Schande lyggen,
  So sal dyn Sake wal gedyken.
  Layt van allem Ouermode,
  So komen dyr alle Dyng to gude.
  Wultu vor dynen Vianden genesen,
  So saltu vorsychtych vnd eyndrechtych wesen
  Vnd tsamen gudes gunnen,
  So werst du dyne Vyande wal ouerwynnen.

---

⁶⁸) mit wadt geswinder Noth vnd Tyrannie des Bisscops, 3 u. 4. —
⁶⁹) Statt des Schlusses dieses Satzes, heißt es in Nr. 3 und 4, Od
hebbe ennen ein Capittel eine Sone versegelt vnd nicht geholden, hebben
se vnd konnen ock anders nicht vermerken, sunder sin twiuel fry, dat Bisscopf,
Paffe vnd Adel in vornemende vnd geswinder Practiken gewest sein, eine
fromme Stadt Soest vmme alle ere Gerechticheit tho bringen ꝛc.
⁷⁰) Das folgende Gedicht fehlt in 3, 4 und 5. Statt dessen heißt es in
Nr. 3 und 4. Na dem nun dem Bisscope solche Tidinge vorgebracht
bedankede he sich nit doch jegen de Dyt für vpgeblasen habben, nemlich
Hoberch vnd andere Scharhause vom Adel de mit Verhoppninge wehren
de van Soft er privilegia tho berouen, wolben se den armen Buren der
van Soesch slippen na erem Behage. Od in dusser Twistungh tusschen dem
Bisscoppe vndt den van Soest weren de Papen bynnen Soest better Colsch
dan Soesch, verreden heimlich vnd oppenbar, war se konten, wo sick hirna
finden sal. Idoch damit sick nu der Biscop an den van Soest wrokede,
wordt he ere apenbare Viendt. — In Nr. 5 steht folgender Schluß: Hier
hastu lieber Leser gehört die Principall Hauptsachen vnnd vngeburlich
Vornemmen des vngeistlichen Bischoffs der so groß Mort, Rauben, Brennen,
Kirchen vnnd Klausen Frauwen schinden außerwachsen ist. Liß vnd richte
recht.

1444. Bewar Parten vnd Muren beyde
Dar myt schut bynen Bianden leybe.
Jb hefft den Colschen al geruwet
Dat se by hebben so hart gebruwet,
Jbt wert en ouer manygen Jaren werden leyt
Dat se nycht hebben gehalben den Affscheyt,
Er Houetstat se hebben verloren
Des Schadens vnd Schande se nummer komen touoren.

Van dem ersten Stryde.

De Amplube des Byschops leyten der van Soyst Slacht-
bome vth werpen vnd grouen er Lantwer boer; dar vp quemen
be van Soft to mate vnd vengen XVI Buren geuen enne Dach
jm Velbe,[71]) busse worden alle meynebych. Jtem be erste
Mangelynge schach tüschen ben Soyschen vnd Houesteberen;
dar kregen be van Soyst IIII Gefangen vnd leyten 1 Gefangen dar.

Van dem Decan vnd Capittel van Soyst.

Van der Tyt an dat men schreyff M. CCCC. vnd XXXVII
wente ynt Jar XLIIII regerde to Soyst in sunt Patroclus
Münster eyn Decan genant Albertus Mylynchus. Dusse myt
alle syner Papenschop weren den Borgeren nyth gunstych, dan
alwege entegen, als se oppentlych in vellen Puncten bewyst
hebben. Ock was be Decan synem egenen Capittel entegen, he
vernychtebe vyl Rechtycheyt vnd Wonde ber Kerken. Jnt erste[72])
op Sundach to myddler Vasten gaff men Bynum Letare, jblykem
Burgermeyster van Soyst eyn Verbel Wyns, jblykem Canonick
eyn Verbel, jblykem Vicario, Choralen, Costeren, Costerschen
vnd allen be der Kerden beynden, eyn halff Verbel Wyns.
Dusses habbe dat Capittel be Herlycheyt, bat se mochten gan,
jn beybe Wynhüser ber van Soyst vnd keysen ben besten Wyn
vor er Gelt, ben se op bat Fest brynden wolben. Hyr van
boert be Thesaurarius nu alle Jar op Sundach Letare X Goltgulben to Bate ber Doepel Kersse.[73]) Jtem men plach VI mal

---

[71]) geuen sie boch im Felbe wibber lebigh, B. — [72]) Der Kerden
Interesse, heißt es sinnlos in Nr. 2. — [73]) Dopel Kertzen tho maden, B.

allen Letmaten ber Kercken Wyn vnd Krunt to geuen. Des 1444.
heuet he vyl affbracht. Item in bem Münfter was eyne Broberfchop eber Kalanber, bar men alle Jar helyt eyne Begencknyffe
myt Vhgylien Seylmyffen vnb Homyffe, men gaff allen Pre-
fteren vnb Deuers ber Kercken bynnen Soyft Prefentien vnb
men heylt eyne herlike Koft myt Broberen vnb Süfteren; noch
verouerbe be Broberfchop groyt Geylt. Dyt heuet he affgebracht vnb vnbergeflagen.[74] Vort heuet buffe Decan vyl gube
Wonbe vnb Rechtycheyt ber Kercken vnberflagen vnb affgebracht.
Duffe Decan myt fyner Papenfchop hebben nyth vyl Gubes
verhanbelt jn buffer twyfpaltygen Sake, als men eyn Del wol
horen wert wu. be van Soyft er Klachtbreue vth fanten.[75] —

Im Jar vnfes Heren M. CCCC. XLIIII fanbten be van
Soyft an Churfürften, Fürften, Ertzbyfchope, Byfchope, Hertogen, Grauen, Ritter vnb Knechte vnb an alle guben Stebe
ere Klachtbreue, wat Noit fe bar to brünge, van bem Stifft
to Collen to treben vnb eynen anberen Fürften to erwelen, be
fe vor vnrechter Gewalt befcherme.

Wu Craft Stecke to Soyft quam.

Im felueften Jar op bes Heren Lychams Dach fante
be Fürfte van Cleue eynen genant Craft Stecke in Soyft myt
LXXX Perben, vmb al Dynck orbentlyck to verorbenen, tegens
bat be Fürfte to Soyft queme, ben be Borger in Gobes Namen
goitlych entfengen.[76]

Van Infoer bes jungen Hertogen Johans van Cleue to Soyft.

Im felueften Jar, op ber hilgen Mertler Dach to Myb-
bage, quam be junge Fürfte Juncker Johan van Cleue erft in
be guben Stat Soyft mit XXIIII^c gerufteben Perben ber be
meyfte Deyl al weren gube breplike Mans van ber Riberfchop.

---

[74] vnberfallen laten, 5. — [75] Der vorftehenbe Abfatz über ben
Dechant Milinchus fehlt in Nr. 3 unb 4. — [76] In Nr. 3 unb 4 heißt
es weiter: vnb als be Fürfte büßen Droften habbe vthgeferbiget gen Soeft,
wort he bes Biffcops vnbe ber gantzen Lanbefchepf Vienbt vnb verwarbe
fick bes tho fürftliken mit Entfeggebreven.

Huldynge des fürsten.

1444. Des anderen Dages, was sünte Johans Dach,⁷⁷) genck be Fürste mŋt sŋnen Reben vnd guben Mans to Sohst vp bat Rathus. Dar wort em eŋn Breŋff vorgelesen, inhalbenbe alle Rechticheŋt vnd Priuilegien, bar se van Heren, Fürsten vnd Bŋschopen mebe begŋfftiget vnd priuilegiert weren. Darop moiste he gestauckes Edes, vpgelachten Bingeren to Gobe vnd ben Hŋlgen sweren, be vast vnuerbrotlŋch vor sŋch vnd sŋne Nakomen to halden, nŋcht to vermŋnderen ban vil touermeren. Do bem also geschehŋt was, hulbŋgeben vnd sworen be Heren van Sohst bem Fürsten wŋber, enne vnd sŋne Eruen vor ehnen Erffheren vnd Lantfürsten to halden, als Wonbe, recht vnd bŋllŋck sŋ.

In busser Thŋt regerben II Borgermeisters to Sohst, Her Albert van Hattorpe vnd Her Johan be Roe. Dusse Her Albert bŋnt bem nhen Fürsten an sŋnen Gorbel ehnen sŋben Bübel mŋt C soistscher Marck. Darto schenckeben se emme II Boiber Wŋns; bat is tor Jnfoer ehn Recht. Dusses bat be Fürste ben semplŋken Rait vp bat Wŋnhus bes Mŋbbages to Gaste.

Dat Capittel sloten bat Chor to, vor bem fürsten.

Vp sunte Johans Dach wolbe be Fürste mŋt sŋnen Heren vnd Ryberschop in bem Münster vp bem Choer Mŋsse horen⁷⁸) vnd bat Lŋcham sunt Patrocli visiteren. Als he vp be Deel quam vor sunte Patroclus Belbe, leht be Decan vnd Capittel bat Choer vor bem Fürsten vnd sŋner Rŋberschop to sluten, in eŋn Spit, Berachtŋnge⁷⁹) ber van Sohst. In bussen

---

⁷⁷) Abenbt, 2 — ⁷⁸) singen, setzt 2 hinzu. — ⁷⁹) vnd Schmabeit, setzt 2 hinzu; bann heißt es nach bem Schlusse bes Satzes. Hir merde ein Iber de Rede versteit, ben groten Ouermoith, Stoltigkeit vnd Vnpillicheit solchl einem Fürsten tho gebeiben. — In Nr. 3 und 4 wird der Vorfall in fast gleicher Art, auf Rechnung des Dechants Milinchus berichtet und dann hinzugefügt: Ich holbe auerst Gobt hebbe bußen Brevel III an enne tho Huß gesocht. Vnd ist hir oth klarlick tho vernemen, bat be sulvigen Papen nicht gubes thor selvigen Tibt im Sinne gehat hebben, hebben se ere Gebancken tho wege konnen bringen. Vnbt ist gentzlich nicht allene tho vermoben, sunber clarlich am Dage, bat se mit aller Macht bem Bisschoppe bie gefallen, der van Soest Bornemen, war se gekont hebben ahne allen Twoivel im Anfange der Saken, na allem Vermogen to büßem Vnglück gehulpen ꝛc.

Dagen begunten de Colschen op de van Sohst to rouen. Als nu de van Sohst solles vernemen, hebben se sych ton Eren schriftlych an den Byschop, Rytterschop vnd Steden myt Entseggebreuen verwart vnd enne entsacht. 1444.

Van Infoer tor Lyppe des Grauen van der Lyppe vnd des jungen Fürsten van Cleue.

Im Jar vorschr. op Dach sunte Peters vnd Pauls, reyt Juncker Johan van Cleue tor Lyppe myt XXVI hundert Perden[80]) vnde de Juncker van der Lyppe was ock dar vnd lett sych huldygen, als eyn Erffher. Auer dem Hertogen hulgeden se, gelyck synem Vader gescheyt was, vor eynen Pantheren, want hyt steyt vor eyne Summe Geldes. Als de Huldynge gescheyt was, des seluigen Dages toch de Fürste webber na Sohst. Vp dem Wege worden se gewar, dat de Colschen op de van Sohst roueden vnd branten. Torstunt brannten de Fürste vnd de van Sohst weder, alles wes op dem Wege[81]) tuschen der Lyppe vnd Sohst was den Colschen tobehorych. Hyr merke dat de Colschen den ersten Rohff vnd Brant deden, de Lande to verwosten.[82]) Als nu de Fürste sampt den synen wybber to Sohst quam, wort verdragen, wu vyl Riter de Fürste to Sohst halden solde vnde wu vyl de Stat Sohst dar entegen.

Item op Gudensdach dar na reyt de junge Fürste, Hertoch Johan van Cleue, wybber to Hus myt alle synen Rüteren,[83]) Dirsake haluen, dat he vyl guder Mans nyht sych habbe, de em to dem Redt gedeynt habben, de nyht vedeplychthych[84]) weren vnd hebben sych noch nyht to Eren tegen de Colschen verwart.

Van eyner groiten Nyderlage der Colschen.

Item op Gudensdach dar na, dat was op aller Apostel Dach, do entsede Johan Freseken den van Sohst vnd he fol-

---

[80]) XV hundert, 2. XXV Perden, 3 und 4. — [81]) Die Worte: worden se gewar -- op dem Wege, fehlen in 2. — [82]) In 3 und 4 wird dies so ausgedrückt: na der Regulen vim vi repellere licet, men mag Gewalt mit Gewalte stüren. — [83]) na dem Ryne, na synem Heren Vater, sagen Nr. 3 und 4, wo aber der motivirende Nachsatz fehlt. — [84]) vor Ede verplichtet, 2.

1444 gebe dem Breue mht den van Rüden, Waerſten, Beleke vnd Hertzberge to Vote vnd to Perde. Duſſe Brehf quam to Sohſt to ehner Vre Namhddach. Se ſlogen Ntengehſten vhth vnd branten in den Grunt. Auer de van Sohſt quemen mht enne to mangelen vnd wunnen den Colſchen aff XLIII gewapen vnd XLIII geſabel Perde vnd fengen Johan Freſeken, II Lüerwalde, den Dobber vnd ehnen genant Vollant, Ruter Peter, noch ehnes Ritters Son vth dem Lande van dem Berge. Dair to lehten ſe IIII Doden, der was ehn der van Plettenberch. Hyr entegen verloren de van Sohſt I Pert. Dht was de erſte Wilkome der Colſchen, dar den klehnen Steden na vorlanget habbe.

Wu de Colſchen de Warde Uazenſtehn vnd andere Dorper vnd Houe verſtürden.

Als nu de Byſchop vernam, bat de junge Fürſte van Cleue wedder to Hus was, vergaderde (he) ſyne Lande, als bat ganſe Styft van Collen vnd Paberborne, vthgenomen ehn Stat Paterborne, de indechtych weren, der Dogede de de van Sohſt bh en in eren Roden bewhſt habben, der Orſaken haluen wolden ſe eme nhth volgen.[85] Ock habbe he to Hulpe den Byſchop van Münſter ſhnen Broder,[86] den Grauen van Waldeck, den Grauen van dem Retberg, vort alle Rüter de he bhdden vnd kopen konde vnd thoich op ſünt Marien Magdalenen Dach vor de Hoenwarde Nazenſtehn genant, ehſcheden den Wartman op Geleyde aff. Als he op Gelehde Lhues vnd Gudes afquam, ſchotten ſe enne doit vnd breken de Warde aff, belegerden ſych de Nacht jnt Felt. Des anderen Dages, was op ehnen Donerdach, branten ſe de Hare entlanges, al wat ſe funden, Dorpe vnd Houe, bat Karn in dem Velde, op dem Halme, in den Garuen vnd Hoepen. Auer id was ehn veth vucht Weder, dat badede vyl. De van Sohſt ruchten vhth to Vote vnd to Perde vnd hehlden ehn Schütgeuehde[87] mht en,

---

[85] Ock vnnne eines Verbundes willen bat tuſſchen den viff Houetſteden in Weſtphalen im Jar M. CCCC. XLII. was vpgerichtet, nemlich tuſſchen Munſter, Soſt, Oſſenbrügge, Dordtmundt vnd Paterborn. 3. u. 4. —
[86] Am Rande iſt vermerkt: Duſſe Byſchop habbe ſych tegen de van Soiſt to Eren nicht verwart. — [87] Schutengeferde, 2.

vengen enne aff III arme Huislude vnd schotten vyl Lude vnd   1444.
Perde boit. Tegen de Nacht togen de Colschen vor de Rhen-
warde vnde legen dar de Nacht bhs an den Morgen vnd
eischeden de Lude dar aff, vp Geleyde Lhues vnd Gudes, welck
enne gehalden wort.

Des Vrydages branten se vort vmme Sohst na der
Aessen wert. Als se to Andopen quemen vnd branten dat,
gewunnen de Whuer eyn rehsyges Perdt. Se maleden er
Nachtleger to Eudeke, dar ock eyne Waerde was, de de van
Sohst seluest vyt gebrant hadden. In dem Lager wort dem
Vyschop to weten, dat de Fürste van Cleue wyder queme.
Do breken de Colschen myt so groiter Hahst vp vnd togen in
Werlle, dat men dar vant Stochvis, Vuteren, Beir vnd
manhgerlee Nottrofft.

Wu Bürick vnd dat Tholhuis verbrant wort.

Des Gudensdages vor Marien Kruitwyghnge quam
Junker Johan Hertoch to Cleue wydder to Sohst myt IIII^c
Perden vnd de van Sohst togen emme entegen myt groter
Macht, wente to Bürike vnd wunnen dat Dorp myt dem
Tolhuhs, dar se sere myt Büssen aff stormeden vnd kregen
dar vppe IIII Geuangen. In des Tolners Huis hadden se
gesungen:

Kick vth daget et nyth?
Komet dat Kynt van Gente nyth?

Hyr vmme wort er Syngen in Hülen vnd Screen verwandelt,
wante idt blehff vngerouet vnd vnuerbrant nycht; vytgenomen
Keygen Huhs,[88]) dat habbe gude Günners manck dem Hope.
Do vengen de van Werle ehnen rehsygen Man genant Klocke,
Borger to Sohst. De Sohschen branten dat Korn vor Werle
vp dem Velde, gelhck de Colschen vor Sost geban hadden.[89])
Darnd[9] euerden se deme Volcke vnd togen myt gudem Gemack

---

[88]) Koge vnd Huß, 2. In Nr. 3 und 4 fehlt der ganze Vordersatz.
Nach dem Reime: Kick vth 2c. wird fortgefahren: Kogen Huß u. s. w. —
[89]) In 3 und 4 heißt es: De Fürste averst vnd de van Soest meten mit
gelifer Mate vth, da de Collischen mit vbgemeten haben vnd brennen
gelifer Mate u. s. w.

1444. weber hn Sohſt, want de Fürſte was moede gereven van der Reyſe.

Eyn Uept vor Rüden.

Vp Gudensbach na vnß leuen Brouen Kruitwyghynge, do toch de Junker vnd de van Sohſt myt Hereskrafft vor Rüben, roueden groit Guit an Kogen, Swinen, Schapen, XVI Ackerperde⁹⁰) vnd XX Gefangen, weren Arbeiderslube in dem Velde.

De van Soiſt togen to Page, de Houeſeder togen vor Soyſ, de Stat Lippe worden den Colſchen Vhant.

Item kort vor Bartolomei⁹¹) quam eyn erlyck Man van dem Keyſer vhtgeſchicket, als men ſachte, de Sake tuſchen den Colſchen vnd den van Sohſt to beſichtygen. Ock was eyn ſodanhck Man by dem Byſchop gekomen, van dem Hertogen van Burgonien vth geſchycket. Duſſe verſchaffeden, dat de Fürſte van Cleue vnd de van Sohſt tegen de Colſchen vp ſünte Bartolomeus Dach to Dage togen Vnder des togen de van der Houeſtat vor Sohſt;⁹²) de van Sohſt togen enne entegen mht der Macht, jageden ſe to Huhs vnd branten alles vmb de Houeſtat was.

Des ſeluhgen Dages wort de Stat Lippe des Byſchopes viant vnd des ganſen Stychtes. Des anderen Dages na Bartolomei togen de van Sohſt webber to Dage tegen de Colſchen; auer dar wort nycht geenbyget, want de Colſchen hebben eyne quade Vpſate vnd Meynynge, dat de van Sohſt wol vermerkeben.

Hertoch Wilhelm van Brunſwyck quam den Colſchen to Hülpe.

Hir brack der Colſchen falſche Anſlach vyth, wante myhler Tyt hat men dagebe, verſamelden de Colſchen alle ere Volck vnde Hertoch Whyhelm van Brunſwyck quam eune to Hülpe myt grohtem Volcke. Des derden Dages na Bartolomei

---

⁹⁰) XXI Ackerperde, 3 vnd 4. — ⁹¹) Des andern Dages nach düſſem Rove vor Rüben u. ſ. w. 3 vnd 4. — ⁹²) Dewilen de Dach geholben worth, togen de van der Hoveſtadt in bat Soeſche Velt, 3. u. 4.

maleden se ehn hemelyck Halt⁹³) vnd ranten vor Sohſt mht 1444. XXX Perden, in Hopphnge de Sohſchen ſolden op ſe jagen. De van Sohſt togen vhth went vp der ſmalen Brücken,⁹⁴) auer dar vernemen ſe de Lageleghnge⁹⁵) der Colſchen, togen to Huhs vnd warden er Stat. Duſſes Whderkerns leht de erſame vnd frome erntfeſte Kraft Stecke Rehtmehſter⁹⁶) van ſumhgen vacruarnen Borgeren verſpreken. Als nu de Colſchen vernemen, dat de Sohſchen nhcht folgeden, verbranten ſe Heppen, roveden ſe II^c Schape, II^c Koge, VI Spen Perde vnd vengen XII Manne. Dat was de Grunt eres lozen vnd falſchen Dagens.

Item in der Wecken bair na togen de van Sohſt vth vnd ranten vor Werle, in Menhnge, de Werdelſchen ſolden jagen. Auer ibt was vth Sohſt den van Werle verſpeit vnd verraden; darumb bleven ſe to Huis. — Item des anderen Gudensdages na Bartolomei, reht de junge Fürſte van Cleve whder to Huhs vnd leht ſhne guden Mans vnd Rüter to Sohſt. — Item XIIII Dage darna, togen XX vth Werle vnentſachter Vede, int Lant van der Marcke. De worden al gevangen op des Landes Schaden, worden gebracht to dem Hamme. Grave Gert van der Marke gaff de Gevangen dem Byſchope to Gevalle quit, want he was emme mer to geneget, dan ſhnem egen Lande.

Van Verbuntnhſſe der V Houetſtede in Weſtualen.

It. im Jar M. CCCC. vnd XLII. wort to dem Hamme 1442. ehn Verbunt gemaket tuſchen den V Honetſteden in Weſtualen, als Münſter, Oſenbrügge, Sohſt, Dortmunde, Paderborne na Luht Segel vnd Breven, bh ehner yberen Stat lygende.

It. als ſuis de junge Fürſte van Cleve ſo vaken tuhſchen Sohſt vnd Cleve reit, beden de van Dortmunde enne to Gaſte vnd beden en, er günſthge gude Naber to ſhn; desgelhken wolden ſe whder omme ſhn. Item balde darna ſhn de van

---

⁹³) Hinderholt, 3 und 4. — ⁹⁴) Schwanen Brüggen, 2 und 5. Smalen Brüggen, 3 und 4. — ⁹⁵) Hinderlage, 3 und 4. — ⁹⁶) Stenke Rentemeſter, 2. Duſſer Wiederkhar moſte der erbar Crafft Stecke, Reimeiſter van etlifen vnverſtendigen Borgeren Hinderrede vnde Verſpredent liden, 3 und 4.

1442. Dortmunde eres vorsch. Verbundes myt den Steden, vort myt der Frontschop myt dem Fürsten van Cleue, vorgettych gewesen, hebben dem Byschop⁹⁷) vergunt, ene Kost in ere Stat to leggen, vp de van Sohst,⁹⁸) vnentfachter Bede, seh sych nycht ton Eren verwart hebben. Wy vnbyllych se dar ane gehandelt hebben,⁹⁹) mach eyn yder de Rede vorsteht, wol betrachten. Jd were jo byllych, dat de eyne Hense Stat de anderen vorbehyngebe, dar se tegen Godt, Ere vnd Recht van eren Rechten vnd Priuilegyen myt Gewalt van gedrungen werden.

Wu de Papen vth Soist floen.

1444. Item in dussem Jar XIIII^c vnd XLIIII togen vyl Papen vth Soist, wu wal en nemant gehn Leyt bede. Dan er egen Gehst breyff se, want se hebben dussem Vngelücke sere to gehulpen. Darume was ene lede vor Arbedes Loen.¹⁰⁰) Ock bruleben se eynes Breues, den se im Concilio to Basel erwornen hebben vnd nomeden den Breyff eyn Karliusbreyff.¹⁰¹) Der seluige Breyff is eyne Berreder vnd alle, de des gebruken tegen de symyelen eynuoldygen Leen.

Dusse weren de noemhafftygesten Canonike vnd Papen de vth togen.

Her Joh. Melschede, — Her Roloff van Borgelen, Pastor s. Peter, — Her Johan Kockele, Pastor s. Georgij, — Her Johan Schürman, Pastor s. Thomas, — Her Johan Dorney, Pastor to Brylon, — Her Johan Strowange, — Her Godert Eldeman Segeler.

Vycarij: Her Herman Lylhge, — Her Rotger Blanckenberch, — Her Herman Quappe, — Her Johan Bode, Pasteer to Gesete.¹⁰²)

Item im vorschr. Jaer des Sundages na Lamberti, togen de van Sohst vor den Herzberch, nemen vyl Roge,

---

⁹⁷) Dem menebigem Bisch. 3 vnd 4. — ⁹⁸) tho roven, setzen 3 vnd 4 hinzu — ⁹⁹) Dieser Vordersatz fehlt in 2. In 3, 4 vnd 5 fehlt der ganze Satz, nebst dem folgenden. — ¹⁰⁰) vnd verbender Straffe, setzen 3 vnd 4 hinzu; dann folgen vnmittelbar die Namen der ausgewichenen Canonicke vnd Vicarien. — ¹⁰¹) Cortuisbrieff, 5. — ¹⁰²) Die namentliche Aufzählung der Geistlichen fehlt in 2 vnd 5.

Schape, Swyne, LX Perde sumhge geuangen vnd schotten ehnen 1444.
in der Parten boht. — It. des anderen Dages dar na, rante
Clamer Busche vp syn egen Euentüer wybber vor den Herh=
berch, nam den armen Luden al dat Dueck,¹⁰³) dat dar gebleuen
was. — It. in der seluhgen Wecken rante Clamer Busche ock
vor Neem. Se schotten dar sere vht mht Büssen, dat men
id to Sohst horde. Clamer rouede groht Guhdt, he verlohs
ehn Pert. De Nemeschen lehten 1 Doden.

Item vp sunte Mhchaelis Auent renten de van Werle
vor Sohst, roueben IIII Styge Koge, sumhge¹⁰⁴) Ackerperde,
VI Menne; dar by lehten se ock sumhge reshge Perde vnd
Doden.¹⁰⁵) — It. des Frhdages na sunte Mhchael renten de
Colschen kostel vor Soist mht Vᶜ Perden; se fengen XII Voit=
lube de wolden nhcht vnder dem Feneken blhuen, hyr was
Mallhnckrodes Son mede. Ock lehten de van Sohst II Doden,
des wunnen se whbber I reshch Perdt. Der Schütten van
Soist drungen shch by ehn Styge ju ehn Holt vnd schotten
den Colschen vil Perde aff vnd ehnen guden Man, des Namen
se nhcht wolden syn bekant. Sus leden se wal so groten
Schaden als se wunnen.

Item balde darna togen de van Sohst vor Werle,
roueben vhle Koge vnd frehsche Ossen, Swhne vnd Schape,
Ackerperde, beslagen Wagen, nemen ock summhge Geuangen,
branten dar sere vmme hen, branten Arnd Lappen syn Huhs,
vengen syner Knechte IIII. — Item darna togen de van Sohst
to Eden vnd Anrochte, branten de andermahl mht allen vmlh=
genden Dorperen, roueben vhl Koge, Swhne, auer de Schape
mohsten se staen laten. Se brachten ock vhl Geuangen. Ock
branten se Hhnrhcke van Eppen to Nhenseisken¹⁰⁶) syn Hus aff.

Item des Sundages vor Simonis vnd Juden Dach,
togen de van Sohst auer den Arnsberger Walt mht LX Perden,
IIᶜ to Bote. Dat seluhe was den Colschen koste vth Sohst
verhodet vnd verraden. Dusser Verrederie worden de Heren
van Sohst gewar, lehten de Klocken slaen, togen eren Fronden

---

¹⁰³) alle er Vehe, 3 vnd 4. Bieh, 5. — ¹⁰⁴) eilike, 3 vnd 4. —
¹⁰⁵) Dieses Item fehlt in 2, nach den Worten: vor Soist, wird das folgende Item erzählt. — ¹⁰⁶) Hinrich Meinschen, 2. Meyngen, 5.

1444. na vp den Walt. Dar quemen se enne entegen vnd habben den Colschen grothen Schaden gedaen myt Rouen vnd Brande, habben fromelike gestreden, brachten LII Geuangen, ouer XXX worden doyt geslagen. Deh Sohschen leyten eyn rehshch Pert tobehorych Frederik Caster, III Doden, VI gewunt vnd verloren II Gevangene.

Jt. op der XI dusent Junferen Dach, do grepen de van Nehem IIII frome shmpel Mans van Sohst. By dem bewyseden se grohte Thrannie, se hengen se, tegen Godt, Ere vnd Recht, nicht angesein dat id in eyner appenbaren Heren Vede was.

Jt. des Mandages na alle Godeshylgen leyten de Colschen rennen vor Sohst, vor sent Walburges Paerten, schotten den Wechter in der Parten dorch eyn Beyn, nemen IIII Gevangen, VI Ackerperde, II^c Schape vnd Hertoch Wylhelm van Brunswyck heylt achter der Swanenbrüggen myt II^m Perden vnd myt vyl Voitvolkes. Düsser worden de van Sohst gewar, togen tegen se vyth, ouer den Wyntmolenberch, to Perde vnd to Vote vnd wolden Strydes waerden. Do rümeden de Colschen vyt dem Velde. In dusser tokomender Nacht wort Wylhelm Rampelman gewundet, van eynem genant Hylteman, de dar to van den Colschen gekohst was, enne voit to slane vnd Wyken in Sohst to leggende. Auer Godt de Here karde dat Spil vmme. [107] He wort van den van Sohst geuangen, de sachten enne op eyn Raet.

Jtem vp Gudensdach na Allegodeshylgen, do ranten de Colschen starck van Menynchuzen her aff vor Sohst, vengen eyner genant Ermegart van der Lehte, noch eynen genant Phpenbrock [108] myt II anderen Gesellen. Se schotten den Duhtscher eynen Knecht aff tor Doit, se spennen eyne Ploch vt. [109] De van Sohst wunnen enne eyn rehsich Perdt aff.

Jtem in den hylgen Ershtdagen togen de van Werle to Haerne op de Lippe, da Henrich Harmen wont vnd heuwen dar op der van dem Hamme Gud, de Bende van Butteren

---

107) Perde dapper vmme, heißt es in 2. — 108) Ergemart vnd der Ileß einen genannt Pipenbroich, heißt es sinnreich in 5. — 109) van ener Ploch nemen se II Perde, 2.

vnd Herynctunnen, se trebeden dat myt den Perden jn den Dreck, worpen de Kese in de Lyppe, in Menynge Sohst to versmechten. 1444.

Item vhl Rouens, Bernens is to heben Syden, to Vote, to Perde, by Dach vnd Nacht jn dussem vergangen Jar gescheyt, des to vyl to schriuen wer. Want in dussem vorgangen Jaer vengen de Houesteder den van Sohst aff eynen genant Ruerman myt III anderen, noch eynen Wapener genant Knyff vnd Frederyck van Bolinchusen wort dorch eynen Arm gesteken;[110]) ock vengen se Johan van Holthusen eynen Knecht aff vnd schotten em eyn Perdt aff.

Item de van Werle vengen Wylken van Balue eynen rehsigen Knecht af. — It. de Colschen, sunderlinges de van Werle vnd Nehem roueden op dat Lant van der Marke, vnentfachter Veede, tegen alle billycheyt, haelden dar vth ouer dusent Koee vnd vil mer Schape.

Item de van der Lippe branten dat Hus to dem Vorterhoue tobehorych Dyderyke vnd Hynrike van Erwyte, se branten Saltkotten dat Dorp to Erwitte vnd wes dorum land was branten de Colschen, Sohschen vnd Lypschen op eyn ander, dat dar ouer al nycht mer to brennen bleyff.

Eyne Warnynge den Vrouen to Soist.[111])

Im Jaer vnses Heren M. CCCC. XLV vp Nhejaers Dach, dorch Beuel des Byschops van Collen sante Lutter Quade syn Retmeyster den Vrouen to Sohst er Nhejar, ludende also: 1445.

Ich Lutter Quade lohte wetten och Reitmeisteren, Raede vnd ganßen Gemeyne to Sohst, so dat ich vornomen han, wy dat itlike Vrouenpersonen dagelick vth Sohst gaen vnd Holt halen vnd dat zu Sohst bregen, also is my beuollen vnd bestellen vnd sagen sal, jn mynes g. H. van Collen Kosten, dat se des nycht entstaden vnd na deme gy van des vorschr. mynes gne-

---

[110]) Knyff vnd Frederik v. Bolinchusen werden in 3 vnd 4 nicht genannt. — [111]) Dieser ganze Abschnitt und vom folgenden das erste Item fehlt in Nr. 2. Die Handschrift fährt gleich fort: Item vp Simpers Auendt. Eben so Nr. 5.

1445. bigen Heren vnde siner Lande vnde Lude vhant synt, so warne yck ju dat gy de Vrowenpersonen bynnen Soist behalden, dat se gehn Holt en halen, wente worden se dar ouer gegreppen vnd geuangen vnd myshandelt als gewontlyck is den Vianden to donde, dat gy dan nycht brouen seggen eder schriuen, dat gy dar vor nycht gewarnet weren vnd des wyl yck mych tegen ju vnd jvermanne gequitet hebben. Dar na wettet ju to rychtende. Geschr. op des hylgen Niejaers Auent ao. etc. XLV.

Van Vrowen Schinders.

Item in korten Dagen dar na, de van Werle, Rehem, Anrochte, de Clusener to dem Broke vnd de Wreden to Myshynchusen vengen vyl Junferen vnd Vrowen. Se weren suanger offte doch kranck an vrowelyker Tucht, se setten se geuendlik in Stocke vnd Blocke als andere Manspersonen. Eyn Dehl Vrowen togen se naket vth, vnangesehn vrolike Gebreke vnd Schamde, santen se wyderumb to Huhs.[112] Wu erlick vnd tuchtych dyt is van eynem gehystlyktem Prelaten vnd Vyschop, mach eyn iber gudt Gesel merken.

Item op Symperis Auent[113] togen de van Sohst entegen de van dem Hamme vnd haelben LX Wagen myt Gude vnd Prouanien; als nu de Sohschen weren op eyner Syt der Lyppe, de Colschen op der anderen Sit, schotten se sych vnderehnander dat der Soeschen II doht bleuen. Ihr weren nude des Vyschops van Münster Gesynne, vnentfachter Veede.

Item in der seluesten Nacht quemen de Colschen Amptlude, de van Werle vnd Rehem, breken de Kerken to Menyehusen op, schynden de, stegen op den Torn, worpen dar van tor Erden to doit, eynen armen beruen Man, de de Waerde hehlt op dem Torn vnd syn Broit darmede warff; wante de Torn is alwege eyne Warde der van Sohst gewesen.[114] Dyt was od der erlyken gehystlyken Stucke eyn, dat se worden op dem Kerckhoue. Se schynden de Kerken, Junferen vnd Vrowen.

---

112) Der folgende Satz fehlt in 3 und 4. — 113) am achten Dage na der hilligen dre Koninge. — 114) Die beiden folgenden Sätze fehlen in 3 und 4.

Item halve darna renten de van Soist vor Werle vnd 1446. vengen ehnen Rehsener.¹¹⁵) Item de van Werle lehnten den Moneken van Wehnchuzen¹¹⁶) ere Cappen aff, reden dar ine vor Sohst, roveden ehn Perdt. Der Monyke Güder weren in Dhntael der van Sohst. Van Stunden an wort enne de Dhntal opgeschreuen.

Item alle dusse vorgeschr. Puncte vnd Handel syn gescheyt by Thden twhger Burgemehstere Hern Alberts van Hattorpe vnd Heren Johan den Roden.

Item des ersten Donnerdages jn der Fasten koren de van Sohst, na Wonde erer Stat, vor eren Burgermester Heren Johan den Roen¹¹⁷) vnd Heren Johan van dem Broke. Düsse stalten sych menlych vnd erlyck an, myt sampt den Borgeren vnd Frunden, beherthgeven dat grohte Vnrecht, Hoen, Spyt vnd Smaheyth den van Sohst gescheyt. — It. op sunt Mathies Auent toch Her Johan de Roe myt den van Sohst, brante Berstrate¹¹⁸) vnd mer guder Dorpe vnd vunden ehne Mollen, de branten se, kregen dar op IIII Geuangen, haelden mer dan IIIIᶜ Wagene vul Karns vnd Holtes bouen allen anderen Rohf an Korn, Perden, Swhnen, Schapen vnd Husgerat. — It. op sünte Mathies Dach reit Cort Stecke Drohste vnd Rytmehster myns gnedygen Junkeren vnd Fürsten van Cleue vnde Her Johan de Roe Borgermehster tegen de Colschen to Dage, vmb der Geuangen whllen van behden Parten.¹¹⁹)

Item des anderen Dages togen Cordt Stecke vnd Her Johan de Roe tegen de van der Lyppe vnde hadden myt sych Vᶜ Wagen. Se verfuerden dem Clüsener van Broke syn Holt, wunnen em dat Hus aff, dar se op kregen vnd wunnen IX Geuangen, vhl guder Were vnd Gudes vnd dar wort ehn van den Klenken op¹²⁰) geschotten. De van der Lyppe kregen I Geuangen. Als dat Huhs gespolhert was, branten se dat ju

---

¹¹⁵) Dieser Satz fehlt in 2 und 5. — ¹¹⁶) Webinghausen bei Arnsberg. — ¹¹⁷) In N. 3 und 4 wird er immer de Robe, der Rothe genannt. — ¹¹⁸) In N. 3 und 4 steht wohl irrig Langestrot, welches bei Rüden liegt. — ¹¹⁹) Dieses Item fehlt in N. 2 und 5. In 3 und 4 wird das folgende Item mit diesem zusammen gezogen; denn es heißt statt: tegen de Colschen u. s. w. gleich: tegen de van der Lippe. — ¹²⁰) Doth geschotten heißt es in 2, von den Blicken auff todt geschossen; 5.

1445. ben Grunt, beladeden do ere Wagene mht XXXVI Stücke Stockfhſges vnd anderem Gude, dat be van der Lhppe en togebracht hadden, de anderen Wagene mht Snhtholteren. Hyr ouer lehten de van Sohſt I Doden vnd VI Gewundeden, der ſturuen IIII; Godt ſh en genedhch. Tegen den Auent togen ſe whber to Huhs. Desgelhken deden de van der Lhppe, de hadden dar ock I Doden gelaten.

Item vp de Thṭ togen mht den van der Lhppe Cordt Stecke, der van Sohſt Vrhgreue vnd er ouerſte Schrhuer, genant Bartolomeus van der Laeke. Dar quam en entegen des Junkeren van der Lhppe Drohſte genant N. Mollenbecke, de Reide des Grauen Schawenberch vnd des Grauen van der Howe; dar wort ehn Verbunt gemaket tuſchen den vorſchr. vnd Junkeren van Cleue vnd den van Sohſt, tegen de Colſchen vnde eren Anhanck.

Item vp de ſeluen Thṭ wort gededhnget tuſchen den Cleueſchen vnd Lhppeſchen vnd wort beſhgelt vnd bebreuet, dat de Stat Lhppe nhcht mer Pantſchop den Cleueſchen ſtaen ſolde, dan nu vort mer enne de Helffte ton ewhgen Dagen erfflhch blhuen ſolde.¹²¹)

Item de whle dat de Sohſchen vnd de Lhppſchen den Klüſener wh vorgeſchr. ſchedhgeden, helden de Colſchen ſtarck bh Erwite, auer ſe ſchaffden nhcht.

Item des Dhnſtages dar na togen de van Sohſt¹²²) whber entegen de van der Lhppe vnd helden ere Fronde whber vnd breken do to dem Broke dem Klüſener dat Murwerck vnd Bolwerck aff vnd dulden de Greuen.

Item des Donnerdages darna togen de van Sohſt tegen de van dem Hamme vnd haelden L Wagen mht Vitalhen vnd Whne. So worden ſe gewarnet, dat de Colſchen vp ſe rennen wolden. Se ſchickeden to Sohſt, de Klocke wort geſlagen, en quemen entegen ouer III^c Mans¹²³) to Bote vnd to Perbe, auer de Colſchen bleuen vte.

---

¹²¹) Dieſes Item fehlt in 2 und 5. — ¹²²) Dieſes Item iſt in 3 und 4 wieder mit dem folgenden zuſammengezogen; es heißt irrig togen de Soiſt jegen de vam Hamme u. ſ. w. — ¹²³) ouer M Mans, heißt es in 2 und 5, eben ſo in N. 3 und 4, duſent thv Bote vnd Perbe.

1445.

Item vp Mytfasten makeden de van Sohst eyn Ouer-
dracht sumhger Puncte,¹²⁴) by eyner Brocke vnuerbrochlych to
halden, ehne Ordhnge eren Vianden to wyderstane.¹²⁵) —
It. des Dynstages na Mytfasten sachten se den Perbedehnst
vth vnd de Solt genck bo vardt an.¹²⁶)

Van Pryuylegien des Hertogen van Cleue ouer den Ban.

Item vp Dynsdach na den Sundach Jubica sante de
alde Hertoch van Cleue den van Sohst eyne Copie der Bullen,
eme van Eugenio dem IIII, Pawest to Rome gegeuen. Inhaldende dat in allen synen Landen vnd Steden, gehn Ban gestadet
sal werden, ton ewhgen Dagen.

*Van der vermetenen Papenschop bynnen Soyst als de
Papen vernemen van der Copie.*

Solker Bullen van Eugenio gegeuen, hebben se vyl
Schympts vnd Spots. Dar vp wolden (se) nycht syngen, heylden
den jungen Fürsten van Cleue vnde (de) van Sohst to Banne,
erme Byschope togevallen, vnangesehn dat he vnd al syn Anhanck van dem Pawest vorschr. seluest verbannet wort. Orsaken
haluen, dat de Byschop Eugenyum entsetten halp in dem Concilio to Basel, darumb dat he de Papenschop straffede vmb
erer Ghyrycheyt vnde vntuchtygen Leuen, vart vmb anderer
Sake wyllen, de nocht nycht in der chrystlyken romeschen Kerken
verenhget synt.¹²⁷) Hyr wolden de Papen vp des Pauestes
bynden vnd entbynden nycht achten, mer se santen to dem
Byschope, vmb ene Absolution de Hochtyt ouer, vp dat se de

---

¹²⁴) ein Kriegesordnungh, 3 vnd 4. — ¹²⁵) Die folgenden Items
bis: Item vp den Donnerdag na Palmen, fehlen in 2 vnd 5. —
¹²⁶) Das nun folgende fehlt in 3 vnd 4. Statt dessen heißt es: Als de
Papen vernemen van den Copien solker Bullen van dem Pawest Eugenio
gegeuen, driven dar vel Spottes vth, wolden nicht singen ehre Horas,
Mißen, Vigilien vnd andere Loterie, sundern hebben den jungen Fürsten
van Cleue vnd de van Soest to Banne vnd Interdict erem Biscoppe dem
trwlosen, alse leve Sons, tho frundtliken Gevalle nicht geachtet, dat Biscop
Diderich mit alle sinem Anhange sulvest vam Paweste Eugenio verbannet
weren u. s. w. — ¹²⁷) In 3 vnd 4 heißt es: Doch bleif Eugenius ahn
Willen der Bisscoppe siner Webberfaker Paweß vnd se bliven o.t irresor-
mert wo se waren, nemlich trotzighe, overmodige, girige Blothunde, wo
ere Vorvader tho Jerusalem, Hannas vnd Caiphas.

1445. Pennynge¹²⁸) van den Kespelsluden kregen mochten. Auer de van Soyst begerden geyn Absolution van dem Byschop, angeseyn he seluest jm Ban was, myt al syner Papenschop. So gengen de van Soyst vor dat Capitel, weren bogeren, dat se solden syngen, angeseyn dat se van dem Paweste reyde absoluert syn. Allen Schaden vnd Hinder demme Capitel dar vth erwassen mochte, solden vnd wolden de van Soyst ene affdragen vnd dar to by enne vp setten Lyff vnd Gudt. Hyr vp gaff eyn Capitel gudt Bescheyt, se wolden sych jn allen Saken geborlych halden vnd handelen. Auer so balde eyn ersam Rait van enne vth dem Capytelhuis gescheyden was vnd quemen des anderen eber derden Dages wyder, vmb solke Sake to vorderen, wes dan den Papen entegen was, was enne gans vergetten, wuwol de van Soyst dar to Notarien vnd Schryuers requirert habben. Jt. dreuen wunderlyke vngehorde Stücke, myt Kynderen to cristene, vort myt vellen anderen Puncten Kerkendeynst antreffende. ¹²⁹)

Item vp den Donnerdach na Palmen togen de van Soyst tegen de van dem Hamme, haelden vnd geleydeden Hern Johanne tom Spegel bys to Soyst, de dar quam van Rome vnd hadde den Pleit tegen den Decken Hern Mylynchus gewunnen, vp de Kerken to sünte Mase. Düsse Mylynchus habbe syn Recht to Bazel erworuen, auer to Rome wort syn Recht wyderlacht. ¹³⁰)

Item vp stylen Vridach sante de Hertoch van Cleue to Soyst eyne Decloration vnd Exequution de vorschr. Priuilegien vnd Bullen, jnhaldende dat in allen synen Forstendomen, Landen vnd Steden geynen Ban to den ewygen Dagen liden sal. — Jt. wylck Geistlike solkes verachtede vnd bynnen VI Dagen nycht syngen wolde, den soldemen vth der Stat leyden vnd nemen eme al syn Gudt. — Jt. men solde den Cresem nycht

---

¹²⁸) Offerpenninge, Bichtpenninge vnd andere Schinderie, 3 u. 4. — ¹²⁹) In N. 3 vnd 4 werden diese angeblichen Umtriebe der Geistlichkeit zu Gunsten des Bischofs, mit den heftigsten Invectiven gebrandmarkt, deren Wiederholung zur Geschichte nichts beiträgt. Es heißt am Schlusse, Gott habe den Pfaffen nach ihrer Bosheit gelohnt: dem sy nu Loff, Ehre, Kraft ꝛc. Amen. — ¹³⁰) Die folgenden Items, bis Item des Bridages na Paschen, fehlen wieder in 2 und 5.

mer halen van dem Byschope van Collen, darume dat he sulvest 1449.
vor eynen Ketter gescholden wert, da he sych dem Pawefte
Eugenio wydderstruebe. — Jt. den Cresem soldemen halen van
dem Byschop van Vtrecht. — Jt. de Byschop van Vtrecht sal
setten auer alle Lande des Hertogen vorschr. eynen Wigelbyschop,
auer de Geistlyken to regeren. — Jt. busse Byschop sal ock
vorgeuen alle geystlyke Lene, Prouen vnd Beneficia in den
Forstendomen des Hertogen vorgeschr.¹³¹)

Als nu buit Mandait vnd Bulle publicert eber verkun-
dyget was, sungen van Stunden an am Pasche Auent de
grawen vnd swarten Moneke. Auer de Papen yn dem Münster
wolden nycht syngen, verboden ock eren Horen vnd Gesynne
solle Mysse van den Moneken nycht to horen. Jt. op Donnerdach
na Paschen befruchteden de Papen er Gud, de Executio der
romeschen Absolution, solde enne to swar vallen vnd erkenten
se do vor recht vnd sungen do wydder. Item de Van vnd
Cresem was dem Styfft van Collen eyn groyt Verluft.

Item des Vrihdages na Paschen togen de van Soist tegen
de van der Lyppe vnd nemen den Torn to Erwitte yn, dar
de Colschen groite Mart aff heben vnd besetten en myt Volke
vnd Prouanien, eyn halff Jaer lanck sych dar op to enthal-
dende vnd den Colschen de dar op to vorne weren, geuen se
Geleyde Lyffs vnd Gudes vry aff to tehn.

Item des anderen Dynstages na Paschen do makeden de
van Soyst van dem Torn to Menynchusen eyne Warde wedder,
als ydt in vorgangen Thyden plach to wesen, nycht in Menynge
dar van to rouen, sunder dat Velt to bewaren.

Item op de seluen Thyt habbe de Byschop groit Volck
by eynander vnd enboit dem alden Hertogen van Cleue, he
wolde to em in de Cleueschen Kamer komen. Dar op antworde de Hertoch, dat he vry hen queme, he wolde syner
warden vnd eme wol toreyden.

Item des derden Donnerdages na Paschen quemen de
Graue van der Lyppe vnd de Graue van Honstehn to der
Lyppe vnd worden opentlyke Vyande des Byschopes van Collen.

---

¹³¹) Die vorstehenden einzelnen Positionen sind in 3 und 4, in
vier zusammengezogen.

1445. Item in der tokomenden Nacht quam de Byschop wal myt M Perden vor Menynchusen. Dar to quemen alle syne Rytterschop, Stede und Buren des gansen Landes, to Vote und to Perde. Und als id quam tor Mydbernacht, to ener Uren, begunten se den Torn to stormende jn Menynge, de van Sohst solden dar up jagen; alsdan wolde he se vorhauwen und de Stat so gewynnen. Auer de van Sohst bewarden er Stat.¹³²)

Item des Morgens als idt an den Dach quam, togen de van Sohst jnt Velt und balde in derseluen Ure quemen enne to Hülpe de II vorschr. Grauen myt der Stat Lyppe und helden den gansen Dach tuschen der Stat und Meninchusen. Dem Byschope und synem groten Her to Hoen und Spite, helden (se) myt em eyn Schultgeuerde, so dat der Colschen vil dodt bleuen und lehten dar II reysige Perde. Den van Sohst wort I aff geschotten.

Item als de Byschop nu sach, dat de van Sohst eme sus to Spite und Profors¹³³) im Velde bleuen haldende und he erer nycht dorfte der Stat jndriuen myt synem groten Volke, de he yn anderen Landen vorgabbert habbe, sprack he eynen Frede myt den, de up dem Torn weren, gaff enne Geleyde Lyffs und Gudes dry afftogande. De guden Luyde geuen den Torn up, gengen aff, vormeynten enne solde Geleyde und togesachte Geloue gehalden werden, gelyck syck eynem Byschope und fromen Curfürsten¹³⁴) geborde. Auer hey leit se myt Swerden und Speiten to hauwen unde to steken und darna hangen und branten do den Torn jn den Grunt. Do dat gescheit was, rumeden se oth dem Velde und de van Sohst halden de gehangen weren und growen se so warm up den nyen Kerckhoff.¹³⁵)

Item in bussem colschen Her weren mede des Byschops Volck van Münster myt aller Macht und de van Dortmunde myt erer ganzer Macht, al onentsachter Vede. Wu erlyck und

---

¹³²) Auer Godt de boit de sine alwege bewaren, verleinde den van Soist, dat se tho Hus bleuen, 2 und 5. — ¹³³) Profas; 5. — ¹³⁴) Christen, 2 und 5. — ¹³⁵) Das folgende Item, bis zum nächsten Absatze fehlt ganz in 3 und 4.

fromlick be van Dortmunde dar ane gehandelt hebben, mogen 1445.
alle Hense Stede vnd andere rychten vnd betrachten.¹³⁶) Od
menen vyl Lude, he mohste groit Gelt vnd Guidt vth geuen,
it wer anders vnmogelyck, dat emme anders enyge frome Lude
yn solker vnrecht nydiger Saken benen solden, dar he handelt
tegen synen Eyt, Ere, Sygel vnd Breue vnd bogert personlych
solcke Verreberie, Mort, Kercken vnd Browen scheynden, dat jo
geynem geysilyken Byschope gebort.

Der Colschen worden weder VII gehangen.

Item des anderen Dages darna, op dem Sunbach Auent
togen de van Soist vth vnd geleyden de vorgeschr. II Grauen
vnd de van der Lyppe, nemen myt sych VII Geuangen, de se
op erem Schaden vnde op dem Huze to dem Broke kregen.
Der wort VI to dem Nazensteyn gehangen; der VII. word lohs
gegeben dorch den Grauen van Honstein vnd durch de erntfesten
vnd fromen Junkeren Euerdt van Wickeden vnd Johan van
Holthuzen. Dusse Geuangen weren Kercken Schynders.¹³⁷)
Item op Gudenstach vor sunte Marcus wort van dem
Pastoer to Sassendorpe dem Byschope verspeit vnd verraden,
dat op vnd in der Kercken to Sassendorpe geyn Volck was.
Als de Byschop dat vornam, dat de Pastoer syne eygene Kerke
verreit, quam he myt groter Macht, beroueде de Kercken vnd
brante Sassendorp yn den Grunt. Vort brante he Lon vnd
ock de Mollen to Loen, wuwol de in Wyderfate stont tegen
Lansberges Hus to Erwitte vnd bit was noch nycht vmme.
Van dar toch he vor den Torn to Erwitte, yn Menynge dat
Volck dar van to krygen, myt falschen lystygen Worden als
he vor Menynchusen bede. Dar op wort eme geantwort van
dem Torne, he solde enne so jamerlyck er Lyff nycht aff verraden in gudem Gelouen, als he den guden Gesellen aff ver-

---

¹³⁶) Das folgende, bis zum nächsten Absatze, fehlt wieder in N. 2. —
¹³⁷) In N. 2 und 5 heißt es: Duße Gefangen weren Kercken- vnd Jus-
fern- vnd Frawenschinders, welche se van den von Werl gelert hebben, de
ene grote schwanger Frawen gefenclich namen, togen vnd pinegeben sei,
dat de Frucht van ihr schede vnd se vorschede ock. Also bleuen Moder
vnd Kindt both. Got schencke de Mordeners, se bekanten nicht, dat se van
Frawen geboren weren. In N. 3 und 4 wird dieselbe Unthat der Werler
erzählt.

1446. raben habbe op Menynchusen, al hebbe he noch eynen Byschop van Münster vnd II Stede van Dortmunde to Hülpe, de ben van Soist er Kerden schynden vnd ere Borger hangen vnentsachter Vede, tegen Godt vnd alle Byllycheyt. Also slogen de van dem Torn ben Vrede vth vnd schotten tor Stunt III boyt, also toch he van dar to Geseke.

Item des Vribages barna sante de Byschop der Stat van Paderborne Boden. Wes dar verhandelt wort, is nycht geoppent.¹³⁸) Auer de van Paderborne weren eres Verbundes vnd Dogeden van den van Sohst enne gescheyt, mer jnedechtych dan de van Dortmunde, de eres Verbundes gans vergettych weren;¹³⁹) wolden nycht vngedwungen tegen de van Sohst handelen, Ohrsaken haluen, dat eyn Byschop van Collen Paderborne ouerfallen wolde, des de van Soist eme nycht gunnen eber staden wollen.

Item des Saterdages op sunte Marcus Auent¹⁴⁰) toch de Byschop van Geyseke, quam to Regenyeyschen, beroueden de Kerden vnd brante al dat an dem Kerckhoue stont¹⁴¹) vnd toch bo bouen Sohst an de Hare. De van Sohst togen dat Velt henan, helden eyn Schuytgeuerde¹⁴²) myt em, wunnen eyn reysych Perdt mit eynem Jungen vnd II gesabelder Perde vnd de Colschen leyten vyl Doden. Hyr weren de Münsterschen vnd Dortmundeschen mede, al vnentsachter Vede. Vp düssen seluen Dach habben IIII Borgers to Sohst gnt. Syzeman, Rogge, Kregel vnd Henneke Deckers wal C Holthouer jnt Holt gesant, sunder der van Sohst Wetten vnd Wyllen vnd als dat colsche Her quam, worden se II mal gewarnet, welck se verachteden vnd spreken, wem lebe wer, dat de op den Kerckhoff leye. Also versumeden se sych seluest myt erem Vnhorsam vnd dumme Konycheyt, so dat er LXX geuangen worden. De nemen se al myt sych sunder eynen, den schatteden se jn dem Velde op II Schl. vnd habbe eynen haluen bemeschen, den nemen se

---

¹³⁸) Sunder hefthe de van Paderborne mit an büssem Dantze hebben willen, den van Soest Viende tho wehren. 3 vnd 4. — ¹³⁹) Das Betragen der Dortmunder wird noch mit vielen heftigen Redensarten in 3 vnd 4 getadelt, das der Paderborner dagegen gelobt. — ¹⁴⁰) 24. Aprilis seyt 2 binyn. — ¹⁴¹) vnd wat van Fresekens Brande albar was overgebleven; 3 vnd 4. — ¹⁴²) Geschützgeferde; 3 vnd 4.

emme vnd der Menne bleyff eyn boyt. — It. in der tokum- 1445.
styhen Nacht gengen II Parthyen vth Sohst to Boete vnd
branten Harne vnd Huldorpe.

Item op Manbach na dem Sundach Cantate gewunnen
de van der Lyppe beyde Lantzberges Huser to Erwytte vnd
syne Mollen¹⁴³) hn Widersette was, luyt Segel vnd Breuen
dar ouer gemaket.

Item vp den seluen Manbach quemen II Burgermeysters
van Paterborne to Sohst gnt. Brynckman vnd Gobel Keueman,
habben eyn hemelyck Werf an de Staht Sohst.

Van eynem verrederschen Papen.

Item des Frydages darna reden der van Sohst Soldeners vth, vm to halben vp der Werleschen Ploge. Do was
eyn verreders Pape bynnen Sohst gnt. Her Johan Bruhn-
steyn, de genck vth sunt Walburges Paerten vnd sachte den
Paertenwarders, he woelde to sunt Walburge hnt Closter gaen
vnd Mysse halden, want dat Cloyster lach buten der Stabt.
So worden de Paertenwarders gewar, dat he genck eynen
anderen Wech; do haelden se enne wyder. Als he nu sach dat
eme syn Anslach behyndert wart, erbachte he balde eynen Raht,
vp dat syn vorrederske Herte jo dart genge. He genck to
Huys, toch twe buhnne Scho vnd II Tryppen an, syn Thye-
boyck jn de Hant, genck tor anderen Parten vth,¹⁴⁴) als wolde
he doch spatzeren gaen, gaff sych op den Wech na Werle. So
worden shuer de Waerhelders gewaer; als he dat vermerkede,
genck he jn tor Marbeke,¹⁴⁵) dar haelden se ene vth eynem
alben Huse, dar he sych jnne verborgen habbe vnd brachten
enne vor Borgemeystere vnd samptlyken Raht, vor den Drohsten
vnd Rehtmeyster vnses genedyghen Heren van Cleue. Dar wort
byhehalt eyn Decken vnd gans Capyttel, dar bekante he, wat
he yn synem verrederschen Herten habbe. Do wort he tor

---

¹⁴³) Hier folgen in 2 und 5 folgende Worte, welche im Texte von
1 ausgelassen zu sein scheinen: vnd branten se aff, darumme dat de Bischop
de Mollen to Lohne verbrant habbe, dat tegen er Husinge vnd Mollen tho
Lohne yn Widersette xc. — ¹⁴⁴) thom Elverd vth, 3 und 4. —
¹⁴⁵) Markbeke heißt es irrig in 3 und 4. Zu Marbeke war das Siechenhaus der Stadt Soest.

1446. Stat vtgelegt nummer dar weder jn to komende. Do genck he to Werle.¹⁴⁶)

Item als iu be van Werle vnd Nehem vorstonden, dat er Verreder vnd Vorspeer gemeldet was, worden se als grymmhge Behste, nemen vnd hengen der armen geuangen Lude, de se in dem Holte geuangen habben, XI an Bome op der Haere, dar mht er vnd des frontuerrebers Moit gestyllet worde, vnbedacht dat de van Sohst ock Hande, Bome vnd Sele habben, dar se ock mht binnen¹⁴⁷) konnen.

Item op Mandach vor vnses Heren Hemelvartsdach was hyr ock ehn Verreder vnd Dehff, de entreit vth Sohst synem Heren twe redshge Perde.

Item op vnses Heren Hymelvart Auent togen de van Sohst tegen de van der Lyppe vnd haelben VIII Wagen mht Sthockvis, Voteren vnd Salte. Vnd dar quam mede de Graue van Hohnsteyn. Duht was ten Houesteberen verspeht, de ranten vor Sohst, roueden VIII Ackerperde vnd vengen II Knechte. De van Sohst togen tegen se vth, wunnen ehnen guden Rehsener mht Perde vnd Harns. Dat Perdt galt XXXX Goltglb.; de Man konde ock wal wat geuen.¹⁴⁸)

Item dusses seluen Dages nemen de Colschen de Hebinchmollen hn vnentsachter Bede vnd spreken, se hebben den van Sohst dat Botterhoel to gestoppet.

Wu de van Sohst de Heydenmollen wunnen.

Item vp Frhdach dar na to Myhbbernacht togen de van Sohst, Lyppe vnd Hamme vor de Heydenmollen, verwarden sych ton Eren an de Vollenspette ere Vyande, de op dem Huze vnd Mollen weren, heme to soeken vnd to veruolgen. Se begunten dat Huhs to stormende, wunnent tegen XII Vren kregen geuangen XVI guder Mans de dat Botterhol to halben

---

¹⁴⁶) na sinen Kumpen, den Junfernschenders van Werl, heißt es in 3 und 4. — ¹⁴⁷) vnd hangen, sehen 2 und 5 hinzu. In 3 und 4 wird die Unthat mit vielem rhetorischen Aufwande erzählt, dann heißt es: sulke Papen wolden an hubigen Dach gerne vnse papistische Papen sein, sunder se befrochten wo se dußen verreberschen Papen Brunstein. — ¹⁴⁸) Dat Perdt wort verkoft vor XL Gulden vnde de dar vppe sath, wort op dat hogeste geschattet. N. 3 und 4, wo das folgende Item fehlt.

folden, ban be Stoppe wort en hyr to klehn. Duht weren be 1445.
Geuangen op bem Huſe.

1. Renuert van Querne, 2. Arnt Vollenspit, 3. Merthn
Kunst, 4. Segewhn van bem Busch, 5. Wylhelm van
Melle, 6. Vrederick van Terſe, 7. Lambert van Vaſſem,
8. Henrhck Gogreue, 9. Johan van Weberbach, 10. Johan
van Dalwyck, 11. Engelbert Deſinchus, 12. Diberich Lans-
berch, 13. Wylhelm van Haluer, 14. Engelbert van Kalle,
15. Ohſthohff, 16. be junge Goschalck van Pabberg van
bem Nhenhuhs.[140])

Item ſe vengen hyr to XV rehſhge Knechte; ber was
ehn van Werle, ben hengen ſe op ben Plas, II nemen be
van bem Hamme mebe, be anberen nemen be van Sohſt.
Vnb be Frontlhnge ber be van Werle ere arme Mage ſo
vnſchulbhchlhch aff gehangen habben, wolben buſſe Geuangen
whber hangen. Myt bes ſo brante bat Huhs, bat ehn Del
ber Geuangen verbrante vnb ehn Del worben vorbrencket.
Dem na be erbar vnb vorſhchthge Her Johan be Roe bo tor
Tht Burgermehſter, gaff ben Geuangen bat Lhff vnb welcke
Gelouen vnb Borgen krhgen konben, gaff he ehne Maint Dages
whber jn to halbenbe. Alſo ſchebben ſe van Hehbenmollen mht
groitem Rohff vnb Gube, bat ſe bar op gekregen habben.

Item tor ſeluhgen Tht habbe be junge Forſte van Cleue
ehne groite Verſamelhnge van Volcke, wolbe ben Frunben vor
ber Hehbenmollen to Hülpe komen. Do quam be erntfeſte
Euert van Wyckebe brachte ſuner Gnaben be Thbhnge, wu
bat be Molle gewunnen vnb verbrant were. Do toch he mht
bem Volcke borch bat Lant van bem Berge, bhs op ben Rhn,
quam op Gubensbach vor Phnrten vor Duhs, want bat, ſpo-
lierbe Joben vnb Crhſten, nemen al wes bar was; barna
verbranten ſe bat jn ben Grunt.

Item als nu be van Sohſt am Saterbage Auent heme
quemen van ber Mollen, bes Sunbages erhoff ſhch bhnnen
Sohſt groht Twhſt vnb Vnenhchent tuſchen ben gemehnen

---

140) Jn 2 unb 5 ſinb bie Namen zerſtückt unb verkehrt burch einanber geſchrieben.

1446. Borgeren an ener, ben Junckeren vnd Burgermehsteren an ander Syben, der Geuangen haluen. De Borgers wolden, men solde de Geuangen alle hangen, als de Colschen den Sohschen gedan hadden. Duysses quemen Rayt, Ampt vnd Gemeynd tosamen, beslotten eyndrachtlyken, wes er Her Burgermehster den Geuangen to gesacht hebt, dat solde en vullenkomelyken gehalden werden. Dar mede weren de Vorger gestylt vnd tofreden.

Item darna op Donnerdach vor Phyxten togen de van Sohst vnd de van der Lyppe to dem Hamme, haelden dar LXXX Tauwe[150]) myt Gude vnd XX Foder Whns vnd lechten dat Bohtwolck tor Hehdyndmollen. De breken dart aff, al wat dar was gebleuen; ja ock de Brügge; se funden verbrant Harns vnd Lyhde.

Item des Vribages dar na geleydeden de van Sohst de van der Lyppe wydder to Huys vnd branten do Hynrichs Huys van Plettenberch to Merclynchusen[151]) vnd dat ganse Dorp. Renten do vart vor Mylynchusen, dar wort dem Grauen van Hoynsteyn eyn Perdt affgeschotten vnd op Mylynchusen bleyff I wyder doyt. Se eyscheden dat Huys yn, enne egen to syn, vart ere Buyssen vnd Wer, de vp dem Huse wer, welck en vnerlich affhendych gemalet wer. Dar vp wort geantwort, dat Huys wer enne van dem Byschope yn Beuel gedaen, dat stonde en so nycht ouer to geuen. Dar vp antworden de van Sohst, dat se wol toseyn des wer en nobych; also togen se to Huys.

Item des seluen Brybages fengen de van Werle echter V arme Broekens, de vth weren gegangen to haelen Moes gnt. Keirsse vm to verkopen, er Armoit myt to stillen.[152])

Item am Pynxbage schenckeben de Heren van Sohst eren gemeynen Borgeren vp iberm Houen eyn Gelach Beyrs. Als se frolich worden spreken se, duyt is de Wynkop vp Mylynchusen. Duyt wort Hoberge nagesacht vnd verspeit, de do Mylynchusen inne habbe. Do rumede he yn der Nacht aff,

---

150) LXXIII Wagen mit Gude, Buttern, Kese vnd der gelifen vnd XXIIII Boder Wins, 8 vnd 4. — 151) Meirde, N. 2. — 152) Dieses Item fehlt in L.

alles wes dar vppe was vnd brante yb bo seluest jn den 1445.
Grunt.

Item jn der Pynxtwecken vnd Quatuortempor wolden
be van Sohst nycht rouen, dan se warden ere Ploge vnd Velt=
marke, se helden bedelmysse,¹⁵³) beden Godt vm Gnade (se)
by erem Rechte to hanthauen.

Item des anderen Mandages na Pynxten togen de Plogers vth Sohst myt Vnhorsam, er de Warde jngestalt wort.
Vart quemen de Colschen wal myt VIᶜ Perden manck de Plogers, roueden IIII Perde, vengen III Buknechte.

Item des anderen Dages ranten de van Sohst vor
Werle, hadden myt sych XL to Voete, roueden C guder Koe,
X Ackerperde vnd ehnen Geuangen.

Item am Sundach na Vrbani togen de van Sohst
entegen de van der Lyppe, to Vote vnd to Perde, hadden myt
sych vele Wagen, brachten den van der Lyppe Wyn, Roggen
vnd Bussensteue vnd de van der Lyppe brachten ene weder
Schollen Salt vnd vhl guder Armborste, togen do tosamen op
den Plas to Mylynchusen, breken de Bolwerke aff, branten
vart aff, wat dar was staende gebleuen. Se vunden dar vhl
Voytangelen, der eyn Dehl vp Stocke jn de Erden geslagen
was. Do dat so gescheyt was, toch eyn jder weder to Huys;
mer de van Sohst loeben mer dan C Wagen myt Thymmer-
holte, dar se er Bolwerck myt betterden. — Jt. am Dynsdach
na Vrbani renten de van der Houestat vor Sassendorp vnd
vor Loen nemen de Koe.

Wu dat Huys to Welschenbecke gewunnen wort.

Item des Gudesdages dar na togen de van Sohst myt
der Macht vth vnd de Rüters beranten dat Huys to Welschen-
becke, spreken enen Frede myt en, de darup weren, dat se dat
Huys geuen solden, er de Hoep anqueme, beheltlych Velycheyt
eres Lyues, sus wolden se se halden, als men Geuangen

---

¹⁵³) Bedemisse, 2, 3 und 4. Valemisse, 5.

1445. gewontlych plycht to halben, want de van Soyst weren alfo dar geftalt, dat fe dat Huis perfors hebben wolden. Wer yb auer Sake, fe des Hufes nycht opgeuen wolden, geue dan Gobt ene Gelücke, dat fe dat myt Gewalt wünnen, fo wolden fe enne doen, als fe den armen Holthouwers gedan hadden vnd hangen fe ock an de Bome, gelyck Mysdederen. Dar vp antworden fe, fe hedden eyn vaft Huys, fe wolbent wagen. Do fpreken de Junkeren vnd de Burgermefter Johan de Roe myt dem Voytwolke, de fych altydt manlych vor truwe Borgers bewyft hadden, off yb ock er Rat were, dat men dat Huys myt ftormender Hant angenge, want nemme men dar Schaden vor, dat men van Noit dar van gebrungen worde, wer nycht nütte noch erlyck. Dar dat Voitvolck op antworde, mochten fe behalden wes fe dar oppe roueden, fo wolden fe Gode vnd er hilge Recht to bate nemen vnd wolbent frolych wagen. Des worden de Junkeren vnd Borgers eyn. Do fpreken fe auer eynen Frede vnd ehfcheden dat Hus vp, offte ib wolde en koften dat Lyff. In dem Frede fchotten fe van dem Huze vnd wundeden vyl Volkes. Do gengen de van Soyst dat Hus an myt Stormende. Auer fe beden van dem Huze fo groite Wecre, dat fe in Meynnge weren, wyder aff to rümende. Do vunden de guden vernarne Borgers, als de Vrygreue Frederyck Menge, Clamer Busche, den Rait, dat fe bunden Schanschen vnd dreuen de myt Bogen op de Brüggen; do brack de Brügge dat de Bogen in den Grauen vel. Des achteden dat Volck nycht, wu wael fe alrede Doden vnd vyl Gewundeden hadden vnd drungen to en ouer den Grauen, dorch dat Water, ftegen tot enne in vnd wunnen enne alfo dat Slot myt Herskrafft aff; roueden al wes dar oppe was vnd branttent to yn den Grunt. Hyr leyten de van Soyst III Doden, eynen Rademecker, eynen Schroder[154] vnd eynen guden Man[155] gnt. Jorgen van dem Brame; vnd fyn Broder vnde Frounde flogen alle de doyt, de leuendych van dem Huze quemen. Ock hadden de van Soyst XXIII Gewunden, dar huede togen fe to Huys, der ftarff noch twe.

---

[154] ein Snider, 3 vnd 4. — [155] ein vam Abel, 3 vnd 4.

De Hopene vor Werle verbrant.

Item des Frydages darna quemen de van der Lyppe, to Sohst myt C Perden. Do togen de van Sohst vth myt Hereskrafft vor Werle, branten de Hopene, daer men dat Salt sut, branten vart Mederyke myt vellen Houeluden-Wonyngen [156]) vnd Spykeren. Ock wunnen se dat Huys tho Schedyngen vnd branten dat aff; vort branten se vmb Werle al wes dar noch stont vnd schotten in Werle myt Bussen, so dat dar Lude vnd Perde doit bleuen. Togen vart vor Vfelen, branten Hynrike Wulue syn Huys aff. Darna togen se wyder to Huys, hadden gehnen Schaden noch an Luyden noch an Perden geleden, mer se hadden eynen Geuangen, Wagen, Karen, Perde, Koe, Schape vnd manygerlee Haue, Huysgerayt vnd Guhdt. 1445.

Item des seluesten Vridages, was op sunt Bonifacius Auent, do entsachte de Byschop van Munster der Stayt Sohst vnd wolde sych nu to den Eeren verwaren, op de van Sohst to veeden. O we der Ere, dar he alrede eyn gans Jaer vp se geuedet hadde, er Borger helpen hangen, Presters, Vrowen, Juncvrowen, Kerken, Klusen schynden. Dat was geystlych,[157]) dat was Byschops vnd forstlych. Nemplych so eyne vnrecht-uerdyge Beede to voren tegen Godt, Ere vnd Recht, dar he vel byllyker synen Broder den Byschop van Collen vnderrychtet hedde, solleler vnbylyker Bede afftostane.

Item yn dusser seluesten Nacht schynbeden de Colschen Sassendorpe vnd de Kerken vnd Kerckhoff to Loyn, nemen al wes dar was. Duyt was der Colschen meyste Dayt, dat se Kerken, Klusen, Preyster. Vrowen vnd Straten schynbeden.

Item des anderen Dages na sunt Bonyfacius Dach, was eyn Sundach, do togen de van Sohst to den van der Lyppe, ranten vor Ruyden, branten de Mollen aff vnd branten vort langes de Hare,[158]) wat dar van Dorpen vnd Houen weren; se roueden auer wenych. — Item des Mandages dar negest schynden de Colschen de Kerken to Weslern, slogen de Kasten vp, nemen al wes dar was.

---

[156]) Wonungen der von Abel. 3. u. 4. — [157]) Das folgende dieses Absatzes fehlt in 2. — [158]) langes daher, heißt es irrig in 2.

20 *

1445. Des Dynstages dar na habbe de Byschop van Münster to der Houestat ehne grote Versamelynge van Volke; habbe sych vor Soyst versteken an IIII Enden vnd wolde hebben rennen laten op der van Soyst Waerde, de op de Ploge helden vnd wan dan de van Soyst gejaget hebben, wolden se dan verhauwen. Do vogede hyt Godt dat ehn Borger gnt. Herman Schele vth genck, syn Karn to besehn, verleyt sych op de Waerde, de quam even op der Vyande hemelike Halt vnd wort gevangen. Dar mede wort dem Byschope syn Anslach verdoruen.

Item des negesten Dages vor sünt Vite, de was op ehnen Gudensdach, do reden de van Soyst to den Lyppeschen vnd renten ver Geseke mit IIII^c Perden, vart vor den Saltkotten vnd vor Brencken, roueden VIII^m Schape, IIII^c Koe, II^c Segen, XL Perde, XVIII boslagen Wagen,[159]) XXVI Gevangen; duht Gudt wort tor Lyppe al jngebracht. Vnd de van Soyst verloren ehnen reysygen Knecht, de versümede sych selueft vnd den van Soyst ehn grott Gewyn, wante he wolde by dem Hope nycht blyuen; sus hebben se jaget vnde eune dat Salt to dem Flehsche gebracht.

Item des Saterdages dar na togen de van Soyst vth, tegen de van der Lyppe vnde brachten dar Her Gobelen Rosel vnd haelden wedder vmme Clauter Buschen vnde Arnde van Gemeke vnd de brechten den Dehl der van Soyst Büte, dat vor Geseke geronet was, branten do vart Oldenjehschen wes dar noch van Hüseren vnde Spykeren gebleuen was. Ock habben se myt sych IIII^c Wagen, belauen de myt Holte vnd vorden heme.

Item in dusser Tyt worden de Heren van Soyst gewarnet van guden Frunden, dat se ere Stat beuestygen sollen, des wolde eune nodych werden.

Item des Mandages na sünte Vit togen de van Soyst vth, haelden III^c Wagen myt Hoelte, vmb de Bolwerke to maken vmb de Stat. Er se nu to Huys quemen, ranten de Houesteder vor Borgelen myt LX Gewapenen vnd nemen de Koe. Des worden de van Soyst gewar, slogen de Klocken,

---

[159]) Jn N. 2 vnd 5 werden die Pferde ausgelassen und statt deren nur 40 beschlagene Wagen genannt.

togen vth mpt der Macht, nemen den Royff wydder, funder 1445.
Schaden to beyden Syden.

Item des Gudensdages dar na, op fünte Johans Auent, togen de van Sohst echter vth vnd haelden II^c Foder Holtes to Bolwerken.

Item des Fridages na fünt Johannes Dage do leyten de van Sohst de Waerde innemen van eren Soldenern to Weslern, to Loen, to Nygenichsken vnd dart vmbher de Beltmarcke. Dusse helden vp Holtwegen,[160]) de to Saffendorpe. vnd darumb lanck Holt halen solden. Als de Wagen geladen weren, quemen de Warden to dem Volke by den Wagen vnd warden se, sych balde van der Stelle to fuellen, want de van Genseke, Kotten, Rüden, Bueren, Menden, Nehem, Werle, vort de Colschen koste quemen myt Hers Krafft vnd de van der Houestat weren to Loen, al in Menynge op de Holtwegen to rennen; auer se quemen to late. Do togen de Colschen bouen Sohst, tuschen Molynchusen vnd Hybbynchusen haldende in dem Grunde, leyten do rennen vor Sohst. De van Sost slogen de Klocken, togen ock vth myt Macht; da helt de eyne Hop tegen dem anderen, bys tor Vespertyt, to togen de Colschen eyn wech, hadden gerouet wal by XX Koe vnd Swyne, nemen III gevangen, de alrede ere Geuangene weren. De Houesteder vengen II; de eyne was de Nachtwechter op dem alden Kercktorne.

Item op Sundach na fünte Johannes na Mytsommer, des Morgens fro, quemen Hynryck van Ense vnd Dyderick van Erwytte vth den colschen Kosten vp de Kerchoue to Weslern vnd Heppen, heuwen vnd breken de Spykere, Kerken vnd Kasten vp, nemen al dar vth wes se vunden, alle Browenkleder vnd Kleynodyen.[161]) Wu erlyck (dat) gehandelt ys, heuet eyn jber to bedencken. — Item des seluygen Sundages nemen de van Werle den van Borgelen (vnd) Swene de Koge. — It. des seluen Sundages quam de Juncker van der Lyppe myt

---

160) warbeden de Holtwegen; 3 vnd 4. — 161) al vp colsche Art, der hogeste Dait in düsser gantzer Vede was, bernen, Kercken, Frowen vnd Junckfrawen schenden vnd mit Hinderlist alles vtrichten; setzen 3 vnd 4 hinzu.

1445. ſynen Rüteren, de Burgermeyſter myt ſynen Borgeren to Soyſt, brachten myt ſych Büſſen, Schermie, Paulune [162]) vnd Prouanyen. Tegen den Auent makeden ſyck de van Soyſt ock reyde myt Büſſen, Schermen, Paulunen, Prouanien vnd wes dar to nobych was togen do tſamen vor Werle, legerden ſyck vor Heydenryds Wulfes Huis gnt. Vſſelen. Des Manbages myt dem Dage begunten ſe bat Huys erſten myt kleynen Büſſen to ſtormen. Do begerden de, de op dem Huſe weren, Velycheyt Lyues vnd Gudes, ſe wolden bat Huys geuen. Da wort op geantwort, wolden ſe ſyck geuenklych geuen yn ere Hant, bat ſtonde by en, want ſe weren da alſo gekomen, bat ſe bat Huys hebben wolden. Des wolden ſe nycht doyn, in Hoppynge [163]) de Werlſchen ſolden ſe entſat hebben. [164])

Diſſes ſeluen Dages quam de edel junge Fürſte van Cleue myt eynem groten Her ock vor Vſſelen, desgelyken quam Craft Stecke Droyſte to Wetter vnd to Blanckenſteyn myt eynem groten Heer. Ock quam de edel junge Graue van Schönberch, [165]) Johan Mollenbecke [166]) myt III^c Perden, tegen ock vor Vſſelen. Do ſtormeden ſe bat Huys myt der ſoſtſchen groteſten Büſſen vnd wunnen bat Huys tegen den Auent. Dar kregen ſe vp XVII Geuangen, der was I doyt, II gewundet vnd hyr was mede Hynryck Wulues Son. Se kregen op dem Huys vil Büſſen, Armborſte, Geſchot vnd mannygerlee Wer; dar na branten ſe bat Huys in den Grunt. Se leyten alle de Dyke vme bat Huys aff, kregen ſo vyl Vyſche, bat bat hele Her myth geſpyſet worth. Se verſtürben dem Wulue eyn ſchoen eyken Holt by Verſtrate. De van der Lyppe ſchotten eyne Büſſen eyntwe.

Item als buyt Leger ſuys vor Viſſelen lach, roueden de van Werle dem jungen Forſten van Cleue aff III Wagen myt Whne vnd Prouanien, vengen dar by XXX aber XL Perſonen, auer de van Werlle verluren vyl Luyde vnd Perde.

---

[162]) Paluinen; 2 vnb 5. Zelte, Pavillons. — [163]) Statt der folgenden Worte ſteht in N. 2 vnb 5 de Kerdenrouers vnb Stratenſchenders 2c. — [164]) De herloſe Hupe in Werle ſolden ſe entſatt hebben; 3 vnb 4. — [165]) Schomberg; 3 vnb 4. — [166]) vnb Sander van Belmede; 3 vnb 4.

Item des Dynstages¹⁶⁷) op sünte Peter vnde Pauwels Dach, stormeden se vth dem Here yn Werlle vnde de van Werlle wybber int Her. Do wort Frede gesproken. Jn dem Frede stalten de van Werlle eyne Büssen op den Hertoch van Cleue vnde den Burgermester van Sohst; auer idt gelückede ene nycht, doch schotten se eynen guden Man gut. Herman van Witten. 1445.

Item bat se so gerne dem Fürsten vnde Borgermester Heren Johan Roen, er Lyfue yn der Belicheyt vnd Frede aff verraben hebben, bequam en ouel, want do de Fürste vnd de van Sohst sagen, bat teyn Gelouc yn enne was, schotten se auer¹⁶⁸) in Werlle verbranten C vnd XL Huze, dar dorch wort grot Twybracht tuschen den Borgeren vnd Junckeren de yn Werlle lechten.

Item op den seluen Dach branten de van Sohst Wilhelm Reyen Huis to Buberke, vort wes dar noch van Spykeren vnb Husen gelegen wacs. Hyr mede toch dat Soesche Heer wybber to Sost ju vnd habben nycht mer dan II Doden op der Reyse gelaten.

Item op sunt Vbalrytes Auent toch de Juncker van Cleue vnb de van Sohst tor Lyppe. Bart des Morgens fro, was op eynen Sundach, togen se tosamen vor Gesete, trabben dar bat Karn, branten dar vyl Dorpe, wunnen II stenen Warde, verbranten se, kregen II Geuangen dar vp vnd de Juncker vnd de van Sost wolden er Leger vnd Koken to Erwite¹⁶⁹) hebben vpgeslagen. Do quemen dem Junckeren van Cleue Breue van synem Heren Baber, bat hey anseyn der Breue to Huys queme; also moste he rümen vnd togen tegen ben Auent yn Sohst. — It. des Manbages bestalte de junge Fürste myt synen Rüteren, wylle myt eme ryden solden vnd welck to Sohst blyuen solden. Dar na reit he ynt Lant van der Marke vnd vart to Huys by synen Baber Heren.

---

¹⁶⁷) Pingstages; 3 und 4. — ¹⁶⁸) betaleden se de van Werle mit geliter Mate, schotten dar Bür in vnd de Pile vellen nha Vorbel, dat vp datmall tho Werle verbranten u. s. w. 3 und 4. — ¹⁶⁹) Der Zusatz: vnd Koken to Erwite, fehlt in 2.

1445.
Item des negesten Gudesdages na sünt Ulrick, togen de van Soyst uth, haelden vyl Holtes to eren Bolwerken, breken selvest aff egen twe Mollen, de Veltmollen vnd den Hylger.

Item des Sundages na sünte Vdalrick do toch de Byschop van Collen, de Byschop van Münster syn Broder, myt eynem groten Her langest de Hare boven Soft hen, legerden sych tegen der Lyppe, tüschen den Torn to Erwitte vnd der stenen Brüggen. Dar quam de Bischop van Hildensem to vnd venck op dem Wege dem Junckeren van der Lyppe aff XIIII Mans vnentsachter Veede. Dar legen de drey Byschope[170]) myt mer wertlyken Heren vnd myt eynem groten Her. . Se renten vaken vor de Lyppe vnd wünnen nycht vele. De van der Lyppe stalten ere Büssen op dat Her, schotten vyl Lunde vnd Perde, so dat sych dat Her to rügge lachte. De Byschop van Collen leyt den van der Lyppe anstnnen, off se Dyntal geuen wolben vor er Karn to treden vnd Büer dar yn to scheyten. Dar op antworden se, trebede he dat Karn, dar by mosten se Gebult hebben, gelyk off et nycht gewassen wer.[171]) Schotte he Büer des mosten se sych trosten, dan se hebben wenych Strohs yn der Stat, vnd gelick enne geschege, also wolben se synen Steden wybber boen, wan dat Karn inne wer. Dar op antworde de Byschop webber, off se ock gudt wesen wolben vor den Junckeren van Kleve vnd vor de van Soyst, dat de in syne Stede geyn Büer enschotten, so wolde hey ock geyn scheyten. Dar wort em op geantwort, de Juncker wer am Ryn, so weren se syner noch der van Soyst nycht mechtych; se wolben nyth von buten Weten vnd Whllen eres Junckeren; by dem wolben se von als erlyken Steden gebort, setten dar by op Lyff, Gudt, Eere vnd wes se vermochten.[172])

Item des Vridages dar na ranten de Byschop van Münster vnd de Houesteders int Soysche Velt vnd de Soysche Warde wort der Viande gewar vnde warneben dat Volck yn

---

[170]) de 3 Spißhobe; 3 vnd 4. — [171]) als wer id nhuwerle gewassen, ofte doch vam Hagel geslagen, 3 vnd 4. — [172]) Dabey ließ solches der Bischoff bleiben. 3 vnd 4.

dem Velde vnd se wolben nycht vleyn by Thyen, so bat de 1445.
Vhande se ouerquemen vnd roueben XVI Ackerperbe vnd vengen
ehnen Knecht. Des Mybbages ranten bey Colschen wybber
vor Sost myt III^c Perben. De van Sost togen vth, schotten
enne aff eynen guben Man, vyl Perbe vnd Luyde, vengen
ehnen guben Reysener, also brachten se bes Auentes webber,
bat se des Morgens haelben.

Item als be Byschop van Münster sus mebe vor ber
Lyppe lach, vnentsachter Vebe, quemen eme Vreue, bat he to
Huys komen solbe, want he were nycht Vhant ber van ber
Lyppe. Darumb wer bat tegen syn Ere vnd Glymp, od synes
Landes.

Item alle ben Heren yn bem Leger wort verbobet, wu
bat be Schoenborgeschen vnde be Heirschop van ber Lyppe
ehne grohte Versamelynge halben wolben, ben Soeschen vnd
Lyppeschen to Hülpe komen, bat Colsche Her to bestrybenbe.¹⁷³)
Als bat be Byschop van Collen vernam, genck he to Rabe,
ehnen valschen Funt to vynben, se nyht Glympe van bar komen
mochten;¹⁷⁴) want se habben mer verloren ban gewunnen, an
Luyben vnb Perben, be en aff geschotten weren, vort vyl guber
Mans aff gevangen, nemplyck ehner Volmar van Vrencken.

Item des Manbages bar na leht be Byschop van Collen
vp trumpen,¹⁷⁵) vm bat Her vp to brecken. Vor der Lyppe
makede (he) bem Volcke vnd syner Lanschop wys, be van ber
Lyppe hebben eme gehulbiget, welck schentlych van sobanen
gehstylhten Forsten erbychtet vnbe erlogen was.¹⁷⁶)

Item he toch bo vart vor ben Torn to Erwitte, sprack
myt ben, be bar vp weren, ehnen Vrebe vnd gaff enne vor,
se solben ben Torn opgeuen, bat wer ber van ber Lyppe Wille,
want se hebben eme gehulbiget. Dar vp antworben se, bar
wer ene nycht van kunbich; he solbe er so myt lozen Waerben

---

¹⁷³) Dat colsche Leger einmal vp bat Hasen-Venneken to bryven;
3 unb 4. — ¹⁷⁴) wo men mit halver Ehr mochte ytriten; 3 unb 4. —
¹⁷⁵) trumten; 5. — ¹⁷⁶) Dieser ganze Satz fehlt in 3 unb 4.

1445. nycht van dem Torn brengen vnd hangen se an be Bome, als he den guben Gesellen gedan hebbe de vp der Waerde Menychusen geuest weren. Do de Byschop dat haerde, begunte he den Torn to stormen; do nemen de Knechte, de dar vp weren, ehnen Doick, whscheden den Torn, dat he so rehne bleue van syme Schehten, dat dem Byschope ehn groit Spit vnd Hon was. Des Dynstages schedede sych dat Heer, wente eme was leede vor Geste.

De Byschop van Münster toch tor Houestat ouer, in syn Lant. De Byschop van Collen verbeilde syn Volck in alle Stede vnde Flecken, hulpen den armen Luhden vp etten, alles wes dar noch gebleuen was. Auer de Colschen ranten vaken vor Sost vnd lehten dar vaken me, dan se haelden. Item des Donerdages na sünt Jacobs Dach, ranten de Colschen vor Sohst, vengen ehnen rehsigen Knecht. De van Sohst jageden vth, schotten sych myt den Vianden, wunnen enen guden Rehsener vnd ehn rehsich Perdt.¹⁷⁷)

Item vp Gudensdach na sünt Peter in den Banden, ranten de Colschen koste myt groter Macht vor Sohst, bys vor de Parten. De van Sohst slogen de Clocken, togen to en vth, slogen sych myt en wal ser koen, so dat der Colschen vyl gewundet wort, der ehn Dehl starff vnd ehn guhd Man bleyff dar doyt gnt. Phylyppus Krick, se lehten dar Perde doit geschotten, XVIII guder Geuangen vnd ehnen Jungen, XXVI rehshger Perde. Den van Sost wort affgeuangen ehn rehsich Knecht gnt. Herman Hesse vnde lehten ehnen Doden gnt. de Gripper vnd was ehn Schomecker.¹⁷⁸)

Item des Donerdages darna beranten de van der Houestat de Roe vor Soist vnd de Borger togen vth, nemen se enne wedder, sunder Schaden to behden Syden.

Item vp vnser leuen Wrauen Dach Assumptionis, was vp ehnen Sundach, halden de Colschen er Hochtyt, renten vor

---

¹⁷⁷) Das ganze Item fehlt in 3 und 4. — ¹⁷⁸) Der Nachsatz: lehten ehnen Doden, fehlt in 3 und 4.

Sohst vnder der Homysse tyt, branten dat Karn in dem 1445.
Velde. — It. des VIII. Dages dar na ranten de Byschop
van Münster myt den Colschen Kosten myt V^C Perden vor
Sohst, begunden dat Karn to bernen in dem Velde, kregen
eynen Buknecht, branten IIII Wagen myt dem Karn.¹⁷⁹) Hyr
weren mede de van Dortmunde, vnentsachter Vede, tegen er
Vorbunt myt den IIII Houetsteben in Westualen gemaket, besegelt, bebreuet vnd beedet. Nu de van Sohst togen to en vth,
dey Vyande rümeden dat Velt.¹⁸⁰) Der Wagen worden welck
gerebbet vnuerbrant.

Van den Legaten offte Sendeboden der Henseßete.

Item op sünte Bartolomeus Auenet quemen to Sohst
de werdygen ersamen vnde hochwysen Heren Ambasatiaten,
Legaten offte Sendeboden der oysterlyken Hensestede, als Lübyck,
Wysmer,¹⁸¹) Lüneborch, Hamborch, brachten myt sych Credentien an eyne ersame Stat Sohst. Van dussen Legaten weren
de Houetsaken, Her Arnt Westualen Decan to Lübeke jm
Dohm, Her Johan van Lüneborch Raitsher der Stat Lübyck,
hadden myt sych XX Perde vnd eynen speden Wagen, myt
enne quemen Fronde der Stede Münster vnd Paderborne vnd
de erbar ernueste Berndt van Hoerbe de albe. Dusse alle entfengen de van Sohst erlyke vnd fruntlyke, schenkeden enne den
Wyn, loeden se to Gaste, trachterden se in allen Dyngen erlyke
vnd herlyke. In mybler Tyt deden de erbaren Sendeboden an
de van Sohst er Werff vnde geuen vor also: Ersamen ꝛc.
guden Fronde, wy hebben dorch manychuoldyge gemeyn Geruchte,
ock dorch Schryffte des Ersbyschops van Collen vnd yner
eruaren, wu tuschen dem opgemelten Byscope vnd yu Twyst
vnd Errynge erstanden sy, dar dorch gelanget to opentlyker
Vyantschop, to Verderffnusse Lande vnd Luyden; syn dar vmb

---

¹⁷⁹) De van Soist togen to en hen vth vnd drungen se, dat Velt
tho rümende vnd rebbeden was se konden; 3 vnd 4, wo der folgende
Satz fehlt. — ¹⁸⁰) vernemen dat Volck, heißt es irrig in N. 2 vnd 5. —
¹⁸¹) Wismar fehlt in 3 vnd 4.

1445. her vthgeschycket, an den mer gemelten Byscop, an den hoch=
geboren Forsten vnd Heren Adolff Hertogen van Cleue vnd
synen Son Hertogen Johan, dart an ju Ersamheyt vmb to
versoken, solles tom frontliken Dage to brengen, vp dat alle
Twyst nybergelacht, Lande vnd Luyde vnuerdornen bleuen. Des
wolden de Stede keyne Kost vnd Arbeyt sparen; desgelyken ys
ock bogeren Juncker Gerdt van Cleue, Grane van der Marcke.
Darume heuet he hyr by vns gesant, den erbaren vnde ernt=
festen Bernde van Hoerde den alden. Vnd wy whllent ock
dart bearbeyden, by dem Byschop van Collen vnd dem Her=
togen van Cleue vnd synem Sone. So yst vnse Boger V. E.
whllen dar yn verwylgen vnd to solkem frontlyken Dage staen,
op dat dat Gebreck an Juwer E. nycht entsta.

Hyr op antworden de van Soyst, dankeben den Fronden
eres blytygen Arbedes, Gunsten vnd Vnkost vnd spreken: guden
Fronde, op dat vwer W. vnd E. wette vnd versta de Orsake
dusses Twydrachtes, tuschen dem Byschop vnd vns erstanden
ys, dat he vnd de syne vermeynden vns van vnser Stat Bry=
heyt to brengen, tegen Godt, Ere vnde Byllycheyt, ja tegen
syn Eydt Segel vnd Breue, van em vnd synem Capyttel van
Collen gegeuen, dan mynnest gehalden, des wy jn groyten ver=
derflyken Schaden vnser armen Vndergesetten gekomen synt.
Se heuet nu E. wal afftonemen, wat groter Noit vns dar to
bracht heuet, vns erfslyck an vnsen genedigen Junckeren van
Cleue to geuen, gelyck wy V. E. clagewis schryftlych vorge=
dragen hebben, so dat se opentlych bewys. [182]) Syn dar vmme
begeren, solckes ersten to seyn vnd to horen wu jamerlyck vnd
wet myt groyter Noyt wy so vam Stycht Coln gedrungen
synt; begeren als dan V. E. whses Rades, wes vns hyr jnne
to donde sy.

Item do besegen de Sendeboden alle Segel vnd Breue
vnd Handelynge tuschen dem Byschope vnd den van Soyst
geschyt, darth alle Priuylegya, Rechte vnd Wonheyt, dar de

---

[182]) gelick wy war is, ludt Segell vnd Breue vnd oppentlick Bewiß;
2 vnd 5.

Biſchop tegen gebaen vnde gehandelt habbe.¹⁸³) — Jt. bo hat 1445.
geſcheht was, leyten be erſamen Burgermeyſtere van Sohſt
toſamen komen olden vnde nien Rait, XII Ampte vnde Gemeyn,
rahtſlageden op dat Vorgeuen der Legaten offte Senbeboden.
Vnde was bit er Antwort: De geſchyckeden der Stede hebben
nu geſehn vnb gehort, der van Sohſt Noyt, des Affbringens
van dem Stycht van Collen, dat it waer were, als ſe geclaget
hebben. Mochten dan er Erſamheyt verſchaffen an ben Fürſten
to beyden Syden, be der Veebe to bonde hebben, dar vmme
to Dage to komen ju Bhweſen der E. Henſeſtede, wollen ſe
gutwhlhch geuunden werben, ſo verner er guedyge Juncker ene
ſchreue den Dach to leyſten, wente he ſy er Here vnd ſe
gedencken buten ſyner Gnade Wetten vnd Whllen nycht to don.
Ock hebben ſe vorgegeuen, of de Dach dart genge, ſolden be
van Soiſt dar ere Fronde vulmechtych ſchycken, ſo ſy ſolles
nycht bh den van Sohſt gewontlych, dan wanner ſe ere Fronde
op dem Dage gehort vnde verſtanden hebben, wes dar vorge=
geuen werth vnd dat wyber an ehn E. Rait van Soſt ange=
bracht wert vnd wan dar dan op Raith gehalden ys, als dan
maken ſe wal Vulmechtyge, be Sake to beſluten. Myt ſolcher
vnd groþter Vnderwyſynge, ſyn de Legaten van ehnem erſamen
Raide vnderwyſt vnd beantwort.

Item des Dinſtages¹⁸⁴) na Bartolomei nemen be Legaten
offte Senbeboden ehnen Affſchyt van der Stat Sohſt vnd togen
an be Forſten, er Werff to vullentrecken.

Item bhnnen der Thdt dat duſſe Legaten vorſchr. to
Sohſt weren, ſanten de van Sohſt ehnen frommen der varnen
Man an ben Fürſten van Cleue, Hertogen Adolff vnd ſhnen
Son Junckeren Johan, be enne to wetten dede, de Tokumpſt
der vorſchr. Senbeboden vnd wes er Werff were vnd wu be
Byſchop van Collen Logentael ouer be van Sohſt an be Henſe=
ſtede geſchreuen hebbe, op dat ſhn forſilyke Genabe mht ſampt
ſhner Genaden Son vnd hochwyſen Reyden, vmb ſodaner

---

¹⁸³) Dieſes Item fehlt in 2 und 5. — ¹⁸⁴) Donnerdages; 2 und 5.
Des Sondages; 3 und 4.

1445. Anbrenghnge whllen, des to erlller entfenge vnd er Werff van wegen der Stede geratliken verstonde. Welck de edel Fürste vnd shner Genaden Son groit van den van Sohst to Whllen nemen vnd hehlt den Boden van Sohst by shch, bys dat de Sendeboden to Cleue quemen. Ock schreff de Fürste van Cleue myhler Tyt an de van Sohst, dat se wael gemodet solden syn, he vnd syn Son wolden er nycht versümen; he mochte wael erlehden, dat yd alle der Werlt kundhch were,[185]) wu vnerlyke bé Byschop yn alle synen Saken gehandelt hebbe, welck he noch bewesen heuet an Goiswyn Stecken Luben vnd Gude, dat in Whderfate stont des Heren van Gemen, dat dey Byschop myt synem Segel mede besegelt heuet. Wante in der Tyt dat de Sendeboden na Cleue reden, reht de Byschop vth Dortmunde myt XV^c Perden, brante Goswyn Stecken XVI Burstede aff, de yn Dyntael stonden, venck II Menne, roueben bh XX Koen. De Cleueschen auer jageden vth, vengen der Colschen V, eyn blchff dair boit, se wunden vhl Menschen vnd Perde. Duht geschach des VIII Dages vnser lenen Brauwen.[186]) Do reht de Byschop to Dorsten yn, leyt shch luben, he wolde Juncker Johanne van Cleue eynen Stryt leueren. Als solckes de Fürste van Cleue vornam, verschreff he syne Ruyter vnd Bolck, lach by Dynslaken XI Dage vnd warde des Stryhes.[187]) — It. in myhler Tyt weren de vorschr. Sendeboden der Stede to Dortmunde gekomen vnd de Byschop reyt vth Dorsten, tot en to Dortmunde myt IIII^c Perden. He gaff enne vhl schoner Waerde[188]) mer volgede dar nycht na.

Item yn myhler Tyt weren de Cleueschen Ruter gescheden.[189]) Do rante de Byschop vor Schermbecke,[190]) roubede VI Koe, de weren münsters. — It. als he nu vertert habbe to Dorsten, al wes dar to krygen was, toch he webber na Dortmunde. —

---

[185]) Des Bisscops grote Tyrannie; 3 und 4, wo die nächst folgenden beiden Sätze fehlen. — [186]) Duth geschach vp vnser l. Frawen Dagh; 2 und 5. — [187]) aber der Bischoff blieb auß, 5. — [188]) wo der Papen Art ist; 3 u. 4. — [189]) Unter dessen, beweile die Cleuischen sahen, daß der Bischoff nicht schlaen wolte, scheideten sie sich; 5. — [190]) verhoppede de Bisscop, he wolde nhu groten Roif erlangen, rante derhalven vor Schermbecke; 3 und 4.

It. op sünte Bartolomeus Dach togen de van Sohst vnd de 1445.
van der Lyppe[191]) thosamen vor Rüben, roueben C Koe, XX
Aderperde vnd leden geinen Schaden. — It. des Saterdages
na sunt Bartolomeus ranten de Colschen vnd Münsterschen
vor Sohst mit VI^c Perden, vengen I Knecht, roueben IIII
Aderperde vnd begunden dat Korn to bernen. It. de van
Sohst jageden uth, schotten en Lude vnd Perde aff, so dat de
Colschen dat Feld rumen mosten.

Item des Sundages op sünte Joannis Dagh decollationis
branten de Colschen dat Karn vor Sohst, se konden anders
nycht schaffen.[192]) Des Dinstages dar na hadden (sich) de
Colschen vnd de Byschop van Münster, in der Nacht starck
vor Sohst vor stecken, lehten des Morgens rennen[193]) vor
Sohst; do bleuen de van Sohst tho Hus. Do brecken se op
vnd nemen dem Prouest tho sünte Walburgh IIII Perde aff
vnd vengen II Knechte, de geuen se em wedder vmme quyt,
nycht sunder Orsake.

Item des Donnerdages darna ranten de van Sohst vor
Belecke, roueben XX Koe, IIII Aderperde vnd I Geuangen.
Des Saterdages ranten de Colschen vor Sohst, roueben nichtes.[194])

Item op Mandach na vnser l. Frawen Natiuitatis, togen
de van Sohst tho den van Hamme, haleden dar LXXX Wagen
mit Botter vnd Kehse vnd anderem Gude vnde Euert van
Wideue, Wennemar van Heyden, Johan van Holthusen reyden
do darth na Cleue, an vnsen gn. Heren.

It. op sünt Matheus Auent quam de Byschop van
Dortmunde, dar he XV Dage gelegen habbe, rante vor Sohst
myt VI^c Perden, sunder de he to rügge in eine Holte habbe,
der was ouer de M ane dat Voet volck. De van Sohst slogen
ere Klocken, ruckeden tho eme vth,[195]) helden eyn Schuntgewerde,

---

[191]) Hier sind zwei Blätter aus der Handschrift 1 gerissen und aus
N. 2 ergänzt. — [192]) Dieses Item fehlt in 5. — [193]) op eine Najacht,
fügen 3 und 4 hinzu. — [194]) Dieser letzte Satz fehlt in 3 und 4. —
[195]) mit etlichen Beltstücken, dat leten se af in de Colschen vnd brungen
se de Hare henan; 3 und 4.

1445. so bat be Colschen be Haer weber an gebrungen worben, wante se leben groten Schaben an Luben vnb ock an Perben, der ein Deyl in bem Velbe bar boyt bleven. Den van Soyst worben 11 Perbe aff geschotten. Duyt geschach an bem balschen Marckebe.

Myt bußen Rüteren toch be Byschop vor Bylsteyn, bat he bes Morgens habbe berennen laten, tegen ben Contract eyner bewylbgeven vnb besegelten Cebelen, hyr neges gemaket vnb vorramet was van Juncker Gerbe van Cleue, van ben Frunben ber Henseftebe, tuschen bem Byschop vnb Hertogen van Cleue, inhalbenbe, bat be Byschop Bylsteyn nicht berennen, belegeren noch wynnen solbe bynnen op bem Dage; bat be Byschop also behaet vnb bowyllyget habbe, vestlyck vnb vnuerbrocklych to halben.

Item man will bat be [196]) van Dortmunbe eme hyr to geraben hebben, berwyle he bar so lange lach, wante in ber Int tastebe he jnt Ambt van Wetter, brante ben Jufferen er Gut aff,[197]) toch en er Kleber vth, ock verreyben se Mallynckrobe syn Hus aff, wu wol jbt hu Velycheyt vnb jn Dyntal stont. Des Mallynckrobes Husvrawe whysebe bem Byschop personlych Segel vnb Breue, be van synen Ambtluben vnb Neben besegelt vnb gegeuen weren. Was er vnbatelyck; he let bat Hus berennen vnb jn ben Grunb verbernen.

Item [198]) bes selutygen Manbages sünt Mätheus Auent, quam to Soyst Her Anbreas van Blekebe [199]) vnbe gelehbe Gobelen Rosel van bem Hamme bys to Soyst, vth Beuel Knyppynges Drosten to ber Marcke. Duysse Gobel quam van vnsem genebygen Heren van Cleue, brachte ehne Cebel wu be Dach solbe gehalben werben. Ock brachte he eynen Breyff bat be van Soyst ben Dach leysten vnb halben solben vnb van Grauen Gerbe van ber Marke sobane Geleybe erlangen, bat se nycht verraschet vnbe benauwet worben.

---

[196]) menebigen, aftrennigen, fügen 3 unb 4 hinzu. — [197]) Zu Wetter war also ein Nonnenkloster, bas nach bieser Zerstörung wohl nicht wieder aufgebaut wurbe. Die bortige reformirte Kirche ist vielleicht bie alte Klosterkirche. — [198]) Mit biesem Item fängt ber Text in 1 wieber an. — [199]) Anbreß Belle; 2.

Affschryft der Cedelen wu vnd dorch wen de Dach tuschen den Fursten van Collen vnde Cleue gemaket ys. Inhalt der Cedelen.²⁰⁰)

1445.

To wetende dat ouermidst Fronde des hochgeborn Juncke-ren²⁰¹) Gerdes van Cleue 2c. vnd Fronde der erbaren Stede Colne vnd Lubecke vnd mede van wegen der anderen erbaren Stede jn de duitschen Henje horende, eyn Dach gemalet ys, tuhschen dem erwerdigen Fursten vnd Heren Diderick Arßbiscop van Collen an de eyne vnd dem hochgeborn Fursten Adolff Hertogen van Cleue vnd Grauen van der Marke vnd Juncker Johan van Cleue vnd van der Marke, siner Genaden Son, van der ander Syden,²⁰²) alse dat de Heren vorschr. alse vnse genedyge Her van Collen sulle to Linne offte to Keyserswerde vnd vnse g. H. Hertoge van Cleue vnd Juncker Johan vorschr. sullen to Orsoy wesen, seluen vp sünte Mychaelis Auent negest komende tegen den Auent jnd sullen de Heren vorschr. vp sünte Mychaelis Dach, tegen den Auent, er Frunde hebben tot Vr-byngen, dar als dan vnse genedyge Juncker Gerbt van Cleue vorschr. seluen wesen sal, dar ock also dan wesen sullen Frunde der erbaren Stede Colne vnde Lübecke vnde Vrunde der Stat van Lübeck solen ock tosamich der anderen Stedefrunde, de se meynden darto nutte wesende, tot dem selven Dage to komende verschryuen; whlcker Stede vorschr. Frunde, so wat der to deme vorschr. Dage komen, de worden vehlych vnd geleydet wesen sollen, wech vnd wedder vor vnsen genedygen Heren van Colne vnd van Cleue vnd vor vnsen genedygen Junckeren vorschr. vnde vor alle de gene, der se samplych effte ere enyge mechtich syn, sunder Argelyst. Item sal vnse genedyge Juncker, Juncker Johan vurschr. den van Sohst schryuen ere Frunde vp düssen Dach to schycken vnd vp sünte Mychaelis Auent tot Orsey to wesende vnd vnse genedige Juncker, Juncker Gerbt vorschr. sal sych van vnsen g. H. van Colne vnde anders, dar des Noit ys, so boen mechtygen ouermybst Breuen vnde anders, Frunde

---

²⁰⁰) Der Jnhalt dieses Schreibens fehlt in 2. Jn 3 und 4 ist derselbe abgekürzt. — ²⁰¹) Fürsten; 5. Er heißt hier abwechselnd Fürst oder Herzog; nicht Junker. — ²⁰²) Jn dem Schreiben, wie es 3 und 4 geben, werden die Herzoge von Cleve zuerst genannt.

1445. ber van Sohst tot buffem Dage to veiligen²⁰³) vnd to geleyben, vor aller malck, bar se mebe verwart syn, van Sohst tot Orsey vnd van bar vart tot Vrbyngen off bes noit worbe, tot Vrbyngen vp dem Dage wesenbe vnd webber vm van bem Dage tot Orsey vnd van bar vart tot Sohst. Ock sal Juncker Gerbt vorschr. vp sünte Mychahls Dach to IX Vren vormybage seluen wesen offte syne Fronbe schycken tot Orsey, vmme Frunbe vnses genebygen Heren vnd Juncteren van Cleue vorschr. bar van antonemenbe vnbe be to vorn to veilegen vnd to geleyben to Water vnd to Lanbe, van bar bys to Vrbyngen, vp bem Dage wesenbe vnd wybberumme van ben Dage bys tot Orsey vor vnsen g. H. van Colne vorschr., vor sine Lant, Lube vnbe Vnbersaten, Hulperen vnb Hulpeshulperen, vor Juncker Wylhem Grauen to Lymborch vnb de syne vnb anbers vor albermalck, bar se mebe verwart syn. Vnbe Juncker²⁰⁴) Gerbt vorschr. sal vp be seluen Tyt mebe to Orsey schycken eynen Geleybesman offte twe, van wegen vnses g. H. van Collen vnd ber syner vorgerort vnd be sal ock hyr vp eynen besegelben Velygesbreyff mebe brengen, van vnsen g. H. van Collen vnb de Geleybes= luybe vorgerorit sullen ock velich wesen. Item sal Juncker Gerbt vorschr. vnsen g. H. van Cleue vnb syne Frunbe ock veylygen vnb geleyben off toen geleyben ouermibst Vrunben, vnbe brunben vnsen genebygen Heren van Cleue vnbe syne Frunbe ock veylygen vnb geleyben off boen geleyben, ouermybst Vrunben vnd vrunben vnsen g. H. van Cleue to Water vnbe to Lanbe, oppe ben vorschr. sünt Micheels Auent to trecken van Burych bys to Orsey, bar aff vnse gnebyge Here van Cleue syne Menynge schryuen sal tot Vrbyngen an Juncker Gerbe, offte synen Amptmanne albair vnb off vnse genebyge Her van Colne vorschr. ymanbe tot bem Dage vorschr. geveiliget vnd geleybet begerenbe worbe to hebben, bat sullen vnse g. H. vnb Juncker van Cleue vorschr. boen; wolben ock vnse g. H. offte Juncker van Cleue vorschr. ymant anbers van eren Frunben tot bem Dage vorschr. geveiliget vnd geletbet hebben, ber Velichey vnb Geleybe vorschr. sal syck Juncker Gerbt

---

²⁰³) willigen; wirb in 5 irrig gelesen. — ²⁰⁴) Hertzog; 5. Das folgenbe ist baselbst abgefürzt.

vorschr. ock laten mechtygen vnd boen. Item so lange sal der 1445.
Parthyen er gehn noch ere Frunde myt Hoepen in des anderen
van eren Landen tasten off soeken vnd so lange sal ock erer
gehn na des anderen van eren Steden noch Slotten staen vnde
al sunder Argelyst. Geramet to Wesel vp des hylgen Crüces
Dage Exaltationis anno etc. XLV.

*De Dreyss Juncker Johans van Cleue, an de van Soyst
gesant, by der vorschr. Cedulen dat se tot dem Dage volgen
solden. Inhalt des Breues.*[205]

Johan eldeste Son van Cleue vnd van der Marke.
Ersamen leuen getruwen Frunde, vnse leue Oem, Gerdt van
Cleue vnd Fronde der Stede Colne vnd Lübecke, syn nu geweft
by vnsen leuen Heren vnd Vader vnd was vmme Dehynge
toe versoeken vnde Dage to maken, tusschen dem Erstbyscope
van Colne vnd vns, vmme to besehn, off he myt Hülpen sum-
myger der anderen Hense-Stede, de se dar by verschryuen
wolden, ychts Gudes tüsschen vns Parthien vynden mochten.
So hebben vnse leue Here vnd Vader vnd wy en vnderander
vele Worde enne tor Antworde geuen, dat wy dar to volgen
whllen, vnsem Oemen vnde den Hensse-Steden ton Eeren vnd
to Leue, so vere dat yt ju Whlle ys. So vnse leue Her vnd
Vader off noch wy, buten ju darhnne nycht bechten to boen,
so ys dar vp ehn Cedel beramet, also tot ehnem Dage to
komende, gelyck jy seen solt in der Cedelen yhr bynnen beslotten.
Vnd soban vnse leue Her vnd Vader vnd wy myt juwen
Breuen vns latest gesant vnd ock van bussen vorschr. Frunden,
so de ock by ju geweft syn vorstaen hebben, dat gy ju Frunde
welt mehe tot dem Dage schycken, so verne wy ju schreuen,
dat et vnse Whlle wer. Want wy dan hoppen, dat ju vnd
vns dar aff wat Nuttes komen mochte, dat men den Steden
vorschr. to bussen Dage to volgen, to Whllen were, so leuen
Frunde is vns leyff vnd wal to Whllen vnd bünket vns ock
nutte vnd geraben wesen, nabem dat yb albus vere to Warben
vnde to Dehyngen komen ys vnd de Erstbyscop vorschr. enne

---

[205] Der Inhalt dieses Schreibens fehlt ebenfalls in 2. In Nr. 3
und 4 ist er abgekürzt.

1445. schone Meere als wy vorstaen vorgesacht heuet, dat gy ju Frunde myt der Veilicheyt vnd Geleyde soban besorgen, oʃt to dussen Dage schycken, dan whlt ju Fronde myt der Velycheyt vnd Geleyde soban besorgen, dat ju de Velycheyt vnd Geleyde gesche, also in der Cebelen geroirt is, also dat gy dan mede vorwart syn vnd vngehouet blyuen, wente wy dussen Brunden klaer hebben doen seggen, dat gy ju Frunde anders tot dem Dage nycht enschycken vnd vnse Menynge ys, dat ju Frunde vp sunt Mychaels Auent tot Orsey quemen by vnsen leuen Heren Vader vnde vns, vmme aldaer dan dart to ouerbragen, tot bem Dage to komen, als dat ib gebigelick vnde nutte wesen sal vnd wu wal vnse Oem vnd der Stede Brunde vorschr. vns gesacht hebben, dat de Erstbyscop vorschr. hir to geuolget hebbe, so wyllen wy doch off dar anders ichts involle, ju dat also wy geryngest konnen, laten weten. Gegenen to Wesel vp den Dynsdach vor vnser Browen Dage Natiuitatis anno etc. XLV. — Den Ersamen vnsen leuen Getruwen Burgermeistern vnd Rade vnser leuen Stat Soist.

Item dussen Boden, de den van Sohst dusse vorschr. Schryfft brachte, den nam Berndt van den Vorste, Amptman to Vrdingen, Juncker Gerdes van Cleue, yn Geleyde wente an Juncker Gerbe selueſt; be nam en myt sych to Hoerbe, leyt dussen Boden bar, reit to Dortmunde to dem Byschop van Colne, brachte em de vorschr. Cebelen vp dem Dage begreppen vnd gaff bart dem Byschope to verstaen, dat bar ock bebedynget wer, dat me vor offte jn dem Dage Bilsteyn nycht belegern solde, waer de Byscop to antworde, he wolde des alle geuoldlych wesen luit der Cebelen vnd wes dar me bebedynget wer. Do sante Juncker Gerbt synen Cappellaen Her Peter to Hoerbe an den Boden, leyt emme seggen, dat he ben van Sohst seggen solde, dat de Biscop der Cebelen vnde alles wes daer gebedynget were geuoldlych²⁰⁶) wesen wolde. Wolden ock de van Sohst to dussem Dage volgen na Inhalt der Cebelen vorschr., dat se emme dan schreuen sunder Sümen, wu se dat Geleyde bogerden vnd hebben wolden, dat wolde he

---

²⁰⁶) gesellich; 2 vnd 5.

enne alſo boen, van wegen des Byſchopes vnd aller be der 1445.
Vebe to boube hebben. Ock ſante Juncker Gerdt ſyner Deyners ehn an den Boden gut. Henrich Vrken²⁰⁷) be enne gelehde
winte to dem Hamme vnd ſante eme eynen Brehf, beſegelt
van dem Byſcope, dar de Bode ock Gelehde hnne habbe.

Inhalt des Geleydebreues des Boden van Cleue. ²⁰⁸)

Wy boen kundt dat wy Gobelen Roſel, Boden des edelen
Johans elbeſten²⁰⁹) Sons van Cleue vnd van der Marke,
Verwerbe vnde Geleyde gegeuen haen vnde geuen ouermibſt
buſſem Breue, vor vns, vnſe Lande, Lude vnd Vnderſaten,
vnſe Hülpere vnd Hulpes Hulpere vnd al be gene de vmb
vnſent Whllen boen vnd laten whllen, der wy mechthch ſyn
aen Argelyſt, dat he to Sohſt hn ryben ſal, van des vorſchr.
Johans van Cleue vnd van der Marke wegen, ehne Bodeſchup
to weruen, antreffende den Dach tuſchen dem Hertogen van
Cleue, eme vnd vns veramet, doch alſo dat de ſelue Bode
dorch vnſe Stede nycht riben, noch wandelen, noch dar hnne
benachten ſal vnd büſſe vnſe Vorworbe ſal hube Sundach aen
gaen vnd buren nycht, dan went Morgen Auent, Mandach to
Vndergange der Sunne vnd nycht langer vnd beuellen dar
vmb, vch allen vnſen Amplubhden Reitmeiſteren vnd Vnderſaten,
dat yr den vorſchr. Gobelen hn buſſer Mate buſſer vorſchr.
Vorwerbe vnde Geleyde vngehhndert gebruken laten vnd enne
ock geleyden, off he bes an vch geſünne eber geſhnnen bede.
Orkunde vnſe Secret hyr an gebrucket, gegeuen to Dortmunde
vp Sundach na ſunte Lambertus Dach anno dni. etc. LXV.

Item des Gudenſtages na ſunt Matheus Dage ſchreuen
be van Soiſt Junker Gerde vorſchr. webber tor Antwort, bat
ſe dem Dage volgen wolden, ſo verne ſe dat Geleyde erlangen
mochten, luit der Cebelen vnd bygeſchicten Breue vorſchr. Dar
vp antworde Junker Gerdt, he were des Geleydes mechthch
van dem Biſcope vnde van allen, be der Veebe tegen den
Hertogen van Cleue ſynen Son vnd be van Soiſt to bone
hebben. Dair vp ſchreuen be van Soiſt, ſe wolden vp ſyne

---

²⁰⁷) Hinrik Kruden; 2. — ²⁰⁸) Dieſer Geleitsbrief fehlt wieder
in 2. — ²⁰⁹) Des alden Fürſten; h.

1445. togesachte Velicheyt vnd Geleyde to dem Dage komen vnd beteleben emme Tyt vnd Stede, dar he se yn syn Geleyde entfangen solde.

De van Soist reden to Dage.

Item des Sundages vor sünt Michaelis Dach reben de van Sohst vth to dem Dage. Hir reben mebe van ben Borgermehysteren: Her Albert van Hattorpe vnd Her Johan de Roe, van des Rabes wegen: Arnbt van Gemeke vnd Johan Cleppyck, van der Richtlube wegen Dyberych Grubbeke vnd Thman Hunolbes, van den Ampten: Corbt Bobe, van der Gemeynheit: Johan Leuenycht vnd der Vrhgraue, Bartolomeus van der Laeke Secretarius, Gobel Rosel[210]) vorschr. vnde Anthonis Loryckhoff dar to er Dehners van ben Houen so vyl er beberff was.

Item se nemen mebe to Dage Corbe ben Ketler, Clainer Buschen eren Reitmeister, Johan van der Recke, Arnbt van der Borch, Mellyndrabe, Wilhelm Rampelman vart ere Frunde, so vyl bat se habben LXX Perbe.

Item des seluen Sundages entfengen be Amptlube Juncker Gerbes de van Soist int Geleybe luht der Cebelen vnd reben tegen den Auent bys to Vnna, des Manbages na Horbe, van dar beneffen Dortmunde her, tegen den Auent to Essen.

De van Dortmunde leiten den van Soist voer.

Item op ben Dach wolben be van Dortmunde eyne erlyke Dait begangen hebben, de van Sohst angetastet hebben in beylygem Geleibe, wer be Brügge op der Emse nyth affgeworpen geweft.

Item des Dynstages op sünt Mychelis Auent reben se van Essen ouer[211]) de Lypper Heyde, quemen tegen den Auent to Orsey.

---

210) In Nr. 2 heißt es nur: van der Gemeynheit Johan Rosel vorschr.; alle dazwischen stehende Namen: Lebenicht — Gobel sind in der Feder des Abschreibers geblieben. In Nr. 5 fehlen die Namen zwischen Bobe und Rosel. — 211) vor; 2.

It. des Morgens vp Mychaelis²¹²) weren to Orsey vnse genedyge Her van Cleue vnd syner Genaden Son, myt eren Reiberen,²¹³) Frunde der Stede Münster, Paderborne vnd Soyst, warben vp dat Geleybe vort luit der Cebelen, dat to Orsey solbe komen vp sünt Michaelis Dach des Morgens to IX Vren, eyn offte II Geleybes Menne van dem Biscope van Collen myt synem versegelben Geleybesbreue. Ock solbe bar syn Juncker Gerbt vorschr. offte syner Amptlube eyn, dusse vorschr. hut Geleybe to entfangen vnd to Water vnd to Lande to geleyben vnd to velygen bys to Vrbingen. Dem so nycht geschach, als den Frunben der Henseftebe togesacht was vnd be Cebel vorschr. vermelde. Tom latesten Bernbt van dem Vorste Amptman Juncker Gerbes, heuet inyt sych to Orsey gebracht eynen Geleybesbreyff, anders ynhalbende dan be Cebel bar vp begreppen was. Dar vp bo vnse genebyge Her van Cleue syner Gnaden Son, sampt eren Reeben vnbe be van Soyst to Bernbe vorschr. tor Antwort geuen, bat se nycht to Dage volgen wolben, se en worben myt beme Geleybe so ver= wart, gelyck be Cebele bar vp begreppen ys. Do toch Bernbt wyberümme to Juncker Gerbe, vm eyn clair Geleibe to halen, als it bebebynget was.

Item des Donerbages barna quam Bernbt vorschr. des Morgens fro wyber to Orsey, brachte eynen anberen vnbese= gelben Geleybesbreyff, be ock nycht heylt, als ib bebebynget was na Inhalt der Cebelen.²¹⁴). It. als be Bromysse vth was, genck be Furste van Cleue myb ben synen vnb ben van Soyst yn be Geerkamer to Raebe, lesen be Cebelen, bar be Dach ynne verramet was, vart ben Breyff, ben be Frunbe ber Henseftebe an ben Fursten van Cleue gesant habben, bes gelykten ben Breyff ben be van Collen gesant habben, vart wort bar ock gelesen be Antwort ber Frunben ber Stebe vnb Collene webber gesant. Hyr vp moste eyn yber raitslaen be Sake wyslyck antogrypen, angeseyn be Colschen bem Aisschebe ber Cebelen nycht genoych boen wolben. Do spreken be van Soyst alsus: De van Soist hebben ere Frunbe bar gesant

---

²¹²) Des Morgens na Michels Dagh; 2. — ²¹³) mit eren Reden; 3 und 4. — ²¹⁴) Dieser Satz fehlt in 3 und 4.

1445. dorch Beuel vnd Schryffte vnses genedygen Juncferen van Cleue by fyne Gnaden to komen vnd vart to dem Dage to trecken, na Luyt der Cedelen. So ys nu wal to mercken, dat de Colschen dem Geleyde vnd Veylicheyt nycht genoch doen wtllen, als de Cedel mytbrenget, blbben darumb vnsen g. H. vnd syner G. Son vnd ere hochwysen Reede, vart alle Fronde, eren vorsychtygen wysen Rat enne mede to delen, op dat se vp der Reyse des Geleydes haluen ock sus anders nyth verraden, verraschet, bedrogen, gesmeet vnd verhoent werden, want Juncker Gerdt van Cleue hebbe enne vri strack Geleyde vth vnd to Huys, na Jnhalt der Cedelen togeschreuen. Duffen Breyff lesten de van Soyst dar ock lezen.

Item als de Breyff gelesen was, beben de van Soyst, na dem mael de Biscop nycht dem bestempten Dage volgende lut der Cedelen, dat se doch mochten oppenen ere Sake vor den Fursten vnd eren Reeden, vart vor den Frunden der Hensestede vnd Colne vnd anderen geschicten Fronden, op dat se mochten verstaen, wu men se myt Gewalt vngeborlych tegen Godt, Ere vnd Recht, van dem Stycht van Collen gedrungen heuet, alleyn vmb eres Rechten wyllen vnd wu de Biscop, Ritterschop vnd Stede van den van Soist getreden synt.²¹⁵) Ja ock eyn Cappittel van Collen tegen ere gegeuen Segel, Breue, Priuilegia, Sede vnd Ere de se al vaken vernygget hebben auer ouel gehalden. Do wort Bernd van dem Vorste hyn de Gerlamer geeschet vnde enie tor Kenne gegeuen, dat me vp sodane Geleyde nicht to Dage wolde, wante se wolden van der Cedelen, de bair vp gemaket, jngegangen vnd beleuet were, nycht afftreden. Dar vp antworde Bernd: wyste ich, dat gy dar ouel wesen solden, ich wolde yu heyten hyr blyuen. Do sprack de Prawest van Cleue: wy wylt eyne Cedelen verramen, kan vns de besegelt werden tegen Morgen to VII Bren, so wille wy to Dage volgen. auer yb is to vermoden, dat van dem Dagen nycht werth, sunder kome wy dar, mach den van Soyst to Geualle schein, darumb .dat vnse g. Juncker Gerdt van Cleue, de Frunde der Hensestede vnd Colne, vart alle

---

²¹⁵) Darumme dat der Biscop mit sinen Papen, Adel ein erbar Stadt Soist ıc. 3 vnd 4.

anbere, be up dem Dage erschynen weren, mogen horen vnd 1445.
verstaen jn Gegenwerdicheyt der Colschen, myt wat Noit se
van dem Stifft van Collen tegen alle Byllycheyt gedrungen
syn. Dusse Cedelen nam Berndt van dem Vorste, toch ben
Ryn up na Vrbyngen, vmb be Cebelen to besegelen. Des
Vrybages Morgens myt dem Dage quam to Orsei Botschop,
dat be Cedel solde besegelt wybber komen Do wort haistge
to Mysse gereit²¹⁶) vnd gehalden, dar na leyt eyn iber syn
Spise vnd Noittroft to Schepe brengen; midler Tyt quam be
Cebel besegelt vnd eyn iber begunte to Schepe to gaende. Auer
do vnse g. Heren vnd Fursten, ock be Frunde der van Soist
be Cebelen lesen, do heilt be Cedel nicht als be erste, de enne
gesant was to besegelen; bar vth men do mercken mochte be
Boysheit der Colschen, dat be van Soist solden dorch se verraschet werden.

Darup wort Rait gehalden vnd geslotten, dat be van
Soist solden bliuen to Orsey vnd geuen den Fürsten Reiden
erer Frunde welck mede, se wolden mede to dem Dage trecken.
Wer ib Sake men ber van Soist Frunde me beborfte, konde
me en dan seker Geleide verweruen jnhalt der ersten Cedelen,
datselnige solbe enne kunbych gedaen werden. Item desselnigen
Morgens toigen be Reide beyder Fursten na Vrbyngen to
Water, nemen myt sych der Frunde van Soist: den Vrigreuen,
Bartolomeum van der Laele Secretarium vnde Gobelen Rosel;
dusse habben by sych alle Schrifft vnd Breue, nobych den van
Soyst vp dem Dage to Eren mede to verantweren.

Als wi to Vrbingen quemen,²¹⁷) loit vns alle Juncker
Gerdt van Cleue ꝛc. tegen den Auent tom Auentmael. Des
Morgens genck eyn iber van beiden Parten tor Bromisse. Als
be vthe was, wort be Kerke geslotten, dat dair numant yn
mochte, dan allene be to dem Dage beropen weren. Men
begunte to dagen vnd (mit) vellen Worden mosten be Colschen
jnt erste bekennen, bat se bem Dage so nycht envolgeden als
begreppen, bederhnget vnd bewhllhget was vnd bat yd waer
sy, bat alle ere schone Waerde vnd Schriuent, Wynt jn de

---

²¹⁶) geseutet; 5. — ²¹⁷) Als be Rede tho Vrbingen yegen den
Auent quemen, worden se u. s. w. 3, 4 nnd 5.

1445. Sucht geslagen sy²¹⁸) Wort dar de Cedel oppentlych jn Gegen= werdicheyt ber Colschen gelesen, dar na wort vortalt, al wes mer vp bem Dage, do de Cedel gemaket wart, bebebynget vnd bewylynget wort, nemptlich dat me vor offte bynnen dussem Dage dat Slot Vylstein nicht berennen, bestallen ever belegeren solde; but mosten de Colschen in Gegenwerdicheit al der Frunde also od bekennen. Item men lept bar lesen ben Breyff ber Henseftebe an vnsen g. H. van Cleue gesant habben, od siner G. Antwort darop. Ock wort gelesen eyn Breyff, gesant van dem Byschop van Collen an Meister Hern Arndt Westfale, Doctor vnd Decaen vnd an Hern Johan Lunenborg, Raitman vnd Sendeboden der Stait Lubyck vnd der anderen Hense= stede.²¹⁹) Item dar wort eyn Breyff gelesen, wu de Colschen op sunte Michaels Nacht bynnen dusser veligen Tyt vnd Ge= leybe wolden Soyst maertbernen, habben de Lebberen au der Muren vnd weren od al vp der Muren, als vorgeschr. werdt.

Item de wyl wy vp bem Dage stonden, quam vns de Botschop, dat de Colschen weren gerant, de wyl wy to Dage weren, vor Schermbecke mit III^c Gewapenen. — Jt. vns wort verbodet, de wil wy vp bem Dage stonden, dat de Colschen vp vns mit II^c Perden im Lande van Moerse gehalden habben, meynt wy solden van Orsey heynt to Vrbyngen de Lantstrate gereden hebben.²²⁰) — Item et worden vp beme Dage geop= pent mannygerlee Clage der Cleueschen tegen de Colschen; jnsunderheit, wu eyn Bischop van Collen vnd syne Amptlube Webbersate, Dyntal, Velyheit vnde Geleybe hebben gegeuen vnd der armen Lube Gelt genomen vnd enne er Segel vnd Brene dar vor webber gegeuen, der se eyn offte geyn gehalden habben, dat enne yn er Angesychte mit eren egenen Segel vnd Breuen ouerwysset wort, wu wal se dat vor Juncker Gerbe vnd ben Henfesteben verloent vnd versaket habben.²²¹) Moisten also ere egen Logen vnd Vnwarheit bekennen. Do sachten vort

---

²¹⁸) Vnd enne wort verwitten vnd vorgeholden, dat alle ehre schoue Worde vnd Schrifte idel Bedrogerie sy, bar se gerne wolden eren Jegen= teil verrasten vnd aver tuschen. 3 vnd 4. — ²¹⁹) Die Sätze von den Worten: nemptlich dat me, bis hieher fehlen in 3 vnd 4. — ²²⁰) Dieses Item fehlt in 3 vnd 4. — ²²¹) Das folgende, bis zum Schlusse des Ab= satzes fehlt in 3 vnd 4.

1445.

be Reibe vnb Fronbe vnses g. H. van Cleue, wer vb Sake dat be Colschen konben by brengen mpt Warhept, dat be Cleue-schen effte Soesschen enne so broichhaftich worben weren, in eynen Gulben wert, als mpt Wibersate, Dyntael, Belychept ofte Geleybe, se wolben eren Heren offte be van Soyst bar to vermogen, vor eynen Gulben C to geuen.

Item be Rebe vnses gnebhgen Heren van Cleue sechten ben Colschen in Gegenwerbicheit aller be op bem Dage weren: Gy Colschen, nu Here vnb synne Vnbergesetten, nemplych syne Amptlube vnb Hoffgesynt, synt so verne komen allet bat se seggen, lauen, beeben, bebreuen vnb besegelen, ys al gelogen, halben se eyn off gehn, schamen sich geyner Logen, bat schentlych vnb ser vnerlych ys van eynem Erfbiscop vnb Corforsten vnbe synem Abel.

Item hie wort ock vertalt, wu be van Dortmunbe ber van Soyst vorlachten, bo se to Dage trecken wolben vnb beueeben be van Soist vnentsachter Beebe, tegen Rechtychent ber Hensestebe vnb tegen er Verbunt sampt ben anberen Steben yn Westualen gemaket. Dusse vnb bergelyken Puncte worben ser vhl vertalt, welker to vyl to schriuen wer, bar be Colschen alle op verstummen moisten.²²²)

Item bo busse vorschr. Articule alle vertalt weren, spreken be Senbeboben ber Hensestebe, vor allen be op beme Dage weren, wu be Biscop van Collene enne to Geualle gerne wolle to Dage komen, op bat men verstaen solbe, bat bat Gebreck an em nycht en were; se solben ock syner mechtych syn, yn ber Sake to bone vnb to latene, to nemenbe vnb to geuenbe. Duit habbe he enne gelauet vnb togesacht bynnen Dortmunbe vnb buit seluige habben be Frunbe ber Hensestebe, albercyrsten to Burike²²⁸) vnsem g. H. van Cleue vertalt; berhaluen gelouffen be albe vnb junge Forsten van Cleue ock be van Soist, ber Cebelen vullenkomelick be to Wesel gemaket was, santen barümme ere Frunbe to beme Dage, in Hoppynge, men solbe ben Worben van sobanen geistlyken Biscope vnb Churfursten, Macht wy

---

²²²) wante tegen be Warheit is onell tho reben; sefzt N. 2 hinzu. — Der Inhalt bes folgenben Absafzes ift in 3 unb 4 nur mit wenigen Worten angebeutet. — ²²³) Beymke; 2.

1445. byllick gegeuen hebben. Ock vermeynden de Henseftede, hebben se dem Bischope so vyl togesacht, se woldent jo gerne wu byllick vullenteyn; wu vyl mer sodane geystlych Furste verplichtet were, syn Loffte vnd Wart to haldende. Darumme konde eyn yber wal vermercken, vth der Colschen Reden vnd Vornemen, dat van dem Dage nycht werden wolde.

Item darna spreken de Reide vnser g. H. vnd Juncferen van Cleue: Edel hochgeborn Fürste Juncker Gerbt van der Marcke, Gy ersamen Sendeboden der duitschen Hense vnd Frunde der van Colne, Münster, Paderborne vnd alle de vp dussen Dach hir to Vrdingen verordinet synt, luit eyner Cedelen de hir gelesen is, wu, wan vnd dorch wen de Dach solde gehalden vnd geleistet werden vnd sodan de Colschen der Cedelen Inhalt nycht syn geuolget, dan vorsychtliken vnd merclyken affgetreden, so syn auer vnse g. H. vnd Juncker van Cleue ock de van Soist, luit der Cedelen, mnt eren groten Vnkosten vnd Schaden tot dussem Dage geuolget vnd dat to Geualle, to Willen, to Leue vnd Eren vnsem l. g. Juncker, Junckeren Gerbe van der Marcke vnd den geschickten Sendeboden der duschen Hensestede; habben verhoppet, men solde dem Dage myt Heren vnde Steden mer geuolget hebben, dan gescheit is vnde de Byscop synen Warden an de Henssestede Macht gegeuen hebben, dan syne bose Meninge²²⁴) was wal to mercken vth dem Breue, den he to Collen an de werdigen vnd ersamen Legaten der Hense schreif, myt sodanigen Waerden: "sunder off wyr wat ynne vnde begreffen hebben, dat zo behalden." In den vnd vnder den Waerden wolde he syne Listycheyt bedecken, want em hebbe na synem Wyllen gelungen. Hir vth is wal afftonemen, warumb de Biscop nycht to Dage staen wylle, want et em vnd den synen nycht to den Eeren gedien wolde, wan er bose Handelunge, in Gegenwerbicheit solker erbaren rebeliken vnd verstendygen Luiden als hir vergabbert synt, geoppent woerde, wyl her Handelinge se nycht boruen oppentlych bokant syn; ock nycht wu se vor vnd yn der Veede tegen Godt, Ere Recht vnd alle Byllycheyt gehandelt hebben, als B. G.

---

²²⁴) Des Biscops bose Nücke, 3 vnd 4.

vnd Leueden eyn Dehl gehart hebben wy vorschr.; dan gene- 1445.
vhge leue Juncker Gerdt, vart samplike Frunde hyr vergabbert,
vnse g. Her vnd syner Gnaden Son, is er hogeste Boger, dat
alle Fursten, Heren, Ritter, Edelmans vnd Knechte, vart alle
Stede vnd de gene, de Rede vnd Recht verstaen, mochte geoppent werden, wu er s. G. genodiget synt, mit dem Biscope an
de Veede to tasten, dat vnse g. H. syne f. G. wal mnt Segelen
vnd Breuen bewisen kan, ben de Biscop al aff getreben is.
Ock ys dat ber van Soist Boger, dat eyn lderman vnb be
ganse Werlt mochte wetten, wat Nolt se gedrungen heuet, ennem
jungen Forsten to hulbigen, op dat se der vnrechter Gewalt
bes Biscopes²²⁵) entrebbet worbe, so van ber Biscop yn allen
Landen Clagebreue ouer de van Soist geschicket heuet vnd sych
hoch yn synen Schriften erboben, to Dage to komende vnb
syns Rechten vnd Vnrechten to bliuen vnb vthtogane yn Er-
kenntnusse Heren Fursten vnd fromer Stede. So hebbe gy nu
gegenwordich gehort, dat be Biscop bem Dage vnb alle synen
Warden, Schrifften vnb Lofften nycht genolget vnb genoch gebaen
heuet, na Inhalt der Cebelen to Wesel gemaket. Hebben nu be
Relbe vnb Fronbe des Biscops, hir op bussem Dage vergab-
dert, wes tegen vnsen g. H. van Cleue syner G. Son vnbe
be van Soist, bat selvige mogen se openen; op bat yu G. vnb
alle Fronbe der opgemelten Stebe horen vnd erkennen, we bem
anderen afuellych, truwelois vnd meynebhch geworden is, als
be Biscop sich beclaget, dat de van Soist sollen geworden syn.

Vp buit Vorgeuen nemen be Colschen er Berait vnd
brachten ter Antwort webber yn, er gnebige Her hebbe nycht
gemehnt, bat be Dach hebbe vart gegangen, se hebben eme
ennen Boben gesant, de kome nycht webber; befrochten he sy
op dem Wege geuangen. — Dar antworden be Cleueschen op,
he heuet vns doch by Bernde van bem Forste geschreuen, to
wy to Orsey weren, barüm was em van beim Dage wal kundych.
Auer vns bebünket, hebben vnse Frunde, de noch to Orsey lyggen,
hir to Dage gekomen vnd be Bebebinge vnd besegelden Cebelen
so cnuolbich Geleuen geguen, solbe sych yr Here wal genunden

---

²²⁵) vngehorter tyrannescher vnrechter Gewalt des Biscops, syner
Papen vnd Abels, 3 vnd 4.

1445. hebben, dat dan den Unsen to swaer geuallen were, als de Colschen wal er in veeligen Dagen gedaen hebben, gelich Elbert van Alpen gescheit is vnd hir gegenwordych vortellende wert.

Hir vp nemen de Colschen er Berait, geuen vor, se wolden to dem Dage staen vnd de Sake anemen, by sodanem Vnderschende, off er g. H. de Syue, offte sey wes deden vor, yn, offte na dem Dage, dat solde enne nycht to Vneren werden opgelacht, dan to den Eren verwart syn.

Hyr lett sich de Vossesche Art vnd Judasgeschlecht mercken vnd de Cleuesschen antworden, se wolden to Dage staen luit der Cedelen, dar wolden se nycht afftreden, we dar affgetreden weren, wer claer am Dage, wuwal de Colschen vyl schoner gesmuchter Warde²²⁹) vnde Schryffte, yn de Lucht van sych gesacht vnd geschreuen hadden. Do leyten de Colschen luden vnd begeren, dat men den Dach X offte XII Dage verlengen solde.

Darup antworden de Cleuesschen, solles stonde nycht by en, buten Beuel vnses g. H. van Cleue, siner G. Son vnd den van Sonst. Ock were id nycht dontlych, widder myt dem Biscop to dagen, want he heilde siner Ede, Loffte, noch Segel noch Breue, de he dem Fursten van Cleue, den Hensesteden vnd den van Soist gedaen hebbe. Insunderheyt dat nümmant vor offte jn dem Dage, na des anderen Slotten, Steden, Landen vnd Luyden staen solde; nu lechte de Biscop vor Bil-steyn vnd spraken vart: gnedige leue Juncker Gerdt vnde gy ersamen Hensestede vnd alle andere guden Frunde hir tosamen vergaddert, V. G. vnd Ersamheit hebben nu gehart alle Ge=breke, warumb dusse Dach nycht geleistet is na Inhalt der Cedelen, der de Colschen yn allen Puncten affgetreden synt, so genogsam hir geoppent is. Ock myt wat Noit, Angst, Moe, Arbeit vnd Vnkost de van Soist van dem Styfft van Collen gedrenget synt, tegen Godt, Ere vnd Recht, want dat se geleden hebben vnd noch liden; geschuht allene vmme ere Gerechtycheyt, Priuilegia vnd Plebisciten van aldynges gehalden vnd van Heren vnd Fursten enne gegeuen vnd bestediget, och anderen

---
²²⁹) gesmückeder Worde, 3 vnd 4.

erliken Steven to eynem Exempel, ere Rechte vnd Priuilegia
to bewaren, to beschermen vnd to hanthauen; wolden ock wal
bat alle Heren vnd Fursten, Ritter vnd Knechte, alle Stede,
ja de ganse Werlt wuste der van Soist Bedrancknusse van dem
Stufft van Collen. Dunt vnd alles wes W. E. sampt allen
Vmstenden geseyn vnd gehort hebben, mach eyn jder sinen
Frunden heme brengen, versehn vns bat id ock wal sal geschreuen
werden.²²⁷) Hirmede danckeden do de Rede vnd Fronde des
Hertogen van Cleue vnd siner Genaden Son vnd der van
Soist, dem Grauen van der Marcke, den dutschen Henseste ven,
den van Colne, Munster, Paderborne, varth allen anderen
Fronden op dem Dage vergaddert, vor eren Flyt, truwen
Arbeyt, Vnkost vnd Terynge darumb gescheit, wnwal vnbatelick.

Namen der up dem Dage weren und den Dach begreppen hadden.

Int erste: Graue²²⁸) Gerbt van Cleue vnd van der
Marcke. — Bernbt van dem Vorste. — Gobert van Hangelsche. —
Her Peter²²⁹) shn Capellaen. — Vart shne anderen Fronde,
der he da to gebrukede.

Van den dutschen Hensesteden:

Her Arndt Westpfal, Doctor vnd Decan to Lubyck. —
Her Johan van Luneborch Raltman to Lubick.²³⁰)

Der van Colne:

Her Gobert tom Wateruate. — Her Johan Schymelpennyck. — Wylhelm van Lyskerken. — Mester Johan van
Stumel, mnt eren Fronden.

Münster:

Johan Hesselman. — Gerbt Kerkerynck, myt eren Fronden.

Paterborne van der Ritterschop:

De alde Bernbt van Hoerbe. — Frederick van Ohenhusen,²³¹) myt eren Fronden.

---

²²⁷) Das vorstehende, von den Worten ab: „nu lechte de Biscop
vor Bilstein," bis hieher, fehlt in 3 und 4. — ²²⁸) Der Fürste; 5. —
²²⁹) van Weßel, 3 und 4. — ²³⁰) mit eren Frunden; 2. mer andere
Fronde mit en, 3 und 4. — ²³¹) vnd ein vam Adel der Westphelinge, 3
und 4.

1445.   De Stat Paderborne:
Gobele Keueman,²³²) myt eren Fronden.

Deventer, Campen vnd Swolle hadden dar er Botschop, want de dorsten nycht to dem Dage erschinen, darumb dat Walrauen van Moerse²³³) er opentlike Vyant was.

Van wegen des Hertogen van Cleue:
De Prauest van Cleue. — Elbert van Alpen. — Goyswin Stecke. — Diderich van der Marcke. — Lambert Pappe.²³⁴) — Her Diderick van der Gow. — Gerbardt Neverhoue. — Hynricus de Schriuer.

Van den van Soist:
Herman Musoge²³⁵) Brigreue. — Bartolomeus Kale, Secretarius. — Gobel Rosel Bode.

De Heren lachten to Orsey²³⁶) mit LXX Perden wp vorschr.

Van wegen des Ersbiscop van Colne:
Her Godert van Senn, Graue to Witgenstenn Domdeken to Collen.²³⁷) — Graue Gumpert van Nuwener, Here to Alpen vnd Erffoget in Collen. — Her Scheffert van Roede.²³⁸) — Johan van Hoeman eyn Son to Odenkercken. — Her Telman van Lyns Prauest to sunt Florin to Couelens. — Her Johan van Lins Canzeler. — Hynricus de Schriuer.

Alle dusse vorschr. sint to Vrdingen op dem Dage gewesen.

Item des Sundages Auent na Sunt Michael to III Uren, schedde wy vns in der Kercken to Vrdingen sunder Ende, gengen dart to Scheppe, togen den Rin aff, tegen den Auent to Orsey tot vnsen Fronden de vns²³⁹) hadden vthgesant. — Jt. des seluigen Dages wort in dem Lande van Dinslaken eyn Klocken= slach vnd de Colschen ranten vor Duisborch vnd der Colschen bleuen dar III doit.²⁴⁰)

---

²³²) Gobele Keneman vnd Herman Brinckman, 3 vnd 4. Ju 5 wird nur Gobel Krueman mit seinen Freunden genannt. — ²³³) Bischop tho Munster, 3 vnd 4. — ²³⁴) Pape; 2, 3, 4 vnd 5. — ²³⁵) Mueß; 5. — ²³⁶) van Soist averst entholden sich tho Orsey, 3 vnd 4. — ²³⁷) Godert van Seyn, Grane zu Collen; 2 vnd 5. — ²³⁸) fehlt in Nr. 2 vnd 5.— ²³⁹) De se hadden gesandt, heißt es auch hier wieder überall im relativen Stil in Nr. 3 vnd 4. — ²⁴⁰) Dieses Item fehlt in 3 vnd 4.

Item des Sundages Morgen togen be Cleueschen Rede 1445. vnd be van Soist van Orsey to Wesel. — It. de van Soist vnd be van Wesel gengen to Raide in sunt Johans Kloster. De Rait van Wesel vnd dat Wullenampt beden den van Soyst groite Eere vnd Geschencke. — It. des selvigen Sundages quam vnse g. Juncker, Juncker Johan van Cleue to Wesel, tegen den Auent. Des selvigen Auendes na der Maltit leit he bey van Soist laden op eyn Panket, op dat he verstaen wolde, wu id enne op dem Dage gegangen were, vorth loit he se to Gaste, tegen den Manbach to Myddage.

Item des Mandages santen be van Soist den Brigreuen, Bartolomens eren Secretarium vnde Gobelen Rosel to Burike ouer Rin, an vnsen genedigen Heren van Cleue,[241] vmb nodige Saken de Beede betreffende beraitflagen worden vnd laut se tegen den Dinsdach to Gaste, des de van Soist siner Genaden entsachten, want Juncker Gerdt van der Marcke hebbe enne dat Geleide togesacht dar in to entfangen, dem mosten se volgen op dat se nicht versumet worden. Do leyt be Furste enne Bullen vnd Breue seyn, wu dat be Paueft Eugenius hebbe syner Genaden jungesten Son, Junckeren Adolff van Cleue begyftiget vnd belenet, myt dem Styfft van Colne, dar mit gaff he enne Verlosff.

Darmede togen be van Soist webber na Wesel. Item des Dinsdages reden be van Soist na Dinslaken, vort ouer be Lipper Heibe na Essen vnd habben mit sich Crafft Stecken vnd Juncker Gerbes Geleyde. Des Middages[242] togen wy van Essen wente to Wetter, moisten yn dem Dage III mal ouer be Rure, des Donerdages geledeben be van Wetter vns ouer be Boler Heybe bis op be Lenne, dar entfengen vns be van Swerte vnd Westhouen to Vote vnd to Perde, brachten vns dorch Swerte. Dar quamen do bar be van Vnna vnd brachten vns borch Vnna tegen den Auent to dem Hamme. Des Vridages Morgens brachten vns be van dem Hamme bys to der Heydenmollen. Dar quemen vns entegen vnse Fronde vth Soist to Perde vnd habben dat Voitvolck geladen to Hul-

---

[241] an den olden Fürsten Herpogen Adolf, 3 und 4. —
[242] Mitwekens; 2. Sudestages, 5.

1445. dorpe, do quemen de Biande an vns vnd als se merkeden, dat wi enne to starck weren, hehlden de Münsterschen ehn Schütgewerre mht vns vnd schotten vns ehn Perdt aff. Do ranten vnse Frönde, de nicht to Dage gewesen weren vor de Houestat, schotten dar ehnen doit vnde branten dat How vnd wes se vunden. De op dem Dage weren gewesen, de molsten der Biande nicht schedigen,²⁴³) se weren dan ersten wedder in Soist gewesen, op dat se yo nicht tegen de Dachcedelen doen wolden vnd der afftreden, als de Colschen gedaen hadden.²⁴⁴)

Hir volget wo sich de Colschen bynnen vnd na dem Dage gehalden hebben.

Item hn der Tht dat de van Soist to Ordingen to Dage weren, vengen de van Soist den van Ruiden II Gewapene aff. — It. vp Sundach vor Michaelis, als de van Soist na Vrdingen to Dage tegen, branten de van der Houestat dat How in der Merschen to Thehnchusen, dart langes de Aerssen. — It. vp sunt Michaelis Nacht to ehner Vre hadden de Colschen ehne grote Vergadderhnge to Perde vnd to Voite hn Menhchusen, schickeden dat Voitvolck vor den Jocob vnd brachten Ledderen ouer den Grauen an de Muren vnd er ehn Dehl weren al vp der Muren vnd wolden Soist hn dem Bestande also veraden vnd martdernen. Des worden de Wechters gewar, men sloch de Klocken, dat Volck quam vp,²⁴⁵) de Verredders floen, se leiten de Ledderen, ehn lange gewelde Roden vnde ehnen Vilthoit vnd II Micken op der Stede liggen.²⁴⁶) Des Dridages darna branten de van Werle dat How to Vorgelen vnd dar

---

²⁴³) schinden; 5. — ²⁴⁴) Die Handschriften 3 und 4 beschließen die Erzählung mit folgenden Worten: Vnd ist vth düsser Dachleistunge der Colschen falsche Tücke wol tho merken, dat se erlich im Sinne gehat hebben, mit der Stadt Soist tho handelen, sunder dar hen getrachtet, dorch meinede, erlose, glisende Tücke, se vmb Wolfart Lives Gudes vnd Ere to bringende. Ehn erdar Stadt averst kan Godt nümmer vullendancken, dat se der Papen Gesmerde vnd beschorem Hupen-Regimentes erüssert, in gottsaligem Regiment van Gade verordneter weltliken Overicheit, hhundt in gudem Frede erholden wert, darinne se fry vnd seder van aller Tyrannye erloset, ere Beste, Nutte, Wolfart, Handelen vorsetten vnd plegen mach. Godt sy Danck vor sine Gnade vnd Barmhertzigheht. — In Nr. 5 wird die Erzählung mit einer ähnlichen Apostrophe an den Leser geschlossen. — ²⁴⁵) vth; 2. — ²⁴⁶) De Ledderen vnd andere Instrument, 3 und 4. Der folgende Satz fehlt in 5.

entlanges. — It. vp Gudensdach na Gereonis, togen de van Soist tegen de van dem Hamme op de Aerssen, halven vil Boteren vnd Kese, Heringe vnd ander Gudt.²⁴⁷) 1445.

Item vp der XIᵃ Megebe Dach brante Hinrick van Ense to Anrochte eyn Dorp ym Lande van der Marcke gnt. Buttorp, schinden den Kerchoff, nemen al wat dar vppe was, vengen de Luide dar vppe vnd schotten eynen bair vp boit.²⁴⁸) — It. des seluigen Dages quemen in Soist VI Boitgesellen, hebben gerouet by Huysten XL Swine vnd vengen den Herden.²⁴⁹) It. op sunt Severins Auent weren de van der Houestat to Loen in der Walkemollen, roueden dar Soessche Laken, Huismalder elf Beewant,²⁵⁰) den Walkekettel vnd dart wes in der Mollen was. Ock schinden se de Brouen, togen se naket vth, vntuchlych to reden. Vp den seluigen Dach togen de van Soist ock vth to Voit vnd to Perde vor Ruden, Waersten, Beleke vnd vor de Kallenhart, brauten wes dar in dem Velde van Karne vnd How was, kregen II Geuangen, schotten eynen doit, roueden II Wagen, XVIII Ackerperde, XX Koe.²⁵¹) It. des anderen Dages, was eyn Saterdach, rante Hoberch van der Houestat vor Soist, rouede II Ackerperde, schot eynen Huysman dorch den Arm vnd denck en.

Eyne grote Nederlage der van Geseke.

Item vp sunt Simon vnd Judas Auent reden de van Soist to den van der Lippe, ranten vor Geseke, slogen de Koe to Hope; de van Geseke jageden to Vote vnd to Perde, vengen der van Soist XIII vnd se leyten III Doben, verloren XVI Perde. De van Soist vnd Lyppe greppen eynen Moit, wanten sich, vengen der van Geseke webber IIᶜ de se vth dem Velde myt Gewalt voerden, sunder de, den se Dach geuen yn to halbende, auer er heilt leyn. Ock bleuen der van Geseke op der Walstede VIII doit, wat er noch dan barna starff. Hir bleiff ock doit Frederick van der Borch. Als se sus op de

---

²⁴⁷) Dieses Item fehlt in 3 und 4. Die folgenden beiden Items fehlen in 5. — ²⁴⁸) Dieses Item fehlt in 2, 3 und 4. — ²⁴⁹) Dieses Item fehlt in 3 und 4. — ²⁵⁰) Bermandt, 2. — ²⁵¹) Wagen, Pferde und Kühe fehlen in 2.

1445. Flucht geslagen weren, worpen se ere Were vnd Harns van sych, we best lopen konde, dat was de beste Man. Also wunnen de van Soist vnd Lippe Perde, Harns, Koe, Menschen vnd er Gewer. Dit is dat Loin erer rechtverdigen Sake vnd Veede, de se so vnbillick tegen de van Soist vorden.

Item op den Dach Simonis vnd Jude togen de van Soist vth tegen ere Fronde van der Lippe webber to halen, auer se quemen nicht; do togen se webber to Huis. — It. op denseluigen Dach vengen de Houesteder Diderich Broichuys vnd synen Jungen vnde Magnus Vbe²⁵²) wort geschotten.²⁵³) — It. des anderen Dages darna quemen de Fronde van Soist webber van der Lippe, brachten myt sych den Secretarium van der Stat Lyppe, myt sumygen anderen Fronden. Do worden Verbundesbreue besegelt tuschen der Stat Münster, Soist, Lippe, Hamme, vart allen Steden des Landes van der Marcke.

Item des Saterdages vor aller Hilgen Dach nam Hoberch Floren Harteger III Ackerperde.²⁵⁴) — Item des Donerdages na aller Hilligen Dach do krech Walraue van den van Gesecke Dach, de enne geuangen habben vnd he reit na Soist als eyn geuangen Man. Do quemen de van Anrochte, slogen enne sere, nemen eme syn Perdt vnd Swert, vart al wat he habbe, lethen enne also do na Soist gaen.²⁵⁵) — It. op den selvigen Dach nam de Vos van Anrochte vor Soist II Ackerperde.

Item des Mandages na aller Hilgen Dach gengen vth Soist VI Voitgesellen, vengen op dem Arnsberger Walde III Mans, de den Walt warden. — It. des selvigen Dages weren II Borgerschen vth Soist op Geleide to Werle gegangen. Als se nu webber wolden to Huis gaen, reden en de Werleschen na, schinbeven se, togen en al er Kleber vth bis op dat Hemet. Der van Soist Rüter weren yn dem Velde, worden der Browen Schynder sichtich, de Browen Schinder sloen, worpen de gerouden Kleber van sick. De Soeschen ranten went to Werle

---

²⁵²) de grote Vbe, 2. — ²⁵³) Dieses vnd das vorige Item fehlen in 3 vnd 4. — ²⁵⁴) Dieses Item fehlt in 2, 3, 4 vnd 5. — ²⁵⁵) Dath was der Colschen Stücke vnd Dogede ock eyn, 2.

vor be Parten, roueben X Koe, II Perbe, brachten be Vrowen 1445.
vnb er Kleber wibber to Soist.

Item bes Dynstages bar na brachten V Voitgesellen in
Soist III Geuangen, bat weren Borger van Dortmunbe vnb
weren Pelser, ben nemen se XVIII Pelse vnb ock rebe Gelt.—
It. bes seluigen Dages weren VI Gesellen gaen vth Soist,
roueben by Bremen XII Swine vnb VI Perbe. Desseluigen
Dages brachten noch XII Gesellen II Perbe, XXIIII Swine,
XXVI Schape. [256])

Item op sunt Mertins [257]) Auent brachten sumige Voitgesellen VIII vette Koe vnbe VI Perbe. — It. op ben seluen
Dach brachten VI Voitgesellen XII Perbe vnb VI Geuangen.—
It. op ben seluen Dach brachte eyn Voitgeselle eynen Geuangen
van bem Waelbe vnb habbe eynen boit geslagen, op bat he
ben anberen in Soist mochte brengen.[258]) Vp sunt Mertins
Dach reben vth Soist LX Perbe, haelben vor Bremen vnb
bar entlangest ouer be LX Koe, IX Perbe, V Wagen, XL Swine,
III^c Schape.[259])

Item bes anberen Dages op sunt Conibertus Dach bo
nemen be van Werle ben Seeken tor Marbeke ere Koe vnb
Swine — It. op ben seluen Dach vengen be van ber Houestat
III arme Huisluibe vor Soist, ber wort eyn borch eyn Beyn
geschotten. Op Saterbach bar na toch bat Boitvolck vth Soist,
to Sibinchusen op be Alme, bouen Büren, slogen bat Dorp
vth. De Mennen beben Wer van ber Kercken, so bat se sich
vnber eynanber schotten, vengen eynen, schotten eynen boit,
roueben LX vette Koe, L vette Swine, XXV Perbe. Mit
bussem Gube togen se na ber Lippe vnb be Preister van Sibinchusen volgebe na,[260]) bis to ber Lippe; auer be Soschen
breuen bat Gubt bart na Soist. De van Paberborne schreuen
bar vor, wu ib eyn gewiget Kerchoff were, bat solbeme ansehn
vnb geuen bat Gubt webber. So hebben be van Soist wal
gesehn, bat men bem Preister vnb ben Juferen to Büren to

---

[256]) Ock XII Perbe, VI Gevangen, 3 unb 4. — [257]) Michaelis,
3 unb 4. — [258]) Dieses unb bas vorige Item fehlen in 3 unb 4. —
[259]) Dreyhunbert vnb 12 Schape, 3 unb 4. — [260]) mit bem hillligen Sacrament, 2, 3, 4 unb 5.

1445. hoerde wibber geue offte en betalde. De Gesellen geuen dar vp tor Antwort, bat Dorp to Sibinchusen wer jo neyn gewyet Kerchoff. Ock bestromede en, bat se bat Gubt webber eyscheben, so doch ber Colschen²⁶¹) noch Kerken noch Klusen geschoent hebben. Ja se hebben nicht allene geschinbet vnd berouet be Gobeshuser dan ock darup gemaerbet, arme Lulbe dar van verraden vnd gehangen Dan be Heren van Soist hebben wal gewolt, bat solles vth Soist nicht gescheit wer noch geschege, jn Sunberheit bem Juncferen van Büren gescheit were, want he heuet sich jn al ber Vebe rebelich vnb beschebellich myt synem Rouen vnb tegen be Geuangen gehalben vnb sinenthaluen kregen be Pape vnb Junferen wes webber.

Item barna bes Sunbages tegen be Nacht, togen vth Soist VI Voitgesellen vp ben Walt, vnb be Colschen wachteben bair vp, so bat se to mangelen quemen. Der Colschen bleuen IIII boit, ber Soschen worben III geuangen. — It. des Manbages togen be van Soist vth vnb halben ere Fronbe, be van ber Lippe, mit bem Gube bat to Sibinchusen gerouet was. — It. vp ben achten Dach Martini ranten be van ber Houestat vor Soist, roueben III Ackerperbe vnb vengen ben Schulten van Gehlem.²⁶²) — It. am Sunbage na Elisabet heilben II Colsche Geuangen to Soist in, brachten myt sich LXXX vetter Swine, be se eren egen Fronben genomen habben. Des Manbages quemen II Colsche Geuangen to Solst in, brachten VII vetter Swine.²⁶³)

Item des Dinstages, was op sunt Clemens Dach, reben be van Soist vth, haelben ere Fronbe heim van ber Lippe, be by ben Geuangen van Geseke gebleuen weren. Dar mebe quemen II Burgermeister van ber Lippe, reben to Soist in vnb worben tosamen ehns, wu men sich mit ben Geuangen van Geseke schicken solbe.²⁶⁴) — It. vp sunt Katerinen Auent heilt ehn Cols Geuangen to Solst in vnb brachte myt sich II Ackerperbe.²⁶⁵) — It. vp sunt Katerinen Dach branten be van

---

²⁶¹) vnb be beschoren Papen, 3 vnb 4. — ²⁶²) Byllem; 2. Dieses vnb bas vorige Item fehlen in 3, 4 vnb 5. — ²⁶³) Der letzte Satz fehlt in 3 vnb 4. — ²⁶⁴) Die beiben folgenben Items bieses Absatzes fehlen in 5. — ²⁶⁵) Dieses Item fehlt in 3 vnb 4.

Werle ben Junfferen van bem Paradife aff, Merckelickhufen, 1445.
Ehgynchufen, Sweue vnb alles wes bar be Junfferen noch
habben.

Item vp funt Andreas Auent reben be Burgermeftere
van ber Lippe webber to Huis vnb be van Soift beben enne
mebe van eren Fronben, vm mit ben Geuangen van Gefeke to
hanbelen. Als: Arnbe van Gemeke, Nicolaus van Velmebe vnb
Whlhelme van Münfter.²⁶⁶) Op Gubensbach na funt Andreas
Dach haelben be van Soift al be Klocken vt bem Torn to
Loin, vp bat er be Colfchen nicht halen folben. Des feluigen
Dages wünnen be van Soift eynen guben Reifener vnb eyn
gubt Perbt.²⁶⁷) Des Donftages brachten VI Voitgefellen XIII
vetter Koe.²⁶⁸) Des feluigen Dages brachten VI anber Voitgefellen II gube Geuangen myt eren Armborften vnb vart wes
fe habben. Des Saterbages op funt Barbaren Dach hol-
teben²⁶⁹) be van Soift ben Moneken Cloifteren vnb vengen
ehnen wilben Baren.²⁷⁰)

Item op Auent vnfer leuen Browen Conceptionis, leiten
be van Soift Gobelen Rofel tegen ben Auent eyn wech brengen,
vmb to weruen nobige Sake. — It. vp funt Tomas Dach
fanten alle colfche Amplube ehnen Entfegge- vnb Veebebreiff
allen Browen be vth Soift gaen, vmme Holt offe vmme enige
Neringe. De feluigen wat fe ber kregen, wolben fe ftocken,
blocken, fetten vnb fluten gelick ben Mans. An buffem Breue
weren VIII Segel.²⁷¹) Vp Gubensbach bar na gengen vth
Soft L Gefellen mit Armborften vnb Peeken vp ben Hemme-
fchen Wech, wolben waerben vp be Browen Schinbers. Se
habben er Warbe op ehnem Bome, be wort gewar bat be
Werlefchen vnbe be van Neem to Werle vth ber Parten togen,
to Bote vnb to Perbe. Als fe bat haerben, worben fe fick

---

²⁶⁶) Die Namen fehlen in 3 unb 4. — ²⁶⁷) Diefer Satz fehlt in
3 unb 4. — ²⁶⁸) II Gevangen vnb feven Swine, 3 unb 4, wo aber bas
folgenbe Item fehlt. — ²⁶⁹) helten, heißt es finnlos in 2. — ²⁷⁰) einen
Baren, be was wilbe. Hiruth verhoppebe ein Yber, bat ybt wer ein Vor-
gefchichte, bath be van Soift noch fangen follen be Tyrannen, be fe vor-
meineben be Baren tho binben borch be Vorberffnuße bes Lanbe, bat Soift
folbe barumme bebwungen weren; 2. In Vertroftinge bit were ein Teken,
bat fe noch ben Baren, als ben Bifcop fangen follen; 3 unb 4. —
²⁷¹) bamit ber Breif ja bunbig were, 3 unb 4.

1445. liuen vnd tuifpalbich. Vnder des quemen de Blende an eyner Siden vnde vengen erer XI, de anderen fwemmeden dorch de Sofche Becke, dar heilt Hoberch van der Houeftat an der ander Siden der Arfen vnd grep er noch VII, fo dat er tofamen XVIII geuangen worden. De anderen quemen widder to Soift. Duffe Uitthoch vnd Anflach der Soffchen was ben van Werle verfpeyt vnd verraden vnd de Verreder was manck dem Hope.

Item in duffem vergangen Jare bedreuen de Colfchen manige Vndait, de fich in opentliker Heren Veede gar nicht gebore, als den wanderden vromeden Man de der Veede nicht to donde hebbe, vp vrier Strate to fchinden. Se fchinden Cloifter, Kerken, Klufen,[272] wigede Stede, Prefters, Monele, Nunnen, Junfferen vnd Vrouen. Ja ock de Swangeren fetten fe in Stocke gelick vnd by de Mans; fo dat fe beide Moder vnd Frucht verdoruen. Se geuen armen Luiden er Segel vnd Breue vp Widerfate, Dinctal vnd Velicheit, nemen er Gelt, halden er eyn off gein. Duit is der Colfchen Art; als de ouerften fin, fo fin ock de Vndergefetten. Hebben nicht de Bifcop, Capittel, Ritterfchop vnd Stede den van Soift valen gegeuen, ock togefchreuen, er Segele vnd Breue, ja mit groten Eeden, Loifften vnd fchonen gefmucten Warden beftediget hebben, auer wenich gehalden? Duffer vnd dergeliken Dogeden hebben fe noich mer an fich vnd gedaen, willer to vil wer to fchriuen.

1446. Jm Jar vnfes Heren M.CCCC.XLVI vp Kerftes Nacht, quam Gobel Roefel feluest ander vor Soift. Habbe in den Saken der van Soift truwelick gehandelt.[273] — Jt. vp funt Steffans Dach vengen de van Werlle II Vrowen, nemen en wat fe habben, fetten fe geuenclick, gelicke den Mans. — Jt. vp funt Johans Dach vengen de van der Houeftat I Vrowe, nemen er wat fe habbe, fchatteden fe yn dem Velde vp I Gulden, den moifte fe enne brengen.[274] — Jt. des feluigen

---

[272] Das folgende bis zum Schluffe, ift in 2 bloß durch ein ꝛc. angedeutet. In 3 und 4 heißt es allgemein: de Colfchen hebben vill Schelmftücke gedaen, dar tho vpl were tho fchriven, als Kerden fchinden, Frawen, Jungfrawen vp frier Strate, gegeven den armen Luden Segel vnd Breif, van den armen Luden Gelt genommen. — [273] Diefes Item fehlt in 3 und 4. — [274] Diefes Item fehlt in 2 und 5.

Dages, tegen de Nacht santen de van Soist Gobbelen Rosel 1446.
webber vth vm ehn Werff to verschaffen.²⁷⁵)

Item op der Kinder Dach gengen vth Soist VIII Browen
vnd Megede vnd wolden to Sassenborpe Saltwater halen.
Dar quemen be van der Houestat, nemen en de Flasschen vnd
alles wes se habben, nemen se geuangen, moisten tor Houestat
hn halden. Do se daer quemen, worden se gesant to Werle,
dar worden se geuenclick gesat. — It. vp denseluen Dach
gengen VII Browen vth Soist na dem Hamme. De vengen
be van Werle, nemen en ere Hanschen, Kleder vnd al wat se
hebben, wuwal de merste Deil der Beede nicht to bone habbe.—
It. vp sunt Thomes van Cantenberges Dach vengen de van
Werle III Browen, nemen en wat se habben vnd lehten se do
gaen. — It. vp den seluen Dach vengen de van Anrochte III
Browen, nemen en wat se habben. — It. vp sunt Siluesters
Dach vengen de van Nehm II Megede, I Browe, togen se
naket vth, nemen en al wat se habben, leiten se da gaen.²⁷⁶) —
It. vp den seluen Dach habbe Biscop Diderick al sine Koste
bh ehn, lach tusschen Soist vnd dem Hamme. Ein was ver-
botschopet, wu de van Soist Prouanien halen wolden, so habbe
he mede vil Hoerde vnd Balcken²⁷⁷) oeuer de Aersen mede to
brügene; auer de van Soist bleuen to Huis. Des seluen Dages
schinden de van Werle ehnen Hemmeschen Boden vnde ehne
Browe de was ock van dem Hamme, nemen er Gelt, togen
se naket vth.²⁷⁸) Den seluen Dach roueden de Werlschen to
Borgelen III Ackerperde vnd vengen ehnen Man.

Item op Niars Auent vengen de van Anrochte III Browen
vnd schinden se, togen en ere Kleder vth, leiten se do gaen.—
It. am Sundage na der hilgen III Konhge Dach brachten de
van Soist den van der Lippe tegen C Malt Roggen vnd entfengen weder Boteren, Kese, Hoppen, Wullen, Kollen vnd
allerlei Waer, quemen to behden Siden myt Leue webber to
Huis.²⁷⁹) Vp duhssen seluigen Dach habben de van der Houestat

---

²⁷⁵) Dieses Item fehlt in 3 vnd 4. — ²⁷⁶) Dieses vnd die beiden vorigen Items fehlen in 2 vnd 5. — Vnd loten se spatzeren, heißt es in 3 vnd 4. — ²⁷⁷) vell Thorde vnd Blancken, heißt es in 2. Das Item fehlt in 3 vnd 4. — ²⁷⁸) sochten er ahn vngeporliten Steden, 2 vnd 5.— ²⁷⁹) Das folgende dieses Absatzes fehlt in 3 vnd 4.

1446. vil hultener Schotelen, dar Botter hyn gecleinet was, an de Wege vor Soist gesat vnd Breukens dar yn geschreuen, ludende alsus: We Botteren hebben wil, de kome to der Houestat da mach he idt kopen vor IIII Dt. Duit was arm Spit vnde Hoinoit. — It. op Dinsdach na der hilgen III Koninge Dach vengen de van Anrochte III Buren.

Van Breuen des Biscops.²⁸⁰)

Item des Gudensdages dar na quemen sumige Genangen vth dem Sticht van Colne, brachten Breue van dem Biscope an de Ampte to Soist, moisten enmme to den Hilgen sweren, de Breue den Ampten to hantreken, in Menynge, he wolde Twist yn der Stat vnder den Borgeren maken.²⁸¹) Van Stunden an lethen de Heren alle Ampte vnd Gemein op dat Hus verbaden vnd geuen enne de Breue ouer to lesen. Als de Borger sine vosliftige Waerde vnd Schrifft vermerckeden, worden se em mer entegen, darumme dat al sins Herten Grunt falsch vnd lugenhafftig was.

Copie eder Afschrifft der Breue des Biscops van Colne an de Ampte to Soist.

Archiepiscopus Coloniensis Westualie et Angarie dux.²⁸²) Wir laissen wissen vch der Wullenweuer Gilde zo Soist, dat wir vernommen haen, wy eyn Geruchte zo Soist bynnen ga, dat wir vwe Blant erst woerden sullen syn, vnd dat vch dart wys gemalet werde, dat wyr vch op dem Dage deh leisten zo Vrdingen gewest ys, Eren vnd Rechts vth is gegangen syn sulden vnd den Dach affgeslagen hauen. Dar op begeren wir vch zo wissen, dat vns dar ane Vnrecht geschuit vnd en sal sich yn der Warheit so nicht vinden, also dat Vrunden der

---

²⁸⁰) Die folgende Einleitung zu dem Schreiben des Bischofs fehlt in 2 und 5. — ²⁸¹) vnd de Borgermeister, Raytsherrn vnd Rytmeister tho verargwahnen, als wolden se nicht vergunnen, dat twissen dem Biscoppe vnd der Stadt thom Frede gemalet worde, des de Biscop begerich wäre vnd van en vthgeslagen worde, wo wider Luit vnd Inhalt der Breve vermeldet. De Ampter na Gewonheit der Stadt Soist, als gehorsame Burgere, leverb de sulvigen Breise den Borgermeistern nicht vpgebroken. 3 und 4. — ²⁸²) In 3 und 4 ist der Inhalt nicht wörtlich, aber wesentlich übereinstimmend mit dem Texte angegeben.

Henseftede, de up dem Dage zo Urdingen geweft fyn, wol 1446.
kundych is, de ock den Dach dar verramet habben; dan wir
vnd vnse Frunde van vnsen wegen, haint Eren vnd Rechtz
geboden, zo bliuen by vnsem genedigen Heren dem romeschen
Konynge offte den Koerfursten, semenntlich off ytlichen besunder,
offte vor anderen vnpartigeliken Fürsten, Grauen off Frien des
Rikes, by eren dreyn, twein offte eynen, offte vor den Hensesteden vnd bysunder vor den II Steden Colne vnd Lubeck;
willen ir vith den allen dar to keisen vnd nemen wulden, de
seluen vnser noch dar to alletyt mechtich syn sullen, Ere vnd
Recht to nemen vnd to geuen, zo geuen vnde zo nemen, als
wir och dat ock ducke, er yr vnse Biande worden, geschreuen
vnd geboden haen. Bedunket dat och vnse Schryfft vnd vul-
komeliken eirborlike Gebodere nicht vorkomen sind, also wisten
wir noch gerne wes ir vns zyhen, darumb ir vnse Biande
worden sint vnd Buer geschozen vnd dart vngewontlichen Krich
tegen vns, vnse Gestycht vnd der Bnse gedaen, gefoirt hait,
int byt gube Lant dat wir in Freden gebracht vnd gemaket
hain verderfflick hefft maken. Ind begeren dat ir vns dat
schryuen off eyns Deils huer Frunde dar ümme zu vns schicken
vnd dat zo verstaen geuen, de wir aff vnd zo veligen willen,
sunder Argelift. Erfunde sich dan, dat wir och bruchlich eder
yn enigen Saken webber Eer vnd Recht sumych worden weren,
dat wolden wir gerne besseren, als vns geboren solde. Hetten
wir auer dar ane geine Schult, als wir hoffen vnd getruwen,
sich in der Waerheit erfynden sulde, dat ir och dan dajnne
hebben vnde vns deden als sich geborde. In des begeren wir
uwer beschreuen Antwort. Vrkunde vnses Segels hir aen
gebrucht, gegeuen zo Arnsberch na der hilgen III Konynge
Auent, anno dni. etc. XLVI.

Hir op geuen be Ampte van Soist dem Biscope eyn
Antwort, ynhalbende de ganzen Sake vnd Oirsprunck der
Beede:[283]) Dem Erwerdigen Fürsten vnd Heren, Hern Dide-
rike van Moerse, Ertzbiscop to Collen ꝛc. vnsem g. H. als dat

---

[283]) Das nachfolgende Schreiben der Gilden zu Soest, fehlt hier
in Nr. 2. Es wird aber daselbst etwas weiter unten mitgetheilt, wie die
Note 303 nachweiset.

1446. nu gelegen ys. Erwerdige gnedige Here, so ib nu gelegen is vnd y vns yn yuen Breuen an itliker vnser Gilde eyne bisunder spreckende helt, schriuen boen, dey wy alle vnd vnser iszlich vor sich, als de an vns halden, entfangen vnd dart na vnser Gewonde, wy myt den Breuen an vns gesant vnd spreckende, er wy se lesen off opbreken, to halbene plegen, vor de ersame Borgermeistere vnd Rait gebracht vnd en de geleuert hebben, de se ock, als gewontlich is, entfangen vnd dart in Bywesen vnser Frunde van den XII vnd aller vnser Gegenwerdicheith, van Warden to Warden apenbaerlick vnde dar to vergabbert, vp vnsem Raithuis lezen beden, de wy alle gehart vnd verstaen hebben vnd mienen ock, so de Sake tusschen yn vnd vns nicht hemelik, dan apenbaer togegaen vnd verhandelt syt, nicht Noit were yu wes dar vp to schriuen als y begert, doch vmme to verstane, dat vns nicht allene buisse jue Schriffte, Gebodere vnd Vthgesant, wie gelick dusse leisten yue Schryfft, gehort hebben, verstaen vnd vns de alle vorgelacht sin, van den vorschr. vnsen Burgermeisteren, Rade vnd XII, bogeren wy yu to wetten, so y yn dat eyrste yn yuen Breuen roert, wu gy vernomen hebben, dat eyn Gerochte bynnen Soist sy, dat y erst vnse Viant geworden sint, so wette wy wal vnd is vns indechtich, dat wy vm des hochgeborn vnses genedigen leuen Heren Juncheren Johans, eldesten Sons van Cleue vnd van der Marcke rc. vnd vnser Noit willen, huwe vnd der huwer Viande geworden sint vnd meynden ock, nicht anders dan erliken vnd hir to Lande gewontlick is, dar mede to veeden, wu sich dar ynne van huwer Siben vnd der yuer bewiset is, hefft me oth vnsen Schrifften vnd anders, myt der Waerheit wider wegen wal vernomen; men weit ock wal, wu de Dach, latest to Orbingen gemalet, wort geholden vnd y vnd de huwe sich dar enbinnen habben vnd so y dan gerne wisten, wes wy ju tegen vnd ju bedunck dat vns ju Schrifften vnde Gebodere vullenkomen nicht vorkomen syn, so y ju to Vrbingen vnd ducke, er wy ju Vyande woerden, Eere vnd Rechtes erboden hebe rc dar wal wat vil op to schriuen were, dat wy laten vmme Korbede der Schrift, hochtes wes dar op to verstane, so is dat wair vnd lantkundich, dat vmme manigerlee Bedranck, Querhalen vnd

Verbrucynge, Ritterschop vnd Steden der Lande des Marschalcamptz hyn Westualen, der Graueschop van Arnsborch, des Amptes van Waldenberch vnde vns, van yuen Amplüden vnd huer wegen, lange Tyt geschen, ene Verenynge ouermidst der Ritterschop sumyge der Stede vnd vns gemaket wort, darumme do eyn Schedynge tusschen yu, enne vnd vns bedebinget wort, so dat wy meenden, yn gudem Frede bliuen selben vnd yn juyr guden Gunste, Schure vnd Scherme behalden wesen, dar enbouen worden wy vnd de vnse, van den Juen bedranget, vnse Borger vnd Ingesetten eyndeils geuangen, gehachtet vnd sumyge geuordert, bouen dat se Eere vnde Recht, Boden to boende vnd de vorschr. Burgermester vnd Rait, dar vor God wesen wolde vnd wat dan de Vnse oirbodich weren, de y vnd de yue, vns de Gerichte vnd manigerlee Sake verbeiden, vnser Stat Vriheit, Gewonde, Recht vnd Herkomen andrepende, dar wy nicht alleine yu, dan ock dat Capittel van Colne, Ritterschop vnd Stede vorschr. vns dar by to laten vnd to behalden, mannychmael vleliken beden vnd anrepen, myt sodaner Verwarnynge, off vns des nicht gebien vnd wederuaren mochte vnd wy dann vinmandes²⁶⁴) anrepen, offte myt wem verenygeben, vns dar by to laten, dat y vnd se dan wysten, wat vns dair to brunge, so wy de vnse gerne verbedynget hebben vnd de Gerichte ock anders nicht anheilden noch handelden, eder de Vnse verbedigeben, anders dan vnse Voruaren vnd wy dat hergebracht vnd her gedaen hadden, van Heren to Heren, dar wy ock mogeliken van yu vnd den juen nicht allene by gelaten, dan ock beschermet vnd behalden weren, bouen dat vnd dat wy by vnd na Raide Ritterschop vnd Steden, huer Lande yn Westualen, des Gestichtes van Colne, der Gestichte van Münster, Osnabruge, Paderborne vnd wider wegen schrifftliken verstaen deden, dar se alle vnd eyn itlich van en, vnser to mechtig wesen solde, y doch, y vnd de yue, myt grotter Schair van Volke, hir enbouen vmb biland vnse Stat sych vogeden, den Erwerdygen Heren Walrauen yuen Broder, Johanne Spegel, Lutter Quaden, Johanne van Schedingen vnd andere, be gy

---

²⁶⁴) fromedes; 2.

1446. vns to Biande maleden, vns to vertrebben, vnse Stat Lives vnd Gudes, vmb vnse Briheit to entweldigen,²⁸⁵) so wy van huem Capittel, Ritterschop vnd Steden des Gestichtes van Colne, to verlaten worden bouen sodane vnse Gebode vnd doch bo men sach, dat wy vmb vnser Brihehyt to behalden, de Vaer vnd Noit liven wolden, so iver gude Stat vmb ere Briheit, er se be ouergeuen Noit liven sal, wort do tusschen hu vnd vns, jn dat lateste hyn sodanem Bedrange ehn Compremis bedebinget, dar inne was van hu, huer Ritterschop vnd Steden versegelt, dart vns to vorn bh vnsen Priuilegien, Rechten, Breuen, Briheiden, Gewonden vnd Herkomen to laten vnd to behalden, als dat Compremis inholt, tohant na dem Compremisse rede gh ju nicht alleynne geistlike, dan ock wertlike menegerlee Sprake opbregen, dairvme vnd manigerlee Gescheffte, der sumhych van huen Voruaren seliger Gedachtnisse vnd ju seluest, ouer langen Jaren vnd Tiden gescheden weren vnd dart sümhyger van vns vnd der Vnseren vele, beide Man vnde Wiff, vor egen vnd manhggerlee Puncte vnser Stat, der Ampte, Gilde vnd Gemehynde, Gerichte, Rechte vnd Vryheide anbrepende,²⁸⁶) bedebhyngeben vnd vns eynbeils vnd vele der Vnser myt Whuen, Kynberen vnd Guden, vthehysscheden vor egen vnd dar to sodane Beteringe, Bote, Gelt vnd Gudes gesunnen, des ehn Gestychte van Collene nicht al bhbrengen konde, to betalen, mht sodaner Beslutinge huer besegelben Ansprake, off wy seggen offte vernemen wolden vnd dat dar mede vorantworden, wat wy der Puncten hn huer Ansprake begrepen, ehn Deilss off al gedaen hebben, dat wy dat van wegen vnser Priuilegien, de wy, hn dat gemehne offte besunder dar op sprekende, van romeschen Keiseren offte Kunhgen van juen Voruaren ebber van ju seluest hebben, off myt vnsen Gewonden offte Herkomen vns eroirlouet, verdedhyngen wolden, jn wat Maten wy dat vertellen mochten, dat hu be nicht hhynberlick wesen solden vnd wy be Priuillegien ock nicht mochten geworuen hebben vnd ber van vnser Eede wegen nicht bruken solden, als dat de versegelbe, hn huer Ansprake bh vns liggende,

---

²⁸⁵) Alles folgende, bis zu den Worten: „Ock weit men wal ꝛc. (Note 289) fehlt in 3 und 4. — ²⁸⁶) andere Pende; 2.

klaerliken inhalt vnd so gy dan darynne tegen ju seluest, weren 1446.
dem Compremisse yn huer Versegelynge vns gedaen, so vele
yn hu was, merckelken aftreden, na deme wy myt yn vnd
ander Lude Sprake vnd Priuilegia vnde Gewonde nicht rechten
solden, als dat van den Vasen vnde vnser wegen hu nicht
allehne, dat ock Decan vnde Capittel der hilgen Kercken to
Collene, Ritterschop vnd Steden des Gestichtes van Collene
gescheit, dart darumme manck vele vnser Bede, Schryffte vnd
Ermanynge, Vrunde des vurschr. Capittels, der Ritterschop
vnd Stede, de to Attendarn vergaddert, alhyr to Soist sich
vogeven vnd hu dat lateste dat vurschr. hu Capittel vnd des
Capittels Fronde, tusschen hu vnd vns vnd den Vasen ehne
fruntlike Schedinge bedebyngeven, dar hnne was nicht togegeuen
worth, sunder vns by vnsen Priuilegien, Vryheiden, Rechten,
Vreuen, Gewonden vnd Herkomenen to laten vnd to behalden
vnd dat wy de Gerichte bynnen vnd buten Soist oeuen vnd
handelen mochten, als wy yn Gewonden vnd de hergebracht
habben; dar mede do alle Vnwille to beiden Siden solde
affgestalt wesen; de Schedinge vns van hu nicht mochte gehyen
noch gehalden werden, da h vorstalben, dat y der Schedynge
van huer Geloffte, gy der hilligen Kercken van Collen gedaen
hebben, nycht wyllygen mochten vnd dat Capittel der Mytge=
scheede nycht mochte bedebyngen hebben vnd wy der ock nycht
annemen noch gebruken solden, dat vns vnd mannigem vromede
duchte, synt numande mogelyken, dar entusschen to bedyngen
were, dan deme Capittel, so dat de Saken bedt besorgen wolde
to bedebyngen, na deme dat Caphttel dem Gestychte bewant is
vnd vns yn der Schedinge nicht togaff, so vorgeroirt is, alfo
en mochte vns doch nicht alleine van hu vnd dem Capittel de
Schedinge, sunder ock alle Geloffte, Versegelinge vnd Vreue,
vns van huen, hu seluest vnd dem Capittel gedaen vnd ver=
segelt nicht gedhyen, darbouen vnd mannichuoldige Ouerhalinge,
vns van den Vnsen geschach, worde wy vnd de Vnse van hu
vnd den yuen, van hu vnd der yuer wegen, so vor dem alber=
genedegesten, vnsem leuen Heren, dem romeschen Kouhnge, so
vor dem hochgeboren Fürsten, dem Hertogen van Louwenberg,
so myt ynes seluest vnd anderen genstliken vngewontliken Ge-

1446. richten bedranget, veruolget, vnd gelick wy Mysdeder der hilgen Kerken weren vnd Sake dreuen vnd Haudelen, an Kette-
rien sych rorende, van yu vnd den yuen beclaget, gehelget vnd
vnuerschuldet gebannet vnd anders mit Gewalt to vnser groiten
Vnschult vnd Verderffnüsse geuordert, als dat de Breue by
vns lyggende jnhalden, so dat wy vnser noch aller der geyner
Bede, de wy anrepen, nicht geneten mochten, dat vns dat aff
gedaen worde vnd wy an den genen, dar wy lange Tyt vns
gehalden hebben, blyuen mochten,[287]) dan vnuerschuldes vmb
vnses truwen Deynstes willen, den vnse Voruaren vnd wy
dycke, to vnsem groiten Schaden, an deme Gestyffte van Collene bewiset habben vnd gedaen, versmait vnd verdruckt werden;
darumme wy yn dem Capittel, Ritterschop vnd Steden yuer
Lande, schreuen manichmael, vns dat aff to doende vnd by der
vorgeroerden lesten Schedinge vns to latene mit sodaner Qui-
tinge, wat vns de Last nicht mochte aff gedaen werden vnd de
Schedynge[288]) geholden, dat wy vnd de Vnse dan van Noit,
vns an eynen doen mosten vnd wolden, erfsliken off anders,
vns to beschermen vnd by dem vnsen to behalden, dat vns alle
nycht helpen mochte; dan wy worden van yu, dem Capittel,
Ritterschop, Steden vnde allen den genen, de vns by dem
vnsen solden gelaten vnd behalden hebben, verlaten; so dat vns
Noit was, an wen to doende.[289]) Ock weit man wal, wo
jamerliken yu dusser Beede, vns de vnse vnuerschuldet to
Menychuzen bouen oth dem Kercktorne geworpen worden vnde
vort sumyge oth erem truwen denste vnd suren Arbeyde, van
gewygeden vnd anderen Steden, vorsychtiken gemaerdet vnd
gedodet synt, dat lantkundich is vnd nicht alleine van den
Menschen, dan ock van deme, de alles vnschuldigen Blodes
eyn Wreker ys, sunder Twyuel sal gerichtet vnd gewroken
werden. Darumb vns ock wal Noit were, off wy konden, dat
an den wreken, de sych so an den vnsen vnd vns verschuldet
bewist hebbet, vorder dan sich to verhalen is, an den Bianden,

---

[287]) Der Satz nach: „geneten mogten" bis hieher, fehlt in 2 u. 5. —
[288]) Die Worte nach: „lesten Schedinge" bis hieher, fehlen in 2 und 5. —
[289]) Auch diese Sätze sind in 2 und 5 sehr verstümmelt. Eben so ist das
folgende bis zum Schlusse, nicht ganz vollständig in 3 und 4 wieder
gegeben.

de erliken vnd so gewontlich is, to veeden plegen. Hir vnd 1446.
vth anderen Gestyfften vns vnd den vnsen, beyde, Mans- vnd
Vrowenpersonen, vngeborliken weberuaren sit, is wal to mercken,
wat Gunste, Grundes vnd Leuebe men lange Tyt to vns gehat
heuet vnd de Gebode de men sych tegen vns erboben hefft, so
de noch ock geschehn alle Tyt hn de Lucht, myt Hulpereben
vnd Belehdynge gestalt syn vnd ys ock wal apenbair, dat de
Gebode so se nu geschehn vnd ib mit vns bewant vnd myt
dem vnsem genedygen Junckeren gelegen is, to spade komen
vnd wolden dat iberman wiste, allet wat vns armen Luhden
hir hnne weberuaren is vnd dagelick weberuert; vnd so dan
alle Sake, Schriffte vnd Geschychte vor vnd na, tusschen den
vnsen vnd vnser Stat, in dussen Saken verhandelt, verlopen
vnd vthgesant, ouermhdst der vorschr. vnsem Borgermester vnd
Rait, den XII vnd den genen de van erer wegen dar to
gesateget weren, nicht allene verhanteert, bedebynget noch geendet
synt, so de gekomen syt, dan de alle myt vnser aller Witschop,
Vulbart vnd Consent togegnen syt vnd verhandelt, als dat
wal wetlych is den genen, de ouer den Dedhygen vor vnd na
gewest hebben; vnd men dat ock widerwegen vth vnsen Schrifften
vnd Clagebreuen verstaen hefft vnd kundich is. Darumb mochte
vnd moge gy vnd·be hue, sodane Schriffte vnbe dergeliken wal
behalden, synt de mit vns nicht hnbrengen konnen, als men
dar mede, so wi merken, nashmen hefft, to verhanteren vnd
so wy dan nen egen Segel hebt, noch gewontlich is vns ichtes
sodanes to schriuen, anders dan vnder vnser Stat Segel, hebben
wy gebeden den vorgenanten Borgermeister vnd Rait, dat se
myt vnser Stat Secreit dussen Breiff hebben doen segelen;
des wy Borgermehster vnd Rait erkennen. Gegeuen hn dem
Jaer vnses Heren M. CCCCXLVI. des negesten Gudensdages
na der hilgen drey Koninge Dage.

Ghlde der Wullenwener, der Smede, der Becker, der
Lore, der Schomaker, der Kemer, der Schrober, der
Kohpluhde, der Buuluhde vnde vart alle Ampte, Brober-
schoppe vnde ganse alinge Gemeynde der Stat Soist.

Leuer Leser, merke an dusser vorgeschreuen Breyff, wu
vngeborlich de Biscop sampt den synen, tegen Godt, Eere, Ebe,

1446. Segel, Breue, Schedynge vnd alle Recht gehandelt hebben. Wan he vnd de sine duſſen Breiff wal vnd recht betrachten, mogen ſe ſych in er Hert ton ewigen Dagen ſchamen, laten alſo jamerlick dorch eynen Homoit, er Lant vnd arme Lute verderuen vnde verwoiſten.[290])

Item vp den vorſchr. Gudensdach na der hilgen III Koninge Dach, do vengen de van der Houeſtat VI Megete vnd Browen, ſchyndeden ſe, vorden ſe to der Houeſtat.[291]) — It. des Donrdages dar na togen de van Soiſt, den van dem Hamme entegen myt L Wegen, haelden Keſe, Boteren, Hering, Wullen, Hoppen vnd allerley Gud vnd des ſeluen Dages holteden ock de van Soſt in Vollenſpetes Holte, to der Heyden= mollen. — It. des Vridages dar na ranten[292]) Her Kerſſenbroick vnd Her Hinrick van Enſe, Domheren[293]) to Paderborne vor Soiſt,[294]) vengen ouer XL Megede vnd Vrowen, de na Holte gengen, togen ſe vth, nemen er Kleder vnd alles wes ſe hadden, nemen ſe geuangen, geuen en to Dach bis vp den Sundach, moiſten do to Veliſe[295]) ynhalden, gelick anderen Mans. — It. vp den ſeluen Dach vengen ſe ock kleine Mekens,[296]) van VIII vnd IX Jaren, moiſten ock ynhalden. — It. deſſeluen Dages nam Keſſenbroick III Geuangenen vth Soiſt, de jagen; fengen ere Wynde, Stouers, Hazenpande[297]) vnd wat ſe geuangen hadden.

Item deſſeluigen Dages quam eyn Geuangen van Arnsborch, de den van Soſt aff geuangen was vnd brachte Breue van dem Biſcope, weren gelick den vorſchr.; auer ſe worden

---

[290]) Dieſe Apoſtrophe an den Leſer fehlt in Nr. 2. In Nr. 3 und 4 heißt es: Vth büßem Brewe iſt kortlick wol aſthonemmen, dat de erbar Rayt vnd Stadt Soeſt mit billiken Orſaken der heiloſen Papen Regiment ſick geäßert vnd einem weltliken Fürſten geholdett. — [291]) Dieſes Item fehlt in 3 und 4. — [292]) De verbiſterden Dompapen vnd Almoiſen-Freters van Paderborn, Kerſenbroick ꝛc. 3 u. 4. — [293]) vnd Almoißen-Etters; 2. — [294]) wolten ſich ock bewiſen, op dath ſe ock beiUhafftig worden der Ketterie, dar de Biſchop van Collen in condemnirt vnd gewiſet was van dem Stole van Rome, de hue ſengen ꝛc. 2. — dat ſe erem Biſcoppe Caipha behageden, als de Knecht, de den Herrn Chriſtum vp de Backen ſlogh vnd vengen ꝛc. 3 und 4. — [295]) Bloch; 2. — [296]) Megdekens; 5. — [297]) Winde vnd Hunde vnd Haſenpanden; 5.

van ben van Soſt verachtet vnde verſmaht, want ſe kanten 1446.
ſine liſthge vnd falſche Anſlege wal.²⁹⁸)

Item des Sundages darna, was op ſunt Anthonius
Auent, ſanten de van Soiſt by erem Boden, Hern Kerſebroke²⁹⁹)
to Beleke XLIIII geuangener Bromen jntohalbene. Als ſe nu
dar quemen, begenck he eyne erlike Manheit.³⁰⁰) He nam ſine
Geſellen tot ſich, myt geſpannen Armborſten vnd blancken
Swerden, dreiff de Bromen vor ſich als Schape na Arnsborch.
Auer ſine Geſellen beben vor ſe; do gaff he enne noch VIII
Dage Dach, dan weder intokomende.

It. des Mandages op ſunt Anthonius Dage halen de
van Soiſt de Stücke van den verbranten Klocken, van dem
Torn to Menichuſen, den de Colſchen branten, de Luyde dar
van maerden vnde hengen.

It. von dem Donerdach op den Vribach, dat was van
Sebaſtians op Agneten Dach, quemen de Houeſteder vor Soiſt
vor ſunt Walburges Parten, hn der Nacht, tegen den Dach,
vermehnten de Butenwechters to vangene. Vnd de Soſchen
worden er gewar, ſchotten ſich mit en, ſo dat der Houeſteder
wat gewundet vnd wat doit bleuen. Darmede rumeden ſe
enwech; auer de Soſchen bleuen hu dem Bolwerke, want ſe
fruchteben ſich vor eynem Achterhalt.³⁰¹)

It. van dem Sundach op dem Mandach, was Conuer-
ſionis Pauli,³⁰²) togen de van Soiſt vor de Houeſtat, wunnen
Hoberge ſyn Berchfren aff vnd branten ſyn Buwhuis, ſchotten
ſych dart myt en, ſo dat Hoberch VI gewundet, III doit leit
vnd der van Soiſt wort IIII gewunt; der ſtarff eyn, de was
Hoberges egen Man vnd was by den van Soiſt.³⁰³)

Item des Gubensdages bair na quam³⁰⁴) Her Kerſſen-
brot vor Soiſt an de Hare, vend XLIIII Bromen, nam wat
ſe by ſich habben, heilt ſe in dem Holte, bis an de Nacht;

---

²⁹⁸) Dieſes Item fehlt in 3 und 4. — ²⁹⁹) Kerſen oder Moßbrote,
3 und 4. — ³⁰⁰) wo der heiloſen Papen Art iſt, wan ſe de Oberhand
hebben, 3 und 4. — ³⁰¹) Dieſes Item fehlt in Nr. 2 und 5. —
³⁰²) Auent; 2. — ³⁰³) Hier folgt in Nr. 2 das vorhin mitgetheilte Ant-
wortſchreiben der Soeſter Gilden. — ³⁰⁴) de geiſtlike Preſter vnd Almuſen-
fretter; 2. — De boſe erſtike Worm, der Papiſte Kerſenbr. 3 und 4.

1446. do moisten se eme lauen vnd sweren, to Arnsborch offte war he se ehsschede hntohalden. Des nam he ere Namen in Schryfft.

Jt. yn der volgende Nacht togen de van Soist to dem Hamme bynnen, mer dan mht C Wagen vnd Karen, brachten dar Roggen, Beer, Sped, Laken vnd allerley Waer, loeden de Wagene weder mht Kesen, Boteren, Heryngen, Wullen, Wande, Whne vnde allerley Waer, so men hn Steden behouet; togen weder mht Leue to Huhs.

Jtem Hoberge³⁰⁵) was ehn groit Liden, dat de van Soist altht den Colschen to starck vnd to geluckich weren, so konde he sych nicht an leuendygen Creaturen wrecken, dan he koelde synen Moit an Ouet, Bomen vnd Potten, vmme Soist staende; de he verdarff, so vel als he konde.³⁰⁶) Vnd hn deme Jare was gehn Ouet ju dem Colschen Lande, dan im Lande van Cleue, Marcke vnd buten vnd bynnen Sohst, weren alle Bome onervrobhch vul.

Jt. des Donerdages op sunt Blasius Dach reden de Soschen Soldener vth op Euentuhr, vengen III Menne, roueden II Perde. — Jt. deseluigen Dages entsachte den van Soist Nicolaus Büssenschütte mht dem scheuen Munde, want em was lebe, dat hb vth breken solde, dat he vnse Borgers ver- raben habbe, als hbt ock noch bair na bede.³⁰⁷)

Jt. des Manbages na Lechtmhsse, in der Nacht to IX Uren, quemen de Colschen coste vnd Houesteder hemelick vor Soist, schotten dar hn, op III ober IIII Orden, Büerpile vnd ander blinde Pile dar na; Gob vogede id, dat des de Wechter whs worden, slogen de Klocken dat dat Volck an quam, kregen de Pile, drogen se op dat Raithuis, hehlden se to Rade, wante id mochte sich genallen, dat men se den Colschen webber sente vnd bestebigede better.

Jt. des Donerbages op sunt Scholastyken Dach yn der Nacht do leht Johan van Colne ehn Stocker der van Sohst ehnen Geuangen vth dem Raithoue genant Johan Vollant. He nam en mht sych hn den Goltknop vnd leht dar ehnen

---

³⁰⁵) einem bosen Naber der van Soist tho Havestab, 3 vnd 4. —
³⁰⁶) Der nybesche Tyranne vnd Pucher hoggede af alle Bome vnd frucht- bare Potten, 3 vnd 4. — ³⁰⁷) Dieses Item fehlt in Nr. 2, 3, 4 vnd 5.

vth genant Euert van Tryhuel vnd was des Rentemeislers 1446.
Son van Lenep. Duysse III leyten sych vth dem Goltknope
vnd kuemen en wech.³⁰⁸) Des Dynsbages dar na togen der
van Sohst Solbeners vth tegen de Nacht, quemen to Boswynkel
vnd darumb lanck, roueden, plünderden alles wes dar was, so
vyl als se briuen vnd voren konden, brantschatteden LXX
Gulden.

Veranderynge des Rades to Soyst.

Item des Vrydages vor sünt Peter wort de nye Raht
vthgesacht, na aller Gewonde vnd weren II Borgermeysters
Her Johan van dem Broke vnd Her Albert van Hattorpe,
beyde ersame vnd walbedyge Mans.

Item des ersten Donerbages yn der Vasten, do vengen
der van Sohst Solbener eynen Reysener van der Houestat
myt Harns vnd Perde, genant Johan van Hoyge.³⁰⁹)

Van Weken¹¹⁰) in Soist to leggen.

Item des Vrydages dair na, do brungen de Colschen
Amptlude eynen armen geuangenen Man dar to, dat he moiste
lauen vnd sweren, dat he wolde Weken in Sohst leggen, an
VI Ende der Stat, dar se enne wiseden vnd solde Soist martbernen. Duyt nam de arme Man an, vmb syn Lyff to redden,
van den colschen Thrannen³¹¹) vnd he quam dar mede to
Soist. He gaff id synem Vychtvader vnd anderen guden
Fronden tor kennen, vp dat he syn Sehle vnd Ere redden
wolde vnde solkem Jamer to verhoben. Do wort em geraden,
dat he de Lunten lechte, gelyck he gelouet habbe, auer dar
weren Lude by, drogen se vp dat Rahthuys. Duisse Man
was genant Henryk de Korte, eyn Borger to Soist. Myt
sulken guden Daden vnd verretlyken Stucken, gengen de Colschen vme.

Item des anderen Donerbags yn der Vasten, togen de
van Soist to dem Hamme myt L Perden, brachten en Roggen

---

³⁰⁸) Dieses Item fehlt in 3 und 4. — ³⁰⁹) van der Hege, 2.
Das Item fehlt in 3 und 4. — ³¹⁰) Lunten, 5. — ³¹¹) Bloithunden, 3
und 4.

1446. vnd ander Karn vnd Beer, loven weder vmb Wyn, Stockuis, Herrynge. — It. des Saterdages dar na brachten IIII Bott-gesellen III Geuangen.³¹²) — It. des seluygen Dages schinden de van Anrochte de Kerken to Sassendorpe, slogen vp alle Kasten, nemen dair vth alles wes se vunden. Se vengen yn der Kercken eynen Man; de hadde sich gehut jn vnses Heren Godes Graff. Den nemen se mede na Anrochte.³¹³) — It. des seluygen Saterdages hadden de van Sohst geladen auer C Wagen mht Roggen, wolden den van der Lippe entegen trecken; des solden de Lipschen eynen Boden senden,³¹⁴) wu vere se en entegen komen solden. De Bode vnd ock de Lip-schen bleuen alle vthe. De van Soist weren mht den Wagen al vth der Stat, togen weder to Huis, sus hebben se to Mate gekomen, mht den Kercken Schynderen.

Item des anderen Sundages yn der Vasten, do weren de Colschen by Nachte vor Soist vnd wolden dar echter Vüer yn scheten. Des worden de Wechters gewar; dar vmb wor enne de Reise verdoruen. — It. des Dynsdages dair na togen de van Soist vth, den van der Lyppe entegen, brachten enne ouer III^c Mallt Roggen vnd de van der Lyppe brachten wedder allerley Waer. De van Soist vengen vp der Reyse eyn wylt Swyn, geuen dar na den van der Lippe dat Houet vnd eynen Bock vnd de van der Lyppe vengen eynen Wapener; dahr mht quemen se wedder to Huis.

Item des Donstages dair na, op sunt Gerdrudes Dage, reden der van Soist Rüter op Euentuhr na Huhsten, roueden XIIII Perde vnd vengen II. — It. darna op den Vridach, hadde sych to Soist ym Naithone eyn Geuangen loiss gebroken, quam vp der Monike Kerckhoff, dar gaff he sych wedder aff, want em wort Genade gegeuen, jn de Herborge to gaen.³¹⁵)

Item des Sundages³¹⁶) Oculi quemen Johan Hesselman vnd Gerdt Kerkerinck, des Rades Froude van Münster to Soist, brachten mht sych Bernde van Houele vnd Rotger

---

³¹²) Dieses und das vorige Item fehlen in 3 und 4. — ³¹³) in dem Grafe da man plecht tho Stillenfrydachh dat Crütze inleggen, 3 u. 4.— ³¹⁴) tho erfrosten, 3 und 4. — ³¹⁵) Diese Items mit beträchtlichen Ver-kürzungen in 3 und 4. — ³¹⁶) Frytages, 5.

Ketteler, beyde gude Mans, vmb hemelike Sake myt den van 1446.
Soist to verhandelen.

It. op Saterdach dar na reden de van Soist vth, halben
VII Wagen myt Vastenspise van dem Hamme. — It. op den
seluen Dach, als de Wagen al yn der Stat weren, ranten de
Colschen myt den Plogeren van Menichusen her aff, wynte
vor Soist; auer se schaffeden nycht.³¹⁷) — It. des Mandages
na Mytfasten togen vth Soyst XL to Perde vnd LXX to
Voite vnde sochten yn dem Arnsberger Walde, roueden XXXII
Perde vnd vengen XIII Mans, vnd dar quam eyn Monyck
van Wehnchusen³¹⁸) genant Her Bernt van Altena riden, de
entfel en yn de Rure, auer de Soschen kregen dat Perdt.

Wu Nehem vth brante.

Item op Gudensdach na Mytfasten, yn der Nacht, togen
de van Soist vor Nehem, wolden versoken, off de Büerpile de
yn Sost geschotten worden, ock noch gudt weren. Do yd an
den Dach genck, deden de van Soist noch groite Gnade vnd
Barmhertychehyt, dat se nyn Büer schotten tegen de Nacht, als
de Colschen to Soist deden. Ock leyten se eyne groite Buhssen
loys scheyten, op dat se jo wackhafftych weren vnde nycht
gemortbrant worden. Dar na schotten se er egene Büerpile
dar yn vnd branten dat gansе Steken³¹⁹) vth, op VIII Huzer
na vnd der van Soist bleyff dar eyn boit vnd IIII worden
gewunt; auer yd schadde enne to deme Lyue nycht. Dut was
ehne sunderlykes Godes Wrake, want de van Nehem vnd
Werle, hebben manchmael vor vnd na, Junferen vnd Vrowen
geschant, also dat se enne de Kleder gans vt togen, offte bouen
den Lenden affsneden, dat se sich nicht bedecken konden. De
Bosewichter konden nicht bedenken, dat se ock van Vrowen
gekomen weren. Ock handelden se vntuchlych myt Vrawen,
dat sick nycht to schriuen betemet.

Item op Saterdach (vor) Jubica³²⁰) quemen de Werlschen to Borgelen, schinden Kerckhoff vnd Kercken, vengen bair

---

³¹⁷) Die Items von der vorigen Note ab, fehlen ganz in 3 u. 4. —
³¹⁸) Wedinghauß, 5. bei Arnsberg. — ³¹⁹) Stedeken, 2. Stetlein, 5. —
³²⁰) nach Jubica, heißt es wohl irrig in 5.

1446 op III Mans, nemen wes yn der Kerden was, rouen od Perde, Koe, Swyne vnd alles wat dar was. — It. op Manbach na Jubica vengen de van Nehem XX Browen, nemen en al wat se habben, so kleyn mochten se nycht by sich hebben an erme Liue vnd de Browen moisten sweren, am Palmauent yntohalben to Nehem, offte war men se eyschede.

Item des seluen Manbages gengen VIII Voitgesellen vth Soist op Euentüer. Als se nu dat Velt quemen, worden se der Colschen gewar, de da heilben wal myt III^c Perden vnd wolden op de Ploge rennen. De Colschen worden od der Gesellen gewar vnd drungen se op eyn alt Berchfredt; dar schotten se so aff, dat se den Colschen groten Schaden an Lude vnd Perden deden. Als nu al er Geschot verschotten was, geuen se syck geuangen.[321]

Item des Bridages dar na, ranten der van Soist Soldener myt XVI Perden vor Werle vnd hebben eyn Achterhalt to Tünnen vnd de van Werle weren od vthe to Voite vnd to Perde. Dusse quemen to samen to mangelen; de van Soist vengen III gude Mans offte Houeluide, als Frederich Vorstenberch, Herman Vorstenberges Son to der Waterlape,[322] eynen van den Haken vnd eynen Westerwalder vnd sey leiten od III Doden op der Maelstede vnd vil Perde worden geschotten vnd den van Sost wort eyn rehsich Knecht aff geuangen. Dat was Cort Stecken Knecht.

Item op Manbach na Palmen, ranten de van der Houestat vor Sohst vnd rouen nycht mer dan III Ackerperde. Suss ranten se de ganze Wecken vor Soist, rouen nycht me dal. — It. des Dynstages quam Clamer Busche webber to Soist mit X Perden vnd op Mendelbach reit he webber to dem Hamme vnd vart na vnsem genedigen Junckeren.[323] —

Item des Dynstages na Paschen schynden de Colschen summyge Browen tusschen Soist vnd der Lippe. — It. des seluen Dages rouen de van Werle vor Soist II Ackerperde

---

[321] Dieses Item fehlt in 3 und 4. — [322] Herman vnd Frederich Forstenberges heißt es in 3 und 4; die beiden folgenden Namen werden nicht genannt; in 5 sind die Fürstenberg'schen Namen verstümmelt. — [323] Dieses und das vorige Item fehlen in 3 und 4. Die nächstfolgenden sind unvollständig wieder gegeben.

vnd vengen 1 Man. — Jt. des Gudenstages brachten de van 1446.
Soist eynen Man van dem Swechnis, den se vor eynen Verreder geuangen hadden. — Jt. des Donerdages reden der van
Soist Soldener mit XXX Perden na der Houestat vnd de
weren in Whtynchusen vnd de eyne wort des anderen gewar;
auer se dorften sich nycht antasten.

Item des Vridages to Nacht, weren de Colschen koste
to Loin, breken vp de Kercken vnd alle Kasten dar hynne, nemen
al wes dair was, howen alle Duetbome yn den Garden aff.
Des Morgens Soissche Warde vth quam, worden des gewar,
beden dat an der Stat kunt; men sloch de Klocken, men toch
myt der Macht vth; de Vyande sloen, we best flehn konde,
was de beste Man.

Item am Saterdage haelden de van Soist van dem
Sweichuys III Mans vnd I Whff, de hadde se besacht, den
se des vergangen Gudensdages ock bair hailden.³²⁴) — Jt.
des Mandages dar na, vp sunt Marcus Dage, ranten de van
Soist vor Werle, vengen II Mans roueden XXVI Koe, XXX
Swhne. — Jt. des Dynstages darna, haelden de van Soist
M Torchle van deme Hamme. — Jt. des seluhgen Dynstages
togen XII Voitgesellen vth vnd vengen II Voitgesellen van der
Houestat.³²⁵) — Jt. des Gudenstages roueden de van der
Houestat vor Soist IIII Ackerperde vnd vengen eynen Man.
De van Soist slogen de Klocken, jageden na, kregen den Man
vnd Rohff wedder. — Jt. des Vridages bair na quemen to
Soist IX Stucke Whns sunder Geleyde. Wat dat bedude,
solde sich wal geuunden hebben, hebben de van Soist den Whn
behalden.³²⁶)

Item des Saterdages des Morgens vro, er der van
Soist Soldener de Waerde hnnemen, sante Johan Khue synen
Ploger vth myt III Perden vnd eynem Reisener, de de Waerde
halden solde. De Houesteder hadden sick versteken in Rokync-
husen, vengen den Reisener, den Ploger myt den III Perden.³²⁷)—
Jt. des Myddages ranten de Houesteder vth Weislern, roueden

---
³²⁴) Dieses Item fehlt in 3 und 4. — ³²⁵) Dieses vnd das vorige
Item fehlen in 2 und 5. Das vorige fehlt auch in 3 und 4. —
³²⁶) Dieses Item fehlt in 3 und 4. — ³²⁷) Das Item fehlt in 3 vnd 4.

1446. to Heppen XXV guber Koe.— Jt. bes Auenbes, as be Warbe hn reit, was bair ehn Ploger myt shnem Knechte. Wy wilt noch nicht jnriben, sitte bu op bat ehne Pert, halt be Waerbe vnb lait my plogen. Balbe quemen be Houesteber, vengen ben Heren an ber Ploch myt II Perben vnb be Knecht entrehy en myt Gewalt.³²⁸)

Jtem bes Manbages na sunt Walburge, haelben be van Soist eren Mey (vnb ehnen groten Rohff) vor Arnsborge, branten barumb her, to Nehem, vart over be Rure Musscheben, Hynsten, Herberyngen, Emmeryngen, Oueremmeryngen vnb wat Dorpe vnb Houe bair mer weren vnbe wunnen be stenen Warben, twe Houelynbe-Wonhnge:³²⁹) Bronchuzen vnb Barenhagen, plunderben wes bair was vnb verbranten se bo yn ben Grunt, rouchen vil Bebbe, Kannen, Potte vnb allerley Huisgerait sunber Tael. Jtem CLX Ackerperbe, VI beslagen Wagen, ouer Vᶜ Koe, C Kaluere, IIIIᶜ Swhne, IIIᶜ rynscher Schape vnb vil Segen. Se vengen nicht mer ban XI Manne, wante se branten so tuge,³³⁰) bat be Menne tom Walbe ynlepen. Do togen be van Sohst torügge. Ock vengen se al be Browen, be se krigen konben vnb nemen se myt sich. Als be Soschen nu to Huys teen wolben, habben sich be Colschen to Hope verbobet vnb meynben be van Soist antotasten vnb togen vor eyne Sluppe. Der van Soist Büssen vnb Armborsteschütten habben sich vor bat Hoel verstecken vnb letyen be Colschen wal antomen vnb schotten bo³³¹) manck ben Hop, beben en groten Schaben an Luyben vnb Perben tom Dobe to, so bat be Byanbe whten moisten vnb be van Soist quemen nyht Leue tegen ben Auent to VI Vren to Huys. Als se vor be Parten quemen, geuen se ben Wynen Dach.³³²) Dit was bat erste, bat be van Soist Browen geuangen habben vnb wer ock nicht geschelt, ban bat se vermeynben, be Colschen solben bat Brawenschenben to rügge stellen.

Jtem bes Donerbages ranten be van ber Houestat vth Weislern vor Soist, vengen eynen Solbener be be Waerbe heilt,

---

³²⁸) Dieses Jtem fehlt in 2 unb 5. — ³²⁹) Juncheren-Slotte; 3 unb 4. — ³³⁰) tho bolbe, 3 unb 4. ju balbe, 5. — ³³¹) mit Froiben, 3 unb 4. — ³³²) Vrloif; 3 unb 4.

I Ploger, II Ackerperde.³³³) — Jt. vam Donerdage vp den 1446. Bribach gengen IIII Voitgesellen ouer dem Walt, vengen ehnen Houeman, genant Johan van Welschede vnd brachten en yn Soist.³³⁴)

Item des Saterdages do voer ehne Kaer van dem Hamme na Soist, geladen myt Boteren vnd andere Waer. De van Werle lehpen de Kare to Voite an. De Voerman entreit en myt den Perden, se nemen van der Karen II Doeke Saerbokes vnd de Browe der dat Gud harde, was van dem Hamme, koffte enne de Boteren aff vor XX Gulden. Duht nemen se den vam Hamme vnentsachter Veede.³³⁵)

Item des Gudenstages vor sünt Pancratius Dage, weren de van Soist starck vthe vnd lehten vor Werle rennen vnd ehner van en was ser bruncken, rante hent vast vor de Parten to Werle; bey wort geuangen. Dusse sachte do en den Anslach; do vengen de Soschen IIII Manne vnde togen do webber hehn.³³⁶)

Item des Bribages na Pancratii, des Myddages do de Warde vnd Plogers inreden, bleiff I Soldener vnd ehn Ploger halben. De van der Houestat quemen, vengen den Soldener vnd de Ploger entquam en myt den Perden.³³⁷) — Jt. des Saterdages Morgens quemen XXV Voitgesellen, habben gerouet XLV gude melke Koe vnd V Ackerperde. — Jt. des Manbages dar na, reden vth Soist XXVI Soldeners na Werle vnd de van Werle hehlden starck yn ehnem holben Wege. Dahr quemen de Soschen vp vnuersehns, so dat se van Noit wegen dorch se moisten. Godt gaff en Gelücke, dat se den Werlschen aff vengen ehnen guden Houeman vnd se quemen sunder Schaden van en.³³⁸)

Item des Gudenstages³³⁹) na sunt Pancratii Dach des Morgens rebbeden sic de van Soist, vth to trecken vmb Euentuer, santen er Warde van XXIIII Perden vorns an II Hopen vth vnd de Colschen habben vor Soist VIᶜ Jserenhobe.³⁴⁰) Der

---

³³³) Dieses Item fehlt in 2 und 5. — ³³⁴) Dieses und das vorige Item fehlen in 3 und 4. — ³³⁵) Das Item fehlt in 2 und 5. — ³³⁶) Sehr unvollständig in 3 und 4. — ³³⁷) Das Item fehlt wieder in 2 und 5. — ³³⁸) Alle Items seit der Note 336 fehlen in 3 und 4. — ³³⁹) Donnerdages, 2 u. 5. — ³⁴⁰) Federenhobe, 2. In 5 fehlt die nähere Bezeichnung der 600 ganz.

1446 habben sych vyl jn be hoelben Wege verstecken, ju Menynge vor IIII Parten to rennen vnb be van Soist op be Jacht to locken vnb als ban wolben se se verhauwen. Als nu be Sosche Warbe hen vth quam, quemen se vnuersehn op be Colschen, be bar rennen solben. Dair hoff sych ene scharpe Mangelynge; se steken sich vnber ehnanber van ben Gülen. Der Soeschen worben XV genangen, kregen vart Dach, behehlben er Harns, want be Colschen habben be Tyt nycht, bat se ib en vth togen. Hir weren II Houelube mebe gnt. Lubeke Dulsscher vnb Arnbt van ber Berch. Dusse vnb II Knechte haerben vnsem g. Junckeren to. De anberen VI worben ben van Soist affgeuangen; ber weren IIII gemehne Borger, be anberen weren Knechte. Od verloren se VIII Perbe. Myt bes so brack bat Halt ber Colschen op vnb be van Soist quemen ock her vth, jageben vnb vengen ber Colschen webber XVIII vnb XXVI Perbe, be se al myt sich jn nemen vnb vengen noch bil mer, be enne in ber Mangelynge entlepen op VIII na; so bat ber Geuangen tosamen was XXVI; bar to lehten se byl Doben vnb Schaben an Perben. De Colschen hebben wal II Mans tegen ehnen, noch (ban) nemen se ber Hazen Banner; se floen na Anrochte. De van Soist jageben na to Bote vnb to Perbe, by II Myle Weges vnb habben nauwe II^c Perbe. Jn bem Jagen lehten be Colschen vil Perbe, be en affgeschotten worben. Duht Jagen geschach vmb ber van ber Lipp whllen. De solben hebben op ben Dach to Sohst gekomen; se bleuen auer vthe. Jn büsser Mangelynge was ber van Soist groteste Schabe, bat bair ehn Borger, genant Rogge, wonenbe jm Spegel, boit blehff.

Jtem bes Saterbages lehten be van Soist ehnen Verreber enthoueben vnb op ehn Rat leggen. De plach tor Houestat to trecken vnb verreht be van Soist jn bem Belbe. [341]) — Jt. op ben selnen Saterbach tegen ben Auent, bo be Plogers hnreben, bo hehlben III ban ber Houestat jn bem Belbe vnb bair was I Ploger myt synem Whue vnb ehnem Perbe. Dar quam ber Houesteber ehn op vnb wolbe en vangen. De Ploger

---

[341]) Den habben se van Sweickhusen gehalt; 3 unb 4.

floch en an den Hals myt eyme Speyte, dat he van dem 1446.
Perde storte. De Ploger vel up dat Perdt, sprengede ouer
eynen Grauen vnd dat Whff vel up er Perdt vnd entreit en
myt Gewalt yn Soist. — It. up sunt Orbans Dach, entreit
oth Soist Ouelackers Knecht eimme syn Perdt vnd Harns vnd
reit dahr met tor Houestat.³⁴²)

Item des Donerdages vor Pingten, togen de van Sohst
myt velen Wagen tegen de van dem Hamme, loyden Kese,
Boteren, Wullen vnd allerley Guidt vnd wat Wagen se nycht
myt Gude belanden konden, beloeden se myt Holte vnd vengen
up de seluen Tyt im Holte, eynen grohten wylden Wulff, tom
Teken vnd in Hoppinge noch eynen anderen Wulff to vangen.³⁴³)—
It. up den Dach haelden de van der Houestat de Mollenstene
van der Mollen to Loen vnd vorben se tor Houestat.

Item up Vrydach vor Phyngten steich eyn Borger to
dem Hamme up shynen Balcken, vant eyne Weyken, de begunde
to bernen. He malede Gerochte vnd lesschede dat Büer; men
sloch de Klocken, eyn yder sochte yn synem Huys, men vant
noch V, de al angaen weren, eyn was der vthgangen. Dusse
weren an solke Eude der Stat gelacht; hedde Godt yd nycht
anders geuoget, so wer de Stat in den Grunt verbrant. De
van dem Hamme hadden myt numande Twist, dan se deden
als allen fromen Steden gebort, voerden den van Soist yn
eren Noben to. Dairumb is wal to vermoden, we de Weken³⁴⁴)
gelacht hadden.

Item up Phynxauent quemen II Geuangene to Soist, de
den van Soist aff geuangen weren; hadden to Ruben jamerliken geuangen gesetten. Se rehpen Godt an, de halp en, dat
se enwech quemen vnd hebden noch eynen Gesellen, den brachten
se bis int Holt, de quam to Erwitte up den Torn, darna
wedder to Soist. — It. am seluesten Phynxauent brachten
sumyge Boytgesellen IIII Geuangen van Werle, dar was mede
eyn Bastert des Byscops van Münster.

Item des Dynstages na Pingten hadden sich de van
Soist, Lyppe vnd Geseke to Dage geschreuen, vmb der Geuangen

---

³⁴²) Dieses Item fehlt in 2, 3, 4 und 5. — ³⁴³) Dat se den
beschoren Wulf wolden fangen; 3 und 4. — ³⁴⁴) Lunten, 5.

1446 wyllen van Gesefe. De van Soist togen starck vth, nemen myt sych ouer IIII^C Wagen vnd Karen, loeden be myt Holte, togen to Ebbynchusen, breken Diberycks van Erwitte Spiker aff, nemen al wes dar noch was. — It. des Donerdages holteden be van Soist myt grotter Gewalt vnd al erer Macht. — It. am Pinxauende helden be van Soist myt den Houesteberen eynen Dach omb der Geuangen wyllen, de geuangen worden yn der Mangelynge vor sunt Thomas Paerten, dar ber Col- schen vyl geuangen worden, dar ock grotte Junckeren mede waren vnd nicht inhelden.³⁴⁵)

Item des Mandages vor sunt Vite quam eyn Bode to Soist, brachte Breue van eynem Capittel vnd Stat van Münster, inhaldende dat de Biscop van Münster myt alle den synen, be Vede tegen de van Soist gans aff bede, sunder nicht vor be, be den van Soist van erer egenen Persouen wegen to vorn entsecht habben. Vnd he was van den van Soist de Sone webber bogeren, be emme ock wort. Do bede he sine Kost vnd Rüter van ber Houestat; also quam be Houestat webber yn ber Colschen Hande. — It. op ben selueften Mandach togen de van Soyst vor be Houestat in Hoberges Holt, haelden III^C Wagen Thmmerholtes vnd heilben myt en eyn Schutgeuerde, so dat ber Houesteber wat boit bleyff vnb vyl gewunt worden. Der van Soist wort eyn gewunt.³⁴⁶)

Item des Gudensbages op sünt Vites Dach leyten be van Soist an erer Veltmarcke na Werle hen vthgrauen. De van Werle togen starck vth vnt Velt. Dat vernemen be van Soist, slogen be Klocken, togen na ben Greuers; be van Werle floen webber to Huys.

Item des Brydages na sunt Vite ranten be van der Houestat vor Soist, vengen eynen armen alden Man, de van Alber nicht gaen konde. Do se syner nicht konden mede nemen, was dar eyner, genant Johan van Sollen, be schot ben guden alden Man boit. — It. op Saterdach sunt Johannes Auent, togen be van Soist myt vyllen Wagen ju Borcharbes van Clotyngen Holt vnd holteben ben Monefen; haelben ock XX

---

315) Alle Items bieses Absatzes fehlen in 3 unb 4. — 346) Alle Items vom Dinstage nach Pfingsten bis hieher, fehlen in 2 unb 5.

Foder Hogges.³⁴⁷) — It. des Mandages na sünt Johannes 1446. togen de van Soist na Werle vnd de van Werle togen tot en oth, quemen to Hope vnd mangelden, dat der van Werle III doit bleuen vnd II geuangen, de de van Soist myt Perde vnd Harns myt sych nemen.³⁴⁸)

Item des Vridages op vnser leuen Vrowen Dach Visitationis, ranten de van der Houestat voer Saffenborpe vnd Lohn, vengen eynen Reisener van der Waerde; III Menne roueden XI Ackerperde.³⁴⁹) — It. des Vridages na sünt Vlrich togen de van Soist na deme Hamme, geleyden Rotger vnde Golswyn Kettelers, Diderich vnd Johan van der Recke Gebroders, Torcke, Johan Veruer van Wesel vnd Aloff Arndes van dem Hamme bys to Sohst.³⁵⁰)

Item des Donerdages da beuorns do leyten de van Sohst gehten eyne Büssen to dem III mael. — It. des Saterdages vengen VIII Voitgesellen eynen genant Wynkel vnd eyn entreit en op eynem Ackerperde. Dyt weren de Browenschynders. Dar to roueden se VI Perde.³⁵¹) — It. op den seluen Dach weren ock andere Voitgesellen vthgetogen, brachten II Geuangen, L Koe, XL Schape.

Item des Mandages dar na ranten der van Soist eyn Deyl Soldener vor Ruyden, Kalenhart, Beleke, roueden IIII Ackerperde vnd vengen eyn wyht Swyn, quemen myt Leue wedder. — It. desselungen Dages beschoit de Bussenmeyster de nhen Büssen vnd se spleyt eyn wenich, dair goit he wat vmme. Et halde wat id mach.

Wu de Piscop vm Soist der toch vnd belachte XI Dage lanck.

Item op Gudensdach sünt Margarethen Dach quam de Viscop van Colne, brachte myt sich den Viscop van Hyldesem, den Grauen van Waldegge, myt der ganser Ritterschop der Stifte Colne vnd Paderborne, vart myt vellen anderen Bannerheren, Rüteren vnd Knechten, Steden, Landen vnd Luyden,

---

³¹⁷) Holtes; 2 vnd 5. — Alle vorhergehende Items dieses Absatzes fehlen in 3 vnd 4. — ³¹⁸) Die vbrigen von Werll rissen auß. 5. — ³⁴⁹) Die folgenden Items bis zur Belagerung von Soest fehlen in 3 vnd 4. — ³⁵⁰) Beide Items dieses Absatzes fehlen in 2 vnd 5. — ³⁵¹) Der Nachsatz fehlt in 2 vnd 5.

1446. othgescheven de erbar Stat Paderborne, de der Bede nycht wolde to schaffen hebben; legerden sich vor Sassendorpe, slohch syn Paulunen³⁵²) up. De van Soist togen tegen en uth, schotten sich myt en, went an den Auent vnd togen do wedder yn Soist.

Item des Donerdages Morgen togen de van Soist uth, myt eren Büssen, bis an de Houetlynden. De Colschen begunten dat Karn to trebben vnd to sleppen; de Soisschen schotten sich den gansen Dach myt en.³⁵³) — It. des Vridages togen de van Soist uth den Oysthouen, schotten yn dat Colsche Heer, dat se moisten obbreken. Branten er Banwen to, breken de Kercken to Sassendorpe van bynnen to, breken de Dope, verbranten de Belde vnd nemen de Klocken myt sich. Solle dait behorde eynem cristlikem Byscope tho. Als dat vullenbracht was,³⁵⁴) togen de Colschen bouen Gehlen hen tho der Swalenbrüggen vnd dart na Lürynchusen vnd slogen bair ere Pawlunne up vnd begunten dat Karn to trebben. De van Soist vnd se schotten sych myt den Büssen vnder eynander,³⁵⁵) so dat bair vll Schade schach, an guden fromen Luyden.

Item des Saterdages togen de Sosschen uth sünt Walburges Paerten, myt eren Büssen tegen de Colschen int Velt vnd de Colschen (habben) er Büssen neger gelacht; auer ib en halp en nycht, want se leden groiten Schaden an Luyden vnd Perden.³⁵⁶) Den van Soist wort eyn from Borger affgeschotten, genant Tomas vp dem Krane³⁵⁷) vnd tegen den Auent togen se yn ere Stat. — It. des Sundages Morgens togen de Sosschen wedder uth vnd dreuen de Colschen do to rügge,

---

³⁵²) Paulum; 2. Welterhin heißt es Paulun, Pawluu. In 3 vnd 4 wird das Wort ganz umgangen. — Paneluien, 5. - ³⁵³) vnd so ferne als de Büssen schotten, dorsten se nicht kommen. Tegen den Auent togen se wedder in de Stadt. 2 vnd 5. .. ³⁵⁴) Die Worte: „Branten er Banwen" bis „vullenbracht was" fehlen in 2 vnd 5. — ³⁵⁵) Statt der folgenden Worte dieses Satzes, heißt es in 2 vnd 5: auer de soisschen Büssen weren better vnd schotten forder; darumme moisten se wiecken, wante se lydden grothen Schaden an Luden, an Perden. Tegen den Auent togen de Soisschen wedder in. In der Nacht leit de billige Bischop dell Karens trebben vnd verbernen. Dat was all Bischopes Werck. — ³⁵⁶) De van Soest sparden noch Büssen noch Kruyt, schotten mit Flote vnter de Colschen, dat se wilen mochten. 3 vnd 4. — ³⁵⁷) Der Name fehlt in 3 vnd 4.

so vere als se myt eren Büssen scheyten konden dar de Col- 1446.
schen groyten Schaden ouer leven.³⁵⁸)

Item van dem Sundach op den Maubach habben de
Colschen er Büssen der Stat neger gelacht³⁵⁹) Des Morgens
togen de van Soist vth myt Hereskrafft, worden des gewar,
stalten ere Buhssen dair tegen vnd drungen se myt Gewalt,
dat se opbreken, branten ere Bauwen vnd konden van Wer-
noit³⁶⁰) ere Buissen mede kryen, nemen des ock groiten drep-
liken Schaden. Togen van dair vnder Katerbecke³⁶¹) hen na
den Doren, brüggeden ouer de Sosche Becke.³⁶²) De Soschen
volgeden enne na, wente by den Hilger, dair se den Colschen
groten Schaden beden an Luyden vnde Perden vnd do se ouer
quemen, bo lachten se sich yn Hattorpe. Dair breuen se de
van Soist webber vth myt groiter Gewalt vnd togen do to
rügge yn Sweue; bar slogen se er Pauweluyn vp. De van
Soist lagten sych to Notten vnd tom Arbey, heylben den Colschen den Dach, dat se sick der Stat nicht nehen konden. Tegen
den Auent togen de Soschen to Huys.

Item in der Nacht habben sich de Colschen gelacht in
den Arbey³⁶³) vnde Notten, myt eren Büssen. — It. des
Dynstages Morgens togen de van Soist vth, worden des
gewar, schickeden ere Büssen vnd Geschüt vor sich, drungen de
Colschen webber to rügge in Sweue vnd bleuen to den Notten
vnd Arbey den Dach, den Colschen to Spite leggen vnd beden
enne groten Schaden, tegen de Nacht togen se webber jn er
Stat.

Item des Gudensdages Morgens togen de van Soist
webber starck vth ton Notten vnd tom Arbey, schotten so ser
in dat colsche Her, dat se op breken moisten vnd branten ere
Bauwen vnd togen bouen Anbepen hen na Menichusen; bar
slogen se ere Pauwellunen vp. De Soschen legen ten Dach
myt en to Velbe, weerben enne des Trebbens, so vere erre
Büssen schotten. Tegen den Auent togen se webber to Huis.

---

³⁵⁸) Das Item fehlt in 3 und 4. — ³⁵⁹) näher gestellt; 5. —
³⁶⁰) nouwer Rodt; 2. neuwer Roth, 5. — ³⁶¹) Baberdy; 2. — De
Colschen reppeben sic̀k vnd togen van dar vnder Katerbecke her, 3 u. 4. —
³⁶²) Das folgende ist in 3 und 4 mit bedeutenden Abkürzungen wiedergegeben; bis an das Item: „des Gudensdages." — ³⁶³) Mardey, 5.

1446.	Item des Donerdages, Morgens vro, togen de van
Soist to dem Jacob stark vth mit eren Büssen, schickten eyn
Deyl erer Schütten op dat valsche Mark vnd eyn Deil op
der Marbeler Hogede vnd de Hoip heilt jn dem Velde. De
Colschen begunten to tredden; de Soschen schotten so sere dat
se to rügge weder togen yn Menichusen. Do maleden de Colschen eyn Gerenne op de soschen Schütten, jn Meninge se van
den Büssen to bryngen; auer se worden so whllomet, dat se
weder fleen mosten to dem Her to, leyten dair vil Doden vnd
Gewunder. Tegen den Auent togen de van Soist yn er Stat.³⁶⁴)

Item des Vridages togen de van Soist vro wedder vth.
Mollenbecke Reitmeister tor Lyppe vnd de Lypschen weren to
en komen. De Colschen habben yn der Nacht de Slachbome
vthgeworpen vnd sich verstelen jn de holben Wege, jn Menynge,
de van Soist to verrassen; auer se wordens gewar, quemen
so stark dat de Colschen de Vlucht nemen bys an er Her.
De Soschen vnd Lypschen schotten sich myt en den gansen
Dach vnd deden eune dreplifen Schaden an Luden vnd Perden.
Tegen den Auent togen se yn er Stat.

Item des Saterdages Morgen togen de van Sost op
den nyen Kerchoff vor deme Jacob. Jn der Nacht weren de
Colschen jn de Marbeke togen, breken de Müren aff vnd eyn
Deil der Hüzer, begunten to bolwerken vnd to begrauen, habben
andere Grauen, de enne nicht deynden, slecht togewult, op dat
se rennen mochten; lachten ere Büssen to Stormen vnd erer
habben sick stark jn den Kaldenhoff vnd darümme langes verstecken, jn Menynge, wat der van Soist vth quemen to verhauwen. Des Morgens erhoff sick eyn duister Neuel,³⁶⁵) dar
vmb reit Clamer Busche myt sumygen Rüteren vor vth, vmb
to besehn, wat der Colschen Bedriff were. He wort er gewar
vnd be siner. Clamer be vlo den Soschen to, de quemen em
stark entegen. Clamer wante sich vnd se dreuen de Colschen
vth beme Kaldenhoue to der Marbeke yn vnd be van Soist
deden enne so groiten Schaden myt schetende, dat se rümen

---
³⁶⁴) Der Absatz fehlt in 2 vnd 5. In 3 vnd 4 ist das Ganze sehr
abgekürzt. Eben so das folgende. — ³⁶⁵) Dat sik de Viend vntereinander
nicht konden beflichtigen, 3 vnd 4.

vnd obbreken moisten vnd konden kumer Noit dat Geschut eyn wech brengen. De van Soist volgeden en myt Macht, dreuen se bis to Menichusen, dar dat groite Her lach. Als se dar quemen, breken se al op vnd rümeden vth dem Velde, bis op de Mone to Allagen. De van Soist volgeden enne na, steken op ere Glauegen bernende Blasen, luchteden den Colschen ouer de Hare, togen do wibber to Huis.

1446.

> De Sohschen reipen al: locht em na
> He moit en wech Ha ha! Ha ha!
> He heft hir wal gewesen,
> De Eere de em vor gescha,
> De ys em al entresen.[360])

Item de Colschen behauwen[367]) sich to Allagen yn dem Holte. Da legen se bys des Manbages; do togen se na Werle, na Burick vnd war se best konden. Se hadden geyn grot Gewyn gehat.

Summa van allen, de Biscop lach vor Soist myt groiter Gewalt bys yn den XI. Dach. He trebbe dar Karn, so vyl he mochte. Auer nycht wider, dan de soschen Büssen schotten, vthgenomen wes se des Nachtes deden. Vnde wuwal he al Dage im soschen Velde was, so voerden se doch er Karn yn, to allen Parten. Id sel sick vaken, dat de Colschen hehlben an vnd op eynem Ende des Landes, am anderen Ende loeben de van Soist dat Karn op dem Wagen, des de Colschen nicht keren konden. Midler Tyt dat de Biscop so vmc Soist panne= kokede, togen gude Gesellen vth Soist op Euentuer, vengen X Reiseners XVIII andere Borgers vnd Knechte, dar od sumige gude Mans vnder weren, roueden XVIII Ackerperde, od eyn Deil Koe vnd andere Beiste. Ock schotten de van Sohst bynnen den XI Dagen den Colschen ser vil Menschen vnd Perde aff, als wal to vermoden ys, wante se mochten nycht bouen ene Nacht op ener Stede buren; wu wal se sich verromet hadden, se wolden er Pauwellun op slaen vor Soist vnd nicht opbreken vor sünt Mertin, id wer dan dat se eren Willen schaffeden. Ock verromeden se sick jn eren Schrifften, tegen ere vthwen-

---

[360]) Die Reime fehlen in 3 und 4. — [367]) begunten sich in dem Gehölz zu begraben, 5.

1446. digen Frunde, se hebben dat Karn vor Soist getreddet bis in de Moisgarden vnd de van Soist konden erer nicht scheiten, se hebben de Büssen besproken. Dat seluige mochte wal war syn, auer nicht de Cloite de vth den Büssen gengen,[368]) der er manigen mytnamen vnd ock valen myt Wagen wat en wech foren moisten, gewunt vnd doit.[369])

Ock is to wetten, dat op de Tyt de van Soist wenych fromeber Rüter habben vnd de seluesten de se habben, bewysten sich erbarlich tegen de Borgers vnd manlich tegen de Viande. Item jn midler Tyt dat de Biscop so vor Soist lach, quemen emme Entseggebreue van dem Hertogen van Burgunien vnd sinen Vndergesetten. — Jt. vnse g. Juncker Johan van Cleue quam myt grotem Volck to Vnna vnd enboit dem Biscope, dat he siner solde wachten, he wolde myt emme de Soppen etten ym Velde. Do dorfte de Biscop siner nicht warden vnd moiste sin Pauwelluen op teyn, er sunt Mertin. He wort veltfluchtich. Als dat vnse g. Juncker vernam, sante he twe Ritters in Sost, Hern Gowyn van Swanenberch vnd Heren Johan van dem Schonenborne,[370]) mit Rüteren de dair liggen solden, so lange er de van Soist bogerden. — Jt. des Mandages op sünt Jacobs Dach do reden Burgermeistere vnd Fronde der van Soist entegen Fronden vnses g. Junckeren to der Heydenmollen, vmme Sake to ouersprecken. Do dat gescheit was, reit vnse g. Junker webber na dem Lande van Cleue.[371])

Ock is to wetten, dat de Biscop vor Soist lach de XI Dage, kostede eme mer dan C^m Gulden, bouen allen Schaden, den he leit an Luden vnd Perden. Vnd de van Soist leyten nicht mer dan eynen Doden vnde VIII worden myt Pilen gewunt, de geyn Noit tom Liue habben. Ock verloren se nicht

---

[368]) De steken enne de Kerste vnd Hilligbome ahn, dat de Houede, Arme, Beine in der Lucht stouen, 2 u. 5. Jn 3 vnd 4 alles verkürzt. — [369]) sus kan ich nicht gedenken, war de Hillicheit moste herkommen, bath se de Büssen bespreken vnd nicht de Klobe, idt queme dan, dat se trumlose, heilose, meineydige geloeuen Ebebrecker syn, ja Kercken, Klusen, Preistere, Jufferen vnd Frawen Schinders syn. 2. — [370]) Scharpenge, 5. — [371]) Das ganze Item fehlt in 2 vnd 5.

mer dan VIII Perde dat schach yn eyner Mangelynge wy 1446. vorschr. ³⁷²)

Item des Dinstages dair na, sunt Jacob brachten sumyge Voitgesellen eynen Geuangen vnd eyn Perdt. — It. des seluigen Dinstages dar na reit Mollenbecke myt den Lypschen webber na der Lippe. — It. des Gudensdages roueden de soschen Soldeners van Nehem IIII Ackerperde. ³⁷³)

Item des Donnerdages sunt Panthalions ³⁷⁴) Dach, habben sick de Colschen verstecken jn Hibbynchusen vnd Lenderinchusen vnd yn Mollynchusen wal VI^c Perde starck, leyten rennen ynt sosche Velt, branten dat Karn jn den Garuen. De van Soist slogen de Klocken, quemen vth, dat Voitvolck bleuen an eynem Hupen jn der Ordeninge staen, bouen der Steynkulen vnd de Reysseners begunten myt den Vianden to mangelen. Der Colschen Halt brack vp; den van Soist was leyde van eynem anderen Achterholt, dair vmme dorften se sich nicht jn eyne Slacht myt den Vhanden geuen, dan se schotten sich sere vnder eynander, so dat der Colschen vele doit bleuen, der de van Soist eynen myt sych nemen vnd begrouen en vnd vengen III gude Mans; ock leden se groten Schaden an Perden. De Colschen moisten rumen, de van Soist togen myt Leue wibber heym.

Item des Vridages do der van Solst Warde jnne was, ranten de Houesteber vor Soist spennen III Wagene vth vnd vengen eynen Man. De van Sost jageden na vnd nemen en ib en all webber, spennen de Perde vor de Wagen webber vnd forden se hyn Sost. ³⁷⁵) — It. des Saterdages na sünt

---

³⁷²) Leue Leser merck ahn, wu de gude Stadt Soist tho düsser swaren Feeden gekommen is, allene vmme erer Rechtigkeit, Friheit, Priuilegien, dar se van Pauwesten, Kayseren, van Bischoppen tho Bischoppen, van alle der Herkommest mede priuilegiert, begifftiget, bestediget vnd bewebemet synbt, tho vorbedigen. So dan de van Soist ein rechtuerdige Sake hebben, gifft en Godt, dath se so geuechligh synt tegen sodane Thrannen; Gott verkert ere Sinne vnd Vorstandt vnd alle Werck vnd Anslege, wante es betemmet den Bischoppen vnd Prälaten, nicht mit dem Swerte tho fechten, sunder mit Godes Wordt. Dat is er Swerdt enne van Gode beffolen, wante he straffede Petrum, da he dat Schwert vt toch. 2. In Nr. 5 stub diese salbungreichen Tiraden noch länger gezogen. — ³⁷³) Mehrere Items fehlen in 3 und 4. — ³⁷⁴) Bartholomeus, 5. — ³⁷⁵) Dieses Item fehlt in 2 und 5. In 3 und 4 fehlt der Nachsatz.

1446 Pantallons Dach toch de Biscop van Collen vth Werle nae
Soist vnd der sosche Kuer wort des gewar. De van Soist
togen emme entegen; he begunte dat Karn to bernen by Menichusen vnd dar vmme lant. De Soschen deden emme vnd
den sinen so grotte Nott myt dem Geschütte, dat se rümen
moisten, togen de Hare entlanges na Anrochte, vart to Gesele
vnd Ruyden. De van Soist vengen des Kelners Son van
Arnsborch, noch eynen anderen guden Man vnd II Knechte.
Des wort enne eyn Perdt geschotten; auer jd schadde eme nicht.

Item des Sondages Morgens quemen IIII Gesellen yn
Soist, brachten van der Mone II Gevangen.³⁷⁶) — It. des
Gunstages ranten de Houesteder vor Soist, vengen III Mey-
lers³⁷⁷) vnd nemen se yn Selen mede. De soschen Soldeners
worden des gewar, jageden na vnd nemen se en webber.³⁷⁸) —
It. des Donerdages na Vincula Petri des Morgens vro,
weren de van Soist vor der Houestat, vengen eynen Houeman,
noch I Reysener vnd eynen Schulten. Der van Soist wort II
gewunt. — It. des Gudensdages na sünt Dominicus, togen
de van Soist tegen de van dem Hamme myt velen Wagen,
haelden Kese, Boteren vnd ander Gudt vnd de Houesteder
quemen dair vp rennen, schotten sich vnder eyn ander, so dat
der Soschen eyn gewunt worth.³⁷⁹)

Item des Dinstages vp sünt Laurentius Auent starff to
Soist eyn Houeman genant Corbt Keteler. — It. vp Gudensdach sunt Laurentius Dach, reden Her Gauwyn van
Swanenberg³⁸⁰) vnd Her Johan van dem Schonenborne widder
myt eren Frunden na dem Ryn. De van Soist togen myt en
brachten se vor Werle hen, trebbeden dat Karn vmb Burike
vnd Werle, schotten Vüer yn Werle, foerden³⁸¹) de Bome yn
den Garden. Der Soschen verachterden sych III, de by deme
Hope nicht blyuen wolden. De worden geuangen, moisten bo
meilden, wu starck de van Soist to Perde vthe weren. De
van Werle makeden sych balde vp myt IIIᶜ Perden, jageden

---

³⁷⁶) Dieses Item fehlt in 3 und 4. — ³⁷⁷) Meiers, 3 und 4. —
³⁷⁸) Dieses und das vorige Item fehlen in 2 und 5. Die folgenden, bis
zu dem vp Gudensdach st. Laurenzius fehlen in 3 und 4. — ³⁷⁹) Das
Item fehlt in 2 und 5. Eben so das folgende. — ³⁸⁰) Langenborch, 3
und 4. In 5 fehlt Schönborns Name. — ³⁸¹) fuenden, 2.

ben van Soift na, be weerben sich to wehnen³⁸²) vnb jageben 1446.
be Werlschen wiber heym, went vor er Parten. Der Soschen
worben IIII geschotten myt Pilen, was enne tom Leuen nicht
schebelich vnb eynem wort be Voit voer myt eyner Büssen
affgeschotten, be bleyff ock leuenbich. — It. vp be seluen Tyt
weren be Colschen koste starck versamelt vnb wolben to Soist
vor III Parbten rennen. Dat wort myt busser vorschr. Rehse
verboruen.³⁸³)

Item des Donerbages na vnser leuen Vrowen Assum-
tionis gengen IIII Voitgesellen auer ben Walt, ber vengen be
Colschen ehnen, beh III entlepen en vnb quemen bes Vribages
webber.³⁸⁴) — It. bes Saterbages quemen sumyge Voitgesellen
brachten XXV guber Koe.³⁸⁵) — It. vp sunt Bartolomeus
Auent brachten ber van Soist Solbener III Geuangen, VI
Ackerperbe, VIII Koe, LIIII Swine. — It. bes Gubensbages
sunt Bartolomeus Dach begunten be Colschen be Haueren ym
Velbe to bernen. De Solbeners van Soist ranten vp se, bat
se en entfloen. — It. bes Donerbages vengen be Houesteber
II How Meggers vth ber Whesse.³⁸⁶)

Item bes Vribages na sunt Bartolomeus Dage ranten
be Colschen vth Bosynchusen³⁸⁷) myt C Perben, bogunten bat
Karn to bernen vnb branten ben Junfferen to bem Parabise
eren Wagen myt Karn vnb vengen III Menne. — It. vp
Saterbach bar na reben ber van Soist vth, nemen myt sich
vil Wagen. De Houesteber habben sick versteken yn Katerbecke
vnb Lorynchusen. De Soschen worben bes gewar, be Vianbe
rümeben, bat Gerochte quam to Soist, men sloch be Klocken,
men toch vth vnb vengen ber Vianbe etlike vnb ber Vrowen-
schynbers van Werle IIII, balr was bes Biscops van Münster
Son³⁸⁸) mebe. Do togen be van Soist myt Leue vnb haelben
LX Vober Houis sunber Holtwagen. — It. bes seluigen
Dages sunben be van Soist ehnen Borger vth Soist yn ehnem

---

³⁸²) wenben, 2. se wibberwenten sick, 3 unb 4. — ³⁸³) Das Item
fehlt in 3 u. 4. — ³⁸⁴) Dieses unb bas letzte Item bes vorigen Absatzes
fehlen in 2 u. 5. — ³⁸⁵) VI Ackerperbe LIIII guber Swine, setzt 2 hinzu;
bagegen fehlt bas folgenbe Item. — ³⁸⁶) Das letzte Item fehlt in 2 u. 5. —
³⁸⁷) Gerlinghausen, 5. — ³⁸⁸) Horen Son, 3 unb 4.

1446. Dite, den habben de Colschen dodt geslagen vnd en bair jn geworpen.

Item des Sundages togen de van Soist vth vnd haelben ouer C Jober Hous.³⁸⁹) — It. des Dynstages na Johannis Docollation tegen de Nacht, reden vth Soist V Gesellen, vengen eynen Man, roueden IIII Perde.³⁹⁰) — It. des Gudenstages branten de Colschen dat How to Rekelynchusen vnd Garbrechtynck.³⁹¹) — It. des Donerdages brachten XI Voitgesellen eynen Geuangen. — It. des Vridages haelben de van Soist How.³⁹²) Desseluygen Dages togen vth Soist XX Voitgesellen, roueden by Anrochte VII vetter Swyne vnd santen be by twen na Soist. De achtein togen vart op Euentuer; der worden de Colschen gewar vnd vengen er eynen vnde de anderen entlepen en vnd quemen weder to Soist.

Item des Sundages³⁹³) tegen den Auent, to Mibernacht, togen de van Soist starck to Vote vnd to Perde vth, nemen eyn Schep myt sych vm ouer de Lippe to varen, togen to Hertuelde vnd to Keslern vnd jn andere Houe, de Hoberge, Meruelde vnd den Wuluen haerben, roueden bair vyl Gudes an Perden, Korn, Swynen, Schapen vnd Segen; an Bebben, Ketelen, Kannen, Pötten vnd allerley Huysgerait, des ser vyl was vnd branten bo de Houe vnd kregen XII Geuangen, II rehsige Perde. Ock bleuen bar Lynde vnd rehsige Perde bodt vnd ben van Soist verbranck eyn Wapener, dat was Clamer Buschen Knecht vnd II worden gewunt; den schabbe hd tom Lyue nycht; togen myt bem Royffgude myt Fruweden to Huys vnd wat nicht Viandes Gudt was, geuen se webber. — It.

---

³⁸⁹) Das Item fehlt in 3 und 4. — ³⁹⁰) Dieses und das vorige Item fehlen in Nr. 2 und 5. — ³⁹¹) Die folgenden Items bis zum Schlusse des Absatzes, fehlen in 3 u. 4. — ³⁹²) Dieses Item bis zu dem Worte How und das vorige fehlen in 2 u. 5. — ³⁹³) In 3 und 4 wird dieser Absatz so eingeleitet: Der Biscop van Münster Wolraven, habbe dorch sin Capittel vnd de Stadt Münster sick mit den van Soest versonet. Dennoch vnder bem Schine beß Frebes bebe he mer Schaden ben van Soist, ban he in oppentliker Viendschop gedaen habbe. So habben se em nhu jtngest sinen Son afgevangen; be moste nhu bichten sines Vaders Sünde vnd nachdem se erfhoren, bat be Biscop ber Sone Affscheid nicht geholden hebbe, schriven be van Soest em ben Frebe af vnd weren widberomb sine Fiende. Derhalven buchte idt ben van Soist guidt werden, de Monsterschen einmahl heim tho soken, togen darumb des Sondages u. s. w. Das folgende ist sehr abgekürzt.

yn der seluen Nacht vengen de soschen Voytlude III Voitgesellen; 1446. dat weren de Vrowenschinders van der Houestat.³⁹⁴)

Item van dem Dynsdach vp den Gudensbach, an vnser liuen Vrowen Auent Natiuitatis, togen de van Soist vor Werle vnde se stormeden to Hope, so dat se to beyhden Siden Schaden leden. De van Soist letten ehnen Doden, genant Herman Stocker, vnd IIII worden myt Phlen gewunt; den schebbe id tom Liue nycht. De van Soist schotten Büer yn Werle, dar myt se ser geschediget worden.³⁹⁵) Dar na togen se wedder heym.

Item des Dynsdages vp des hyllygen Crüses Auent ranten de Houesteder vor Soist, spennen de Ploge vth vnd vengen ehnen Man. De van Soist worden des gewar, quemen tor Jacht, jageden en de Geuangen vnd Perde weder vmb aff op II Perde na.³⁹⁶) — It. des seluesten Dages vp de None Tyt, haelden de van Soist Gobelen Rosel myt L Gewapenen van dem Hamme. Se togen em entegen bis to Narthem. He was vthe gewesen yn der van Soist Gescheften III Verdel Jars.³⁹⁷) — It. des selugen Dages, tegen de Vesper Tyt, hadden sich de Colschen vor Soist verstecken an IIII Enden vnd letten rennen vor de Stat; yn Menynge, de van Soist solden jagen, dat nycht geschach. Do roueden se eyn Perdt, dar mede rümeden se dat Velt.³⁹⁸)

Item des Saterdages sunt Lamberts Dach hadden sich de Colschen koste vergabbert, ranten starck vor Soist, schyckeden nicht, dan dat se de Ploge, ym Velde vor dem Paradise, entwe slogen. — It. des Mandages heilden de Houesteder ym Velde, deden nycht, dan dat se sych seen letten.³⁹⁹) — It. des Dinstages branten de van Werle to Endeke dat How. — It. des selugen Dages haelden de van Soist IIᶜ Voder Hows vnd vyl Holtes. — It. des Sundages na sünt Lambertes Dage branten de Colschen dat How vnd se weren starck to Hope;

---

³⁹⁴) Das letzte Item fehlt in 2, 3, 4 und 5. — ³⁹⁵) Damit etliche Hüser angestickt worden; 3 und 4. — ³⁹⁶) Dieses Item fehlt in 2 und 5. — ³⁹⁷) mehr dan ein half Jar; 3 u. 4. — ³⁹⁸) Dieses Item fehlt in 3 und 4. Alle folgende Items, bis zu der Rubrik: van eynem Dage to Marseych, fehlen in 2 u. 5. — ³⁹⁹) Dieses und das vorige Item fehlen in 3 und 4.

378

1446. jn Menynge, de van Soist solden jagen. Do dat nicht geschach, schynbeden se de Browen op dem Lyppeschen Wege vnd nemen en al wes se hadden.⁴⁰⁰)

Item vp Mandach dar na togen de van Soist vth myt velen Wagenen tegen de van der Lyppe, an den Clusebusch, brachten en bald ouer C Malt Roggen vnd ander Gudt vnd entfengen wedder Kese, Boteren, Stockfis, Kollen, Hoppen vnd allerley Ware, dart togen de van Soist jn des Clüseners Holt, loeden ouer II^c Wagen myt Holte, togen myt Leue heym. De Colschen heylden starck vnd moisten dat noch lyden. De Soschen wunnen eynem van der colschen Warde eynen Bogen aff.

Item des Dynstages vp Cosmas vnd Damians Dach ranten de Houesteder vor Sohst, vengen eynen Rehsener, roueden XX Koe. De van Sohst jageden na bys vor de Houestat, vengen IIII Voytgesellen. — Jt. vp sunt Michaels Auent quam eyne Borgersche to der Houestat ouer de Lyppe vnd hadde vry vnd vast Geleyde.⁴⁰¹) Nochtans schynbeden se se, nemen er wes se hadde.⁴⁰²)

Item vp den seluen Dach togen de van Soist to Bote vnd to Perde vor Belele vnd schotten sych myt en vnd vengen II Mans, roueden XI Perde vnd en wort eyn Perdt wedder geschotten. — Jt. vp Saterdach na sunt Mychaels Dage brachten V Voytgesellen eynen Geuangen van Belele. — Jt. des seluygen Dages weren XVII Gesellen gerant vor Arnsborch, brachten III Geuangen vnd VIII Ackerperde.

Item des Sundages brachten V Voytgesellen van Nehem II Geuangen vnd V Ackerperde.⁴⁰³) — Jt. vp den seluygen Sundach quam eyn Wage vul Junfferen eber Nunnen, van Vrondenberg to Sohst, hadden myt sich eynen Preister myt dem hylgen Sacramente vnd volgeden Henrike van Ense to Anrochte vnd anderen Colschen na, de se jn der Nacht gemartbrantet hadden, want dar branten sümyge boyt. He beroueden se van Perden, Koen, Schapen, Swynen, Huhsgerahd vnd wes

---

⁴⁰⁰) Dieses Item fehlt in 3 und 4. — ⁴⁰¹) vnd eine Paßbordt; 3 und 4. — ⁴⁰²) plünderden se; 3 und 4. — ⁴⁰³) Das Item fehlt in 3 und 4.

se habben. Se weren yn Hoppen wes webber to krygen; auer 1446.
ib wolbe nycht gelücken.⁴⁰⁴)

Van eynem Dage to Marseych.

Item vmb Trent Michaels was tusschen dem hochgeborn
Fürsten Hertogen Abolff to Cleve vnb syner Gnaben eylbesten
Son an eyner vnb dem Biscop van Collen an anber Sib,
eyn Dach gemalet to Marseich; als hir na geschr. wert. An
bem Dage was begreppen, be wyle be Parten ere Fronbe to
beme Dage hebben vnb be Dach burenbe were, solbe numant
na des anderen Steben vnb Slotten staen, noch myt grotem
Hupen eber myt Hereskrafft von Stebe offte Slotte riden;
gelick ock vp bem Dage to Orbyngen gemalet was. Wu jb
auer van ben Colschen gehalben wort, heuet men wal gehart.

Item mybler Tyt des Dages so begreppen, vp Gubensbach
na sünt Michaels, habben sich be Colschen koste vor Soist verstecken vnb be Plogers wolben nicht wachten, bys bat be Warbe
vth quam. Do ranten be Colschen myt IIIᶜ Perben vp se
vnb vengen V Plogers, roueben XVIII Ackerperbe; ba habbe
be Schulte van Hattorpe V Perbe mebe. Alsus hehlben se
ere Geloffte, Segel vnbe Breue ⁴⁰⁵)

Item vp Donerbach ben VIII Dach Michaels, togen be
van Soist tegen ere Borger na beme Hamme, be bar vel
vetter Koe vnbe Swyne gelofft habben.⁴⁰⁶) — Jt. des Bribages bar na breken II Geuangen vth beme Stocke Geuenck-
nisse eber Torn to Rüben, borch Anropen vnb Gnabe bes
almechtygen Gobes vnb quemen webber to Soist.⁴⁰⁷) — Jt.
tegen ben Saterbach vmb Trent Mytnacht reben vth Soist by
C Perben, wolben halben op be Colschen, want be Colschen
ranten vyl mer vp Saterbage, ban vp anbere Dage. Als nu
be Sossschen jn erem Halbe weren, quemen be van ber Houestat
myt XXX Perben, worben ber Sosschen gewar; se wanten syck
vnb floen. De van Sost enne na vnb vengen VII Rehseners;

---

⁴⁰⁴) In 3 unb 4 wird bies etwas witzig bahin ausgebrückt: Düße
Junfern verhoppeben mit Schredinge bes Sacramentes etwas wibber tho
krigen. Se erlangeben averst nicht mer, ban bat guibt in ben Ogen ist. —
⁴⁰⁵) Dieser ganze Absatz fehlt in 2 unb 5. — ⁴⁰⁶) Dieses unb bas folgenbe Item fehlen in 3 unb 4. — ⁴⁰⁷) Dieses Item fehlt in 2 unb 5.

1446. dar was Reynwalt van Coppel mede vnd vengen noch IIII Renners, so dat se wunnen XI guder gesadelder Perde vnd Harns.⁴⁰⁸)

Item van dem Sundach op den Manbach op sunt Gereonis vnd Victors Dach togen de van Soist myt II^c Wagen, geladen myt Weyte, Roggen, Gersten vnd andere Waer to deme Hamme yn de Stat, louden weder vmb Kese, Boteren, Stochuns, Stenkolen vnd ander Waer, dart vette Koe vnd Swyne, togen dar mit tegen den Auent wedder to Sohst. — It. jn der seluen Nacht branten de Colschen dat How to Bernynchusen vnd darumb land op velen Steden.

Item op de seluen Nacht schinde Henrick van Ense den Kerchoff to Sueue vnd als he do dat Gudt na Anrochte floch, do quemen VI Boytgesellen vth Sohst emme jntgemote, brachten III Geuangen, de moysten se lopen laten vnd erer wort II geuangen; de anderen IIII quemen wedder to Sohst. — It. op Bribach sunt Calixtus Dach, togen der Soschen Soldener op Euentuer vth, roueden LX vetter Koe, XL Schape, XXX Segen, IIII Ackerperde. — It. op den seluen Brybach ranten de Colschen vor Sohst, roueden III Ackerperde. — It. des Dynstages op sunt Lucas, ranten de Colschen vor Soist, roueden I Ackerpert.⁴⁰⁹) — It. op der XI^m Junferen Dach, yn der Nacht, schynden de Colschen dat Pylgrymhus, dar men de armen Lude spiset.⁴¹⁰) — It. des Gunstages na Seuerynus Dach, brachten VII Boytgesellen jn Soist XXV Koe, VIII Ackerperde vnd manygerle Huysgerait. — It. op Auent Simonis et Jude ranten de van Soist vor Rüben, kregen I Geuangen, roueden II Ackerperde.⁴¹¹)

Van eyner groiten Nederlage der Colschen.

Jn dussem Jaer M. IIII^C· XLVI op Saterdach na Simonis vnd Jude, weren vergettych de Colschen erer Geloffte, dem Hertogen van Burgonyen gedaen, de den Dach to Marseid

---

⁴⁰⁸) Alles folgende bis zu der Rubrik: van eyner groiten Nederlage der Colschen fehlt in 2 und 5. — ⁴⁰⁹) Dieses und das vorige Item fehlen in 3 u 4. — ⁴¹⁰) se kregen dar nit vyl; 3 u. 4. — ⁴¹¹) Das Item fehlt in 3 und 4.

verramet habbe; dar hynne begreppen was, dat nummant na
des anderen Steden vnd Slotten ftaen folde, noch dar vor
myt Hupen oder Hereskrafft rennen off trecken wy vorfchr.
Quemen myt III^c Perden to Harnffche, lehten ftarck de Hare
herneder rennen vor Soift, bis an de Parten vnd id was
duifter geneuelt; fo haerde de Chuer vp dem Torne dat Gerochte, de Neuel brack dorch, de Chuer wort er gewar, men
floch de Klocken, men jagede to Bote vnd to Perde; de Colfchen lehten fich jagen de Hare an, dar fe er Hynderhalt
habben. So quemen Cort Stecke Droifte vnde Retmefter to
Soift, van wegen vnfes g. Junckeren vnd Her Johan van dem
Broke vnd Her Johan de Roede Burgermehftere, myt XL
Perden myt den Bianden to mangelen, bys dat dat ander
Volck anquam. Dar fchach eyn grufam Slacht vnd Handel;
dan Godt der Here de eyn Befchermer is aller rechtuerdygen
Saken, gaff den van Soyft fyne Gnade, dat fe den Plas
beheylden vnd der Colfchen bleuen doyt vnd geuangen, wy hir
na gefchr.^{412})

Duffe bleuen doyt vam Adel IIII.

Juncker Phylyppus van Naffaw. — Johans Son van
Bilftein. — Steuen van Lare. — Eyn Prouest to fünt Gereon
to Collen, geboren van Witkenfteyn.

Vam Adel geuangen XXIX.^{413})

Her Werner van Seyn, Graue to Wytgenfteyn.^{414}) —
Juncker Gert Her to Büren. — Her Dyderyck van Bufchelt
Ritter. — Henrich Wulff olde Drofte to Werle. — Johan
van Schedyngen Drofte to Arnsborch. — Herman Vorftenberch

---

^{412}) In 3 und 4 wird dies fo erzählt: de Colfchen habben fich vergabbert, habben ock Hülpe tho Perde gefocht vth den klenen Steden, alß
Arnßberg, Gefele, Brilon. Alfe fe nu vergabbert weren, beraitflageden fe
fich, wo fe de Sake wißliken mochten angripen, dat fe einmal wat Ehre
inlechten. Nach beflottenem Rade makeden fe etlike vth vnd verordeden
vth fich de briftesten, leten de Hare henafriden, bis an de Grandtweghes
Porten; eren groten Hupen leten fe an der Hare u. f. w. — ^{413}) Diefe
Ueberfchrift fehlt in 2 und 5. — ^{414}) In Nr. 2 und 5 heißt es: Her
Wennemer van Seyen, Graue tho Witgenftein, Prouest tho st. Gereon
tho Collen. Die folgenden Namen find dafelbft verworren durcheinander
und oft fehlerhaft gefchrieben. In Nr. 3 und 4 fehlt Werner v. Seyn.

1446. de olde. — Frederick van Hoerde to Stormede. — Herman van Laer. — Henrick van Bernychusen. — Albert van Mengede. — Renuert van Quernhem. — Gotschalck van Padberch. — Johan van Breytbach. — Henneke van Heger. — Johan Bribach. — Diderick van Dunauwe. — Reynhart Claes. — Johan Sunerke. — Oseke van Wenthuys. — Menryck Billynck. — Lubeke van Kerssenbroick. — Henrick van Beybenkamp. — Herman van Endorp. — Cort Tappe. — Johan van Jtenbach. — Wilhelm van Plettenberch. — Rouedichs off Rouedis. — Johan Kulynck. — Herman van Hoyngen.⁴¹⁵)

Dusse nageschr. syn de resyge Knechte vnd Borgers de gevangen worden.

Van Arnsberge VII: Bernt Quant Bastert.⁴¹⁶) — Frerick van Nehem Bastert. — Henrick van Geseke Borgermester.⁴¹⁷) — Gert Plume Richter. — Johan Herman Molleners Son. — Heneman to Geyle.⁴¹⁸)

Geseke VI: Peter Frondt. — Cort Synsinck. — Rechart Bubbe. — Johan Lambertynck. — Mychael Stentwerte.⁴¹⁹) — Henrich Gronenberch.

Brilon XIII: Gobel Steueken. — Johan Wessel. — Henrick Claes. — Gobel Swertel.⁴²⁰) — Heneman Willens. — Theypel Snobels. — Johan Brechteken. — Herman Wynterberch. — Johan Frederichs — Hans Wyncke. — Johan Scheue. — Stechart Babemoder. — Rotger Babemoder.

Rüben VI: Henrick Bleyge.⁴²¹) — Rotger Erlekynck. — Gert van Berne. — Arnd Fittes. — Rottger Neuelynck Rychter. — Hunolt des Grauen Son van Geseke Rentmeyster.

Büren V: Henryck Persenolle Borgermester. — Cort Letzgers. — Herman Trumpe. — Henneke Thylen. — Diderick Stenwerte.⁴²²)

---

⁴¹⁵) In 2 und 5 heißt es hiernach: Dusse weren alle Houetlude vnd gude Mans. — ⁴¹⁶) Die folgenden Arnsberger Namen fehlen in 2 und 5. — ⁴¹⁷) Gerwyn Tobele, Borgermeister; 3 und 4. — ⁴¹⁸) Heineman Kolner; 3 u. 4. — ⁴¹⁹) Dieser Name fehlt in 2 u. 5. — ⁴²⁰) Dieser und der vorige Name fehlen in 2 und 5. — ⁴²¹) Blege; 3 und 4. — ⁴²²) In 2 und 5 wird hinzugefügt: let sick Borger tho Büren schriuen vnd was dat nit.

Nehem: Hennele Francke. 1446.
Werle: Gogele Suanenuelt. — Johan Ruback. — Telman Lobege. — Cort Noitlike.
Warsten II: Cort Spanke. — Rechart Schenckebeer.

Reysege Knechte XXII.

Dyderich Blanckert van Russe. — Wichart Glawhen van Erwitte. — Diderich Stalhouet. — Johan van Sendorp. — Henrick Knolp. — Herman van Delle. — Lodowick Johans Knecht van Schedyngen. — Gerdt Vollandes Knecht — Bolmar van Walterynchzen. — Diderick Horstelen, Albert Schüngels Knecht. — Cort Schütte, Johan van Schedyngen Knecht. — Wilhem Kasse, Joh. Lansberges Knecht. — Johan des Rentemesters Knecht van der Freborch. — Herman, Arndes Lappen Knecht. — Cordt Branthuys, Forstenberges Knecht. — Herman yn dem Stheynhuys. — Albert Schüngels ander Knecht. — Herman Brilemans Son. — Johan Keteler van Olepe. — Thonyes des Schulten Son van Asschoue. — De lange Johan Hynrich Wulues Knecht.

Summa III Doden, LXXXXV Geuangen, sunder be, den men Dach in Velde gaff, der eyn Dehl heylden vnd eyn Dehl nicht. Dar to wunnen se C vnd XXX gesaelder Perde, de se al sampt den Geuangen myt Harns, Sabelen vnde Thomen vnd aller Gereitschop myt sich yn Sost nemen. — It. wat hir der Colschen nycht geuangen worden, de worden eren Fronden veltfluchtych. Den seluhgen jageden de van Sohst na, bys to Nehem vor de Parten. Her Diderick van Burscheyt slo myt dem Whympel. Der van Soist bleuen doit vnde geuangen, wy hyr nageschr.

Herman Düuel Borger, starff VI Wecken dar na.

Geuangen Borgere to Soist:

Her Johan van dem Brole Burgermester. — N. Haudarbor. — Henrick Beerman. — Smullynd. — Dyderich van Treer. — Johan Schütte. — Twe reysyge Knechte. — Verloren II Perde, dar mede togen se myt Broweden to Huys. —

1446. Jt. Perde vnd Harns wort gebütet vp IX Dusent vnd LX Goltgl. De Geuangen vp XXXII dusent Goltgl. Summa IX ᵐ LXXXXII Goltgl.⁴²³)

Item am Sunbach na aller Hilgen Dach wolbe Herman Hesse, Borger to Soist, jnt Lant van der Marke gaen. De van Werle vengen en vnd was bair eynsten geuangen geweft. — Jt. des Dynstebages bair na brachten sumige Boltgesellen jn Soist V Perde vnd eynen Wagen vyl Swyne vnd Segen. Jt. des Gudenstages bar na ranten eyn Deyl Soldeners vor Rüben roueben nicht mer dan eyn Perdt want se weren verraden.⁴²⁴) — Jt. des seluygen Dages quam eyn Geuangen yn Soist, den Hynrick van Ense ym Stocke habbe, bair em Gobt vth gehulpen habbe, dat he em was entlopen. — Jt. van dem Sunbach vp den Manbach quam Gobel Dolman, myt Boytgesellen van den Colschen, to sünte Walburge vur Soist, roueben den Junfferen aff VI Perde, IX Koe, XII Swyne vnd vart wes bar van Husgeraide jn dem Buhuys was.

Jt. des Manbages santen be van Soist ere Frunde to dem Hamme tegen Frunde vnses g. Junckeren vnd der Märleschen Stede, vmb Saken to beraitslagen, be enne bewant weren. Des Gudenstages haelben be van Soist ere Frunde weder van dem Hamme.

Item vp Saterbach sünt Elisabet Dach, tegen be Nacht, quam eyn Domher to Paberborne to Oystonen vnd schinde be Kercken.⁴²⁵) — Jt. des Manbages bair na quam Her Kersenbroick Domher to Paberborne vnd be van Anrochte to Sassendorpe, nemen den Whuen be Ketele bair se bat Salt jnne soben vnd ere Kleber vnd wes se mer habben.

---

⁴²³) Alle folgende Items bis zur Bannung Erzbischof Diedrichs fehlen in 3 und 4. — In Nr. 5 folgt zunächst eine salbungsreiche, mit biblischen Vergleichen geschmückte Apostrophe an den lieben Leser, worin dieser aufgefordert wird, die Gerechtigkeit Gottes in dem wunderbaren Schutze der guten Stadt Soest, gegen ihre tyrannischen Pharaone, zu bewundern. — ¹²¹) Dieses und das vorige Item fehlen in 2 und 5. — ⁴²⁵) Das Item fehlt in 2 und 5.

Wu Biscop Diderick vth erkundiget wert vor ennen Ketter vnde wert berouet des Bisdomes.

Item des Gudenstages op sünt Andreas Dach wort yn allen Kerspelskerken jn Sohst, van Gehorsams wegen des hilligen Vaders Eugenio Pawest to Rome, eyne Bullen verkundiget, (be) Dyderike van Moerse be eyn Biscop to Colne was, beroueb vnb affiette aller siner Herlicheyt, des Styfftes van Colne vnb alles gehstlyken States vnb vermaledhede vnb verbannede en, vmme ber Vnbaht vnde Vngehorsamcheyt, be he boit tegen be hilgen Kercken to Rome vnb tegen ben hylgen Cristen Gelouen vnb verbant vnb vermalediet alle de gene, be myt emme heilt, emme Hulpe vnb Trohst beweys,[426] tegen de hilgen Kercken to Rome.

Item op sünt Nicolaus Auent togen de van Soist op de Mone vnbe haelben vyl Holtes. Des gelyken beben se op vnser leuen Vrowen Auent.[427]

Van ben van der Lyppe.

Item des Manbages na sünt Nicolaus weren be van der Lyppe vor Gesete vnb vengen ber van Gesete XLV, be se myt sich nemen vnb VIII ben se Dach geuen, be sere gewunt weren vnb II bleuen vp bem Plasse boyt.[428] — Jt. des Sunbages vor sünt Lucien Dage brachten IIII Gesellen eynen Geuangen, ben se kregen vor Nehem.[429] — Jt. Manbach vp Lucien Auent, brachten sumyge Voltgesellen II Geuangen, be se kregen vor Werle. Des selubgen Dages haelben be van Sohst vyl Houys vnb Holtes. — Jt. Dynsbach vp sünt Luchen Dach brachten be Voltgesellen III Geuangen, VI Ackerperbe, be haelben se vor Arnsborch. — Jt. des Donerbages haelben be van Soist ouer III hunbert Foder Holtes.[430]

Item vp sünt Tomas Dach schynben be van Anrochte ber van Soist Boben, vnb be Colschen schynbeben ber van Buna Boben. — Jt. vp des hilgen Cristes Auent schinbeben

---

[426] in syner Ketterye vnb Voßheit; 2 vnb 5. Das folgende bis zur nächsten Rubrik fehlt daselbst. — [427] Dieses Item fehlt in 3 u. 4. — [428] In 3 und 4 ist dieses Item etwas ausführlicher gehalten. Alles folgende, bis 1447, fehlt in 2 und 5. — [429] Dieses und die beiden folgenden Items fehlen in 3 und 4. — [430] Dieses Item fehlt in 3 und 4.

4146 de van Anrechte de Browen vp dem Lyppeschen Wege vnd nemen en wat se hadden.

It rs to wetten, dat de Colschen in dussem vergangen Jair vil mer Beisheit vnd vnberliser Thynge gedaen vnd gehandelt hebben, de sych nicht vn erstlen Fürsten Beden betemet. Vil dar van to schriuen wer.

Im Jaer vnses Herren M. IIIIC. XLVII.

1447. Item vp den hylgen Kersit Dach quemen de Colschen vor Soist, rengen vnd schynten by dem Rasensteine eynen Boden vnd enne Browen. — It. vp sunt Steffens Dach schynten de van der Houestat IIII Browen, de quemen van dem Ham. — It. vp Brodach sunt Siluesters Auent weren de Reede vnses g. Junckeren van Cleue, ock de marcleschen Stede to dem Hamme; dair do de van Sohst ock ere Frunde schickeden, vmme nodyge Sake to beraitslagen.⁴³¹)

Item vp Rychardsdach schynden de van der Houestat XXV Browen, de wolden to Sohst to Markede trecken, myt allerley, als Huyslüde hebben vnd wolden wydder vmme kopen Beyr, Brodt vnd andere Kohttrofft. — It. des Manndages na Rychardsdach haelden de van Soist wydder ere Frunde, van dem Hamme, de dar to Dage gewest weren. — It. des Gudensdages dar na haelden de van Sohst VIII Wagene myt Wullen vnd anderer Waer van der Lyppe.⁴³²) — It. vp der hylgen III Konynge Auent gengen VIII Boytgesellen vth Sohst de schynden eynen Boden der Stat Alen, nemen en gevangen, lehten enne lauen jntohalben to dem Wünnenberge. Under des quemen de Houesteder vengen der Bouen H, dar mede quam er Vnbait vth; den van Soist wort id kunt gedaen. Se rychteden dem Boden alle synen Schaden, want se wolden nycht, dat sodane Vnbaet vnd Boesheyt vth erer Stat geschehn solde.

---

⁴³¹) Dieses Item fehlt in 3 und 4. Die folgenden Items bis vp ber hilgen 3 Könige Auent ꝛc. fehlen in 2 und 5. — ⁴³²) Dieses und das vorige Item fehlen in 3 und 4.

Van eynem Dage to halden tusschen den Cleueschen vnd Colschen to Moerse.

Item vp der hylgen III Konynge Dach, was eyn Vrydach, tor Vespertyt, quemen yn Soyst Johan Wydenbrüge, van wegen der burgonischen vnd de Clüsener van dem Broke, van wegen der Colschen. Disse brachten dat Geleyde van den II Parten den van Soyst, dat se ere Frunde to dem Dage to Moerse tegen de Colschen senden solden. — Des Saterdages reden de Fronde oth na Moerse, mnt Namen: 1447.

Her Johan de Roede Borgermeyster. — Ewalt Vreckeruelder Kemner. — Herman Myle Rychtman. — Dideryck Grübbeke van der Gemeynheyt. — Bartolomeus van der Lake Schryuer. — Gobel Rosel Bode; vart so vyl Deyners as en nodich was. Ock reyt dar mede Cort Stecke Droyste, de Rychter Henrych van Stenworten, sampt anderen guden Fronden. Summa LX Perde.

Do de van Soist to Moerse quemen, do weren de Fronde vnses g. Junckeren van Cleue al dar, nemplych: De Prauest van Cleue.[435]) — Her Gauwyn van Swansborch Ritter. — Goswyn Stecke. — Albert van Alpen. — Hermannus de Schryuer.

Dar weren van wegen der Colschen: Her Henrych Graue van Nassouw, Domprauest to Mens. — De van Isenborch Kepler ym Dom to Collen. — De van Nuwenar Arfuoget to Colne. — Her Teleman van Lyns Prouest to sünt Floryn to Couelens. — Her Scheffert van Roden Ritter.

De Mitlers van wegen des Hertogen van Burgonyen: Frederyck Graue to Moerse vnde Nassouw vnd Here to Breda yn Brabant. — Meyster Goniswyn van der Ribt Kenseler yn Brabant. — Dyderyck van Mengerschen.

Item düsse vorgeschreuen Reede weren tosamen XIIII Dage vnd konden nycht geschaffen. Dat quam also, dat de Colschen so vnstanthafftych weren, geuen eren Waerden noch Segelen- noch Breuen-Macht, gelich als se ock op dem Dage to Orbyngen vnd alletyt gedaen hebben. Vnde duyt togede

---

435) Der Propst fehlt in 2 und 6.

1447. ſych V Wecken, er de van Soyſt weder heym quemen. Dat ſych op grote Vnloſt ley.⁴³⁴)

Item op Saterdach na Symper, do nam Henryck van Enſe vnd andere Colſchen de Koye vor der Marke vnd vor dem Hamme.⁴³⁵) — It. des Sundages dar na ranten de van Soyſt vor de Waterlappe, kregen II Geuangen, roueben XVIII Swyne. — It. des ſelueſten Dages kregen de van der Lyppe XV Geuangen; dar was eyn mede, genant Vollant, de was den van Soyſt vth dem Torn entlopen; ock roueben ſe XVI Koe.

Item des Mandages op Anthonyus Auent gengen vth Soiſt III Geſellen to Vote vor Nehem, vengen den Borger=meſter ſelueſt, roueben IIII Perde.⁴³⁶) — Item des Doner-dages na ſünt Paulus Dage reden vth Soyſt eyn Dehl Rüter, vengen vor Nehem eynen Borger, roueben II Perde. — It. des Vrydages reden der van Soyſt Rütere weder vor Nehem, vengen II Reyſeners myt Perde vnd Harnſche. — It. des Dynſtages vengen de van Anrochte den van Soyſt aff II Voyt-geſellen. — It. des Saterdages na vnſer leuen Browen Dage, Lechtmyſſe, togen de van Soyſt vth myt velen Wagenen vnd holteben den Monelen. — It. des Donerdages na ſünt Agethen, do togen vth Soyſt II Reyſener vnd VIII Voytgeſellen, roueben IIII Ackerperde II Malt Haueren vnd XI Koe. — It. des ſelueſten Dages quemen der van Soyſt Fronde webber heym, van dem Dage to Moerſe. — It. op den ſeluen Dach vengen de van Anrochte II Jegerknechte van Soyſt.

Item des Donerdages op Luytke Vaſtauent, togen de van Soyſt myt der Macht vor de Houeſtat, yn Hoberges Holt vnd holteben vnd roueben IIII Ackerperde. — It. des Man-dages tho groten Vaſtelauent, togen de van Soiſt wider vor de Houeſtat vnd halben mit der Macht vnde vengen dar tho Hoberge aff IIII Ackerperde vnd II Knechte dar by. — It. op den Dach wort den van Soiſt weder aff geuangen, Meſter

---

⁴³¹) Alle folgende Items bis zu dem: op Bribach, was Gregorius Dag, fehlen in 2 und 5. — ⁴³⁵) Dieſes Item fehlt in 3 und 4. — ⁴³⁶) Die folgenden Items einſchließlich des, wo Johann „de Armborſterer" gefangen wurde, fehlen in 3 und 4.

Johan be Armborſterer. — Jt. vp ben ſülven Dach weren 1447.
vth Soiſt gegangen by LX Vrowen int Holt, ſo quemen be
van Nehem vnb ſchinben ſe, nemen wes ſe habben.

Item des erſten Gudenſtages in der Vaſten roueben ber
van Soiſt Rüter, vor Anrochte eyn Perbt vnb IIII Munb
Heppen, vnb bar was eyn Bobe by, ben beben ſe quyt.[437] —
Jt. bes erſten Manbages in ber Vaſten roueben be Honeſteber
vor Soiſt, vengen II Knechte vnb II reyſige Perbe, toſamen
tobehorich Hern Johan bem Roben. — Jt. vp benſelven
Manbach reben vth Soiſt XII reyſige Knechte tho Ehmere by
Arnsburch, kregen III Geuangen, roueben VI Ackerperbe, XX
Koye vnb viel Huisgerabes. — Jt. bes Dinſtages thogen vt
Soiſt L to Perbe, eyn grote Naem an Perben, an Kogen,
Swynen, Schapen, Segen vnbe Huisgerabe vnb branbten allet
wat ſe vunben vnbe thogen met Leue heym.[438]

Item bes Maenbages na Reminiſcere haelben be van
Soiſt Craft Stecken mit ſynen Frünben wybber in Soiſt. —
Jt. bes ſelven Dages quemen in Soiſt Diberich van ber Recke
genant Schorffe vnbe be Vorgermeiſter van Vnna, beben Henriche bem Wulve Dach vnb beben gelouen vor hem. — Jt.
bes Donerbages bar na, reyt Crafft Stecke vnb be van Soiſt,
tegen be van ber Lippe, vmme over to ſpreken, Sake enne
nobich.

Item vp Vribach bar na, was Gregorius Dage,[439]
wolben eyn Deyl Borger vth Soiſt holten, habben XL Wagen,
habben bar by gebeben XL Solveners vnbe C tho Volte. Dit
wort ben Colſchen verbobet, maleben eyne Vergabberinge van
Paberborneſchen vnbe Walbecſchen Rüteren, over IIIᶜ Gewa-
penbe, ranten tho ben Wagen in bat Holt, vengen ber Holt-
lübe VI vnb VIII Jungen, eynen reyſigen Knecht vnb XL
Ackerperbe. Dat Gerochte quam to Soiſt, men ſloch be Klocken,
men jagebe na ben Holtwagen, be Vlanbe rünneben mit bem
bat ſe habben vnb weren be van Soiſt nicht gekomen myt ber
Jacht, ſo hebben ſe al bat Volck, bat by ben Wagen was,

---

[437] Dieſes Item fehlt in 3 und 4. — [438] Dieſes unb bie Items
bes folgenben Abſatzes fehlen in 3 u. 4. — [439] für Gregorius Tage, 5.

1447. mit genomen. Darume ys Najagen bewylen gut, auer ftede
vel to jagen is nicht geraden.⁴⁴⁰)

Item des Saterdages dar na nemen de van Anrochte
tho Saſſendorp XI Kettele, dar ſe dat Salt jn ſoven.⁴⁴¹) —
Jt des Dinſtages dar na ranten der van Soiſt XII vor
Werle, roueden IIII Ackerperde. — Jt. des Gridages dar na
reyt Craft Stecke vnd Cuert van Wickede wider van Soiſt
vnd de Colſchen heylden enne vor. Dat wort to Sohſt vor-
bodet, ſo dat men Clocken ſloch. De van Sohſt togen vth, de
Colſchen beden als ſe gemeynlich plegen; nemen dat Hazen-
banner.⁴⁴²) — Jt. op den ſeluen Grydach vor Mytfaſten,
XI Voytgeſellen vengen op dem Hemmeſchen Wege II Voyt-
geſellen, Browenſchynders van der Honeſtat. — Jt. op Brydach
vnſer leuen Vrowen Auent Annunciation, vengen de van Soiſt
eynen Browenſchynder van der Houeſtat, vunden ock ohl by
em, dat he den Vrowen genomen hadde.⁴⁴³)

Item des Sundages na vnſer leuen Vrowen vengen de
van Soiſt eynen van Werle vnd nemen enme eyn Perdt. —
Jt. van dem Sundage op den Mandach yn der Nacht quemen
de Colſchen vor de Eluerycks Paerten, leyten krapen dorch dat
Waterhol an der Perdebrencke, hadden myt ſych Welen vnd
ander Reyſchop, jn Menynge de Stat to martbernen. De
Wechter worden des gewar, de Colſchen moyſten rumen, nemen
III Kameren vthe den Büſſen, de vor der Paerten ſtonden vnd
nemen dat Jſeren van den Plogen. Hyr van wort eyn groyt
Rumor manck den Borgeren, dat ſe onurdich weren.

Wu Kalenhart gewunnen wort.

Item van dem Mandach op der Dynsbach, yn der
Nacht, togen de van Soyſt myt der Macht tegen de van der
Lyppe, togen tofamen vor de Kallenhart vnd ſe beſtregen dat
an II Enden, des Morgens to VI Vren vnd wunnen alſo de
Stat; oppenden de Paerten, leyten ere Frunde yn, kregen de

---

⁴⁴⁰) Die folgenden beiden Items fehlen wieder in 2 und 5. —
⁴⁴¹) Dieſes Item fehlt in 3 und 4. — ⁴⁴²) Die nächſt folgenden drei
Items fehlen wieder in 2 und 5. — ⁴⁴³) Das Item fehlt in 3 und 4.
Eben ſo das nächſtfolgende.

Slotel to dem Raythuze, to den Paerten, ere beyde Segele, 1447.
ere Wympel, dar se vnder dat Karn vor Sohst trededen. De
van Sohst kregen XXXIII Geuangen; de van der Lyppe XIX
Geuangen. Wat vp dem Kerckhoue vnd hn der Kerken was,
dem deden sy nicht;⁴⁴⁴) der anderen vell vyl ouer de Muren
vnde quemen eyn wech. Do plunderden se de Stat, nemen al
wes dar was, lachten vp de Wagen de se dar kregen vnd
hebben se noch II^c Wagen gehat, wer enne wol nodich gewest,
so vyl Gudes was dair, des se nycht mede brengen mochten.
Dar na slogen se alle Duech vnd Haue vth vnd steken do de
Stat an, branten se hn den Grunt. Hyr wort oc eyn Borger
van dem Saltkotten geuangen, mht eyner geladen Karen, mht
Wande vnd Ledder. It. der van der Kalenhart bleuen VIII
doht vnd der van Sohst vnd der Lyppeschen worden II gewunt,
auer yd schadde enne tom Lyue nycht.

Do togen se myt al dem Gude vor dat stenen Slot
Korttelinchuzen vnd wünnen dat,⁴⁴⁵) kregen dar III Geuangen,
VI Perde, sumige Köge vnd Swyne vnd wes dar mer was.
Vnd branten do dat Slot in den Grunt, togen do mit dem
Gude ober de Hare na Anrochte. Dar behlden de van Soist
vnd de van der Lippe, dat Gudt in dem Velde. Do toich eyn
yblich mht Leue vnd mht grotem Gude to Huse.⁴⁴⁶)

Item des Gudensdages dar na reden VI Reyseners jnt
Sticht van Padelborne by den Saltkoten, brantschatten, vengen
eynen Huesman vnd roueden II Perde jn der Nacht. — It.
des Vridages vor Palmen, quemen de van Anrochte to Sassendorpe jn de Kerken, nemen den Frawen VIII Ketele, dar se
Salt jn soden vnd vart wes dar was.⁴⁴⁷) — It. des Mandages tho Palmen gengen VII Voltgesellen vth Soist tho
Sassendorpe jn de Kerke hemeliche leggen, to besehn offte de
Kerkenschenders od weberkomen wolden jn der hylligen Thyt,

---

⁴⁴⁴) In 2 und 5 steht irrig: Dath nemen se mith. — ⁴⁴⁵) In 3
und 4 heißt es: vnd helden mit en Sprake, loveden en Lif vnd Levendt
tho fristen, so se willigliße astogen vnd geven dat Slot in de Handt deß
Borgermeisters, Hern Dethmar Cleppinges. Na kortem Baraitslagen geven
se dat Huß vp. Dar worden averst dre mitgenommen u. s. w. —
⁴⁴⁶) Die nächstfolgenden beiden Items fehlen in 2 und 5. — ⁴⁴⁷) Dieses
Item fehlt in 3 und 4.

1447. als se plegen, wante de Colschen sparen noch Tyt noch Stede noch Personen. So quam Her Kerssenbrock, Domher to Padelborne⁴⁴⁸) vnd wolde de Kerle scheuden, als hey gewontlich was; dat was em leyne Schande, wante he royd ock na dem Kryfam. De VII Gesellen quemen mit em tho mangelen, vengen ein off II reysige Knechte vnd brachten de in Soist. — It. op Dinstag ranten de Soischen vor Werle, roueben II Perde.⁴⁴⁹) — It. des Bribages na Paschen ranten de van Soist vor Rüben. De jageden vth quamen thor Mangelinge. De van Soist vengen II Perde vnd anders nicht. — It. des Saterdages schinden de van Anrochte de Capellen to Hynrickinck vor Soist vnd vengen eynen Man dar ynne. — It. op den seluen Saterdach vengen de van Werle wibber an, de armen Frawen van Soist (to schinden); nemen enne wes se habben vnd brüngen se op Eede, dat se leyn Holt mer halen wolden. — It. in der seluen Nacht slogen de Colschen in dem Soischen Velde de Ploge vnd de Egede entwe vnd nemen dat Iseren dar van.⁴⁵⁰)

Item vp den VIII. Dach Paschen weren alle, de bynnen Soist vp dat Rathuis vnd vp den Sel plegen to gaende, versamelt vp dem Rathhuse, vmb alle twistige Puncte bael to legen; vp dat geyne Twyst vnd Bnwyllen tusschen der Quericheyt vnd den Borgern entstonde.

Item des Manbages dar na, vengen de van der Houestatt vor Sweue eynen Man, de reibe III mael geuangen was vnd roueben II Kohe. — It. des seluesten Dages schynden de van Anrochte de Frawen, tusschen Soist vnde der Stat Lippe.⁴⁵¹) — It. des Dinstages dar na gengen IX Gesellen vp den Hemmeschen Wech, tho waren vp de Browenschynders van Werle. Dat wort den van Werle verspeet; de quemen starck her vth, se quemen tho samen tho mangelen. Der van Werle bleuen II doit vnd viel gewundet. Der Soischen blef eyn doit, III gefangen; de anderen entgengen enne mit Gewalt. Vnd myt

---

⁴⁴⁸) vnde sa de Dompape van Paderborn, Kerssenbroick kam u. s. w. 3 und 4. Die beiden folgenden Items fehlen. — ⁴⁴⁹) Alle folgende Items, bis auf das letzte vor der Rubrik: Gobel Rosel wordt gesant an de Henseftede, fehlen in 2 und 5. — ⁴⁵⁰) Das letzte Item fehlt in 3 und 4. — ⁴⁵¹) Dieses Item fehlt in 3 und 4.

ben werleschen Doben was eyn rick Houetman. — Jt. des 1447.
Bribages bar na ranten be van Soist vor Werle, roueben
III Perde.

Item vp Sundach Misericordias dni., XIIII Dage na
Paschen, togen be van Soist vnd be van der Lippe vor de
Vriheyd Stormede vnd wunnen be; vengen XX Menne; wat
vp bem Kerkhoue vnd jn der Kerke was, des vnderwünden se
sich nicht. Sus plünderben vnd roueben se viel Gudes, slogen
bat Quech vth, branten bo be Vriheit in ben Grunt, thogen
mit bem Gude tho ber Lippe yn; bar wart id gebütet. —
Jt. vp Donnerbach na sünt Marcus, bo weren be Colschen
by Nacht jm Soischen Velde, vnd scheuben be Ploge, nemen
dat Iseren. — Jt. des Bridages brachten sumige Voitgesellen
in Soist VIII Kohe. — Jt des Saterdages brachten VI Solbeners vnde VI Voitgesellen XX Kohe. — Jt. des seluen
Saterbages quemen be van Anrochte to Loen, slogen eynen
Man in der Kerken, dat he vor doit ligen bleyf; dan he wort
gebracht tho Soist, dat he noch dat hillge Sacrament kreych.

Item des Mandages vp Philippi vnd Jacobs Dach
reben eyn Deyl Solbeners vth vp Euentuer vnd vengen VIII
reysige Knechte, weren to Voite gaen van Anrochte. Dusse
brachten se in Soist. — Jt. Donnerbach na des hilgen Crüces
Dach, togen vth Soist X Reyseners, XII Voitgesellen vor
Anrochte, roueben II Geuangen, III Perde, XII Kohe, XV
Swyne, brachten se jn Soist.[452]) — Jt. des Sundages[453])
bar na togen ber van Soist wat vth vor den Hertzberch vnd
vor Waersten, schotten sich mit en, so bat der van Hertzberch
IIII doit bleiff vnd be van Soist roueben IIII Ackerperbe, C
Kohe, VI^c Schape, XX Segen vnd vengen eynen Man. Dar
mede togen se to Huis.

Gobel Rosel wordt gesant an de Sensestebe.

Item vp Saterbach sünte Seruases Dach, santen be
Heren van Soist Gobelen Rosel to der Lippe mit II^c Gewa-
penbe; barumb bat he vort solbe trecken na Lübeke, bar be

---

[452]) Dieses und das vorige Item fehlen in 3 und 4. — [453]) In
2 steht irrig Dinstags.

1447. gemeyne Henseftede tc eynem Dage vergabrert follen fyn. Duffe Gobel was eyn Bulmechtiger der van Soift, mit Credentien vnd menicherley Schrifften, an de Henfestede gedaen, dar fich de van Soift inne bellagen wo jemerlich vnd wo fwerlich fe van dem Stifft van Collen gedrungen fyn, gegen Got, Ere vnd Recht. Duffe Schriffte vnd Widder Antwort der Henfestede, findt noch hudiges Dages in guder Verwaringe. Od worden generdiget funderlinges Legaten edder Sendeboden der Stede Münfter vnd Padelborne, in duffer Sale der van Soift, op den feluesten Dach vort to Lübele an de Henfeftat. Wo de Sale ebber beherbiget wort, is am Dage vnd in Schrifft wol verwart.

Item des Mandages in der Crützwecken ranten de van Soift vor de Houeftat vengen eynen Man.⁴⁵⁴) — It. des Dynftages reden Corbt Stecke Borgermeyfter van der Lyppe vnd Arnbt van der Borch an vnfen g. Junckeren an den Ryn vmb Raht to halden. — It. des Fridages na vnfes Heren Hemelfaerts Dach reden de van Soyft to Dage to den Steden des Landes van der Marke.⁴⁵⁵)

Item van dem Mandach op den Dynsdach togen de van Soyft vth vnd verftelen fych vor Werle vnd letten den Morgen dar vor rannen; roueden IIII befpannen Wagen vnd de Perde dar voer, vengen de Menne dar by, roueden od XVI Ploge, L Koe, XL Swyne vnd eynen Holpen Schape, vyl Gerften yn den Secken, de fe noch fegen wolden, vengen noch eynen Reyfener genant Herman van Melfche vnd deden enne groten Schaden myt Trebben des Karns. Der van Soyft wort II gefchotten, dat en fchabbe enne auer to dem Lyue nycht. — It. am Pyngt Auent togen de van Soift vth tegen de van der Lyppe, vmb tofamen Rait to holden vnd hadden myt fych IIᶜ Wagen, togen in des Clüfeners Holt vnd holteden; quemen myt Leue to Huys.⁴⁵⁶)

Item des Sundages⁴⁵⁷) na Pyngten quemen de Lyppefchen to Soift, togen tofamen vor Menden. Dar quam vnfe

---

⁴⁵⁴) Diefes Item fehlt in 2 u. 5. — ⁴⁵⁵) Das Item fehlt wieder in 2. Alle drei Items diefes Abfates fehlen in 3 und 4. — ⁴⁵⁶) Das letzte Item fehlt in 3 und 4. — ⁴⁵⁷) Dinftages; 2.

g. Juncker mit synen Rüteren tot enne, schotten Büer yn 1447.
Menden, trebbeden dat Karn, branten Wyckede vnd alle be
Dorpe vnd Houe dar vmme her, vengen vyl Menne, den Tal
ych nycht wetten konde, roueden groyt Gudt an Perden, Koen,
Swynen, Schapen vnd Segen, an Bedden, Potten, Kettelen,
Kannen vnd allerle Huysgeraht nycht wol mogelick to schriuen.
Togen do dart myt Heres Krafft to Werle vor vnd trebbeden
dat Karn jamerlick. Op dusser Reyse letten de van Soist II
Doden, de van der Lyppe I Doden. Vnse g. Juncker toch
myt den synen jnt Lant van der Marcke vnd de van Sost
vnd Lippe to Huis.

Item op Dinstach dar na rennten de van Soist vor
Beleke, vengen III Reyseners, wünnen II Perde vnd den van
Soist wort eyn Knecht aff gevangen.[438] — It. des Gudensdages togen de Heren van Soist to dem Hamme vmb Rait
tho halden. — It. op den selven Dach venck Hoberch IIII
Menne, de wolden to Katerbeke Holt halen.[439] Des Frydages broch men sünte Patroclus vmb de Stat. — It. den
seluen Dach sante vnse g. Juncker yn de Lyppe den edelen
Junckeren van Lymborch myt LXXX Gewapenen. Op den
selven Dach brachten X Voytgesellen III Perde, XV Koe,
XIII Swyne, XXII Schape.

**Wu de Byscop von Colne yn de Herschoppe van der Lippe
quam, myt velen Fürsten Grauen vnde myt den Bemen.**

Item vm sünt Vyt, den XV. Dach der Mant Juny,
do quam de Biscop van Colne yn de Herschopie van der
Lyppe vnd brachte myt sich den Marchgrauen van Dorhgen,
den Grauen van Sterneberch, den Biscop van Hylbesem, dart
vyl andere Heren, Fürsten, Grauen, Rittere vnde Knechte vnd
sunderlynges eynen groiten Schar Volkes der Bemen, als myt
XXVIᵐ, dar noch manch weren ouer VIIIᵐ Hussyten; dar
dusse selueste Byscop myt groyter Gewalt vnd Vnkost tegen
gestreben habbe vnd heylt se vor Kettere. Nu auer kompt he
vnd nempt se an vor de besten Chrysten, socht Hülpe vnd

---

[438] Dieses Item fehlt in 2. Alle folgende dieses Absatzes fehlen in
3 und 4. — [439] Der Satz fehlt in 2 und 5.

1447. Trohst van en. Wat büt nu vor ehn chriſtlych Biſcop is, mach ehn iber gubt Chriſte bedencken. Myt al duſſem Volke toch he vor den Blomenberch vnd Dehtmoelde, wann be vnd plünderde vnde verbrante ſe, vart alle Slotte, Dorpe, Kerken, Cloſter vnd Cluſen verbelygebe he yn den Grunt.

Item he toich vor Valkenberch, dar leiten ſe veel Doden vor, ſo dat ſe ane eren Danck dar van rümen moſten. Toich vor Lemegaw vnd Harne, ſchattebe vor ehn Summe Geldes vnd moſten em hulbigen. Dar na verherben vnd verbilgeben ſe bat Lant, dreuen grote Sünde, Schande vnd Thrannie an Junffern, Brawen, Cloiſtern, Kerken, Cluſen, geiſtlichen Perſonen vnd Preſtern, den ſe groten Hoen vnd Schamheit beben vor den Altaren, nemen de Kelke dar ſe Miſſe beben, nemen de Monſtrantien, ſmitten bat hilige Sacrament op de Erde. Diſſes vnd der gelichen beben ſe veel, des de Hehden vnd Türcken nawe ſolden gedaen hebben. Godt dem Heren moit is erbarmen, dat de Criſten ſolke Biſcope vnd Prelaten hebben ſullen.

Item vth der Herſchopie van der Lippe thoich he na Herwerbe, dar he do kehn Dohn mit habbe; be ſchattebe he.— It. van dar toch he myt dem groten Volke vor. ſyn egen Stat Paderborne vnd bedrangebe de, dat ſe der Stede Sohſt vnd Lyppe Vhant mohſten werden.

Van dem Verbunde der van Münſter.

In der Tyt habbe de Stat van Münſter ere Fronde to dem Hamme geſant, an vnſen g. Junckeren van Cleue vnd an ſyner G. Rait vmb Troyſt, Byſtant vnd Behulp eder Verbuntnüſſe to geſynnen. Des ſe clar ehns worden vnd vernhgeben ere albe Verbuntnuſſe, duſſem mohtwyligen Biſſchope[460]) to widerſtane; des ſe ſich ock myt dem Byſcope van Vtrecht, in ſolker Formen dem mergemelten mohtwhlhgen Biſcope whdertoſtane, verbunden hebben. Dar op is dat Verbunt verramet, bewilliget, beedet, beſegelt vnd bebreuet, als gewentlych vnd

---

[460]) Duſſem Ketzer vnd Tyrannen; 2 vnd 5.

recht is. Wu auer be van Münster bat gehalben hebben, is 1447.
klarlich am Dage yn Handelynge hir na volgende.

Belech vor der Lyppe XI Dage.

Up Dynsbach vor sünt Johans Dage to Mybbensommer
quam be Biscop myt bem grohten Here vor be Lyppe vnb lach
bar XI Dage vor vnb stormede be Stat. Dar bleuen II
Doben hn der Stat; se schotten Vůer bar hu vnb brante ehn
Huhs, myts bem wolben be Colschen anuallen. De van der
Lyppe stalten ere Büssen vnb schotten ouer IIII^c bolt. Item
ib seten V Gesellen vnb bobelben vmb eynen Kelck. Den
worben VI Hanbe myt eyner Büssen aff geschotten. Ock beben
be van der Lyppe ben Colschen grohten Schaben an Luben
vnb Perben.

Item vp Saterbach vor sünte Vite, quam vnse g. Juncker
Johan van Cleue van bem Hamme in Soist, mit VIII^c Perben
vnb habbe be Stebe bes Lanbes van der Marcke, Hamme,
Vnna, Camen, Isernlon, Swerte ꝛc. vort alle be Ritterschop
vnb alle syner G. Vnbergesetteh ermant, bem letterschen vnb
thyranneschen Biscope to wiberstaen, bes gelichen to wybber
stane bem thyranischen Anhange, alse Münster, Osenbrügge,
Dortmunbe, Pabelborne, be alle erer Verbuntnisse vnbe Loffte
vergettich weren. Ock be van Hilbessem weren bem Ketter mit
al erem Anhanck gulbt. — It. am Saterbage na sünt Bite
sante vnse g. Juncker nier Rüter in be Lippe, wo wol bat
grote Her bar vor lach.^{461}) — It. bes Vribages na sünte
Peter vnb Pauls Dach rümebe be letterche Biscop myt bem
groten Her van der Lippe vnb konben er nycht gewynnen ock
wenich schebigen. Toich also bo na Soist.

Jd is to wetten bat be ersame vorsichtige vnb walwiser
Her Johan be Robe, Borgermester der Staibt Soist, by sich
habbe eynen Dehner ebber Schriuer, be alle Thyt by eme was,
vp allen Dagen, myt ben Colschen gehalben, ock vake vnb viel
in Bolle vnb Beebe gewesen; alles Hanbels in büsser Vebe
gescheen, hefft busses alles personlich gesehn vnb gehoert.

---

^{461}) Dieses Item fehlt in 2 vnb 6.

1447. Darumb heuet he düsse Historien van Dagen tho Dagen, Jaren to Jaren bys her tho beschreuen; dem men vollenkomen Gelouen mach geuen.⁴⁶²)

Hier schließt das alte Tagebuch des Bartholomeus von der Lake. In den Handschriften 1, 2 und 5 folgt ein Auszug aus der Cronica van der hilliger Stat van Coellen fol. 310ᵛ, über die Belagerung der Stadt Soest und deren Folgen, den wir hier nicht wiederholen wollen.⁴⁶³) Statt dessen geben wir aus den Handschriften 3 und 4 die umständliche Beschreibung jener denkwürdigen Belagerung, mit einem kurzen Bericht über das Ende des Soester Krieges.

Wes sich de Cidt des Belegers jn vnd vor Soist begeuen hebbe vpgeteknet.

Alse nhu be Bisscop van der Lippe also was afgetogen, jlede he mit dem gantzen Volcke nha Soft vnd kam des Morgens vmb 8 Vhr in dat Dorp Leenen vnd alse he dar kam, word es de Tornwechter enwar, flogh heftig de Clocken vnd de Borger greppen thor Wehr vnd togen den Fienden entiegen, schotten heftigh tho en, iboch sunder Schaden. In düsser Whlkommen vengen de Sosteschen einen Rehsener vnd van en wort gefangen ein Man, Bilberbecke genant. Des Saterdages Morgens makede sich der Bisscop vp vnd togen in der Orden vor Soist. De Sosteschen makeden sich vth twen Porten, Osthof vnd st. Thomas, mit etlichem Geschütte. Averst de Viend brand so hardt, dat se sich in de Stadt mochten geben vnd im Iende verluhren se ellike Geschütte. Darna slogen de Colschen ehre Leger op in der olden Weße. Deßuluigen Dages, na Middagh tho 3 Vhren, stormeden se dat Closter st. Walburgh vnde gewunnen dat vnd de darinne wehren, nach

---

⁴⁶²) Dieser wichtige Schlußabsatz, der uns die einzige Auskunft über den Verfasser des Tagebuchs giebt, fehlt in 3 und 4. In Nr 5 folgt er am Ende der weiter unten zu erwähnenden Lieder. — ⁴⁶³) Nach diesem Auszuge aus der cölnischen Chronik folgt in der Handschrift Nr. 1 noch eine kurze Nachricht über den Tag und die „Concordie to Trecht" die ausführlicher in dem folgenden Berichte der Handschriften 3 und 4 wiederholt ist.

menlicher Widderwerungh, worden in de Flucht genodiget; etlike 1447
erstocken, etliche gevangen; welches alles mit vnspreckliker Vn-
gestumicheit tho gink, dat de jene, so noch in der Stadt wehren,
de Moit versunken habbe, vmb groter Vngedult vnd Geschrey,
dat de Frauwen in der Stat andreven; dat ein, genant Herman,
langes de Muren lep vnd rep, der Bischop schotte an vellen
Enden de Stadt ahn. Jdoch wordt Moit gegreppen vnd fic
thor Wehre gestalt vnd Porten vnd Muren gewart; damit
wordt dat Gerochte gestillet. Auf Monbach tidtliken fro, begunten
de Viende tho stormen; gantzes Vermodes, de Stadt tho eroveren.
In der Stadt was ein grote Stilheit, wante de Cleresie drogen
vmb, binnen der Stadt, de Reliquien s. Patrocoli vnd worden
de 4 Anfange der 4 Evangelisten an 4 Orde gelesen. Alß
aver de processio twischen de Schultinges vnd st. Walburges
Closter kam, wordt vth dem Closter heftigh geschotten, dat de
Stene van den Muren manck de Scholer vellen; dat Stormen
averst warede biß an den Avendt. Darna brach dat Her vth
dem Closter vp mit grotem Geschrey vnd togen int Läger.
Des Donnerdages wort idt eine grote Hitte; hir vth nemen
deß Biscops Volck Gelegenheit, schotten Für in de Stadt, dar
van entfenck ein Huß ble der Weße. Item vp büßen Dag
makeden se twischen dem Kloister vnd Schultynck averst vth der
S, ein Graf, Stadt wordt in bejegent, dat ere Anslege nicht
vortgengen.⁴⁶⁴) — Mandages fro Morgens breken se vor der
Stadt vp, togen boven Opmünden, ladeden de Wagen mit
Foder int Leger. Darmit weren se den Dag stille, sunder dat
se vth dem Cloister vpt ferlicheste schotten. — Des Dingstages
Morgens vmb 8 Slegen, branten de Colschen ere Leger in der
olden Wese, togen vp vnd leggerden sich by Henriklnd, wente
to Verbinckhusen. Deßülwigen Dages makeden sich etliche vp
nha dem Blande, averst se worden van den Colschen thor
Stadt gejaget, dar bleif ein Clevesch Adelman boet. — Mid-
weckens stormeden se sunder Vpholden, etliche averst haleden
Boder. Dewil averst de Rüter vthe wehren, lepen etzliche
Whfer vth der Stadt in de olde Wese, dar dat Leger was,

---
⁴⁶⁴) Der Sinn dieses, sonst deutlich geschriebenen, Items ist
nicht klar.

1447. Holt to halen vnd vmb Nigicheit tho beseende. Düße worden meisttlilen alle gefangen, jboch worden se mit Freden wedder in de Stadt gelaten. — Des Donnerdages am Dage Margaretæ, wort op bem Morgen fro geschotten. De Sosteschen averst, be in dem Bolwercke weren vor bem Schultinge, makeben sick modigen thom Closter, in Verhopnunge be Büßen so barin waren tho verderven. De nu im Kloster weren makeben Alarm, bat vth bem Peger Hülpe kam vnd den Sosteschen er Anslagh wordt verhindert vnd thor Porten wibder ohne Beleidunge ingebrungen. Namibdage stormeden se vth bem Torne ahne bat Closter. — Saterbages fro Morgens haleben se Vober, averst vth bem Closter wort allenthalven geschotten. Namibdage rüsteben sick in ber Stadt dat beste vnde dristeste Volck van Bürgeren vnd satten vp, bat Closter mit aller Macht anthogaende. De im Closter wordens gewar, breven be Sosteschen webber tho rügge, bat se in be Stadt wilen mosten vnd erer wordt velle verwundet. Darna alse be Sosteschen weren in be Stadt gebrungen, schott be Büssenmester vth bem Torne in dat Closter. Darna stalten be Sosteschen ere Büßen by st. Joannis Capellen vp ben Kerchhof vnd schotten in dat Klockhuß. — Des Donnerdages wort nicht gestormet, dan be Here van Sternebergh vnd andere grote Heren helben Sprake mit dem Forsten van Cleve, vor der Schultinges Porten; averst idt wort nit verdragen; dan dat be Bisscop grote Thrannie ovede. — Des Mondages wort gestormet vnd ein Del halebe Vober in be Stadt. Namibdage wort van beiden Siden vor ber Broder Porten ein Schermüßel geholden vnd worden vil Lude gewundet. Alß averst be bubesten tho Bote vth bem Closter fast anbrungen, makeben sick be Sosteschen Reiseners wibder henn thor Broderporten vnd bleif kemandt doet. Dewile düt geschach, schoit be Büßenmester vth bem Kloster mit erer groten Büßen vor st. Walburges Porten, recht in dat Scheitholl, verdarf de Büßen vnd worden be Lude verwundet, so in ber Festunge wehren. Alß nhu fast Avent war, was in bem Closter eine grote Bulderie, alß thnmerden se, vnde bat warebe ein grote lange Tidt, also bat se sick vermodeden in ber Stadt, se worden stigen. Darumb wakeden in ber Stadt

beide Man vnd Wif an den Muren vnd weren darby gantz 1447.
still. Darneven binnen in der Stadt weren Brukettel tho
gerichtet, de worden mit Water vnd anderer Materien gefüllet,
darmit wolden se de Fiende warnemen. — Dingstages na
Middagh vmb 3 Slegen, bereden se sick vp beiden Siden im
Leger, tho stormen vnd de Stadt tho bestigen. De Büßen=
meister im Closter stalte dat Geschütte vp dat Gewelfte, darmit
in dat Bolwerck vor de Porten tho scheten. Alß nhu Avent
wordt vnd nu alle Dinck van den büterften verordnet, quam
des Hers ein groit Hupe int Closter. — Volgendes Dages,
alß vp den Dagh divisionis Apostolorum, kemen de Colschen
mit groter Macht over de Stadt, mit vpgerichteden Fenlyn
vnd hadden ein schrecklick Geschrey, kemen entlick an de Muren
vnd Bolwerck vor st. Walburgh, slogen de Ledderen konlick
vnd begunten dristlick an tho stigen. In der Stadt averst
haben se des ock Macht, wort de Klocke geslagen. Dat de
binnersten tho Hope lepen, langes de Muren dar dat An=
klimmen geschach, verschaffeden Hulpe den jennen so in dem
Bolwercke weren, dat se nicht vermodet worden. De Wifer
gotten heit Water vnd andere hete Materien over de Muren.
Dewilen solckes geschach, erregede sich noch ein ander van den
Bemen an der andern Sibt, tusschen der Grandtweges vnd
Elverkes Porten. Dan barsuluest quemen se dristlick over de
Müren, darbeneven slogen se ein groit Holl in de Müren,
van binnen averst wereden sick beide, Man vnd Wif, wie an
der andern Sibt, dat de Bemen genodiget worden, den Wech
over de Graven tho soken vnd in dem Aftrede leten se ein
dappere Munsteringe, leten de Leddern an der Müren. De
assemen togen tom anderen Here, leten de Ledderen stahn, de
darna worden in de Stadt gedragen. De Borger in den Bol=
werken leden ock groten Noidt vam Scheten vnd behelden also
de van Soist, durch gottlike Hulpe Siegh vnd Vberwinnunghe,
dem erlofen vnd ehrfergettenen Bisscoppe tho Schande. Na-
mibbagh vmb 4 Vhren na der Colschen Nidderlage, rümeden
alle so darinne waren im Closter mit Büßen vnd togen in dat
Lager. De Borger averst alsobalde lepen in dat Closter, tho
breken wat se konden, verbranten dat Wullenhuß vnd Provestie,

1447. vort alle wat brennen wolde vnd vort alles, wat men konde, vth bem Cloister in be Stabt bringen. — Des Donnerbages lepen beibe Man vnd Wif vth ber Stabt in bat Closter vnd haleben all wat nageloß was vnd wat man bragen konde. — Des Frybages Morgens tho 4 Vhren breken be Leger vp, verbranten ere Hütten vnd be Bemen togen oistwert, daher se gekommen weren; habben 3 Wecken vor Soist gelegen, van vp ben Frybagh Petri vnd Pauli kemen se erst vor Soist; se reseben averst in bem ersten Dage by be Lippe an be Landtwer vnd benachteben basuluest; darhin brachten jn be colschen Dorpere Victualia vnd Proviandt. — Saterbages togen se in bat Stift van Pabiborne. Dar enthelben se sick so lange, biß se Entsolbunge van bem Bisscoppe nemen; togen vortan borch bat Laudt van Heßen in Bemen, bar se be Düvel vor Soist vnd Lippe vthfort habbe, mit geringer Ehre. Vnd ist entlick ein erbar Stabt Soist also van Gobt, barna borch ere Dafferkeit van bem Bisscoppegewalt erlöset.

Nach Afreise ber Colschen weren be van Soist etlike Dage still, biß vp ben Frybach na assumptionis Mariæ. Do togen se vth, tho Perbe vnd Bote, in bat Werlesche Velt. Darhen weren ock gekomen ein groit Volck vth ben Merkeschen Steben vnd nabem se tho samenbe gekomen weren, verborven se im Werlesschen Velbe bat Korne vnd ba solches volenbet, togen se webber in be Stebe. Sonbages barna, am Avent vmb 6 Vhren, togen vth Soist 70 tho Perbe vnd 4 hunbert tho Bote na ber Lippe vnbe se togen mit en in be Delbrügge. Averst ben Delbrüggeren was solkes verspeit, bat se erer Acht hebben. Erhof sick berhaluen to beiben Siben ein bapper Schermüßel, bat boit bleven. Iboch quemen se guidtlick tho, bat se ahne Schaben von einanber kemen. Am Sonbage achte Dage barna, kemen be Havesteber in bat Sostesche Velbt vnd vellen be hilliger Mollen ahn, branten se vnd vengen 4 starcke Mans. Vp ben sulvigen Sonbagh kemen Brefe tho Soist, vam Herzogen tho Cleve, bat avermalß ein Dach ber Twistunge halven tho Morsa were angesat. Dartho weren be van Soist willigh vnd schickeben be er thom Dage. Nachbem averst ein gantz Stilleftanbt im Afscheibe bes Dages gemaket was,

konden doch nach erer Art de Colschen nicht geloven vnd Frede 1447.
hebben, dan vp einen Monbagh vellen de Havesteber in dat
Sostesche Velt vnd fengen 4 Mans. Damit was ein vornemer
Bürger genomet Swarte; ock roveden se etzlike Ackerperde.
Dewile nhu de Sosteschen vermerkeden, dat de vthgeschrevene
Stilstandt vmb des Dages tho Morsa willen, van den Col=
schen mothwilligh overgetreven, dachten se mit geliker Mate
vthtokomen. Togen vort des Dingstages na Midnacht vth
Soist vnd versteckeden sick tho Vfflen in dat Werlsche Velt
vnd greppen den Morgen de werleschen Plogers ahn. vnd
vengen 9 Mans vnd 17 Perde. Darnach vp den Dach exaltationis sanctæ crucis togen de van Soist over de Lippe in
dat Stift van Monster, branten darna etzlike Hove, roveden
30 Kogge, etzliche Perde, Swyne. Darna des Sondages, den
Morgen, togen de van Sost tho Perde vnd Vote vor Warsten,
slogen Perde, Swine vnd alle thosamen, greppen ock 3 Borger
vth Belcke. Darna branten se de Mollen vor Warsten aff
vnd nemen gefengklick de dar vp waren. Dut wo vorgeschreven
geschach, bewile se tho Morsa weren vnd bewile de Colschen
thom ersten den Frede gebrocken habben, worden de van Soist
thor Wederwer gedrungen. Vp dem Dage averst tho Morsa,
wordt nicht nützliches vthgerichtet, sonder nahem de Dach vp
Michaelis anginck, wort he vorstreckt, biß vp den Dagh Mar=
tini; van Martino an bis vp den Dagh Andreæ, vordan biß
vp den Dagh Mariä; entlick biß vp den Sondach na Paschen
genant quasimodo geniti. Vnderdeß helten se sick still.

Do averst de Dagh vp Quasimodo geniti verrückt,
keinen Vortganck gewan, begaven sick bede Dele tor oppenen
Vede. Darna im Jare 1448, na dem Sondage na Paschen, 1448.
ranten de Havesteber in dat Sostesche Velt vnd vengen etzlike
Ackerperde. Vp den sulvigen Dach makeden sick de Havesteber
wedder na Huiß. Do togen de van Soist ock na der Hemel=
porten tho Vote vnd slogen dar Perde, Kogge, Swine vnd
Schape thosamen vnd darmit na Soist. Des andern Dages
na Marci Evangelistæ togen de van der Hovestadt na Hattorp
vnd vengen 7 Stige Swine vnd XII Kögge. Vp den Dach
inventionis sanctæ crucis togen etliche Gesellen vth Soist vnd

26 *

1448. nemen den van Welver vam Kerckhofe Swine vnd Rögge, averſt na dem es van dem Kerckhofe genommen was, wordt idt en webber gegeven. Am Sondage exaudi togen vth Soiſt etlike tho Perbe vnd vengen Gobbert Forſtenberge 3 reſige Knechte af. Des Dingſtages na Exaudi, den Nacht tho XI Vhren, makeden ſick na geholdenem Raitſlage de van Soiſt vp, nemen mit ſick Stichledderen vnd kemen den Morgen vor Beleke. Vnd nadem ſe da for gekommen, brogen ſe de Leddern dorch den Hagen, fellen mit Macht dat Steveken an. Etlike wolden de Porten vphowen; nu was de Wacht dar binnen, der van Soiſt tho balde war geworden, dat ſe de Borgere wach gemaket hadden. Indem nu de Soſteſchen de Ledderen anſlogen, de Porten begunten tho howen, worpen de van Belike grauſam mit Stenen tho den Stigeren, ock tho den, de de Porten wolden vphowen, worpen ſo heftige hen af, dat de Soſteſchen worden tho rügge gedrungen vnd erer vel gewundet, leten ock 2 Doden vnd togen bo webber in Soiſt.

Sondages vor Viti vnd Modeſti kam Biſchop Diderick mit dem Biſcoppe van Münſter vnd Hildensheim, mit anderen Heren vnd Ridderen, ledden ſick nicht wit van Saſſendorp by dem Loehof; dar makeden ſe Legerhütten vnd nadem dat Leger gemaket, trebbeden ſe dat Korne langes dem Leger. De van Soiſt togen vth mit erem Geſchütte vnd ſo verne er Geſchütte wandt, dorften ſe nicht dat Korne trebben. Düt Leger by dem Lohove dutrede 4 Dage vnd wort dat leve Korne degligk getredet. Des Midtweckens brack dat Leger vp vnd togen na Hibbinckhuſen, trebbeden dar ock dat Korne, wo vp der anderen Siden geſcheen. Van dar brack des Frydages dat Leger vp vnd togen in Annepen. Dar bleven ſe liggen biß vp den Dingſtagh vnd na dem ſe vpbreken, thogen ſe by dem Hilliger over, over de Soſteſchen Vecke, trebbeden vp dem Wege dat Korne biß tho Meninckhuſen vnd togh ein itlich webber hin. Des Donnerdages barna, in derſulvigen Wecken, togen de van Soiſt mit dem Hern van der Lippe tho Bote vnd Perbe, mit Wagen vnd Proviant vnd na dem ſe in dat werleſſche Velt kemen, funden ſe dar den Forſten van Cleve mit den Merckeſſchen, van dem ſe dar verſchreven weren vnd was dar tho Bote vnd

Perde ein baſſere Krigesvolck vnd Rüſtunge; ſlogen ere Leger vp in dat werleſſche Belde vnd hoven an dat Korne tho verderven. Vnd des Saterdages ſcheideden ſe van ein ander vnde düt was am Avende der Geburdt st. Johannis des Dopers, Middenſommer genomet. 1448.

Van der Havestadt.

Nicht lange na düſſen Geſchichten, de wile de van Soiſt vel Colſchen gefangen habben, weren mit den 2 dappere Kone Geſellen, wilche der Havestadt Gelegenheit wußten vnd nhu flitige Anſlege gedacht habben, wo de van Soiſt de Havestadt mochten eroveren. Treden an de Borgermeſter derhalven vnd entdecketen en ere Meinunge vnd entboden ſick, wen ſe mochten erer Geſendnüße loß werden vnd en gude Heren ſyn, wüſten ſe Anſlege, den van Soiſt, ane Bloitvergetunge, de Haveſteder in korter Jle to leveren. Averſt darvan ſolde nein oppentlik Geſchrey in der Stadt van den Borgeren gemaket wehren. De Borgermeiſter antworden jn, ſe ſolden ſwigen vnd ſick nicht luden laten, ſe wolden ſolckes in ein Bedenck nehmen vnd en widderumb ere Meinunge entdecken. Vp gelegen Tidt beſpreken ſick de Borgermeſtere mit den Frunden vam Rade vnd dem Droſten vnd erwogen, oft idt worde geradtſam ſin. Entlick wordt beſloten, vp dat ernſtlicheſte tho verſoken, dan de van Soiſt vp dat vilfoldigſte van jn bedrenget worden. Demna am Dage Pantaleonis, worden de Porten am Avende geſloten tidtlick vnd worden de Borgers verbaden, mit irer Were vnd Rüſtunge to 9 Vhren vnd nach Endtdeckunge der Sake nemen de Kundtſchoppers tho ſick 50 briſter Borger vnd leten ſick dar to verordnen 300 werhaftige Man. Mit düßen togen ſe vmb 10 Vhren des Avendes vth der Stadt vnd de Kundtſchopper brachten ſe thor Havestadt vp den Plaß, dat ſe ein Deel der Hüſer inkregen. De vp der Borgh vnd noch dat Bolwerck in habben, bewile ſe vernemen, dat de Viendt vorhanden war vnd nu balde dat Spil gewunden, ſetten ſick thor Were vnd nobigeben de Soſteſchen to rügge vnd dat ſe in habben tho verlaten. Vnd in düßem Afwiken worden erer etzlike doet geſchotten. Dartho worden der van Soiſt 100 vnd IX verwundet. Des

1448. Dingstages darna kemen de Havesteber in dat Sostesche Velt, vengen by Geylem 3 Mans, de vorhen se na der Havestadt.

Nach düßen Geschichten, bewile der Bisscop der Cleveschen vnd Sosteschen vrien Moyt, den he habbe vermeint nidder tho leggen, vermerkede vnd sagh dat düße krigh thom Verderve des Stifts van Coln errekede, verschaffede, dat widder vmb de Sake vpgenommen vnd de Krieg wechgestalt worde, vngeferlick bis negest kompstlick Fest trium regum, epiphania Domini genomet. Hirin verwilligeden de Hertzogh vnd de van Soest, idoch wo de Colschen vasten Geloven holden wolden. Derhalven hebben sick de Colschen twisschen düßer Tidt gelinde geholden. Midtler Tidt wordt ein Dach gemaket, de geholden solle werden tho Trecht vp der Brüggen,[465]) nach der hilligen 3 Koninck. Dan idt kam ein Legate van Rom, vthgeschickt in Germaniam, vam Pawste Nicolao dem 5. des Namens vnd nach dem de
1449. sulvige vp dat Fest trium Regum tho Coln erschinnen, ist he vam Capittel tho Coln vermocht, vp dem Dage tho Trecht sick mit iegegenwerdiglick to togen vnd sick twisschen den Hern vnd den van Soist tho leggen, darmit Frede werden mochte; den er was ein wolberedt Man vnd der Rechten erfarn, dat man sick genßlick versach, he worde de Hern entscheden. Demna ist de Dach tho Trecht vp .ber Brüggen anni M. D.[466]) vp der Brüggen geholden vnd darsulvest sindt erschenen der Ertzbisscop Diderich, Hertzogh Adolf vnd syn Sone Hertzog Johan vnd de geschickeden vth Soist. Na langer Verhandtlunge ist der Frede gemaket vnd de Fürsten dermaten (versonet) dat se sick in den Arm genommen hebben vnd ist vorder gehandelt, dat der Pawest Nicolaus solde den Vthsprocke don, wem Sost sin solde, dem Bisscoppe oder Hertzogen; welker dan vom Pawste vnd alle sinen Nhakomliken vp büßen hudigen Dagh verbleven. Vnd ist Soist tho erem Gelücke vnd Wolfart bißher noch clevesch vnd dat Hovet des Landes van der Marke. Dartho heft der Keiser Fredericus tertius to Regenßborgh büßen Hertzogen Johan na dem Dode sines Vaders, belenet mit dem Lande

---

[465]) Dortrecht. — [466]) Die Jahrzahl ist offenbar verschrieben; sie muß heißen 1449.

Cleve vnd Marck, ock mit der Stadt Soest, wilches der Keiser 1449.
herna den anderen Forsten ock gelickfals gedaen heft.

Vmb dußer Krige willen, de düsse Forsten, alß nemlich
der Ertzbiscop to Collen Diderich vnd de Hertzogh van Cleve,
vmb der Stadt Soist willen vnder ein ander gefort hebben,
sindt alle ere Slotte tho beden Siben versat vnd vp dat hogeste
vorschreven, vnd dat Bisscopie van Coln versegelde mit dem
Bisschoppe. Worden derhalven gebannet, dat lange Tidt im
Dome tho Coln nicht gesungen vnd neine Gobbesdenst geholden
worden. Vnd heft tom lesten, na Bisscop Diderickes Dode,
Hermannus vth Hessen, de fredesame genomet, sick hogh benogget
vnd bemogget, de sulvigen Beswerunge af tho schaffen vnd de
Ampter vnd Slotter tho vriggen; dat he dan ock gedan heft
vnd dat Stift Coln thor Vryheit gebracht heft.

Im Jare nach der Geburt vnses Hern Jesu Christi
Dusent veerhundert 63, des 13. Dages im Februario, dat is
am Avende Valentini, starf Diderich van Morse, der ein better
Krigesman alß Bisscop gewesen ist, im Stedeken Sons vnd
wort tho Coln hn den Dom mit groter Pracht begraven,
nachdem he dat Stift Coln XLVIII Jar regeret habbe.[467]

In dem Belege wordt Soist vp dren Orden gestormet
vnd bleven der Colschen vnd Bemen boyt in den Graven 1528,
der Sosteschen nicht mer dan achte. Vnd hebbe Godt dat
Spel nicht regeret, wer vnmoghlick gewesen, dat de Stadt van
so vellen nit gewunnen were. Dan der Bisscop habbe vor
Soest mer dan achtentich dusent Man. Godt ein Vader der
Barmherticheit wolde de Stadt na syner Genade vorban
behoden vnd bewaren vor allem Ovel Amen.[468]

---

[467] Hier folgt noch ein kurzer Auszug aus der alten Chronik der
Stadt Cöln, der aber als unerheblich nicht mit abgedruckt worden. —
[468] Statt dieses von S. 398 ab, aus den Handschriften 3 und 4 mitgetheilten
Belagerungsberichts folgen in 1, 2 und 5 noch mehrere Lieder, von
denen der Frhr. Gisbert Vincke in seinen: Sagen und Bilder aus
Westfalen S. 385 und fg. die besten nach dem Texte in Nr. 2 schon
mitgetheilt und theils durch Zugaben aus des Latomus Reimchronik, theils
durch eigene Dichtungen ergänzt hat. Der Text dieser Lieder ist zwar in
Nr. 1 reiner als in Nr. 2, aber leider durch Mäusefraß sehr defect
geworden. In Nr. 2 fehlt der Schluß.

VI.

Güterverzeichniß des Klosters Oelinghausen.
1280.

Das Original des nachstehenden Güterverzeichnisses ist auf einer 2 Fuß langen und 14 Zoll breiten Pergamenthaut, in zwei Columnen, mit gothischen Buchstaben geschrieben. Die einzelnen Absätze sind nicht, wie im folgenden Abdrucke, durch Zahlen numerirt, sondern nur durch das §=Zeichen und durch größere, roth gezeichnete Initialen getrennt. Das Jahr in welchem das Verzeichniß aufgestellt worden, ist nicht angegeben. Daß es aber in der letzten Hälfte des 13ten Jahrhunderts geschehen, dafür sprechen außer der Handschrift noch folgende bestimmte Thatsachen. Hermann Quaterlant der im §. 1 als Schenker einer Rente aus der Curia Kerssebüren genannt wird, lebte in den Jahren 1267—1298.[1]) Der im §. 10 genannte Dübinghof wurde 1256 vom Grafen von Arnsberg an Oelinghausen verkauft.[2]) Andreas Eppinc, der nach dem letzten §. 127 an die Kapelle zu Hachen jährlich 1 Dt. zu zahlen hatte, war nach einer Urkunde von 1266, damals Bürgermeister zu Soest. In dieser Urkunde kommen auch die in demselben §. genannten Präftantiarien Calcop und Gerwin von Lünen als Zeugen vor.[3])

Die in den §§. 124—127 gedachte Kapelle in Hachen wurde dem Kloster Oelinghausen 1233 vom Grafen Gottfried II.

---

[1]) Seibertz Urk. Buch I, Nr. 342, 385, 386, 403, 412, 456 und 474. — [2]) Daselbst Nr. 294. — [3]) Daselbst Nr. 334.

von Arnsberg mit den dazu gehörigen Einkünften unter der Bedingung geschenkt, daß das Kloster entweder durch eine geistliche Person des Convents oder durch einen Weltgeistlichen den Gottesdienst darin versehen lassen solle, ohne daß dieser jedoch zu einer persönlichen Residenz in Hachen verpflichtet sei.⁴) Das Kloster sorgte seitdem immer für den Gottesdienst in der Kapelle, welche von der Abtissin Hilbergis Freitag 1575 neu gebaut wurde.⁵) Nachdem aber das Herzogthum Westfalen, in Folge des Reichsdeputationshauptschlusses von 1803 hessisch geworden war, hob die damalige Regierung das Kloster auf und bezog die Einkünfte der Kapelle, ohne sich um letztere weiter zu bekümmern; so daß sie ganz in Verfall gerieth.

Der letzte Propst des Klosters Oelinghausen, hatte nun dem Magistrat der Freiheit Hachen das Original der nachstehenden Urkunde, welche mit der alten Aufschrift aus dem 17. Jahrhundert: Cappell zu Hagchen betreffendt versehen war, zur Nachricht mitgetheilt und auf Grund derselben klagte der Kapellenvorstand daselbst, am 27. November 1845 gegen den Königl. Fiscus als Nachfolger des Klosters Oelinghausen, auf Wiederherstellung der Kapelle und des Gottesdienstes in derselben. Die summarische Deputation des Oberlandesgerichts zu Arnsberg verurtheilte auch den Fiscus durch Erkenntniß vom 10. Juni 1847; der Appellationssenat desselben Gerichts wies aber am 6. November 1847 die Klage ab und das Geheime Obertribunal bestätigte dieses letzte Erkenntniß am

---

⁴) Seibertz Urk. Buch III, Nr. 1087. — ⁵) Neben dem Altar in der Kapelle war folgender Denkstein eingemauert.

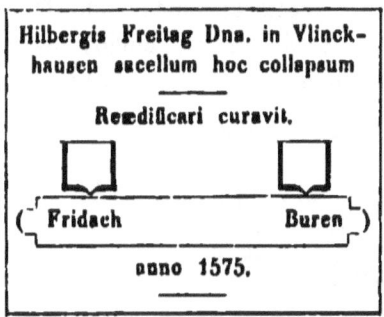

16. Juni 1848. Die in der Note 4 angeführte Urkunde war damals noch nicht gedruckt.

---

§. 1. Sex solidos recipiemus ex quadam curia in Kerseburen in die martini. Quos dedit nobis Herimannus quaterlant. — §. 2. Kerseburen soluit XXIII maldra. Octo siliginis. VIII ordei. VII auene. Unnensis mensure. et quatuor solid. legalis monete. et duas scepel nucum. et centum oua. — §. 3. Lunhern soluit XXIIII maldra Vnnensis mensure. VIII maldra siliginis et VIII ordei. et VIII auene. et[6]) maldrum nucum. centum oua. pro eisdem, scilicet de nucibus et ouis dabit XXXII denar. — §. 4. Domus in tunen.[7]) sex malcia susaciens. mensure. tria siliginis. tria ordei. et centum oua et medietatem nucum. — §. 5. Ratberg terciam gelimam. et IIII sol. pro redemptione decime. et centum oua et medietatem fructus. — §. 6. Domus in Eckinchusen soluit X malcia sosaciens. mensure. duo siliginis. duo ordei. duo bigerminis[8]) et quatuor auene. ducenta oua. et duos modios nucum. — §. 7. Welerndichof in Sueue terciam gelimam dabit et undecimum dimidium sol. et medictatem fructus. sex anseres et XXIIII pullos. Molendinum adjunctum II. sol. et quatuor pullos. — §. 8. Domus Euerhardi IIII. sol. et duos modios ordei et XIIII pullos et medietatem nucum. — §. 9. Curia in Brunsteninch dabit[9]) terciam gelimam de seminibus omnibus. insuper dabit unum maltum et unam marcam ordei.[10]) et XII pullos et VI anseres et medietatem fructus. — §. 10. Dudinchof dabit terciam gelimam[11]) et VI sol. pro porcis et medietatem fructus et ducenta oua. — §. 11. Endeke VI. modios ordei et VI. modios auene, maltum unum. — §. 12. Coten prope burgelen

---

[6]) Hier ist später zugeschrieben: XXXIII den. — [7]) Hinzugeschrieben parochia ostusen. — [8]) bigermen; Mengkorn, Gerste und Hafer. — [9]) Zugeschrieben ist: camere. — [10]) Hier scheint etwas rabirt zu sein. Die Worte: unum maltum bis medietatem fructus etc. sind durchstrichen und ist darüber geschrieben: 18 mod. videl. 9 mod. sil. et 9 ordei. — [11]) Hinzugeschrieben ist: camere. Die Worte: et VI sol. pro porcis sind durchstrichen; es ist darüber geschrieben: 18. mod. videl. 9 mod. ord. et 9 silig.

et etiam dicitur berewic. unum maltum ordei et maltum auene et medietatem nucum et centum oua.¹²) — §. 13. Todinchusen¹³) soluit IIII malcia. XVI modios siliginis. XVI ordei et XVI auene.¹⁴) — §. 14. Sowardinchusen soluit quartum dimidium maltum unum siliginis. unum ordei et unum auene et VI modios bigerminis.¹⁵) — §. 15. Wickorinchusen soluit quinque modios, III siliginis, II. ordei.¹⁶) — §. 16. Cliue soluit decem modios.¹⁷) IIII siliginis IIII. ordei et II auene et decimationem quorumlibet prouentuum. — §. 17. Indale pullum. — §. 18. Incleye pullum. — §. 19. Decima in Edene cum prouentibus suis. — §. 20. Domus in qua constructum est horreum dabit X modios. II tritici. II siligin. II ordei. IIII avene et duos solid.¹⁸) — §. 21. Hedemcre maltum auene lippensis mensure et IIII solid. — §. 22. Amelunchus de ruden IIII sol. — §. 23. Plebanus de Aldenruden marcam et XIII modios auene lippensis mensure. — §. 24. Walthusen prope duuenhere maltum pro parua decima. — §. 25. Ectorpe soluit II malcia. VI modios ordei et VI modios siliginis et maltum auene.¹⁹) — §. 26. Et altera domus superior duo malcia auene et quatuor modios siliginis.²⁰) — §. 27. Bernichusen II sol. et VI pullos. de loco deserto VI. denarios. — §. 28. Mansus in Bodeke II sol. et quatuor pullos. — § 29. Curia in Büdeke terciam gelimam et medietatem fructus et ducenta oua. — §. 30. Bittinchusen soluit maltum et VII modios, sex siligin. sex ordei et VIII auene. centum oua et medietatem fructus. — §. 31. Elfendehusen domus Alberti dabit terciam gelimam

---

¹²) Dieser ganze §. 12 ist im Original durchstrichen. — ¹³) Hinzugeschrieben: Camere. — ¹⁴) Uebergeschrieben: II Sol. C. oua. — ¹⁵) Uebergeschrieben: 1 Malt. 3 malta sil. et 6 mod. et tantum ordei, C oua. — ¹⁶) Uebergeschrieben: quatuor modios ordei. siliginis ist ganz gestrichen. — ¹⁷) Uebergeschrieben: 3 nmlt. et dimid. — ¹⁸) Die ganze Präftation ist durchstrichen und übergeschrieben: L porcos. — ¹⁹) Die ganze Präftation ist durchstrichen und übergeschrieben: II auene et V malt. ordei. — ²⁰) Die Präftation ist durchstrichen und übergeschrieben: 18 mod. auene. — Es folgen noch einige solche Ueberschreibungen, die wir aber, weil sie unbedeutend und für die Geschichte ohne Werth sind, anzumerken nicht der Mühe werth halten.

et duos modios siliginis pro decimatione et duos solidos pro redemptione decime et omnem minutam decimam et XII den. ad infirmariam fratrum et CC oua et V sol. canonic in Susato. Et altera domus ibidem terciam gelimam dabit.— §. 32. Nonaginta jugera inter ciuitatem et uillam que dicitur Lon et Vpmencn. — §. 33. In Susato dna. Elizabeth Fernerinch XXV. sol. et tercium dimidium den. De cella que est inter mulieres qui dicuntur hucken. qnintum dimidium sol. — §. 33. Cella que est prope cumperehus III sol. — §. 34. De area prope sanctum paulum II sol. — §. 35. De domo in Osthouen III. sol.— Weluere dabunt XXX den. — §. 36. Werle soluit decem et octo sol. de salinis domibus. quos dabit Helmicus Salentin. — §. 37. Molendinum in Stochey dabit unam marcam in festo beati Martini. — §. 38. Selehusen soluit XX maldra. VI siligin. VI ordei et octo auene et centum oua et unum porcum de duobus solid. — §. 39. Beldinchusen soluit XI maldra auene. IIII pullos et centum oua.— §. 40. Domus de hare soluit VI. maldra, II silig. IIII auene et centum oua et quatuor sol. de rubo ad infirmariam sororum. — §. 41. Bachem domus Hermanni capitis soluit V. maldra. unum maldrum siliginis, unum ordei et tria auenc. duos pullos et centum oua. — §. 42. Altera domus ibidem soluit VII solid. — §. 43. Tercia domus ibidem II sol. IIII pullos et duas anseres. Et decima ibidem omnium emergentium. — §. 44. Walterinchusen. una domus soluit VI maldra, II silig. II ordei et duo auene, IIII pullos et XII den. — §. 45. Altera domus ibidem soluit VI scepel siligin. VI ordei, et sex auene. — §. 46. Johannes de nehem dabit V solid. in die beati Martini. — §. 47. Bredenbeche soluit VI maldra, unum mald. silig. unum ordei et quatuor auene. et II sol. pro decima. — §. 48. Langensceyde soluit nouem maldra auene et centum oua. — §. 49. Domus in monte soluit octo maldra, II silig. II ordei. IIII auene et centum oua. — §. 50. Hasbeche soluit II scepel. siligin. II ordei et sex auene et centum oua. — §. 51. Dedingesdorp soluit

I scepel silig. et tres solid. et centum oua. — §. 52. Altera domus ibidem soluit I maldr. siligin. et II maldra auene et centum oua. — §. 53. Albrachtinchusen soluit III scepel siligin. III ordei. et sex auene et centum oua. — §. 54. Wetmerslede soluit XII maldra, III silig. III ordei et sex auene et centum oua. — §. 55. Altera domus preconis soluit tres sol. et centum oua.—§. 56. Linne vetus soluit sex maldra, I siligin. I ordei et quatuor auene et sex pullos. — §. 57. Bole[21]) soluit sex maldra auene, tria siligin. III ordei et centum oua.—§. 58. Edinchusen[22]) soluit septem maldra, I silig. I ordei, V auene et centum oua. — §. 59. Kericlinne soluit terciam gelimam et centum oua. — §. 60. Altera domus ibidem soluit octo maldra, II siligin. II ordei. IIII auene et centum oua. — §. 61. Tercia domus ibidem soluit VI solid. — §. 62. Dresberch soluit X maldra, X scepel siligin. et totidem ordei et XX auene et centum oua. — §. 63. Pro decima II sol. et porcum de XII denar. — §. 64. Altera domus ibidem soluit tantum et pro decima II solid. et centum oua. — §. 65. Tercia domus ibidem soluit X et nouem maldra. IIII siliginis, IIII ordei, XI auene et C oua.— §. 66. Dalhusen soluit IX scepel auene, XV denar. et centum oua. — §. 67. Altera domus ibidem soluit II maldra auene, XV denar. et centum oua. — §. 68. Hordringe domus in colle soluit V maldra, I siligin I ord. et III auene et centum oua. — . §. 69. Altera domus ibidem soluit II maldra auene et XII denar. in die beati Jacobi. — §. 70. Tercia domus ibidem soluit X scepel, II siligin. II ordei et sex auene. Ista pensio ex hiis ambabus domibus soluetur hospitali. — §. 71. Et decima ibidem. — §. 72. Curtis ibidem quo attinet linne soluit I scepel siligin. I maldrum ordei et I auene et tercium dimidium denar. ad saccum. — §. 73. In hustene una domus godescalci snap soluit III solidos. — §. 74. De decima in hustene duos solidos recipiemus.—§. 75. Lan-

---

[21]) Bole Havebole, Habbel. — [22]) Enthausen.

genholthusen soluit de lapidea domo III scepel siliginis et auene equaliter. — §. 76. Thetmarus maior soluit tantum. Thetmarus minor soluit X scepel, V silig. et V avene.—§. 77. Decima ibidem cum prouentibus suis.— §. 78. Linne. Ista est pensio que debetur annuatim curti in linne. Bachem soluit octo maldra auene et bracii coloniensis mensure. — §. 79. Herderinge soluit VI maldra bracii et auene colon. mensure. in eadem uilla Arnoldus III solid. ad pisces emendos. — §. 80. Bredenbeche soluit VI maldra bracii et auene coloniens. mensure. Eadem domus XII den. ad pisces. — §. 81. Dedingesdorp soluit III sol. ad pisces. — §. 82. Wetmerslede soluit IIII maldra bracii et auene, coloniensis mens.—§. 83. Kericlinne soluit IIII maldra bracii et auene colon. mens.— §. 84. Ista est pensio que debetur curti in Ruchinchusen.[23]) Domus in lenehusen IIII maldra, porcum de X denar.— §. 85. Creuetesberg V maldra, porcum de XII denar. — §. 86. Berenberg wolmari domus, V maldra, porcum de XII denar. — §. 87. Sigenandi domus IIII maldra, porcum de X denar. — §. 88. Ezccles dom. IIII mald. porcum de X denar.—§. 89. Domus desolata IIII maldra.— §. 90. Palsole,[24]) Wescelus V maldra, porcum de X denariis. — §. 91. Afflen XXVII denar. et obulum. Gerhardus in palude XII den. — §. 92. Werehus XII den. — §. 93. Wertinchusen XII den. — §. 94. Palsole VIII den. — §. 95. Lenchusen IIII solid. — §. 96. Ruckinchusen. Ista est pensio que debetur nobis annuatim de Curte nostra in Ruckinchusen. relicta Thetwini de Berenberg septimum dimidium maldrum, porcum de XII den. tercium dimidium den. ad saccum. III den. wastpennicge. — §. 97. Segenandi domus quintum dimidium maldrum, porcum de X den. tercium dimidium den. ad saccum, tres wastpennicge.—§. 98. Godefridi domus IIII maldra, porcum de X den. tercium dimidium den. ad saccum, III den. wastpennicge. — §. 99. Palsole Cun-

---

23) Rünthausen. — 24) Pasel.

radi domus V maldra. Alberti domus IIII maldra, sex den. sibi de gra. ad . . . . . . .²⁵) — §. 100. Hedenrici domus IX den. — §. 101. Creuetesberg II maldra lonensis mensure, porcum de XII den. quintum dimidium den. ad saccum. — §. 102. Fredericus de lenehusen IIII maldra, porcum de X den. quartum dimidium den. ad saccum. — §. 103. Werehus XII den. — §. 104. Werlichusen XII den. tercium dimidium den. ad saccum. — §. 105. Aldenaflen XXVII den. et obulum. — §. 106. Gerhardus de palude XII den.—§. 106. Henricus in lenehusen IIII sol. in cathedra petri. — §. 107. Blasmannus II sol. — §. 108. Godefridi dom. III sol. in palsole. — §. 108. Ista est pensio que debetur curti in linne. Wetmersledde preconis domus IIII maldra. — §. 109. Dedingesdorp III sol. sosaciensis monete, II denar. ad saccum in die beati martini, unum scepel siligin. lonensis mensure et III den. in festo beati Johannis baptiste. — §. 110. Bredenbecke VI maldra et XII den. ad pisces et II den. ad saccum. In festo beati martini unum scepel silig. lonens. mens. et II den. In festo beati Johannis baptiste tres den. — §. 111. Herdringe domus Cunegundis VI maldra et II den. ad saccum. In festo beati martini I scepel siligin. Arnesbergens. mens. et duos denar. In festo beati Johannis baptiste III den. — §. 112. Domus Theoderici toden in eadem uilla III sol. et duos denar. susacienses ad saccum. In festo beati martini I scepel siligin. Arnesbergensis mens. et II den. In festo beati Johannis baptiste III den. — §. 113. Bachem octo maldra et II denar. ad saccum. In festo beati martini I scepel silig. Werlensis mensure et II denar. In festo beati Johannis baptiste III denar. — §. 114. Curtis ipsa in linne in festo ascensionis dabit XXXII denar. In festo michaelis totidem. — §. 115. Ruckinchusen dabit denar. aduocacie quartum dimidium solid. partito tempore. — §. 116. Domus Thetwini quartum dimidium

---

²⁵) Eine unausgefüllte Lücke im Original.

sol. — §. 117. Segenandi III sol. — §. 118. Godefridi III sol. — §. 119. Palsole Alberti domus III sol. — §. 120. Cunradi domus XXX denar. — §. 121. Werehus III sol. — §. 121. Frederici dom. in Lenehusen III sol. — §. 122. Werlinchusen II sol. — §. 123. Domus in Aldenaflen XXX denar. Medietas supradictorum denariorum dabitur in festo ascensionis. Medietas altera in festo Mathei apostoli. — Hachnen §. 124. Jsta est pensio que debetur annuatim Capelle nostre in Hachnen in parrochia esleue. in superiori marpe ad superiorem domum XII denar. Susaciens. in inferiori marpe in media domo XII den. In festo Jacobi in Birge in media uilla IIII sol. susaciens. in vigilia beati martini anserem et II pullos. In endike maltum siligin. et ordei susaciens. eque mensure. Decima in Asbeke et in Esberne.[26]) In gerinchusen de duabus areis[27]) II pullos. — §. 125. Isti sunt cerocensuales capelle. Pueri a Gerwini dicti Wittesnauel. Heribertus mansus et parentela ipsius. Hinricus Scarpedige et soror ipsius Gertrudis. Walburgis in hachnen et Aleydis in nchem sorores ipsius in birge mediam domum inhabitantes. — §. 126. In marchia in hachnen. cum ubertas glandium deriuatur ad pasturam XXX porcos et aprum. — §. 127. Isti sunt reditus qui debentur annuatim capelle nostre in Hachnen. de agris sitis apud Susatum. qui in die beati Jacobi dabuntur ad luminaria concinnanda. Prepositus ste Walburgis XIIII denar. Johannes pellifex XII den. Vxor bruningi quadrantem. Mater ejus denar. Durecop obulum. Hermannus witgerere III obul. Giseldrudis calcop IIII den. Andreas oppinc. I denar. Hinricus guldene II den. Gerwinus de lünen II denar. Cunegundis de lunen II denar. Elburgis de indike. IIII denar.

---

[26]) Der Eisborner Zehnte ist ben Zehntpflichtigen gegen Einzahlung von 100 Thlr. baar und 55 Thlr. jährliche Abgabe, in Erbpacht gegeben. Den Hof zu Einele hat der Frhr. v. Fürstenberg angekauft. —
[27]) Jm Original steht aeris.

VII.

Nachtrag
zu
Levoldi a Northoff
Cronica pontificum Coloniensium.
(Nro. I.)

Es ist schon auf dem Umschlage des ersten Hefts dieses Bandes bemerkt, daß sich von der unter Nro. I. mitgetheilten Chronik der cölnischen Erzbischöfe von Lewold von Northoff, in der Bibliothek zu Wolffenbüttel noch eine Abschrift befindet, welche, mit Ausnahme einiger unbedeutender Varianten, ganz mit dem Texte der Berliner Handschrift, die unserem Abdrucke zum Grunde gelegt ist, übereinstimmt. Diese Varianten noch besonders anzumerken, schien überflüssig, weil sie nicht nur unerheblich, sondern die Wolffenbütteler Papierhandschrift des 17. Jahrhunderts, (im Gudianus Nro. 35) welche, nach den darin beibehaltenen Abkürzungen, ohne Zweifel von einer ältern aus dem 15. Jahrhundert genommen worden, eigentlich auch zu schlecht ist, um zur Vergleichung zu dienen. Dagegen finden sich am Schlusse derselben noch besondere Nachrichten von den Erzbischöfen Wilhelm, Adolf II., Engelbert III., Cuno und Friedrich III., welche in der berliner Handschrift fehlen und daher gleich hinter der Chronik Nro. I. nachträglich folgen sollten, was aber, durch ein Versehen in der Druckerei, unterblieben ist. Diese werden nachstehend als besonderer Nachtrag geliefert.

Während des Drucks des ersten Hefts dieses Bandes ließ Herr Dr. Troß zu Hamm eine neue Ausgabe von Northoffs Chronik der Grafen von der Mark nebst einer Uebersetzung derselben und als Nachtrag, auch dessen Chronik der Erzbischöfe von Cöln drucken (1859) wozu wir ihm die uns früher vom Herrn Professor Dr. Ficker zu Insbruck zur Benutzung übergebenen Wolffenbütteler Auszüge mitgetheilt hatten. (Troß Vorrede S. VII.) Der Abdruck der Chronik der cölnischen Erzbischöfe bei Troß, stimmt überall mit dem bei Meibom (S. R. G. II, 4) und bei Böhmer (F. R. G. II, 282) deren Abweichungen in den Noten zu unserem Abdrucke Nro. I. bereits bemerkt sind. Das von Troß (Vorrede S. VIII) besiderirte Chronicon episcoporum Coloniensium von Jacobus de Susato, dessen Benutzung aus der Soester Stadtbibliothek, zur Vergleichung mit Northoff, er nicht ermöglichen können, war übrigens schon zwei Jahre vorher (1857) im ersten Bande der Quellen (S. 161 fg.) abgedruckt und ist uns, wie wir hier ausdrücklich bemerken zu müssen glauben, dazu der Originalcodex aus der gedachten Bibliothek, mit der freundlichsten Bereitwilligkeit mitgetheilt worden.

Quinquagesimus sextus. Dominus Wilhelmus prepositus Zusaciensis dictus de Gheneph. Quam utilis fuit ecclesie Coloniensi testatur eius veneranda memoria. Construxit Lechnich, Gudensborch, Hilberode et mirabiliter firmavit omnia castra ecclesiae Coloniensis.

Quinquagesimus septimus. Adolphus de Marka prius electus Monasteriensis, per promotionem quorundam cardinalium, ipso ignorante, fuit assecutus ecclesiam Coloniensem, pro qua patruus suus episcopus Engelbertus Leodiensis, post obitum domini Wilhelmi diu laboravit, quam tamen postea per liberam resignationem ipsius Adolphi obtinuit, papa consentiente et confirmante de consensu cardinalium et translatus de ecclesia Leodiensi. Hic egrotabat graviter statim postquam adeptus fuit ecclesiam Coloniensem. Hic propter multas malitias et rebellionem Andernacense transtulit theolonium, quod ibi solebat recipi, Lintz et ibidem

construxit castrum. Postea redemit opidum Zulpecke a duce
Juliacensi, quod diu obtinuit. Postea elegit Cononem
archiepiscopum Treverensem in manibus minorum ecclesie
Coloniensis, quia gravi infirmitate correptus ecclesiam guber-
nare non valuit. Obiit anno domini M° CCC° sexagesimo
octavo, sabbato post festum b. Bartholomei. Iste Cono Treverensis archiepiscopus, a domino Godefrido comite de Arnes-
berge adeptus fuit comitatum Arnsbergh, quem dedit ecclesiae
et sibi reddidit castrum Brole ad vitae ductum et annuatim
X^a florenorum cum redditibus castri predicti, anno domini
M° CCC° sexagesimo nono.

Post Engelbertum successit Fredericus filius domini
de Zarwerden, filius sororis domini Cononis archiepiscopi
Treverensis supradicti, qui habuit guerram cum Gumperto
advocato Coloniensi propter destructionem castri de Nuwenar,
quod idem archiepiscopus destruxit, quod egre ferens advocatus Coloniensis, adhesit Johanni comiti de Nuwenar et
diffidavit archiepiscopum. Postea idem archiepiscopus destruxit
castrum in Gerstorpe advocato feria secunda post vincula
idem advocatus fuit captus per opidanos Berkenses anno
domini M° CCC° LXXIIII. et fuit deductus Gudesborch.
Hic Fredericus fuit vir magnae constantiae et sedit tempore
Karoli imperatoris et regis Bohemie, cuius filium coronavit
in regem Aquisgrani in octava apostolorum Petri et Pauli
anno domini M° CCC° LXXVI. de qua principes electores
non modicam habebant summam pecuniarum, ut dicebatur.
Dicebatur quod idem Fredericus habuit de hac electione et
coronatione L. milia florenorum. Hic procuravit apud dictum
Karolum, quod cives Colonienses fuerunt proscripti iure
imperiali. Idem cives Colonienses sic proscripti habuerunt
guerram cum dicto domino Frederico, cui dux Brabantiae
et civitas Aquensis adheserunt occasione pacis generalis.
Comes de Marka Coloniensibus adhesit, de quibus habuit ut
dicebatur XVI^a scudatorum, sed tamen litera diffidationis
missa domino Frederico, non tenuit quod propter Colonienses
diffidasset dominum, sed propter quosdam amicos suos videlicet advocatum Coloniensem et filiam suam et cius maritum

comitem de Nuwenar, qui habuit filiam advocati. Idem comes Engelbertus de Marka cum Coloniensibus die beati Jeronimi combussit et incendio devastavit apud Lechnich, Gymnich et plures alias villas. Item crastino beati Remigii Sechtem, Waltdorp. Dicto domino Frederico hoc percipiente, exivit cum Bunnensibus in campum, volens bellare cum comite de Marka et Coloniensibus. Sed circa meridiem idem Fredericus Bunnam reversus est una cum suis, bello non procedente. Postea idem Fredericus archiepiscopus dirigit literas ad predictum comitem de Marka, et scripsit sibi, quod salvo honore et conspiratione pacis generalis factae in Westphalia, non posset ipsum et suam uxorem diffidare, sed quid inde oriri debeat non est meum scire. Sed officiati domini archiepiscopi incendiis et rapinis comitem invaserunt in comitia de Marka, videlicet Hevenricus de ore sacente in Rikelinckhuss una cum pluribus armatis et alii quam plures in diversis suis officiis invadentes comitiam diversis damnis. Credebat quod ratione pacis generalis factae in Westphalia non deberent sibi talia irrogari, quapropter noluit, quod sui defenderent. Eodem anno in carnis priuio fuit ordinata compositio per amicos utrarumque partium comite obsidionem faciente tunc ante castrum Porteslar, quod penitus diruit, sed permisit stare domum Henrici de Monasterio, ibidem castellani.[1])

---

[1]) Zum Schluſſe folgt hier noch in deutſcher Sprache die Stelle: anno dni. M. CCC. XCI Dinſtags nach Bartholomei ꝛc. womit Ulrich Berne ſeine Ueberſetzung der Northoffſchen Chronik der Grafen v. d. Mark ſchließt und welche B. I. S. 41 der Quellen abgedruckt iſt.

VIII.

Eine hanseatische Gesandtschaft
von Bremen nach Spanien,
auf ihrer Reise durch Westfalen.
1606.

Das nachstehende Stück Reisebeschreibung verdanken wir der freundlichen Mittheilung des Herrn Oberappellationsgerichts-Raths Pauli zu Lübeck, der in der Zeitschrift für Lübeckische Geschichte und Alterthumskunde B. 1, S. 79 über Heinrich Brokes, den Verfasser der Reisebeschreibung und dessen merkwürdige Tagebücher, woraus dieselbe genommen ist, sehr interessante Nachweisungen gegeben hat. Wir glaubten derselben in unseren Quellen einen Platz einräumen zu dürfen, weil sie ein so anschauliches Bild von der damaligen Art zu reisen und von den darauf bezüglichen vaterländischen Zuständen giebt, wie wir es von keinem anderen Zeitgenossen dargestellt finden.

Auf dem am 15. Juni 1606 zu Lübeck eröffneten Hansetage, welcher von den Städten Cöln, Bremen, Hamburg, Danzig, Rostock, Stralsund, Wismar, Magdeburg, Braunschweig, Hildesheim, Lüneburg und Greifswald beschickt war, wurde beschlossen, daß wegen der spanischen Handelsprivilegien, der Forderungen hanseatischer Kaufleute an die dortige Regierung, des dort neu eingeführten hohen Zolls auf ausgehende

Waaren und wegen anderer Beschwerden die Städte Lübeck, Hamburg und Danzig gemeinschaftlich eine Gesandtschaft an König Philipp III. nach Madrid abordnen sollten. Von Lübeck, der Directorialstadt, ward zu dieser Legation als Erster im Range verordnet der Rathmann Henrich Brokes; seine Mitgesandten waren außer dem hansischen Syndicus Dr. Johann Domann, für Hamburg der Rathmann Hieronymus Vogeler und von Danzig der Rathmann Arnold von Holten. Brokes hatte zu seinem Dienste: 1. „einen Schreiber, eines guten ehrlichen vornehmen Mannes von Augsburg, Herrn Antonii Felix Welsern Sohn, mit Namen Christoph Leonhard, welcher seine italienische und fransosche Sprachen konnte;" 2. „einen Jungen vom Adell, Jochim von Bockwoldes zu Pronstorff Sohn, mit Nahmen Wulff;" 3. einen reitenden Schmid; 4. seinen Diener und 5. einen Kutscher vom Marstall. Zu seiner Gesellschaft hatte er überdies 6. „den Consul zu Lissabon Hans Kempferbeck mit seinem Diener, welcher (letztere) geritten." Noch hatte er bei sich 7. „einen jungen Studenten Joannem Conradi, eines Bürgers Sohn von Lübeck, der für einen allgemeinen Schreiber der sambtlichen Gesandten gebraucht ward." Für sich und seine Begleitung schaffte Brokes an, eine Kutsche und vier schöne braune Pferde," so wie „einen braunen Gaul zum Noth= und Reitpferde," welche er alle wohlbehalten nach Madrid gebracht hat. Nachdem der Danziger Gesandte mit drei Kutschen in Lübeck eingetroffen war, zogen sie am 10. November von hier ab nach Hamburg, wo sich ihnen der dortige Gesandte mit einer Kutsche anschloß. Die Gesandtschaft sollte sich nicht direct an den spanischen Hof begeben, sondern zunächst den Erzherzog Albrecht „Herrn der hispanischen Niederlande" zu Brüssel und demnächst auch König Heinrich IV. in seiner Residenz begrüßen. Auch waren in Bremen Geschäfte abzumachen. Am 20. November verließen die Gesandten in fünf Kutschen Hamburg, gingen bei Blanckenese über die Elbe und trafen am 23., also erst nach vier Tagen, in Bremen ein, wo sie bis zum 27. verweilten und dann ihre Reise fortsetzten, die nun, soweit sie durch Westfalen nach Cöln und Aachen geht, Brokes, von dem wir ein genaues Tagebuch über diese ganze

Legation heißten, vnd dessen Worte schon bisher im Einzelnen
wieder gegeben sind, selbst in Folgendem beschreiben mag.

Weil die Straßen von Bremen durch Westphalen sehr
vnsicher waren, hat vns der Rhat daselbst ihren Stadthaubtman
Johann Kenekell mit 12 Pferden mitgegeben, vmb vns zu
convoyeren bis auff Osnabrügge. Sein also den 27. (November)
vmb Mittag wieder aus Bremen gescheiden vnd auff Delmen=
horst gereißt.

Zwischen Delmenhorst aber vnd Bremen waren die
Wasser also außgelauffen vnd gros, das man eine gute Weill
die Kutschen lebig mit den Pferden muste durch passiren lassen,
vnd wir mit vnserm bagage fhuren in Schiffen.

Den 28. zu Mittage kamen wir zu Willshausen, alba
vieil spannische vnd statische Reuter waren, wir hatten auch
einen spannischen Caporall vnd Trompeter von Lingen (so
bazumal in der Spannier Macht war) bey vns. Den Abent
kamen wir an zur Vechte. Den 29. passirten wir bis auff
Damme vnd ob wir woll vermeinten, den Abent bis Börde
zu zihende, starb es alba in der Pest, also das wir alba nicht
konten logiren, blieben also in dem Flecken Damme die Nacht
mit zimlichen pericull wegen der einfallenden Kriegsleute vnd
musten die gantze Nacht gute Wacht halten.

Den 30. November passirten wir auff Börde, Engter,
Rull=Kloster, vnd kamen vmb ein Vhr zu Osnabrügge, alba
der Herr Doctor Doman zu Haus hörete. Zu Osnabrügge
sein wir den 1. December stille gelegen. Der Rhat daselbst
hat vns zu zweyen vndterschieden malen die Weine verehren
lassen, auch frische Fische. Vnd nach dem wir den Bremischen
Haubtman mit seinen Reutern wider zu Rügke sendeten, gab
vns der Rhat von Osnabrügge von ihren Bürgern, 30 Schützen,
vnd 8 Reisige Pferde zu, so vns convoyirten. Den 2. Decemb.
aus Osnabrügge, auff Lengerke, Tekelenburg vnd Münster.
Vnter wegen waren die Straßen gantz vnsicher, nicht alleine
wegen beider streiffenden Teil Spannier vnd Statischen Kriegs=
leut, so hin vnd wiber verstreuwet lagen auff den Torfferen,

sondern auch eine Compagnie Braunschweigische Reuter so im Stifft Osnabrügge sich auffhielten vnd die vorige Nacht zu Lengerke gelegen hatten, aus Forcht aber der Spannier, benselben Morgen, wie wir, zu Mittage alba anlangeten, auff Yborch, alba der Bischoff Hoff helt, verrücket waren.

Denselben Tag gebürete es sich, das wir nicht alleine etliche Reuter im Velde zihen sahen, sondern, in einem Torffe da wir vorüber zogen, lagen 30 spannische Reuter; davon wir nichts wusten; dieselben hatten Forcht für vns, vnd hatten die Bauren bedrowet, nicht anzumelden das sie da lagen; solches wurden wir den folgenden Tag binnen Münster berichtet. Also kamen wir den 2. December sehr späte in Münster, vnd legten denselben Tag ab eine sehr große Tagreise von sechs großen vnfletigen westphelischen Meilen bei sehr bösen Wegen. Wir hatten vnse Herberge binnen Munster bei einem Rathsuerwanten Hrn. Andres Wilckenckhoff. Wir lagen den 3. Decemb. alba stille vnd sandten vnse Osnabruggische conuoy wider zu rügge. Der Rhat zu Munster lies vns auch entfangen vnd verehren mit Weine, ordnete vns auch zu eine gute conuoy von 30 Mosquetiren vnd 4 Pferde. So mit vns den 4. Decemb. passirten auff Steinforde zu Mittag vnd den Abent auff Hamme: war ein sehr boser tieffer Wegk, das bei gantzen Meilen die Wagen bis zu den Axsen im Dreke giengen. Von Hamme sein wir den folgenden Tagk, war den 5. December, passiret auff Kamen, bey Vnna, durch das Torff Wickeben Asselen Brake, vnd hatten denselben Tag nicht geringe pericull wegen einer Compagnie Reuter, so alba abgebancket wart, vnd sich sehn lies; aber der liebe Gott halff vns den Abent noch binnen Dortmunde durch bosen vnfletigen Wegk. Zu Dortmunde wurden wir vom Rabe, mit Weinen vnd Fischen verehret, sie gaben vns auch zu eine conuoy von 30 Mosquetieren vnd 3 Pferde; damit schiebeten wir den 7. December aus Dortmunde, befunden aber einen solchen bergigen engen tieffen Wegk, das wir nicht lenger vnse Pferde zween neben einander vor dem Wagen gebrauchen konnten, sondern musten sie in die Riege voreinander hengen; der Wegk war aber so boes vnd tieff, das wir den Tag nicht weiter als auff Hagen, sein

2 meil von Dortmunde, kommen konten. In demselben Torffe waren vor 2 Tagen — 40 spannische Reuter bey Nacht Zeiten von 60 Statischen vberfallen vnd gantz ghar ihrer Pferde vnd Bagage spolieret worden. Wir hatten alda eine excellente Herberge vnd Tractation von frischen Lachs, Forellen vnd Schmarlingen, dergleichen man nicht viell antrifft. Den folgenden Tag, war der 8. December, passirten wir vber den Geuelsberg vnd andere mehr sehr böse Berge, so wir mit großem Beschwer mit vnsern Wagen vnd Pferden auff vnd abfhuren; dar zu waren fast alle Torffer, dadurch wir zogen, von Kriegsleuten spolieret, vnd hatten die Nacht vor dem Stetlein Schwelms — 50 Pferde gelegen, so eine Stunde vor vnser Ankunfft daselbst, waren ausgezogen, vnd hatten sich vor vns geforchtet, weil sie vernommen, das wir starke conuoy vnd fünff Kutzschen sambt 15 Reisigen bey vns hätten. Den Nachmittag vmb 2 Vhren kamen wir erstlich zur Beyenburg. Etliche von vns wollten daselbst die Nacht verharren; weil aber noch so viell Tages, das man ghen Lennep woll passiren mochte, vnd also bald ein sehr böser, steiler vnd felssiger Berg anzufharen war, den man ohne Tageslicht nicht auffhuren konte, war ich mit meinem Wagen der erste, vnd folgeten mir also die anderen mit großem Beschwer; wir musten die Wege mit hacken vnd bicken weiter vnd hoher machen vnd hatten viell Martelens mit den Pferden. Den Abent kamen wir zimlich späte zu Lennep.

Den 9. December zugen wir aus Lennep einen vberaus bosen Wegk vnd Bergk hinauff, so sehr tieffe hole Wege hatte, die alle hart gefroren, also das man die Wagen mit Bömen vnd Winden muste heraußer helffen, vnd war nicht Wunder, das wir Pferde vnd Wagen nicht gantz zu Schanden machten; aber der liebe Gott halff vns den Tagk auch algemach furt; wir konten die Herstraße nicht halten wegen des tieffen Weges, musten durch die Ecker vnd Garten fharen, vnd wurden den Tag mehr als 30 Zeune durchgebrochen vnd Graben ausgefüllet, damit wir furt kemen. Den Mittag bey Wermßkirchen zum Neuwen Hause, vnd den Abent zur "fetten Hennen," alda es auch sehr gefherlich war wegen der Reuter, so herumb lagen, vnd muſten mit vnſer conuoy die Nacht Wacht halten vnd das Torff beſetzen.

Den 10. paſſirten wir auff Schlebuſch, Dünnewolt, Müllem vnd kamen den Mittag zu Deutz. Alba danckten wir vnſe Dortmundiſche conuoy ab, vnd fhuren jegen Abent ober Rein vnd kamen vmb 3 Vhren zu Colln, namen vnſer Loſament bey einem ſpanniſchen Commiſſario ſo alda Bürger war.

Den 11. vnd 12. December lagen wir zu Colln ſtille. Der Rhat, ſo zu der Zeit occupiret war mit der Wahll vnd Vmbſetzung des Rathes als auff Thomae, lies vns entfangen vnd mit Weinen 2 inhal verehren. Vnd kam der Her wortfhürender Bürgermeiſter Her Johann Bolandt mit dem Syndico Doctor Kronenburg zu vns in vnſer Loſament, heißen vns willkommen, vnd giengen mit vns durch die Stadt vnd zeigeten vns was alda zu ſehende, fhüreten vns auch in die Rathſtuben, vnd hielten vns nebenſt etlichen Rathsherren ein ſtadtlich conuiuium, welches werte von 3 Vhren bis vmb neun, da fhürten ſie vns wider in vnſe Herberge vnd blieben bey vns zum Eſſen.

Der Rhat ordnete vns zu, 30 gute Soldaten, mit denen wir ferner paſſiren möchten bis Aach. Eben zu dieſer Zeit hatte der Junge Hertzoch von Bayeren der damals Churfürſtl. Bruder Sohn, ſo Coadjutor war vnd ſeinen Hoff zu Bonne hielt, daſelbſt zu Bonne arreſtiren vnd anhalten laſſen Herrn Johan Harbenrabt Elteſten Burgermeiſter der Stadt Colln, ſo wegen ſeiner Priuatſachen alda hatte zu thuende gehabt, aus dieſen Vrſachen, das der Rhat zu Colln des Condjuloris Vogt, ſo der Stadt Gerechtickeit hat violiret, hatte binnen Cölln gefangen. Der Rath war wegen des Schimffs vnd Vnglück des Bürgermeiſters faſt bekümmert, vnd hatte ſich reſoluiret, da der Coadjutor nicht mit Gute ihn wollt los laſſen, ſo wolten ſie ihn mit Gewalt holen, vnd hätte die Sache woll zum offentlichen Kriege gerathen können; aber denſelbigen Tag wie wir von Colln ſcheideten, kam die Zeitunge, das der Her Burgermeiſter beralbs frey war. Wir zogen den 13. December aus Colln nach Mittage vnd kamen den Abent, durch Brauweiler zu Berchem ins Landt von Gulich, vnd war der Wegk sehr vnsicher.

Den 14. passirten wir von Bercheim auff Gülich, vnd vndter wegen kamen 50 Soldaten zu Pferde aus einem Torff vnd setzten zu Anfang auff vns zu; wie sie vns aber zimlich starck befunden, verließen sie vns vnd vielen an 30 Karren mit Güter beladen so von Colln kamen, vnd meineten die zu erobern; dieselbige Karren aber waren mit 20 Schützen aus Berchem accompagniret, namen ihre Sachen in guter Acht, brachten die Karren an einander vnd die Schützen da zwischen, welche tapffer auff die Reuter, so von den Pferden gestiegen vnd die Karren anfallen wollten, schießen, vnd erlegten ihrer etzliche, also das sie musten mit Schanden wider abzihen. Wir hielten stille vnd sahen dem Scharmützel zu, welches ohne Zweiffel die Reuter auch bewogen abzuzihen, denn sie besorgen musten, das vnse conuoy der andern wer zu Hülffe kommen, vnd hette ihnen allen die Pferde genommen, welches leichtlich hette geschehen können, wan wir es hatten wollen nachgeben. Also passirten wir furt vnd kamen den Nachmittag vmb 2 Vhr zu Gulich, alba auch die Karren den Abent ankamen, weil es aber boes Wetter vnd auch Christabent war nach dem neuen Calender, blieben wir alba die Nacht, vnd furen den 15. Decemb. auff Aach, alba wir vmb 2 Vhren anlangten, vnd fertigten vnse conuoy von Colln wider zurück.

Den 16. December blieben wir zu Aach stille, versuchten die warmen Bäder vnd besahen die Thumkirchen darein vieil Reliquiae von Carolo magno, sahen caput, gladium, Coronam, novum testamentum etc., wie auch sein sepulchrum, vnd den Kunniglichen Stuell, dauon sich die Stadt rhümet vnd schreibet. Die Bürgermeister vnd etliche des Raths kamen zu vns in vnse Losamenter, gratulirten vnd verehrten vns mit Weinen vnd hielten vns auff dem Rathhause den andern Tag in den Weinachten ein Banket, dabei sie sich mit vns frölich machten bis in den späten Abent.

IX.

Güterverzeichniß der Kirche zu Anröchte.
1301.

Das Alter des folgenden Güterverzeichnisses läßt sich nicht genau bestimmen. Wenn die darin oft genannte curia comitis, wie wohl nicht zu bezweifeln, dieselbe ist, deren Proprietät Graf Gottfried III. von Arnsberg 1266 tauschweise erwarb,[1]) als er die der Curtis Mülheim, welche Diedrich von Volmestein von ihm zu Lehn trug, dem deutschen Orden für 26 Mark Pfennige verkaufte, so muß das Verzeichniß wohl nicht lange nach jener Zeit ausgestellt sein. Dafür spricht nicht nur, daß Graf Gottfried sagt, die Güter zu Anröchte deren Proprietät ihm überkommen, habe der, in dem Verzeichniß mehrfach genannte, Jwanus von dem Ritter Hermann v. Witten zu Lehn getragen, sondern auch der Umstand, daß von den in dem Güterverzeichnisse vorkommenden Rittern von Erwitte, welche damals ebenfalls eine Curie in Anröchte hatten, einzelne um die Mitte und einer zu Ende des 13. Jahrhunderts lebten; so z. B. Eberhard II. 1239, 1245,[2]) Boiemund II. 1258, 1280[3]) und Remfried 1301.[4]) Hiemit stimmt auch die Handschrift, welche aus einer, zwar mit vielen Abbreviaturen

---

[1]) Seibertz Urk. B. I. Nr. 836. — [2]) Daselbst Nr. 213 und 240. — [3]) Geschichte der Dynasten S. 377. — [4]) v. Steinen westf. Geschichte St. 14, S. 1493.

aber fest und deutlich geschriebenen Minuskel, auf einem Pergamenblatt von 21 Zoll Länge und 9 Zoll Breite besteht.

In nomine domini amen. Theowertus dei gracia plebanus in Anrochte omnibus christi fidelibus in perpetuum ne posteritas nostra ex obliuione periculum incurrat dignum duximus singulorum mansorum soluciones tam in denariis antique monete susaciensis quam in tritico secundum ordinem mansorum presenti cedula specificare Domus Iwani I sol. et obulum. — Domus Ermentrudis⁵) iuxta teatrum⁶) VIIII den. et ob.— Domus wesselini iuxta teatrum XXVI d.— Arnoldi domus iuxta piram IX d. — Domus meynrici super kutenbrincke I s. et ob. — Mansus qui pertinet sassenthorp IX den. — Domus hinrici militis I s. et ob. — Domus domini Boymundi de eruethe I s. et VI d.— Item Iwanus de manso superiori IX d. — Item Henricus miles IX d. — Domus domini Remfridi de eruothe iuxta riuum XXVI d. — Eadem domus bona vno anno I ob. — Altero anno domus wescelini iuxta theatrum I ob. — Domus clerici militis iuxta swalenberg I s. et ob. — Domus ludolphi militis patris henrici militis IX d. — Mansus qui pertinet curie comitis IX d. — That egen tharouene Walberti et Ricbodonis I s. et ob. — Item domus Ludolphi militis I s. et ob. — Domus Gerhardi calm thar westene II s. II d. I ob. — Hillemannesschehoue qui pertinet curie comitis IX d. — Mansus inferius cuthelbringe qui pertinet ad cleye I s. et ob.— Item mansus qui pertinet curie XVIII d.— Item mansus Andree et Ermentrudis iuxta viam qua itur susatum IX d. — Item mansus

---

⁵) Darober ist geschrieben Andree. — ⁶) Theatrum wird von v. Spilcker Beiträge II, 169 durch „Gerichtshaus" übersetzt. Ob das richtig ist? Du Fresne kennt diese Bedeutung nicht. Spilcker nimmt Bezug auf eine Urkunde von 1343 (Wigand Archiv III, 8, S. 99) worin es heißt: domus et aree cum ortis suis, que sita sunt juxta theatrum in Scherve. Unseres Wissens ist aber in Scherwede so wenig als in Anrochte jemals ein Gericht und folglich an beiden Orten kein Gerichtshaus gewesen. Wahrscheinlich soll theatrum nur einen öffentlichen Gemeindeplatz bezeichnen.

qui pertinet curie I s. et ob. — Domus Arnoldi dylendoys I s. et ob. — Domus Hermanni hundertmarck IX d. — Domus Helmerici que pertinet curie domini Euerhardi de Eruethe I s. et ob. — Proxima domus eiusdem curie eruethe I s. et ob. — Domus lodwici militis iuxta hemsothe VIII s. — Item mansus iuxta fabricam curie eruethe XVIII d. — Domus Hildewordi que pertinet curie eruethe I s. et ob. — Item mansus curie eruethe I s. et ob. — Item mansus curie comitis IX d. — Item mansus Remfridi militis de eruethe iuxta curiam comitis IX d. — Domus Adolphi in riuo XX d. et ob. — Domus Elrici militis in riuo I s. et ob. — Item domus Iwani ad knyppenberg IX d. — Item mansus Joachimi curie. I s. de domo que dicitur palas I s. et ob. — Domus Hermanni filij lamberti militis iuxta palas IX d. — Item mansus curie comitis I s. et ob. — Item mansus Clerici militis I s. et ob. — Item mansus curie comitis IX d. — Paruus mansus comitis IX d. — Lenceschehoue I s. et ob. — Domus lodewici militis inferius palas XVIII d. — Domus Regenhardi holdikini inferius lenceschehoue IX d. — Mansus ad kyrsebom XV d. et ob. — Domus Richodonis ad cothen XVIII d. — Domus Hinrici militis IX d. — Item eiusdem hinrici magna domus XXV d. et ob. — Mansus ad tiliam qui pertinet ad clib IX den. — Domus Gerungi bosten theme honstene XXXI d. et ob. — Domus Walberti militis super honstene que diuisa est XVIII d. — Item mansus walberti qui pertinet curie diuisa (sic) est, nunc dicitur Graffhorst[7]) XVIII d. — Hucusque soluciones denariorum.

Incipiunt soluciones Tritici. Iwani domus I mod. — Domus Andree et ermentrudis I scep. et vnam vertile et I lopen. — Domus wesselini iuxta theatrum II mod. et I quartale. — Domus Arnoldi iuxta piram I scep. et I qrtale. — Domus super kutelbrincke I mod. — Mansus qui pertinet sassentorp I sep. et I qrt. — Domus henrici

---

[7]) Unten am Schlusse heißt der Mansus: Grashoff.

militis I mod. — Domus dni. Boymundi de eruethe
I scep. et I mod.—Item domus Iwani I scep. et I qrt.—
Item domus hinrici militis I scep. et I qrt. — Domus
Remfridi militis de eruethe II mod. et I qrt. —
Eadem domus eodem anno 'quo dat ob. I lopen tritici. —
Altero anno dabit domus wescelini iuxta theatrum cum
ob. I lopen Tritici. — Domus Elrici militis iuxta swalenberg I mod. — Domus ludolphi militis patris Hen-
rici militis I scep. et I qrt. — Mansus qui pertinet
curie comitis I scep. et I qrt. — Tat eghen thar duene
II scep. — Item domus ludolphi patris hinrici I mod. —
Domus gerhardi calm thar Westene II mod. et I
lopen. — Hillemannessche houe que pertinet curie I scep.
et I qrt. — Mansus qui pertinet ad cloye I mod. — Item
mansus curie I mod. et I scep. — Item mansus andree
et Ermentrudis iuxta viam ad susatum I scep. et I qrt.—
Item mansus curie I mod. — Domus Arnoldi dilendeis
I mod. - Domus Hermanni hundertmarck I scep. et
I qrt.—Domus Helmerici que pertinet curie dni. Euerhardi de eruethe I mod. — Proxima domus eiusdem
curie cruethe I mod. — Domus lodewici militis iuxta
hemsoch II mod. et I scep. — Mansus iuxta fabricam que
pertinet curie eruethe I mod. et I scep. — Item Hille-
wordi mansus curie cruethe I mod. — Item mansus curie
eruethe I mod. — Item mansus curie comitis I scep.
et I qrtle.—Item mansus Remfridi militis iuxta curiam
I scep. et I qrt. — Domus Adolphi in Riuo II scep.
II qrt. et vnum lopen. — Item Domus clerici militis
in riuo. I mod. — Item domus Jwani ad knippenberg
I scep. et I qrtle. — Item mansus curie I scep. de domo
que dicitur palas. I mod. — Domus Hermanni iuxta
palas. I scep. et I qrt. — Item mansus curie comitis
I mod. — Item mansus clerici militis I mod. — Item
mansus curie comitis I scep. et I qrt. — Paruus mansus
curie I scep. et I qrt.— Lenceschehoue I mod. — Domus
lodewici militis inferius palas I mod. et I scep. —
Domus Regenhardi holdikon inferius lentesschenhoue

I scep. et I qrt. — Item mansus ad kirsebom II scep. et I qrt. — Domus Ricbodonis ad koten I mod. et I scep. — Domus Hinrici militis I scep. et I qrt. — Item eiusdem Hinrici magna domus II mod. — Mansus ad tiliam qui pertinet ad cleye I scep. et I qrt. — Domus Gerungi bosten theme honstene II mod. et I scep. — Domus Walberti militis super honstene que nunc diuisa est vnum mod. et I scep. — Item mansus eiusdem Walberti qui pertinet curie cciam diuisa (sic) est, nunc dicitur grashoff, vnum mod. et vnum scepelinum.

X.

Kurze Beschreibung
der
Churfürstl. Brandenburgischen feindlichen Belagerung der Stadt Werl; im Jahr 1673
von
Hermann Brandis.

Um sich gegen die bedrohlichen Umgriffe Ludwigs XIV. zu schützen, hatten die Holländer die Errichtung der bekannten Tripelallianz bewirkt. Dadurch hielt sich der französische König so beleidigt, daß er keine Scheu trug, ihnen durch ein Manifest vom 7. April 1672 unerwartet den Krieg zu erklären. Seine Helfershelfer waren England, Schweden, der Churfürst Maximilian Heinrich von Cöln oder vielmehr dessen allmächtiger Minister Fürst Wilhelm von Fürstenberg und der Bischof von Münster. Der große Churfürst von Brandenburg, obgleich er wohl Ursache hatte, sich über die Holländer zu beschweren, war doch der Einzige, der nebst dem Kaiser an den mit ihnen eingegangenen Verpflichtungen festhielt. Dadurch wurde er mittelbar zum Feinde unseres Landes, indem er sich mit den Holländern zur Leistung vertragsmäßiger Hülfe nur noch fester verband und diese zunächst in Westfalen gegen die französischen Bundesgenossen eintreten ließ. Ein Theil der Brandenburgischen Truppen in Westfalen wurde von dem Generalmajor von Spaen commandirt, der sein Hauptquartier zu Lippstadt hatte und von dort aus im cölnischen Herzogthum Westfalen ungemein hohe Contributionen ausschrieb. In solcher Art wurde er auch der Stadt Werl lästig und als diese sich zu den ihr angemutheten Opfern nicht verstehen wollte, beschloß er, unter dem Vorwande militairischer Beitreibung der geforderten Contributionen, sich der Stadt und des churfürstlichen Schlosses zu bemächtigen um dadurch einen festen Punkt mehr für seine Kriegs-Operationen zu gewinnen. Die Stadt war jedoch so wenig geneigt, sich dies gefallen zu lassen, daß der General von Spaen die förmliche Belagerung derselben unternehmen mußte. Die Geschichte dieser merkwürdigen Belagerung hat uns der Werler Bürgermeister Hermann Brandis in dem folgenden ausführlichen Berichte als Augenzeuge beschrieben.[1]) Die Belagerung verfehlte ihren Zweck. Der General v. Spaen zog seine Truppen zurück und der Tractat von Vossem, geschlossen am 6. Juni 1673, stellte ein zeitweiliges friedliches Verhältniß mit Frankreich her, in Folge dessen Westfalen von den französischen Truppen unter dem General Turenne, der sein Hauptquartier in Soest nahm, überschwemmt wurde.

Wo sich das Original dieser Beschreibung befindet, ist uns nicht bekannt. Dem Abdrucke liegt eine Abschrift in Detmar Joseph v. Mellin's miscellanea historica p. 397 zum Grunde, der dazu bemerkt: „aus einer codven sehr wohl geschriebenen Copie, die mein Schwager Herr von Pape hat." Mellin war Erbsälzer zu Werl und Rittergutsbesitzer zu Uffeln. In den gedachten Miscellaneen hat er viele, besonders die Stadt Werl betreffende, Nachrichten aufbewahrt. v. Steinen in seinen Quellen der westphälischen Historie; Dortmund 1741 (Vorrede und S. 32, 80, 81) rühmt ihn als einen gelehrten Mann, dem er manche Mittheilung verdankte.

Als der Churfürstl. Brandenburgischer General-Major von Spaen laut Beilage sub lit. A. unter Dato Lippstadt

---

[1]) Nachrichten über den Verfasser der Beschreibung sind mitgetheilt im I. Bande der Quellen S. 43.

den 26. September 1672 der Churfl. Cölnischen Stadt und Amt Werl anmuthete, eine große Quantität an Salz und Korn binnen vier Tagen in Lippstadt zu liefern mit angehenkter Bedreuung, daß sonsten in Ermangelung dessen, andere Mittel an Hand genommen werden müßten und darauf sowohl Churfl. Herr Drost als auch Bürgermeister und Rath daselbsten zu gemeldtem Werke sich anderster nit resolviren konnten, als daß solch unvermuthliches Ansinnen, der Churfl. Arnsbergischer Regierung also bald hinterbracht und demnach die Erklärung forderlichst wieder eingeschickt werden sollte. Inmittels aber gemeldtem Herrn General-Majoren die Antwort vielleicht etwa zu lang fallen oder er doch abzunehmen haben mogte, wie dieselbe ausschlagen wollte, da resolvirte derselbe, die Execution selbsten zu verrichten, zugleich auch per stratagema einer simulirter Andacht, Stadt und Schlosses sich würklich mit zu bemächtigen, welches aber abliefe wie folgt.

Sonntag Morgens früh den 27. Novembris kam ein Furirer, wie er sich ausgab, mit einiger, wiewohl um Verdacht zu vermeiden, geringer Mannschaft samt einem Paß vom Commendanten zur Lippstadt, ob wären sie nacher Blankenstein geschickt und begehrte an der steiner Pforten, um einen Trunk zu thun und dann weiter fort zu gehen, eingelassen zu werden. Zeitiger Bürgermeister aber, wie der Zeit die Pforten nur allein mit Bürgern besetzet waren, unangesehen vielfältigen, inständigen Anhaltens auch endlichen Bedreuens daß das Verweigeren vielleicht noch gereuen mögte, solches abschluge und also derselbe angegebener Furirer sich aus der Stadt wieder zurück begeben mußte, wurde endlich wahrgenommen, daß unweit für gemelter steiner Pforten eine Gutsche hielte, die wie nachgehends ausbrache, mit lauteren jungen Kerls und Wagehälsen, die sich mit Frauen- und Jungfernkleidern angethan, also auch der Gutschirer und Diener so dabei liefen, dergleichen Gesellen gewesen; diese hatten sich angeben sollen, ob wärens Jungfern und andere devotariæ, die sich zu dem Muttergottesbilde nacher Werl verlobt und zugleich desto besser überzukommen, der Herren von Soest, zu Werl bekannte, größere Gutsche, da acht Personen in sitzen konnten, entlehnt hatten; die Gutsche aber sollte in der Pforte quasi Mangel bekommen und dann die Wacht von dem vermummten Frauenvolke und vorgemeldtem Furirer und seinen beigehabten Soldaten, inwendigs der Stadt überfallen werden, da unterdessen dann auch die Brandenburgisch-spanische Reiterei, welche etwa davon, zwischen der Stadt und Westönnen, in verdeckten Wegen hielte, hervor rücken und der Stadt sich bemächtigen sollte. Aber wie nach altem Sprüchworte mit den Heiligen nit zu scherzen und die Mutter Gottes, die ungezweifelt unter solchen Fastnachtslarven nit verspottet sein wollen, bei dem Allerhöchsten mehr vermag, als vielleicht diese vermummte Devoteßen dafür hielten, schluge dieser Anschlag zu dero Feinden selbeigenem Spott und Schimpfe aus; denn es kam über diesem und jenem Verweilen zu weit auf den Tag, daß die Gutsche samt der Reiterei, die sonsten aus dem Hinterhalte sich genugsamb ans Offene gabe, wie auch aus Soest genommene Fußvölkere samt deren beigehabten Wagen mit Leitern, Hacken und Schüppen, deren sie zu vermeinter Eroberung des Schloßes sich bedienen wollen, in Schrecken und Confusion nach gmltm. Soest sich wieder zurückzogen, vielglr. General von Spaen aber nacher Hamm, daraus auch ein Theil Fußvölker und Stucke, welche bis Hilbecke genahet, genommen waren, seinen Weg zu nahm, also daß vor dasmahlen durch sonderbare Beschirmung Gottes, dieser Anschlag zumahlen schlecht ausschlug.

Gleichwohl schickte der Churbrandenburgisch-Lippstädtischer Kriegs-Commissarius Herr Römer, unter Dato des 22ten Decembris Patente an die Stadt und Amt Werl sub lit. B. daß, woferne die obgmlte. Salz- und Kornfrüchte, ausgeschriebener Maaßen binnen sechs Tagen Zeit, wie auch 20 gute und zum Reiten taugliche Pferde und das Contingent dieser Stadt und Amts von 15,000 Thlr. binnen 14 Tagen Zeit, wie auch 600 Thlr. wegen beschuldigten Ungehorsams, daß die Bürger der Stadt Werl, bei vorgemltm. Anschlage am 27. November die Waffen ergriffen, binner 8 Tagen Zeit in Lippstadt nit geliefert und erlegt würden, gegen mehr gemlte. Stadt und Amt nit alleine mit der Schärfe des Krieges verfahren, sondern auch dieselbe preis gemacht werden sollten.

Da kame, als die Stadt Werl dafür hielte, daß wann sie je etwas Mehres als die bewilligte Landschatzungen aufzubringen vermögte, dazu keimand näher als dero ggster. Landesfürst und Herr selbsten wären; mehrgltr. Generalmajor von Spaen Freitages und Samstages den 6. und 7. Januar 1673 mit Reiterei und Infanterei mehr dann 8000 stark, samt Stucken und Feuermörsern auf Werl an. Die Reiterei stellete sich von dem Hellwege gegen Uffelen durch das Feld, jenseit der Windmühlen bis an den Blumenthal und von dannen forter bis an den Hellweg gegen dem neuen Salzwerk über in einen halben Monden, in Meinung die Einwohner dadurch in Schrecken zu bringen, der Stadt ins Auge; schickte da fort einen Trumpetter und ließ Namens Sr. römisch kaiserl. Majestät die Stadt auffordern, dergestalt da sie die Pforten gutwillig eröffnen würden, er befehligt wäre, mit guter Ordre hinein zu ziehen, sonsten aber, auf den Verweigerungsfall, dieselbe mit Feuer und Schwerdt zu verfolgen.

Der Herr Obrister von Bibow, welcher allerkurz dabevorn über Schloß und Stadt zum Commendanten erklärt, antwortete dem Trumpetter, diese Stadt und Schloß wären von Sr. Churfl. Durchl. zu Cölln ihm als Commendanten ggst. anvertrauet, wüßte also ohne dero expresse Ordre niemanden, sonderlich uf solche Weise, die Pforten zu eröffnen. Der Herr Generalmajor von Spaen mögte desfalls sein Bestes thun, er und andere gute Leute würden inmittels auch nit schlafen.

Daruf bezoge die Reiterei das ganze Amt um und um, die Infanterei aber legte sich auf das neue Salzwerk, wie auch nächst der steiner Pforten in die Steinkuhlen; der Generalmajor von Spaen selbsten aber bezog das Haus Uffelen. Die Battereien und Kessele ließen sie machen, der Seits der Stadt gleich an den Gärten nägst gemltr. Steinkuhlen die andere am Fahrwege nächst der Pöppelen und die dritte nächst am Siechenhause, daraus die Stadt zugleich mit Stucken und Feuermörsern zu beängstigen und der Meinung nach binnen drei Tagen zu bezwingen.

Sonntags den 8ten wurde unweit von Werl, in der Vornacht, des Westerhofs Behausung zu Schedingen angesteckt und in Grund abgebrannt; um zu zeigen, wie mans mit uns vorhätte.

Montags den 9ten Vormittags ungefähr 10 Uhr fiengen die Constable an, die Feuerkugeln und stinkendste Sachen hineinzuwerfen, dergestalt eines ufs andere, ob sollte nit fehlen, die ganze Stadt in weinig Stunden zur Kohlglut zu machen. Aber Gott hatte es also noch nit verhängt; dann obwohl desselben Tages sechs und dreißig gefüllte Feuerkugeln und Maulkörbe, auch andere feurige Instrumente eingeworfen und zugleich mit den Stucken so furiös und kreuzweise durcheinander hineingespielt, zuletzt auch gar die eiserne Kugeln glühend gemacht und alles was zum Anstecken dienen könnte, versucht wurde, wollten doch die Feuerballen obschon (als gar merksam und gleichsam miraculös ware) indeme die Herren patres Capucini und ander Geistlichen, wie auch vieles Volk und junge Burschen, so uf den Posten noch nit Bestand waren, Achtung ufs Feuer hatten, dieselbe ins und mitten durchs Stroh in verschiedene Scheuern fielen, die geringste Operation nit thun. Also auch daß, wie gemerkt wurde, sonderlich die Hand Gottes hiebei sein mußte; wie augenscheinlich daraus abzunehmen, daß dieselbe Feuerballen, so zu kurz und außerhalb oder auch binnen der Stadt auf die ledige Plätze fielen, ihre Wirkungen hatten, die aber, so in und durch die Häuser giengen, nichts schaden konnten; so gar auch, daß darüber nit ein Huhn, geschweige Menschen oder ander Viehe beleidigt wäre worden und endlich dies grausame Schreckwerk nit sonders hoch geachtet wurde. Darumb dann der Generalmajor von Spaen, weinigst dieselbe dessen entgelten zu lassen, welche an dem äußeren neuen Salzwerke interessiret, dasselbe Salzwerk samt allem darauf befindlichen Vorrath an Salz und sonsten, preiß gabe. Also auch, das zum Salzsieden zugeführtes Holz in großer Quantität verbrennen, sonsten auch die Leckhäuser und Wohnungen für die Bediente, dergestalt darniederreißen und ruiniren ließe, daß die bevorige feindlich hessische Ruin, dagegen nit zu achten.

Dingstags den 10ten wurde mit Einwerfung der Feuerbälle, als es vergeblich gespürt wurde, eingehalten, nur daß noch mit glühenden Kugeln und sonsten mit den Stucken eines ufs andere vom Morgen bis Abends continuirlich durch die Häusere gebohret wurde. Selbigen Tages ließe der Herr Commendant uf die gegen dem Schlosse aufgeworfene Batterei einen Ausfall thun, darüber einige Mannschaft vom Feinde niedergeschossen, auch etliche gefänglich eingebracht wurden, worauf in folgender Nacht die Stuck und Feuermorsell vom Siechenhause ab, gegen des heiligen Kreuz Thurm, unweit von dannen, da hiebevorn ao. 1633 die Hessen ihre Batterei gepflanzet gehabt, hingebracht wurden.

Mittwochen den 11ten Morgens um 8 Uhr wurde daselbst aus diesen zu spielen der Anfang gemachet, wie auch nochmalen ein und dreißig pfündige Feuerkugeln, in Meinunge, damit unfehlbar den Salzplatz, wie dabevorn in altm. 633ten Jahr auch geschehen, in Feuer zu setzen, hineinzuwerfen. Achte deroselben Kugeln fielen zwar nächst um den Platz, jedoch auch ohne Effect; zwo aber wurden zu kurz geworfen, deren eine auswärts der Stadt im Graben zersprunge, die andere aber in einen Garten fiele, daselbst lichterlohe bis zum letzten zu ausbrannte. Dahero dann der Generalmajor beweget wurde, auf Preßschießen zu gedenken und ließe noch größere Stuck und Feuermorsele von Lippstadt holen, davon aber der Stucken drei so bald für gemeltem Lippstadt gar in die Erden versunken, zwo aber, die noch so nahe für Werl gebracht wurden, da sie schier hätten gebraucht werden können, auch ebenfalls in Angesicht der Belagerten versunken und also nit zur Action kommen konnten. Der größer Feuermörser ist gleichwohl versucht und daraus eine und andere der größesten 300pfündigen[2]) Bomben der Stadt zugeworfen, die aber nit hinein zu bringen, sondern zu kurz außerhalb der Stadt fast Mannstiefe in die Erde schlugen und vergeblich in viele Stückere zersprungen; also daß auch dieses vergeblich befunden und daraus weiter kein Schuß mehr geschahe. Aber die Westönner mußtens entgelten, indem folgende Nacht 7 oder 8 Häuser darinnen abgebrennt wurden.

---

²) Die unterstrichene Worte hat Hermann Brendis eigenhändig ad marginem gesetzet; zum klaren Beweis daß er der Author. v. M.

Donnerstags ben 12ten Nachts zwischen 11 und 12 Uhren geschah aus dem im alten Keller aufgeworfenen Tranchement und Laufgraben unter grausamem Stucken- und Musquettenschießen, wie hernacher mehrers, eine starke Attaque auf die nächst dabei gelegene Stadtmühle,[3]) aber auch vergeblich, weilen die agressores mit Verlust etlicher Mannschaft durch immerwährendes Schießen repoussirt wurden. Also wie die Gegentheile spürten, dieses invito numine angefangen zu sein und darzu Avisen vom vorhandenen Entsatz einliefen, resolvirt der Generalmajor die Belagerunge aufzuheben.

Freitags Morgens ben 13ten wurde gesehen, daß die Völker zu Pferd und zu Fuße sich begunnten wieder zurückzuziehen und mit Hinterlassung achtzehn zum Sturm mitgebrachter Soestischer Feuerleitern, in confusione vom Neuenwerke wieder abzumarchiren, desgleichen auch aus der Steinkuhlen geschahe, da sie ebenfalls neun dergleichen von Unna zugeführte Leitern, die aber folgenden Tages samt den Soestischen alle eingeholt wurden, trepidabundi im Stich ließen.

Dieses aber geschahe zur Letzte auf vorgemeldtem neuen Salzwerke, unangesehen der Landsfürst selbsten zum doppelen Zehnten daran interessirt, auch endlich Platz und Gebäu dem Erzstift wieder heimfallen, daß nit alleine die noch übrig stehen gebliebene Gebäue von den Leckhäusern und Kasten, wie vorgmlt., gleich auch die Wohnungen der Bedienten, muthwillg zerhauen, sondern auch das größere und beste Wohnhaus daselbst[4]) mit Ansetzung etlicher Börden oder Fascinen vorsätzlich angesteckt und in Brandt gesetzt wurde, dergestalt auch, daß nit Stock oder Span davon übrig bleiben mußte. Desselben Freitags Abendes ließ der Herr Commendant einen Ausfall uff die Steinkuhle thun, darüber an Seiten des Guarnisons, der Lieutenant Laurentz von des Hrn. Drost Schüngel Compagnie,

---

[3]) Es ist zu bewundern, daß die Brandenburger nicht auf die Gedanken gefallen, den Mühlenbach zuzudämmen, welches ihnen unten auf Bilsteins Kampe, da er in hohen Ufern gehet, leicht gewesen wäre, die Werlische würden wegen des Brodkorns sehr dadurch sein incommodirt worden. v. M. — [4]) Ich habe gehört, man hätte zu Nachts als Licht in diesem Hause gesehen worden, vom Schloß mit Stücken darnach geschossen, woraus es die Brandenburger angezündet hätten. v. M.

der sehr betrauert wurde, an Brandenburgischer Seiten aber der Obristwachtmeister Nievenheimb samt verschiedenen gemeinen Leuten geblieben.

Samstags den 14ten dito bei endlichem Abzug der Fußvölker in das nächste Dorff Westönnen und da herum nacher Soest, truge sich eine furiöse erbärmliche That zu, daß in deme nach abgewichenen Friede, einige Soldaten das verlassene Lager zu visitiren ausgeschickt wurden und darunter einige Bürgere, wiewohl ungeheißen, mit ausliefen, zwo derselben, einer Johann Rottmann und der andere Heinrich Gröhne genannt, beide Tagelöhner, wie die noch im Hinterhalt aufpassende Reiter sie überfallen und was gefangen bekommen, denen Soldaten zwar Quartier, denen Bürgern aber solches nit gegeben, sondern vielmehr der Johann Rottmann, zum Zeugniß, wie gesagt worden, ob wärens wegen nit operirter Feuerbällen (das an Seiten der Stadt einzig dem patrocinio der allerseeligsten Mutter Gottes zugeschrieben wird) ein Haufen Hexenmeister im Dinge, lebendig (wie aus dem darüber gehaltenen Nothgerichte abzunehmen) geschmohrt und verbrennet, der Heinrich Gröhne aber mit vier Kugeln erschossen wurde.

Aber eines bei dem Abscheide kam den Herren Officieren lächerlich vor, daß obwohl Zeit dieser Belagerung ober den Pforten und Thürmen die Regimentsfahnen ausgestecket gewesen und bei dem Ufbruche ein oder ander, der bis daher vielleicht in den Klüften der Steinkuhlen gestanden, oben auf der Höhe, der weißen Fahne, so diesmal ober der Steinpforten ausgestrecket ware, gewahr werden mogte, in die Gedanken geriethen, ob mögte es ein Zeichen verlangenden Accords sein, ein Officier samt dem Tambouren geschickt und gefraget wurde, was das weiße Zeichen bedeute? ob die Stadt zu accordiren begehrte? und der Herr Commendant darauf antwortete, das wäre ein großer Misverstand; ob sie nicht sähen, daß ein schwarzes Kreuz in der Fahnen und ohnedem mit Blau umbordet? Solches pflegten nit Zeichen der Zagheit sondern militairischer Couragie zu sein; sie sollten sich bald wegscheren oder ihnen sollten Füße gemacht werden; darauf dann einer mit dem anderen sich gemächlich fort machte.

Wie dem allen nun; dieses ist wohl eine kurze doch scharfe Belagerung gewesen, dabei der viel gütige Gott in der That bezeiget, wie er den Schwachen, die auf ihn trauen sowohl, als den Starken helfen könne; dann obwohl vielgmltr. Generalmajor Spaen mit mehr dann 8000 Mann die Stadt belagert gehabt und inmittels der Herr Commendant Obrister v. Bibo, wegen auscommendirter von seiner Leibcompagnie nur etwa zwanzig Dragoner, der Herr Obrister Lieutenant von Gogreven aber, nach Abzug der Kranken und Auscommendirten, nur etwa zwohundert zwanzig Mann, so Dienst thun können, bei sich gehabt und inmittels des Hrn. Drosten Hauptmann v. Schüngels Compagnie, als lange in der Stadt noch keine Noth gespürt, das Schloß und Arbeit dabei und darbinnen, wie auch die sechszig Mann Ausschusses nur den unteren Kreuzthurm und Mittelpforten bewahret hat, doch im übrigen die Bürgerei[5]) solchen standhaften Muth und Stärke gefasset, daß sie vermittels unaufhörlich tag- und nächtlicher Defension auch Beistand des Hrn. Commendanten und ein und ander trefflich binnen gehabter Officiere und zwar ohne Verletzung eines Bürgeren, nur daß Einem,[6]) der sich zu weit hervor gethan, durch eine Stuckkugel das Bein abgeschossen, daran er gestorben und einem Anderen das Haupt verletzet, auch ein Burgers Sohn, nacher der Mühlen gehend erschossen worden, sich solcher feindlicher Attaque dergestalt männlich erwehret, daß auch daraus zu schließen, daß Gott sonderlich die Hand hiebei werde mit gehabt haben müssen. Zwarn die Agressores criminiren und schelten, ob wäre dieses kein Gottes- sondern Teufelswerk gewesen und daß die Einwohner nit anders als Teufele aus Scheiben- oder Pirschröhren heraus geschossen hätten, ob wäre, da sie mit Stucken, ja Pech und Schwefel etliche Tage fast

---

[5]) In facto ist es wahr, daß das vornehmste Frauenzimmer (ungezweifelt mit Wissen ihrer Männer) en corps zu dem Commendanten (welcher in meinem jetzigen Wohnhaus gelegen) gegangen und ihn gebeten, die Stadt zu übergeben. Er hat ihnen höflich begegnet, sie mit warmem Wein tractiret und ihnen einen Muth eingesprochen. v. M. — [6]) Es ist des jetzigen Rectoris Scholarum Schoffen Großvater, der oben in dem Kreuzthurm unter dem Dach einen Backstein ausgebrochen und dadurch verschiedentlich auf die Brandenburger geschossen, welches einer der Constabler bemerkt. v. M.

türkisch herein gedonnert, den Belagerten nit erlaubet gewesen, sich ihrer mit deme zu wehren, was sie eben zur Hand haben können, daß aber die Ehre, welche Gott und seiner werthen lieben Mutter gebühret, dem Teufel gegeben werden wolle, dessentwegen durfte die Strafe wohl nit aussenbleiben. Unter welchem allem aber und nach allem noch für Augen stehenden übergroßen Schaden, sonderlich an denen Salzwerken, lieben Kornfrüchten, deren etzliche hundert Morgen gar in die Erde getreten und abgehauener etzlicher hundert auserlesenster Obstbäume, so nit zu ersetzen, die Stadt dieses am meisten tröstet, daß sie hiedurch Anlaß gehabt, dero gnädigsten Landfürsten und Herrn wie auch dem ganzen Vaterlande zu contestiren, daß sie treugehorsamster Schuldigkeit nach, in zutragenden Nothfällen auch Gutes und Blutes zu verschonen, nimmer gemeinet sei.

Diesemnach wie am 15ten dito Sr. Excellenz des Herrn Generalwachtmeistern Frhrn. von Landsbergs treuherzige Vermahnung zur Beständigkeit, da ohnedem die meiste Gefahr nunmehr vorbei und die würkliche Belagerung aufgehebet ware, durch heimliche Boten einkame, bliebe doch die Stadt einen als anderen Weg bloquiret, mit stetem Bedreuen, durch mehre noch anziehende Völkere, gleich auch dieselbe Tages und Nachtes, jedoch außer Kanonenschusses, mitten durchs Feld, die Stadt desto mehr zu schrecken, auf und abzögen, dieselbe und zwar mit anderem Feuerwerk, als auch die Kundschaften einliefen, daß darzu gräuliche præparatoria gemachet würden, wieder anzugreifen, darunter die Reiterei in Sumpf — und Klufften so nahe für den Pforten stunde, daß auch nit aus oder ein, ja kaum zur Mühlen, ein Stück Brod zu haben, zu kommen war. Diese Mühle ist nächst an der Stadtgräften in starkem Mauerwerke gelegen, also auch, daß dieselbe zugleich dienlich, die Flanken der Stadt der seits zu benehmen. Also intenbirten die Brandenburgische sonderlich, die Stadt deroselben zu berauben. Ließe derowegen ein leichtfertig Soestischer Bürger, der Dienst genommen und ein zeitlang im Hamm logirt gewesen, durch die Brandenburgische Officiere mit Versprechung kahler sechs Thaler sich verleiten um zu verkundschaften, wie stark die

Mühle besetzet. Da inmittels die Brandenburger nach dieses Kundschafters Avisen sich zu richten mit Trouppen zu Pferd und zu Fuß auch Leitern und anderer Nothdurft in Bereitschaft stunden, aber alles umsonst weilen durch Gottes Schickung auch dieser Anschlag mißlinget; denn Sonntag Morgens den 22ten dito als die Mühlenwacht außerhalb visitirte, wurde dieser Spaion erhaschet und einbracht, der dann nit alleine obgemeldtes Vorhaben, sondern auch dieses bekennete, daß er nach gethanem Bericht an vorgemeldte Trouppen, die Mühle wohl besetzt gefunden zu haben, er noch weiter übernommen hätte, wieder zu versuchen, unter den Mühlleuten mit in die Stadt zu kommen, dann alles zu besichtigen und in Notam zu nehmen ob und wogegen gearbeitet würde; sonsten auch in acht zu nehmen, wie stark und wie die Wachten aufgeführet würden, wie es am Schloß beschaffen und da am nächsten beizukommen und dann auch dahin zu sehen, die Stadt, da sie am besten noch bebauet, binnen drei Tagen in Brand zu stecken, gleich auch die Avisen einliefen, daß obwohl der Effect des Brennens als auch der Verräther, der alsobald zur Haften gebracht, außen blieben, der Feind jedoch den letzten Angriff, mit allgemeiner stürmender Hand die Nacht vom 25. bis 26. Januarij ohnfehlbar thun wollte, so thäte die ganze Bürgerei, samt dem Herrn Commendanten, wie auch Hrn. Obristlieutenanten von Gogreven und übrigen Officieren mit behörender Allartigleit daruf sich schicken und solchen vorhabenden Anfalles unerschrocken abwarten, bis Donnerstag Morgens zwischen 3 und 4 Uhren, da sogleich die Zeit des bedreueten Sturmes vorhanden, die Churfürstl. gnädigste herzstärkende Schreiben, woburch die ganze Bürgerei desto mehrers erfrischet wurde, eines vom 16. und das andere vom 19. vielgmltn. Monats Januarii, wie auch die eigentliche Zeitung dessen schon im Amt Menden stehenden Entsatzes durch heimliche Nachtboten einkamen. Daruf dann bei anbrechendem Tage, durch die bestellte Thurmwacht gemerket und gesehen wurde, daß der Feind ungezweifelt auch aviso von so nahem Entsatz habend, mit wüthender Ansteckung des Schultz wie auch mehrer Häusere zu oftgmltm. Westönnen, die Marche wiederum zurück auf

Soest, Hamm und Lippstadt ꝛc. mit schlechter Freuden wieder zurücknahme. Also dankt die Stadt Gott dem allmächtigen und seiner werthen lieben Mutter, wie auch allen heiligen Patronen dies Orts und dero gnädigst liebsten Landfürsten und Herrn für diese endliche Liberirung mit demüthigster Bitt zu dem höchsten Gott, daß derselbe sie für dergleichen feindschröcklichen Attaquen, Belagerungen und Blocquaden und daraus entstehenden grundverberblichen Ruinen in Gnaden ferner behüten und Mittel und Wege verleihen, daß der hierüber zu vielen tausend Thlrn. fast unverwindlich erlittener Schaden, so viel dessen möglich, weilen der, wegen um und um die Stadt abgehouener trefflichster Obstbäume erlittener Erbschaden bei Zeiten Kindes Kindern nit zu ersetzen, im übrigen aber zu Trost und Wiederaufkommen der unschuldig bedrängt—und verwüsteter Stadt, wiederum ersetzet und erstattet werden möge.

Lit. A.

Hochedelgeborne auch Ehrenveste, vorsichtige, wohlweise Hoch- und viel gelehrte Herren Bürgermeistere ꝛc.

Nachdeme die unumgängliche Noth erfordert, daß eine ansehnliche Parthei von allerhand Vorrath alhier geschafft werden muß, als ist hiemit mein freundliches Ersuchen, meine Hoch- und vielgeehrte Herren wollen daran sein, daß inner 4 Tagen die hierin benennte und spezifizirte Sachen unfehlbarlich anhero geliefert werden mögen. In Ermangelung dessen müssen andere Mittel zur Hand genommen werden. Sr. Churfle. Durchl. zu Brandenburg unser ggstr. Herr werden solches alles restituiren oder doch den billigen Werth davor zu Gnaden ersetzen lassen. In dessen Erwartung und nach Empfehlung göttlicher Protection verbleibe

Meiner hoch- und vielgeehrten Herren
      Dienst- und freundwilliger A. H. v. Spaen.
2000 Schf. Salz; 2000 Schf. Roggen; 2000 Schf. Habern; 1000 Schf. Gersten; 500 Schf. Weizen.

An
Herrn Drosten wie auch Bürgermeister und Rath zu Werl.

Lit. B.

Dieweilen man in gewisser Erfahrung kommt, daß der Herr Gilbert Colbert Königlicher französischer Geheimerrath Ritter ꝛc. über die albereit für diesem im Herzogthum Cleve ausgeschriebene schwere Contributiones, abermahl von selbigem Lande eine überaus große Quantität von Pallisaden, auch allerhand Früchte und Fourage fordert und die Churfürstl. Brandenburgische Unterthanen zu der geforderten Sachen Lieferung, durch allerhandt Militaire Execution gezwungen werden und zwar alles unter dem Prätext, als wann diesseits die cölnische Unterthanen so große Quantität Korns, Weitzens, Haberen, Gersten, Saltz, Heu, Strohe und Hexel hätten contribuiren müssen, welches doch nicht geliefert, auch mit Execution nicht beigetrieben worden ist. Als wird Kraft dieses dem Amt und Stadt Werbel hiemit angedeutet, die für diesem auf sie ausgeschriebene 2000 Scheffel Saltz, 2000 Schfl. Roggen, 2000 Scheffel Habern, 1000 Schfl. Gersten und 500 Schfl. Weitzen inner sechs Tagen Zeit nach Einlieferung dieses unfehlbarlich alhie einzuliefern und ob es wohl denen im königlichen französischen Placat sub dato Wesel den 1. 9ᵇʳⁱˢ Erwittischen, Oestinghausischen und Rübischen angesetzten Contingenten nach, viel höher kommen sollte, so läßt man es doch diesmal bei vorigem gethanen Ausschreiben verpleiben. Im widrigen Falle aber und bei Ermangelung dessen, würde man diesseits genöthiget sein, mit ihnen zu verfahren auf Weise und Maeß, wie mit den Churfl. Brandenburgischen Unterthanen im Herzogthumb Cleve schon längst geschehen und noch täglich geschicht, wonach obgemelte Stadt und Ambt sich zu achten haben. Sgtm. Lippstadt den 28. 9ᵇʳⁱˢ st. n. 1672.

Dieses obstehendes Ausschreiben ist umb gewißer Ursachen halber bis hiehin zurückgehalten worden, weiln aber gegenwärtige Beschaffenheit der Zeit die Zurückhaltung länger nicht zugeben kann, so wird hiemit obiges zum Behueff Sr. Churfl. Durchl. zu Brandenburg meines ggsten. Herrn zur Lippstadt logirenden Garnison gethanes Ausschreiben hiemit nicht allein allerdings confirmirt, sondern es wird hiemit auch obbemeldter Stadt und Ambt in höchstgemltm. Namen alles Ernstes anbe-

fohlen, inner sechs Tagen Zeit nach Einlieferung dieses, unfehlbarlich alhie einzuliefern 20 gute und zum Reiten tüchtige Pferdt, inner 14 Tagen Zeit aber die Hälfte ihrer gewöhnlichen Quota im Contingent derer zu Arnsberg letzt ausgeschriebenen 30,000 Rthlr. und weilen sie dieser Tagen der prätendirten Neutralität zuwider die Waffen ergriffen und also ganz widerspennig ungehorsambst sich erzeiget haben, sollen sie zur wohlverdienten Straffe inner 8 Tagen Zeit alhie erlegen 600 Rthlr. unter der Verwarnung, daß widrigen Falls nicht allein mit der Schärpfe des Kriegs gegen sie verfahrt, sondern ihre Stadt und Ambt Preis gemachet werden sollen; wonach sie sich zu achten haben. Signat. Lippstadt den 22. X^{bris} st. n. ao. 1672.   Churfl Brandenburgischer Kriegs-Commissarius
L. P.   F. Römer.

Lit. C.

Copia Churfl. ggsten. Schreibens bei Zeit der Belagerung, so aber, weiln die Stadt umb und umb zu stark besetzet für dem 26. Januar nit eingebracht werden können.

Maximilian Henrich von Gottes Gnaden Erzbischof und Churfürst zu Cöln ꝛc. Liebe Getreue, wir haben vernommen, welcher Gestalt Churbrandenburg ganz friedbrüchiger Weise Euch mit Gewalt attaquiret und annoch würklich durch eine förmliche Belagerung beschlossen haltet, gleichwie aber wir zu Gott hoffen, derselbe werde die gerechte Wapfen secundiren und Euch aus dieser Gefahr gnädiglich erretten, also unterlassen auch wir unsers Orts nicht, den Succurs zu Eurer Entsetzunge möglichster Maaßen zu beschleunigen uns inmittels ggst. versichert (haltend) Ihr werdet Euch, gleichwie treuen Patrioten und Underthanen gebühret und bis anhero zu unser ggster. Satisfaction geschehen, ferner bezeigen und gegen diese ungerechte Gewalt dapfer defendiren, dahingegen dan Ihr versichert sein könnet, daß wir Euch zu Belohnung Euer erweisender Treu und Dapferkeit mit absonderlichen Gnaden und Privilegien zu versehen nit unterlassen, auch daran sein werden, damit der Euch durchs Feuer oder sonsten zuwachsender Schade ersetzet werde und seind wir in dieser ggster. Zuversicht Euch

mit Gnaden wohlgewogen. Geben in unſer Reſidenzſtadt Bonn
den 16. Januar 1673. Maximilian Henrich mppria.
J. W. Schonheimb.
An Bürgermeiſter und Rath der Stadt Werl abgangen.

Lit. D. Ein anderes von ſelbiger Jhr. Churfln. Durchlt.
nach ufgehobener Belagerung.

Maximilian Henrich ꝛc. demnach wir nit ohne Erfreuunge
vernommen, was maaßen Ihr bei Eurer von den Churbranden-
burgiſch- und conjungirten Völkern ausgeſtandener zehntägiger
Belagerung als getreue Unterthanen Euren Eiffer und mann-
hafte Gegenwehr alſo mit bezeiget und erwieſen, daß der Feiendt
(wie grauſamblich auch derſelbe euch mit erſchrecklichem Feuer-
einwerfen und ſonſten zugeſatzet) zu höchſter ſeiner Confuſion
und immerwährender Spott davon abzuweichen genöthiget. So
haben wir unſere darab geſchöpfte Satisfaction vermittelſ dieſes
conteſtiren wollen, Euch ggſt. verſicherend daß wir dieſe Euer
Treu, bei aller Begebenheit in Churfſln. Gnaden zu erkennen
und Euch für anderen unſeren weſtphäliſchen Städten mit
Verleihung abſonderlicher Privilegien zu verſehen, unvergeſſen
ſein werden und weilen Ihr Zweifels ohn durch die Vorbitt
der allerſeeligſten Jungfrauen und Mutter Gottes Mariä, als
der miraculoſe Bildnuß alba in ſonderlichen Ehren, für diesmal
erhalten, ſo werdet Ihr und alle derſelben Stadt Einwohnere
dieſelbe continuirlich und inbrünſtig anrufen, daß ſie Euch gegen
alle des Feindes fernere Machinationes ſchützen und beſchirmen
wolle und wir ſeindt Euch mit Gnaden wohlgewogen. Geben
in unſer Reſidenzſtadt Bonn den 19. Januarij 1673.

Maximilian Henrich mpp.   Herm. Seyler.

Unſeren lieben Getreuen, Bürgermeiſtern und Rath auch
geſammter Burgerſchaft unſer Stadt Werll ſampt und ſonders.

Lit. E.

Ihrer hochfürſtln. Gnaden zu Straßburg ggſte. Conteſtation
auch wegen eines Hochw. Thumb-Capitels ggſt. geſchöpfter
Satisfaction.

Von Gottes Gnaden Frantz Egon Biſchof zu Straßburg ꝛc. Ehrſambe liebe Beſondere, aus Eurem Schreiben

vom 10. d. haben wir ersehen, was Ihr in einem und anderen an uns gelangen laßen wollen. Nun könnet Euch versichert halten, daß sowohl Ihre Churfle. Durchl. als auch ein hochwürdiges Thumbcapitul sich höchstens erfreuen, daß Ihr die Treue so Ihr zu Dero und gemeltem hochw. Thumbcapitul traget also erwiesen, maaßen dann die göttliche Allmacht Euch hierin scheinbarlich geseegnet und affistiret, daß der Feiendt mit Schimpf und Spott wieder abziehen müßen. Zwar ist nit ohne, daß sowohl uns und fordrist Sr. Churfln. Durchl. und einem Hochw. Thumbcapitul leid gewesen zu vernehmen, daß ein und anderer Schaden beschehen, Ihr auch mit alsolcher großer Einquartirung und sonsten beschweret werden müßen es hat aber dieses mal und bei gegenwärtigen Conjuncturen nit anders sein können. Man ist jedoch im Werk begriffen eine solche Anstalt zu machen, daß Ihr in etwa erleichtert werden auch demnegsten mit Churfln. Privilegien begnadet werden möget und wir bleiben Euch mit Gnaden gewogen. Cöllen den 16. Februarij 1673.   Frantz Egon. E. An.[7])

Denen Ersamben unseren auch lieben Besonderen Bürgermeister und Rath der Stadt Werl.

Lit. F.

Churfl. motu proprio ggst. ausgelaßenes Decretum den künftigen Vorsitz unter den Städten dieses Fürstenthumbs Westphalen betr.

Demnach Ihrer Churfln. Durchl. zu Cöllen Hertzog Maximilian Henrichen in Bayern ꝛc. unserem ggsten. Herrn referirt, mit was Eifer und Dapferkeit Burgermeister, Rath und sämtliche Eingeseßene dero Stadt Werll bei jüngster von denen Churbrandenburgischen vorgenommener Belagerung den Feindt von sich und mithin fast von dem ganzen Land abgekehret, hingegen aber Burgermeistere Rath und Eingeseßene deren Städten Brilon und Warstein den Feindt gleichsam zu ihnen eingeladen und mit Frohlocken eingenommen, ja sogar die zu ihrer Defension dorthin geschickte Churfle. Völker abge-

---

[7]) E. An. wird wohl heißen sollen Eps. Argentinens.   d. M.

wiesen und dadurch ihnen selbst sowohl als dem ganzen Land einen großen Schaden verursacht und dann die Billigkeit erfordert, daß die Dapferkeit in Gnaden erkannt, die bezeigte Widersetzlichkeit aber gehörend gestraft werde. Als haben höchstgemlte. Ihre Churfle. Durchl. alle und jede ermltn. Städten Brilon und Warstein von Ihro sowohl als dero Vorfahren ertheilte privilegia hiemit revociren und annulliren, der Stadt Werl aber diese prærogativam ggst. ertheilen und zueignen wollen, daß dieselbe vor anderen des Fürstenthumbs Westualen Städten bei deren Zusammenkünften und sonsten den Vorsitz und Præcedentz haben und behalten solle. Urkundt höchstgemltr. Ihr. Churf. Durchl. Handzeichens und vorgetruckten Secrets. Signatum Bonn den 10ten Martij 1673.[8])

  Maximilian Henrich. Churfürst zu Cöllen mppria.
  L. S.   J. P. Burmann.

 Schreiben an Caspar von Zelien gnt. Brandis, damals fürstl. Schwarzenbergischen Rath und Oberamtmann zu Schwarzenberg von Hermann Brandis, dem Verfasser vorstehender Beschreibung der Werlschen Belagerung.

 Wohledelgeborner mein hochgeehrt und herzgeliebter Herr Vetter![9])

 Man mag sehen, was die bevorstehende cölnische Tractaten geben wollen, unterdessen es alhie dieser Orter nun so weit gebracht, daß vorerst die Hostilitäten zwischen Churcöllen und Churbrandenburg aufgehebet und inmittels der Schluß des vollkommenen Friedens zwischen diesen Particuliren auch an gemeldte cölnische Tractaten verwiesen, also daß nun die königl. französische und Churcölnische Völker theils wieder in Holland zu agiren und theils auch nacher der Lahn beginnen aufzubrechen; denen nächstkünftigen Dinstag der Marchal de Turenne

---

[8]) Nicht allein den Vorsitz, sondern auch das directorium des städtischen Corporis hat Werl vermöge dieses Befehls erhalten und gehabt, bis einige Jahre hernach der kaiserle. General Spork in Westphalen gelegen, der die Sachen wieder auf den vorigen Fuß gebracht hat. v. M. —
[9]) Der rechte Inhalt des Briefs ist die Notification des Absterbens seines Sohns (meines Großvaters) Michel Florenz Brandis. Demnächst folgt das weitere. v. M.

selbsten mit denen übrigen Corps zu folgen entschlossen sein soll. Dem allerhöchsten Gott ist bekannt, wo dies hinaus wolle. Interim ist dieser Orter umbher das platte Land ganz verborben. Mit unserem Salzwesen stehets aus Mangel der Zufuhr in gar schlechtem Statu. Ihro hochfürstle. Gnaden Prinz Wilhelm haben mir[10]) gerathen, mit Wiedererbauung des Neuenwerks noch etwan zu zucken, unterdessen es gelegene Zeit geben könnte, die Sache bei der Churfsn. Kammer vorzunehmen, also daß dessentwegen noch Sicheres nichts beschlossen rc.

  Meines hochgeehrten Herrn Vettern zuverlässig treu
  versicherter Diener   H. Brandiß.
Werl am 10. Juny 1673.

Copia Schreibens des Herrn Obristen von Bibo bei Zeit der Belagerung Commendanten hieselbst über erstattete Relation an Se. Churfsle. Durchl. zu Cölln, wie unter der Belagerung die Herren Seltzere sich alhie bezeiget.

           Newes den 20ten May 1673.
 Monsieur!

 Negst nochmahliger freundtlicher Danksagung vor alle erwiesene Ehr und Freundschaft, hab ich nit unterlassen können, demselben mein glückliches Arrivement vor 14 Tagen zu Bonn zu notificiren, da ich dann alsofort von Ihr. Hochfürstlichen Gnaden dem Herrn Bischof zu Straßburg vorgefordert, wie auch folgenden Tages von Ihr. Churfl. Durchl. zur gnädigen Audientz abmittiret worden; da ich dann Anlaß gehabt, zufolge genommener Abrede Sr. Churfsn. Durchl. klärlich zu referiren, daß Sie das Collegium der Herren Sältzere Zeit gewährter Belagerung nit allein ihr Leib und Leben aufgesatzet, sondern auch großen Schaden an dem neuen Salzwerk erlitten, sondern dazu noch in der Stadt ihre Börden (über 500 Fuber) zu Behueff nöthigster Kriegspräparatorien, wie auch den armen Leuten, sowohl auf den Posten als in der Stadt dürftige Lebensmittel gereichet; überbas noch, daß Sie über das nach der Belagerung erhaltenes ggstes. Schreiben dergestalt animiret,

---

  10) Stehet durchgestrichen im Original.   v. M.

daß sie allemahle vor Ihr. Churfln. Durchl. Ehre und ihr
Vatterland Leib und Blut aufzusetzen fast mit Thränen confirmiret. Solches haben Ihr Churfle. Durchl. mit sonderbarer
Verwunderung angehöret und mich zu unterschiedenen mahlen
gefraget, ob deme also wäre? nach welcher meiner Affirmation
dann selbige ggst. permittiret, so balde der liebe Gott den
edelen Frieden bescheren würde, sie solches in allen Gnaden
erkennen und erwiederen wollten, daran sie nicht zweifelen
sollten. Dieses hab ich dem Herrn Burgermeisteren zu wahr-
haftiger Nachricht unverhalten wollen.

In postscripto setzet er hinzu propria manu: Ich kann
meinem Hrn. Burgermeistere nicht genug rühmen, wie mild
und gütig der gute Herr der Churfürst lächelte, wann ich
ihnen die Treu der Einwohner Eurer Stadt versicherte. Unter
anderen fragte er, ob auch die gezogene Röhre von den
Sältzeren, womit diese besonder Zweifel wohl versehen sein
würden, etwas gewürket hätten und dann ich solches bezeugete,
er unterschiedene malen sagte, so haben sie wohl gethan und
gefiel ihnen die Bekräftigunge sehr, daß ers einem jeden in
Gnaden zu vergelten promittirte. Meines hochgeehrten Herrn
Burgermeister dienstverficherster Diener Sigfridt von Bibo.

Als nun hierauf Namens unseres Collegii schuldiger
Dank gesaget und beinebens, weilen der Magistrat eine schöne
vergulbete silberne Kanne mit umbgeritzter Figur der Stadt
Werl und Wappen beider zur Zeit stehender Burgermeistere,
wie auch diesem Chronographico: Herrn Obr*I*sten von B*I*bo *V*
g *V*bernatoren *D*er statt wer *L*e wegen abgekehrten se *I*n *D*es
z*V*r ge*D*e*C*hln *V*s, präsentiret, wir auch unserseits ein acht-
käntig fein silbernes Saltzfaß mit Einschneidung der acht
Wappen unserer Geschlechter[11]) auch diesem Chronographico:
an Herrn Obr*I*sten Von B*I*bo*V* e*I*n ger*I*nges præsent
*V*on *D*en Fa*MILLI*en Jetz*I*ger H. H. Erbsa*L*tzeren
z*V* Werle. offeriren lassen, schreibt er darauf unter Dato
Newes, da er nun in recompensam Obrister über 12 Com-

---

11) Nämlich es waren zu der Zeit noch die Bocke zu Heringen,
objwaren lutherisch, übrig.   v. R.

pagnien Bayerischer und Commendant daselbsten d. d. 3. Junij 673 betreffend die unnöthige Danksagung vor die abgestattete wahrhaftige Relation bei Sr. Churfle. Durchl. hat dessen das gantze löbl. Collegium der Herren Erbsältzere keine Ursach, dann es alles in der That und Wahrheit sich also befunden und wann diese meine geringe Recommendation etwas nützliches für dieselbe würde effectuiren können, so sein Sie versichert, daß ich damit jedesmal an gehörigen Ortern en devoir continuiren werde, zumahlen ich ja omb so viel mehr darzu veranlasset, weilen meine hochgeehrten Herren Burgermeistere nebens dem gantzen Magistrat, mich mit einem solchen großen Präsent beregaliret und zum Ueberfluß die samptliche Herren Erbsältzere unverdient ferner beehren wollen, dafür sage ich dienst- und schuldigsten Dank, repetire meine vorige und fernere verlangende Dienste und Freundschaft Offerten und werde nit manquiren, solche Präsenten zum ewig währenden Gedächtniß [12]) ihnen allerseits zu Ehren zu verwahren ꝛc. ꝛc.

Meines hochgeehrten Hrn. Burgermeisters
Dienstverobligirter Freund und Diener Sf. v. Bibo.

Dieses nur zur Nachricht und ich weiß nit, wie es ist, ob mir jetzo schon aller Lust vergehet, so kann dannoch des publici oder interesse communis nit vergessen.

Dem wohledelgeborenen und gestrengen Herrn Casparn von Zelion genannt Brandiß hochfürstl. Schwarzenbergischen Rath und Oberamtmann zu Schwarzenberg, meinem sonders hochgeehrten Herrn Vettern Schwarzenberg.

Daß in anno 1672 [13]) die Churbrandenburgische Völker hiesiges Fürstenthumb Westphalen feindlich angegriffen, die arme Unterthanen mit fangen und spannen übel tractirt, Dörfer und Städte ausgeplündert, unter andern auch die Stadt Werl belagert und damahls das nächst angelegene adelige Haus Uffelen gewältig überfallen und die darauf in großer Quantität vorhanden gewesene Kornfrüchten, Bestia-

---

[12]) Er mags auch wohl thuen, weil er von Werll all sein Glücke hat. v. M. — [13]) 1672 ist soviel die Werlische Belagerung betrifft, irrig, wie supra mit Mehrerem. v. M.

lien, Haußgerath, Silber- und Zinnengeschirr und also in Allem, wie man zu verschiedenen malen glaubhaft berichtet worden ad 4000 Rthlr. Werth hinweggenommen worden, solches wird auf beschehenes Ansuchen hiemit attestirt. Urkund Churfl. Cölnischen westphälischen Cantzley Einsiegels. Signat. Arnsperg den 12. März 1678. ad Mdtm.
      L. S.   Michael Gerling Landschrbr.

XI.

Wirici Hiltrop
Catalogus
Abbatissarum regalis ecclesie Assindensis.
1614—1644.

In dem S. 113 dieses Bandes erwähnten Codex der Königln. Bibliothek zu Berlin, findet sich als drittes Stück der dort beschriebene Catalogus Abbatissarum ecclesiæ Assindensis. Wir theilen ihn nachstehend mit, weil er mehrere Abweichungen sowohl von den früheren bei Stangefol op. chron. II, 153 und Ditmar in den Noten zu Teschenmacher Annal. p. 247 als auch von dem zuletzt in Funcke's Geschichte des Fürstenthums und der Stadt Essen (Mülheim 1848) gelieferten Verzeichniß der dort gewesenen Abtissinnen enthält. Auf die wesentlichsten dieser Abweichungen, haben wir in den Noten aufmerksam gemacht. Der Verfasser des Catalogus ist, sowohl nach der Schlußbemerkung des Cornelius Meve als nach dem Zeugnisse Ditmars a. O. der Essener Dechant Wirich Hiltrop aus Dortmund, dessen Gelehrsamkeit von Zeitgenossen sehr gerühmt wird. Die Abtissin v. Spaur, unter deren Regierung er den Katalog schrieb, stand dem Stifte von 1614—1644 vor.

1. **Gerswid** que et Gersuida dicitur prima abbatissa[1] et vt quidam volunt soror Alfridi episcopi Hildesemensis fundatoris, obiit III calend. Januarias.

---

[1] Das Stift wurde 873 feierlich eingeweiht.

2. Adalun que et Adelwig vel Adelwiff, abba. obiit 22. Sept.

3. Wicburgis que et Wildchigis a Vingburgh abba. ob. 26. Dec.²)

4. Purnosa abba, 2. Decembris.³)

5. Agana que et Agina, abba. 17. Nouembris.⁴)

6. Lutgardis abba, Ottonis magni, ducis Saxonie filia et Henrici I. imp. aucupis soror, ao. 942.⁵)

7. Gerberga abba, 29. Augusti.⁶)

8. Hathmoda que et Hadewigis dicitur, abba 18. Julij.

9. Ida abba, 17. Nouemb. ao. 971.⁷)

10. Mechtildis abbatissa, 7. Januarii.⁸)

11. Alheidis abbatissa 14. Januarii.⁹)

12. Mechtildis II. abba, fundatrix ecclesie Rellinckhausensis, Ottonis II. imp. filia, 2. februarii, It. reliquias s. Marsi huc transtulit.

13. Sophia abba, Ottonis II. imp. filia. ob. 27. Janu. ao. 1030.

14. Theophanu abba, Palatina, hec subterraneam cryptam construxit, que a. 1051 consecrata est, obiit 5. Martii.¹⁰)

15. Alheidis abba, 20. Junii.

16. Suenchildis abba, fundatrix ecclesie Stoupenbergensis, que consecrata ab Annone II. Archiepo Colon. a. 1073. Calend. Febr. obiit 30. Julii.

17. Mechtildis abba, Bauarica. 4 Nouembr.

---

²) Wartburgis à Winburg. Stangef. Bei Funde S. 42 wird noch eine Gerswinde II. eingeschoben. — ³) Sie heißt bei Stangf. Ditm. und F. S. 43 Pinnosa. — ⁴) Sie war eine Schwester K. Heinrichs I., unseres Herzogs und soll nach St. Essen mit Mauern umgeben haben. Statt ihrer folgen wie F. sagt, in deutschen Katalogen Wilburgis v. Ringelberg und Mechtildis von Ringelheim. — ⁵) Eine Schwester von Agina. F. S. 43. — ⁶) Tochter K. Heinrichs I. F. — ⁷) Sie wird auch Abelheid genannt und war eine Tochter K. Otto's I. F. — ⁸) Nach F. S. 45 wahrscheinlich die in N. 4 gedachte Mechtildis von Ringelheim. — ⁹) Statt ihrer folgt bei Stang. und Ditm. Sophia filia Imp. Ottonis II, quæ mortua circa a. 1030. Funde setzt Sophie nach Mechtildis II. und nennt diese eine Tochter Otto's I. Jene soll nach einem Katalog die Tochter Heinrich II. gewesen sein, der aber keine Kinder hatte. — ¹⁰) Vor ihr schieben nach F. S. 47 mehrere Kataloge erst noch eine Gerbergis, Tochter des Herzogs von Sachsen ein.

18. Oda abba de Calwe, 31. Augusti.[11])
19. Cunegundis abba, de Windecke, 7. Januarii.
20. Lulgardis abba, 23. Octobris.[12])
21. Ida que et Vda abba, Palatina 16. Julii. hec auream crucem columnæ marmoreæ imposuit.[13])
22. Imma abbatissa 21 Decembris.
23. Ermentrudis abba 25. Aprilis.[14])
24. Hadewigis abba de Bilsteine, 4. Julii.[15])
25. Hedemudis que et Hindertrudis abba, præfuit a. 1170.[16])
26. Beatrix abba que et Berta de Lenepe, 21, Martii.
27. Jutta abba de Milne vel Millen,[17]) 11. Januarii.
28. Alheidis[18]) abba, hujus tempore valde angustiata fuit ecclesia a Frederico comite ab Isenbergh, 23. April.
29. Elisa que et Elisabeth abba, hec confirmauit reformationem ecclesiarum in Stopenbergh et Relinckhausen, 14. Aprilis.[19])
30. Sophia II. abba de Graeschap præfuit a. 1253 et 1259.
31. Berta I. que et Beatrix abba de Holte, sub hac abba ecclesia cum aula abbatiali et magna parte ciuitatis secundo in cineres redacta.[20])
32. Mechtildis abba (mater pia vocata)[21]) ab Hardenbergh 7. Maij (ao. 1264 Capellæ s. Gertrudis et s. Joannis, quæ s. Walburgis vocata, extructæ.)

---

[11]) F. nennt sie eine Gräfin v. Cleve. S. 48. — [12]) Nach F. eine Tochter aus dem schwedischen Königsgeschlecht, † 23. Octob. 1118. — [13]) Nach F. S. 49 eine Tochter des Pfalzgrafen Ludwig. — [14]) Lebte nach F. um 1140. — [15]) 1148—1154. F. Nach ihm folgen hierauf: Irmentrubis bis 1159; Temetrubis unter Friedrich Barbarossa (1152—1190); Hattwiga bis 1164, Schwester des Erzbischofs Arnold von Cöln, dem sie bei Stiftung des Frauenklosters zu Schwarzrheindorf behülflich war. Lacombl. I. Urk. 445. — [16]) Bei F. Heidentrubis. Auf sie folgt dort: Cunigunde, Schwester Heinrichs von Winbed, die in einem Kataloge fehlt. — [17]) Mellen im Amt Balve, F. — [18]) Bei F. Adelheidis III. von Wilbenberg, im Amte Brilon, unter Erzbischof Engelbert v. heil. (1216—1226.) — [19]) Gegen 1241, † 4. April 1245, F. S. 87. — [20]) Sie regierte bis 1275. F. — [21]) Die in ( ) gesetzten Worte sind spätere Zusätze.

33. Berta II. abba de Arnsbergh, 8. Januar.[22])
34. Cunegundis abba de Monte, 26. Nouembr. a. 1336.[23])
35. Catharina abba de Marcke, 27. Sept. 1360.
36. Irmgardis de Broike abba, 1 Martii a. 1370.[24])
37. Elisabeth abba de Nassaw,[25]) obiit 18. Nouemb. a. 1413. (facta et extructa ab hac mola pneumatica ex saxis quadratis extra muri cardinem occidentalem.)
38. Margaretha abba de Marcke,[26]) ob. 26. Januar 1425.
39. Margaretha abba de Limburgh, Scisma electionis a. 1425, quare in abb. non confirmata.[27])
40. Elisabetha abba de Beeck, ob. 5. Mai 1445.[28])
41. Sophia abba de superiori lapide,[29]) ob. 1447.
42. Elisabetha abba a Saffenberg, ob. 21. Aug. 1459.
43. Sophia abba de Gleichen, obiit 5. Augusti 1439.[30])
44. Moyna abba ab Ouerstein.[31])
45. Margaretha abba de Bichlingen.[32])
46. Sibilla de Montfort abba.[33])
47. Catharina de Teckelenborgh abba.[34])
48. Maria de Speigelenbergh abba.[35])
49. Irmgardis a Deipholt, abba.[36])
50. Elsbetha de Manderscheidt abba.[37])
51. Elisabetha de Sein abba.[38])

---

[22]) Sie † nach F. S. 88, 1. April 1291 und es folgten ihr: Beatrix von Holte † 4. Dezbr. 1317; Irmgardis v. Wittgenstein. — [23]) Sie † 26 Octob. 1336. F. S. 89. — [24]) Lebte nach F. bis Mai 1370. — [25]) Gewählt 6. März 1370, resign. nach 43 Jahren 1413 und † 1414. F. — [26]) Nach St. und F. Elisabeth v. d. M. — [27]) Sie regierte bis 1426. F. — [28]) Sie gründete die capella Leprosorum, das Siechenhaus. F. S. 89 und die Urk 54. — [29]) v. Stein oder Oberstein, F. S. 90. — [30]) Sie † nach St. 1485, nach D. 1489, nach F. regierte sie vom 17. Sept. 1459—1489. — [31]) Meyna v. Oberstein regierte vom 10. Aug. 1489—1525. Sie hatte eine Rivalin an Irmgard von Diepholz die zwar 10. Apr. 1495 eine kaiserle. Bestätigung der Privilegien erhielt, aber nicht zur Regierung kam. F. — [32]) Regierte vom 7. Mai 1525—11. Dezember 1534 und war zugleich Abtissin zu Herben. F. S. 92. — [33]) Sib. von Montfort und Rothenfels regierte vom 15. Dezbr. 1534—10. März 1551. Sie stiftete 1515 das Gymnasium zu Essen. F. — [34]) Reg. vom 29. März 1551—9. März 1560. F. — [35]) Reg. vom 12. März 1560—13. Sept. 1561. F. — [36]) Reg. von 1561—28. Juni 1575. F. — [37]) Elisab. v. Manderscheidt und Brontenheim regierte von 1575—14. Mai 1578 wo sie resignirte und den Grafen Dirich v. Faltenstein heirathete. F. S. 127. — [38]) Reg. von 1578—1588. F. S. 126.

52. Elisabetha de Manderscheidt abba.[39])
53. Margaretha Elisabeth de Manderscheidt.abba.[40])
54. Elisabetha de Monte abba, postulata.[41])
55. Maria Clara de Spar.[42])

Gasparus Bruschius porta laureata in epitome magni operis de omnibus Germanie episcopalibus fol. 198.[43]) — Petrus Cratepolius minorita de germanie episcopis in vita s. Alfridi fol. 10 et annalibus archieporum Coloniensium in vita s. Williberti fol. 19. — Annales collegiate ecclesie b. Marie Dusseldorpiens. — Annales ecclesie Hildesemensis. — Albertus Crantzius in sua metropoli. — Die Cölnische Cronica. — Annales episcoporum Monasteriensium sub Ottone de Retbergh 33. episcopo. — Joes Trithemius abbas Spanheimensis, in chronica monasterii Hirsaugiensis. — Ant. Mackerus Hildesheimens. in sua Hildesia. — Werner. de Laer carthusiens. in sua antiqua Saxonia. — Hieronymus Henninger Luneburgensis in sua genealogia. — Cronica comitum Markensium Reinoldi à Northoff, canonici Leodiensis. — Joes Letznerus in chronica monasteriensis corbe-

---

[39]) Sie heißt bei F. Margaretha v. Manberscheibt-Blankenheim und reg. vom 26. Apr. 1588—2. Apr. 1598. — [40]) Marg. v. Manberscheibt-Gerolstein reg. von 1598—1604. F. — [41]) Regierte von 1605—22. Jan. 1614. F. — [42]) Die Gräfin Spauer reg. vom 11. Febr. 1614—14. Dez. 1644. Sie zog die Kapuziner nach Essen, denen sie 1620 das Schwesterkloster zu Kettwig überwies. Bei F. werden noch folgende Abtissinnen genannt: Anna Cleonora v. Stauffen postulirt 24. Januar 1645 † schon am 24. April; Anna Salome Gräfin v. Salm-Reifferscheibt reg. vom 5. Juni 1645—15. Octob. 1688; Anna Salome von Manberscheibt-Blankenheim reg. vom 9. Novbr. 1688—15. März 1691. S. 74; Bernhardine Sophia Gräfin zu Ostfriesland und Rietberg reg. vom 5. Apr. 1691—14. Aug. 1726; Franzisca Christina Pfalzgräfin bei Rhein, Schwester des Churfürsten Karl Theodor, vom 15. Oct. 1726—16. Juli 1776. Seit 1756 war Charlotte Herzogin von Lothringen ihre Coadjutorin † 21. Febr. 1775. Die letzte Abtissin war Maria Cunigunde Prinzessin von Polen und Littauen, † 8. April 1826 zu Wien, nachdem das Stift 3. Aug. 1803 an Preußen gekommen war. —
[43]) Dieses und die folgenden Werke scheint Hiltrop als die Quellen zu bezeichnen, woraus er seinen Catalogus geschöpft hat.

jensis. — Cyriaci Spangenbergii Saxonia. — Annales Tremoniensium.

  Hæc propria manus est Wirici Hiltorpii decani collegiatæ ecclesiæ Assindensis ex cujus donatione possideo
         Cornelius Mewe.

XII.

Urkunden-Nachlese.
(Fortsetzung v. B. I. S. 473.)

7.

1074 October 3. Schenkt Erzbischof Anno II. bei der Translation der Gebeine der h. h. Ewalde, dem st. Cuniberts Stifte zu Cöln Geldrenten zu Severen und Soest.

Nach der Abschr. in der Farrago Gelenii VII. fol. 263.[1])

In nomine sanctæ et indiuiduæ Trinitatis. Anno secundus Coloniensis archiepiscopus, omnibus Christi fidelibus, tam futuris quam præsentibus. Quoniam vitæ hujus spatium breue probatur esse et inualidum, eo quod humana ætas et nascendi lex, licet annorum numerositas prolongare videatur, semper tendat ad occasum, salutare est omnibus et totis viribus inquirendum, illuc mente et opere aliquid boni sibi præmittere, vbi si læta sint, finem nesciant et si tristia dolor interminus, qualemcunque tamen miserationem admittat. Hac de causa, pro peccatis meis ego sollicitus et futuri districtionem judicii pertimescens, decreui sanctos Dei honorando et seruientes eis subleuando, precatores pro me efficere in judicio, qui de meritis propriis justificari non valeo. Gloriosos itaque martyres Dei, Ewaldos in neglectis, propter ignorantiam præcedentium, loculis positos, ego pec-

---

[1]) Vergl. die Urk. von 1074 in Seibertz Urk. Buch I. N. 31.

cator et seruus seruorum Dei, Anno secundus Coloniensis archiepiscopus, licet indignus, transtuli, vt qui jam recepti sunt in coelesti speculatione, apud nos aliquo digni haberentur honore, quatenus omnipotentis Dei, pro quo passi sunt, misericordiam tanto studiosius pro nobis expostulent in coelis, quanto magis apud nos pro modulo nostro glorificentur et honorentur in terris. In horum igitur translatione, fratribus in eodem monasterio militantibus, sancto Clementi martyri et sancto Cuniberto confessori, eisdemque martyribus Ewaldis, ad suppletionem quotidianæ consolationis, dedi decimationem noualium in Heimordesheim et Strazfeldon, XXX modios tritici in Masencel de redditibus siluarum, libram denariorum in Geueron, quinque libras Sosatiensis monetæ de areolis vel curticulis ojusdem villæ. Actum est autem hoc coram testibus subnotatis Ezelino præposito, Berengario decano. Euerhardo. Ruotberto. Bertolfo. Regenboldo. coram laicis quoque Francone vrbis præfecto. Herimanno comite. Gerardo comite. Et vt verius credatur, firmiusque in posterum teneatur, hanc in testimonium chartam conscribi feci et in eodem monasterio in memoriale futurum reposui. Translatio vero prædicta facta est anno dominicæ incarnationis M°. LXXIIII°. Indictione XI. V. Nonas Octobris. Si quis ergo tantillum supplementi, quod fratribus prædictis impendimus abstulerit, perpetuum anathema in conspectu Dei omnipotentis incurrat et in ignem æternum, qui paratus est diabolo et angelis ejus, tristis a Dei conspectu discedat. Amen.

8.

1177 bekundet der Bischof (Hermann II. Graf v. Cahenelnbogen) zu Münster, wie die Succession in dem Burggrafthum Stromberg auf die Familie Büdenberg übergegangen.

Nach der Farr. Gelenii III. fol. 249.

In nomine sancte et indiuidue trinitatis. Quoniam que in negotiis secularibus rerum temporalium ordinatione memorie hominum elabi et in obliuionem recedere nonnunquam contingit, dignum duximus vt quecunque de rebus ecclesie nostre bene et rationabiliter disponeremus, vniuerse posteritatis cognitioni scriptis commendaremus. Vnde vt hujus facti nostri veritas et plena cognitio inposterum memoria viua semper et manifesta permaneat, rem a nobis gestam prout gesta est vniuerse futuri seculi generationi notificari. Vidua quedam nobilis Gisla nomine, filium habebat nobilem Godefridum nomine, qui castrum ecclesie nostre Stromberch tenuit et ab ecclesia cum matre feudum tenuit honestum. Quo defuncto mater superuixit et eadem Gisla filiam habuit dictam nomine suo Gislam, que plures habebat filios et vt duo filii filie, filio suo Godefrido defuncto succederent in beneficio jure beneficiali et castro seruando, curiam que propter vicinitatem castri dicitur Burchoff cum omnibus vtilitatibus suis, exceptis mansis et mancipiis vel aliis inde inbeneficiatis, quam in feudo ab ecclesia tenebat vt esset beneficium castrense resignauit et collaudante filio suo Thitmaro, clerico, Mindensis ecclesie majori preposito et Godescalco de Ibbenburen mundiburdo suo, quedam predia vnam videlicet domum in Schelbruke cum omnibus suis appenditiis que fuerunt beneficium Egberti et aliam domum in Sporke cum omnibus suis appenditiis, que fuit heneficium Arnoldi de Bosensule in proprietatem ecclesie contradidit et ecclesie centum et quinquaginta marcas exsoluit ea videlicet conditione, vt hec eadem predia cum reliquo beneficio suo et filii cum suis predictis nepotibus Hermanno et Henrico in beneficium reciperet et predictam curiam que dicitur Burchoff cum castri tuitione in beneficio castrensi acciperet, ea tamen determinatione, vt nepotes et filii filiorum, qui de jure beneficiali deberent succedere, nec a tuitione castri amouerentur nisi de reliquo beneficio de sententia remouerentur et predicta Gisla, quamdiu viueret, omne beneficium quiete possideret. Ea vero defuncta vel spontanee beneficium nepotibus resignante, qui in munitionem castri subintrant, episcopo Monasteriensis ecclesie libere seruiret vt in vulgari dici solet ..... si vero idem sine herede beneficiorum moreretur, frater in beneficium omne, castrumque tuendum eodem jure succederet. Pater vero eorundem puerorum Hermanni et Henrici, Conradus, si predicta Gisla moreretur, beneficii patrocinium castrique tuitionem vsque ad maturos annos puerorum susciperet. Si vero et idem Conradus moreretur, Tithmarus predictorum puerorum auunculus, eorundem beneficiorum et castri tuitionem susciperet, episcopum vero de castri obseruatione securum . . . . . Hujus rei testes sunt clerici Bernhardus major prepositus. Franco vicedominus. Bernhardus de Ibbenburen. Godefridus de Patherborne. Hermannus de Herbethen. Theodoricus de Engre. Magister Sifridus. Thitmarus . . . . Herimannus de Lage, Euero scriptor et alii quamplures. Laici, nobiles: Rodolfus de Stenuorde, Wedekindus de Rethe. Wernerus de borclo. Godefridus . . . . Bernhardus . . . . Ezo de Slon. Ministeriales: Ernestus, Lubbertus, ... Ludewicus . . . . . Wolfhardus. Gerwinus. Bertramus brunstein. Suetherus de . . . . . Thitmarus pincerna et alii quamplures. Hec autem vt inposterum rata et . . . . . maneant, presenti scripti attestatione et sigilli nostri impressione roborauimus. Acta sunt anno dominice incarnationis M°. C°. LXXVII°. Indictione decima, regnante Frederico glorioso Romanorum imperatore.

9.

1200. Jan. 30. belehnt Conrad Graf von Arnsberg den Ritter Hunold von Oedingen mit den Gütern zu Slabermode, die ihm durch den Tod Fünemanns v. Werl heimgefallen waren.

Nach der Abschr. in der Farrago Gelenii VII. fol. 32.

Nos Conradus comes de Arnsbergh[2]) literis presentibus protestamur vniuersis, quod bona de Slarmode que Lunemannus de Werle bone memorie de manu nostra tenuit in feodo, ad manus nostras libere sunt reuersa et ea Hunoldo militi de Odingen castellano nostro et Vdoni filio ipsius, justo feodo duximus porrigenda, de quibus eisdem justam et publicam facimus warandiam. In

---

²) Dieser Graf Conrad, von dem wir so wenige Urkunden haben, ist der Sohn Graf Heinrichs II. Durch den Erbvergleich von 1237 erhielt er die Grafschaft Rietberg als abgetheiltes Stammgut für sich. Seibertz Gesch. der westfäl. Grafen S. 166 fgg.

cujus rei testimonium presentia conscribi fecimus, sigilli nostri munimine roborata. Datum ao. dni. M⁰. CC⁰. feria sexta post conuersionem sancti Pauli.

10.

1203. April 15. bekundet die Abtiſſin Jutta zu Meſchede und Oedingen, daß die Kirche zu Oedingen einen Hof zu Düdinghauſen dem Grafen Gottfried von Arnsberg gegen 2 Höfe zu Wetmarſen und einen in Oysberg vertauſcht habe.

Nach der Abſchr. in der Farrago Gelenii VII. fol. 15ᵛ·

In nomine sancte et indiuidue trinitatis. Jutta dei gratia Meschedensis et Odyngensis humilis abbatissa, vniuersis fidelibus in perpetuum. Notum facimus vniuersis fidelibus, tam presentibus quam imposterum futuris, quod ecclesia in Odynge prefinito consilio et vnanimi consensu, aduocato suo Vlrico cooperante, mansum quendam qui dicitur Dudinchusen cum omni vtilitate attinente Godefrido comiti de Arnsbergh contradidit, pro cujus itaque recompensatione jam dictus comes duos mansos predii sui, vnum in Wetmerslede soluentem annuatim quatuor maldra auene et quatuor pullos, alterum in Oysberg soluentem tria maldra et quatuor pullos memorate ecclesie tradidit. Ne autem tam rationabile factum aut obliuio aboleat aut hominum malitia infringat, presenti scripto et autoritatis nostre sigillo confirmamus. Hujus rei testes sunt sacerdotes Henricus decanus, Henricus de Elsepe, Henricus de Odynge, Bernardus, Thegenhardus. Laici vero Alexander, Gihlielmus, Iffridus. Actum est anno dominice incarnationis M⁰. CC⁰. III⁰. decimo quinto Kalendas Maji. Regnante Ottone, Adolpho archiepiscopo Coloniensi.

11.

1208. Jan. 21. überträgt Rutger von der Horst das Eigen der Güter zu Sigengifse (Siegen-Gesehe?) welche Erenfried Quaterland von ihm zu Lehn trug, dem Grafen Ludwig v. Arnsberg für das Eigen der Curie zu Lippeholthausen bei Lünen, die er früher bei Hamm vom Grafen zu Lehn empfangen und wovon er dessen getreuer Mann bleiben will.

Nach der Abschr. in der Farrago Gelenii VII. fol. 31.

Nos Rutgerus von der Horst literis presentibus protestamur vniuersis presentium inspectoribus, quod proprietatem nostram bonorum apud Sigengisge sitorum, que bona Erenfridus dictus Quaterlant de manu nostra tenuit et tenet sicut homo noster, de voluntate filiorum nostrorum Hermanni et Theodorici ac aliorum heredum nostrorum, damus nobili viro Ludewico comiti de Arnsbergh et suis heredibus in his scriptis et tradimus perpetuo possidendam. Recipientes pro eadem proprietate, proprietatem curie Lippchoilthusen site prope Lunen cum omnibus attinentiis suis sicut sita est, per nos et heredes nostros similiter perpetuo possidendam. Que videlicet bona nos apud Hammonem suscepimus de manu domini comitis in hospitio peregrini monetarii et eadem bona nos et heredes nostri tenebimus de manu dni. comitis et suorum heredum, sicut homines fideles perpetue possidenda, quod sigilli nostri munimine duximus roborandum. Datum et actum anno dni. M°. CC°. Octauo. feria tertia proxima ante purificationem beate virginis. Presentes fuerunt Godefridus nobilis vir de Rudenberge, Henricus aduocatus de Elsepe, Lubbertus de Wittinhoue milites, item Adolphus de Broichusen, Theodericus de Arrlardeslan(?) Henricus notarius noster et alii quamplures viri fide digni.

12.

1227. Aug. 18. beauftragt Pabſt Gregor IX. den Probſt, Dechant und Theſaurar der Stiftskirche zu Paderborn, die Statuten unter denen weiland Erzbiſchof Philipp die alte Pfarre zu Soeſt in ſechs Pfarreien aufgelöſet hatte, in Vollzug zu ſetzen.

Nach der Abſchr. in Kindlingers Urk. Samml. B. 71.[1]

Gregorius Eps. servus servorum dei . . dilectis filiis preposito Decano et Thesaurario paderburnens. salutem et apostolicam benedictionem. Ea que pro Ecclesiarum utilitatibus provide statuuntur, firma debent et illibata persistere; et ne cuiquam presumptione temeraria violentur, apostolico sunt munimine roboranda. Ex parte siquidem dilectorum filiorum, Decani et capituli susatiensis fuit propositum coram nobis, quod cum olim in opido Susatensi tantum una Ecclesia parochialis existeret et usque adeo faciente Dno., populus auctus esset in eo, quod ab uno pastore sine animarum periculo regi non posset, bone memorie P. Coloniensis Archiepiscopus loci diœcesanus, cum capituli sui et Decani et capituli predictorum assensu preter illam quinque parochiales Ecclesias fieri fecit in opido supradicto et populum juxta numerum ecclesiarum divisit, ipsos certis terminis distinguendo, quibusdam statutis super reverentia conventuali Ecclie ab aliis impendenda de predictorum consilio salubriter ordinatis, que dicti Decanus et capitulum auctoritate petierunt apostolica confirmari. Ideoque discretioni vestre per apostolica scripta mandamus, quatinus eadem statuta sicut provide secundum Deum noveritis ordinata, faciatis auctoritate nostra, sicut justum fuerit, inviolabiliter observari, contradictores per censuram ecclesiasticam, appellatione postposita, compescendo, quod si non omnes hiis exequendis potueritis interesse, duo vestrum nichilominus exequantur presentibus post triennium minime valituris . . Datum Anagnie idus Augusti, pontificatus nostri anno primo.

[1] Vergl. b. Urkunde Erzbiſch. Philipps in Seiberts Urk. B. I, Nr. 97.

13.

1229. März 14. berichten der Probst, Dechant und Domküster zu Paderborn über den Vollzug des Auftrages vom Pabst Gregor IX. von 1227 über die Einrichtung der sechs Pfarreien in Soest.

Nach der Abschr. in Kindlingers Urk. Samml. B. 71.

In nomine S. et I. T. Volradus dei gratia prepositus, Amelungus Decanus, Conradus Custos majoris Ecclie paderburnensis, confirmatores a Dno. Papa constituti. Vniuersis Xpi. fidelibus in perpetuum utriusque vite salutem. Tale recepimus mandatum. Gregorius etc. anno primo. Nos igitur instrumentis et confessione Thome prepositi veteris Ecclie, Radolfi sti Pauli, Radolfi sti Georgii, Jacobi sti Thome, Adolfi ste Marie alte, Gerardi ste Marie in Palude plebanorum susatiensium sufficienter instructi secundum ordinationem bone memorie Dni. Philippi prefati tunc Colon. Archiepi, loci diocesani de consensu Decani et Capituli et plebanorum predictorum statuta super reuerentia conuentuali Ecclie beati Patrocli ab aliis eccliis impendenda de predictorum consilio et assensu salubriter ordinata, que talia sunt, quod in conuentuali Ecclia bti. Patrocli licite baptizari possint baptizandi, infirmi communicari inungi, defuncti sepeliri petentes et quod nullus plebanorum contrudicere debeat et possit etc. — Hier werden die Statuta wie in der Urk. Erzbisch. Philipps. Urk. B. I. Nr. 97 wiewohl etwas ausgedehnter aufgezählt. — Item patronatus eccliarum parochialium pertinebit preposito Susatiensi, donum vero altaris majori preposito et archidiacono Colon. singulis ecclesiis contentis distinctionibus sibi determinatis auctoritate apostolica confirmamus, sicut provide secundum Deum eadem statuta nouimus ordinata et precipimus auctoritate apostolica inuiolabiliter obseruari, contradictores, si qui deinceps fuerint, vel hujus nostre confirmationis occulti vel manifesti transgressores omnibus denunciantes excommunicatos. Ne quis igitur in posterum hanc nostre confirmationis paginam infringere vel ei ausu temerario presumpserit obuiare, nos ad perpetuum robur ipsam sigillorum nostrorum ac predictorum plebanorum impressione communimus. Actum anno gre. M°. CC°. XXIX°, indictione secunda pridie idus martii feria quarta, presentibus in capitolio nostro Tiderico pposito. de Scheide, Volquino pposito. s. s. Petri et Andree, Thetmaro Scolastico, Hermanno Boliken, Volberto cellerario, Hagone de Hildeneshem, Ludolfo de Osdaxen, Volrado cantore, Widekindo camerario, Brunone de Borien, Conrado forensis Ecclie plebano, Henrico pposito in Schillece, Hermanno de Ervete, Rabedone de Brakele, Gerungo de Susato, Euerhardo de Hervorde, Joe. de Schillece, Ludolfo de Schonenberge, Johe. de Elsen Canonic. paderburn. Mgro. Hartrado Canonico et procuratore Susatien. Ecclie, Ruberto et Sifrido civibus Susatiensibus. feliciter amen.

14.

1216. April 26. ernennt Papst Innocenz III. Commissarien zur Untersuchung und Abstellung von Beschwerden, welche Graf Gottfried II. von Arnsberg gegen einzelne Ritter erhoben hatte, die ihn durch gewaltsame Vorenthaltung von Gütern und Sachen, an der Antretung des gelobten Kreuzzuges hinderten.

Nach der Abschr. in der Farrago Gelenii III, fol. 246ᵛ.

Innocentius episcopus seruus scruorum Dei, dilectis filiis, decanis custodi et Th. canonico Sosatiensi Coloniensis diœcesis salutem et apostolicam benedictionem. Querelam nobilis viri G. comitis de Arnsbergh cruce signati recepimus, continentem quod H. miles Coloniensis et quidam alii Coloniensis diœcesis, quasdam possessiones et res alias ipsius violenter detinent et ei reddere contradicunt, quare voti sui executio impeditur. Quocirca discretioni vestro per apostolica scripta mandamus, quatenus partibus conuocatis auditis, causam, et appellatione remota, fine debita terminetis, facientes quod statueritis per censuram ecclesiasticam firmiter obseruari. Testes autem qui fuerint nominati, si se gratia, odio vel amore subtraxerint, per censuram eandem, appellatione remota, cogatis veritatis testimonium perhibere. Quodsi non omnes his exequendis potueritis interesse, duo vestrum ea nihilominus exequantur. Datum Laterani VII Kal. Martij. pontificatus nostri anno nonodecimo.

15.

1217. Juli 3. bekundet Graf Gottfried II. von Arnsberg, unter welchen Bedingungen ein Bündniß zwischen ihm und den Brüdern Eberhard und Jonathan von Arbei zu Stande gekommen und wie er dieselben mit seinem Antheil der Burg Rüdenberg belehnt habe.

Nach einer Abschrift in der Farrago Gelenii T. III. fol. 252.

G. (odefridus) Dei gratia comes de Arnesberg vniuersis Christi fidelibus tam presentibus quam succedentibus, salutem in eo qui dat salutem regibus. Sub hac forma nobiles viri Euerhardus de Arthei et frater suus Jonathas nobiscum in fœdus amicitie conuenerunt, vt partem nostram castri Rudhenberg a nobis in pheodo tenerent et eam partem nobis aperiendo contra quemlibet, preter dominum episcopum Coloniensem, nobis deseruirent. Insuper auxilium suum aduersum quemlibet nos indebite molestantem, vbi saluo honore suo possent exhibere, nobis impenderent. Idem ijs e conuerso spopondimus et tactis vtrinque sanctorum reliquiis juramento confirmauimus. Si vero contingeret inter dnum. episcopum et ecclesiam Coloniensem et nos discordiam excitari, ipsi subtracto partibus subsidio, aut amicabiliter in pace quiescerent aut si hoc non presumerent, castrum nostrum nobis integraliter resignarent et post compositionem inter episcopum et nos restauratam illud reciperent. Igitur ad corroborationem hujus fœderis, eisdem fratribus redditus decem marcarum, ab inpheodalis nostris nobis resignatos, in pheodo porreximus, ita vt eosdem redditus nobis resignantibus conferrent. In recompensationem autem facti nostri, predicti fratres redditus XX et quinque marcarum de bonis suis, videlicet in Geseke et in Marcfelt[a]) cum omnibus eorum attinentiis et quicquid in his deficeret, in aliis supplerent nobis pro quadringentis marcis inpignorauerunt et in pheodo a nobis receperunt, quo ad vsque adhibita eorum petitione et nostra priuata bona episcopo resignarent et nos ab episcopo recepta ipsis porrigeremus. Presertim quoniam hec forma compositionis tum propter

---

[a]) Es scheint ursprünglich Marsfelt geschrieben und dies in Marcfelt geändert zu sein.

dnum. Jonatham, tum ab Arnoldo pincerna et filiis ipsius fuit neglecta, eam de nouo restaurantes fide premissa tactis vtrimque reliquiis sanctorum jurauimus fide bona, pura conscientia nos deinceps obseruaturos. Ob hoc itaque dno Jonathe redditus X marcarum in curiis nostris in festo Andree persoluendos assignauimus, hac conditione, vt si nos aut vxor nostra vel pueri eosdem X marcarum redditus postmodum bonis aliis possimus recompensare, curie nostre maneant absolute. Ipse vero de redditibus prenominatis Arnoldo pincerne et Theoderico Stokelet cum eorum heredibus VII marcas annuatim in pheodo porrexit fidejussores. Verum si nos quocunque casu contingente hujus forme violatores extiterimus, fidejussores sui nostri. Fidejussores hujus sunt ex parte nostri Hermannus de Ruthenbergh, Henricus niger de Arnesberg, Conradus de Hagnen, Boymundus de Eruete, Lutbertus Platere, Hermannus de Elsepe, Thetericus Fagelin, Pilegrinus de Balleue, Heinricus pincerna, Hermannus de Bersic, Hermannus de Holthusen, Reinfridus de Scorlemare. Ex parte dni. Jonathe sunt Hermannus de Rutbenberg, Heinricus niger de Arnesberg, Conradus de Hagnen, Bernhardus de Wiglon, Conradus de Wagenberg, Eustacius, Albertus falco, Gozwinus de Mulsbern, Rutgerus Post, Ecbertus de Neihem, Thidericus de Bilemke, Wilrauenus de Bruke. Quemcunque autem horum mori contigerit, alius infra reuolutionem anni, loco mortui substituetur . . . .
et parte altera commoniti et post commonitionem sex hebdomadis transactis Meneden intrabunt, inde non exituri, nisi cum voluntate dni. Jonathe . . . .
si infra non resipuerimus. Item si dnus. Jonathas hanc formam violauerit fidejussores sui, premissa commonitione sex hebdomadarum a nobis . . . .
nisi infra resipuerit Arnesberg intrabunt, inde nisi cum voluntate nostra nullatenus exituri. Si vero fidejussores transgressoris cum domino fidem suam neglexerint . . .
. . . . pars altera de promisso et juramento et

fide data receptis bonis suis cum fidejussoribus a tali obligatione manebit absoluta, violans vero pretaxata tenebitur obligatione. Vt autem hec forma fœderis hereditaria successione ad heredes nostros delata, per malitiam aut versutiam alicujus, ab heredibus nostris non possit violari, presentem paginam sigilli nostri roborauimus appensione, ne foedus amicitie tam rationabiliter ordinatum et confirmatum ab ipsis negligenter dissoluatur. Acta sunt hec anno dominice incarnationis M⁰. CC⁰. XVII⁰. V⁰. Nonas Julii, Arnesberg in domo nostra. Testes hi sunt, **Hermannus de Rutheaberg, Henricus niger,** Theodericus de Geuore, Rutgerus de Bergbenne, Lutbertus Platere, Thidericus de Odigge et filius suus Johannes, Arnoldus pincerna et filius suus Henricus, Renfridus de Scorlemare, Eustacius, Conradus de Wagenberg, **Conradus de Hagnen,** Gozwinus de Mulsbern, **Arnoldus de Wiglon** et filius suus **Bernhardus,** Theodericus Stokeleth et filius suus Henricus et alii quamplures.

16.

1253. Juni 12. bekundet Philipp, Propst der Soester Kirche, eine Compromiß-Entscheidung über die Mühle am großen Fischteiche zu Soest.

Nach dem Orig. in der Url. Samml. Seiberg zu Wilbenberg.

In nomine domini amen. Philippus dei gratia prepositus Ecclesie Susatiensis. omnibus presentem litteram inspecturis salutem in eo qui est omnium salus. Ne ea que rationabiliter fiunt lapsu temporis a memoria hominum elabantur et super litibus sopitis. questiones inposterum maliciose de nouo contingat suborirj. visum est plurimum expedire scripture testimonio eadem commendari. Quapropter nouerint vniuersi tam presentes quam futuri. quod cum Capitulum Ecclesie Susatiensis molandinum piscine majoris in Susato cuius proprietas ad eandem pertinet Ecclesiam. et in quo. fratres iam dicti Capituli redditus duarum marcarum habuerant ab antiquo. rationabiliter emissent a Helenburge vidua quadam Susatiensi. et nos idem molandinum ad ipsius Helenburgis resignationem pre-

dicto Capitulo porrexerimus. quod ipsi pluribus annis quiete
possederunt et inconcusse. Cumque postmodum. Godefridus.
et Hermannus fratres. filii Hartmodi. militis dicti de Lon.
super eodem molandino in quo se dicebant ius habere.
Capitulo eidem mouerent questionem. tandem de consilio
proborum virorum. nostri. Wenricj canonici maioris Ecclesie
in Colonia nobilis uirj. Bertoldi de Bvren. Godefridi de
meschede. Hunoldi de Odinge. et Henrici de lon militum.
qui super eadem questione sopienda fuimus arbitrj ab utraque
parte constituti talis inter eos compositio siue ordinatio inter-
cessit quod scilicet iam dictum Capitulum. prefatis fratribus.
Godefrido et Hermanno. dedit. quadraginta marcas. monete
Susatiensis. et sic idem fratres. Petronilla mater ipsorum.
Petronilla. Siradis. et Elizabeth. eorundem fratrum sorores
omnj questioni et omnj iurj si quid haberent. uel quacumque
ex causa habere uiderentur contra ipsum Capitulum in eodem
molandino siue nomine bonorum ministerialium uel quocumque
alio nomine censerentur pro se. ac pro omnibus eorum posteris
in manus nostras precise et absolute renuntiauerunt. Ad cuius
arbitrij obseruantiam partes hinc inde se sub pena Centum marcarum astrinxerunt. Vt autem huiusmodj renuntiatio rata permaneat et inconcussa et omni de cetero caueatur questioni presentem paginam super eo conscriptam. Sigillis. nostro. Wenrici.
Canonici maioris Ecclesie in Colonia. Adolfi de Holte. Bertoldi de Bvren. nobilium. Gotfridi de meschede et Hunoldi
de Odingen. militum. fecimus communirj. Ad maiorem etiam
huius facti firmitatem Sigillum domini nostri venerabilis patris
Conradi archiepiscopi Coloniensis presenti scripto
impetrauimus appendj. Presentes fuerunt. Wenricus. Canonicus maioris Ecclesie in Colonia. Henricus Decanus. Theodericus Thesaurarius. Rutgerus. scolasticus. Henricus Cantor.
Hoyo. Arnoldus magister. Gerlacus. Hildegerus. Robertus.
Sifridus. Henricus. et Henricus Canonici Susatienses. Hermannus scriptor marscalcj. Regenhardus monachus de les-
berne. Adolfus de Holte. et Bertoldus de Bvren nobiles.
Thiemo de Susato. Achilles de Lippa. Arnoldus de proue-
stinchoue. Arnoldus de Hondorp. Lambertus de Schedinge.

Horadus de Brinken. Arnoldus de Silbeke. Arnoldus Balke. Rolandus de vrekenhorst. Bernhardus de Bodrike. Thidericus Flakrian. Lvdolfus gast. Henricus de line. Helmicus de Dinchere. Hunoldus de Odinge. Conradus albus. Wetcelus de Eruele. Helmicus rump. Brunstenus. Hermannus Colue. Hermannus Flakrian. Walramus de Endike milites. Henricus de milinchusen. Thidericus de Scorlemare. Henricus de Ekeneberne. Sigenandus de Allagen. Boyemundus de prouestincboue. Menricus Judex. de Ruden. et Thiecelo de Rvden. Conradus de Ense. Thiemo filius Thiemonis. de Susato. Hermannus de Hukelhem. famulj. Radolfus Fernerus. et alij quam plures de Susato. Actum apud Bosinchusen. Anno dni. M°. CC°. LIII°. pridie Idus Junij.⁴)

17.

1263. **März 12.** erklären Johann und Gottschalk von Padberg die Stadt Padberg für frei und geben ihr besondere statutarische Rechte.

Nach der Abschr. in der Farrago Gelenii IX. fol. 69.

In nomine sancte et indiuidue trinitatis amen. Joannes et Godescalcus domini castri in Padberg, omnibus

---

⁴) Die Urkunde ist auf einer großen Pergamenhaut, in weiten Linien, sehr schön geschrieben. An derselben haben sieben Siegel gehangen, wovon die vier ersten abgefallen sind. Das des Erzbischofs Conrad hieng an grün und roth gemischten seidenen Strängen. Die noch vorhandenen drei letzten hängen an rothen Seidensträngen. Sie sind herzförmig und in weißem Wachse abgedruckt. Das erste führt die Umschrift: Sigillum Bertoldi Domini de Bvren. Das zweite: S. Godefridi de Mesch de. Das dritte: S. Hunoldi Marscalci de Westfalia. Im Schilde sieht man nicht das Wappen der Familie von Oedingen (einen Kranz mit 5 Rosen wie ihn auch die Wreden führen) sondern zwei in die Höhe gehobene Arme, die sich die Hände reichen; also wahrscheinlich das Amtssiegel Hunolds als Marschall von Westfalen, in welcher Eigenschaft er bisher unbekannt war, weil er wohl nicht lange das Amt bekleidete; denn in demselben Jahre 1253 kömmt Henricus Scultetus Susatiensis und schon im folgenden Albertus de Sturmede als westfälischer Marschall vor. Von 1256 bis 1260 war es Hunold von Plettenberg. Das Amt scheint damals häufig gewechselt zu haben. Unter Erzbischof Konrad kommen acht verschiedene Marschälle vor, denen Hunold von Oedingen als neunter hinzutritt. Konrad war damals viel in Westfalen beschäftigt, ohne welchen Umstand sich wohl zu dem in der Urkunde aufgenommenen Acte, außer 16 zum Theile hoch stehenden Geistlichen, nicht noch 2 Edelherren, 22 Ritter, 10 Knappen und andere Soester Bürger eingefunden haben würden. Beusingsen (Bosinchusen) wo die Urkunde aufgenommen wurde, liegt nahe bei Soest, zwischen Elsen und Neuengeseke.

hanc literam inspecturis salutem in Domino. Quia generatio preterit et generatio aduenit, expedit coram Deo et hominibus cunctis veritatis amatoribus, ea que statuerint vel elegerint, diligenti prius discutere examine, vt nulla postmodum possint titubatione infirmari, deinde scriptis mandare, sicque vt omnis amputetur dubietas, memorie posterorum commendare. Nouerint ergo moderni et futuri, quod nos cum ciuibus opidi nostri, per tempus dissentionem super quibusdam causis habuimus, in quibus in nostra jnrisdictione difficiles nobis fore videbantur. Quod cum fieret, mediantibus honestis viris, talis propositio interuenit, quod nos consilio amicorum nostrorum inducti, vt affectum ciuium nostrorum in nos amplius prouocaremus et vt non solum detrimentum ipsorum non pateremur, verum etiam in augmento ipsorum gauderemus, ipsum opidum liberum constituimus, quatenus libertate quieta inhabitantes ibi perpetuo potirentur, preter quod tam nos quam ipsi consules opidi, vnanimi consensu et voluntate, quedam jura, de quibus inter nos et eos orta fuit discordia et in posterum oriri posset, tali modo discreuimus,[5]) videlicet 1. quod quilibet ciuium de area sua sex denarios et pullum dabit domino castri annuatim, de dimidia area tres denarios, de singulis jugeribus agrorum duos denarios. — 2. Si quis frutecta[6]) aut agros arboribus consitos, laboribus suis et expensis fodiendo, ad terram sementem perduxerit, septem annis sine pensione habebit, quibus expletis pensionem debitam sicut prediximus dabit. — 3. Quicquid statuerint consules vnde questus aliquis poterit prouenire due partes ipsis, tertia cedet domino castri. — 4. cum vinum habetur, quanto precio venumdetur consules inter se ordinabunt. — 5. Judicem tam nos quam consules pari consilio statuemus. — 6. Si quis excesserit in aliquo, ad arbitrium consulum judicabitur, siue in jure siue in gratia component ratum habebimus, sed si ali-

---

[5]) Die Urk. ist ohne Absätze und Nummern geschrieben. Letztere sind zur besseren Vergleichung der Bestätigung Friedrichs von Padberg von 1290 (Urk. Buch I, Nr. 432) beigefügt. — [6]) In der Bestät. von 1290 heißt es irrig: frutela.

quid inde deriuatur, ipsi duas partes nos tertiam recipiemus; si vero nihil, nil requiremus. — 7. Si quis nobiscum manere voluerit libere diuertere poterit cum suis rebus quo voluerit.[7]) — 8. Si aliquis pro culpa sua, qua forte mortis judicium meruit, profugus fuerit, vxor sua et pueri totam substantiam ipsius integre et libere obtinebunt, et si morti adjudicatus fuerit, nihilominus heredes sui cuncta bona sua et immobilia sine impedimento possidebunt. — 9. Omnibus aduenientibus hospitibus nulla violentia fiat, sed justo judicio pro excessibus suis conueniantur. — 10. Si aliquis adhuc vigens et valens in corpore, testamentum suum de consilio plebani et heredum ordinare voluerit et lecto decumbens non renuatur talis voluntas. Si vero intestatus et sine herede obierit, in prouidentia consulum erit res illius distribuere pro anima sua, siue ad ecclesiam[8]) opidi, aut pauperibus vel religionis.—11. Sponsalia que vulgo Bedemunt dicuntur et Vime et Vogedingh et Vrigedingh nullum jus ibi obtinebunt. Ceterum Herwede et Ereue et Gerade non extorquentur ibi[9]) nec dabuntur. — 12. Quilibet pistorum in vigilia natiuitatis Domini dabit nobis annuatim duos denarios de albo pane. Similiter quilibet carnificum dabit tres denariatas de sepo ad castrum in festo beati Martini.[10]) — 13. Si quis emerit ibi domum aliquam, dabit nobis sex denarios. — 14. Circa octauam Michaelis dabit quilibet pistorum tres denarios et braxatores duos. Ex his due partes cedent consulibus, tertia nobis.—15. Si quis pistorum, braxatorum et carnificum in venalibus, quo quilibet vendere solet culpabilis repertus fuerit, vadimonii jure sex denarios dabit. Ex his duas partes consules percipient, tertia cedet nobis. — 16. Si quis filiam ciuis alicujus corruperit, aut legitime ei copulabitur, vel si renuerit dabit puelle quinque

---

[7]) Dieser Artikel scheint in der Abschrift verstümmelt. In der Bestätigung Friedrichs v. Babb. von 1290 lautet er vollständiger: Si quis communionem ciuium resignare voluerit, marcam dabit consulibus; si quis noluerit nobiscum manere libere diuertere u. f. w. — [8]) Die Worte: ad ecclesiam waren in der vidim. Abschrift der Bestätigung von 1290 nicht mehr zu lesen. — [9]) Die Worte: non extorquentur ibi, waren in der Bestät. nicht mehr zu lesen. — [10]) In der Bestät. steht: beati Martyris.

marcas, ciuitati plaustrum vini. De hoc consules duas partes percipient et nos vnam. — 17. Si in domo vnius ciuis ab vxore ipsius vel pueris aliquid subtrahitur, hoc inter se consules judicabunt. — 18. Si quis ciuium in judicio accusatus testibus se expurgare voluerit et testimonio defecerit XII den. vadimonii jure exsoluet. De his vna pars erit nobis, consulibus autem due. — 19. Si extraneus aliquis in furto vel rapina deprehensus fuerit, consulibus nihil cedet. — 20. Si quis in figura judicii positus in aliqua leui causa excesserit, per quam judicem offenderit vel judicii reatum incurrerit ad XII denarios jure vadimonii se obligauit. Quod si judex super his eidem importunus extiterit, datis duobus denariis judici, liber erit.[11]) — 21. Portarum vigiles versus castrum et versus claustrum Breidlaere a nobis sunt in precio procurandi.[12]) — 22. Quicquid antiquitus pertinuit ciuitati in syluis, pratis, pascuis, aquis aquarumque decursibus, agris cultis et incultis, vsibus inhabitantium libere indulgentes, ipsos in omnibus pro posse nostro promouere studebimus cum affectu. — Vt autem predicta ordinatio perpetuam habeat firmitatem, presentem literam primo sigilli mei et fratris mei Godescalci, deinde nobilis viri domini Bertoldi de Büren, consanguinei nostri et dni. mei Hermanni domini castri in Dauerenbergh sigillorum fecimus impressione communiri. Ceterum ego Bertoldus nobilis de Büren, hoc factum cognatorum meorum, ciuiumque ipsorum, necnon ego Hermannus dnus. castri in Dauerenbergh vt nullus hominum irrumpere vel mutare audeat, subscriptione nostra sigillorumque appensione duximus roborandum. Acta sunt hec in Padbergh anno Domini M⁰. CC⁰. sexagesimo tertio. Indictione sexta, quarto Idus Martii. Hujus rei testes sunt Thetmarus plebanus ibidem. Fredericus de Horhusen. Ludolphus de Dalwich milites. Hermannus de Padberg. Odelricus de

---

11) Hier folgt in der Bestätigung von 1290 zuerst 21. Si quis in figura judicii aliquem de damno aliquo conuenire noluerit (uoluerit) damnum sibi illatum demonstrabit. — 12) In der Bestätigung von 1290 heißt es nur: Vigil superioris porte uersus castrum a nobis in pretio est procurandus.

Westhem, Suickerus de Westhem, Stephanus de Horhusen et alii quam plures.

18.

1277. August 14. Sühnevertrag zwischen der Kirche zu Paderborn und Albert von Störmede.

Nach dem Orig. im Archive der Stiftskirche zu Paderborn.[13])

In nomine Domini amen. Anno Domini M⁰.CC⁰.LXX⁰.VII⁰. in vigilia assumptionis beate Marie virginis, super h i i s l i t - t e r i s (liberatione) Domini A l b e r t i de S t o r m e d e et Alberti filii sui, ordinationis et compositionis inter Capitulum et Paderbornensem Ecclesiam ex parte una et prefatos Dominum Albertum militem et suum filium Albertum ac eorum consanguineos et amicos ex parte altera per fidem prestitam et juramentum interpositum ab ipsis Alberto et ejus filio et p e r o s c u l u m datum a Domino Decano nomine Capituli et a Domino Conrado milite dicto de Ethlen nomine omnium ministerialium et fidelium Paderbornensis ecclesie ex parte una et Dominum Albertum predictum et suum filium nomine proprio et nomine omnium consanguineorum suorum ac amicorum firma inviolabilis ordinata exstitit in hunc modum. Quod prefati dominus Albertus et suus filius renunciarunt libere omni juri, quod habuerunt, vel quod se habere dicere poterunt in villicationibus Ervethe et Vilse ac in oppido Saltkoten cum eorum omnibus attinentiis. Item renunciaverunt libere omni questioni, quam habere possint sive vellent ex nunc super dampnis, que sustinuerunt in bonis suis et corporibus ipsi ac eorum amici p o s t (per) motam discordiam inter Paderbornensem ecclesiam atque ipsos. Item nunquam de cetero reedificabunt c a s t r u m et o p p i d u m S t o r m e d e,

---

[13]) Ein Auszug dieser Urkunde ist, nach Schaten, in unserem Urkundenbuche I, Nr. 380 mitgetheilt. Wir geben sie hier vollständig nach dem Original, welches aber leider so übel erhalten ist, daß es dem Herrn Archivar von Hatzfeld zu Münster, dem wir die Abschrift verdanken, nur mit Hülfe einer alten Abschrift aus dem Arnsberger Lehns-Archive, die wir ihm zu solchem Ende mitgetheilt, möglich war den Text so wie geschehen herzustellen. Die abweichenden Lesearten der alten Abschrift, so wie die im Original gebliebenen Lücken, haben wir aus jener in Parenthesen beigefügt.

nec unquam Paderbornensi ecclesie se opponent consiliis et
auxiliis ullo modo, sed semper in obsequio ejusdem ecclesie
constanter et fideliter permanebunt. Pariter et dominus
Albertus predictus temporibus vite sue morabitur Paderborne vel Saltkoten vel in aliqua munitione Paderbornensi
ecclesie attinente, nisi aliud sibi a Domino Paderbornensi
Episcopo, qui pro tempore fuerit, de consensu sui Capituli
de episcopali gratia concedatur. Item dominus Albertus
sepedictus ac suus filius villicationem Munkehosen pro
quadraginta marcis sibi persolutis (obligatum taliter) pro
eadem summa habebunt, sicut venerabilis pater dominus
Symon bone memorie Paderbornensis Episcopus ipsis ypo-
thece vel pignoris tytulo obligavit, nec Capitulum Pader-
bornense ipsis erit in hoc casu ad aliquam warandiam obligatum nisi (quantum) ipsi continent super eo et (in) suis
publicis instrumentis, et postquam villicatio supradicta libe-
rata fuerit pro marcis quadringentis predictis, ex tunc
manebit obligata Paderbornensi ecclesie pro trecentis marcis
a Curbeicnsi ecclesia redimenda. Et ut omnia supradicta
perpetuo inviolabiliter observentur, predictus dominus Albertus et suus filius fidem dederunt et iuraverunt et in
observantiam predictorum ipsa sicut punctata est per pacis
osculum confirmando, cum tali securitate que orpheda dicitur
perpetualiter observanda, ad quorum observantiam ab ipso
domino Alberto et suo filio (tredecim) milites et famuli
fidejussores constituti (sunt statuti) qui pari (predicta
omnia) universi ac singuli (datione fidei) fideliter in solidum
promiscrunt, quorum nomina subnominantur: dominus Borchardus de Brakele, Godfridus de Huvele, Bernhardus de
Hurde, Gotbertus de Dedenshusen, Gotfridus de Summere,
tres fratres de Luthardessen Conradus, Henricus et Albertus,
Alradus Magister, Conradus de Hoden, Thidericus de Piscina,
Rodolfus de Lyppia, Willekinus de Vernede (nihilominus)
promiserunt, per fidem prestitam corporalem, quod si omnia
supradicta in tuto vel in aliqua sui parte fuerint violata,
postquam ipse (predicti) Dominus Albertus et suus filius
commoniti emendam non fecerunt competentem, ex tunc

post quindenam ipsi fidejussores prefati moniti (Paderbornensem civitatem secundum) fidem militarem (prestitam intrabunt, nullatenus recessuri de ipsa, nisi violatio composita vel excessus fuerit emendatus.) Nos dei gratia Episcopus, (Prepositus) Decanus et Capitulum, Ministeriales et Vasalli et fideles universi Paderbornensis ecclesie et Albertus miles de Störmede et Albertus natus ejus ac (ipsorum) fidejussores supradicti, presenti scripto publice protestamur, omnia supradictorum et universorum ac singulorum articulorum (in universis ac singulis articulis) ut supradictum est, esse vera, per appositionem nostrorum sigillorum publice (protestamur) nec qui (et qui) (sigilla propria non habemus nec qui sigilla presenti scripto non apposuimus, sigillis appensis contenti fuimus Datum Padiborne) anno et die supradictis.[14])

Ex Originali Archivi Cathedr. Paderborn. Eccsae.

v. Hatzfeld.

---

[14]) Die angehängt gewesenen elf Siegel sind sämmtlich abgefallen.

Druck und Papier von H. F. Grote in Arnsberg.

www.ingramcontent.com/pod-product-compliance
Lightning Source LLC
Chambersburg PA
CBHW051846300426
44117CB00006B/285